프랑크푸르트학파 100년

프랑크푸르트학파 100년

비판이론의 과거, 현재, 미래

Years of Frankfurt School

연합학술대회 추진위원회 엮음

프랑크푸르트학파 100년을 기리며

2023년 10월 14일 서울대학교에서 5개 학술기관이 연합하여 프랑크푸르트학파 100주년을 기념하는 학제적 연합학술대회를 개최하였다. 사회와 철학연구회, 이론사회학회, 한독교육학회, 연세대학교 인문학연구원, 경북대학교 미주유럽연구소가 5개 참여기관이다.

프랑크푸르트학파는 1923년 독일 프랑크푸르트시에 설립된 '사회연구소(Institut für Sozialforschung)'에 기원한다. 2대 소장이었던 호르크하이머가 사회철학에 기초한 학제적 연구 프로그램을 제시하면서 이른바 '비판이론'을 추구하는 연구 공동체가 태동하였기 때문이다. 초기에는 호르크하이머와 아도르노가 이를 주도하였고, 벤야민, 마르쿠제, 프롬, 크라카우어 등 기라성 같은 학자들이 참여했다. 그 후 세대를 거듭하며 하버마스, 벨머, 오페, 네그트, 호네트, 멘케, 포어스트, 예기, 자 등 후속 학자들이 등장했고, 한국에도 비판이론의 정신을 공유한 프랑크푸르트학파의 후예들이 활동하고 있다. 이렇게 해서 프랑크푸르트학파는 100년을 이어왔다.

프랑크푸르트학파 연구 전통을 '비판이론'으로 규정한 이유는 이 학문 공동체가 단지 현대사회를 연구한 것이 아니라, 사회적 억압으로부터의 해방과 자유의 실현이라는 인식 주도적 관심에 따라 학제적 사회연구를 수행했기 때문이다. 이런 점에서 프랑크푸르트학파의 주된 관심은 현대사회에 대한 비판이었으며, 비이성적 사회, 총체적 관리 사회, 일차원적 사회, 생활세계의 식민화, 사회적 무시 등과 같은 독창적 개념을 통해 현대사회의 부정의와 병리적 현상을 폭로했고, 인간적 노동, 미학적 삶, 의사소통적 합리성, 인정투쟁 등을 통해 인간의 자유가 보장된 해방적 사회 비전을 제시하려고 했다.

프랑크푸르트학파가 한국에 소개된 것은 1970년대였다. 당시는 쿠데타로 집권한 군사독재정권이 국민의 자유와 인권을 말살했던 엄혹한 시기였다. 프랑크푸르트학파는 차인석, 신일철, 장일조, 백승균 등을 통해 한국에 알려졌고, 민주화를 염원했던 진보적 지식인들이 한국사회를 비판적으로 분석하는 데 일조했다. 그러나 1980년대에 들어서면서 한국사회에 대한 비판은 급진화했고, 군사정권의 폭압에 맞서 싸웠던 학생운동 세력은 마르크스주의에서 사상적 무기를 찾았다. 이런 상황에서 비판적 지식인들의 관심에서 사라졌던 프랑크푸르트학파는 1996년 하버마스가 한국을 방문하면서 새로운 관심의 대상이 되었다. 프랑크푸르트학파 2세대 격인 하버마스는 당시 포스트모더니즘 논쟁에서 모더니즘의 옹호자로 부상하면서 전 세계적으로 현대사회 비판의 새로운 방향을 제시했던 철학자였다. 최근에도 프랑크푸르트학파에 대한 관심이 이어지고 있지만, 많은 학자가 주목한 것은 이 학파에 속한 개별 사상가들이다. 특히 아도르노와 벤야민에 대한 문예비평 분야에서의 관심은 가히 폭발적이며, 프랑크푸르트학파 3세대로 알려진 호네트의 인정투쟁 이론 역시 꾸준한 관심의 대상이다.

"미네르바의 부엉이는 황혼이 깃들어야 날갯짓한다!" 독일 철학자 헤겔의 말이다. 프랑크푸르트학파는 한 시대에 황혼이 깃들며 시대가 어둠 속에 빠질 때 미네르바의 부엉이처럼 비상했다. 프랑크푸르트학파는 비판적 지성의 불을 밝혀 시대의 어둠을 헤쳐 나가려 했던 것이다. 이런 점에서 프랑크푸르트학파는 항상 시대의 위기에 직면한 비판적 지식인의 응답이었다. 현재 우리는 어떤 시대에 살고 있을까? 정치, 경제, 사회, 문화가 총체적 난국 상황이라면 프랑크푸르트학파의 비판이론 정신은 다시금 날갯짓해야 한다.

프랑크푸르트학파 100주년을 기념한 이번 학제적 연합학술대회는 "프랑크푸르트학파 100주년 회고와 전망"이라는 주제 아래 기획되었고, 1부 개막제와 2부 분과 발표를 통해 진행되었다. 철학, 사회학, 정신분석학, 교육학, 독문학, 문예비평 분야의 학자들이 참여하여 27개의 논문이 발표되었고, 논평자와 사회자를 포함하여 총 59명이 참여한 대규모 행사였다. 이 책에는 일부 참여자의 글을 제외한 모든 발표 논문이 수록되었다. 프랑크푸르트학파 100주년 기념 학제적 연합학술대회를 기획하고 추진한 사람으로서 모든 참여자와 함께 본 논문집이 프랑크푸르트학파에 관한 연구를 활성화하고, 비판이론의 정신을 확산할 뿐만 아니라, 한국사회를 포함한 전 세계에 시대의 어둠을 뚫고 나갈 진보적 비전을 제시하는 데 기여하길 바란다.

2025년 1월 6일
프랑크푸르트학파 100주년 기념 학제적 연합학술대회 추진위원장
문성훈

5   **문성훈**   발간사

1부 / 프랑크푸르트학파 100주년 회고와 전망

13   **문성훈**   프랑크푸르트학파 100년사와 '이성-자유-비판' 패러다임의 전환
45   **한상진**   프랑크푸르트학파의 양면성과 유럽중심주의 문제
73   **권오용**   후기자본주의 이후의 세계에서 비판이론의 과제
91   **이시윤**   1980~90년대 프랑크푸르트학파 비판이론 초기 수용의 동학

2부 / 비판이론과 비판모델

135   **강병호**   자본주의 비판 전략을 찾아서: 호네트와 프레이저를 중심으로
163   **이행남**   호네트의 비판이론과 헤겔의 인정 개념의 현재화
189   **홍윤기**   '탈비판이론적' 비판 모델
225   **정태창**   좋은 삶의 형식적 개념에 기초한 사회 정의론의 개요
255   **이국배**   인공지능 시대의 도구적 이성 비판
289   **노성숙**   아도르노의 비판이론과 아헨바흐의 철학실천

3부 / 비판이론과 현대사회비판, 그리고 해방

337   **정진범**   "객체를 향한 자유": 아도르노의 자유론과 실천의 문제

373   **한상원**   민주주의의 약속: 아도르노와 급진민주주의의 대화

401   **임채광**   현대사회의 폭력성에 대한 마르쿠제의 문화인간학적 해명

427   **이선미**   직업으로서 일의 위기

465   **손승남**   클라프키의 비판-구성적 교육학의 재음미

493   **정창호**   몰렌하우어와 해방의 교육을 향한 여정

527   **홍은영**   '아우슈비츠 이후'의 다문화교사교육에 대한 소고

4부 / 비판이론과 예술

565   **곽영윤**   자율성과 사회적 사실: 아도르노 미학에서 예술과 사회의 관계

589   **이진영**   아도르노와 파울 첼란: 아우슈비츠 이후 글쓰기

619   **장제형**   사물화의 계몽변증법: 마르크스로부터 벤야민까지

651   **이창남**   크라카우어의 탐정 사회학과 영화 리얼리즘

673   **정대훈**   예술의 위기, 위기의 예술

701   저자 소개

1부

프랑크푸르트학파
100주년 회고와 전망

프랑크푸르트학파 100년의 역사와 '이성-자유-비판' 패러다임의 전환[*]

문 성 훈

들어가는 말

프랑크푸르트학파가 100주년을 맞았다. 프랑크푸르트학파의 산실인 '사회연구소(Institut für Sozialforschung)'가 설립된 지 꼭 100년이 되었기 때문이다. 주지하다시피 독일 프랑크푸르트시(市)에 소재한 사회연구소는 1923년 펠릭스 바일의 주도로 설립되었으며, 1924년 카를 그륀베르크가 소장직에 취임하면서 본격적인 연구 활동을 시작하였다. 그러나 사회연구소가 '프랑크푸르트학파'라는 학문 공동체를 형성한 것은 1930년 호르크하이머가 소장직에 취임하면서부터이다. 이때부터 호르크하이머가 사회철학에 기초한 학제적 사회연구라는 사회연구소 고유의 연구 프로그램을 제시했기 때문이다.

사회연구소 100년의 역사는 사회철학에 기초한 학제적 사회연구가 새로운 시대적 경험과 세대교체를 거듭하며 '비판이론'이라는 이론적 전통

[*] 이 글은 다음 논문을 수정하고 보완한 것이다. 문성훈, 「프랑크푸르트학파 100년의 역사와 '이성-자유-비판' 패러다임의 전환」, 『사회와 철학』 제46집, 사회와철학연구회, 2023.

을 이루어낸 파란만장한 역사였다. 사회연구소는 설립 이후 호르크하이머의 소장 취임, 나치 정권 등장, 미국 망명, 2차 대전 발발, 종전 후 프랑크푸르트 귀환, 68혁명, 학생운동권과의 대립 등을 겪으면서 호르크하이머를 중심으로 폴록, 뢰벤탈, 아도르노, 벤야민, 마르쿠제, 프롬, 노이만, 키르히하이머, 하버마스 등 기라성 같은 학자들을 배출함으로써 이른바 프랑크푸르트학파라는 별칭을 얻기에 이르렀다. 그러나 호르크하이머에 이어 사회연구소 소장직을 수행하던 아도르노가 1969년 사망하고, 하버마스 역시 학생운동권과의 마찰로 프랑크푸르트를 떠나자, 프랑크푸르트학파는 종말을 고했다는 평가도 있었다. 하지만 사회철학에 기초한 학제적 연구 전통이 중단된 것은 아니며, 하버마스의 영향 속에서 사회연구소의 연구 전통은 세대를 거듭하며 지속하였다. 마틴 제이가 프랑크푸르트학파의 역사를 다룬 『변증법적 상상력』 1996년 서문에서 밝히고 있듯이,[1] 하버마스 이후에도 슈미트, 벨머, 오페, 네그트, 호네트, 뷔르거, 두비엘, 죌너, 부른크호르스트, 클라우센, 뤼디게, 멘케 등 탁월한 후속 세대가 등장했기 때문이다. 특히 하버마스의 후임자로 프랑크푸르트 대학 철학과 교수가 된 호네트가 2001년 사회연구소 소장직을 겸직하면서 프랑크푸르트학파는 명실상부하게 100년의 연구 전통을 회복하기에 이르렀다. 이런 호네트 역시 포어스트, 예기, 하르트만, 로자, 자 등 여러 제자를 배출하면서 프랑크푸르트학파의 연구 전통을 계승할 뿐만 아니라, 이를 새로운 세대로 확산시켰다. 그리고 2021년에는 사회학자 스테판 레센니히가 호네트 후임으로 사회연구소 소장에 취임하면서 프랑크푸르트학파는 새로운 국면을 맞고 있다. 100년을 이어온 프랑크푸르트학파의 생명력을 볼 때 이는 새로운 도약의 계기가 될 것으로 기대된다.

이렇게 파란만장한 역사를 겪으며 수많은 학자를 배출한 프랑크푸르트학파는 새로운 사상을 창시한 해당 사상가의 이론을 체계적으로 정리하고, 계승한다는 의미에서 창시자 중심의 학파는 아니다. 프랑크푸르트학파는 그 창시자인 호르크하이머의 사상을 계승한 것이 아니라, 그가 제시한 연구 프로그램을 통해 형성된 연구 공동체이기 때문이다. 이러한 프랑크푸르트학파에 관한 지금까지의 연구를 살펴보면, 1973년 출간된 마틴 제이의 기념비적 연구인 『변증법적 상상력』에서 알 수 있듯이 대개 프랑크푸르트학파의 모태인 사회연구소의 설립 과정과 배경, 사회연구소의 역사적 경험과 연구 업적, 그리고 사회연구소 구성원의 개인적 이력까지 소개하면서 프랑크푸르트학파의 형성과 변천 과정을 서술하는 데 치중하고 있다. 이런 마틴 제이가 서술한 프랑크푸르트학파 역사는 1950년 독일 귀환까지이고, 롤프 비거하우스[2] 같은 경우는 여기에 추가하여 아도르노가 사회연구소 소장직에 있었던 1960년대 말까지를 그간 새로 발간된 자료에 근거하여 서술하고 있다. 그리고 스튜어트 제프리스[3]는 프랑크푸르트학파의 역사를 1960년대 이후 하버마스를 거쳐 호네트에 이르는 최근의 시기까지 연장한다.

물론 프랑크푸르트학파에 관한 연구가 프랑크푸르트학파의 형성과 변천 과정만 대상으로 삼은 것은 아니다. 헬무트 두비엘[4]은 프랑크푸르트학파를 비판적 사회이론의 관점에서 그 업적을 평가할 뿐만 아니라, 프랑크푸르트학파를 사회연구소 기관지였던 『사회연구지(1932-1941)』 시기와 호르크하이머와 아도르노의 공동 저작인 『계몽의 변증법』 시기, 그리고 하버마스의 『의사소통행위이론』 시기로 구분하면서 오늘날의 상황에서 프랑크푸르트학파가 어떤 가치를 가질 수 있는지를 탐구했다. 그리고 알렉스 데미로비치[5]는 1950년 독일 귀환 이후 프랑크푸르트학파의 이론적 변천 과정을 연구 대상으로 삼았지만, 그의 연구가 당시의 이론적 작업을 재구성하는 데 그친 것은 아니다. 그는 프랑크푸르트학파의 이론적 작업, 이른바 프랑크푸르트학파의 '이론적 실천'을 일종의 정치적 실천으로 규정하면서, 이러한 작업이 '반(反)순응주의'를 확립하는 데 이론적으로나 실천적으로 기여하였음을 규명하고자 했다.

이러한 연구들은 두비엘을 예외로 한다면, 그것이 역사학자의 시각이든, 사회학자의 시각이든 외부 연구자의 관찰자적 시각에서 수행되었다면, 프랑크푸르트학파 내부의 참여자적 시각에서 프랑크푸르트학파를 다룬 연구도 있다. 그 대표적 사례는 각기 프랑크푸르트학파 2세대와 3세대를 대표하는 하버마스와 호네트의 연구이다. 특히 하버마스는 비록 프랑크푸르트학파를 어떤 통일성을 갖는 학파로 보지 않지만, 다양한 이론적 자원과 결합하여 다양한 이론 갈래를 제시해 온 프랑크푸르트학파가 당시의 학계에 끼쳤던 영향사를 규명하고자 했으며,[6] 호네트는 프랑크푸르트학파의 공통된 지적 유산이 무엇인지를 밝힐 뿐만 아니라, 오늘날 이러한 유산을 어떻게 계승할 것인지를 탐구했다.[7]

본 논문의 목적은 프랑크푸르트학파의 역사를 서술하거나, 학문적 업적을 평가하는 데 있지 않다. 본 논문의 목적은 100년의 역사를 통해 다양한 사상가를 배출한 프랑크푸르트학파를 하나의 학파로 규정할 수 있는 이유를 규명할 뿐만 아니라, 그동안 제시된 다양한 이론을 하나의 학파로 묶을 수 있는 이들 상호 간의 관계를 해명하는 데 있다. 따라서 본 논문은 프랑크푸르트학파에는 이론적 통일성이 없다는 하버마스의 주장을 그대로 수용하지는 않지만, 그렇다고 호네트처럼 프랑크푸르트학파에 공통된 지적 유산이 존재함을 강조하려는 것도 아니다. 본 논문은 프랑크푸르트학파가 배출한 대표적 사상가들이 '이성 실현을 통한 자유 실현'이라는 규범적 이상을 공유하고 있다는 점에서 프랑크푸르트학파는 통일성을 갖춘 하나의 학파이지만, 이러한 규범적 이상이 개별 사상가들의 고유한 관심에 따라 다양한 이론으로 표출되었다고 본다. 즉 프랑크푸르트학파에서는 하나의 동일한 규범적 이상이 다양한 목소리로 표현되었다는 점에서 통일성과 다양성이 통합을 이루고 있다는 것이다.

이런 이중적 특성과 관련하여 먼저 프랑크푸르트학파가 '이성 실현을 통한 자유 실현'이라는 규범적 이상을 공유함으로써 통일성을 갖춘 하나의 학파가 될 수 있었던 것은, 이를 통해 이성, 자유, 비판 개념으로 구성된 특수한 이론 복합체를 제시했기 때문이다. 즉 '이성 실현을 통한 자유 실현'이라는 규범적 이상은 사회의 발전 과정을 이성의 실현 과정으로 볼 뿐만 아니라, 이를 통해 자유의 실현이 가능하다는 기본 가정에 근거한 것이며, 이러한 가정은 항상 이성의 실현을 가로막는 기존 사회에 대한 비판과 결합해 있었다. 이런 점에서 프랑크푸르트학파는 사회 속에서 실현되는 이성적 원칙이 무엇이고, 이를 통해 실현되는 자유가 무엇인지를 규명할 뿐만 아니라, 이를 가로막는 사회 병리적 현상을 비판하는 '사회비판이론'일 수밖에 없었다.

그러나 이성-자유-비판 복합체로서의 사회비판이론이 항상 동일한 형태를 가졌던 것은 아니다. 프랑크푸르트 대학 철학과 사회철학 담당 교수직을 역임했던 호르크하이머, 하버마스, 호네트로 이어지는 세대교체 과정을 보면, 이성, 자유, 비판의 의미가 달라지면서 사회비판이론의 패러다임 전환이 이루어지고 있다. 호르크하이머는 노동 개념을 통해, 하버마스는 소통 개념을 통해, 그리고 호네트는 투쟁 개념을 통해 이성-자유-비판 복합체를 재구성함으로써 이성적 사회와 개인적 자유만이 아니라, 사회 병리적 현상을 바라보는 개념 틀 자체가 달라졌기 때문이다. 물론 이 세 가지 사회비판이론은 단지 서로 다른 패러다임에 기초한 독창적 사회비판 이론이라는 위상만 갖는 것은 아니다. 이 세 가지 사회비판이론은 이전 세대의 한계를 극복하면서 하나의 통일적 체계를 형성하는 과정으로 해석될 수 있기 때문이다.

본 논문에서는 이러한 입장에 따라 세 가지 작업을 수행할 것이다. 첫째, 프랑크푸르트학파를 하나의 학파로 묶을 수 있는 100년간의 연구 전통이 무엇인지를 규명한다. 둘째, 호르크하이머는 노동 개념, 하버마스는 소통 개념, 그리고 호네트는 투쟁 개념에 근거하여 어떻게 이성-자유-비판 복합체로서의 사회비판이론을 구성했는지를 살펴본다. 그리고 결론에서는 이 세 가지 사회비판이론을 비교하면서 이들 사이의 관계를 이전 세대의 한계 극복과 통일적 체계 형성과정으로 볼 수 있는 이유를 해명한다.

1. 이성 실현을 통한 자유의 실현

호르크하이머가 사회연구소 소장 취임 강연인 「사회철학의 현 상황과 사회연구소의 과제」(1931)에서 밝히고 있듯이, 그는 "사회의 경제적 생활, 개인의 심리적 발전, 협의의 의미의 문화 영역 변화 사이의 연관성"을 "철학적 문제 제기의 토대" 위에서 탐구할 것을 사회연구소 연구 프로그램으로 제시했다.[8] 이런 점에서 사회연구소 연구 대상은 생산, 개성, 문화를 포괄하는 '사회'라고 말할 수 있으며, 생산, 개성, 문화를 각기 독립적인 영역으로 볼 뿐만 아니라, 이들 사이의 연관 관계를 해명한다는 점에서 사회연구소의 사회연구는 방법론적 차원에서 당시의 사회연구 경향과 차별화된 것이었다. 즉 호르크하이머는 경제적 요소를 근본적으로 보고, 인간의 문화가 이를 통해 결정된 것으로 설명하거나, 인간의 사고나 정신 문화적 요소를 근본적인 것으로 보고, 이를 통해 경제적 현상을 해명하거나, 혹은 경제적 요소나 정신 문화적 요소를 동일한 것의 각기 다른 표현으로 보는 관점과는 다른 길을 가려고 했다. 그리고 이런 식의 사회연구에서 개인은 특수한 개인사적 조건에서 형성된 독립된 인격체라기보다는 사회의 구성원, 혹은 특정한 사회 집단의 구성원으로서 그가 수행하는 경제적 활동이나 문화적 조건과의 관계에서 그 심리 구조가 분석된다. 이렇게 경제나 문화와 같은 사회적 현상과 개인의 심리 같은 개성의 문제를 연결한 것은 전례 없는 일이었다.

이렇게 사회연구소는 연구과제 설정이란 점에서 독창성을 보였지만, 사회연구소를 기존의 연구 관행과 확연히 구분시켜 준 것은 이런 연구가 다름 아닌 철학의 토대 위에서 수행된다는 점이다. 그렇다면 철학의 역할이 무엇이기에 호르크하이머가 사회연구를 다름 아닌 철학의 토대 위에서 수행하고자 했을까? 호르크하이머는 철학의 역할을 '내재적 원칙'과 '목적'이라는 두 가지 차원에서 설명한다. 우선 그가 생각하는 철학의 내재적 원칙은 '비판'에 있다. 즉 철학은 인간의 행위나 목적, 사회의 형태나 조직, 사고방식이나 도덕, 그리고 학문 개념과 관련해서도 기존의 지배적 관점을 비판적으로 반성함으로써 이러한 관점이 영원한 법칙인 양 관습적으로 수용되는 것을 방지하려는 원칙을 따르고 있다. 그리고 이렇게 "자연적이고 불변적이며 영원해 보이는" 기존의 지배적 관점에 비판이라는 "의식의 빛"을 비춰야 하는 이유는 "인간사회의 이성적인 조직"을 위해서이다.[9] 철학의 목적은 "이성을 세계 속에 가져오는 방법적이고 지속적인 시도"에 있기 때문이다.[10] 따라서 결국 철학은 현실과의 긴장 속에서 이성 실현을 목표로 비이성적인 것을 비판하는 데 본질적 역할이 있다.

이렇게 본다면, 철학적 문제 제기의 토대 위에서 생산, 개성, 문화를 연구한다는 것은 이성 실현이라는 목표하에서 사회를 비판적으로 연구한다는 것과 같다. 사회는 결국 생산, 개성, 문화의 상호 연관 속에서 형성된 전체이기 때문이다. 그런데 이렇게 철학이 사회연구와 결합한다면, 여기서 말하는 철학은 철학 전체를 포괄하는 것이 아니라, 철학의 한 분야인 사회철학을 지칭할 수밖에 없다. 그리고 실제로 호르크하이머는 이성 실현이라는 목표하에 사회를 비판적으로 탐구하는 철학을 '사회철학'으로 규정한다. 그러나 호르크하이머가 염두에 둔 사회철학이 철학사에 나타난 사회에 관한 모든 철학적 연구를 포괄하는 것은 아니다. 그가 사회연구의 토대로 삼은 사회철학은 헤겔에 기원한 사회철학을 말한다.

호르크하이머에 따르면 헤겔은 개인의 삶의 의미와 본질을 물질적, 정신적 문화를 포괄하는 이른바 객관화된 정신과의 관계에서 규명하려고 하였다. 헤겔은 객관적 형태로 존재하는 정신을 통해 이성이 실현된다고 볼 뿐만 아니라, 사회구성원은 객관적 정신이라는 보편적 이성을 매개로 각기 특수한 삶의 목적을 실현할 수 있다고 보았기 때문이다. 이런 전제하에 서 철학, 즉 사회철학은 개인이 사회 속에서 자유 의식에 도달할 뿐만 아니라, 이를 실현하게 하는 특수한 과제를 담당한다. 다시 말해 사회 속에서 보편적 이성이 실현되면서 개인의 자유가 실현되도록 현존 사회의 물질적, 정신적 문화를 변혁하는 것, 헤겔의 표현을 빌린다면, 정의롭지 못해 보이는 '현실적인 것이 이성적인 것'이 되도록 이를 "변용(verklären)하는" 데 사회철학의 역할이 있다는 것이다.[11] 따라서 호르크하이머가 제시한 사회연구소의 연구과제는 결국 이성 실현을 통한 자유 실현이라는 규범적 목표에 따라 생산, 개성, 문화라는 각기 고유한 영역의 상호 연관성을 탐구함으로써 현존 사회와 관련하여 무엇이 이성 실현을 통한 자유의 실현을 가로막는지 이를 비판하고, 대안을 제시하는 데 있다.

호르크하이머가 이렇게 사회철학을 사회연구의 토대로 삼은 것은 그의 시대 진단 때문이다. 호르크하이머에 따르면, 당시의 상황에서는 헤겔 철학의 영향력은 사라지고 개인주의가 만연함에 따라 사회구성원은 보편적 이성이 실현된 객관적 정신을 통해 자신의 삶에 참된 현실성을 부여하는 것이 아니라, 개별적 이익 추구에만 몰두하게 되었고, 그 결과 사회는 서로 싸우는 개별적 의지들로 인해 자유의 실현이 아닌 자의성의 소용돌이에 빠지고 말았다는 것이다. 이런 점에서 호르크하이머는 현실을 이성적으로 변용하려는 사회철학의 "숭고한 역할"을 되살리려는 작업이 그 어느 때보다 절실히 필요하다고 판단했다.[12]

이렇게 볼 때 호르크하이머가 제시한 사회연구소 연구 프로그램은 당시의 비이성적 현실을 극복하기 위한 사회철학 중심의 학제 간 연구라고 규정할 수 있다. 그리고 호르크하이머는 이를 통해 형성되는 사회철학과 개별 학문과의 학제적 통합을 보편과 특수의 관계로 설명하기도 한다. 즉 사회철학은 보편적, 혹은 본질적인 것으로서 개별 연구를 고무하는 추진력을 제공하고, 개별 연구는 사회철학에 영향을 미침으로써 사회에 대한 철학적 성찰을 발전시킨다는 것이다.[13] 따라서 사회철학은 개별 연구들이 생산, 개성, 문화라는 독립된 영역을 탐구하면서 각 영역에서 이성 실현을 통한 자유 실현이 어느 수준에 도달했는가를 진단하도록 할 뿐만 아니라, 이러한 개별 연구 성과를 토대로 이성 실현을 가로막는 장애물을 폭로하고, 진보적 사회 변혁의 방향을 제시해야 한다.

그런데 이처럼 프랑크푸르트학파 100년의 연구 전통을 이룬 '이성 실현을 통한 자유 실현'이라는 규범적 이상은 개개인의 자유 실현을 가능하게 하는 보편적 이성의 원리를 전제하지만, 이러한 이성의 원리가 무엇인지는 세대를 거듭하며 변천 과정을 겪었다. 호르크하이머는 노동 개념을 통해 인간의 자유 실현을 가능하게 하는 이성적 원리에 대한 구상에 도달했다면, 하버마스는 소통 개념을 통해, 그리고 호네트는 투쟁 개념을 통해 이성적 원리를 제시하려고 했기 때문이다.

2. 호르크하이머: 노동 개념에 기초한 이성–자유–비판 복합체

호르크하이머는 '사회철학에 기초한 학제적 사회연구'라는 사회연구소의 학문적 정체성을 명시하기 위해 「비판이론과 전통이론」(1937)에서 '전통이론'과 구별하여 '비판이론(Kritische Theorie)'이란 명칭을 사용했다. 호르크하이머에 따르면, 전통이론이란 "사실 영역에 관한 명제들의 총괄 개념"으로서 일정한 조건이 충족되면 특정한 결과가 발생한다는 식의 일반적 법칙을 제시한다.[14] 이런 점에서 전통이론은 이 세계를 동일한 것이 반복되는 법칙 질서로 보면서 이 법칙 질서를 파악할 뿐만 아니라, 이를 통해 미래의 사실을 예측할 수 있을 때 타당성을 갖는다. 이러한 이론 모델은 근대 자연과학을 통해 등장했지만, 오늘날 인간과 사회에 관한 경험적 연구도 이런 모델을 따른다는 것이 호르크하이머의 판단이다.

그런데 전통이론이 비록 사실적 타당성을 갖는다고 해도 사회적으로 통용되는 것은 아니다. 전통이론이 사회적으로 통용되는 데 결정적 역할을 하는 것은 사회적 유용성이기 때문이다. 세계를 탐구하고 이론을 형성하는 학자의 활동은 비록 개인적 관심과 동기에 따라 수행된 것처럼 보일지라도, 사회적 협력을 위해 조직된 노동 분업 체계 속에서 수행되는 사회적 활동이다. 그리고 이런 점에서 전통이론은 궁극적으로 현존 사회의 "물질적 토대를 진보적으로 혁신하고 발달"시키는 데 활용될 수 있을 때 사회적으로 통용된다.[15] 따라서 호르크하이머는 전통이론을 인간이 자신의 생존을 위협하는 자연과의 대결 속에서 자기보존과 사회의 물질적 재생산을 위해 수행하는 "노동의 종속적 계기"로 본다.[16]

이러한 전통이론과 비교해 볼 때 비판이론이 전통이론 자체를 부정하거나 철폐하려는 것은 아니다. 비판이론 역시 일반적 법칙을 통해 실제 상황에 대한 진술을 도출해 낸다든지, 이론이 궁극적으로 자연을 이용하고 지배하는 인간의 생산적 노동에 활용됨으로써 사회의 물질적 재생산에 기여한다는 점 역시 인정한다. 그러나 비판이론이 전통이론과 구별되는 결정적 요인은 비판이론이 이성적 사회 조직을 위해 현존 사회 자체를 문제 삼는 "비판적 태도(kritisches Verhalten)"에 토대를 두고 있다는 점이다.[17] 이 때문에 비판이론은 한편으로 현존 사회의 물질적 재생산을 위해 수행되는 사회적 노동 분업 체계가 이성적으로 통제되지 않을 때 그 원인을 폭로함으로써 비이성적 사회로부터의 해방을 추구하며, 다른 한편 이러한 해방을 가능하게 하는 이성적 사회 조직이 어떤 사회적 노동 분업 체계인지를 규명하려고 한다. 즉 비판적 태도에서 핵심 과제는 "노동을 새롭게 조직"하는 것이다.[18]

이렇게 전통이론과 비판이론의 결정적 차이를 철학의 본질적 역할인 '비판'에서 찾는다면, 이 두 가지 이론은 이론과 현실의 관계를 보는 방식에서도 결정적 차이를 드러낸다. 전통이론은 이 세계를 동일한 것이 반복되는 법칙 질서로 본다는 점에서 현실에 대한 개입 없이 현실을 객관적으로 파악하려고 하며, 이런 점에서 현실을 변혁하기 위해 그 문제점을 폭로하기보다는, 궁극적으로 현존 사회가 효율적으로 재생산되는 데 기여한다. 이에 반해 비판이론은 이성적 사회 조직을 위해 현존 사회 자체를 문제 삼는다는 점에서 현존 사회의 변혁에 기여하며, 이를 위해 현실로부터 유리된 이론적 객관성을 추구하는 것이 아니라, 현실 자체에 개입하여 이를 "인간의 자기규정" 대상으로 삼는다.[19] 따라서 이론을 형성하는 주체의 활동과 이러한 활동의 대상이 되는 사회 현실은 각기 주체와 객체 관계로 분열되는 것이 아니라, 이론을 형성하는 주체의 주관적 활동이 사회의 객관적 현실을 구성하는 필수적 요소가 된다.

그런데 비판이론의 토대인 비판적 태도가 현존 사회를 문제 삼을 때 왜 사회적 노동 분업 체계가 준거점이 될까? 호르크하이머가 말하는 이성적 사회는 "모든 개인이 동등한 자아실현 가능성을 갖는 자유인들의 연합체"이지만,[20] 그에게 인간의 역사는 근본적으로 인간이 자연과의 대결 속에서 자기보존을 위해 수행하는 노동의 발전 과정이다. 그리고 호르크하이머는 인간이 역사적 노동 과정 속에서 그 어떤 외부의 힘에 종속됨 없이 자신의 삶과 자연을 지배할 수 있는 능력을 인간의 정신적 능력의 핵심으로 보면서, 이를 "역사적으로 작동하는 힘"으로 규정한다.[21] 따라서 이성적 사회 역시 인간이 자신의 정신적 능력을 통해 삶과 자연을 지배하며 자기보존을 위해 수행하는 역사적 노동 과정을 통해 실현된다.

이렇게 본다면 사실 호르크하이머는 기술발전을 통해 생산력이 발전함에 따라 생산 관계가 변화한다는 마르크스의 역사관을 따르고 있다. 그리고 실제로 호르크하이머는 비판적 태도가 견지하는 비판의 의미를 마르크스의 자본주의 비판인 "정치경제학 비판"과 동일시한다.[22] 이 때문에 그는 현존 사회를 규정하는 핵심적 구조를 계급 관계로 볼 뿐만 아니라, 현존 사회를 비이성적 사회로 만드는 핵심 요인을 계급적 불평등으로 본다. 즉 사회는 구성원 모두가 역사적으로 발전하는 노동을 통해 자신을 보존하고 행복을 실현하기 위해 존재하지만, 자본주의 사회에서는 생산수단을 사적으로 소유한 자본가 계급이 경제적으로 전능한 힘을 발휘하고, 이에 반해 생산수단을 소유하지 못한 노동자 계급은 철저히 무력화됨으로써 "자신의 노동을 통해 점차 자신을 노예화하는 현실"에 처해 있다는 것이다.[23]

이런 점에서 호르크하이머는 사회 자체만이 아니라, 현존 사회 역시 노동 개념을 중심으로 이해하고 있으며, 이 때문에 이성-자유-비판의 의미 역시 노동 개념을 통해 규정될 수밖에 없다. 먼저 이성이란 그 어원인 'logos', 혹은 'ratio'가 의미하듯이 인간의 합리적 사고 능력을 말하며, 일상적으로는 논리적 규칙에 따라 분석하고 추론하는 사고 주체의 주관적 능력을 말한다. 이런 점에서 호르크하이머는 이성을 주관적 이성으로 규정하지만, 인간이 합리적 사고를 수행하는 이유는 대상을 인식하고, 행위를 결정하기 위함이며, 자신이 추구하는 목적 달성을 효율적으로 수행하기 위해 주관적 이성을 도구처럼 사용할 경우 이를 도구적 이성으로 규정한다. 그런데 인간의 사고에서 단지 대상에 대한 인식과 행위 결정이 아니라, 참된 인식과 올바른 결정이 문제될 경우, 철학사적으로 볼 때 인간, 사회, 자연을 포함한 이 세계에는 흡사 모든 현상의 목적, 본질, 질서 등을 규정하는 어떤 보편적 원리가 내재해 있는 것으로 가정된다. 호르크하이머는 이러한 세계의 보편적 원리를 객관적 이성으로 규정하기도 한다.[24]

그런데 호르크하이머가 생각하는 이성은 주관적 이성이나 도구적 이성, 혹은 객관적 이성이 아니다. 호르크하이머가 사회철학의 전형으로 삼았던 헤겔의 이성 개념을 염두에 둔다면, 이성이란 "주관성과 객관성의 통일"을 의미하기 때문이다.[25] 이런 점에서 호르크하이머가 생각하는 이성은 주관적 이성과 객관적 이성의 통일 속에 있다고 볼 수 있다. 그러나 호르크하이머가 헤겔의 이성관을 뒷받침하는 절대적 정신의 자기 발전 과정이라는 관념적 사변을 수용한 것은 아니다. 다만 그는 이성을 매개로 개별적 인간이 대립과 갈등에서 벗어나 통합과 화해에 도달한다는 헤겔의 통찰을 받아들여, 이성을 개별 의지들의 대립과 갈등을 해결하고, 개개인의 특수한 목적 실현이 동시에 타인의 특수한 목적 실현과 함께 달성되게 하는 보편적 원리로 이해한다.[26]

이렇게 볼 때 비록 호르크하이머가 인간이 자신의 삶과 자연을 지배할 수 있는 정신적 능력을 역사 발전의 추동력으로 보지만, 이런 주관적 능력 자체를 이성과 동일시한 것은 아니다. 호르크하이머가 이성적 사회를 모든 개인의 동등한 자유 실현이 가능한 자유인들의 연합체로 보았듯이, 이제 이성이란 이러한 사회를 가능하게 하는 보편적 원리로 보아야 하기 때문이다. 호르크하이머는 이러한 보편적 원리를 개개인의 욕구 충족이 동시에 타인의 욕구 충족을 가능하게 하는 정의로운 노동 분업 체계에서 찾았으며, 이는 마르크스가 제시한 사회주의 원리와 같다.[27] 마르크스가 「공산당 선언」에서 천명하고 있듯이, 사회주의 사회 역시 "각인의 자유로운 발전이 만인의 자유로운 발전의 조건"이 되는 자유로운 개인의 연합체를 의미하기 때문이다.[28] 따라서 마르크스가 사회주의 사회를 생산수단의 공유와 사회적 협력에 기초한 노동 분업 체계를 통해 설명하듯이, 이성적 사회에서도 생산수단이 사회화될 뿐만 아니라, 개별적 노동은 사회적 분업 체계 속에서 협력적으로 수행된다. 그러나 호르크하이머가 이성적 사회라고 보았던 사회주의 사회의 핵심적 특징은 단지 새로운 생산양식에 있는 것이 아니라, 물질적 생산 자체가 사회구성원들에 의해 목적의식적으로 통제된다는 점에 있다.

이렇게 본다면 사회주의 사회에서 실현된 자유란 인간의 자기보존을 협력적으로 수행하기 위해 형성된 사회적 노동 분업 체계를 사회구성원들의 자율적 통제와 지배의 대상으로 삼는다는 의미이다. 그러나 이 자율적 통제와 지배라는 말이 내가 무엇을 할지를 나 스스로 규정하는 주관적 자율성과 동일한 것은 아니다. 사회적 노동 분업 체계에 대한 목적의식적 통제는 사회구성원의 협력을 통해 실현되기 때문이다. 이런 점에서 호르크하이머가 생각하는 자유의 주체란 타인과 협력하는 주체이며, 결국 인간의 자유는 사회적 노동 분업 체계에 대한 협력적 통제에 기초한 자기보존, 즉 '협력적 자기보존'으로 이해할 수 있다.

이렇게 노동을 통해 이성과 자유의 의미를 재구성한다면, 비판의 의미 역시 달라진다. 이제 비판이론이 목표로 삼는 사회비판이란 역사적 노동 과정에서 이성과 자유의 실현을 억압하는 제반 현상을 폭로하는 것이기 때문이다. 이런 점에서 자본주의 사회는 단지 자본가 계급이 노동자 계급을 지배하고 억압하는 사회일 뿐만 아니라, 경제적 생산 활동이 자기 이익만을 추구하는 개별적 주체들의 맹목적 경쟁을 통해 수행됨으로써 사회 전체는 대립과 우연성에 빠지게 되고, 결국 인간의 자율적 통제를 가로막는 사회가 된다. 사회적 노동 분업 체계가 구성원 모두의 자기보존을 위한 생산적 힘을 발휘해야 함에도, 자본주의 사회의 노동 분업 체계에서 노동자 계급은 현존 사회를 자율적 자기보존이 아니라, 종속과 자기 억압으로 보는 모순적 체험에 빠지게 되기 때문이다. 따라서 역사적 노동 과정에서 삶과 자연을 지배하려는 인간의 정신적 능력 역시 자본주의 사회에서는 그 역사적 발전이 이루어지는 것이 아니라, 오히려 억압되고 방해받는다.

3. 하버마스: 소통 개념에 기초한 이성-자유-비판 복합체

하버마스는 교수 취임 강연인 「인식과 관심」(1965)에서 전통이론과 비판이론을 구별한 호르크하이머의 작업을 이어받아 비판이론의 학문적 정체성을 규정한다. 그러나 하버마스가 호르크하이머와 마찬가지로 단지 '비판적 태도'를 통해 비판이론을 이해한 것은 아니다. 그는 학문적 탐구의 논리적-방법적 규칙을 넘어서 이러한 규칙 사용을 통한 이론 형성을 추동하는 '인식 주도적 관심'이라는 독창적 개념을 도입하여 기존의 학문만이 아니라, 비판이론의 학문적 정체성을 규명한다.

하버마스에 따르면,[29] 자연과학과 실증주의적 사회과학을 아우르는 '경험적-분석적 학문'은 관찰 가능한 대상들에 대한 가설적-연역적 명제들을 결합하여 특정한 조건이 충족되면 어떤 일이 발생할지, 혹은 초기 조건에서 특정한 조작을 가하면 어떤 결과가 발생할지를 예측하는 경험적 법칙을 제시한다. 따라서 경험적-분석적 학문에서 중요한 것은 탐구자가 원하는 결과를 산출하기 위해 어떤 조건이나 조작이 필요한지를 알려주는 지식으로서 이는 목적 달성을 위해 가장 적합한 수단을 선택하는 성공 지향적 행위를 가능하게 한다. 이런 점에서 하버마스는 경험적-분석적 학문이 자연이나 사회에 대한 기술적 이용이라는 인식 주도적 관심에 의해 추동된다고 본다.

이에 반해 정신과학, 혹은 인문학에 해당하는 '역사적-해석학적 학문'은 실험과 관찰을 통해 객관적 대상에 관한 지식을 형성하는 것이 아니라, 텍스트에 대한 해석학적 방법을 통해 역사적으로 변화해 온 현실의 의미를 이해하는 데 목적이 있다.[30] 따라서 역사적-해석학적 학문에서 방법적으로 중요한 것은 언어적으로 형성될 뿐만 아니라, 언어를 통해 전승된 의미지평을 매개로 현실의 의미를 해석하는 것이지만, 사실 전통을 통해 계승된 의미의 세계는 객관적 표준처럼 존재하는 것이 아니라, 항상 해석자 자신의 특수한 상황에서 그 실제적인 내용이 드러난다. 이런 점에서 현실에 대한 보편적 의미이해에 도달하기 위해서는 전통에 대한 이해만이 아니라, 관련 당사자들 각자가 특수한 자신의 지평을 넘어 서로 소통하고 합의하는 것이 필요하다. 하버마스에 따르면 이렇게 전통이 매개된 소통을 통한 의미이해를 강조하는 역사적-해석학적 학문은 사회구성원들이 주관적 입장에서 벗어나 서로를 이해하는 상호주관적 소통을 가능하게 할 뿐만 아니라, 그것이 확대되는 데 기여한다. 상호이해는 그 구조상 전통을 통한 현실 이해에 기초하여 행위자들의 합의를 지향하기 때문이다. 하버마스는 이를 '경험적-분석적 학문'의 기술적 인식 관심과 구별하여 실천적 인식 관심으로 규정한다.

 '비판 지향적 학문', 즉 비판이론은 사회를 탐구대상으로 삼지만, 비판이론에서 중요한 것은 실증주의적 사회과학처럼 어떤 법칙성에 대한 지식을 제공하는 것이 아니라, 오히려 사회에 대한 진술들이 사회의 법칙을 표현하는지, 아니면 이데올로기적으로 경직된 사회적 종속 관계를 표현하는지 이를 비판적으로 검토하면서 이에 대한 자기반성을 촉진하는 것이다. 이런 점에서 하버마스는 비판이론이 자기반성이라는 방법적 틀을 통해, 인간을 지배하는 사회적 종속 관계에서 벗어나려는 해방적 인식 관심에 의해 추동된다고 본다.[31]

 그렇다면 여기서 말하는 해방은 무엇을 의미할까? 노동 개념을 통해 이성-자유-비판의 의미를 규정한 호르크하이머에게 인간을 지배하는 종속 관계로부터 해방된다는 것은 인간의 생존을 위협하는 자연의 힘과 인간의 노동을 예속화하는 계급 지배에서 벗어난다는 의미이다. 그에게 종속의 반대인 자유란 인간이 자기보존을 위해 역사적으로 수행하는 사회적 노동 과정에서 자신의 삶과 자연, 그리고 사회마저도 자율적 통제의 대상으로 삼는 것이기 때문이다. 하버마스 역시 신체적으로 연약한 인간이 자연의 힘에 맞서 자신의 생존을 확보하기 위해 사회적 노동 분업 체계를 형성한 것을 자연으로부터의 해방으로 본다.

 그런데 이러한 사회적 노동 분업 체계는 각 개인의 자기보존을 위한 노동을 사회적으로 결합할 때 가능하며, 따라서 사회구성원의 행위를 통합하는 규범, 가치관, 생활방식, 정체성 등이 전제되어야 한다. 이런 점에서 사회는 개인의 생존 보존을 집단적으로 가능하게 할 뿐만 아니라, 이른바 사회적 통합을 위한 사회화 과정을 통해 개인의 삶의 방식 역시 규정하며, 개인은 이를 통해 자신의 정체성을 형성할 뿐만 아니라, 사회적으로 의미 있는 삶을 영위하게 된다. 그러나 이와 조화를 이룰 수 없는 개인의 리비도적 충동들, 즉 자기보존으로 축소되지 않는 자연적 욕구들은 사회화 과정과 긴장 관계를 형성할 수 있으며, 이러한 긴장 관계가 개인과 사회의 화해를 통해 해소되지 못하고, 그 어떤 사회적 권력에 의해 왜곡됨으로써 지배와 종속 관계가 형성된다면 이제 사회와 관련해서도 해방을 이야기할 수 있다.

그렇다면 사회적 지배로부터의 해방을 가능하게 하는 것은 무엇일까? 하버마스에 따르면, 자연의 억압으로부터의 해방을 가능하게 한 것은 사회적으로 수행된 노동이다. 이를 통해 사회가 물질적으로 재생산되면서 집단적 자기보존이 가능하기 때문이다. 하버마스가 말하는 경험적-분석적 학문은 객관적 세계에 대한 기술적 이용을 가능하게 함으로써 사회적 노동의 효율성을 향상한다는 점에서 사회의 물질적 재생산에 기여한다. 그런데 사회의 물질적 재생산을 가능하게 하는 사회적 노동이 수행되기 위해서는 사회구성원들의 통합이 전제되어야 하며, 이를 가능하게 하는 것이 공동생활에 적합한 규범이나 가치관, 생활방식, 정체성 등과 같은 상징적 자원들이다. 이런 점에서 사회가 존속하기 위해서는 이러한 상징적 자원들이 사회구성원들의 사회화 과정을 통해 재생산되어야 한다. 그런데 사실 이러한 상징적 자원들은 역사적-해석학적 학문이 전제한 전통적 의미 지평 속에서 형성되며, 이를 수용하는 과정 역시 소통과 합의에 기초한 보편적 의미이해 과정과 궤를 같이한다. 이런 점에서 역사적-해석학적 학문은 사회화 과정과 이를 통해 이루어지는 사회의 상징적 재생산에 기여한다.

이렇게 노동을 통해 진행된 사회의 물질적 재생산과 소통을 통해 이루어진 상징적 재생산을 전제한다면, 비판이론의 역할은 사회에 대한 진술이 법칙에 맞는 것인지, 아니면 이데올로기적 종속 관계를 표현하는지를 비판적 자기반성의 대상으로 삼으며, 결국은 사회화 과정을 통해 형성된 개인의 정체성과 삶의 방식이 소통과 합의의 결과인지, 아니면 그 어떤 사회적 권력의 개입에 의한 억압의 결과인지를 문제 삼는다. 이런 점에서 해

방적 관심을 통해 추동되는 비판이론은 사회적 지배로부터의 해방을 추구
하며, 여기서 해방이란 "지배 없는 대화"를 통한 소통과 이를 통해 형성된
"보편적이고 강제되지 않은 합의"를 불가능하게 만드는 사회적 억압에서
벗어나는 것을 말한다.[32]

따라서 비판이론이 해방적 관심에 따라 현존 사회에 대한 비판적 반성
을 시도한다면, 그 핵심축은 다름 아닌 소통이다. 소통이 어떻게 진행되느
냐에 따라 억압과 해방이 구별되기 때문이다. 이런 점에서 하버마스는 노
동을 중심축에 놓은 호르크하이머와는 달리 소통을 중심축에 놓고 이성-
자유-비판의 의미를 재구성한다. 먼저 하버마스가 생각하는 이성이란 소
통 과정에 참여하는 소통 주체의 주관적 능력일 뿐만 아니라, 동시에 소통
과정 자체에 구조적으로 내재한 합리적 원리를 말한다. 이런 점에서 하버
마스가 말하는 이성이란 '소통적 이성'이다. 하버마스에 따르면, 누가 어떤
주제에 대해 어떤 상황에서 무엇을 위해 소통하든 소통이 정상적으로 진
행될 경우 항상 유지되는 기본 구조가 있다.[33] 즉 화자인 소통 주체가 객관
적 세계, 사회적 세계, 그리고 자신의 주관적 세계와 관련하여 무언가 청
자인 상대방에게 말을 할 때, 이런 언어 행위는 항상 청자의 동의를 기대
한 타당성 주장을 동반한다. 화자는 타인이 이해할 수 있도록 말을 해야
하지만, 이 말은 객관적 세계에 관한 것일 때 그 말이 진리임을, 사회적 세
계에 관한 것일 때는 올바름을, 그리고 주관적 세계에 관한 것일 때는 진
심임을 주장하며, 청자의 동의를 기대한다는 것이다. 그리고 이에 대해 청
자는 화자의 주장을 비판적으로 검토하면서 긍정과 부정으로 반응하며,
부정적으로 반응할 때 화자는 자신의 주장에 대한 근거 제시, 정당화, 증
명 등의 의무를 진다. 이런 점에서 소통이 성공적으로 합의에 이르기 위해
서는 타당성 주장, 타당성 검토, 타당성 해명 절차가 필수적일 뿐만 아니
라, 이를 위해 소통 주체들은 서로를 이런 절차를 수행할 수 있는 자유롭
고 평등한 존재로 인정해야 한다. 하버마스는 이런 절차를 원리에 따른 행

위 규제라는 의미에서 합리적 절차로 규정할 뿐만 아니라, 그 절차가 소통 과정에 내재한 합리적 절차라는 의미에서 소통적 합리성으로 지칭한다. 따라서 소통에 참여하는 주체에게 요구되는 이성적 능력이란 다름 아닌 소통 절차에 구조적으로 내재한 합리성에 따라 말하고 행동하는 것을 의미한다. 이런 점에서 이성이란 개인에게는 합리적으로 행동하는 주관적 능력이지만, 객관적 원리로서는 합리적 절차와 같다.

이렇게 이성을 소통적 이성으로 이해한다면, '지배 없는 대화'와 '보편적이고 강제되지 않은 합의'에 따라 사회가 재생산되는 해방적 상태는 주관적 능력이자 객관적 원리인 이성이 실현된 사회를 의미한다. 하버마스에게 지배 없는 대화란 소통이 아무런 방해 없이 합리적 절차에 따라 진행되는 것을 의미하며, 이를 통해 도달한 합의가 바로 보편적이고 강제되지 않은 합의이기 때문이다. 그렇다면 자유란 무엇을 의미할까? 하버마스에게 자유란 근본적으로 자율성을 의미하지만, 그것이 내가 무엇을 할지를 단지 내가 정한다는 의미의 주관적 자율성을 의미하는 것은 아니다. 그에게 자유는 흡사 칸트가 이성적 원칙에 따른 자기규정을 자율성으로 이해하듯이 소통적 이성에 따라 자신이 무엇을 할지를 결정하는 것이기 때문이다. 간단히 말해서 자유란 지배 없는 대화를 통해 형성된 보편적이고 강제되는 않은 합의에 기초하여 내가 무엇을 할지를 정하는 것이다. 물론 이것이 주관적 자율성에 반하는 것은 아니다. 지배 없는 대화에 참여하는 개별적 주체인 내가 이러한 합의의 주체이기 때문이다. 즉 내가 합의한 것에 따라 내가 무엇을 할지를 규정한다는 점에서 이 역시 자율성의 실현이라는 것이다. 이렇게 본다면 소통적 이성을 통해 실현된 개인의 자유는 바로 소통이라는 협력적 절차를 통해 실현되는 '협력적 자기규정'이라고 할 수 있다.

이처럼 이성과 자유의 의미가 재규정된다면, 비판의 의미 역시 달라진다. 비판의 대상은 다름 아닌 이성과 자유의 실현을 가로막는 사회적 요인이기 때문이다. 하버마스에 따르면, 사회는 생활세계와 체계라는 두 가지 영역으로 구분된다. 먼저 생활세계는 소통을 통해 합의된 타당한 주장과 신념들의 저장고로서 사회화 과정을 통해 이에 대한 전승이 이루어진다. 이런 점에서 생활세계는 전통이라는 공유된 의미 지평을 제시함으로써 소통을 통한 상호이해를 가능하게 하지만, 소통 과정에서 제시된 타당성 주장과 비판적 검증을 통해 새로운 주장과 신념들이 공유되면서 전통은 또한 새롭게 형성된다. 생활세계에서는 이렇게 전통과 소통이 순환적 관계를 형성하면서 사회 유지에 필요한 규범, 가치관, 생활방식, 정체성 등 상징적 자원이 재생산된다. 이와 달리 체계는 사회의 물질적 재생산이 이루어지는 사회적 영역으로서 자기보존을 위한 개별적 노동이 사회적으로 조직되어 물질적 재화의 생산이 이뤄지는 경제 체계와 이를 뒷받침하는 국가 행정 체계를 포괄한다. 따라서 소통 행위의 영역인 생활세계와 달리 체계는 물질적 생산을 위한 전략적 행위가 수행되는 기능적 영역으로서 목적 달성을 위한 효율성 원리에 의해 지배된다. 하버마스에게 비판이란 이성과 자유의 실현을 가로막는 사회적 요인을 폭로하는 것이며, 그는 오늘날 그 사회적 요인을 '체계에 의한 생활세계의 식민화'에서 찾았다. 즉 체계의 지배적 원리인 효율성이 화폐와 권력의 힘으로 생활세계 영역에 침투하여 소통적 이성을 억압함으로써 '지배 없는 대화'와 '보편적이고 강제되지 않은 합의' 절차만이 아니라 이를 통해 형성된 규범, 가치관, 생활방식, 개인의 정체성 등을 파괴한다는 것이다.

4. 호네트: 투쟁 개념에 기초한 이성-자유-비판 복합체

호네트는 「해방적 관심은 존재하는가?」(2017)에서 하버마스가 비판이론의 인식 주도적 관심으로 제시한 '해방적 인식 관심' 개념을 수용하면서도 그 결함을 극복할 수 있는 대안적 입장을 제시한다.[34] 호네트에 따르면, 하버마스는 경험적-분석적 학문은 노동을 매개로 사회의 물질적 재생산에 기여한다는 점에서 기술적 인식 관심, 그리고 해석학적-역사적 학문은 소통을 매개로 사회의 상징적 재생산에 기여한다는 점에서 실천적 인식 관심에 의해 추동된다. 그리고 이런 맥락에서 하버마스는 비판이론이 해방적 인식 관심에 의해 추동된다고 규정하지만, 정작 해방적 인식 관심에 의해 추동되는 비판이론이 어떤 행위를 매개로 사회 재생산에 기여하는지는 해명하지 않았다. 즉 하버마스는 인식 관심을 세 가지로 구분하면서 각각에 상응하는 행위 유형 역시 구분해야 하는데, 해방적 관심이 단지 '지배(Herrschaft)'에서 벗어나려는 관심임을 강조할 뿐, '노동', '소통'에 이은 제3의 행위 유형을 설정하지 않았다. 따라서 해방적 관심이 어떤 행위를 통해 지배에서 벗어날 뿐만 아니라, 이를 통해 사회 재생산에 기여하는지가 공백 상태에 있다는 것이다.

호네트에 따르면, 그 이유는 하버마스가 인식 주도적 관심 개념을 제시할 당시 지배와 종속의 문제를 근원적으로 개인적 주체의 내적 갈등 구조로 해석함으로써 사회적 투쟁을 해방적 관심에 상응한 제3의 행위 유형으로 설정하지 않았기 때문이다. 앞서 설명했듯이 하버마스는 소통을 통해 진행되는 사회화 과정이 개인의 리비도적 충동들, 즉 자기보존으로 축소되지 않는 자연적 욕구들과 긴장 관계를 형성할 수 있으며, 이러한 긴장 관계가 개인과 사회의 화해를 통해 해소되지 못하고, 사회적 권력에 의해 왜곡될 때 지배와 종속 관계가 발생한다고 보았다. 이런 점에서 지배와 종속에서 벗어나려는 해방적 관심은 비록 그것이 지배 없는 대화를 추구한다고 하더라도, 이러한 관심의 뿌리는 개별적 주체의 내적 갈등에 있다. 그런데 이렇게 지배와 종속의 문제를 개별 주체가 겪는 내적 갈등으로 해석한다면, 사실 이런 갈등의 해소는 집단적 투쟁을 통한 해방이 아니라, 프로이트의 정신분석학에 말하는 치유 과정으로 전화될 수 있다. 즉 정신분석가의 도움으로 환자가 억압으로 인한 심리적 갈등과 왜곡을 자기반성을 통해 극복하듯이, 개인의 내적 갈등이 비판이론을 통한 자기반성 노력으로 극복될 수 있다는 식으로 생각될 수 있다는 것이다.

그러나 비판이론과 사회의 관계가 정신분석학과 환자의 관계처럼 이해될 수는 없다. 사회적 대립 관계에서 발생하는 집단적 투쟁이 내적 갈등을 해소하려는 개별적 주체의 자기반성 노력과 같은 것일 수 없으며, 이런 점에서 사회적 지배가 초래하는 집단 간의 대립이 이로 인한 심리적 내적 갈등으로 환원될 수도 없다. 사회적 지배와 억압을 극복하는 것과 이로 인해 발생한 내적 갈등을 극복하는 것은 완전히 다른 문제이기 때문이다. 이런 점에서 호네트는 비판이론이 사회적 지배를 극복하려는 해방적 관심에 따라 추동된다고 보기 위해서는 사회적 투쟁이라는 제3의 행위가 필요하다고 본다. 즉 비판이론은 해방을 위한 사회적 투쟁에 이론적으로 기여한다는 점에서 이를 주도하는 인식 관심을 해방적 관심으로 규정할 수 있다는 것이다. 그리고 이런 점에서 해방적 관심을 통해 추동되는 비판이론은 사회적 투쟁을 매개로 사회의 발전적 재생산에 기여한다.

그렇다면 이렇게 사회적 투쟁을 노동과 소통에 이어서 사회의 재생산 요소로 볼 만큼 사회적 투쟁이 사회 재생산의 불변적 요소일까? 호네트는 사회적 규범의 속성을 해명하면서 어떤 사회에서든 사회적 갈등과 이로 인한 투쟁이 필연적으로 발생한다고 본다. 당연한 가정이지만 서로 다른 개인들이 공동생활을 영위하기 위해서는 사회적 통합이 필요하고, 이를 가능하게 하는 핵심적 요소가 사회질서를 유지하는 사회적 규범이다. 그런데 사회적 규범은 일반적 규정 형태로 존재할 뿐 누구에게 적용되고, 개별적 적용의 경우 어떻게 해석되어야 하는지까지 정해져 있지 않다. 사회적 규범은 적용될 때 항상 그 특수한 조건에 따라 해석될 수밖에 없으며, 이런 점에서 사회적 규범에 대한 해석은 일면성을 면하기 어렵고, 서로 다른 조건에 처한 사람들 사이에 해석을 둘러싼 갈등을 초래한다. 그런데 사회구성원들이 사회적 규범에 따라 자신의 행위를 수행하고자 할 때면 언제나 자신이 사회적 규범을 해석할 수 있고, 또한 타인의 해석을 비판할 수 있는 동등한 권리가 부여된 공동체 구성원으로 인정되길 암묵적으로 기대한다. 그러나 기존의 지배적 해석이 정당하지 못한 방식으로 자신을 부당하게 대우함으로써 이러한 인정 기대가 부정당했다고 인식될 때, 사회적 규범을 "전복적으로 해석"함으로써 자신도 사회의 정상적 사회구성원임을 인정받기 위한 사회적 투쟁이 발생한다.[35]

이렇게 사회적 규범에 내재한 갈등 가능성을 전제한다면, 사회적 투쟁은 사회 재생산과 관련하여 언제든 등장할 수밖에 없는 사회적 행위이다. 그런데 미국의 흑인 인권운동, 유럽의 노동운동, 영국의 여성 참정권 운동 등 지금까지 실제로 발생한 사회적 투쟁들은 항상 이론적 차원에서 수행되는 개념적-규범적 작업과 외부로 표출되는 저항이나 봉기 등 실천적 작업의 통일 속에서 수행된다. 호네트에 따르면 비판이론을 추동하는 해방적 관심이란 바로 자신을 동등한 사회구성원으로 인정하지 않는 부당한 대우에서 벗어나고자 사회적 투쟁에 참여한 사람들의 지적 관심에 뿌리를 두고 있으며, 비판이론의 목적은 사회적 규범에 대한 지배적 해석에 맞서 해석적 개방성에 대한 통찰을 제시할 뿐만 아니라, 지배적 해석의 배후에서 작동하는 특수한 이해관계를 폭로함으로써 "사회적 해방과정을 학문적 수단을 통해 촉진"하는 데 있다.[36]

호네트는 이렇게 사회의 재생산을 이해하는 데 사회적 투쟁을 중심축에 둔다는 점에서 이를 노동으로 규정한 호르크하이머나 소통으로 규정한 하버마스와 구별되며, 그 역시 사회적 투쟁 개념에 상응하여 이성-자유-비판의 의미를 재구성한다. 우선 이성에 관한 호네트의 입장은 무엇보다도 인간 역사를 이성 실현 과정으로 이해함으로써 사회적 현실을 이성적인 것으로 규정한 헤겔 철학에 기원한다. 그러나 그가 헤겔처럼 이성 실현을 절대정신의 자기실현이라는 형이상학적 관점에서 이해한 것은 아니다. 호네트는 헤겔의 존재론적 정신 개념은 배제하고, 이성을 사회 속에서 실제로 작동하는 합리적 원리로 볼 뿐만 아니라, 이성 실현을 사회구성원의 학습 과정을 통한 정신 발전과 결합한다.

즉 한편으로 호네트는 호르크하이머와 마찬가지로 이성을 개별적 사회구성원이 대립과 갈등에서 벗어나 통합과 화해에 이르는 보편적 사회구성원리로 보았을 뿐만 아니라, 바로 이런 점에서 이성을 각 개인이 자신이 하고자 하는 바를 실현하며 타인과 갈등하는 것이 아니라, 반대로 "타인의 자유가 자신의 개별적인 자아실현의 필수불가결한 전제"가 되는 특수한 사회적 관계 형성의 매개체로 본다.[37] 그리고 호네트는 이러한 사회적 관계를 헤겔의 '인륜성(Sittlichkeit)' 개념을 통해 설명한다. 다시 말해 사회구성원의 보편적 자유를 보장하는 사회적 관계는 단지 규범이나 제도를 통해 형성된 인간관계가 아니라, 주관적 경향성을 갖는 개인적 관심사와 규범을 통해 제시된 공동의 가치가 합쳐진 특수한 상호작용 방식이 관습(Sitte)화되면서 만들어진 인간관계라는 것이다.[38] 헤겔은 이러한 인륜적 관계를 가족, 시민사회, 국가를 통해 형성된 인간관계로 설명하면서 이를 이성이 실현된 객관적 형태로 보지만, 이들 사이의 공통점은 상호인정 관계이다. 즉 인륜적 관계는 상호인정에 기초한 인간관계이며, 서로를 어떤 존재로 인정하느냐에 따라 다양화될 뿐이다. 이런 점에서 사회구성원리로서의 이성이란 결국 상호인정 관계를 형성하고, 이를 통해 실현되는 이성을 말하며, 호네트는 이러한 상호인정 관계의 매개체를 사랑, 동등 권리, 연대로 해석한다. 그리고 이 때문에 호네트는 보편적 자유 실현을 가능하게 하는 사회구성원리가 바로 사랑, 권리, 연대라고 본다.

다른 한편 호네트는 이성이 사회적으로 실현되기 위해서는 사회구성원의 정신적 능력이 발전되어야 한다고 본다. 즉 사회구성원이 일종의 학습과정을 통해 자신의 자유를 가로막는 "사회의 부정적 상태"가 이성의 결함에서 비롯된 것일 뿐만 아니라,[39] 이를 극복하기 위해 이성의 원리가 실현되어야 한다는 깨달음에 도달할 때, 비로소 이성이 실현된다는 것이다. 이런 점에서 이성이란 사회구성원리일 뿐만 아니라, 동시에 자기반성과 계몽을 통해 역사적으로 성장하는 인간의 정신적 능력이며, 사회구성원리로 서의 이성은 결국 이러한 인간의 정신적 능력을 매개로 실현된다. 물론 이 성이 실현되는 과정은 갈등적이다. 이성의 실현은 자유가 억압당한 사람 들이 학습을 통해 사회의 부정적 상태를 극복하는 과정이라는 점에서 보 편적 자유 실현이 아니라, 자신의 특수한 자유만을 실현하는 기존의 권력 과 지배에 맞선 투쟁의 과정이기 때문이다. 호네트는 이러한 사회적 투쟁 은 자유 실현을 위한 투쟁이지만, 이를 가능하게 하는 것은 결국 사회적 인정 확대라는 점에서 이를 '인정 투쟁'으로 규정한다.[40]

그렇다면 상호인정 관계는 어떤 점에서 인간의 보편적 자유를 가능하게 할까? 상호인정 관계란 헤겔의 표현처럼 "타인 속에서 자기 자신으로 존 재"하는 상호적 관계를 말하며, 이러한 관계에서 개인은 "타인과의 관계에 서 기꺼이 규정되고 제한되려는 상호성에의 의욕"에 따라 행동한다.[41] 즉 나와 타인은 서로 다른 존재이지만, 내가 타인 속에 나 자신으로 존재한다 면, 나는 타인의 의식 속에서 그와 하나가 된 것이며, 이런 점에서 타인은 나를 의식하며 자신의 행동을 규정하고 제한할 뿐만 아니라, 내가 원하는 것을 흡사 자신이 원하는 것처럼 이것의 실현을 자발적으로 욕구한다. 그 리고 이런 욕구가 동시에 상호성 욕구라는 것은 타인 속에 나 자신이 존재 할 때, 타인도 내 속에 자기 자신이 존재하길 원하기 때문이다. 더구나 내 가 원하는 것이 상대방 없인 불가능할 경우 상호성은 단지 내가 하듯이 상 대방도 그렇게 한다는 것이 아니라, 내가 할 수 없는 것을 상대방이 보완 하고, 나 역시 상대방이 할 수 없는 것을 보완한다는 '상보성'을 의미한다. 따라서 상호인정 관계에서 각각의 주체는 자신이 하고자 하는 바를 타인 의 협력을 통해 달성할 수 있으며, 이런 점에서 호네트에게 개인의 자유란 "협력적 자아실현"을 의미한다.[42]

그런데 상호인정 관계는 단지 개인 간의 특수한 관계만을 의미하는 것 은 아니다. 상호인정이 반복되고 사회적으로 일반화되면, 헤겔의 인류성 개념이 의미하듯이, 상호인정이 사회구성원에게 주관적 신념으로 내면화될 뿐만 아니라, 사회적 관습처럼 제도화된다. 따라서 사회구성원은 이러한 제도에 참여할 때, 서로에게 어떤 행위를 기대할 수 있는지를 상대방과 공유한 관습을 통해 알 수 있으며, 따라서 이를 통해 각자 원하는 것을 상대방의 상호적 협력을 통해 실현할 수 있다. 호네트는 이렇게 관습화된 사회적 제도를 매개로 실현된 자유를 '사회적 자유'라고 명명할 뿐만 아니라, 상호인정의 매개체가 사랑, 동등 권리, 연대이듯이, 이것에 근거하여 사회적 자유가 실현되는 관습화된 제도로 가족, 시장경제, 정치적 공론장을 예시로 든다.[43]

즉 가족 관계는 부모와 자식 간의 사랑을 토대로 형성될 뿐만 아니라, 각 구성원이 공유한 관습에 따라 육아, 가사, 부양을 둘러싼 상보적 역할 분담을 통해 유지된다. 그리고 이러한 상호적 협력 속에서 가족 구성원은 전 생애에 걸쳐 자신만의 실존적 경험을 형성하고 상대방에 투영함으로써 각자 자신의 유일무이함을 실현한다. 시장경제 영역에서 소비자는 생산자가 있어야 소비 욕구를 충족할 수 있고, 생산자는 소비자가 있어야 이윤 욕구를 충족할 수 있듯이, 시장경제 영역에서 수행되는 경제적 행위는 상보적 관계에 있으며, 다양한 경제 주체에게 동등 권리가 보장될 때 각자의 욕구를 협력적으로 실현할 수 있다. 민주주의 국가는 주권자인 국민의 통합된 의사에 따라 운영되어야 하며, 따라서 사회구성원은 정치적 공론장에서 협력적으로 수행되는 공론 형성과정에 참여함으로써 비로소 자신의 정치적 자유를 실현할 수 있다.

이렇게 자유의 의미를 이해한다면, 비판이 무엇을 의미하는지는 이미 명확하다. 비판이란 이성의 실현과 이에 따른 협력적 자아실현, 혹은 사회적 자유 실현을 가로막거나 왜곡하는 사회 병리 현상을 폭로하는 것이기 때문이다. 이런 점에서 호네트의 비판이론은 무엇보다도 상호인정을 불가능하게 만드는 일반적 요인으로 '사회적 무시'를 개념화한다. 즉 폭력,

동등 권리 유보, 사회적 배제 등이 일반적인 사회 병리 현상의 핵심이라는 것이다. 물론 호네트의 사회비판은 무시 현상만을 폭로하는 것은 아니다. 상호인정이 관습화된 제도적 영역도 비판적 성찰의 대상이 되기 때문이다. 이런 점에서 호네트는 개인주의화 경향만이 아니라, 경제 논리가 가족 영역에 침투함으로써 가족 구성원 간의 배려와 보살핌이 약화한 것, 신자유주의적 세계화가 추구하는 자본 이윤 극대화가 협력적 분업에 기초한 시장경제 자체를 무한경쟁의 장소로 변질시킨 것, 영리 기업화된 언론 매체와 정치 세력이 결탁함으로써 민주적 공론 형성을 왜곡하거나 고사시키는 것, 이 모든 것을 비판의 대상으로 삼는다.

나가는 말

지금까지의 논의를 종합해 보면, 호르크하이머, 하버마스, 호네트는 모두 사회를 비판적 탐구의 대상으로 삼지만, 이들이 주목한 사회란 각기 다른 차원이다. 호르크하이머가 비판의 대상으로 삼은 것은 노동을 통한 물질적 재생산 차원이며, 하버마스는 물질적 재생산의 가능 조건인 소통을 통한 상징적 재생산을 비판의 대상으로 삼았다. 이에 반해 호네트는 인정 투쟁을 통한 발전적 재생산 차원에서 사회를 고찰했다. 바로 이런 차이 때문에 이들이 제시한 '이성-자유-비판 복합체'로서의 비판이론 역시 달랐다. 호르크하이머는 사회적 노동 분업 체계에 대한 자율적 통제가 이루어지는 사회주의 사회를 이성적 사회로 보면서 이를 통한 협력적 자기보존을 자유의 실현으로 보았다. 그리고 이를 가로막는 자본주의적 계급 지배와 노예화된 노동을 비판했다. 하버마스는 지배 없는 소통 과정에 내재한 합리적 절차를 소통적 이성으로 규정하면서, 소통을 통한 협력적 자기규정을 자유로 보았을 뿐만 아니라, 이를 가로막는 전략적 합리성의 확대를 '체계에 의한 생활세계 식민화' 테제를 통해 폭로했다. 끝으로 호네트는 상호인정 관계 형성의 매개체를 인륜적 이성으로 이해할 뿐만 아니라, 이를 통해 실현되는 협력적 자아실현, 혹은 사회적 자유를 개인의 자유로 보았고, 이를 가로막는 사회적 무시와 다양한 사회 병리 현상을 비판했다.

이러한 이론적 변천사는 분명 이전 세대의 이론적 한계를 극복하는 과정이었다. 호르크하이머와 하버마스의 관계를 보면, 하버마스의 비판이론은 호르크하이머가 봉착한 난관을 극복하기 위해 등장했다고 해도 과언이 아니기 때문이다. 사회연구소 초기에 호르크하이머는 앞서 서술했듯이 사회를 협력적 노동 체계로 보면서, 이러한 사회적 노동 체계가 구성원에 의해 자율적으로 통제되는 사회를 이성적 사회로 규정했다. 그러나 그가 아도르노와 함께 저술한 『계몽의 변증법』 이후 호르크하이머는 자신의 관점을 극적으로 바꾼다. 이에 따르면, 자기보존을 위해 수행되는 노동은 도구적 합리성을 따르고 있으며, 인류 문명화 과정이란 도구적 합리성에 따라 인간의 행동과 사회 전체가 합리화되는 과정이다. 그리고 인간은 이러한 합리화 과정을 통해 자기보존을 효율적으로 실현하게 되었지만, 그 결과는 사회적 노동 체계가 자연을 지배하고, 인간을 지배하고, 종국에 가서는 개개의 인간이 자기 자신을 지배하는 야만적 세계라는 것이다. 그런데 이러한 관점에 서면 호르크하이머가 생각한 이성적 사회 역시 야만적 사회를 초래할 수밖에 없다. 사회적 노동 체계가 사회구성원에 의해 자율적으로 통제된다고 해도 이 역시 노동 체계라는 점에서 도구적 합리성을 따를 수밖에 없기 때문이다. 사회를 단지 노동 개념에 기초하여 이해한 호르크하이머는 이러한 난점을 해결할 아무런 개념적 장치도 제시할 수 없었다. 그러나 사회를 노동과 소통 개념을 통해 이해한 하버마스는 이 난점을 해결할 수 있었다. 하버마스의 식민화 테제를 전제한다면, 인류의 문명화 과정이 낳은 역설적 결과는 단지 도구적 합리성에 따른 사회의 합리화가 아니라, 소통을 통해 유지되는 생활세계가 도구적 합리성의 식민지가 된 데 그 원인이 있으며, 따라서 이를 극복할 방법은 생활세계를 다시 복구하기 위해 소통적 이성을 활성화하는 데 있기 때문이다.

이런 점에서 하버마스의 비판이론은 호르크하이머의 한계를 극복할 대안을 제시했다고 평가할 수 있지만, 호네트의 비판이론은 이 둘 모두를 전제하면서도 그 한계를 넘어 하나의 통일적 체계를 형성한다고 볼 수 있다. 호네트가 말하는 인정 투쟁은 물질적 재생산 차원과 상징적 차원을 포괄한다고 볼 수 있기 때문이다. 사회적 노동 체계에 대한 자율적 통제와 협력적 자기보존, 그리고 지배 없는 소통과 이를 통한 협력적 자기규정은 사회구성원 모두를 권리 차별과 연대에서의 배제라는 사회적 무시를 넘어 동등한 생산 주체이자 소통 주체로 대우하는 상호인정 관계 속에서 가능하며, 이런 상호인정 관계를 제도화하기 위해서는 이를 가로막는 지배와 억압에 맞서 사회적 인정 관계를 확대하려는 인정 투쟁이 필연적이기 때문이다. 즉 상호인정 관계는 협력적 노동이나 지배 없는 소통을 가능하게 하는 공통된 전제라는 것이다. 이런 점에서 호네트가 말하는 상호인정 관계에서 실현되는 협력적 자아실현, 혹은 사회적 자유는 협력적 자기보존과 협력적 자기규정의 계기 모두를 포함한다. 호네트가 상호인정의 매개체로 사랑, 동등 권리, 연대를 제시하고, 이에 상응하여 상호인정이 제도화된 형태로 간주한 가족, 시장경제, 정치적 공론장은 서로를 어떤 존재로 인정하느냐에 따라 다양화된 것이며, 그만큼 개인의 자아는 다양한 정체성을 포함하기 때문이다. 이런 점에서 호네트의 비판이론이 호르크하이머와 하버마스의 비판이론을 인정 투쟁 개념을 통해 하나의 체계로 통합했다고 볼 수 있다.

주

1 마틴 제이, 노명우 옮김, 『변증법적 상상력』, 동녘 2021.

2 Rolf Wiggerhaus, *Die Frankfurter Schule*, dtv wissenschaft 1988.

3 스튜어트 제프리스, 강수영 옮김, 『프랑크푸르트학파의 삶과 죽음』, 인간사랑 2019.

4 Helmut Dubiel, *Kritische Theorie der Gesellschaft*, JUVENTA 1988.

5 Alex Demirović, *Der nonkonformistische Intellektuelle*, Suhrkamp 1999.

6 Jürgen Habermas, "Drei Thesen zur Wirkungsgeschichte der Frankfurter Schule", in: Honneth/Wellmer (hg.), *Die Frankfurter Schule und die Folge*, De Gruyter 1986.

7 Axel Honneth, "Eine soziale Pathologie der Vernunft. Zur intellektuellen Erbschaft der Kritischen Theorie", in: ders., *Pathologie der Vernunft*, Suhrkamp 2007. (이하 EPV)

8 M. Horkheimer, "Die gegenwärtige Lage der Sozialphilosophie und die Aufgaben eines Instituts für Sozialforschung", in: ders., *Gesammelte Schriften* Bd. 3. Fischer 1985. 32, 29쪽. (이하 GSA)

9 M. 호르크하이머, 조창섭 옮김, 「철학의 사회적 기능」(1940), 『철학의 사회적 기능』, 전예원 1983, 281쪽.

10 M. 호르크하이머, 『철학의 사회적 기능』, 290쪽.

11 Horkheimer, GSA, 23쪽.

12 Horkheimer, GSA, 25쪽.

13 Horkheimer, GSA, 29쪽.

14 M. Horkheimer, "Traditionelle und kritische Theorie"(1937), ders., *Traditionelle und kritische Theorie*, Fischer 1992, 205쪽. (이하 TUK)

15 Horkheimer, TUK, 211쪽.

16 Horkheimer, TUK, 215쪽.

17 Horkheimer, TUK, 223, 224쪽.

18 Horkheimer, TUK, 227쪽.

19 Horkheimer, TUK, 246쪽.

20 Horkheimer, TUK, 236쪽.

21 Horkheimer, TUK, 240쪽.

22 Horkheimer, TUK, 223쪽 각주 14.

23 Horkheimer, TUK, 228쪽.

24 Max Horkheimer, *Zur Kritik der instrumetellen Vernunft*, Fischer Wissenschaft 1985, 13-26쪽.

25 전석환·조극훈, 「막스 호르크하이머의 헤겔 이성 개념에 대한 이해와 비판이론 구상 -『도구적 이성비판』을 중심으로」, 강원대학교 인문과학연구소, 『인문과학연구』 38집, 2013, 368쪽.

26 Horkheimer, GSA, 23쪽.

27 M. Horkheimer/H. Marcuse, "Philosophie und kritische Theorie", *Zeitschrift für Sozialforschung* Bd. 6 (1937), dtv-Reprint 1980.

28 칼 맑스 · 프리드리히 엥겔스, 「공산주의당 선언」, 『저작 선집 1』, 박종철출판사 1991, 421쪽.

29 Jürgen Habermas, "Erkenntnis und Interesse", *Technik und Wissenschaft*, Suhrkamp 1969, 155-157쪽. (이하 EUI)

30 Habermas, EUI, 157-158쪽.

31 Habermas, EUI, 158-159쪽.

32 Habermas, EUI, 164, 163쪽.

33 위르겐 하버마스, 장춘익 옮김, 『의사소통행위이론 1』, 나남출판 2006, 제1중간고찰, 407-492쪽.

34 Axel Honneth, "Gibt es ein emanzipatorisches Erkenntnisinteresse? Versuch der Beantwortung einer Schlüsselfrage kritischer Theorie", *Die Armut unserer Freiheit*, suhrkamp 2020. (이하 GEE)

35 Honneth, GEE, 308쪽.

36 Honneth, GEE, 319쪽.

37 악셀 호네트, 이행남 옮김, 『비규정성의 고통』, 그린비 2017, 19쪽.

38 호네트, 『비규정성의 고통』, 16쪽.

39 Honneth, EPV, 32쪽.

40 악셀 호네트, 문성훈 · 이현재 옮김, 『인정투쟁』, 사월의책 2011.

41 호네트의 『비규정성의 고통』의 한국 역자는 "타인 속에서 자기 자신으로 존재"라는 헤겔의 표현을 "타인과의 관계 안에서 기꺼이 규정되고 제한되려는 상호성에의 욕구"로 해석한다. 호네트, 『비규정성의 고통』, 28-29쪽.

42 Honneth, EPV, 37쪽.

43 Axel Honneth, *Das Recht der Freiheit*, Surkamp 2011, B-III장.

참고문헌

마틴 제이, 노명우 옮김, 『변증법적 상상력』, 동녘 2021.

막스 호르크하이머, 조창섭 옮김, 『철학의 사회적 기능』, 전예원 1983.

스튜어트 제프리스, 강수영 옮김, 『프랑크푸르트학파의 삶과 죽음』, 인간사랑 2019.

악셀 호네트, 문성훈·이현재 옮김, 『인정투쟁』, 사월의책, 2011.

악셀 호네트, 이행남 옮김, 『비규정성의 고통』, 그린비 2017.

위르겐 하버마스, 장춘익 옮김, 『의사소통행위이론 1』, 나남출판 2006.

전석환·조극훈, 「막스 호르크하이머의 헤겔 이성 개념에 대한 이해와 비판이론 구상
  ─『도구적 이성비판』을 중심으로」, 강원대학교 인문과학연구소, 『인문과학연구』
  38집, 2013.

칼 맑스·프리드리히 엥겔스, 「공산주의당 선언」, 『저작 선집 1』, 박종철출판사 1991.

Wiggerhaus, Rolf, *Die Frankfurter Schule*, dtv-wissenschaft 1988.

Dubiel, Helmut, *Kritische Theorie der Gesellschaft*, JUVENTA 1988.

Demirović, Alex, *Der nonkonformistische Intellektuelle*, Suhrkamp 1999.

Habermas, Jürgen, *Technik und Wissenschaft*, Suhrkamp 1969

Honneth/Wellmer (hg.), *Die Frankfurter Schule und die Folge*, De Gruyter 1986.

Honneth, Axel, *Pathologie der Vernunft*, Suhrkamp 2007.

Honneth, Axel, *Das Recht der Freiheit*, Surkamp 2011

Honneth, Axel, *Die Armut unserer Freiheit*, suhrkamp 2020.

Horkheimer, Max, *Gesammelte Schriften* Bd. 3. Fischer 1985.

Horkheimer, Max, *Traditionelle und kritische Theorie*, Fischer 1992.

Horkheimer, Max, *Zur Kritik der instrumetellen Vernunft*, Fischer Wissenschaft 1985.

Horkheimer, Max (hg.), *Zeitschrift für Sozialforschung*, Bd. 6 (1937), dtv-reprint 1980.

프랑크푸르트학파의 양면성과 유럽중심주의 문제[*]

한 상 진

I. 논의의 목적과 순서 및 범위

이 글의 목적은 프랑크푸르트학파의 양면성을 밝히고 이 학파와 유럽 중심주의의 관계를 논증하려는 것이다. 양면성의 한 차원은 이 학파의 100년에 걸친 제도화 과정이고 다른 차원은 비판이론의 독특한 성격을 갖는 학문지향을 가리킨다. 두 차원은 연관되지만 구별된다. 이것은 이 학파가 창립된 이래 두 차례에 걸친 혹독한 시련 이후 오늘날 제도로서는 안정된 상태에 있지만 비판이론은 아직도 여러 난제에 직면해 있다는 사실에서 분명해진다. 논의의 순서로는 먼저 프랑크푸르트학파의 창립과 제도화 과정을 살피면서 이 학파 내부의 분절과 갈등을 조명하겠다. 이어서 이 학파와 유럽중심주의 관계를 엄밀하게 살피기 위해 비판이론의 세 가지 구성요소, 즉 비판 개념, 변혁주체 및 방법론, 미래의 대안을 검토하겠다. 뒤를 이어 유럽중심주의의 세 가지 차원, 즉 서술적, 실용적, 규범적 차원을

* 이 글은 2024년 3월, 학술지 『사회와 이론』 제47집, 7-37면에 출간된 것이다.

구별하고 프랑크푸르트학파의 경우, 유럽중심주의 비판이 어떤 면에서 타당한지를 검토하겠다. 프랑크푸르트학파는 오늘날 제4세대로 이어지고 있지만 이 글은 제1세대와 제2세대의 학문활동에 국한하겠다.

II. 제도화 과정의 첫 번째 시련: 파시즘의 탄압과 미국 망명

프랑크푸르트학파의 창립은 1923년 초로 거슬러 올라간다. 그러나 창립 당시의 상황과 이념지향 등에 관해서는 제대로 조명되지 못했다. 1930년 대 호르크하이머(Max Horkheimer: 1895-1973)의 역할에 대해서는 잘 알려져 있으나 그가 이 학파를 창립한 것으로 오인된 면도 있다. 폴록(Friedrich Pollock: 1894-1970)이 창립을 주도한 것처럼 보도된 경우도 있었다. 그러나 최근 프랑크푸르트 사회조사연구소의 물질적 기반을 제공한 펠릭스 바일(Felix Weil: 1898-1975)에 대한 자세한 평전이 출판되면서[1] 창립상황이 분명해졌다. 바일은 호르크하이머와 폴록과 가까운 친구 사이로서 단순한 재정 후원자가 아니라 실질적인 학파의 창설자였다. 그는 아르헨티나에서 농산물 무역으로 억만장자가 된 부친, 헤르만 바일(Herman Weil: 1868-1927)의 아들로 부에노스아이레스에서 태어났지만 9세에 이미 독일 프랑크푸르트 괴테 김나지움(Goethe Gymnasium: 인문계 고등학교)에서 공부했고 뒤에는 프랑크푸르트 대학에서 경제학과 정치학을 공부했으며 정치학 박사학위를 받았다. 그는 1918년 11월, 사회민주주의 에어푸르트(Erfurt) 강령이 인구에 회자하던 때에 혁명적인 노동자 농민 평의회에 열정적으로 참여하면서 이렇게 썼다.

의문의 여지가 없다. 나의 느낌은 사회주의 편이다. 오랫동안 그랬다. 이것을 분명히 지각하지는 못했지만. 하룻밤 사이에 탈바꿈이 일어났다. 뒤척이며 잠을 잘 수 없었던 짧은 하루 밤 뒤에 몇 년에 걸친 집중적인 맑

스주의 이론연구가 뒤따랐다. (Rüdenauer, 2017)

몇 년이 지나 1923년에는 독일 일메나우 도시에서 '제1차 맑스주의 연구주간' 토론회가 열렸는데, 바일은 이를 후원했고 죄르지 루카치(György Lukacs: 1885-1971), 칼 코르시(Karl Korsh: 1886-1961) 등 저명한 학자들이 대거 참여했다. 이것이 기폭제가 되어 프랑크푸르트 사회조사연구소를 설립하게 되었다. 그는 연구소의 초대 소장으로 독일계 오스트리아 마르크스주의 역사철학자인 그륀베르크(Carl Grünberg: 1861-1940)를 지명했으며, 2023년 초에 프랑크푸르트 대학 인사들을 초청하여 사회조사연구소의 성격을 설명하고 출범 세미나를 가졌다. 이때 그는 연구소가 맑스주의 실천노선을 따른다고 밝혔고 대학 당국은 다소 당황한 것으로 알려졌다. 그러나 그는 방대한 기금제공으로 연구소를 출범시켰다.[2]

이렇게 출발한 사회조사연구소를 반석 위에 올려놓은 것은 호르크하이머였다. 건강상의 이유로 사임한 그륀베르크의 뒤를 이어 1930년 연구소 소장이 된 그는 연구자 인맥이 두텁고 연구소 경영의 안목이 특출한 인물이었다. 그는 실증주의적 전통이론과 구별되는 비판이론의 패러다임을 주장하고 옹호했지만, 맑스주의 실천노선보다는 철학, 사회학, 심리분석, 역사학 등의 학제 간 연구에 보다 충실하고자 했다. 특히 학술전문잡지, *Zeitschrift für Sozialforschung*을 1932년 출간하면서 편집장으로서 학제적 비판연구의 전문화를 꾀했다고 할 수 있다.

그의 리더십 하에 아도르노(Theodore Adorno: 1903-1969), 마르쿠제(Herbert Marcuse: 1998-1079), 벤야민(Walter Benjamin: 1892-1940), 프롬(Eric Fromm: 1900-1980), 키르크하이머(Otto Kirchheimer: 1915-1965), 뢰벤탈(Leo Löwenthal: 1900-1993), 노이만(Franz Neumann: 1900-1954) 등이 합류했다.

그러나 연구소 창립 뒤의 시련은 가혹했다. 첫 번째 시련은 파시즘의 탄압이었고 두 번째 시련은 1960년대 말의 급진화된 학생운동과의 충돌이었다. 우선 첫 번째 시련을 보겠다. 1933년 히틀러가 독일 총통이 되면서 프랑크푸르트 사회조사연구소는 강제로 문을 닫아야 했다. 나치즘이 마르크스주의와 유대인을 증오하는 상황에서 호르크하이머는 연구소 기금 등을 해외로 옮기고 제네바를 거쳐 뉴욕으로 이민을 갔다. 그런데 뜻밖에 1934년 뉴욕 컬럼비아 대학 니콜라스 머레이 버틀러(Nicholas Murray Butler) 총장의 호의로 캠퍼스 건물 안에 사회조사연구소를 재개했고 학술잡지도 "Studies in Philosophy and Social Science"로 이름을 바꾸어 출간했다. 아도르노도 1938년 부인과 함께 영국을 거쳐 미국으로 왔다. 그래서 이들은 뉴욕과 로스앤젤레스를 왔다갔다 하면서 여러 학문적 업적을 남겼다(Dahms, 2016). 아도르노와 호르크하이머가 공저한 1944년의 『계몽의 변증법』이 대표적인 보기다.

한 가지 기록해 둘 점은 이들이 나치 정권에 대한 투쟁의 일환으로서 미국 정보기관의 후원과 감독 하에 나치정권의 선전과 국민동원 전략 등에 관해 많은 정보를 수집하여 방대한 보고서를 작성했다는 점이다.[3] 마르쿠제는 독일 국민은 정치를 불신하지만 군사적 패배에 따른 위협과 공포가 매우 컸기 때문에 대중과 나치 리더십 사이에 강력한 결속이 이루어지고 있다고 썼다. 노이만은 나치독재의 탁월한 분석, '거대한 괴물'(Behemoth)를 1942년에 출간했다. 그는 '동구 유대인의 신체적 멸종'과 같은 나치 정권의 가공할 범죄에 어떻게 많은 관료와 대중이 묵인하고 가담했는가를 설명하고자 했다. 1943년 5월 28일 그의 기록을 보면, "대중이 나치의 배를 떠날 수 없도록 만든 묵인과 동조"의 심리적 압박과 강제가 어떻게 작용했는가를 잘 기술하고 있다.

아무튼 790면에 달하는 방대한 보고서에는 다양한 정보가 담겨 있다. 나치정권의 신속한 종말을 바랐던 프랑크푸르트학파 1세대와 전후에 패전국 독일을 근본적으로 재구축하려는 미국 사이에 이해관계가 일치했던 것이다. 아울러 프랑크푸르트학파 제1세대가 종전 후 미국 점령하에 있던 서독으로 돌아와 활동을 재개할 때, 이들의 미국 경험과 인맥이 이 학파의 활동에 큰 자산이자 활력소가 된 것도 분명하다.

III. 하버마스 등장과 학생운동과의 충돌

프랑크푸르트학파는 근대를 상징하고 진보를 뜻했던 과학기술의 합리성 안에 아우슈비츠 참사와 같은 야만이 내재해 있다는 생각을 발전시켰다. 이들은 일찍부터 "문화산업"의 개념을 발전시켜 대량생산 체제 하의 노동자 계급을 소비사회로 통합시키는 기제가 영화, 방송, 신문, 잡지, 광고 등 대중문화의 이데올로기적 기능에 있다고 주장했다. 또한 나치즘과 권위주의적 성격의 관계를 인접과학적으로 접근했다.

이들의 눈에 자본주의와 공산주의의 공통점은 권력이 욕망과 상상의 형태로 인간의 내면을 장악하여 동조적 인간유형을 제조한다는 것이다. 이것은 곧 인간 자유의 억압을 뜻하며 인간 해방을 위해서는 비판적 심리분석의 새로운 방법론이 필요하다고 보았다. 그 결과가 마르크스의 사회비판과 프로이트의 심리분석의 결합이며, 이 통찰이 전후 1950년대의 프랑크푸르트학파의 학문활동을 이끌었다.

그러나 프랑크푸르트학파의 내부는 단순한 연속성 또는 동질성으로 특징되는 것은 아니다. 상당한 긴장과 갈등이 이어졌다. 한 보기로, 호르크하이머는 비판이론을 옹호하면서도 급진적인 학생운동에 대해서는 반대하는 입장에 섰다. 그가 원했던 것은 경험적 연구를 통한 비판이론의 전문화였다. 이와는 달리, 아도르노는 『부정의 변증법』과 같은 과감한 저술과 강의를 통해 고착된 사회질서, 권력관계의 변화를 추구하는 학생운동에 호의적이었다. 이런 상황에서 호르크하이머와 아도르노 사이에 불화를 야기한 문제가 발생했다. 이것은 하버마스의 학계진출에 관한 것이었다. 그는 1956-59년 기간에 사회조사연구소에서 아도르노의 조교로 일했다. 그는

"공론장의 구조변동"이라는 주제의 교수자격 논문을 완성하는 중이었고 아도르노가 지도교수였으며 프랑크푸르트 대학에서 교수자격을 획득하고 자 했다. 그런데 뜻밖에 호르크하이머가 강력히 반대했던 것이다.

하버마스는 당시 29세의 젊은 청년이었다. 호르크하이머는 '예외적으로 활발하고 적극적인 성품'의 이 청년이 연구소에서 취할 것을 다 취하면서 도 연구소 발전에 기여할 것이 별로 없을 뿐 아니라 잘못하면 연구소를 파 멸로 이끌 수도 있다는 느낌으로 아도르노에게 하버마스를 연구소에서 내 보낼 것을 분명한 어조로 요구했다. 아도르노는 많은 경우 호르크하이머 의 뜻을 따랐으나, 이 경우에는 그의 요구를 거부했다. 대신 여러 방법으 로 하버마스에 대한 호르크하이머의 오해를 해소하고자 노력했다. 하지 만 호르크하이머는 끝내 자신의 입장을 바꾸지 않았다. 이에 따라 하버마 스는 1959년 연구소를 떠났고 이때 아벤트로트(Wolfgang Abendroth: 1906-1985)의 도움으로 1961년 "공론장의 구조변동"의 논문으로 마부르크 대학 에서 교수자격을 획득했다(Habermas, 1962). 그는 곧 하이델베르크 대학에 서 강의를 시작했으며 1964년에는 자유베를린 대학과 프랑크푸르트 대학 이 그에게 철학과 사회학의 정교수 자리를 제안했다. 하버마스는 후자를 택했고, 이런 우회로를 통해 정년퇴직을 하는 호르크하이머의 교수직을 계승하게 되었다(Müller-Doohm, 2016: 81-91).

하버마스가 프랑크푸르트 대학의 정교수로 취임하던 당시 그는 이미 떠 오르는 샛별 같은 존재였다. 유명한 실증주의 논쟁이 출발점이다. 이 논쟁 은 원래 다렌도르프(Ralf Dahrendorf: 1929-2009)의 주선으로 '비판적 합리 주의'를 옹호했던 영국의 포퍼(Karl Popper: 1902-1994)와 독일의 비판이론 가 아도르노의 논쟁으로 1962년 시작한 것이다. 그러나 이 논쟁은 선명한 접점이 없이 자신의 입장을 각각 천명하는 수준에서 끝났다. 여기에 논쟁 의 불을 다시 붙인 것은 1963년 하버마스의 실증과학철학의 비판이었고 이에 알버트(Hans Albert: 1921-2023)가 대응하면서 관심이 폭증했다(Habermas, 1963, 1964; Albert, 1964). 하버마스는 『이론과 실천』이라는 야심적인 저술을 이미 출판한 상태였기 때문에 변증법적 사유를 과학철학에 접목시켜 실증주의 인식론과 방법론에 내재하는 기술공학적 합리성의 한계를 예리하게 비판할 수 있게 되었다(Habermas, 1973). 그의 실증주의 비판은 논리구성의 면에서 마르크스 정치경제학 비판에 버금가는 파장을 일으켰다. 더 나아가 그는 자본주의적 잉여가치를 노동착취로 보았던 정통 마르크스주의를 떠나 실증과학과 테크놀로지가 자본주의적 생산성의 원천이라고 주장했다. 이런 방식으로 그는 실증주의 패러다임에 의한 지식생산체계와 자본주의 변동 사이의 유기적 연관을 파헤쳤다.[4]

당시의 핵심 쟁점은 사회규칙은 자연규칙과 다르다는 것이었다. 사회규칙은 사회적으로 구성되는 지식을 전제한다. 당연하게 받아들인 지식의 기반 위에서 규칙이 인간 실천으로 작동한다. 때문에 당연시된 고정관념을 무너뜨린다면 규칙도 변한다. 다시 말해, 자유로운 논쟁은 계몽의 효과를 내며 이를 통해 해방적 지식의 타당성을 검증할 수 있다는 것이다. 이렇게 보면, 1960년대의 학생운동은 하버마스가 옹호하던 해방적 사회이론의 타당성을 검증하는 장이기도 했다. 아마도 이런 이유로 그는 학생운동에 대해 여러 참여적 대화를 진행했던 것이 아닌가 한다(Müller-Doohm, 2016: 137-163). 1966년에는 마르쿠제와 함께 베트남 전쟁에 대한 공개토론회에 참여하기도 했다.

그러나 학생운동은 하버마스의 기대처럼 움직이지 않았다. 루디 두치크(Rudi Dutschke: 1940-1979) 같은 달변의 카리스마적 지도자가 출현하여 급진노선을 걷기 시작했다. 급기야 체제의 폭력성을 노출시키기 위해서는 폭력적으로 체제에 맞서야 한다는 주장, 즉 폭력을 정당화하는 과격한 행동주의가 선언되었다. 또한 방관이나 침묵은 결국 체제를 돕는다는 입장에서 중도적 지식인의 침묵을 비판했다. 이런 경향에 반대하여 하버마스는 1967년 이른바 '좌파 파시즘'의 위험을 공개적으로 경고했고 이에 분노한 급진파 학생운동권 일부는 프랑크푸르트 대학 사회조사연구소를 점령하는 사태가 발생했다. 이에 아도르노는 경찰 투입을 요청했으며 학생운동 급진파와 프랑크푸르트학파의 충돌이 전면화되었다. 대학은 무질서의 온상으로 변했고 학생운동에 호의적이었던 프랑크푸르트학파는 체제수호의 앞잡이로 매도되고 공격받았다.

이로써 프랑크푸르트학파는 제2의 엄청난 시련과 난관에 직면했다. 급진화된 학생운동의 충격이 한 원인이 되어 아도르노는 1969년 8월 6일 스위스에서 세상을 떠났고 호르크하이머도 1973년 사망했다. 극심한 혼란의 와중에서 1971년 하버마스는 학원사태에 도덕적 책임을 느껴 스스로 프랑크푸르트 대학을 떠나 뮌헨 근처 슈타른베르크에 있는 막스플랑크 연구소로 갔다(한상진, 2022). 위기에 처한 연구소를 재건하기 위해 누가 아도르노의 뒤를 이을 것인가에 관해 하버마스는 사양했으며 이로 인해 그를 보는 연구소 내부의 분위기가 싸늘해졌다. 당시의 분위기를 보면, 비판이론의 종말과 같은 비관론이 팽배했다. 이런 상태에서 프리데부르크(Ludwig von Friedeburg: 1924-2010)가 연구소 소장이 되었으나 1969년 독일 헤세 주 정부의 교육부장관이 되어 떠났고 그의 제자 브란트(Gehard Brandt: 1929-1987)가 연구소를 관리했으나 이론적 리더십은 공백이었다. 1983년 하버마스가 프랑크푸르트 대학 철학교수로 돌아올 때까지 10년 넘게 사회조사연구소는, 비유적으로 말해, 주인이 없는 고아 같은 신세가 되었다(Müller-Doohm, 2016: 166-170).

비판이론의 산실은 사실상 막스플랑크 연구소로 이동했고 여기서 황금 같은 결실이 쏟아져 나왔다. 대표적인 보기는 『후기 자본주의의 정당성 문제』 『사적 유물론의 재구성』 『의사소통행위론』 『사회진화와 도덕발전』 『미국 프래그머티즘의 수용과 보편적 화용론』 등이다.

이로써 프랑크푸르트학파 제1세대와 하버마스의 관계는 단순한 연속도 아니고 그렇다고 단절도 아닌 긴장을 수반한 상보적 관계로 변했다. 하버마스는 비판이론의 전통을 계승했지만, 초점과 방향은 현저히 다른 새로운 패러다임을 구축하게 되었다. 부단한 이론혁신으로 그는 글로벌 차원의 명성을 얻게 되었다. 그러나 독일 전통에 보다 충실하기를 원하는 프랑크푸르트학파 구성원의 관점에서 볼 때, 하버마스는 상당히 멀리 나간 것처럼 보이게 되었고 따라서 둘 사이에 적지 않은 분절, 긴장, 간격이 생긴 것도 사실이다.

IV. 비판이론의 세 가지 구성요소

그러면 이제 비판이론과 유럽중심주의의 문제를 살피겠다. 마르크스의 경우, 비판이론의 프로그램은 비교적 명확했다. 정치경제학 비판에서 시작하여 자본주의 모순 분석의 개념이 뚜렷했다. 변혁주체로는 노동자 계급이 호명되었다. 미래의 모습은 자본주의 모순이 사라진 공산주의 또는 사회주의 미래가 제시되었다. 그러나 이 프로그램의 적합성과 타당성은 오늘날 매우 회의적이다. 그럼에도 비판이론의 세 가지 구성요소는 여전히 유효하고 중요하다.

첫째, 비판 개념에 관하여 정통적인 분석 대상은 자본주의의 모순이지만 오늘의 시각에서 보면 다차원적이다. 모순 개념이 구조적 분석을 요하는 복합적인 문제로 변화되었다. 노동착취에 따른 경제적 불평등만이 아니고 인정투쟁을 불러일으키는 무시와 억압, 가부장적 지배, 생태계 파괴, 기후변화로 인한 인류의 존망 문제, 대량 살상 무기와 원자력 발전에 따른 방사능 누출, 코로나19와 같은 팬데믹의 출현, 시민 삶의 안전을 위협하는 각종 위험 등도 분석대상이다. 따라서 비판적 분석의 지평은 오늘날 다차원적으로 넓게 열려 있다고 할 수 있다(한상진, 1983a, 2007; Han & Shim, 2018).

둘째, 비판이론은 이론과 실천의 변증법적 통일을 지향하기 때문에 비판을 실천으로 연결시키는 방법론, 흔히 말하는 변혁의 주체를 호명하고 변혁의 방법을 논하는 것이 필수적이다. 당연한 말이지만, 변혁의 주체는 역사적으로 고정될 수 있는 문제가 아니다. 비판이론의 지향에 따라, 또는 사회발전의 정도에 따라, 변혁주체는 가변적일 수 있다. 노동자, 무산대중, 농민, 여성, 소비자, 신 중간층, 제3세계 민중 등이 거론될 수 있다. 오늘날과 같이 디지털 정보화와 개인화 추세가 현저해지면, 집단적 변혁주체보다는 자결권에 의해 행동에 나서는 개인을 변혁주체로 상정할 수도 있다. 변혁의 방법론도 다루기가 쉽지 않은 주제다(한상진, 1983b). 프랑크푸르트학파 제1세대는 레닌에 의한 소련혁명식 실천론이 독재체제를 불러왔을 뿐 민주주의와는 거리가 멀다는 점을 숙지했고 중대한 오류를 명확하게 인식했다. 그러나 어떤 행위주체에 의해 어떤 실천 방법론으로 이 한계를 극복할 것인가에 관해 체계적인 이론 패러다임을 제시하지는 않았다. 소련식 정통 마르크스주의의 결함을 극복하려는 비판이론의 과제를 가장 체계적으로 철저하게 추구한 인물은 하버마스가 아닌가 한다. 그는 역사적 유물론 또는 사회진화론의 재구성을 통해 이론과 실천의 관계를 언술검증(discursive testing)의 패러다임으로 해결하고자 노력했다(Habermas, 1976, 1979). 이리하여 민주주의의 지평을 비판이론에 접합시키는 데 성공했지만, 서구사회가 급진적 개인화의 길로 질주하면서 변혁의 주체를 호명하는 과제는 여전히 난제로 남아 있다.

셋째는 대안 사회를 향한 규범적 지향이다. 정통 마르크스주의에 의하면, 자본주의 체제는 무산 노동자 계급의 조직화된 실천에 의해 공산주의 체제로 대체될 것으로 보았다. 그러나 이런 전망은 더 이상 설득력이 없다. 그렇다면 어떤 미래의 대안이 가능하고 이것을 어떻게 추구해야 하는가? 이런 질문에 대한 프랑크푸르트학파 1세대의 응답은 명시적이라기보다는 대체로 암시적인 수준에 머물렀다고 할 수 있다. 거부해야 할 대상은 명확했다. 호르크하이머와 아도르노가 밝힌 권위주의 태도와 파시즘의 결합양상, 문화산업의 동조적 기능, 마르쿠제가 고발한 일차원적 인간, 프롬이 해부한 인간의 자유도피 성향이 보기다. 아도르노의 사유에 녹아 있는 미학적 저항 주체도 새롭게 조명되어야 할 지적 유산이다. 그러나 어느 누구도 미래 대안의 탐색에 필수적인 정당화의 논거를 체계화하지는 않았다. 비판이란 사회모순의 분석을 통해 인간의 잠재력을 회복하는 지적 활동이라고 할 때, 이들은 주로 전자에 집중하는 경향이 강했다. 미래를 말하기에는 이들의 현실진단이 매우 암울했기 때문이라고 할 수도 있다.

하버마스의 생각은 프랑크푸르트학파 제1세대와 매우 달랐다. 그는 비판이론이 생명력을 가지려면 비판의 대상이 철학이건, 문화건, 사회건 간에 비판을 수행하는 활동에 안주해서는 안 되며 미래의 대안을 제시할 수 있어야 한다고 생각했다. 이를 위해 비판이론의 규범적 기초가 분명하고 열린 토론을 통해 정당화되어야 하며, 정당화를 위해 과학의 검증 정신을 비판이론에 도입하는 것은 필수적이라고 생각했다.

이것은 비판이론과 과학의 관계 또는 미래사회에서의 과학과 기술을 역할에 대해 시사점이 크다. 한 보기로, 과학과 기술에 의한 일차원적 인간의 출현을 고발하고 체제의 '전면적 거부'를 주장했던 마르쿠제(Marcuse, 1955, 1964, 1968)에 의하면, 미래의 대안사회에서 과학과 기술이 수행할 해방적 역할은 거의 없다. 이에 맞서 하버마스는 과학이 옹호하는 검증 정신을 높게 평가했다. 다만 실증과학만이 유일한 과학이라는 특권적 자기 인식에 대해서는 초지일관 날카롭게 비판했다(Habermas, 1963, 1964, 1971). 이것은 곧 과학과 기술이 인간해방의 유일한 나침반은 아니지만 하나의 중요한 나침반이라는 인식의 전환을 뜻한다.

이런 성찰적 논의는 비판을 통해 버릴 것은 버리고 배울 것을 배우자는 실사구시의 태도로 요약할 수 있다. 하버마스는 이 관점을 프랑크푸르트학파 제1세대에 대해서도 똑같이 적용했다. 이런 판단에 의해 그는 1970년대 중반 이후 수많은 논쟁을 이끌었으며 특히 아펠(Karl-Otto Apel:

1922-2017)과의 대화를 통해 미국의 프래그머티즘 전통을 과감히 수용했다. 비판이론의 언어적 선회를 통해 토대-상부구조의 건축학적 분석모델을 '국가(행정과 권력)-경제(기업과 화폐)-생활세계(소통과 의미)'의 3두 마차로 대체했다(Habermas, 1987, 1996).

V. 유럽중심주의의 세 가지 차원

유럽중심주의는 오늘의 시점에서 보면 미국의 영향력을 고려할 때 서구중심주의로 부르는 것이 보다 타당할 것 같다. 따라서 두 용어를 혼용하여 사용하겠다. 오늘의 상황에서 보면, 유럽(서구)중심주의는 서구가 이끌었던 근대로의 전환이 세계로 확산되면서 나타난 것이다. 유럽중심주의를 옹호하는 입장도 있고 비판하는 입장도 있다. 근대화 이론이 전자에 속한다면, 종속이론, 식민지론, 탈식민지론 등은 후자의 대표적 보기다. 여기서 감지할 수 있듯이, 유럽중심주의를 둘러싼 논의는 북반부와 남반부 사이의 거대한 규모의 이념투쟁을 반영한다(Wallerstein, 1997; Žižek, 1998; Cowan, 2017; Glendinning, 2015). 서구가 이끌어가는 근대화 전략의 타당성을 신뢰하는 사람도 있지만, 의문을 갖는 사람은 서구중심주의는 비서구사회에 결국 식민주의, 제국주의, 문화적 역사적 자긍심의 파괴를 낳았다고 주장한다.

남반부 사회학의 전형적인 논의는 서구문명의 세계확산은 곧 식민주의, 제국주의의 결과를 가져왔다는 것이며 따라서 비서구사회는 자신의 역사와 문화에 내장된 발전모델을 개발해야 한다는 것이다. 이런 주장이 오늘날 북반부와 구별되는 중남미, 서남아시아, 중동, 아프리카 대륙에 걸쳐 널리 확산되고 있다. 대체로 옳은 지적이 많다. 그러나 과연 서구가 걸어간 길, 과학과 기술에 의한 산업화, 국민주권 사상에 의한 민주주의와 구별되는 다른 어떤 대안이 있는가에 대하여 설득력 있는 답변을 얻는 것은 쉽지 않다. 이것은 곧 유럽중심주의 비판은 그 자체로 타당한 경우가 적지 않지만 비판을 넘어 어디를 지향할 것인가에 대해서는 다툼의 여지가 꽤 있다는 것을 뜻한다.

앞에서 보았듯이, 프랑크푸르트학파는 근대문명의 자기파괴적 결과를 날카롭게 분석한 것이 특징이다. 서구를 특권화한 적이 없다. 오히려 그 반대가 맞다. 그럼에도 이 학파는 독특하게 유럽적인 또는 독일적인 학문 전통 안에서 성장하여 발전한 것도 사실이다. 때문에 프랑크푸르트학파가 유럽중심주의를 반영한다는 견해가 나올 수 있고 또 이렇게 비판하는 논의도 늘어나고 있다(Allen, 2016; Baum, 2015; Dussel, 1993; Farr, 2017; Hostettler, 2008; Leeb, 2018a, 2018b; McArthur, 2022).

이런 상황에서 생산적인 논의를 하려면 무엇보다 유럽중심주의의 차원을 명확히 개념적으로 구별할 필요가 있다. 개념척도가 불분명한 인상적인 논의는 혼란을 부를 위험도 있다. 첫째로 우리가 주목할 것은 서술적 차원이다. 이때 유럽(서구)중심주의는 유럽적인 가치, 전통, 경험에 의해 유럽이나 세계가 직면하고 있는 문제를 해석하는 태도를 뜻한다. 좀 더 명확히 적자면 1) 유럽인 또는 유럽에 관심 있는 비유럽인이, 2) 유럽에서 발전한 특정 계보의 이론이나 관점 또는 시각을 받아들여, 3) 유럽이나 세계에서 발견하는 특정 현상을 해석하고 발전방향을 논하는 태도가 되겠다. 지식사회학의 관점에서 볼 때, 모든 지식은 사회적으로 구성된다는 뜻에서 서술적 차원의 지방성은 회피할 수 없는 인식의 조건이다. 프랑크푸르트학파는 서구의 계몽철학을 받아들여 그 눈으로 나치즘 또는 문화산업의 문제들을 다루었는데, 그렇다고 비판을 받아야 할 일은 아니라는 것이다.[5] 그렇지 않다면 비판은 끝없는 인플레이션 홍수를 자초할 것이다.

둘째는 지식을 수용하고 적용하는 실용적 차원이다. 비판이론도 여행을 한다. 이때 이론의 수용과 적용의 문제가 제기된다(Han, 2019). 한 보기로, 서구에서 교육받은 비서구의 학자(또는 정치인, 문화인 등)가 서구에서 발전한 이론이나 제도를 그대로 수용하여 비서구 사회 문제의 연구나 해결에 직접 적용하려 한다면, 결국 서구이론을 당연한 것으로 전제하여 비서구사회에 투입한다는 점에서 유럽(서구)중심주의적 태도라는 견해가 성립할 수 있다. 이런 경향은 서구의 유수 대학이 누리고 있는 지식생산 체제의 헤게모니로 인해 세계 도처에서 흔히 발견하는 문제다(Richardson, 2018; To, 2021). 예컨대 서구의 경험을 세계 일반법칙으로 간주하거나 서구 이론 틀에 비서구사회 현상을 끼워 맞추는 경향이 있다. 또는 학술토론 과정에서 서구지식의 인용은 압도적으로 많은 데 반해 자국 논의의 인용은 없거나 매우 빈약한 경우, 이런 경향은 서구지식에 대한 의존성을 심화시킨다는 점에서 서구중심주의라는 비판을 면하기 어렵다.

이에 관해 수용(reception)과 공명(resonance)의 차이가 관심을 끈다. 수용은 일방적이지만 공명은 쌍방향의 상호작용을 전제한다. 공명은 질적인 것으로서 서구 이론의 기본가정이 비서구사회의 역사와 문화 안에서 친화력을 가지고 있기 때문에 일어나는 현상이다. 한 보기로, 하버마스의 비판이론이 한때 중국이나 한국사회에 널리 수용될 수 있었던 것은 그 이론이 가정했던 공론장의 역할, 공적 지식인의 역할, 사회변동 주체로서의 학생운동이 중국과 한국의 역사와 문화 안에 살아 있었기 때문이라고 할 수 있다. 이런 조건이 작동했기 때문에 큰 공명이 퍼질 수 있었다. 통계적으로 처리되기 쉬운 단순한 수용 빈도는 유럽(서구)중심주의의 경향을 보이지만, 쌍방향의 상호작용에 의한 공명은 보다 질적인 것으로서 유럽(서구)중심 사조를 벗어나는 것으로 해석할 수 있다(Han, 2019).

마지막 셋째는 평가(evaluation)의 차원이다. 여기에 유럽(서구)중심주의 비판의 핵심이 있는데 두 가지 쟁점이 있다. 하나는 유럽이 선도한 근대화의 결과에 관한 것이다. 근대성은 진보적 역사관을 가지며 과학과 기술의 합리성에 의해 끊임없이 미래를 새롭게 개조한다는 낙관주의를 보인다. 근대성을 신봉하는 사람은 비서구사회가 서구의 뒤를 이어 근대화의 길을 걸어야 한다고 주장한다. 이와는 달리 근대성의 의도치 않은 파국적 결과를 강조하는 입장이 있다. 프랑크푸르트학파 제1세대는 사실 이런 입장을 대변한다고 할 수 있다. 따라서 유럽(서구)중심사조의 비판으로부터 상당히 자유로운 편이다. 반대로 낙관적 진보 사관을 이어받은 근대화 이론은 유럽(서구)중심사조의 혐의를 받기 쉽다.

다른 하나의 문제는 지방성과 보편성의 관계다(Bailey, 2022; Chambers, 2022). 서구지식이나 제도도 서구사회의 산물이며 따라서 지방성을 띤다. 처음부터 보편적인 것이 존재할 수는 없다. 보편성을 둘러싼 논의는 매우 까다로운데 그 이유는 보편적인 것으로 가정된 것들이 사실은 서구의 제국주의나 식민주의를 반영한다는 의혹이 광범하게 확산되어 있기 때문이다(Mignolo, 2007a, 2007b). 단순화시켜, 서구의 발전이 서구의 지방성을 반영한다는 입장이라면 아무런 문제가 없다. 그러나 이것이 특별히 우월하다거나 보편적으로 타당하다는 주장으로 연결될 때, 일단 유럽(서구)중심주의의 의혹이 제기될 가능성이 크다. 여기서 중요한 것은 서구와 비서구를 구별하고 서구에 보편성을 부여하는 평가가 작용한다는 것이다. 대표적인 보기는 근대화 이론이다. 따라서 평가에 관련된 쟁점들을 보다 정밀하게 살펴볼 필요가 있다.

VI. 프랑크푸르트학파 제1세대의 유럽중심주의 시비

프랑크푸르트학파의 경우, 유럽중심주의 시비는 많은 경우 이 학파가 서구의 지적 전통, 예컨대 마르크스주의와 계몽사상에 뿌리를 두고 있다는 것이다. 다른 말로 표현하자면, 남미나 아시아, 중동, 아프리카의 지적 전통을 연구하지도 않았고 모른다는 것이다. 이런 의미에서 프랑크푸르트학파가 유럽중심주의를 반영한다고 주장한다. 이 표현은 옳다. 그러나 그렇다고 해서 비난받아야 할 일인가? 앞서 제시한 개념 척도에 의하면, 단순한 서술적 차원이 아닌 실용적, 평가적 차원의 문제 제기가 있어야 비판이 설득력을 가질 것으로 보인다.

다음과 같은 문제 제기는 경청할 부분이 있다. 프랑크푸르트학파 제1세대가 미국에 망명하여 활동했을 때, 인종문제, 흑인 차별, 백인 우월주의 등의 문제가 미국에 심각했음에도 불구하고, 이런 추세에 눈을 감은 것은 이들이 유럽중심주의 시각에 사로잡혀 있었기 때문이 아닌가 하는 질문이다. 비판적 사회분석의 관점에서 볼 때 더욱 그렇다. 다시 말해, 정통적인 계급의 시각만으로는 제대로 파악하기 힘든 구조화된 불평등과 차별, 억압의 현실이 미국에 심각했음에도 불구하고 이를 학문적으로 외면한 것은 이들이 독일에 강한 마르크스주의적 유산에 빠져 있기 때문이라는 비판이 제기될 수 있다는 것이다.

> 놀라운 것은 프랑크푸르트학파 구성원들이 미국 망명 때, 인종분리, 백인 우월의 다양한 형식과 표현, 여성에 대한 성차별이 현저했지만 이들은 이런 쟁점들에 관하여 대체로 침묵했다는 점이다. 인종주의와 흑인의 해방 투쟁에 대한 프랑크푸르트학파 구성원들의 글이 없다는 것은 이들이 유럽의 안경과는 다른 눈으로 세계를 보는 능력을 상실한 일종의 맹인 같은 존재였다는 것을 잘 보여준다. (Farr, 2017: 65-66)

이런 비판에는 타당한 측면이 있다. 이 점을 인정하면서도 프랑크푸르트학파 제1세대는 미국 망명 중에 매우 분주하게 활동했으며 우선순위가 높았던 연구나 활동에 시간을 집중적으로 투입했다는 점을 고려할 필요는 있다. 계급과는 다른 차원의 불평등이 심각했던 미국의 현실을 이들이 치밀하게 분석했다면 비판이론의 개념틀이 보다 풍부해졌을 것으로 추정할 수 있다.

그러나 앞에서 논했듯이, 유럽(서구)중심주의 비판은 유럽이나 서구에서 발전한 사상이나 제도가 우월한 것으로 평가되고 비서구사회가 이를 따라야 한다는 규범적 지향이 표출될 때 명백하게 성립된다. 마르크스의 자본주의 생산양식 대 아시아적 생산양식, 베버의 목적-수단 합리성의 우월성과 세계지배 등이 좋은 보기다. 그러나 프랑크푸르트학파 제1세대는 이런 평가적 시각을 택한 적이 없다. 반대로 이들은 근대화 이론의 반대편에서 근대문명의 어둡고 우울한 측면을 부각시켰다.

그러나 역설적으로 유럽중심주의 비판에 관해 다음과 같은 가능성을 검토할 수 있다. 특정한 시기의 특정한 문제, 예컨대 독일 나치즘 시대의 문화산업 분석에서 도달한 비관적이고 우울한 시대전망을 근대의 피할 수 없는 운명인 것처럼 해석하는 것은 또 다른 차원의 유럽(서구)중심주의의 표현이 아닐까 하는 질문이 그것이다. 현대의 디지털 정보화 시대의 대중문화 안에 창의성과 역동성이 넘치고 문화와 기술의 결합으로 많은 혁신이 이루어진다는 점에서 프랑크푸르트학파 1세대의 비관적 시대전망은 더 이상 타당하지 않다는 견해가 성립될 수 있다. 이때의 유럽중심주의는 근대화 이론처럼 낙관적 전망의 일반화가 아니라 비관적 전망의 일반화로 나타난다. 그렇다면 프랑크푸르트학파 제1세대는 근대성의 자기파괴적 결과를 일반화한 셈이며, 이것 역시 유럽중심주의의 역설적 결과로서 경계의 대상이 된다고 할 수 있겠다.

Ⅶ. 하버마스 비판이론과 유럽(서구)중심주의 시비

프랑크푸르트학파의 제2세대를 대변하는 하버마스의 경우, 유럽중심주의 시비가 제기될 수 있는 두 가지의 뚜렷한 이유가 있다. 첫째는 그가 서구의 근대성 개념을 계속 옹호한다는 점이다(Dussel, 1993). 물론 하버마스의 입장은 근대화 이론에서 발견하는 근대성의 옹호와는 결이 다르다. 근대성의 결함 또는 한계를 인식하고 이를 보완하여 완성하려는 입장이다.

그러나 근대성은 곧 식민화라는 남반부 사회학의 시각에서 볼 때, 하버마스가 유럽중심주의를 재현하는 것이 아닌가 하는 의혹이 나올 수 있다. Morrow (2009: 64) 말대로, "하버마스가 유럽 계몽사상(비록 미완의 상태라고 했지만)을 옹호하고 (독특하게 탈형이상학적 방식으로 접근한 것이지만) 보편주의를 옹호했기 때문에 타자를 제대로 인정하지 않은 유럽중심주의를 비판해 온 모든 사람의 의심을 받게" 되었다.

그러나 논의의 흐름을 세심히 살필 때, 주된 논의의 근거는 하버마스가 비판이론을 재구성하면서 활용한 이론적 자원이 주로 서구 지식공동체의 산물이라는 것이다. 결과적으로 그의 이론이 남반부 사회학이 민감하게 주시하는 "식민성의 문제를 고발할 수 있을 만큼 충분히 급진화되지 못했다"는 아쉬움을 표현하고 있다(Morrow, 2013: 122). 어찌 됐건 근대성과 식민성의 관계를 날카롭게 추적하지 못한 것은 분명 하버마스 이론의 한계라고 할 수 있다. 왜 그는 칸트와 헤겔에서 출발하는 유럽 계몽주의 전통 또는 영미 실용주의 전통에 안주하는가? 중남미를 휩쓰는 식민화 논쟁, 인도, 서남아시아, 중동의 이슬람 문명의 도전에 왜 응분의 관심을 갖지 않는가! 이런 불만이 나올 수 있다.

그러나 문제를 좀 더 분석적으로 살펴보자. 하버마스의 미완의 근대성 개념은 근대성의 자기파괴적 결과를 인식하는 부분과 이 결과를 성찰하고 치유하는 길을 모색하는 부분으로 구성된다. 전자, 즉 근대성의 자기파괴적 결과는 남반부 사회학이 강조하는 식민주의, 제국주의의 문제의식과 상통한다. 다시 말해, 남반부 사회학이 주시하는 탈식민주의와 하버마스가 관심을 갖는 근대성의 자기파괴적 결과는 친화성이 높다는 것이다(Morrow, 2009, 2013). 그렇다면 유럽중심주의에 관한 핵심적인 질문은 근대성의 한계를 어떻게 극복할 것인가에 있다고 할 수 있다.

베버는 목적-수단 합리성이 세계를 지배하는 미래를 예견하면서 동시에 합리화된 세계 안의 인간의 삶을 비판적으로 기술했다(한상진, 2020). 호르크하이머, 아도르노, 마르쿠제는 이런 베버의 우울한 전망을 정교하게 체계화시켰다. 이런 상황에서 비판이론이 해결해야 할 난제는 근대성의 한계를 넘어서는 탈출구를 찾는 것이다. 불행히도 베버는 탈출구를 찾지 못했다. 그가 주목했던 카리스마적 지도자는 오직 한시적인 탈출구일 뿐이다. 비판이론을 옹호했던 프랑크푸르트학파 제1세대도 탈출구에 대한 체계화된 응답을 제시하지는 못했다. 따라서 문제는 탈출구가 있느냐 없느냐, 있다면 어디서 어떻게 찾느냐로 모아진다.

하버마스 비판이론의 핵심은 의사소통 합리성의 개념을 탈출구로 제시한 데 있다. 잘 알려진 것처럼, 베버가 포착한 목적-수단 합리성은 후기 자본주의의 주된 생산력이자 기술관료체제의 운영방식이 되어 세계를 지배하게 되었지만 그 과정에서 파생하는 모든 부작용을 체제 밖으로 전가하여 생태계의 파괴를 비롯하여 인간소외, 생활세계의 식민화, 사회적 양극화, 대량살상무기에 의한 평화의 위협 등 인간의 생명과 안전을 위협하는 위험사회의 파국적 상황을 심화시켰다. 이렇게 보면, 체제 외부로 전가시킨 목적-수단 합리성의 부작용을 체제 내부로 다시 끌어들여 의사소통 합리성으로 문제를 해결하려는 하버마스의 시도는, 적어도 이론적 관점에서 볼 때, 의미심장한 것이다. 남반부 사회학이 추구하고 있는 것처럼, 하버마스 역시, 비록 이론적 개념과 서술방식 또는 차원은 다르지만, 유럽중심주의의 핵심 문제, 즉 서구의 낙관적 근대화 전망을 넘어 근대화 과정이 야기한 부작용을 응시하고 이것을 풀어가려는 노력을 하고 있다는 것이다. 따라서 그가 근대성 개념을 옹호한다는 단순한 이유로 그의 유럽(서구)중심사조를 단정하고 비판하는 것은 그가 일관되게 추구하고 있는 이론혁신의 의미를 심층적으로 독해하지 못한 결과가 아닌가 사료된다.

또 다른 쟁점은 하버마스가 보편주의를 옹호한다는 점이다. 여기서도 좀 더 주의 깊은 독서가 요구된다. 하버마스가 옹호하는 보편주의는 소통의 절차에 관한 것이다. 어떤 이념이나 가치를 선행 조건으로 가정한 것이 아니다. 그의 논의를 쉽게 풀어보자면, 다음과 같다. 어떤 대안을 추구하건 이것은 공동체 구성원의 의지에 달려 있다. 누구도 그 대안을 강요할 수 없다. 인습이나 습관에 의해 대안을 받아들이는 것도 합리적이지 않다. 어떤 대안을 생각하건 간에, 만일 1) 구성원들이 누구나 자유롭게 참여하여 강제 없이 자신의 견해나 선호를 말할 수 있는 기회가 보장되고, 2) 어떤 쟁점이건 차별 없이 공정하게 의제에 포함되며, 3) 자신의 선입관을 떠나 상대의 입장에서 상대의 말을 주의 깊게 경청하고 해석하는 상보성의 원리가 작용하면서, 4) 선행 합의에 기초하여 대화를 진전시켜 합의의 범위를 넓혀간다면, 5) 이런 토대 위에서 미래의 대안을 강제 없이 추진할 수 있다는 것이다(Habermas, 2009). 이런 절차적 해법을 그는 보편주의라 불렀고 이에 관련된 문제들을 해명하기 위해 탈형이상학, 보편적 화용론, 대화윤리, 도덕에 관한 이론을 발전시켰다(Flynn, 2022; Gunaratne, 2006; Bailey, 2022).

이런 소통정의 또는 소통합리성을 향한 절차적 접근이 서구와 비서구를 구별하고 서구를 우월한 위치에 놓는 결과를 수반하는가? 그가 제시한 소통합리성이 서구 문화에서는 뿌리가 분명하고 효과적으로 작동하는 데 반해 비서구사회에서는 그렇지 못하며, 따라서 후자는 전자를 따를 수밖에 없다는 결론이라면 유럽중심주의 비판이 성립된다. 그러나 과연 그런가? 한 보기로, 서구의 소통문화가 유교적 소통문화보다 더 합리적이고 지속 가능하다고 판단할 수 있는가?

이런 질문에 대해 새로운 논의의 지평을 연 저술이 바로 하버마스의 2019년 노작, 『또 하나의 철학사』이다.[6] 기층문명 수준의 계보학적 분석을 통해 유교, 도교, 불교에 관한 연구성과를 포함한 이 책은 마르크스나 베버의 동양 독해와는 사뭇 다르다. 마르크스와 베버는 각각의 연구주제인 자본주의적 생산양식과 목적-수단 합리성의 관점에서 동양을 낙후한 것으로 평가하여 유럽중심주의의 반영이라는 비판을 받았다. 하버마스의 연구는 그리스 문명과 동양문명(유교, 불교)을 이끄는 철학적 종교적 사유체계에 내재하는 학습능력 또는 성찰적 능력에 어떤 가능성과 한계가 있으며 어떤 공통점이 있는가를 살펴보려는 것으로서 그는 둘 사이에 동등한 무게의 공통성이 있다는 점을 밝히고 있다. 그의 표현대로, "지속적으로 그리고 독특한 방식으로 현대문명의 틀을 만들고 있는 [동서양의] 전통들을 보면 동등한 인지적 잠재력, 특히 핵심사상이라 할 수 있는 도덕적 보편주의가 살아있다"는 것이다(Habermas, 2023: 210). 특히 유교에 관한 그의 관찰은 다음과 같다.

> 유교는 신성한 것을 존재론적 지위로 올리는 작업을 통해 이 세상의 모든 것을 초월하는 시각을 확립했고, 보편적 도덕성을 향해 나가면서 신성한 것들이 계몽된 세속적 도덕의식으로 분해되는 것을 막았으며, 마지막으로 의례를 실행하면서도 주술적 사고의 뿌리로부터 벗어나 의례를 윤리적으로 재해석하는 특징을 보여주었다. (Habermas, 2023: 267)

하버마스에 의하면, 소통합리성의 핵심인 성찰적 사유의 근거와 가능성은 동양과 서양에 다같이 열려 있다는 것이다. 다만 서양은 장기간의 형이상학의 시대를 거쳐왔기 때문에 탈형이상학의 소통합리성을 정립하는 과정이 한결 복잡한 반면, 동양에서는 원래 형이상학의 유산이 약했기 때문에 그 과정이 한결 용이한 차이가 있다. 이것은 소통합리성의 문화적 잠재력이 궁극적으로 서양보다 동양에서 더 클 수 있다는 점을 암시한다.

오랜 시간에 걸쳐 진행된 동양사상에 대한 연구를 하버마스는 아마추어 수준의 초보적 관찰에 불과하다고 자세를 낮추었다. 하지만 베버의 유럽중심주의 사조를 극복한 의미를 갖는다고 평가해도 무방하다. 그럼에도 유의할 점이 있다. 이 책은 그리스 시대로부터 중세의 가톨릭신학, 종교개혁, 칸트와 헤겔, 독일 해석학적 전통, 미국 실용주의에 이르기까지 서구의

지적 전통을 세밀하게 고찰하면서 신념과 지식의 관계를 다양하게 살피는
데 비해 유교, 도교, 불교에 관한 분석은 1권의 3장과 4장에 포함되어 있을
뿐이다. 따라서 유럽중심주의의 서술적 차원에서 보자면, 이 책 역시 서구
사상에 의존한다는 인상을 피할 수 없다. 또한 의사소통 합리성을 위한 성
찰적 사유능력이 동서양 문화에 동등한 무게로 내재해 있다는 점을 밝혔
지만, 합리성의 보편성을 확립했다고 말하기에는 아직 시기상조다. 다만
서구 우월주의의 편견은 분명히 극복했다고 평할 수 있다.

VIII. 맺는 말

이 글은 100년에 걸친 프랑크푸르트학파의 양면성을 살피면서 제도로
서의 학파는 창립 이후의 두 차례 난관을 거쳐 오늘날 안정화의 단계에 진
입했으나 이론과 실천의 변증법적 통일을 지향하는 비판이론은 변화된 시
대상황에 따라 적지 않은 어려움에 처해 있음을 밝혔다. 이런 관점에서 이
글은 유럽(서구)중심주의 문제를 다루었다. 유럽중심주의는 개념의 모호성
이 적지 않은 문제로서 비판의 과녁을 정교하게 다듬을 필요가 있는 현상
이다. 프랑크푸르트학파가 유럽의 학문전통과 시각에서 출발한 것은 맞지
만, 그렇다고 이것이 비판을 받아야 할 현상이라고 단정할 수는 없다. 그
근거로 이 글은 서술적 차원의 비판은 비판의 척도가 모호해서 타당성이
약하다는 관점을 제시했다. 그러나 이론의 수용과 적용의 차원에서는 유
럽(서구)중심주의 비판이 타당한 경우가 적지 않다. 한 보기로, 2008년 프
랑크푸르트 대학에서는 중국에서 온 많은 비판이론 전공 학자들을 포함한
학술대회가 열렸는데, 대부분의 논의는 프랑크푸르트 제1세대의 사상이
나 철학이 중국에 어떻게 수용되었는가에 초점을 맞추었다. 이것은 흔히
발견하는 현상이지만, 유럽 중심의 시각으로 중국의 학문을 보는 것으로
서 유럽중심사조를 반영한다는 비판을 받을 수 있다. 이 글은 단순한 수용

을 넘어 공명의 상호작용 차원을 고려함으로써 유럽중심사조를 넘어설 수 있다고 논했다.

유럽(서구)중심주의 비판을 가장 많이 받은 프랑크푸르트학파 인물은 단연 하버마스다. 비판이론의 언어적 선회가 비판의 과녁이 되었다. 그가 근대성 개념을 옹호했고 비판이론의 규범적 지향에 관련하여 보편주의를 내세웠기 때문에 비판을 자극한 셈이다. 그러나 그의 논의를 주의 깊게 살펴본다면, 유럽중심주의 비판의 과녁이 개념적으로 명확하기보다는 인상적인 수준에 머물러 있다는 소견을 이 글에서 밝혔다. 그렇다고 하버마스가 유럽중심주의 시비로부터 자유롭다고 말하는 것은 아니다. 단지 이 글에서 제시된 비판의 차원과 척도에 맞는 정교한 비판적 논의가 아직 나오지 않고 있음을 뜻할 뿐이다.

이 글을 마치면서 한국 비판이론의 과제를 잠시 살피고자 한다. 한국의 근대화 과정은 남반부의 경험과 사뭇 다르다. 근대화는 곧 식민화라는 테마는 동아시아 현실에서는 적합성이 약하다. 동아시아는 서구의 추격발전을 넘어 서구와 경쟁하는 단계에 진입했다고 할 수 있다. 이런 관점에서 비판이론의 세 가지 구성요소, 즉 비판적 사회분석, 변혁주체와 방법론, 미래의 대안은 한국의 비판이론이 풀어가야 할 필수적인 과제. 미완의 근대성을 완성하려는 하버마스의 이론혁신을 참고하되 한국 또는 동아시아의 현실에 적합한 사회분석, 변혁방법론, 미래 대안의 탐구가 절실히 요구된다.

주

1 Jeanetter Erazo Heufelder. 2017. *The Argentinian Krösus: A Short Economic History of the Frankfurt School*. Berlin: Berenberg Verlag.

2 바일은 1923년 독일 바이마르 공화국 화폐(Reichmark)로 1천만 마르크를 기증하여 연구소 창립을 지원했는데 이것은 오늘날의 가치로 계산하면 6천만 유로에 해당한다.

3 독일의 라디오 방송인 Deutschlandfunk는 프랑크푸르트 학파 100주년 준비 일환으로 학파 의 초창기 상황, 미국 망명 중의 활동 등에 관하여 다양한 자료를 수집공개했다. 초창기에 관 한 이 글의 여러 자료는 여기서 얻은 것이다. (출처: https://www.deutschlaandfunkkultur.de)

4 이런 하버마스의 지적 활동을 보면서 호르크하이머의 태도도 완전히 달라졌다. 그는 하버마 스가 1965년 연구차 미국을 방문할 때 미국 유대인 협회에 보낸 편지에서 하버마스를 서독 의 가장 유망한 지식인이라고 소개했고 그의 활동을 적극 지원했다.

5 한 보기로 하버마스의 '공론장' 이론은 유럽의 경험에 근거한 것이다. 그러나 공론장은 중국, 인도에서도 작동한다. 그러나 공론장의 조건과 특성은 다르다. 예컨대, 중국의 경우, 서구처 럼 공사의 구별이 뚜렷하지 않다. 가족윤리가 곧 정치윤리로 작동한다. 이런 차이를 고려할 때, 하버마스의 이론은 서구적 경험의 산물이지만 그렇다고 유럽중심주의 산물이라고 비판 할 근거는 명확하지 않다(보기: Gunaratne, 2006). 공론장의 형성과 기능은 문화권에 따라 다 를 수 있기 때문이다.

6 3권으로 구성된 1700면에 달하는 방대한 규모의 이 책은 현재 *Also a History of Philosophy* 라는 제목으로 제1권이 영어로 번역되어 Polity Press에서 출간된 상태다(역자는 Claran Cronin). 유교, 도교, 불교에 대한 연구결과는 제1권에 포함되어 있다.

참고문헌

한상진. 1983a. 「비판이론」. 한국사회과학협의회(편). 『사회과학방법론』. 박영사. pp. 40-47.

한상진. 1983b. 「마르크스와 프랑크푸르트 학파」. 『사회과학과 정책연구』 5(2). pp. 107-147.

한상진. 2007. 「위험사회 분석과 비판이론」. 『이론과 사회』 12. pp. 37-72.

한상진. 2020. 「합리성의 전문화와 융합: 막스 베버 1913년 '이해사회학' 논문의 재해석」. 『현상과 인식』 44(4). pp. 51-74.

한상진. 2022. 『하버마스와의 대화』. 중민출판사.

Albert, Hans. 1964. "Social Science and Moral Philosophy." M. Bunge(Ed.). *The Critical Approach to Science and Philosophy*. Glencoe, Illinois: Free Press.

Allen, Army. 2016. *The End of Progress: Decolonizing the Normative Foundations of Critical Theory*. Columbia University Press.

Baum, Bruce. 2015. "Decolonizing Critical Theory." *Constellations* 22(3). pp. 420-434.

Bailey, Tom(Ed.). 2022. *Deprovincializing Habermas: Global Perspectives*. London: Routledge.

Dussel, Enrique. 1993. "Eurocentrism and Modernity(Introduction to the Frankfurt Lectures)." *Boundary* 2 - 20(3), The Postmodernism Debate in Latin America (Autumn, 1993). pp. 65-76.

Chambers, Simone. 2022. "Can Post-metaphysical Reason Escape its Provincial Roots?" *Deprovincializing Habermas: Global Perspectives*, edited by T. Bailey. London: Routledge. pp. 229-248.

Cowan, Gregory. 2017(April 20). "Derrida, Eurocentrism, and Translation - a fragment." *Linkedin*. https://www.linkedin.com/pulse/derrida-eurocentrism-translation-fragment-gre gory-cowan-phd(accessed: 2024/03/11)

Dahms, Harry F. 2016. "Critical Theory in the Twenty-First Century: The Logic of Capital Between Classical Social Theory, the Early Frankfurt School Critique of Political Economy and the Prospect of Artifice." *The Social Ontology of Capitalism*, edited by Daniel Krier. London: Palgrave. pp. 47-74.

Farr, Arnold. 2017. "Where is critical theory? Eurocentrism and marginalization in European and American Critical Theory." *Comunicacoes* 24(2). pp. 57-70.

Flynn, Jeffrey. 2022. "Decentring Eurocentrism through Dialogue." *Deprovincializing Habermas: Global Perspectives*, edited by T. Bailey. London: Routledge. pp. 249-270.

Glendinning, Simon. 2015. "Derrida and Europe beyond Eurocentrism and anti-Eurocentrism." *Forum for European Philosophy Blog*. https://blogs.lse.ac.uk/theforum/derridaandeurope/(accessed: 2024/03/11)

Gunaratne, Shelton A. 2006. "Public Sphere and Communicative Rationality: Interrogating Habermas's Eurocentrism." *Journalism & Communication Monographs* 8(2). pp.

93-156.

Habermas, Jürgen. 1962. *Strukturwandel der Öffentlichkeit*. Munich: Luchterhand.

Habermas, Jürgen. 1963. "The Analytic Theory of Science and Dialectics." T. H. Adorno et.al. *The Positivist Dispute in German Sociology*. New York: Harper & Row (1976). pp. 131-162.

Habermas, Jürgen. 1964. "A Positivistically Bisected Rationalism." T.H. Adorno et.al. *The Positivist Dispute in German Sociology*. New York: Harper & Row (1976). pp. 198-225.

Habermas, Jürgen. 1971. *Knowledge and Human Interests*. Boston: Beacon.

Habermas, Jürgen. 1973. *Theory and Practice*. Boston: Beacon.

Habermas, Jürgen. 1976. *Zur Rekonstruktion des historischen Materialismus*. Frankfurt: Surkamp.

Habermas, Jürgen. 1979. *Communication and the Evolution of Society*. Boston: Beacon.

Habermas, Jürgen. 1987. *The Theory of Communicative Action*. Cambridge: Polity.

Habermas, Jürgen. 1996. *Between Facts and Norms. Contribution to a Discourse Theory of Law and Democracy*. Cambridge: MIT Press.

Habermas, Jürgen. 2009. *Europe. The Faltering Project*. Cambridge: Polity Press.

Habermas, Jürgen. 2023. *Also A History of Philosophy. Vol.1: The Project of a Genealogy of Post-metaphysical Thinking*. Cambridge: Polity Press.

Han, Sang-jin. 2019. "Habermas in Ostasien: Rezeption und Resonanz." *Habermas global: Wirkungsgeschichte eines Werks*, edited by Luca Corchia, Stefan Müller-Doohm and William Outhwaite. Shurkamp Verlag Berlin. pp. 728-741.

Han, Sang-jin, and Young-hee Shim. 2018. "The Global Economic Crisis, Dual Polarization, and Liberal Democracy in South Korea." *Historical Social Research* 43(4). pp. 274-299.

Horkheimer, Max. 1932. "Bemerkungen über Wissenschaft und Krise." *Zeitschrift für Sozialforschung* 1. pp. 1-7.

Hostettler, Nicholas D. 2008. *A critical theory of Eurocentrism*. London: SOAS University of London, ProQuest LLC.

Leeb, Claudia. 2018a. "The Contemporary Frankfurt School's Eurocentrism Unveiled: The Contribution of Amy Allen." *Political Theory* 46(5). pp. 772-800.

Leeb, Claudia. 2018b. "Liberating Critical Theory: Eurocentrism, Normativity, and Capitalism: Symposium on Amy Allen's The End of Progress: Decolonizing the Normative Foundations of Critical Theory." *Political Theory* 46(5). pp. 1-29.

Marcuse, Herbert. 1955. *Eros and Civilization: A Philosophical Inquiry into Freud*. Boston: Beacon.

Marcuse, Herbert. 1964. *One-Dimentional Man*. Boston: Beacon.

Marcuse, Herbert. 1968. *Negation*. Boston: Beacon.

McArthur, Jan. 2022. "Critical theory in a Decolonial Age." *Educational Philosophy and Theory* 54(10). pp. 1681-1692.

Mignolo, Walter. 2007a. "Introduction: Coloniality of Power and De-Colonial Thinking." *Cultural Studies* 21(2-3). pp. 155-167.

Mignolo, Walter. 2007b. "Delinking: The Rhetoric of Modernity, the Logic of Coloniality and the Grammar of De-coloniality." *Cultural Studies* 21(2-3). pp. 449-514.

Morrow, Raymond A. 2009. "Habermas, Eurocentrism and Education: The Indigenous Knowledge Debate." *Habermas, Critical Theory and Education*, edited by M. Murphy and T. Fleming. London: Routledge. pp. 63-77.

Morrow, Raymond A. 2013. "Defending Habermas against Eurocentrism: Latin America and Mignolo's Decolonial Challenge." *Deprovincializing Habermas: Global Perspectives*, edited by T. Bailey. London: Routledge. pp. 117-136.

Müller-Doohm, Stefan. 2016. *Habermas: A Biography*. Cambridge: Polity Press.

Richardson, William J. 2018. "Understanding Eurocentrism as a structural problem of undone science." *Decolonising the university*, edited by G. K. Bhambra et.al. London: Pluto. pp. 231-247.

Rüdenauer, Ulrich. 2017. "Jeanetter Erazo Heufelder: The Argentine Crösus - A Millionaire with Socialist Vision." *Deutschlandfunk: Archive* - March 2.

To, Minh S. 2021. *Beyond Methodological Eurocentrism? Knowledge Making and the Universality Problem*. E-International Relations. https://www.e-ir.info/2021/04/15/beyond-methodological-eurocentrism-knowl edge-making-and-the-universality-problem/(accessed: 2024/03/11)

Wallerstein, Immanuel. 1997. "Eurocentrism and its Avatars: The Dilemmas of Social Science." *JSTOR* 46(1, March). pp. 21-39.

Žižek, Slavoj. 1998. "A Leftist Plea for 'Eurocentrism'." *Critical Inquiry* 24(4, Summer). pp. 988-1009.

후기자본주의 이후의 세계에서 비판이론의 과제*

권오용

1. 머리말

비판이론의 사회인식은 "후기자본주의(Spätkapitalismus)"라는 개념으로 집약된다. 19세기의 두 사회적 이상이었던 부르주아 자유주의와 사회주의가 동반 실패로 귀결된 후 형성된 비판이론은 과거와는 다른 새로운 사회가 등장하고 있음을 인지하고 근본적 변화를 겪은 사회를 규정하기 위해 노력하였다. 이러한 비판이론의 문제의식은 정치적 억압과 전쟁을 피해 망명한 미국에서의 경험을 통해 더욱 명확해졌다. 19세기에 자리잡은 과거의 자본주의와는 질적으로 상이한 경제 및 사회구조를 경험하였다. 이 체제의 특징은 사람들에게 문화산업, 물화, 상품도착 등을 통한 자발적 체제순응을 강요한다는 것이다. 다른 모든 지배체제와 같이 비판이론가들이 미국에서 경험한 체제 또한 구성원들로 하여금 체제에 순응할 것을 강요

---

* 이 글은 다음 논문을 수정하고 몇 가지 부분을 보충한 것이다. 권오용, 「프랑크푸르트학파의 비(非)하버마스적 비판이론: 현대사회연구에서 분석적 장점과 연구전략」, 『한국사회학』 제54권 1호, 한국사회학회, 2020.

하지만, 이 체제는 그 복종을 표면적으로는 자발적으로 보이게 했던 것이다. 이 점에서 미국의 현실은 사람들의 체제순응을 명백한 폭력적 수단을 통해 강요하던 나치보다 더욱 공고한 지배체제였다. 이는 19세기 유럽 부르주아 시민문화가의 계몽적 의미가 문화산업에 의해 "대중에 대한 기만(Massenbetrug; Horkheimer and Adorno, 1988: 128)"으로 전환된 것이었다. 비판이론가들은 이러한 상황을 비단 미국에 한정되지 않는, 자본주의 자체가 새로운 단계로 진입했음을 보여주는 단초로 인식하였다. 그리고 실제로 그들이 미국에서 경험한 문화산업, 대량소비사회 등 과거 19세기 자본주의의 연장선상에서 파악될 수 없는 현상들은 20세기를 거치면서 전 세계적으로 확산되었다.

이 후기자본주의 시대의 사회적 특성은 "비동시적인 것들의 동시성(Erbschaft dieser Zeit. Suhrkamp, Frankfurt am Main 1962)"이 될 것이다. 파시즘에서 엿보이는 절멸에의 환상과 초근대적 살인기계 메커니즘의 동시적 존재는 경제적 측면에서 국가에 의한 경제의 개입이라는 중상주의적 요소와 시장의 자유가 동시에 존재하는 형태로 나타났다. 이는 구체적인 일상생활에서도 어렵지 않게 발견된 현상으로, 예를 들어 1968년까지 독일에서는 결혼한 여성이 직장에 다니기 위해서는 남편의 동의서가 필요했다. 직장에 다닌다는 근대 자본주의적 생활양식과 여성을 가부장의 소유물로 보는 전근대적 의식이 동시에 공존하고 있었던 것이다.

이러한 현상들을 오늘날의 시선으로 바라보면 이해하기 어려운 것과 같이, 현재의 시대는 비판이론의 설립자들이 활동하던 시기와는 구조적인 측면에서 근본적으로 다른 시대이다. 만약 오늘날 우리가 단순히 비판이론을 문자 그대로 현재에 적용시키고자 한다면 그 설명력에 명확한 한계가 드러날 것이며, 변화하는 현실에 맞는 새로운 인식적 방법을 고민하던 비판이론의 기본적 입장에 반하게 될 것이다. 예를 들어 '후기자본주의'에서 보이는 경제에 대한 전반적인 국가의 개입은 오늘날 명백하게 약화되어 있으며, 당시 대규모 사업장 중심의 경제구조를 현재의 '유연한' 전 세계적 자유무역과 금융자본의 시대에 그대로 적용하려 한다면 곧 설명력의 한계에 직면하게 될 것이다.

이러한 점에서 이 글은 프랑크푸르트 사회연구소 설립 100주년을 맞는 현재 우리가 비판이론에서 기대할 수 있는 바는 무엇인지 살펴보고자 한다. 이를 위해 이 글은 비판이론의 이론적 특성을 살펴보고, 실제 현실사회연구의 사례를 몇 가지 제시해볼 것이다.

2. 비판이론의 특성과 현대사회연구에서의 장점

비판이론은 사회의 구조적 변화를 감지하고, 그 토대에서 발전했다. 특정 시대는 그 시대의 본질적 특성들이 유지되는 기간으로 구분된다는 관점에서 홉스봄(Hobsbawm, 1996)이 제안한 '장기 19세기(1789-1914)'와 '단기 20세기(1914-1991)'의 시대구분에 따르면, 비판이론은 '장기 19세기'의 붕괴 직후에 형성되었다. 19세기 부르주아 사회의 붕괴는 일시적인 현상으로 가벼이 취급될 수도 있었으며, 또는 인간 문명 자체의 몰락으로 섣불리 일반화될 수도 있었다. 하지만 비판이론가들은 미국에서의 망명생활을 통하여 자신들이 경험한 19세기 유럽 부르주아 사회의 붕괴가 일시적 현상이나 인간 문명 자체의 파멸이 아닌, 이전과는 질적으로 구분되는 새로운 시대의 도래를 뜻한다는 것을 확신하게 되었다. 당시 비판이론가들이 포착한 새로움은 단순한 느낌이 아니라 현실의 변화였다. 실제로 20세기를 특징짓는 현상들, 예를 들어 국제적 정치 이념 대결인 냉전이나 문화산업, 대량소비사회와 같이 19세기적 부르주아 사회의 연장선상에서 파악될 수 없는 현상들이 20세기 전반에 걸쳐 전 세계적으로 확산 및 일반화되었다. 그 파급력의 광범위성을 고려할 때 20세기의 새로움은 "특히 독일에서 모두의 눈앞에 벌어졌던 시민문화의 분해(Habermas, 1981: 158)"라는 평가로 제한될 수 없는, 전 세계적인 전환이었다고 할 수 있다. 비판이론은 사회의 이러한 근본적 변화를 포착하면서도 인간의 해방이라는 근본적 목표에 대한 전망을 잃지 않았으며, 오히려 해방을 방해하는 변화하는 현실에 대한 과학적 인식을 추구했다. 이러한 특성은 현재 21세기의 급격한 변화 속에 놓인 우리에게 시사하는 바가 크다. 경제적 신자유주의와 세계화로 대표되는 21세기는 20세기와는 여러 면에서 질적인 차이를 보이고 있으나, 우리가 이 시대의 질적인 전환 속에서도 인간의 해방이라고 하는 목표를 견지한다면 급속하게 변화하는 사회에 대한 새롭고 의미 있는 인식 및 전망이 가능해질 수 있기 때문이다.

비판이론이 포착한 시대적 전환은 주류 부르주아 시민사회뿐 아니라 그에 대한 대안으로 등장했던 사회주의운동 진영에도 적용되는 것이었다. 그러므로 비판이론은 전통적인 학술분야의 지식형식들과 거리를 두었을 뿐만 아니라, 노동운동에서 통용되던 이론과 실천의 전통적 관계에도 진지하게 의문을 제기했다. 변화된 사회의 경험들은 개념과 같은 의식적 작업들에도 영향을 끼칠 수밖에 없으므로 비판이론은 스스로를 사회적 관계와 연결시켜 성찰하는 것을 중요하게 여겼다. 끊임없는 자기성찰을 거쳐야만 사회 변혁에의 도구로서 이론을 바라보는 전통적인 좌파적 이론과 실천의 결합에 대해 의문을 제기하면서도 현실에 대한 비판적인 인식을 고민하고 사회 변혁을 논의할 수 있는 가능성이 열리기 때문이다.

경험과 개념의 관계에 대한 비판이론 특유의 관점에서 우리는 비판이론이 현대사회 분석에서 갖는 강점을 파악할 수 있다. 현대사회에 접어들면서 '포스트(post-)' 딱지가 붙은 여러 경향들은 근대사회의 이론적 고민들의 한계들을 꾸준히 지적해왔다. 그러나 우리가 과거 이론과의 단절을 꾀한다면 우리는 현대사회에 대한 완전히 새로운 인식을 추구해야 하고 모든 개념과 범주를 새로이 정립하기 위해 지난한 작업을 감수해야 할 것이다. 반대로 과거의 이론을 그대로 답습한다면 이미 여러 방향에서 지적된 한계들로 인해 다양하게 변화하는 사회에 대한 올바른 인식에 도달할 수 없을 것이다. 그러나 비판이론은 과거의 이론을 낡은 것으로 치부하여 거부하지 않으면서도 그것에 얽매이지 않고 이용한다는 점에서 현대사회에 대한 좀 더 효과적인 인식을 추구할 수 있는 가능성을 제시한다.

이외에도 비판이론 특유의 주체와 대상에 대한 변증법적 인식은 현재 환경변화와 기술발전 등으로 한계에 봉착한 이분법적 세계인식을 극복하는 데 기여할 수 있다. 현대에 새롭게 등장한 세계적 수준의 문제들은 전통적인 이분법적 세계인식으로는 그 해결방안을 찾는 것이 요원해 보인다. 그러나 이 상황에서 주체와 대상에 대한 이분법적 개념의 틀을 완전히 폐기하거나 완전히 새로운 인식틀을 구상하기보다 기존의 주체와 대상의 개념을 가져오되 이들의 상호관계를 배타적인 이분법에서 매개적인 변증법적 관계로 전환시키는 것이 효과적일 수 있다. 변증법적인 관계에서 주체와 대상은 각자의 운동 속에서 서로를 매개하며 특정한 방향으로 나아간다. 이 변화를 그 본질로 하는 변증법적 인식은 급속하게 변화하는 현실을 포착하는 데 강점을 가진다고 할 수 있다. 그리고 주체와 대상의 관계적 전환을 통해 우리는 기존의 인식론적 구분을 폐기하지 않으면서도 변증법 특유의 '운동' 속에서 새로운 인식의 가능성의 발견을 기대할 수 있다. 변증법적 주체-대상 인식이 이분법의 극복 이외에도 가지고 있는 장점은 거대이론과 개별적 경험연구 간의 상호이해에 기여할 수 있다는 것이다. 변증법적 인식 속에서 이론과 경험연구는 상호 분리되어 있지 않으며, 그러므로 양쪽에서 상호이해를 위해 노력할 수 있는 명분을 제시해주기 때문이다.

마지막으로, 보편성이 특수한 것 속에서 재확인이 가능하다는 비판이론의 명제는 비판이론에 의해 다양한 연구들이 기획될 수 있는 가능성을 열어준다. 아도르노가 언급한 바 있는 "관리되는 세계(verwaltete Welt; Adorno, 1972: 145)"는 그 관리주체가 비교적 명확했다. 그러나 현재 21세기의 일상생활에서 그 관리의 주체가 점점 더 드러나지 않게 되었다. 여기에 더해 세계는 그 어느 때보다 인적, 물적, 문화적으로 점점 더 강하게 연결되고 있고, 그에 따라 전쟁과 난민, 기후 등의 여러 문제들이 지역 범위를 넘어 전 세계적으로 확장되는 모습을 보이고 있다. 이 점에서 한 특수한 대상에서 보편을 발견할 수 있다는 비판이론의 명제는 다양한 현실분석을 통해 보편에 대한 접근을 가능케 한다. 이미 90년대에 문화나 페미니즘 분야에서 비판이론적 접근이 이루어지는 등(Hohendahl, 1991: 209) 비판이론은 그 특유의 넓은 범위로 다양한 연구를 뒷받침할 수 있음을 보인 바 있다.

사회연구에서 비판이론 특유의 강점은 개별적이고 특수한 분야의 연구를 진행하면서도 전체에 대한 인식의 끈을 놓지 않는 데에서 드러난다고 할 수 있다. 비록 아도르노는 "전체는 허위(Das Ganze ist das Unwahre)"라 한 바 있지만, 이 문장은 전체에 대한 분석을 거부해야 한다는 주장을 뜻하지 않는다. 전체가 허위인 이유는 "총체성의 명제(These) 자체가 절대적인 것으로 부풀려진 지배원리라는 점에서 거짓일 뿐만 아니라, 파악하는 정신(begreifender Geist)의 압도적인 강요를 통해 자신에게 반대하는 모든 것을 극복할 수 있다고 믿는 실정성(Positivität)이라는 관념은, 존재자가 지배에 결합되면서 그들 모두에게 내재된, 압도적인 강요의 경험을 거울에 비춘 듯 명확하게 보여주기 때문이다(Adorno, 2003: 325)." 여기서 아도르노는 모든 사태의 마지막에 절대이성이 스스로를 드러내며 이 절대이성이 진실을 구성한다는 헤겔적 입장에 반대하고 있다. 전체는 지배와 억압을 내재하기 때문에 허위인 것이다. 그러므로 전체에 대한 분석과 연구는 전체에 내재하는 지배와 억압을 드러내기 위해 오히려 적극 권장되어야 한다.

이러한 사회연구의 원칙들은 현재 우리가 살아가는 시대를 분석할 때 여러 가지 장점이 있다고 할 수 있다. 기본적으로 비판이론은 장기 19세기에서 단기 20세기로 넘어가는 전환기에 연구의 틀이 확립되었기 때문에 20세기 이후 급격한 변화를 겪고 있는 현재 우리에게 분석적 장점을 줄 것으로 기대된다. 이와 함께 비판이론은 그 특유의 유연성으로 전통적인 이론과 실천의 결합방식에서 벗어나 연구자가 좀 더 자유롭고 유연한 방식으로 더 나은 사회를 고민할 수 있는 자율성을 제공해 준다. 또한 비판이론 특유의 주체-대상에 대한 변증법적 인식은 현재 여러 가지 방식으로 도전받고 있는 기존의 이분법적 인식에 대한 훌륭한 대안으로 자리매김할 수 있다. 기존의 사유양식을 거부하면서 완전히 새로운 것을 고민하는 수고를 덜어주며, 그러면서도 이분법적 사고의 위험에 빠지지 않도록 해주기 때문이다. 그리고 보편이 특수한 대상 속에서 재인식 가능하다는 비판이론의 인식은 여러 분야의 사회연구로 그 연구대상을 확장할 수 있는 가능성을 열어준다.

이와 같은 확장된, 구체적 현실에 기초한 비판이론적 사회연구는 어디에서 찾아볼 수 있을 것인가? 이 글은 『계몽의 변증법』에서 나타난 전략에 주목하고자 한다. 『계몽의 변증법』에서 호르크하이머와 아도르노는 현 지배체제에 순응적이지 않은, 사회에서 받아들여지지 않고 배제되고 억압되며 망각된 부분들을 밝혀냄으로써 신화가 되어버린 계몽 속에 도사리고 있는 억압과 지배를 폭로하는 전략을 취한 것으로 보인다. 여기서 가장 중요한 것은 이성과 합리성이 애써 무시하고 있는 영역들을 드러내어 보여주면서, 이성과 합리성이 통제하지 못하는 부분이 많다는 것을 폭로하여 현재의 지배관계의 신화성을 부수는 것이 될 것이다. 두 번째로는 현재의 지배체제와 그와 연관되어 사람들이 당연하다고 생각하고 있는 상식들이 수립된 근원을 탐색하는 것이다. 이는 '언제나 항상 그래왔다'는 인상을 주는 지배체제의 환상을 깨는 역할을 한다. 무엇인가 시작점이 있으면 종결점이 있기 마련이기 때문에, 비판적 인식은 현재 우리가 살아가고 생각하는 방식이 영원히 이어지지 않는다는 관점에서 현재의 불만족스러운 상황을 근본적으로 바꿀 수 있다는 가능성의 사고를 제공한다.

정당화는 불리한 사실에 대한 침묵과 유리한 사실의 선택적 강조를 통해 현실을 왜곡하는 행위이므로 위의 두 가지 전략은 지배체제를 정당화하는 이데올로기에 대한 비판으로 향한다. 이데올로기는 정신적인 구조물인 점에서 문화적인 것이지만, 그 의도에는 현 지배체제를 옹호하는 정치적 목적이 숨어 있다. 이에 사회의 문화적 현상에 숨겨진 정치적 의도의 파악과 그에 대한 비판이 시도되어야 할 것이다.

3. 비판이론적 현대사회연구의 예: 노동

노동과 관련된 사회현상이 갖고 있는 이데올로기적 의미를 추적하는 것은 이러한 비판이론적 접근의 한 실례가 될 것이다. 언뜻 보면 현재 시점에서 노동에 대한 논의는 낡은 것으로 보인다. 지속적인 생산성의 향상으로 점점 더 인간적 노동의 수량적 필요성이 줄어들고, 이에 따라 사람들의 인생에서 노동에 소요되는 시간도 축소됨으로써 기존에 노동이 가지고 있었던 의미, 특히 개인의 행복과 정체성 형성에서의 의미가 약화 및 소멸되는 과정이라고 볼 수도 있기 때문이다. 그러나 "무엇이 노동의 자리에 들어설 수 있는가는 당시의 논쟁에서 열려 있는 채로 남아 있었으며, 오늘날에 이르기까지 노동의 대체물은 확인되지 않고 있다(Morgenroth 2002: 135)." 노동을 다른 범주로 대체하려는 여러 학문적 시도가 성공적이지 못했던 이유는 사회적 범주로서 노동이 개인의 여러 생활양식, 즉 문화와 깊이 연관되어 있기 때문이다. "사회적 조직화의 방식은 여전히 자본과 시장에 의해 규정된 임노동의 논리에 의해 구성되어 있을 뿐만 아니라, 사회적 인정, 소속감, 평판 등은 여전히 임노동에 의해 매개되어 있으며, 한 인간의 성공과 영향력은 여전히 생산성과 효율성, 그리고 이를 통해 획득된 물질적 지위에 빗대어 판별되고 있(앞의 책: 136)"다.

이에 따라 노동은 단순히 생산과정에서 투입되는 노동력 자원의 투입양식이나 개인이 하루 중 소비하는 시간의 양에 그치는 것이 아니라, "개인이 가진 사회에의 참여욕구가 사회적 공급 및 기초 조건들과 만나는 접점(앞의 책: 136)"으로서 문화적인 의미를 갖는다. 다른 모든 사회적 범주와 마찬가지로 노동 또한 다른 범주들과 변증법적 연관 관계에 놓여 있지만, 노동은 그중에서도 인간이 처한 현실적 문제를 해결하는 데 있어 핵심적인 의미를 갖는다. 비록 생산과정에서 인간 노동의 필요성이 지속적으로 감소하는 것은 부인할 수 없는 사실이지만, 노동에 대한 태도 및 그로 인한 행위의 방향은 인간의 삶의 방식, 즉 문화를 구성하는 데 있어 여전히 중대한 영향력을 행사하고 있다. 노동의 문화적 의미에 주목하고 있다. 사회관계를 통해 "전체에 지향된 성찰양식으로서 문화(Negt 2001: 401)"에 접근하는 열쇠로서 노동범주는 비판이론에 필수적인 연구대상이 될 필요가 있다.

최근 한국을 비롯한 여러 선진산업사회에서 '빠른 은퇴'가 화제가 되고 있다. 주식과 부동산, 코인 등에 투자하거나 도서나 음악 등 저작권을 통한 정기적 수입으로 '경제적 자립'을 이룬 후, 기존의 정년보다 은퇴를 앞당기는 것이다. 이는 2008년 금융위기 이후 미국에서 고학력, 고소득 층년층을 중심으로 나타난 소위 '파이어(FIRE, Financial Independence Retire Early)족'의 유행이 전 세계로 확산된 것으로 보이는데, 파이어족의 유행과 연관된 사회적 원인으로는 흔히 저임금 일자리의 확산과 미래에 대한 불확실성, 그리고 악화되는 노동환경 등이 거론되고 있으며 이는 자본에 의한 강요된 '종속된' 노동에서 벗어나 자아실현을 추구하는, 자본주의 체제 비인간성에 대한 개인적 저항으로 보이기도 한다. 그러나 파이어족 현상에서 드러나는 자아실현에는 노동이 배제되어 있다. 파이어족을 기획하는 사람들은 모두 자본주의적 노동에서 벗어나려 이런저런 준비들을 하지만, 그들은 경제적 자립 달성에만 집중할 뿐, 정작 그 목표를 달성한 이후에 어떤 일을 하면서 인생을 채워갈 것인지, 자신의 자아를 어떤 일을 통해 실현할 것인지에 대한 고민은 주변적이다. 파이어족이 추구하는 경제적 자립은 인간다운 생계를 유지할 수 있는 '소비'에 집중되어 있기 때문이다. 여기서 노동의 문화적 의미는 자아실현이나 직업적 소명의식이 아닌, 단지 '소비수단을 획득하는 과정'으로 축소되어 있음을 알 수 있다. 생계를 유지하기 위해 의미없는 노동을 반복해야 하고, 그 대가가 인간다운 삶을 영위하기에 있어 형편없이 부족하다는, 자본주의적 생산관계의 모순은 자산투기와 저작권 등 금융자본주의적인 자산축적이라는 행위로 귀결된다. 이는 살아있는 노동의 측면을 배제한 채 죽은 노동의 집적물에 집착한다는 점에서 자본주의에서 노동을 다루는 방식과 완전히 동일하며, 그러므로 자본주의적 노동관계에의 저항이 아닌, 체제순응적인 기만이 된다. 개인적으로 필연의 왕국을 벗어날 수는 있겠지만, 동일한 사례가 집단적으로 가능할 것이라 보는 것은 완전히 허구적이다.

이러한 비판이 설득력을 얻기 위해서는 더욱 체계적이고 세밀한 논의가 필요하다. 그리고 그 노력이 그저 비판으로 끝나지 않으려면, 현재 사회에서 노동의 문화적 측면에 대한 명확한 분석과 함께 대안적 노동, 즉 '살아있는 노동'의 활성화를 위한 문화적 틀을 고민해야 할 것이다.

4. 비판이론적 현대사회연구의 예: 민족주의

두 번째로 생각해볼 수 있는 비판이론적 현대사회 연구의 대상으로서 민족주의를 생각해볼 수 있다. 지구화 시대에 민족주의 연구는 시대착오적으로 비칠 수도 있지만, 현재 전 세계적으로 지배적인 정치적 이데올로기가 사라지고 있는 가운데 유독 민족주의적 정치행위가 번성하고 있는 것은 엄연한 사실이다. 이 현실을 어떻게 이해할 것인가?

현재 민족주의는 고전적 의미에서의 이데올로기와는 내부 구성요소상의 차이를 보인다. 19세기의 이데올로기는 마르크스가 적시한 '정치경제학'의 예에서도 볼 수 있듯이 현실 사회관계를 반영하는 객관적 필연성을 가지고 있었다. 그러나 20세기를 거치면서 이데올로기는 이러한 객관적 현실의 반영을 상실하고 파시즘, 스탈린주의, 소비주의 등 지배체제를 무조건 옹호하는 도구가 되었다. 사회적 현실과 이데올로기 간의 관련이 없어도 지배의 도구가 될 수 있다는 점에서 이데올로기는 객관의 영역에서 주관의 영역으로 이행하였으며, 이성보다는 감정의 영향을 받게 되었다. 이러한 측면에서 20세기에 변화된 이데올로기는 사회적으로 일종의 종교와 같은 기능을 하게 되었다고 할 수 있다. 비록 초월적이고 내세적인 논리 구조를 가지고 있지 않기 때문에 전통적 의미에서의 종교의 범주에 속한다고 보기는 어렵지만, 사회적으로는 종교의 기능을 수행하는 이데올로기의 형식을 염두에 둘 때 우리는 최근 전 지구적인 현상으로 세계 곳곳에서 관찰할 수 있는 민족주의를 이해할 수 있다. 현재의 민족주의는 현실적 통치 단위, 즉 주권을 가질 수 있고 일정하게 구획된 공간을 점유하고 있는 정치적 단위로서의 민족이라는 역사적 주체가 결여된, '환상 속의 문화적, 혈연적 동질성'을 강조함으로써 일종의 종교가 되는 것이다.

소비에트 다민족 구조의 급속한 해체와 수많은 민족국가들의 수립으로 마무리된 동유럽의 현실사회주의의 해체과정에서 등장한 종족민족주의는 바로 이 일상종교로서의 특성을 가장 극적으로 보여주었다고 할 수 있다. 현실사회주의가 붕괴되면서 기존의 익숙했던 사회관계를 맺는 방식, 개인이 자신의 삶을 계획할 때 이용되는 범주들, 일상생활을 영위할 때 필요한 물품들의 조달 방식 등 개인의 일상생활양식이 함께 붕괴되었다. 삶의 의미를 찾고, 삶의 방향을 설정하는 방식을 잃어버린 전 현실사회주의 주민들은 그러나 과거의 계급사회나 전통적 종교로 돌아갈 수 없었다. 모든 사회적 관계가 끊어진 상황에서 개인에게 있어 안정적인 사회관계는 원초적으로 주어진 '가족'에서만 기대할 수 있었고, 이것이 민족주의의 구성요소 중 하나인 '문화적 공동운명체'와 결합하여 종족적 요소가 강조된 민족주의인 종족민족주의(ethnonationalism)가 등장하게 되었다. 이 종족민족주의는 안정성, 방향설정, 의미창출 등을 갈구하는 세속화된 욕구를 충족시켜 주는 하나의 "집단적 방향설정의 새로운 규칙(Werz, 2000: 8)"으로서 일종 의 종교와 같은 형태를 띠게 되었다.

실용주의를 표방하며 이데올로기적인 것을 반체제적인 것으로 몰아가 던 미국과 서유럽 사회에서도 종족민족주의는 점점 일상종교의 형태로 자 리잡게 되었다. 19세기적 의미의 부르주아사회가 20세기에 접어들어 발 전된 소비사회로 전환되면서, 계급이 소멸하고 그 자리는 '소비자'로 대체 되었다. 소비주의가 가속화하면서 종교의 세속화는 더욱 강화되었다. 그 리하여 '정신'의 위기는 이미 서구사회발전과정에서도 내재되어 있었다. 지속적인 경제성장으로 사회구성원들에게 불충분하게나마 풍요의 혜택 이 주어지던 기간에는 이러한 점이 그다지 사회문제로 비화하지 않았다. 그러나 오일쇼크로 경제성장이 무한정 지속될 수 없다는 사실이 분명해 지자, 서구 사회에서 '정신'은 본질적인 위기에 직면하게 되었다. 이 과정 에서 20세기 계급 없는 이른바 '소비자사회'의 주류로 등장한 '신중산층' 은 점차 '종족성(ethnicity)'에 자신의 욕구를 연계시키기 시작했다. 미국 학 계에서 종족적 범주들이 활발히 연구되기 시작한 시기가 1차 오일쇼크 직 후였다는 사실에서 우리는 이 점을 유추해볼 수 있다. 미국의 경우 종족적 범주가 국가의 다인종·다문화적 특성을 문제시하지는 않았지만, '정체성 (identity)'의 문제가 중요한 정치적 의제로 부상하면서 종족적 범주가 중요 한 의미를 획득하게 되었다.

이해할 수 없이 복잡한 이유와 방식으로 기존의 사회적 관계들이 무너 지고 삶의 전망이 불투명해진 상황에서도 개인에게 유일하게 확실한 집단 적 범주는 누구에게나 원초적으로 주어지는 '가족'이라고 할 수 있다. 가 족의 중요성은 '종족성'과 연관되고, 이것이 '정체성' 문제로 비화하여 종 족민족주의는 서구에서도 지배적인 영향력을 행사하게 되었다.

가속화된 신자유주의적 세계화 속에서 상품교환의 범위가 전 세계적으로 확장되었는데, 여러 이유로 많은 이들의 생활수준이 하락하고, 구조적 실업이 발생하기 시작했다. 경제적인 세계화 속에서 상품교환은 더욱 복잡하게 구성된 데 반해, 이 구조 속에서 드러난 사회문제는 여전히 지역 차원에서 발생했기 때문에 이러한 문제를 겪고 있는 사람들은 자신의 문제가 어디에서 비롯된 것인지 알 수 없었다. 세상이 어떻게 돌아가는지, 나는 어떻게 살아야 할 것인지에 대해 개인적 수준에서 파악하기 어려워진 것이다. 상품교환의 세계화가 한창일 때에는 금융자본의 세계적 착취를 거론하는 경향도 있었지만, 리먼브라더스의 파산으로 그것을 계속 주장하기는 어려워졌다. 세계에서 두 번째로 많은 어음을 소화하던 거대 금융기업 또한 하루아침에 파산할 수 있다는 사실이 드러났기 때문이다. 점점 더 복잡해지고 다층화되는 세상 속에서 불확실성이 커지고, 사회관계의 '불투명성'이 일반화되면서 사회구성원들은 삶의 의미와 방향을 상실하고 존재론적 불안에 시달리게 되었다. 그러나 예전의 계급사회나 전통적 종교로 돌아가기에 그것들은 너무 낡은 것이었다. 19세기적 의미의 부르주아 계급사회는 이미 일원적인 소비자사회로 대체되었으며, 지속적인 사회적 세속화 경향 속에서 종교적 방향제시의 방식은 효력을 상실했던 것이다. 이해할 수 없이 복잡한 이유와 방식으로 기존의 사회적 관계들이 무너지고 삶의 전망이 불투명해진 상황에서도 개인에게 유일하게 확실한 집단적 범주는 누구에게나 원초적으로 주어지는 '가족'이라고 할 수 있다. 가족의 중요성은 '종족성'과 연관되고, 이것이 '정체성' 문제로 비화하여 종족민족주의는 서구에서도 지배적인 영향력을 행사하게 되었다. 멕시코 이주민에 대한 증오를 설파했던 도널드 트럼프의 대통령 집권과, 아랍권 난민유입을 놓고 극심한 사회갈등이 벌어지고 있는 유럽국가들의 사례에서 우리는 바로 종족민족주의적 영향력을 엿볼 수 있다.

근대의 모든 사회관계는 여러 다양한 사회적 문화적 교류들을 통해 형성된 혼합된 관계라고 할 수 있고, 이 점에서 종족민족주의에서 주장하는 집단적 순수성은 허위임에는 틀림이 없지만, 종교적 요소를 가진 종족민족주의는 '객관적인 진실'과는 관련없는 영역에 도달해 있기 때문에 합리적·객관적 비판을 통해서는 극복될 수 없었다. 오히려 신자유주의적 세계화가 가져온 불투명성 속에서 살아가는 현대인들은 점차 종족 범주가 제공하는 허구적 확실성에 의지하는 경향을 보이고 있다. 이와 관련하여 사람들이 안정적인 소속감을 추구하고 삶의 방향을 설정하고 의미를 부여하려는 욕구, 즉 심리적·감정적 영역과 맞닿아 있는 원초적 욕구들이 해소되어야 한다는 '필연성'을 우리는 진지하게 다룰 필요가 있다.

5. 비판이론적 현대사회연구의 예: 교육

비판이론적 현대사회연구의 세 번째 예로서 들 수 있는 것은, 한반도의 교육이 있다. 남한과 북한을 막론하고 교육은 국가 차원에서 강조되는 것으로서 초등교육 과정에서부터 학생들은 우리 나라는 자원이 부족하고 국토가 협소하여 인적자원에 기대할 수밖에 없다는 말을 지속적으로 듣는다. 국가 발전의 원동력으로서 교육은 교육을 통한 개인적 성공에의 추구를 이기적이지 않도록 만든다. 개인의 목표를 민족이라는 상위 집단의 그것과 동일시하기 때문이다. 이는 교육을 통한 개인의 성공과 가족 전체의 성공의 동일시가 일반적으로 받아들여지는 상황 속에서 자연스럽게 연결된다. 한국의 민족주의 개념이 혈연이 강조되어 있기 때문에 한국인들은 국가를 확장된 가족으로 인식하기 쉽고, 그에 따라 개인의 성공을 통해 국가의 발전을 이끌어낼 수 있다는 감정적 기반을 획득한다.

이에 따라 남북한의 사회구성원들은 비록 자신과 가족의 성공을 위해 무자비한 경쟁을 벌이지만, 이를 국가와 민족을 위한 것으로 정당화할 수 있게 된다. 특히 이 정당화는 경쟁에서 밀려난 사람들에게 더욱 효과적으로 작동한다. 집단이기주의는 소속집단 구성원의 이익을 위해 부정한 수단도 사용할 수 있는 상황을 의미한다. 그러므로 교육열로 대표되는 남북한 사회의 교육경쟁에서 밀려난 사람들은 정당하지 않은 방식으로 밀려난 것이 된다. 그러나 승리자는 관련된 죄책감을 전혀 갖지 않는다. 자신의 행위를 개인과 가족뿐만 아니라 전체 국가와 민족의 발전을 위한 것으로 정당화할 수 있기 때문이다.

남북한의 지배체제 모두 혈연과 연관된 민족 개념이 개인의 삶을 집단적으로 조직화되어야 하는 것으로 만들고 있다. 이러한 논리는 한반도의 사회구성원들에게 집단이기주의와 연관된 도덕적 망설임을 무시할 수 있는 기회를 제공한다. 집단이기주의가 공공의 이익을 해칠 수 있고 전체 사회의 분열을 초래할 수 있다는 걱정은 부차적인 것이 되며 집단적 이익 추구는 아무런 장애물 없이 지속될 수 있다. 집단적 이익은 소속된 개인에게만 이득이 되는 것이 아니라, 그를 통해 개인의 가족의 이익으로, 이는 또다시 경쟁을 통한 국가 전체 발전으로 정당화될 수 있기 때문이다.

그러므로 자신의 이익을 적극적으로 추구하는 사람에게 한반도의 민족주의는 스스로 파렴치한 사익추구라 하더라도 무언가 국가에 도움이 되는 것으로 왜곡시킬 수 있는 기반을 제공한다. 국가이념과 연관된 사익추구의 의미는 법망을 피하거나 실제 범죄를 활용하는 것도 당당하게 만들 수 있을 정도로 강력하다. 또 다른 측면에서 한반도의 종족민족주의는 무자비한 집단이기주의에 의해 발생한 물적, 정신적 피해를 무시할 수 있게 해준다. 집단의 이익추구가 국가와 민족을 위한 것으로 포장될 수 있는 이상, 집단적 이익추구로 인한 사회적 폐해는 국가와 민족의 발전상 불가피하게 발생한 주변적인 부작용으로 치부할 수 있게 된다. 이는 경쟁의 승리자뿐 아니라 패배자들 또한 자신의 실패의 책임을 스스로 온전히 지는 것이 아니라 소속된 집단, 나아가 국가와 민족의 한계 때문으로 정당화할 수 있는 가능성을 제공한다. 자신의 실패는 개인 스스로가 아닌 소속집단에 기인한 것이 되며, 집단적 실패는 감당할 수 있는 것이 되기 때문이다.

이러한 선택적 왜곡은 모든 이기적 행위에 대한 도덕적 망설임을 극복할 수 있게 해준다. 이기주의의 한국적 형태는 집단이기주의이기 때문에 이기주의의 가장 취약한 부작용인 사회적 고립을 극복하게 해주며 그 결과 개인의 이익추구는 아무런 도덕적 장벽 없이 이루어지게 된다. 개인의 집단성을 강조하는 한반도의 종족적 민족주의는 국가의 지배체제뿐만 아니라, 사회구성원들 간의 무자비한 집단이기주의적 경쟁으로 가득찬 사회적 상황을 정당화한다. 가족화된 교육열은 일종의 집단이기주의로서 한반도의 지배체제를 정당화하는 이데올로기적 효과를 갖는 것이다. 이는 여러 가지 사회적 위기에도 불구하고 한반도의 두 국가가 존속할 수 있게 해준 하나의 요소라고 할 수 있다.

6. 결론을 대신하여

이러한 사회연구의 원칙들은 현재 우리가 살아가는 시대를 분석할 때 여러 가지 장점이 있다고 할 수 있다. 기본적으로 비판이론은 장기 19세기에서 단기 20세기로 넘어가는 전환기에 연구의 틀이 확립되었기 때문에 20세기 이후 급격한 변화를 겪고 있는 현재 우리에게 분석적 장점을 줄 것으로 기대된다. 이와 함께 비판이론은 그 특유의 유연성으로 전통적인 이론과 실천의 결합방식에서 벗어나 연구자가 좀 더 자유롭고 유연한 방식으로 더 나은 사회를 고민할 수 있는 자율성을 제공해 준다. 또한 비판이론 특유의 주체-대상에 대한 변증법적 인식은 현재 여러 가지 방식으로 도전받고 있는 기존의 이분법적 인식에 대한 훌륭한 대안으로 자리매김할 수 있다. 기존의 사유양식을 거부하면서 완전히 새로운 것을 고민하는 수고를 덜어주며, 그러면서도 이분법적 사고의 위험에 빠지지 않도록 해주기 때문이다. 그리고 보편이 특수한 대상 속에서 재인식 가능하다는 비판이론의 인식은 여러 분야의 사회연구로 그 연구대상을 확장할 수 있는 가능성을 열어준다.

이 글에서 제시된 세 가지 사례는 모두 지배체제를 정당화해주는 정신적 구조물에 대한 비판이 현대사회 연구에서 어떠한 모습을 보일 수 있는지 고민해본 결과이다. 연구의 내적 완결성과 논리의 구성, 방법론적 정교성이라는 측면에서 문제가 많지만, 이는 향후 발전될 여지를 남겨둘 수 있을 것이다. 중요한 것은 비판이론의 '시대제한적 진실' 개념을 통해 알 수 있듯 과거의 것을 아무런 변화 없이 최대한 순수한 형태로 되돌리라는 것은 아무런 의미가 없다는 점이다. 우리는 비판이론의 후기자본주의론 같은 이론적 결과물 그 자체를 오늘의 분석에 활용하는 것이 아니라 비판이론이 가졌던 이론적 기초와 현실의 변화를 바라보는 관점의 특성에 주목할 필요가 있다. 비판이론은 연구자의 기본적인 시각이나 입장에 있어 마르크스에게 받은 영향을 후대에 전해줌으로써 사회에 대한 '비판적 태도'의 중요성을 보여주었다. 이를 보존하면서 우리는 시대적 변화에 맞는 새로운 연구들을 통해 사회적 비판의 외연을 넓혀갈 수 있을 것이다. 비판적 사회연구의 의의는 인간과 사회를 형성하고 있는 구성요소임에도 불구하고 지배적인 사고나 지배체제 그 자체에 의해 배제되고 억압되며 망각된 것들을 찾아내는 데 있으며 그를 통해 지배체제의 영원성을 전복시키는 데 기여하는 것이기 때문이다.

참고문헌

Adorno T. W. 1972. *Gesammelte Schriften 8. Soziologische Schriften I*. Frankfurt/Main: Suhrkamp.

Habermas, J. 1981. *Theorie des kommunikativen Handelns, Bd. 2, Zur Kritik der funktionalistischen Vernunft*. Frankfurt/Main: Suhrkamp.

Hobsbawm, E. J. 1996. *The Age of Revolution: 1789-1848*. London: Vintage.

Hohendahl, Peter Uwe. 2016. *Reappraisals. Shifting Alignments in Postwar Critical Theory*. New York: Cornell University Press.

Horkheimer, M. and T. W. Adorno. 1988. *Dialektik der Aufklärung*. Frankfurt/Main: Fischer.

Morgenroth, C. 2002. "Depressive Dynamik in der Arbeitslosigkeit". edited by Detlev Claussen, Oskar Negt, Michael Werz. *Hannoversche Schriften 5: Transformation der Arbeit*. Frankfurt/M: Neue Kritik.

Negt, O. 2001. *Arbeit und Menschliche Würde*. Göttingen: Steidl

Werz, M. 2000. "Verkehrte Welt des short century. Zur Einleitung", in: Claussen, Detlev, Negt, Oskar, Werz, Michael(ed.). *Hannoversche Schriften 2. Kritik des Ethnonationalismus*. Frankfurt/Main: Neue Kritik. pp. 6-15.

1980~1990년대 프랑크푸르트학파 비판이론 초기 수용의 동학[1]

이 시 윤

1. 서론: 1980~1990년대 한국 학술장에서 비판이론의 확산과 정체

지난 50여 년간 한국에서 프랑크푸르트학파[2] 비판이론 수용은 꾸준히 계속되었다. 국립중앙도서관(nl.go.kr)의 서지정보에 따르면 2023년 9월 현재까지 발행된 프랑크푸르트학파 관련 1, 2차 저술은 총 419권에 이른다. 우선 역서를 보면, 프롬의 책이 162권, 이어 벤야민이 40권, 마르쿠제 33권, 하버마스 32권, 아도르노 21권, 호네트 8권, 호르크하이머가 2권 순으로 나왔고, 공저 『계몽의 변증법』이나 『마르쿠제와의 대화』, 혹은 두세 명의 학자를 주제로 발행된 편역서도 6권 발간되었다.

연구논문은[3] 2020년을 기준으로 2,496편 발행되었다. 벤야민 관련 연구가 가장 많은 827편이고, 하버마스 815편, 아도르노 507편, 호네트 127편, 호르크하이머 98편, 프롬 86편, 마르쿠제 84편 순으로 뒤를 잇는다. 연구서와 2차 문헌도 다수 존재한다. 하버마스 관련 서적이 40권, 벤야민 38권, 아도르노 32권, 프롬 16권, 마르쿠제 6권, 호르크하이머와 호네트가 2권씩 나왔다. 여기에 더해 '학파'를 다루거나 그중 두세 명을 비교하여 연구한

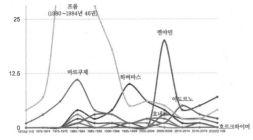

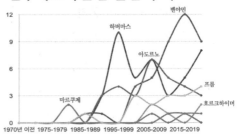

〈그림 1〉 비판이론 학자들의 국내 수용 추이: 역서, 2차 문헌[4]

책이 18권이다.

한국 학술장의 규모를 고려할 때 비판이론 연구는 매우 큰 비중을 차지하고 있으며 예나 지금이나 중요한 지적 자원으로 여겨지고 있음에는 이견이 있을 수 없다. 이 글은 1980~1990년대에 초점을 맞추어 비판이론 초기 수용 과정을 지식사회학적으로 규명한다. 출발점은 80년대 후반을 기점으로 일어난 프랑크푸르트학파 1, 2세대 학자들 사이의 엇갈린 운명이다. 이는 비판이론의 수용이 학술장과 장 내 수용자들에 대한 사회학적인 접근에 의해서 설명될 수 있음을 잘 보여준다.

〈그림 1〉에서 보이듯, 하버마스의 경우를 제외한 통상 '1세대'라 불리는 아도르노, 벤야민, 프롬, 마르쿠제 등 학자들에 대한 주목도가 1990년대 중반 일제히 하락하는 현상이 일어났다. 1970년대에 도입되어 1980년대에 크게 늘어난 비판이론 관련 도서 발간은 1990년대 중반 고조되었다가 곧바로 일제히 그 추세가 동반 하락했다. 하버마스 외 학자들의 역서 발간이 멈춘 가운데 아도르노 연구서만 네 권 나온 것이 예외일 따름이다. 이 일이 관심을 끄는 까닭은 같은 '학파' 내부의 2세대 학자 하버마스가 큰 인기를 얻는 동안 1세대 학자들은 상이한 상황에 직면했기 때문이다.

이와 같은 1980~1990년대 중반 비판이론 전반의 급격한 확산 이후 곧

바로 이뤄진 1세대 학자들에 대한 주목 하락의 원인은 무엇인가? 나는 이 시기가 비판이론의 권위가 전반적으로 쇠퇴한 중요한 때이자 이후의 수용 양상을 좌우하게 될 분기점이 된 것으로 보고 그 원인과 결과를 설명해 보려 한다. 이후 잠시간의 인기를 얻은 뒤 하버마스 또한 학술장에서 관심을 잃어버리게 되고, 1, 2세대를 불문 프랑크푸르트학파 비판이론은 이전의 권위를 상실한다. 90년대는 이러한 일들이 일어난 변곡점이었다. 이 글은 우선 70, 80년대 권위의 상승을 가능하게 했던 요인들을 중점 검토하고 이로부터 90년대 하락의 원인을 가설적으로 추론하는 작업을 수행한다.

내가 목표로 하는 것은 거시적인 1980~1990년대 한국 학술장의 상황과 그 안에서 이뤄진 성원들의 다양한 구체적 실천들에 초점을 맞춘 설명을 제공하는 것이다. 나는 비판이론이 한국 현실에 잘 맞지 않아 바로 포기되었다고 치부하거나 신자유주의가 본격 도입되고 대학 환경이 변화한 것에 사태의 원인을 단순 귀속시키는 양극단의 주지주의와 외인론적 설명을 거부하고, 지식사회학적인 관점을 채택하여 양자 사이의 중간지대에서 이뤄진 학자들의 구체적인 상호작용 양상을 검토하려 한다. 지식의 가치를 발굴하여 옹호하거나 비판하고 기각하는 일은 온전히 학술 공동체 성원들의 집합적 실천이기 때문이다. 나는 사회학자 미셸 라몽(Michèle Lamont)의 논의가 주는 함의를 참고하면서 이론의 생애주기 속에서 성장과 쇠퇴가 공히 학술장 성원들이 부여하고 회수하는 정당성 문제를 중심으로 검토되어야 한다는 입장을 취할 것이다.

논의 순서는 다음과 같다. 먼저 비판이론이 마르크스에 대한 우회로로서 수용되었다는 잘 알려진 명제를 출발점 삼아 이를 실제 수용 양상과 비교하면서 수용자, 수용 공간 문제의 중요성을 환기하고, 이어 다시 수용자 공간이 지적 전통과 제도적 위치 맥락 속에서 갖는 의미 문제로 논의를 확장한다. 이를 통해 핵심적으로 말하려는 바는 1980년대 비판이론의 인기가 비판적 철학과 사회이론, 문학 예술이론을 원했던 수용자들이 나름의 이해관심을 추구하며 능동적으로 프랑크푸르트학파 학자들에게 정당성을 부여한 결과였다는 것이다. 그리고 이 실천은 독일 사상과 독일어가 학술장에서 지닌 지배적 위치로부터 비로소 가능한 것이었다. 이렇게 권위의 상승 요인을 규명하는 일은 권위의 하락 요인 또한 수용자-수용자 공간-학술장 상황이 비판이론에게 부여할 정당성의 근거가 소진된 결과이자 그것을 창출하려는 집합적인 시도가 실패한 결과로 보는 추론을 가능하게 해준다. 본고는 마지막으로 이렇듯 1990년대의 영향력 축소 또한 학술장 내 상호작용의 양상을 봄으로써 설명될 수 있다는 것을 가설적으로 제시하고자 한다.

2. 1980~1990년대 프랑크푸르트학파 비판이론의 도입과 '우회로'론의 재검토

한국에 프랑크푸르트학파 비판이론이 활발히 도입될 수 있었던 가장 큰 까닭은 그것이 마르크스주의에 대한 '우회로'로서의 쓸모를 가졌기 때문이라는 사실은 잘 알려져 있다.[5] 마르크스주의 변혁이론에 대한 수요가 점차 높아지고 있었지만 사상적 검열 통제가 극심했던 시기, '네오/포스트 마르크스주의'는 마르크스를 간접적으로나마 읽을 수 있는 방법이었고, 비판이론은 그 우회로 중 하나의 의미로 소비되었다는 것이다. 그러나 이 진술은 논의의 출발점일 뿐 도착점이 될 수 없으며, 단지 고구마 덩굴처럼 수많은 관련 질문들을 딸려 나오게 만드는 줄기자루에 불과하다.

예를 들어 우리가 알고 싶은 것은 다음과 같은 사안들일 것이다. 1970~1980년대 한국은 왜 마르크스를 원했는가? 마르크스에게 우회하여 접근하는 데 왜 비판이론이 유용하다고 여겨졌는가? 즉, 포스트모던 이론, 영국 문화연구, 포스트 마르크스주의 등 많은 후보군 중에서 왜 비판이론이 주로 활용되었는가? 마르크스가 필요하다고 여긴 이들과 비판이론에게서 효용을 발견한 이들은 구체적으로 누구였는가? 그들이 내세운 정당성 근거는 무엇이었는가? 혹은 비판이론이 아닌 다른 이론을 선택한 이들은 왜 그렇게 했는가? 마지막으로, 각자가 택한 기대들 사이 관계, 즉 다양한 이론들 사이 길항 관계는 어떻게 형성되어 있었고 이것이 수용 과정에 어떠한 영향을 미쳤는가?

위의 질문들은 지금까지 부분적으로만 제기되고 답변되어 왔고, 때로는 그 대답도 불완전한 것이 많았다. 혹은 어떠한 질문은 아직 제기되지도 못했다. 예를 들어, 마르크스주의로의 쏠림 현상의 원인과 양상에 대해 이런저런 언급들은 끊이지 않았지만 이를 주제로 한 집중적인 탐색 기획은 찾아보기 어렵다. 흔히 산업자본주의로 인한 계급모순의 심화 상황과 지나친 억압과 통제가 불러온 반발, '역효과'가 원인으로 언급되는 정도다.[6]

행위자 차원에서 마르크스주의의 수용 주체, 비판이론을 우회로로 택한 주체, 비판이론을 도입한 주체가 당시의 변혁지향적 학생-신진학자 세대였다는 점 또한 자주 지적되었지만, 정말로 온전히 그러했는지에 대해서는 다소 의심스럽다. 실제로는 '주류-제도권'과 '학술운동' 세대 사이를 정확히 갈라낼 수도 없거니와, 앞으로 확인하게 될 것처럼 마르크스주의 혹은 비판이론의 수용은 1980년대 이전에도 상당히 많이, 심지어 제도권 학자들에 의해 이뤄졌기 때문이다.

무엇보다, 애초에 기존의 논의들에서 왜 다른 이론이 아닌 비판이론이 좋은 우회로로서 선택되었는지에 대한 질문은 아예 존재하지 않는다. 이는 의아한 일인데, 1980년대 시점이 되면 서구에는 네오/포스트 마르크스주의와 유관 이론들이 이미 상당히 많이 존재했고, 이것들이 국내에 유입되지 않았던 것도 아니기 때문이다. 이러한 형국이기 때문에 이 질문들에 대한 답변들을 토대로 탐색되어야 할 마지막 사안, 즉 경합하는 이론들 사이의 관계 형성의 문제는 아직 논의할 준비도 갖춰지지 못했다.

이 글은 두 번째 문제, 그러니까 정확한 수용 주체와 그들의 위치 문제를 중심으로 프랑크푸르트학파 수용 과정에 대한 분석을 전개한다. 우리에게 필요한 것은 수용 주체와 그들의 학술 공간 내 위치, 그리고 그들 사이 상호작용과 그들과 타 주체들과의 상호작용을 관찰하라는 사회학적인 요청이다.

여기에서 라몽의 분석틀은 도움이 될 것이다. '프랑스산' 이론의 미국 전파를 분석한 잘 알려진 작업에서, 그는 지식의 내용과 함께 수용자 집단과 그 환경을 중요한 설명 요인으로 채택할 것을 요청한다. 학술장이 배태된 시대적 분위기, 유관 분과들의 제도적 권위, 수용지 지정학과 국가 전통과의 상호작용을 고려하는 이론 전파와 수용 실천 연구가 필요하다는 것이다(Lamont, 1987). 나는 별도의 연구에서(이시윤 · 이용승, 2023) 라몽의 논의와 번역사회학(sociology of translation)을 피에르 부르디외(Pierre Bourdieu)의 장이론을 중심으로 종합하여 정리 · 제안한 바 있는 이론 수용 연구를 위한 방법론적 원칙들을 적용해 볼 것이다.[7] 이를 참고하여 1980~1990년대 한국 학술장 내 다양한 위치에서 각자 다른 이해관심을 가진 실제 주체들이 비판이론을 선별 수용하고, 선택적으로 정당성을 부여하면서 때로 원이론이 국내 공간에 의해 굴절되는 모습을 보면서 다시 이것이 수용 과정 전반을 추동하는 인과력으로 작동하는 논리를 살펴보도록 하자.

1) 마르크스로 가는 우회로, 마르쿠제와 하버마스

프랑크푸르트학파 학자 중 첫 번째로 제대로 한국에 소개된 인물은 에리히 프롬(Erich Fromm)이다.[8] 1980년대 기간 동안 출간된 프롬의 책은 무려 74종에 이른다. 한마디로 '대인기'란 표현이 어색하지 않다. 하지만 프롬의 인기는 하루아침에 얻어진 것이 아니었다. 1970년대에도 이미 42종의 책이 번역되어 선보였고, 이보다 일찍 1960년대에도 이미 4권의 책이 나와 있었다.

그런데 여기에서 프롬이 학파 성원으로 분류될 수 있는지 문제가 대두된다. 그가 학파의 일원으로 활동한 기간은 1930~1940년대 초 사이 짧은 시기뿐이었고, 망명 후에는 마르쿠제·아도르노·호르크하이머 등과 갈등을 겪고 사실상 완전히 '독립'하게 되기 때문이다(제프리스, 2016: 413-415). 하지만 그렇다고 해서 프롬을 학파에서 완전히 분리시키는 것 또한 잘못이다. 그가 미국에서 활발히 활동한 시기에도 '비판이론'의 문제설정과 공유된 이론틀은 암묵적으로 작동하고 있다. 그러므로 프롬을 느슨하게 학파 성원으로 취급하는 일은 여전히 가능하고 또 필요하다. 그런데 프롬이 한국에 수용된 맥락을 보면 다시 또 다른 문제가 발생한다. 그가 정작 1960~1970년대 한국에서 프랑크푸르트학파의 일원이자 비판이론가로서 인식되지는 않았기 때문이다. 이때까지 프롬의 글들은 "아직 비판이론이라는 학파의 이름으로 소개된 것은 아니었다"(문현병, 1988: 51).

1970년대까지 한국에서 프롬의 정체성은 다름 아닌 미국 소비문화를 비판적으로 성찰하고 사랑과 인간 심리를 탐색하는 에세이스트였다. 프롬이 주로 대중을 대상으로 글을 쓴 것은 맞지만, 이렇게만 보면 그의 다층적 면모를 부당하게 축소하는 것이 된다. 그럼에도 이러한 이미지는 국내 프롬 인기의 핵심 요인이기도 했다. 즉, '미국'에서 대중적으로 큰 인기를 얻고 있는 지식인의 '잘 나가는 에세이집'은 이념적으로 경색된 한국 사상계에서도 엘리트라면 반드시 읽어봐야 할 필독서의 지위를 쉽게 획득할 수 있었다.[9] 1960년대부터 프롬의 글은 계속 앞다투어 여러 출판사에서 경쟁적으로 출판되었고, 이는 그만큼의 수요가 국내에 계속 존재했음을 뜻한다.

이 시기 대학생-지식인들은 누구나 『자유로부터의 도피』나 『사랑의 기술』을 읽었다. 프롬의 책들에는 사실 늘 마르크스가 등장하여 자본주의 사회를 비판하고 대안적 체제로의 이행을 촉구하는 내용이 담겨 있었다. 하지만 한국에서 프롬의 이러한 면모는 보통 '자유'와 '사랑'이라는 주제의 젊은이들의 고뇌 속에 가려졌다. 프롬이 다루는 마르크스의 존재는 억압적 시대 분위기 속에서 사회비판적 사유와 간헐적으로만 연결되었을 뿐 다른 무엇으로 발전하지는 못했고, 대부분 애서 외면받거나 혹은 기껏해야 용인되었다.[10] 한마디로, 독일에서, 그리고 망명 이후 미국에서의 프롬을 계속 느슨한 의미의 '네오 마르크스주의자'로 볼 수 있지만, 적어도 1970년대까지 그의 모습은 굴절되고 사뭇 다른 의미만을 부여받았다.

한국에서 본격적인 학파로서의 비판이론의 수용은 1970년대 말 마르쿠제(Herbert Marcuse), 하버마스(Jürgen Habermas)와 함께 시작되었다. 이들은 프롬과 달리 명확하게 '프랑크푸르트학파 비판이론가'로 명명되었고, 이로부터 국내에 학파의 존재가 인지되기 시작했기 때문이다. 초기 수용사에서 마르쿠제는 단연 돋보이는데, 1975년부터 1984년 사이 10년 동안 그의 책은 한꺼번에 17권 선보였다. 이전까지 이미 4권이 나와 있기는 했지만, 제대로 된 주목은 분명 1970년대 중후반 이후로 봐야 한다. 이와 함께 하버마스의 책도 1980년대 10년간 6권 소개되었다. 1970년대 중반에 논문으로 소개된 바 있는 하버마스였지만(이시윤, 2022: 127-128), 저술이 제대로 번역되어 나오기까지는 다소 시일이 걸렸다.

마르쿠제와 하버마스의 수용에서 핵심 키워드는 단연 마르크스다. 하버마스의 경우, 애초에 마르크스에 대한 우회로로서의 의미만을 가졌다는 것은 잘 알려진 사실이다. 독일 학생운동에 대한 평가와 성찰을 담은 『이성적인 사회를 향하여』(1980, 장일조 옮김), 비판적 지식 생산 활동의 실천적 의미를 규명하려는 『이론과 실천』(1982, 홍윤기·이정원 옮김)과 『인식과 관심』(1983, 강영계 옮김), 현대 국가들의 근본적 모순을 파헤치고 민주주의 체제의 (재)작동을 촉구하는 『후기자본주의 정당성 문제』(1983, 임재진 옮김)와 (같은 책) 『후기자본주의 정당성 연구』(1983, 문학과사회연구소 옮김) 등이 역서로 선택된 의도는 명확하다. 사회비판적이고 변혁적이지만 '충분히' 그러하지 못한, 아니 정통 마르크스주의와 견주어 '보수적'으로 보이기까지 하는 하버마스를 비판적으로 독해하여 궁극적으로는 마르크스에 닿으려는 의지가 그것이다(이시윤, 2022: 129-132).

마르쿠제가 미국 학생운동의 이데올로그였고, 급진적인 사회 변혁을 천명하고 촉구했다는 점은 일견 반대의 이유로 쉽게 비판받았던 하버마스의 경우와 다른 양상의 수용을 기대하게 한다. 그러나 상대적으로 호의적이었던 것은 사실이지만 마르쿠제 수용 또한 근본적으로 하버마스와 동일한 맥락에서 이뤄졌다. 수용자들은 마르쿠제의 '상대적' 급진성에 퍽 호감을 느꼈지만, 그 만족이 마르크스에 대한 기대치를 채워줄 만큼은 아니었다. 그래서 이 시기 많은 이들이 마르쿠제를 읽었지만, 역자에게도 독자에게도 독서 후의 결론은 같았다. 마르쿠제로는 충분하지 못하다는 것이다. 프롬 수용에서 마르크스적인 것이 탈각되었다면, 마르쿠제와 하버마스의 수용에서는 거꾸로 마르크스적인 면모만이 과대 해석되었고, 그것마저도 부족하다며 공격의 대상이 되었다.[11] 이것이 우회로의 주된 쓸모였다.

이러한 비판이론 초기 수용 양상은 수용자가 누구였으며 그들의 학술공간 내 위치가 어디였는지, 그리고 그의 위치가 지식의 내용을 어떻게 굴절시켰는가라는 문제와 연결되어 있다. 마르크스를 중심으로 두 사람을 해석하고자 한 수용자들은 대부분 당시 수적으로 폭증하고 또한 급진적 사회 변혁의 정신을 각성하며 급속히 뭉쳐들고 있던 젊은 대학생, 대학원생, 신진학자들, 그리고 출판 언론인들이었다. 마르쿠제와 하버마스의 번역자들이 주로 대학원생 혹은 익명의 '번역팀'이었고 다수의 출판사가 신생 비인가 업체들이었다는 점은 주목할 만한데, 이것이 두 학자의 수용 주체가 프롬과는 매우 달랐다는 것을 의미하기 때문이다.

프롬의 번역자들은 대학교수가 많았고, 영어를 능숙하게 구사할 줄 안다면 분과와 관계없이 번역에 뛰어들었다.[12] 반면 1980년대 출현한 다수의 마르쿠제와 하버마스 번역자들은 주로 나이로는 20대 중후반, 1950~1960년대 사이에 태어나 1970~1980년대 대학에 들어왔고, 책 출간 당시 대학원 과정에 있거나 막 학위를 마친 등의 단계에서 학자로서의 초기 이력을 시작하고 있는 학생집단이었다. 이들은 비판적 지성의 역할을 포기한 주류 제도권 학계에 염증을 느끼고 스스로 '진짜' 지식의 생산자가 되기를 자임하며 또 하나의 학술장을 만들어 내고 있었고, 번역서 출간은 그 흐름의 일환으로 이뤄진 것이었다.

이 새로운 흐름은 머지않아 프롬 수용의 물길마저도 바꾸었다. 1980년대가 되면 프롬의 수용자들 또한 1970년대까지와 달리 그를 비판적 네오-마르크스주의자이자 프랑크푸르트학파의 성원으로 명명하기 시작한다. 나아가 신진세대는 이미 넘쳐나고 있던 프롬 역서 더미에 새로운 역서들을 추가하기 시작한다. 1980년대에는 이미 여러 번 소개된 주저들은 물론, 이전에는 찾아볼 수 없었던(정확히는 외면받았던) 프롬의 『사회주의 인간론』(1982, 사계절 번역실 옮김, 사계절출판사), 『희망의 혁명』(1983, 최혁순 옮김, 서음출판사),[13] 『사회주의적 평화론』(1983, 최혁순 옮김, 서음출판사) 등 책이 추가되어 이들의 손을 거쳐 나오기 시작했다. 대학원생과 익명의 팀이 신생출판사에서 책을 내는 일이 프롬에까지 옮아온 것이다(홍영두, 2004: 384).

이제 이들을 학파로 인지하기 시작한 흐름이 생기면서 프롬+마르쿠제, 마르쿠제+하버마스 등을 조합한 도서와 편역서, 그리고 이들에 대한 해외 연구서들이 번역 출간되기 시작했고, 이는 다시 그룹으로서의 학파에 대한 주목을 상승시켰다. 이와 함께 프랑크푸르트학파라는 이름을 사람들에게 각인시킨 가장 결정적인 계기는 1979년 마틴 제이(Martin Jay)의 『변증법적 상상력』(황재우 외 옮김)이 번역 출간된 것이었다(문현병, 1988: 53).[14] 이러한 일련의 분위기 속에서 이제 이 학파가 한국에서 제대로 알려지기 시작했다.

이처럼 한국에 프랑크푸르트학파를 전폭적으로 도입한 가장 큰 힘은 비주류 변혁지향적 학술공간의 젊은 신진세대 성원들이었고, 이들은 마르크스에 대한 열망을 충족하기 위한 우회로의 의미를 부여하며 비판이론가들을 읽었다. 한마디로 정리하면, 비판이론의 한국 도입 과정에서 핵심을 이루는 수용의 '정당성'이 마르크스에 대한 잠정적 대체재, "기능적 등가"(김건우, 2023: 190)로서의 의미 속에서 발생했다는 것이다.

하지만 이 설명은 아직 부분적이다. 우선 '변혁적 신진세대'라는 그룹에 관한 개념도, '마르크스에 대한 우회로'라는 지적 구성물에 관한 개념도 지나치게 넓은 범위를 대상으로 하여 그것들이 균질하고 질서정연한 하나의 덩어리인 것처럼 설정하고 있다는 점이 문제가 된다. 신진세대를 중심으로 형성된 대안적 학술영역은 실제로는 매우 복잡하고 다양한 이해관계들이 상충하는 곳이었기 때문이다. 무엇보다 이들에게는 비판이론이 아닌 다른 이론적 자원들도 얼마든지 취할 수 있는 선택지였다. 그러니까, 새로운 세대가 비판이론을 택한 것은 단지 그것에 내장된 네오-마르크스주의적 내용 때문만으로 볼 수 없다.

이것이 말하는 것은 우리의 질문이 더 정교해져야 하며 주지주의적 편향을 교정하여 사회학적인 층위를 포함해야 한다는 사실이다. 비판이론이 마르크스주의를 비판적으로 계승하고 있기 때문에 생겨나고 사라지는 정당성이란 일견 필연적인 무엇처럼 보이겠지만, 그 정당성은 사회적 조건과 그 안에서의 상호작용 속에서 생겨나기도 하고 사라지기도 하는 것이다.

그러니까, 비판적 신진세대 중 누가, 구체적으로 왜 다른 대안이 아닌 비판이론을 우회로로 택했느냐, 그리고 그들과 다른 대안을 택한 집단들 사이에 격차가 발생한 까닭이 무엇이었는가라는 질문과 함께 수용자들의 실천이 구체적으로 고려되어야 한다. 또한 우회로로서만이 아닌, 다른 종류의 이해관심들이 개입되어 그것들과 변혁적 관심이 결합된 다양한 복합적 동기들 또한 고려될 필요가 있다. 마지막으로, 학술운동권 성원에만 초점을 맞춤으로써 오히려 시야에서 사라지고 마는 수용의 주체들, 그리고 그들의 공간에 대한 감각 또한 놓지 말아야 한다.

2) 아도르노·벤야민 수용에서의 온도차가 말하는 것

위의 전제들을 토대로 하여 프랑크푸르트학파 수용 실천의 사회학적 층위를 본격적으로 검토하기 위해 또 다른 비판이론가 아도르노(Theodor W. Adorno)와 벤야민(Walter Benjamin)의 경우로 시야를 옮겨보자.[15] 차봉희가 처음 벤야민의 『현대 사회와 예술』(1980)을 번역 출간한 것을 시작으로 1980년대 동안 『발터 벤야민의 문예이론』(반성완 옮김, 1983), 『미학이론』(홍승용 옮김, 1984), 『아도르노의 문학이론』(김주연 옮김, 1985), 『사회과학의 논리: 실증주의 논쟁』(김종호 옮김, 1986), 『신음악의 철학』(방대원 옮김, 1986), 『문예비평과 이론』(이태동 옮김, 1987) 등 7권의 역서와 두 권의 관련 연구서(유진 런, 김병익 옮김, 『마르크시즘과 모더니즘』, 1986; 베르너 풀트, 이기식·김영옥 옮김, 『발터 벤야민: 그의 생애와 시대』, 1985)가 출간되었다.

두 사람을 보면 알 수 있는 것은 우선 한국에 비판이론을 도입한 주체가 변혁지향적 학술운동권 성원만은 아니었다는 사실이다. 역서 7권의 역자 중 6명이 이미 현직 대학교수였고, 나머지 한 명은(방대원) 서울대학교 미학과에서 박사학위를 취득한 상태였다. 이는 동 기간 마르쿠제 책 15권의 역자 중 교수가 3명뿐이고 나머지는 대학원생, 번역팀, 출판사 소속자였다는 사실과 뚜렷하게 대조된다. 하버마스의 경우도 1980년대 8권의 역서 중 교수가 번역한 경우는 3권이고(이 중 두 권은 대학원생이 공역자로 참여했다) 나머지는 마르쿠제와 같다.

물론 이것이 아도르노와 벤야민을 수용한 교수집단이 마르크스주의와 완전히 무관했음을 뜻하는 것은 아니지만, 그럼에도 이들의 수용 동기는 변혁적 실천론과는 일정 부분 거리가 있는 것이었다. 요컨대, 아도르노와 벤야민의 주된 수용지와 수용자, 독자 그룹의 장 내 위치는 주류 기성 제도권에 좀 더 가까웠으며, 시대적 분위기 속에서 비판적 관심을 공유하고 있더라도 이들의 주된 이해관계는 마르쿠제나 하버마스 수용자들과 온도

차가 꽤 컸다는 것이다.

수용 공간을 분과 범주를 기준으로 들여다보면 차이는 더 분명해진다. 마르쿠제와 하버마스의 수용 분과는 주로 철학과 사회학이었다. 반면 아도르노, 벤야민의 수용 분과는 압도적으로 독문학을 중심으로 한 문학, 미학, 예술학이다. 이는 〈표 1〉의 1980년대~1990년대 초 출판된 연구논문의 면모를 보면 더 잘 드러난다(다음 페이지 참조).

이 시기 발표된 논문 총 29편 중 25편의 글이 문학, 예술을 주제로 하거나 문학, 예술학 전공자에 의해 그 분야 관련 저널에 실렸다. 제목에서 보이듯이 거의 대부분 글의 주제는 아도르노와 벤야민이 예술을 바라보는 관점에 관한 것이다. 여기에서 예외가 되는 것은 백승균의 두 글과 김조년, 김석수, 박정호의 글, 그리고 독문학자지만 사회철학 이론을 주제로 한 사례로서 김유동의 글 두 편뿐이다.

이는 한국의 아도르노, 벤야민 수용자들이 원한 바는 실천적 마르크스주의 변혁이론의 탐색과는 일부 거리가 있었음을 의미한다. 연구자 대부분이 대학교수였고 개인 전공 분야나 게재 학술지 분과가 문학이나 예술학이었던 수용지의 조건과 그곳의 성원들이 가졌던 동기들이 이들 학자의 수용을 마르쿠제 및 하버마스와 조금은 다른 양상으로 이끌었던 것이다.[16] 이는 아도르노와 벤야민에게 예술론은 중요하지만 일부일 뿐이었고, 그들에게는 정치·사회 체제를 성찰적으로 '비판'하는 거대한 이론 기획이 있었지만, 국내에서는 그 대부분이 사상된 채로 초기 수용이 이뤄진 한계가 있었음을 뜻한다(최성만, 2014: 402). 결국 1980년대 아도르노와 벤야민 수용의 동기, 즉 그들이 한국에서 연구되어야 할 정당성의 대부분은 예술이라는 주제와 결부되어 한정적으로 부여되었다고 할 수 있다.

이를 1970년대 기간을 거치며 성장한 서양어문학장과 미학·예술학장에 모종의 이론적 구심점에 대한 요구가 커진 결과로 풀이할 수 있을 것이다. 독문학은 1940년대 이미 도입되었지만, 1960년대에서 1970년대를

〈표 1〉 1980~1995년 아도르노, 벤야민 관련 논문 목록

년도	주제	제목	저자	저자 전공	저자 포지션	게재 저널명	저널 분야
1982	아도르노	아도르노의 부정변증법적 비판이론 1	백승균	철학	교수	철학연구	철학
1982	아도르노	아도르노의 부정변증법적 비판이론 2	백승균	철학	교수	철학연구	철학
1982	벤야민	미래의 사진을 위한 발터 벤야민 연구	김달선	미상	미상	사진연구	예술학
1982	벤야민	발터 벤야민에 관한 명상	강한섭	커뮤니케이션학	대학원생	사진연구	예술학
1983	아도르노	마르크시즘과 문학사회학	김광남	불문학	교수	사회과학과 정책연구	사회과학
1984	아도르노	아도르노의 미학이론과 대중문화 비판	조창섭	독문학	교수	현대사조연구	인문사회과학
1985	아도르노	사회이론으로서의 부정의 변증법: 아도르노의 주체구원의 철학	김조년	사회학	교수	현상과인식	사회학
1988	아도르노	아도르노 미학이론 연구: 예술적 실천	홍승용	독문학	교수	외국어교육 연구	외국어교육
1988	아도르노	문학 사회학에서 매개와 기능개념의 문제 – 아도르노와 뷔르거의 이론을 중심으로	홍성균	독문학	전임강사	창원대학교 논문집	대학 전분야
1989	아도르노	아도르노의 예술철학	홍정수	예술	교수	장신논단	예술학
1990	아도르노	아도르노의 예술철학	홍정수	예술	교수	한국음악학회	대학 전분야
1991	아도르노	비판이론과 비평 –아도르노를 중심으로–	김문환	미학	교수	미학	예술학
1991	아도르노	루카치냐 아도르노냐	김유동	독문학	교수	독일문학	문학
1991	벤야민	역사성+심미성으로서의 "순간": 발터 벤야민의 "역사의 개념에 대하여"	최문규	독문학	교수	뷔히너와 현대문학	문학
1992	아도르노	『계몽 변증법』에 나타나는 이성의 위기문제	김석수	철학	대학원생	철학논집	철학
1993	아도르노	아도르노의「예술 이론」에 있어서 미메시스와 합리성의 변증법: 원리, 문제점, 발전적 전개 가능성	문병호	독문학	강사	독일문학	문학
1993	아도르노	니체와 아도르노	김유동	독문학	교수	성곡논총	인문학
1993	아도르노	현대에서의 '아도르노 사상'	김유동	독문학	교수	한국논단	기타
1993	벤야민	후모어와 이로니의 문학이론적 차이	최문규	독문학	교수	뷔히너와 현대문학	문학
1994	아도르노	한국현대시와 모더니즘: 아도르노의 개념을 중심으로	이승훈	국문학	교수	한양어문(한국 언어문화)	문학
1994	아도르노	단절과 소통: 아도르노에 있어서 예술의 부정성	이문희	독문학	교수	독일문학	문학
1994	아도르노	계몽적 이성과 지배: 아도르노와 푸코의 이성 비판	양운덕	철학	강사	철학연구	철학
1994	벤야민	예술과 기술: 발터 벤야민의 현대예술	유형식	독문학	교수	독일문학	문학
1994	벤야민	발터 벤야민의 엘러고리 비평이론에 근거한 Lord of the Flies 의 해석	김상구	영문학	교수	새한영어 영문학	문학
1995	아도르노	자연과 역사: 마르크스 루카치, 호르크하이머 아도르노의 비교 연구	박정호	철학	강사	시대와철학	철학
1995	아도르노, 벤야민	낭만주의적 문학인식: 루카치, 벤야민, 코메렐, 아도르노를 중심으로	임종국, 변학수	독문학	교수, 강사	독일어문학	문학
1995	아도르노	음악사회학을 위하여: 베버와 아도르노를 중심으로	현택수	사회학	연구원	고려사회학 논집	사회학
1995	아도르노	미–추의 변증과 문화비판: 아도르노『미학 이론』의 "추·미·기술의 카테고리"를 중심으로	이창남	독문학	대학원생	원우론집 (연세대)	대학 전분야
1995	벤야민	벤야민의 문학비평과 브레히트 서사극과의 관계	김영옥	독문학	강사	독일문화 (숙명여대)	문학

거치며 비로소 대학에 본격 확산되었고, 이어 1980년대에 들어 정부의 제 2외국어 정책 시행과 함께 크게 확장되었다(고영석, 2001: 54; 안미영, 2017: 128). 한 학술 분과의 성장은 통상 구심점으로서의 이론에 대한 요구를 자극하기 마련인데, 이 시기 문학·예술장도 예외는 아니었다. 분과의 성장과 함께 단지 언어를 가르치거나 예술 작품을 읽고 해석하는 일만이 아닌, 보다 창조적인 지식생산 활동을 가능케 해줄 원천으로서 선명한 이론이 필요해졌다.[17]

　여기에 장기화된 독재가 또 다른 독재로 귀결되고, 사회경제적 모순에 대한 문제의식이 대학가를 휩쓸면서 그 이론에는 '사회적', '비판적' 성격에 대한 요구도 추가되었다. 이때 1960~1970년대 이래 서구에서 비판이론가이자 예술이론가로 널리 주목받아 온 아도르노와 벤야민의 예술론이 최우선 후보로 고려된 것은 자연스럽다. 이에 따라 문학장 내에서도 특히 독문학 분야, 그리고 독일 이론이 이론적 핵심부를 차지했던 미학 분야가 아도르노와 벤야민을 가장 먼저, 가장 적극적으로 끌어당기는 공간이 되었다. 여파는 여기에만 멈추지 않고 인접 분야 또한 이 학자들의 포괄적 독자층이 되어갔는데, 〈표 1〉 목록에는 국문학, 영문학, 불문학자들도 다수 포함되어 있음을 알 수 있다.

　이처럼 아도르노·벤야민의 수용에는 예술이론 정립이 핵심 관심이었지만 수용자들의 요청이 마르크스주의적인 이론에 대한 선호와 여전히 결합되어 있었다는 사실이 과소평가되어서도 안 된다. 1980년대의 마르크스에 대한 강력한 선호 분위기는 문학·예술장에서도 예외가 아니었고, 이들이 찾던 이론적 구심점은 또한 비판적이고 변혁적인 것일 필요가 있었다.[18] 이러한 이해관심은 〈표 1〉의 논문들에서 비판이론가의 해석을 둘러싼 예술-비판 사이 비중의 다양한 조합으로 표현되고 있다.

　예를 들어, 미학이론 관련 논의는 대부분 경우 (규정적이고) "특정한 부정"이자 "현존재에 대한 타자"(김문환, 1991: 48)와 같은 아도르노의 예술 개념으로부터 출발하여 "유토피아의 가능성"(52)을 탐색하는 기획임을 규명하는 순서로 전개되고, 이로부터 베케트 작품의 분석 가능성을 예시하는 것과 같은(64-69) 내용으로 마무리되면서 사회비판적 메시지는 배경으로 물러났다. 그러나 때로는 반대로 아도르노가 "마르크스의 경제학적 생산력-생산관계의 상호작용관계를 예술작품의 창조과정에 적용함으로써 해결하려 했다"(문병호, 1993: 228)라고 보면서 미학이론에서 발굴할 수 있는 사회변화의 가능성을 찾는 경우도(243) 있었는데, 앞의 해석은 교수직 신분에 가까워질수록 강해지고 뒤의 해석은 대학원생의 경우에 강화되는 경향이 있었다.

물론 교수-대학원의 구별법으로는 분류될 수 없는 경우도 있었다. (교수직에 있었던) 홍승용의 「아도르노 미학이론 연구: 예술적 실천」(1988) 같은 글처럼 비록 글의 주제가 '미학이론'이라는 외양을 하고 있지만, 실제로는 하버마스-마르쿠제의 '불충분함'을 비판하는 것과 동일한 잣대가 들이밀어지고 그래서 동일하게 혹독한 평가가 내려지는 경우도 있었다.[19] 저자별로 다양한 해석이 이뤄지는 이러한 경향은 각자 나름의 관점에서 아도르노·벤야민으로부터 예술-사회비판이라는 양대 관심을 다르게 읽어내려는 다양한 시도를 보여준다.

여기에서의 논의를 다음과 같이 요약할 수 있다. 아도르노와 벤야민은 비판적이지만 그러면서도 또한 문학·예술을 논하기에도 좋았고, 반대로 문학, 예술 전공자들의 현실적 필요를 충족해 주면서도 마르크스주의적이기도 한(혹은 나름의 기준을 충족하지 못하면 비판을 통해 실천적 목표로 나가는 단순 수단 중 하나로 삼을 수도 있는), 그러한 복합적 합성물로서의 기대를 충족해 줄 대상으로 여겨졌다. 이에 따라 문학·예술장에는 예술이론을 중심에 두면서 사회비판적 관심이 가미되어 절묘하게 결합된 이해관심을 비판이론에 투영하여 정당성을 부여하고, 그렇게 하면서 그것을 끌어당기는 유인력이 형성되었다.

3. 독일 중심 지성 전통과 독일 사상의 제도적 권위

이처럼 1980년대의 지배적인 분위기 속에서 '네오 마르크스주의'로 분류되곤 했던 프랑크푸르트학파 학자들 중 일부가 상당 부분 비(非)마르크스적인 동기로 수용되었다는 사실은 중요하다. 이는 이 학파의 모든 학자가 마르크스 우회로로서의 정당성을 획득하여 일시에 도입되었다는 명제가 지나치게 단순한 것을 넘어 실제 경험과 다른 설명을 제공하고 있음을 보여주고 있기 때문이다.

따라서 우리에게는 비판이론가들의 정당성이 주로 마르크스주의와 관계되어 있었다는 사실을 여전히 중심 요소로 유지하면서도, 또한 여기에만 한정되지 않는 다양한 조건들에 의해 그 정당성이 주조되었음을 포괄하여 보여줄 수 있는 모종의 설명틀이 필요하다. 즉, 일부 차이에도 불구하고 마르쿠제와 하버마스, 그리고 아도르노와 벤야민 수용에 공히 영향을 준 더 포괄적인 토대는 무엇일까? 나는 라몽이 제안했던 분석틀 중에서 제도적 권위와 지성 전통이라는 요인을 고찰하면서 이 질문에 답해 보려 한다.

1) 주류 제도권과 변혁적 학술운동권의 연결고리, 변증법

철학자 백종현은 1990년대까지의 독일철학 연구 흐름을 정리하는 「독일철학의 수용과 한국의 철학」에서 1980년대 들어 철학계에 "급반전"이 일어났음을 언급한다. 그의 글에 따르면(백종현, 1997: 10-20), 1980년대 이전까지 국내에 마르크스와 비판적 사회 이론을 주제로 한 연구는 사실상 전무했다. 그러다가 1980년대 들어 상황이 정반대로 전개된다.

1981~1995년 사이 전국 대학의 철학과 박사학위논문 237건을 보면, 독일 이상주의(관념론) 연구의 비중은 1981년~1993년 사이 30%대에서 20%

대로, 다시 1993~1995년 13.2%로 전반적인 감소세에 접어든다. 반면, 마르크스주의와 좌파 계통 이론을 다룬 비중은 1980년대까지 단 한 건에 불과했다가, 1990년대 초중반이 되면 1990~1992년 5.9%, 1993~1995년 17.6%로 크게 증가했다.

사실 1990년대 변혁이론 전공 학위자의 급증은 이미 1980년대에 예고되고 있었다. 이 기간 전통적 주제인 독일 관념론 석사논문 비중은 이미 전체 1,120건 중 30% 이상에서 20%대로 감소했고, 반대로 마르크스주의 계통 논문은 1981~1983년 2.1% → 1984~1986년 7.9% → 1987~1989년 13.9% → 1990~1992년 14.2%로 증가하고 있었다. 수치만을 놓고 볼 때, 1980년대 이미 변혁주의 이론을 주제로 '학위'를 받으려는 학생들이 크게 늘어나 있었고, 이 흐름이 1990년대 초중반 박사학위자들의 배출로 이어진 셈이다. 백종현은 여기에 더하여 서울대 학사-석사-박사학위자 전공 추이, 철학 단행본 주제와 일반 논문 주제 추이 변화를 제시하며 철학계 전반에서 같은 일이 동시에 진행되었음을 보고하고 있다.

그렇다면 이러한 분위기 반전은 어떻게 가능했던 것일까? 백종현은 이를 독재와 자본주의의 심화라는 엄혹한 사회환경의 변화가 직접 반영된 결과로(1997: 2-7, 23) 설명하고 있다. 그러나 1980년대를 설명하는 대부분의 논의에서 그러하듯, 여기에는 정작 중요한 구체적인 '누가, 어떻게'라는 질문이 빠져 있다.

우선 1980년대 대학, 대학생 입학정원의 폭증과 졸업정원제의 도입, 폐지가 불러온 대학생 그룹의 증가와 이로부터 추동된 대안적 학술공간의 형성이 배경으로 고려되어야 한다. 이에 따라 변혁지향적 학생들은 몸은 대학에 있지만 지적 지향점을 외부 공간에 두는 경우가 많았다(이시윤, 2022: 140-155). 이들이 외부에서의 문제의식을 대학으로 '가지고 들어오는' 일이 많아지면서 아무리 사회환경이 변화했더라도 여전히 보수적인 학계에서 학생들이 마르크스주의로 '학위'를 받는 데 성공하기 위해서는 만만치 않은 허들을 넘어야 하는 과제도 주어졌다.

이는 1980년대 제도권 교수들과 변혁적 학생들 사이의 빈번한 충돌과 실력대결을 불러왔다. 그런데 변혁주의 논문 학위자의 급증을 간단히 학생들의 이러한 '투쟁'이 성공한 결과로 볼 수 있겠지만 그것만으로는 부족하다. 실제 양상은 매우 복잡하게 전개되었을 것이기 때문이다. 그렇다면 이러한 급반전은 구체적으로 어떻게 가능했던 것인가? 이를 이해하기 위해서는 먼저 질문을 거꾸로 던져야 한다. 급반전의 차이보다 급반전에도 불구하고 변하지 않은 것은 무엇인가를 봐야 한다는 것이다.[20]

키워드는 헤겔과 독일 관념론, 넓게는 독일철학의 언어들이다. 학생들이 교수들과 싸우면서도 때로 그들을 설득하고 납득시키는 데 성공한 일은 양 그룹이 공유하는 기초적 개념어들과 이론적 틀, 즉 공용어가 없었다면 훨씬 난망한 과제였을 것이다. 아니, 생각보다 많은 경우 본격적인 투쟁보다는 협상이 현실이었으리라 보는 것이 타당하다. 변혁이론을 주제로 한 학위논문의 지도교수는 각 대학에 잘해야 한두 명 자리 잡은 관련 전공자들이었고 이들에게 학생들이 몰려들고는 있었지만, 졸업 승인을 받기 위해서는 복수의 교수진의 용인이 필요했다. 무엇보다 1980년대 초반 시점까지 학생그룹의 기세는 아직 약했다. 그래서 그들의 이 시기 1차 과제는 독일철학의 언어로 자신들의 연구 정당성을 근거지어 교수들이 제시하는 학술적 기준을 충족하는 것이었고, 그런 다음에야 비로소 무엇인가를 '요구'할 수 있었다.

제도권 교수의 입장에서도 상황은 마찬가지였다. 들불처럼 일어난 1980년대의 학생들이 졸업 심사 현장에 마르크스, 비판이론 등을 들고 나타났을 때 이를 마냥 거부할 수만은 없는 노릇이었고, 학생들이 주장하는 논제에는 분명한 일리가 있었다. 실제로 교수들은 어떤 경우에는 학생들의 요구를 단호히 거절하기도 했지만, 혹자는 본래 자신의 전공 분야를 버리고 시대 변화의 흐름에 호응하기도 했고, 반대로 매우 현실적인 이유들로 마르크스주의적 연구로 방향을 전환하는 경우도 생겼다. 아니면 마지 못해 논문 인준서에 서명하는 경우도 있었을 것이다. 어쨌건 대부분의 경우 기성 제도권 교수들과 학생들 사이 형성된 회색지대에서 독일철학적 개념 사용의 사안들을 두고 학생들과 모종의 타협 혹은 교섭은 빈번히 일어났고, 위에서 본 급반전이란 사실 그 교섭들의 결과물이었다.

이처럼 정통 독일 관념론으로부터 마르크스주의로의 국면 전환이 하루아침에 이뤄진 것이 아니라 할 때, 그 연결고리를 이루는 것이 헤겔과 변증법이다. 특히 '스튜던트 파워'가 본격적인 추진력을 얻기 시작하기 이전, 1970년대 후반~1980년대 초반 사이에 학생그룹에게는 보다 안전한 '우회로'가 필요했다. 이들은 사실 마르크스를 읽고 연구하고 싶었지만 공식적으로는 불가능했고, 그 갈증이 비판이론만으로는 채워질 수 없었다. 이때 헤겔은 안성맞춤의 선택지가 된다.

주지하듯 헤겔 연구는 해석 여부에 따라 우파 노선도, 좌파 노선도 가능하고, 독일에는 이미 양쪽의 해석 노선이 공인된 전통을 이루고 있었다. 한국에서도 헤겔 연구는 국가체제에 기여한다는 명분하에 일찍이 안착할 수 있었다(위상복, 1998: 193; 김윤구, 2000: 14-15).[21] 따라서 공식적으로는 헤겔 연구를 천명하면서 실제로는 마르크스를 탐색하는 일은 새로운 세대에게 좋은 전략이 되었다. 그러나 사실 그렇게 표리부동할 필요도 없었다. 왜냐하면 헤겔을 깊이 연구하는 일이 진척될수록 '물구나무선' 변증법을 '거꾸로 세워' 궁극적으로 마르크스의 역사적-유물론적 변증법의 핵심으로 들어가는 일이 가능해진다는 점에서 젊은 철학도들에게 헤겔 연구는 실질 가치를 가졌기 때문이다. 즉, 젊은 학자들에게는 "정통 마르크스주의의 사회이론과 혁명이론, 그리고 그 기초가 되는 유물 변증법적 방법을 받아들임으로써 변증법을 올바로 이해할 필요"가 있었다. 그들은 "그래서 헤겔 철학으로 거슬러 올라가게"(우기동, 2005: 295) 되었는데, 이 일이 독일철학이라는 이름 하에 제도권과 겹쳐진 공간에서 가능했던 것이다.

1980년대 마르크스주의 철학 연구자들의 보금자리였던 서울대학교 '사회철학연구회'와 '한국헤겔학회'의 존재와 그 안에서 활동한 학자들의 성장은 이를 잘 보여준다.[22] 젊은 대학원생들은 아직 충분히 이완되지 않은 학계 분위기 속에서 우선 헤겔 전공을 택해 기초를 쌓고, 이를 바탕으로 정식 발간된 비판이론 서적 혹은 해외산 서적을 직접 읽으며 마르크스를 탐색했다.[23] 이와 함께 헤겔 전문 연구, 헤겔-비판이론 연구, 헤겔과 마르크스 연구 등이 활발히 수행되었고 그 결과 헤겔 관련 논문이 1980년대에만 260편, 1990년대 중반까지 150편이 나온 것은(위상복, 1998: 205) 상징적인 결과였다. 그리고 그것들이 바로 '교섭'의 산물이었음에는 재론의 여지가 없다.

　이후 헤겔을 연구한 이들은 본고장 독일로 유학을 가거나 국내에서 '한국철학사상연구회' 같은 학술운동단체를 설립하여 장차 한국에서 마르크스주의 본류 사상을 본격 도입하게 될 핵심 주체가 된다. 더 제도권과 가까운 독일식 사회철학과 비판이론 연구자들의 거점인 '사회와철학연구회'[24]도 같은 뿌리에서 나왔다. 이곳은 이후 1990년대 초중반 하버마스 열풍의 한가운데에서 그것을 이끈 중심부로, 마르크스, 헤겔, 비판이론 1세대의 지적 자원을 공유하는 기성-신진세대들이 하버마스 연구에 몰입하게 되는 곳이다(이시윤, 2022: 224-336). 혹은 이들처럼 온전히 전공하거나 연구 주제로 삼지는 않았더라도, 헤겔과 변증법은 적어도 1990년대 중반까지 변혁적 젊은 학자들이 반드시 알아야 할 필수적 지식의 위치를 차지하며[25] 관념론과 유물론, 제도권과 학술운동권 사이를 연결해 주는 가교 역할을 했다.

　이것이 주로 앞서 본 마르쿠제와 하버마스를 수용하는 철학-사회과학 학술운동권에서 일어난 일이라면, 아도르노와 벤야민의 수용 공간인 문학-예술학 장에서의 상황도 큰 틀에서 동일했다. 물론 이곳에서의 상황은 철학 분야와 달리 교수-학생 집단 사이의 충돌과 대립까지 치닫지는 않았고, 제도권 교수 위주의 비대칭적 힘의 역학관계가 유지되었던 것으로 보인다. 이에 따라 학생그룹의 급진성이 철학 분과보다 덜한 만큼 그들의 변혁적 관심 표명 또한 제도권 교수 집단에게도 용인될 수 있는 경우가 많았다.[26] 특히 독문학의 경우 분과 특성상 국내에서 박사학위 과정까지 밟는 것보다 해외 유학이 거의 당연시되는 경로였기 때문에 학위논문을 둘러싼 갈등이 발생할 소지는 애초에 적었다고도 할 수 있다.

그러나 이곳에도 마르크스 열풍은 거세게 불어왔고, 학생그룹 중 적지 않은 이들이 변혁적 실천에 대한 관심을 자신들의 문학, 예술학 전공에 투영시켜 그 조합물로서의 연구주제를 설정하고자 했다. 이때 그 관심이 헤겔을 매개로 하여 프랑크푸르트학파 이론에 대한 관심으로 이어지는 유인 경로가 이곳에서도 일종의 기회구조로 형성된다. 그리고 이것이 앞서 본 아도르노·벤야민 연구물들이 보여준 다양한 조합으로 나타난 것이었다.

이때 문학장에서도 헤겔과 변증법은 중요한 역할을 담당했다. 1970~1980년대 헤겔을 다루며 석박사 학위를 받은 이들 중에(각주 23번) 훗날 아도르노-벤야민 전공 연구자가 될 이들의 이름이 보이는 것을 포함하여, 동 시기 (독)문학 전공 학위논문에 변증법이라는 개념은 마치 공용어처럼 일상적으로 사용되었다. 〈표 1〉의 학술지 논문 목록에서도 마찬가지다. 독문학-영문학-국문학-불문학-철학-사회학 등 분과와 관계없이,[27] 저자의 학술장 내 위치와 관계없이, 아도르노·벤야민 연구논문에서 사실상 필수적인 변증법 개념은 자연스럽게 늘 중심 주제로 등장하며, 때로는 그 변증법이 너무 중요하여 이것이 아도르노와 벤야민을 단죄하는 수단으로 활용되기도 했다. 예를 들어, 앞서 본 홍승용의 비판은 사실 아도르노의 잘못된 (부정)변증법을 마르크스의 '진정한' 변증법의 이름으로 꾸짖은 것이었다. "…이 점에서도 아도르노의 이론은 변증법에 충실하지 못하다"(홍승용, 1988: 10).

미학의 경우도 마찬가지다. 예나 지금이나 독일 미학은 분과의 핵심 기

등 역할을 해왔는데, 이 중에서도 칸트-헤겔-아도르노-하버마스로 이어지는 "비판이론 미학"은 중요한 축으로 작동해 왔다(권대중, 2018: 19). 그리고 여기에서도 변증법은 중요한 공용어로 기능했다. 아니, 사실상 "미학을 학문적 정점에 올려놓은 주역"들이 바로 "독일인들"이었다는 점에서(12) 헤겔과 비판이론이 분과의 주요 탐구 대상이 되는 것은 마치 필연으로 보일 정도로 자연스러운 일이었다.

2) 독일 사상, 독일어, 독일이라는 국가 이미지의 위상

일련의 일들은 국내 학술장에서 독일어, 독일철학, 독일 사상이 차지하는 제도적 토대 위에서 가능했다. 우리의 관심인 비판이론 수용이 활발히 일어났던 1980년대 말에서 1990년대 초중반까지 한국에서 독일이 차지하는 위상은 강력한 것이었다. 아니 적어도 사회이론과 사상과 관련해서는 독일이 다른 모든 서구의 지적 자원을 압도하고 있었다는 평가도 지나치지 않다.

앞서 언급한 백종현의 조사만 보더라도(1997: 10), 1981~1995년 기간 237편의 국내 철학박사 학위논문 중 마르크스주의와 유관 사회철학을 주제로 한 것이 21편 8.9%이고, 독일 관념론 연구가 51편 21.5%다. 여기에 기타 근현대 독일철학자 연구 48편을 더하면 120건으로 전체의 50%가 넘어간다. 이 수치에는 알튀세르와 그람시, 레닌 논문 각각 1편씩과 기타 마르크스주의 3편이 포함되어 있는데, 이를 빼더라도 전체 철학 박사학위자 중에 거의 절반이 독일 사상가를 전공했던 것이다. 같은 기준으로 전국 대학 석사학위 논문 또한 1,120편 중 약 51%, 철학 단행본 911권 중 약 27%, 일반 논문 2,342편 중 39%가 독일 사상가를 주제로 삼고 있다(같은 글: 11, 15-16).

경합하는 다른 철학 전통과 비교해 보면 독일 사상의 권위에 대해 더 잘 알 수 있다. 백종현은 1915~1995년 사이 7,246건의 서양철학 전체 논저를 종합하여 학자와 사조에 따른 건수 집계 결과 또한 제시했는데(같은 글, 17-20), 이에 따르면 전체 중 고대 그리스 철학이 7.5%(545건), 중세신학이 0.1%(83건), 근대 계몽주의 철학이 4.1%(298건), 실용주의와 분석철학이 14.7%(1,072건), 근현대 프랑스철학이 2.5%(185건)를 차지한다. 반면 독일 근대철학은 15%(1,093건), 독일 현대철학 13.6%(986건), 마르크스주의 계열 사상이 8%(584건)로, 더하면 도합 36.6%다. 여기에 별도 범주에 포함된 쇼펜하우어, 키르케고르, 니체, 딜타이, 신칸트학파 183건을 더하면 그 수치는 40%에 육박한다. "'철학은 곧 독일철학'이라는 등식이 성 립할 정도로"(정원섭, 2018: 628) 한국 철학장은 그야말로 압도적인 독일 사상의 공간이었다.

이러한 흐름의 본류는 일찍이 일제 강점기로 거슬러 올라간다. 한국에서의 사회 사상 탐색은 처음부터 주로 경성제국대학과 일본을 경유하여 들어온 독일 이론가들로 채워지기 시작했다. 칸트와 헤겔, 니체와 쇼펜하우어가 냉전 중인 창백한 독재국가 지성계에서 유행했고, 뒤이어 후설과 하이데거가 잇따라 담론의 중심부를 차지했다. 독문학의 위상은 처음에는 미약했지만 점차 지분을 늘려가[28] 1960~1970년대 시점에 이르면 괴테와 뷔히너, 만과 헤세, 카프카와 브레히트의 문학 작품은 지식인이라면 반드시 읽어야 하는 대상이 되어 있었다.[29] 이처럼 해방 이후 한국이 점차 미국의 영향을 강하게 받기 시작하고 나중에는 프랑스 사상도 도입되기 시작했지만, 1990년대 중반에 이르기까지 약 70년간 한국에서 독일산 사상들은 거의 중심부 위치를 누려 왔다.

이는 구체적인 제도적 차원에서의 권위로도 나타났다. 사회사상 탐색의 핵심부인 철학과에서 많은 교수직은 독일 사상 전공자들에게 돌아갔다. 사회학의 경우 일찍부터 미국 사회학이 한국에 이식되었기 때문에 주류는 미국 유학 학자들이었지만 점차 독일 유학 출신도 각교에 채용되었다. 그러나 교원의 숫자보다 사상이 제도적으로 차지하는 위치는 더 컸고[30] 이는 사회과학 분과 전반에서 유사한 분위기였다. 규모는 작지만 중요한 서구사상 수용지대인 미학-예술학 분야에서도 독일 유학 출신 학자들은 중심부를 차지했다. 또 다른 사상 수용 중심지인 독문학장의 상황에 대해서는 따로 언급할 필요가 없을 것이다.

이러한 상황은 독일이 발전하는 한국이 모범 삼을 만한 이상적인 선진국으로 표상되는 분위기 속에서[31] 오랜 기간 지속되었다(오성균, 2019). 이에 따라 80년대까지 국내 지식인 사회에서 독일어는 핵심 교양어였고, 자연스럽게 언어 학습 수요도 많았다. 특히 사회사상을 다루는 철학이나 사회학, 정치학, 예술학 분과에서 장기적인 학업에 뜻을 둔 학생들은 독일어를 거의 필수로 습득해야 했다. 고등학교에서도 독일어 학습은 인기가 높았는데, 1970년대까지 가장 많이 선택된 제2외국어가 바로 독일어였다(전성우, 2002: 103).

이러한 흐름은 자연스럽게 젊은 학자들의 독일 유학에 대한 희망으로 이어졌다. 가파른 미국화는 돌이킬 수 없는 추세가 되었지만, 1990년대 초반까지만 하더라도 적어도 비판적인 사상 연구자의 길을 걸으려는 사람들에게 1순위 경로는 마르크스주의의 본고장 독일에서의 학위 취득이라는 생각이 강하게 유지되었다. 실제로 1970~1980년대 독일 유학 출신 학자들이 대학에 자리를 잡으면서 마르크스주의-비판이론이 대학에서 연구될 수 있는 공간도 열릴 수 있었다. 그리고 이 환경에서 성장하여 유학을 떠난 학자들이 1980년대 후반부터 본격 귀국하기 시작한 것은 비판이론의 흥성에 큰 계기가 된다(홍영두, 2004: 385).

이와 같은 사상적 제도적 조건은 프랑크푸르트학파 비판이론의 전폭적 도입의 핵심 배경을 이룬다. 마르크스를 열망한 탐색자들이 헤겔을 고리로 하여 제도권 교수집단과의 교섭을 수행하고 이윽고 마르크스 원전 중심 시대가 열리는데 독일철학이라는 공용어가 핵심 역할을 수행했다면,

그 일 자체가 더 큰 맥락에서 국내 학술장에서 독일어와 독일권역 연구 전통이 제도권에서 차지한 위상으로부터 비로소 가능한 것이었다.

4. 비판이론 확산의 동학에 대한 재구성

이제 주요 학자들의 수용 양상과 이를 수행한 수용자 집단, 그들이 속한 수용지 공간과 그 공간들이 배태된 더 거시적인 배경으로서의 학술 전통이 갖는 제도적 권위로 점차 확장해 온 지금까지 논의를 종합하고 다시 역순으로 돌아가면서 1980~1990년대 확산된 비판이론 수용 흐름의 동학을 정리해 보도록 하자. 핵심은 수용지 한국 학술장의 조건이 비판이론을 전격 수용하는 데 유리한 조건을 갖추고 있었다는 것을 넘어, 오히려 국내의 조건이 다른 이론 자원이 아닌 비판이론을 선택하고 끌어당겼던 능동성을 충분히 강조하고 그로 인한 결과들을 보는 것이다.

독일철학, 독일 사상 연구가 중심적인 학술 전통을 이루고 있었고, 독일식 철학 용어들이 일반화되어 있는 국내 학술장의 상황은 오랜 기간 변혁적 사상의 유통이 금지된 조건하에서도 1980년대 본격화될 마르크스주의의 유행, '대반전'의 역량을 축적하고 있었다. 그간 급작스러운 마르크스로의 쏠림 현상의 원인을 진단하는 논의들이 진행되어 왔지만, 여기에 학술장 내에 예비된 독일 사상 수용 능력에 대한 고려가 추가되어야 할 것이다. 최소한으로 말해, 아무리 사회적 여건의 변화로 인해 급진적 마르크스주의에 대한 수요가 생겼다 하더라도 수용의 역량이 갖춰지지 못했다면 이후 실제로 일어난 만큼의 급반전은 불가능했을 것이다. 혹은 국내에 축적된 독일 사상의 수용 능력이 성원들로 하여금 다른 인물이 아닌 마르크스를 원하게 만들었다는, (충실한 보완을 전제로 한) 최대치의 추론도 해볼수 있다.

어쨌건 1980년대를 전후로 신군부의 등장과 독재의 연장, 자본주의 체제의 안착이라는 모순의 누적과 함께 대학 환경이 변화하면서 보다 급진적이고 수적으로도 거대한 규모의 신진세대가 출현했다. 이들은 점차 학술장의 외곽에 독립된 공간을 만들어 대안적인 지식 생산에 나섰다. 이때 신진세대는 본래 마르크스를 핵심 교의로 택하기를 원했지만 아직까지 그 접근 통로는 공식적으로 차단되어 있었기 때문에 이들은 모종의 우회로를 필요로 하게 되었다.

이때 프랑크푸르트학파 비판이론은 최우선 고려 대상이 된다. 대안적 학술영역의 창출을 기치로 내걸었지만 이들의 지적 자원은 대부분 기성 학술장에서 얻어질 수밖에 없고, 그 토대의 대부분은 독일어와 독일 사상, 독일적 개념어들이었다. 따라서 서구에서 이미 활성화되어 있는 수많은 네오/포스트 마르크스주의 담론 중에서도 비판이론은 가장 먼저 손에 쥘 만한 대상이 되었다.

철학을 중심으로 독일 사상과 친화성이 높은 사회학이나 정치학 등 사회과학 분과와 문학과 예술학 분야는 적극적인 비판이론의 수용지가 되었다. 이때 수용 주체와 그들이 속한 분과적 상황은 프랑크푸르트학파 학자들 중 서로 다른 대상에 주목하고 또한 그들에게서 필요한 부분을 확대 해석하게 만들었다. 철학과 사회과학 분과에서는 마르쿠제와 하버마스를 택하여 이들에게서 급진적 변혁성을 비판적으로 추출하고 궁극적으로는 마르크스에 닿으려는 시도가, 문학과 예술학에서는 아도르노와 벤야민으로부터 예술의 본질을 탐색하고 예술 작품을 분석하는 방법론을 얻되 여기에 사회비판적 이해관심을 투여하여 조합을 꾀하려는 시도가 이뤄졌다.

이러한 프랑크푸르트학파 이론 수용자들의 노력은 전폭적이었고, 그 결과 국내 학술영역에서 비판이론은 단기간에 가장 중심부로 부상하게 되었다. 이와 같이 수용이 성공적일 수 있었던 까닭은 역설적이게도 목적이 매우 변혁적이었음에도 실제 활동은 기성 제도권의 지적 자원을 활용하여, 기성 제도권에 겹쳐진 활동 공간에서 이뤄졌고, 그 결과 제도적 토대 위에서 수용을 주도할 인적 자원이 존재할 수 있었기 때문이었다. 수용자 신진 세대는 주로 변혁적 학술운동권에서 활동했지만 이들은 동시에 제도권에서는 여전히 학생이었고, 기성 교수들과의 교섭을 통해 학위도 획득하며 성장하고 있었다. 이 과정에서 독일 사상을 소재로 한 연구 주제가 설정되고 그들이 만든 결과물은 다시 비판이론의 영향력에 보탬이 되었다.

한마디로, 프랑크푸르트학파의 권위 상승의 배경에는 그것을 실행한 인적 동력, 즉 독일 전통하에서 출현한 다수의 연구자가 있었다. 이는 다시 한 번 비판이론의 유행은 국내 학술장의 특수한 조건이 능동적으로 선택하고 끌어당긴 결과였다는 명제를 지지한다. 그리고 이는 당시 가능했던 다른 경쟁 후보들의 경우를 볼 때 더 분명해진다.

1980~1995년 동 기간 무페와 들뢰즈·가타리 관련서가 각각 3권, 데리다 5권, 발리바르 6권, 알튀세르 8권, 푸코 12권의 책이 발행되었는데, 이마저도 거의 대부분 1990년대 이후부터 단기간 집중적으로 쏟아져 나온 것이다. 가장 강력한 영향력을 행사한 것은 푸코였지만, 1980년대까지 출간된 푸코 관련 도서만 9권이었고, 그중에서 푸코 본인이 쓴 책의 역서는 단 두 권만 나와 있었다. 다른 학자들의 것은 거의 들어오지 못한 상황이었다.

이 수치는 당시 변혁지향적 젊은 학자들은 다른 이론 자원에 대한 관심도 지대하게 가지고 있었지만 비판이론과는 달리 정작 수용을 실행할 인적·제도적 역량이 없었음을 뜻하는 것이다. 특히 이 기간 동안 비판이론, 헤겔과 마르크스를 주제로 한 석박사 학위자들이 다수 배출된 것과 달리, 프랑스 또는 여타 이론 학위자는 거의 없었다는 사실은 인적 자원의 허약함을 잘 보여준다(이시윤, 2022: 291).

이와 같은 주장은 간단한 사유실험을 통해 지지될 수 있다. 순서대로, 만일 한국의 지식장에서 독일어권의 사조가 지니는 영향력이 작았다면 마르크스에 대한 열망은 적어도 실제 1980년대의 경험보다 작았을 것이다. 혹은 동일했다 하더라도, 분위기 급반전의 정도가 훨씬 약했거나 혹은 그것을 성취되기 위해서 극복해야 할 많은 장애요소가 존재했을 것이다.

자연스럽게, 우회로에 대한 수요도 다른 지적 자원으로 분산되어 프랑크푸르트학파의 수용 정도는 훨씬 약했을 것이다. 국내에 프랑스 전통이 더 강했다면 그만큼 이미 1960년대 서구에서 돌풍을 일으킨 프랑스산 철학들이 더 주목받았을 것이고, 푸코나 데리다 등의 전폭 수용 시기는 훨씬 앞당겨졌을 것이다. 혹은 영미권 전통의 성장세가 더 빨랐다면 영국산 문화연구 수용이 더 촉진되었을 것이다.

그러나 실제 현실은 한국의 전통이 독일 중심성을 유지하고 있었기 때문에 가장 먼저 프랑크푸르트학파 비판이론이 선택되었고, 가장 활발하게 수용되었다. 그 결과로서 우리는 1980년대 변혁주의 학술운동의 여명기에 비판이론의 유행을 가장 먼저 마주하게 되었다. 이렇듯 비판이론이 읽혀야 할 정당성은 저절로 주어진 것이 아니라 수용자들의 적극적 의미 부여가 이뤄진 결과물이었다.

5. 결론: 비판이론 수용이 남긴 한계와 1990년대 퇴조에 대하여

지금까지 이 글은 수용자 주체와 수용지 공간의 상호작용에 초점을 맞추어 프랑크푸르트학파 비판이론이 1980~1990년대 한국에서 권위를 얻을 수 있었던 요인을 지식사회학적으로 검토해 보았다. '우회로'론이 제대로 보지 못한 것은 그 우회로를 필요로 했던 사람들과 그가 속한 공간, 그리고 다시 그 공간이 위치하고 있는 사상 전통과 제도적 조건의 존재와 역할이다. 이 영역에 충분한 관심을 기울이면 구체적 행위자들의 실천이 가진 다층성이 보일 뿐만 아니라, 그 안에서 '다름 아닌' 비판이론이 가장 먼저 유력한 사회이론으로 부상할 수 있었던 까닭이 설명된다. 아무리 급진적이고 변혁적인 목표를 추구했더라도 변혁적 신진학자 세대 또한 그들이 속한 조건, 즉 독일 사상 중심의 제도적 상황과 사유체계 속에서 무엇인가 시작할 수밖에 없었다. 그래서 이 조건하에서 가장 접근성이 좋은 비판이론이 선택되었고, 그리하여 정당성은 능동적으로 부여되었다.

이러한 논제는 1980년대 시작된 인기가 그리 오래가지 못하고 1990년대 중반을 기점으로 꺾이기 시작한 상황 또한 입체적으로 설명할 가능성을 제공해 준다. 먼저 흔히 논의되어 왔듯, 90년대가 되면 한국이 자본주의 세계질서에 온전히 편입되고, 심지어 적극적으로 그 질서의 주도 세력으로 부상하는 가운데 대학이 비판적 담론의 생산지 기능을 잃기 시작한 거시적인 맥락의 변화가 있었다.

그러나 이것이 다가 아니다. 그 안에서 지적 전통과 제도적 위상들의 역학관계도 변화했다. 1990년대로 넘어가며 한국 학술장의 주도권은 온전히 미국 중심으로 옮겨지기 시작했다. 독일 사상의 영향력은 축소되었고, 독일어에 대한 수요가 급감했다. 1990년대를 경과하며 급속히 분화된 학술장에서 독일 사상의 언어들은 더 이상 보편적 정당성을 갖는 공용어의 역할을 하지 못하고 주변화되어 특수한 언어, 방언이 되었다.

이러한 거시적 조건의 변화는 비판이론의 활력 감소의 중요한 배경이 된다. 하지만 이것이 사회경제적 조건 변화가 학술장의 역학관계를 바꾸고 지식의 정당성에도 직접 영향을 미쳐 이론들의 흥망성쇠를 결정하는 일방향적 인과관계의 설명만이 가능한 것을 뜻하지는 않는다. 우리가 본 것은 지식 생산자들의 능동적인 실천과 '만들어진' 정당성들이 인과적 방향성을 바꿀 수도 있는 가능성이었다. 그러한 점에서 비판이론이 주가를 올린 1988년 시점에서 쓰인 문현병의 냉철한 평가는 1990년대 이후의 상황에 대해서도 시사하는 바가 크다.

문현병은 1970년대 이뤄진 비판이론의 유통이 가진 한계점을 1) 연구들의 연결의 부재와 파편화, 2) 무계획적이고 상업적인 역서 출간, 3) 무비판적으로 단순 소개에 그친 양태, 4) 한국 현실에 대한 적용과 실천적 함의 도출 노력 부재, 5) 서구 마르크스주의 맥락 속에서 비판이론이 가진 맥락에 대한 의미 탐색의 부재 등으로 평가했다(문현병, 1988: 53-55). 여기에서 논자의 진정한 의도—즉 자본주의 체제가 비판이론이 변혁적 지식인들을 '쁘띠부르주아적'으로 길들이려는 것을 경계하고 마르크스 계급론에 입각한 혁명성을 선명히 해야 한다는 제안—의 지나친 환원론적 성격을 걷어내면, 설익은 수용과 일시적이고 피상적 지식 유통의 위험성에 대한 경고가 시야에 들어온다.

그의 요청과 달리 이후로도 비판이론 연구는 위의 문제점들을 개선하지 못하거나 오히려 심화시켰다. 80년대~90년대 관련 출판물의 양적인 급증은 질적인 성장과 함께 이뤄진 것은 아니었다. 학파 학자들을 일관성 없이 그때그때 들여오고, 이 이론 전통의 생성 맥락과 한국에서의 의미에 대한 적극적인 발굴을 수행하지 못한 채 소개와 진단만 반복하는 일이 지속되었고, 그러한 일들조차 서로 연결되지 못한 채 파편화는 가속화되었다. 한 마디로, 많은 논의들은 서로 연결되어 공동의 담론이 되지는 못했다.[32] 여기에는 우리가 본 상이한 위치에서 각자 다른 이해관계를 가진 수용자 그룹이 이론을 선택적으로 도입한 '능동성'의 이면에서 수반된 부작용 문제가 있다. 마르쿠제와 하버마스, 아도르노와 벤야민 수용에서의 굴절 혹은 편향에 대해 생각해 보라. 이처럼 학파라는 덩어리를 찢어내어 각자 원하는 바를 원하는 만큼만 꺼내어 쓰는 방식의 수용은 그룹으로서의 학파 전통의 수용이 발휘할 수도 있는 장점 혹은 가능성을 처음부터 파괴시켰다.[33] 이 상황에서 급진적·실천적 이론 활용에 대한 문현병의 요청은 오히려 연구의 분절화를 촉진시킨 또 다른 위험요소가 되기도 했다.

이와 같이 광범위하게 수용되었지만 그 양적 수용이 질적으로 전화될 가능성은 차단된 방식의 소비를 1990년대 중후반 비판이론의 급격한 권위 상실의 중요한 원인으로 고려할 수 있다. 보다 밀도 있고 전문적 연구가 집합적 검증체제 속에서 수행되었다면, 그리하여 한국 현실에 대한 설득력 있는 규명이 갱신된 비판이론을 통해 생산되었다면 결과는 생각과 다른 방향으로 전개되었을 수도 있다. 그러나 현실에서는 파편화되고 분산된, 너무 잦은 얕은 해석들만 반복 제시되면서 비판이론의 '쓸모'는 체감될 수 없었다. 마르크스 원전의 해금 이전에는 충분히 마르크스주의적이지 못해서 부족했던 비판이론이었는데, 이후로는 시의성을 상실한 낡은 이론이라는 딱지가 조급하게 붙여졌다. 이러한 권위 하락의 원인은 대부분 이론 내적 결함보다는 해석과 전유, 비판과 갱신이라는 집합적 학술실천의 부재로부터 오는 것이었다고 볼 수 있다.

그러한 학술실천-학술공간의 역학관계 사이 역전된 인과적 방향 설정의 약한 가능성은 실재했다. 프랑스산 '포스트모던' 이론의 권위 상승, 짧지만 강렬했던 하버마스 열풍은 바로 외부 환경과 학술장의 제도적 조건이 비판적 이론연구에 불리해지기 시작한 90년대에 수용 주체들 사이 연결의 효과로 이뤄졌다. 만일 인과관계가 온전히 사회환경-학술공간-학술실천 순의 바깥에서 안으로의 방향으로만 작동했다면 이러한 현상은 불가능했을 것이다. 무엇보다, 벤야민과 아도르노의 경우 90년대~2000년대 사이 주로 독문학자들이 중심이 되어 꾸준한 연구가 이뤄지고 충실한 역서 출간이 이어지면서 여러 한계점에도 불구하고 잠시간 제2의 재부흥기를 맞기도 한다(이시윤, 2023b). 여러 조건이 갖춰지고 학술적 실천이 활성화될 계기가 주어진다면, 시대 변화와 학술환경의 악화 속에서도 비판적 사회사상 연구에는 불이 붙을 수 있다는 것이다. 이 사례들이 말해주는 것은 모두 집합적 학술실천으로부터 비롯되는 반대방향의 인과력이란 가능했다는 사실이다. 매우 약한 가능성이기는 해도 말이다. 그런 점에서 1990년대는 경합하는 여러 이론 자원들 사이 운명이 엇갈리고 희비가 교차하는 중요한 시기였다.[34]

독일에서 프랑크푸르트학파 설립 100주년인 2023년, 1980~1990년대 비판이론이 지난 50여 년간 한국에서 보여준 개화하지 못한 가능성은 지금 우리에게 많은 것을 말하고 있다. 한국에서 비판이론은 무엇을 남겼는가? 오랜 기간 활발하게 이뤄진 수용의 이면에서, 비판이론이 과연 집합적 담론으로서 존재해 왔다고 할 수 있는가? '학파'의 '파편화된' 수용이 한국에서 비판이론이 할 수 있는 많은 것들을 그저 잠들어 있는 가능성으로만 묶어두고 있는 것은 아닌가? 그렇다면, 이제 한국에서 비판이론 연구가 해야 할 일은 무엇인가?

주

1 이 글은 필자의 「1980~1990년대 프랑크푸르트학파 비판이론 한국 수용의 동학」(이시윤, 2023a)을 중심으로 일부분을 수정하고 후속작인 「프랑크푸르트학파 1세대 한국 수용과 비판적 사회이론 전통 형성의 가능성」(이시윤, 2023b)의 내용을 추가한 것이다. 전체 개요는 2023년 10월 14일에 서울대학교에서 열린 〈프랑크푸르트학파 100주년 기념 학제적 연합 학술대회〉에서 「프랑크푸르트학파 한국 수용 50년: 점(點), 선(線), 그리고 면(面)」이라는 제목으로 발표되었다.

2 이 글은 위 학자들을 정체성을 공유하는 '학파'로 규정하고, 1980~1990년대 이들의 활발한 도입 상황을 분석 대상으로 한다. 프랑크푸르트학파의 성원들은 일부 차이에도 불구하고 상호 동질성이 높고, 학계에서 이들을 학파로 규정하는 데 일정한 합의가 존재한다. 비록 '1세대'와 '2세대'의 차이는 더 커지고 무시하지 못할 것이 되기는 하지만, 거시적으로 '정통' 마르크스주의나 포스트마르크스주의, 프랑스산 구조주의나 '포스트모던' 이론 등과 함께 놓고 볼 때 독일산 비판이론은 다른 그룹과 구별되는 분명한 동질적인 '학파'이다. 여기에서는 실질적 수용이 이뤄진 다섯 학자가 논의 대상이지만, 하버마스의 경우 이미 수용 과정에 대한 분석을 발표한 바 있어 프롬, 호르크하이머, 아도르노, 벤야민을 중점 서술하면서 책 『하버마스 스캔들』(이시윤, 2022)을 활용하여 간략히 서술한다. 호르크하이머는 그 중요성에도 불구하고 90년대까지는 사실상 수용되지 않았고 2000년대 중후반에야 온전히 연구되기 시작하므로 이 글에서는 보조적으로 언급하기로 한다.

3 이 수치는(2023년 8월 말 기준) 학술연구정보서비스(riss.kr)에서 각 학자명을 키워드로 검색한 뒤, 잘못 포함된 자료나 중복 건을 제외하여 얻은 결과다. 서평문이나 과거 성행했던 원전 중 일부분 또는 해외 학자의 글을 번역하여 학술지에 실은 경우도 제외했다. 책과 달리 논문에는 여러 명의 비판이론 학자가 중복 등장하는 경우도 모두 집계했으므로, 실제 편수는 대략 5~10%가량 적다.

4 2023년 8월 현재까지의 국립중앙도서관(nl.go.kr) 서지조사 결과.

5 이에 관해 문현병(1988), 장춘익(1996), 홍영두(2004), 문성원·홍영두(2006)의 글을 보라.

6 이 주제에 관한 언급으로 홍영두(2004), 문성원·홍영두(2006), 김항·이혜령(2011), 장시복(2016), 김동춘(1997; 2017) 등을 참고할 수 있다.

7 그 원칙들이란, 1) 구성주의적 인식론으로부터 출발하여 지식의 가치가 수용자들에 의해 역동적으로 창출되고 소멸하는 과정을 보고, 2) 이 과정을 수용된 그 이론이 다른 이론들과 가지는 긴장 관계 속에 위치 지어 파악하며, 3) 번역 도입 이후 해석과 전용·적용과 갱신 등 후속 실천으로 관심을 확장하는 것, 그리고 4) 그러한 실천들을 수행하는 구체적 행위자들과 그들이 속한 학술공간 내 위치가 수용에 미치는 영향을 보면서 5) 학술장이 사회 공간 내에서 가지는 상대적 자율성(relative autonomy)의 정도를 고려하는 것, 마지막으로 6) 이러한 논의들을 종합하여 이론 수용의 성패에 대한 설득력 있는 인과적 설명과 성찰적 참고점을 도출하는 것이다(이시윤·이용승, 2023: 79-80).

8 홍영두는 프롬을 필두로 일찍이 활발해진 비판이론 수용에 대해 잘 정리하고 있지만(홍영두, 2004: 383-384), 그가 보고한 것보다 시기는 더 앞으로 당겨지고 더 큰 규모의 수용이 있었던 것으로 수정될 필요가 있다. 예를 들어 민중서림에서 이극찬에 의해 번역된 『자유에서의

도피』(자유로부터의 도피)가 나온 것이 1959년으로, 이 책이 국내 최초의 비판이론 번역서다. 또한 홍영두의 글에는 프롬과 마르쿠제 수용 주체와 성격 규정, 그리고 그 차이가 세심하게 가려져 있지 않다.

9 심지어 프롬의 주저들이 미국 사회를 논의 대상으로 하여 본래 '영어로' 쓰였다는 사실 또한 한국에서 그가 보편적으로 사랑받을 수 있는 계기였다. 이는 영어 원문과 번역문을 좌우로 실어 비교하면서 '영어공부'도 할 수 있는 프롬의 책들이 여러 권 출간되었다는 점에서 잘 드러난다. 예를 들어, 『사랑의 기술』(1975, 범조사)의 「머리말」은 이 책을 다음과 같이 소개하고 있다. "이 20세기 명작대역 시리즈는, 고급영어를 습득하려는 학생을 대상으로 하여 역사, 철학, 문학, 예술의 각 분야에 걸쳐서, 영·미의 제1급 명문 교양서적으로서 정평있는 것을 엄선하여, 우리말의 완역과 주석을 곁들여서 엮어낸 것이다. … 완벽한 영어 실력을 마스터하게 됨과 동시에 학생으로서의 깊은 교양을 쌓는 데 가장 알맞은 교재라 할 수 있다. … 본서에 수록한 『사랑의 기술』에서 저자 Erich Fromm은 '인간의 실존 문제에 대해서 만족스러운 유일한 해답은 사랑'이라고 갈파하고 … 있는데, 그는 현대가 낳은 위대한 심리학자이고 정신분석학자인 동시에 평이한 말로 명쾌하고 정확하게 사상을 전달하는 명문가이기도 하다"(삼지사편집부, 1975).

10 이 시기 프롬의 수용이 '소외' 개념을 중심으로 협소하게 이뤄졌으며, 이것이 1960년대 한국을 풍미한 사르트르류의 실존주의 분위기에 힘입은 것이었다는 문현병의 평가는 설득력 있다(문현병, 1988: 51).

11 하버마스가 그랬던 것처럼, 마르쿠제가 마르크스주의를 '비판'하고 나름의 대안으로 경제 계급론에 '에로스적' 혁명론을 추가하려(사실은 그리하여 보완하려) 했던 사실이 중요한 비판점이 되었을 것이다. 1970~1980년대 적극적인 비판이론 수용·번역자 중 한 사람인 문현병의 평가는 냉혹하다. "60년대 말 맑시즘과 노동운동과의 관계에서 계급적 본질을 노출하고 이데올로기적, 조직적 분열을 가져왔으며, 그 지지자들의 분열도 초래했던 프랑크푸르트학파의 사회 비판이론이 70년대에 와서 르네상스를 맞게 된 것은 계급투쟁이 광범위한 대중의 혁명 운동으로부터 발전하는 것에 위협을 느낀 자본주의 세계가 비판이론가들의 사상적 변용을 통하여 그들의 이데올로기적, 정치적 영향하에서 폭넓은 노동계급의 지지를 얻고자 하는 노력에서 비롯되었다. 이 '비판 이론 르네상스'의 본질은 반맑스-레닌주의요, 그 기능은 자본주의 체제에 도전하는 세력에 대한 완충 역할이었다"(문현병, 1988: 68-69). 결국 한국에서 비판이론 수용은 본질적으로 "쁘띠-부르조아 이데올로기"(69)의 하나에 불과하다는 것이다.

12 예를 들어, 프롬의 첫 역서 『자유에서의 도피』(1959, 민중서림), 이어 『희망의 혁명』(1972, 현대사상사), 『인간상실과 인간회복』(1977, 현대사상사) 등을 번역한 이극찬은 연세대 정치외교학과 교수였고, 『사랑의 기술』(1975, 삼지사)의 역자 황문수는 실존철학 전공 경희대 철학교수직에, 『자유에서의 도피, 사랑의 예술』(1976, 동서문화사)의 역자 고영복은 서울대학교 사회학과 교수직에 있었으며, 『정신분석과 종교』(1968, 숭문사)의 첫 역자 이환신은 신학 교수직을 역임했다. 이 밖에도 다양한 전공의 전현직 교수들이 역서를 출간했으며, 점차 이용호 등 번역자, 출판인들이 프롬 번역에 뛰어들기 시작했다. 이 밖에 강영계 등 일부 당시 강사직 역자들도 있었으나 소수였고, 1980년을 전후로 교수직으로 진입했다.

13 『희망의 혁명』의 경우 일찌감치 (이극찬에 의해) 번역되어 있어 눈길을 끈다. 그러나 역자 후

기는 이 책을 단지 "현대인에게 커다란 영향을 미치고 있는 사상가의 한 사람"의 "최근서"로, "나치스 정권"을 보며 "현대의 문화적 및 사회적 위기에" 대응한 책이자 "서구적 휴우머니즘 정신"에 입각한 "자유"를 갈파한 책으로 소개하고 있다(이극찬, 1972: 315-317). 실제로 이 책은 프롬의 마르크스주의적 성격이 많이 옅어진 책이기도 하다. 그런데 그 안에는 여전히 사회개혁적 의지가 강하게 담겨 있는 것도 사실이다. 사실 1960~1970년대의 비판이론 서적들에는 표면상 마르크스주의적 면모를 감추고 오히려 공산주의나 나치즘에 맞선 사상서임을 내세우며 검열과 사상통제를 교묘히 피해나가려는 의도 또한 담겨 있었다고 볼 수 있다. 그러나 이 책을 제외한 나머지 수십 권 책의 목록, 역자의 글, 번역자와 출판포맷, 독서자의 소비양상 등을 고려할 때 전반적으로 이 시기 프롬의 책들은 '에세이'의 의미만을 가졌다고 할 수 있을 것이다.

14 이 책의 초판 표지는 제목 아래에 다음과 같은 표어를 큼직하게 수록했다. "호르크하이머, 아도르노, 마르쿠제, 에릭 프롬, 하버마스 등 비판정신을 기치로 내세운 서구 지성의 본산인 프랑크푸르트학파의 창립부터 현재에까지 이르는 역사와 이론을 깊이 있게 종합적으로 조명하는 입문서"(제이, 1979).

15 1990년대까지 호르크하이머는 단지 『계몽의 변증법』의 공저자로서만 언급되었고, 그의 책이나 연구서는 『철학의 사회적 기능』(조창섭 옮김, 1983, 전예원) 외에 오랜 기간 번역되지 않았다. 당연히 연구논문도 거의 나오지 않았다. 호르크하이머가 그 자체로 주목받기 시작한 것은 2000년대 후반부터다.

16 이 목록에서 온전히 변혁적-실천적 가능성을 탐색하려는 시도는 김석수와 박정호의 글뿐인데, 이들은 마르크스주의에 기반한 사회철학 이론의 탐색자들로, 사실상 마르쿠제, 하버마스 수용이 이뤄진 공간의 성원이었다. 글이 실린 『시대와 철학』 또한 학술운동권의 핵심 사상 연구 터전이었다는 점에서 두 사람의 글은 애초에 다른 글들과 성격이 다르다.

17 1세대 벤야민 연구자 차봉희는 한국 문학장에서 70년대 들어 본격적으로 문학이론의 수립이 중요한 과제로 제기되고, 영문학 중심 문학이론이 독일 문예학 이론에 대한 관심으로 확장되기 시작했다고 언급한다(차봉희, 2001: 337-339). 이어 80년대 크게 확장된 독문학장의 공간에서 학자들의 고민은 깊어졌다. 일례로, 1985년 '한국독어독문학회'는 "한국 독어독문학의 새로운 방향 모색"이라는 이름의 행사를 열고 다양한 방향성을 논의했는데, 여기에서 문학과 사회를 연결하려는 고민 속에 아도르노를 포함한 다양한 "이론틀에 근거"한 교육과 연구가 제안되기도 했다(고영석, 2001: 59).

18 예를 들어, 벤야민의 핵심 수용·번역자인 최성만은 자신의 작업이 시작된 계기를 다음과 같이 진술하고 있다. "1970년대 말 대학원에 진학해 독문학과 문예이론을 전공하던 나는 그 무렵 한 잡지에서 벤야민의 사상을 소개한 여성 독문학자(차봉희 교수)의 글을 읽고 큰 감명을 받았다. 사회에 은밀히 반감을 품고 있던 나는 문학, 사회, 정치 등을 연결한 아방가르드 지식인의 글을 접하면서 무척 고무되었다. 그때 인문학을 전공한 젊은이들 가운데 사회의식이 있던 사람들은 이런 글들에서 자극을 받았을 것으로 생각한다"(최성만, 2014: 397).

19 저자는 아도르노의 미학이론에 대해 간략히 설명한 뒤, 이것이 지나치게 비관적이고 혁명적 변혁의 가능성을 부정하는 탓에 "결코 받아들일 수 없는 치명적인 후퇴"(홍승용, 1988: 8)의 이론이며, 상부구조 비판만으로 "적에게 본질적인 타격을 주지 못하는 비판은 아도르노 자신이 그토록 타기한 긍정성의 색채를 띨 수밖에 없으며 '비판의 외관을 띤 변론'이라는 의심을

살 수밖에 없다"(10)라고 평가한다. 이러한 비판은 정확히 하버마스-마르쿠제에 대한 평가와 동일한 것이다.

20 유사한 맥락에서 장시복은 경제학, 사회과학 분과에서 1980년대 마르크스주의와 『자본론』 번역 열풍이라는 "기현상"의(장시복, 2016: 56) 근저에서 장기간 계속되어 온 "분출과 잠복", "침체"라는, "수용의 불연속성이나 단절"이 아닌 "수용의 연속성"을 봐야 한다고 말한다(2016: 67). 그러나 그는 계속해서 변하지 않고 지속되어 온 요구를 가능케 한 동력이 억압적 사회체제로부터 매개 없이 직접 제공되어 온 것으로 보고 있다.

21 이러한 양대 노선은 한국에서 보통 한쪽이 과장되면 다른 쪽이 축소되는 형태로 존재해 온 듯 보인다. 해방 이후부터 1970년대까지 이미 제도권에 확립되어 있는 헤겔 연구 전통(우기동, 2005: 295)은 이후 역설적으로 1980년대 마르크스 열풍의 토대가 되지만, 또한 헤겔에 대한 관심 자체가 구한말-일제강점기 한 차례 유행한 바 있는, "1920년대 급격히 확산된 맑스-레닌주의의 부산물로 시작"되었다는 점에서(우기동, 2003: 111) 마르크스-헤겔 연구 전통은 앞서거니 뒤서거니 하면서 서로를 추동한 지적 짝패였다고 볼 수 있다(위상복, 1998: 199).

22 관련하여 윤형식(1995), 홍영두(2004), 나종석(2010) 등을 참고하라.

23 1970년대 말~1980년대 초반 대학에 입학하여 1990년대 전후 본격 학자 경력에 진입한 사상 연구자들 중 다수의 석-박사 연구 주제가 변증법이었음은 이를 잘 보여준다. 한국학술정보에 등록된 국내외 석박사 학위논문 중에서 1970~1999년 사이 변증법이라는 키워드를 포함하고 있는 건수는 728건에 이른다. 이 목록에서 눈에 띄는 인물만 꼽아 보더라도 마르크스 연구자 임경석, 설헌영, 우기동, 서유석, 비판이론 연구자 홍윤기, 장춘익, 이상화, 문성훈, 문현병, 박영도, 김재현, 한승완, 박구용, 문병훈, 정치철학자 서규환, 이론사회학자 정태석, 이홍균, 독문학자 홍승용, 윤미애 등이다. 이 목록에는 향후 프랑스 철학에 주력하게 될 양운덕, 박정호도 포함되어 있다. 한마디로, 1990년대 중반까지 헤겔-마르크스의 변증법은 사회사상 탐색자들의 핵심 공용어였다.

24 민주화의 해 1987년과 동구권 몰락의 해 1991년 "두 개의 창간호"(박영균, 2009: 149)를 내며 급변하는 정세 속에서 정체성의 혼란기를 겪게 된 '한국철학사상연구회'의 『시대와 철학』은 이에 대응하여 다시 한 번 변증법으로의 회귀를 선언하기도 했다(박영균, 2009: 158). 여기에서 이뤄진 담론의 정확성이나 가치 여부와 관계없이 중요한 것은, 변혁적 신진학자들 사이에 1990년대 초반까지도 헤겔-마르크스-루카치로 이어지는 변증법은 핵심 주제이자 목적이었고, 또한 공용어였다는 사실이다. 다른 한편, 비판적 사회철학 생산의 또 다른 축인 '사회와철학연구회'에서 최근 발간한 『왜 지금 다시 마르크스인가』(사회와철학연구회, 2021)에서도 핵심 문제의식은 여전히 변증법임을 확인할 수 있다.

25 예를 들어, 헤겔 『정신현상학』과 『대논리학』의 번역자 임석진은 책의 출간 순서를 언급하면서 헤겔의 독자로 사회과학을 포함한 광범위한 독자층을 설정하고 있음을 밝혔다. 그가 "본서 제2권에 해당하는 『본질론』이 첫 번째로 출간되게 된 이유는 철학 전공자만이 아닌 사회과학 전분야를 의식한 데서 취해진 순서배열"이라 언급(위상복, 1998: 205)한 것은 상황을 잘 보여준다.

26 혹은 80년대 고조된 민주화 열기 속에서 제도권 독문학장에서는 사회 현실과 벗어난 학문이 "궁극적으로 공허한 것일 수밖에 없으며 공허한 학문은 결국 그 사회에서 뿌리를 상실하지

않을 수 없"음을 주장하며 "한국 사회의 여러 가지 요소들을 고려하여 … 주체적인 실천과제를 시급히 마련해야 한다"는 적극적인 요청이 제기되기도 하였다(고영석, 2001: 58-59).

27 변증법을 앞세운 아도르노 이론이 독문학의 테두리를 벗어나 미친 영향을 잘 보여주는 사례로 김우창 비평에서 헤겔-아도르노 변증법의 의미와 사용 양상에 대한 이찬(2014)의 연구를 참고하라.

28 1990년대까지 석박사 학위자들의 배출 현황을 보면(이충섭, 1994) 독문학장의 성장세가 안정적으로 증가했음을 알 수 있다.

29 예를 들어, 1960~1970년대 헤세의 대유행에 대해서는 안미영(2017)을 참고하라.

30 전성우는 미국 중심 한국 사회학에서 독일 이론의 부상이 조기에 좌절되어 버렸다고 언급한다(전성우, 2002: 113-119). 독일 사회과학, 독일어 문학, 독일학 전공자들은 이처럼 국내에서 독일의 위치를 (아쉬움을 담아) 주변부 지위를 벗어나지 못한 것으로 평가하는 경향이 있는 듯 보인다. 그러나 객관적으로 볼 때, 특히 미국을 제외한 타 국가의 경우(예컨대 프랑스)와 비교할 때 독일 사회학의 형편은 언제나 훨씬 좋은 편이었다. 그가 말하는 1980년대 사회학에서 비판이론의 유행, 1990년 초중반 51%에 달하는 "마르크시즘 계열" 논문의 압도적 비중이 가능했던 것 또한(같은 글, 118-119) 전성우의 평가와 반대로 오히려 독일 사상과 공용어 효과에 의해 어느 정도 예비되어 있었다고 평가할 수도 있을 것이다.

31 임석진은 헤겔을 중심으로 한 독일 관념론과 독일 사상, 나아가 독일이라는 국가의 중요성을 다음과 같이 역설하고 있다. "오늘날 우리 민족의 지상과업으로 제기되고 있는 경제적 자립을 통한 조국근대화 작업을 성공적으로 수행해나가기 위해서는 물론 서구 선진자본주의가 걸어 온 합리적 생산방법과 기술을 비롯한, 그들 나름으로 닦고 키워 온 오랜 경험과 지식을 도입하는 것이 우리의 목표 달성을 위한 좀 더 용이하고 신속한 길잡이가 될 수 있으며 나아가서는 이것이 바탕이 됨으로써 정치적 독립과 민주주의적 사회의 건설도 촉진될 수 있을 것이다. 그러나 이에 못지않게 여기서 문제가 되는 것은 미래지향적인 한국철학의 창조를 위해서 무엇보다도 우리는 민족의 자주적 생존권과 개개인의 무한한 창조적 기능을 정신, 사상면에서 북돋아 주고 여기에 다시 현대 세계 전반에 팽배해 있는 전진적인 역사 낙관주의와 자아의 신념을 불어 넣어 주어야만 한다는 것이다 … 여기서 바로 우리는 후진 독일의 정치적 사상적 활력소가 되었던 독일 관념철학이야말로 자기 발전적인 무한한 추동력을 바탕으로 한 끊임없는 도약을 가능케 하였음은 물론 더 나가서는 의지의 발동과 그의 충족 과정에서 지나칠 정도로 순수한 정신의 힘만을 앞세워 나갔던 변증법적 사상 및 이론이 바로 오늘의 한국적 현실을 전면적으로, 그리고 본질적으로 고무, 추동할 수 있는 자명한 논리로 부각될 수 있으며…"(임석진, 1977: 105-106).

32 여기에서의 추론은 「프랑크푸르트학파 1세대 한국 수용과 비판적 사회이론 전통 형성의 가능성」(이시윤, 2023b)에서 다룰 내용을 간략히 정리한 것이다.

33 그러한 점에서 비판이론 수용에서 오랜 기간 호르크하이머가 뒤편에 물러나 있었다는 사실은 상징적이다. 이는 호르크하이머가 설계하고 한 때 실제로 활발하게 구현되었던, 비판이론이라는 독특한 집합 정체성과 학제적 연구의 강점이 한국에서 제대로 인지된 적이 있었는지, 그렇지 못하고 '학파'의 성원들이 모두 '개인'으로 소비되어 온 것은 아닌지 묻게 한다(이시윤, 2023b: 17-18).

34 이후 2000년대 중반을 기점으로 아도르노와 벤야민에 대한 광범위한 재주목이 일어난다. 또

한 90년대 후반 급속히 침체되었지만 하버마스를 다루는 학술적 작업들도 다시 증가한다. 그런데 전자와 후자의 양상은 사뭇 다르게 전개되었다. 나는 아도르노와 벤야민에 대한 다시 고조된 관심이 1990-2000년대 출현한 전문 연구자 그룹과 이들의 번역, 저술작업에 힘입은 것인 반면, 하버마스에 대한 재주목은 상당 부분 실체가 없는 "전통 없는 정전화" 현상에 힘입어 일어남으로써 상이한 경로로 전개되었음을 두 개의 다른 작업에서 다루었다(이시윤, 2023b; 2023c).

참고문헌

고영석. 2001. 「한국 독어독문학의 어제와 오늘」 차봉희 편. 『한국의 독일문학 수용 100년 1』. 한신대학교출판부. 34~74쪽.

권대중. 2018. 「미학자학으로부터 미학으로: 한국으로 건너온 독일 미학의 어제 오늘 내일」. 『미학』, 제84권 제4호, 5~25쪽.

김건우. 2023. 「(서평)새로운 사회학적 연금술에의 요구, 화려한 실패의 하버마스 스캔들」. 『문학/사상』, 7호, 179~198쪽.

김동춘. 1997. 『한국 사회과학의 새로운 모색』. 창작과비평사.

김동춘. 2017. 『사회학자, 시대에 응답하다: 김동춘의 한국사회 비평』. 돌베개.

김문환. 1991. 「비판이론과 비평: 아도르노를 중심으로」. 『미학』, 제16권, 45~69쪽.

김윤구. 2000. 「한국에서의 헤겔연구사: 한국에서의 헤겔 연구사의 현황과 시대구분」. 『대동철학』, 제7집, 1~22쪽.

김항·이혜령. 2011. 『인터뷰: 한국 인문학 지각변동』. 그린비.

나종석. 2010. 「학회를 통해 본 공공성과 학문성의 결합 가능성: 한국 사회와철학연구회를 중심으로」. 『동방학지』. 149쪽. 201~243쪽.

문병호. 1993. 「아도르노의 「예술 이론」에 있어서 미메시스와 합리성의 변증법: 원리, 문제점, 발전적 전개 가능성」. 『독어독문학(구 독일문학)』, 제50권, 225~247쪽.

문성원·홍영두. 2006. 「1980년대 마르크스주의와 윤리 – 정의와 당파성의 문제를 중심으로」, 『시대와 철학』, 제17권, 제2호, 39~60쪽.

문현병. 1988. 「쁘띠 부르조아 이데올로기로서의 비판 이론의 한국적 수용」. 『철학연구』, 제24집, 45~81쪽.

박영균. 2009. 「철학 없는 시대 또는 시대 없는 철학」. 『시대와 철학』, 제20권 제3호, 143~212쪽.

백종현. 1997. 「독일철학의 수용과 한국의 철학」. 『철학사상』, 제7권, 1~50쪽.

사회와철학연구회. 2021. 『왜 지금 다시 마르크스인가』. 도서출판 씨아이알.

삼지사 편집부. 1975. 「머리말」. 『사랑의 기술』. 삼지사.

안미영. 2017. 「헤세 문학의 수용, 자기완성의 수신서」. 『어문론총』, 제73호, 116~154쪽.

오성균. 2019. 「1960년대 이후 한국사회에 나타난 독일수용의 양상: 독일수용의 세 가지 방식」. 『독일언어문학』, 제83호, 167~188쪽.

우기동. 2003. 「'독일근현대철학'에 관한 연구사와 번역의 문제: 일제하에서 1950년대 초까지」. 『시대와 철학』, 제14권 2호, 103~121쪽.

우기동. 2005. 「1950년대 이후 독일 근현대 철학의 원전번역과 근대적 지성: 칸트와 헤겔을 중심으로」. 『시대와 철학』, 제16권 제1호, 280~308쪽.

윤형식. 1995. 「맑스-레닌주의, 정통주의의 시대」. 김수행 외. 『1980년대 이후 한국의 맑스주의 연구』. 과학과사상. 9~74쪽.

이극찬. 1972. 「역자의 후기」. 에리히 프롬. 『희망의 혁명』. 현대사상사.

이시윤. 2022. 『하버마스 스캔들: 화려한 실패의 지식사회학』. 파이돈.

이시윤·이용승. 2023. 「서구 사회 이론 수용 연구의 토대: 라몽, 번역사회학, 그리고 '더 부르디외적인' 접근」.『한국사회학』, 제57집 제2호, 51~88쪽.

이시윤. 2023a.「1980~1990년대 프랑크푸르트학파 비판이론 한국 수용의 동학」.『마르크스주의연구』, 20(4), 35~75쪽.

이시윤. 2023b.「프랑크푸르트학파 1세대 한국 수용과 비판적 사회이론 전통 형성의 가능성」.『경제와사회』, 140호.

이시윤. 2023c.「한국 학술장의 하버마스 수용 과정과 전통 없는 정전화의 과제」. 사회와철학연구회.『한국사회의 현실과 하버마스의 사회철학』. 씨아이알. 39~77쪽.

이찬. 2014.「김우창 비평에 나타난 문학과 철학의 관련 양상: '구체적 전체성'과 '교양'의 문제를 중심으로」.『현대문학이론연구』, 제56호, 101~135쪽.

이충섭. 1994.「한국의 독문학 수용에 대한 계량서지학적 분석」.『독일어문학』, 제2권, 85~117쪽.

임석진. 1977.「한국철학의 새로운 정립을 위한 과제」.『명대논문집』, 10, 99~121쪽.

위상복. 1998.「한국에 있어서 헤겔철학의 연구 및 수용과 그 반성: 그의『논리학』을 중심으로」.『철학연구』, 제68집, 193~211쪽.

장시복. 2016.「한국에서『자본론』의 수용과 번역: 일제 강점기~1980년대」.『마르크스주의연구』, 제13권 제1호, 35~73쪽.

장춘익. 1996.「책머리에」. 장춘익 외.『하버마스의 사상: 주요 주제와 쟁점들』. 나남.

전성우. 2002.「독일어와 한국 인문·사회과학의 발전: 독일 사회학의 수용과정을 중심으로」.『독일연구』, 4, 95~125쪽.

제이, 마틴. 1979.『변증법적 상상력: 프랑크푸르트학파의 역사와 이론』. 황재우 외 옮김. 돌베개.

제프리스, 스튜어트. 2016.『프랑크푸르트학파의 삶과 죽음』. 강수영 옮김. 인간사랑.

정원섭. 2018.「서양 철학의 수용과 공공 윤리의 모색」.『한국학연구』, 제48권, 621~646쪽.

차봉희. 2001.「독일 문예학의 수용과 영향」. 차봉희 편.『한국의 독일문학 수용 100년 1』. 한신대학교출판부. 327~400쪽.

최성만. 2014.『발터 벤야민: 기억의 정치학』. 도서출판 길.

홍승용. 1988.「아도르노 미학이론 연구: 예술적 실천」.『외국어교육연구』, 3, 45~57쪽.

홍영두. 2004.「독일 근현대사회철학 원전 번역과 한국의 근대성: 1950년 이후 맑스와 하버마스의 사회비판이론 수용을 중심으로」.『시대와 철학』, 제15권 제2호, 363~417쪽.

Lamont, Michèle. 1987. "How to Become a Dominant French Philosopher: The Case of Jacques Derrida." *American Journal of Sociology* 93(3): 584-622.

2부

비판이론과 비판모델

자본주의 비판 전략을 찾아서:
호네트와 프레이저를 중심으로[1]

강 병 호

1990년대 초반 현실 사회주의의 몰락 이후 자본주의는 현실적 대안이 없는 체제라는 위상을 얻었다. 그 후 30년간의 신자유주의 시기를 지나며, 특히 2008년 세계 금융위기를 겪으며 자본주의의 작동 방식에 대한 의구심과 비판적 설명에 대한 갈증은 심해져 갔다. 그러나 여전히 자본주의 비판을 위한 유력한 모델은 없다. 이 글의 목적은 이러한 상황에서 프랑크푸르트학파 비판이론 전통에서 하버마스 이후 자본주의 비판을 모색하는 시도들에 대해 중간평가를 해보는 것이다. 이때 관심의 중심은 악셀 호네트와 낸시 프레이저의 작업이다.

비판이론 전통의 대표적인 이 두 이론가는 이미 2000년대 초반에 현대 사회에서 경제적 분배의 문제와 법적·문화적 인정의 문제 모두를 적절하게 포괄할 수 있는 비판이론의 틀을 둘러싸고 본격적인 논쟁을 벌인 바 있다.[2] 그 이후 호네트와 프레이저는 더 이상 직접적인 논쟁 없이 각자 자신의 연구를 진척시켰지만, 그들의 작업에는 주제적으로 겹치는 지점들이 있다. 호네트는 사적 관계, 민주주의 정치, 자본주의 경제를 통합적으로 분석 비판할 수 있는 이론틀에 대한 연구를 이어가 "사회적 자유"를 현대사회의 규범적 원칙임과[3] 동시에 여전히 유효한 사회주의의 이념으로 제시하였다.[4] 정의의 문제를 시대의 변화를 따라가며 포괄적으로 이해하는 노력을 지속해온 프레이저는 최근에 자본주의 사회에 대한 전면적 비판과 그에 대한 대안으로서 새로워진 사회주의를 제안하는 결실을 맺었다.[5] 자본주의 비판과 사회주의 갱신이 이 두 비판이론가의 작업의 주제적 공통점이다. 이 글은 자본주의 비판 전략에 초점을 맞춰 호네트와 프레이저의 연구를 비판적으로 살펴보고 그로부터 보다 유망한 비판 모델을 위한 통찰을 얻고자 한다.

이 글은 다음과 같이 전개된다. 먼저 프레이저와 호네트의 자본주의 비판 작업에 공통된 이론적 배경을 드러낸다. 그것은 맑스의 정치경제학비판과 하버마스의 생활세계와 체계의 분화 테제이다. 이 배경을 이해하는 것이 필요한 것은 이것이 호네트와 프레이저에게 양가적 의미에서 이론적 유산, 즉 자양분이면서 동시에 극복하고자 하는 대상이기 때문이다(1). 다음으로『인정투쟁』에서『자유의 권리』로 이어지는 호네트의 작업을 자본주의 비판에 주안점을 두고 개괄하고 평가한다(2). 이어서 프레이저의 야심찬 "식인 자본주의" 이론의 비판 전략을 고찰한다(3). 마지막으로 호네트와 프레이저의 작업에 대해서 그들이 극복하고자 했던 비판 모델들을 염두에 두고 중간평가를 시도한다. 이들의 성취를 인정하면서도 우리는 맑스, 특히 하버마스에게는 있지만 이들에게는 없는 것을 또한 아쉬워하게 된다(4).

1. 이론적 배경: 맑스와 하버마스

무(無)에서 시작하는 이론은 없다. 모든 이론적 시도는 다른 이론들을 배경으로 해서 맥락 속에서 이루어진다. 호네트와 프레이저의 자본주의 비판에서 우리는 그들에게 공통된 주요한 이론적 배경을 발견할 수 있다.

맑스와 하버마스이다. 맑스와 하버마스는 프레이저와 호네트의 작업의 자양분인 동시에 극복의 대상이 되는 유산이다. 이 배경을 염두에 둘 때 호네트와 프레이저의 작업의 의미와 한계가 더 잘 드러난다.

1) 맑스의 정치경제학비판

프레이저와 호네트에게 맑스(주의)는 일단 극복의 대상으로서 더 부각된다.[6] 특히 맑스주의의 경제주의적 사고와 목적론적 역사이해가 주된 표적이다.[7] 맑스주의의 토대/상부구조 도식에 따르면 인류는 물적 생산력에 상응하여 특정한 생산관계를 맺게 되고, "이 생산 제관계 전체가 사회의 경제적 구조, 현실적 토대를 이루며, 이 위에 법적이고 정치적인 상부구조가 세워지고 일정한 사회적 의식형태들이 그 토대에 조응한다. 물적 생활의 생산양식이 사회적, 정치적, 정신적 생활과정 일체를 조건지운다. 인간의 의식이 그들의 존재를 규정하는 것이 아니라".[8] 나아가 행위자들은 이익추구라는 경제적 이해관심에 의해 이끌리는 것으로 가정되고 그들의 규범적 신념과 태도는 부산물로 허위의식으로 여겨져 진지하게 고려되지 않는다. 이에 상응하여 사회의 주된 모순은 생산관계에서의 위치에 따른 계급갈등이고, 자본주의 경제법칙에 따라 심화되는 모순을 지나 자본주의를 극복하고 다른 시대의 문을 열 진보의 담지자는 노동자계급이다. 호네트와 프레이저 모두 이러한 "환원[론적인] 경제주의적 관점을 거부한다"(프레이저·호네트 2014, 17). 사회에는 경제적 힘 말고도 고유한 문화적, 규범적, 법적, 정치적 힘들과 갈등들이 있다.[9] 계급갈등만이 자본주의 사회의 '진정한' 문제라고 할 수 없다는 것이다.

이러한 공통된 유보에도 불구하고 프레이저와 호네트는 맑스의 중요한 주장들을 수용하고 있다. 무엇보다 그들은 쉬지 않는 자기증식을 자본의 본질로 간주한다.[10] 자본의 이러한 축적 동학은 여러 모습으로 발현된다. 가능한 한 값싼 노동력을 찾아서 가능한 한 오래 많이 노동을 시키려고 하고, 가능한 한 저렴하게 원자재를 확보하려고 하고, 가능한 한 모든 것을 상품화시켜 자본의 증식과정에 흡수하려고 한다. 그리고 이러한 과정에서 생기는 비용에 대해서는 가능한 한 적게 부담하려고 한다.

그런데 자본의 이런 속성에 동의하면서도 호네트와 프레이저 사이에는 중요한 차이가 있다. 호네트는 '착취'에 대해서 말하지 않는다. 맑스주의에서 착취는 두 가지 가정을 전제한다. 하나는 상품의 가치는 생산에 투입된 노동에서만 나온다는 노동가치론이고, 다른 하나는 노동력을 판매한 대가로 노동자는 재생산에 필요한 비용만을 보전받고, 노동을 통해 산출된 대부분의 잉여가치는 자본가에게 돌아간다는 것이다. 호네트는 전자는 타당하지 않고, 후자와 관련해서는 얼마나 그럴지는 원칙적으로 경험적 문제라고 본다.[11] 호네트와는 대조적으로 프레이저는 자본주의에서 노동자가 맑스주의적 의미에서 착취되고 있다고 확신한다. 프레이저가 착취론의 첫째 가정을 받아들이는지는 확실하지 않지만, 둘째 가정을 받아들이는 것은 분명하다. 그리고 이 가정만으로도 충분히 '착취'를 주장할 수 있다고 믿고 있는 것처럼 보인다.[12] 물론 나중에 좀 더 살펴볼 것처럼 착취가 전부가 아니라고 생각한다.

2) 하버마스: "규범에서 벗어나 있는" 자본주의 경제

프레이저와 호네트가 각자 자본주의 비판 이론을 발전시킬 때 공통으로 극복 대상으로서 염두에 두고 있는 또 하나의 상대는 하버마스의 의사소통적 사회이론, 그 중에서도 특히 생활세계와 체계의 분화 테제이다.[13] 하버마스에 따르면 현대사회는 체계와 생활세계로 구분될 수 있다. 한 "사회[는] 동시에 체계로[도] 생활세계로[도]" 파악될 수 있다(2/194).[14] 이것은 "분석적으로만 구분될 수 있는 측면"이다.[15] 그렇다고 이 구분이 "이론가의 자의적 관점의 결과인 것은 아니다." 생활세계와 체계의 분화는 "분석적 의미만 갖는 것은 아니다. … 경험적 관점에서 볼 때도 어떤 자립성을 갖는다"(2/370). 이때 이런 구분을 하는 기준은 "행위조정 메커니즘"이다 (2/473). 생활세계는 근거제시를 통한 상호이해와 합의의 메커니즘에 의해 통합되고 재생산된다. 반면 체계는 애덤 스미스의 '보이지 않는 손'이 예시하는 것처럼 "행위자들의 의식을 넘어서", "행위태도를 넘어서" 그것들을 "그냥 통과해서" "'행위결과'를 기능적으로 연결시키는" 메커니즘에 의해 조정되고 작동한다(2/193, 241, 292, 316, 317, 365). 하버마스가 보기에 현대 자본주의 경제는 이런 체계의 단계에 이르렀다. 경제가 "행위자들의 의식을 넘어서" 기능주의적으로 작동한다는 것은, 행위자들의 의도, 의미부여, 규범적 태도 등이 경제의 작동에 더 이상 구성적 의미를 갖지 못한다는 뜻이다. 이런 의미에서 자본주의 경제는 "규범과 무관한"(normfrei) 영역이 되었다(2/478). 그런데 하버마스는 경제가 이렇게 생활세계에서 분화되어 체계로 자립화한 것을 유감스러워하지만은 않는다. 이러한 발전은 "진화적으로 고유한 가치"가 있다(2/523). 이러한 발전이 없었다면 현대 경제의 생산성, 효율성, 다양한 욕구충족능력 등은 달성되지 못했을 것이고, 오늘날 시장이 제공하는 사적 자유도 상당히 제한되었을 것이다.[16] 그래서 하버마스는 경제를 생활세계로 다시 통합하려고 하기보다는, 민주적 토의 정치를 통하여 경제의 "고유한 작동방식을 손상시키지 않으면서"[17] 자본주의 경제의 "고삐풀린 체계명령"을(2/247) "현명하게" 길들이는 방향을 모색한다.[18]

  호네트와 프레이저가 공통적으로 하버마스의 이러한 진단에서 가장 불만스럽게 생각하는 것은 자본주의 경제가 "규범과 무관한" 영역이라는 규정이다. 이 규정을 통해 하버마스는 (대부분의 자유주의 이론가들과 마찬가지로) 자본주의를 규범적으로 분석하고 판단할 수 있는 가능성을 놓쳐버렸다는 것이다. 이제 할 수 있는 것은, 자본주의를 그 내부 과정을 알 수 없는 "블랙박스"처럼 그대로 두고,[19] 그로부터 나오는 불평등 같은 부정적 결과들을 어떻게든 조절·완화하려고 노력하는 것뿐이다. 프레이저와 호네트 모두 이러한 결론을 피하고 싶어 한다. 자본주의 경제 자체를 규범적 평가와 투쟁의 장으로 확보하고자 한다.

2. 호네트: 인정일원론에서 사회적 자유로

1) 인정일원론

앞에서 언급한 것처럼 호네트가 인정이론을 발전시키게 된 주요한 동기 중 하나는, 하버마스의 이론을 따르면 자본주의 경제가 "규범과 무관한" 영역으로 설정된다는 불만이다. 이것은 하버마스가 『의사소통행위이론』에서 행위이론과 체계이론을 결합시킨 결과이다. 호네트는 이런 결론을 피하고자 하며, 대안은 행위이론적 범주로만 이론을 직조하는 것이다. 이렇게 하면 체계이론을 통해서는 인간의 의식, 태도, 신념과 무관한 것으로 나타나는 체계가, 사회구성원들의 규범적 판단과 집단적 의지형성과 투쟁의 산물로 파악될 수 있다.[20] 『인정투쟁』에서 『자유의 권리』로 이어지는 호네트의 이론작업은 이러한 행위이론적 사회이론을 모색하는 경로로 이해될 수도 있다.[21] 그런데 이 경로에서 『인정투쟁』(1992)의 호네트와 『분배냐, 인정이냐』(2003)의 호네트는 다르다. 이 두 책에서 제시된 호네트의 이론이 실질적으로 크게 다른 것은 아니다. 그러나 자신의 이론에 대한 호네트 스스로의 이해에서는 상당한 차이가 있다. 1990년대의 호네트는 자신의 이론을 하버마스의 의사소통행위이론을 인정 개념을 통해 인간학적으로 확장하고 투쟁 개념을 통해 보완하는 작업으로 이해한다. 2000년대의 호네트는 자신의 인정이론이 하버마스의 이론을 보완하는 것을 넘어 발전적으로 대체하는 사회이론으로 이해되기를 기대한다.[22]

이렇게 호네트 이론의 발전사에서도 여러모로 중요한 의미가 있는 『분배냐, 인정이냐?』의 논쟁은 둘 중에서 무엇이 더 중요한가에 관한 것이 아니다. 호네트와 프레이저 둘 다 제대로 된 비판이론은 "분배투쟁과 인정투쟁 모두를 포괄해야 한다는 것"에 전적으로 동의한다(프레이저·호네트 2014, 16). 논점이 되는 것은 그렇게 되기 위해서 이론이 어떻게 설계되어야 하는가에 관한 건축술이다. 그리고 이것은 "결정적인 중요성을 갖는" "자본주의 사회에 대한 적절한 개념화"와 긴밀히 연관되어 있다(프레이저·호네트 2014, 19). "자본주의 경제질서가 제도화된 문화적 가치유형들에 의해 더 이상 직접적으로 조정되지 않[는] … 분리된 사회 체계(system)로 이해되어야 하는가? 아니면 자본주의 경제질서는 오히려 … 불평등한 인정에 토대를 둔 문화적 가치평가의 결과로 이해되어야만 하는가?"(프레이저·호네트 2014, 20) 후자의 방향을 모색하는 것이 호네트의 인정일원론이다.

인정일원론은 사람들의 일상적 불의 경험에서 출발해서 현대사회의 발생과 거기서 일어나는 갈등까지를 포괄하는 사회이론을 인정이란 단 하나의 행위이론적 범주로 직조하겠다는 기획이다. 이 기획의 기본 가정은 모든 사회질서는 사회구성원들의 "정당성 믿음"에 의존하고 있다는 것이다.[23] 자본주의 경제질서도 그렇다. 이에 따르면 자본 축적의 원리도 단순히 경제의 기능적 법칙이 아니다. 그것이 작동하기 위해서는 그 원리를 구성원들이 암묵적으로라도 '정당한 것'으로 받아들이고 있어야 한다.

나아가 호네트의 인정일원론을 제대로 평가하기 위해서 꼭 기억해야 할 것이 있다. 이 이론이 인정이란 하나의 범주로 짜여졌지만, 이때 인정은 뚜렷이 구별되는 세 가지 하위 개념을 포괄한다는 점이다.[24] 다시 말해서 인정이란 사건은 현실에서 세 가지 형태로 일어난다. 사랑과 보살핌으로, 권리와 존중으로 그리고 사회적 가치평가로. 이런 의미에서 호네트의 인정 개념은 (찰스 테일러의 인정 개념처럼) 문화주의적이지 않다. 그것은 사회적인 것의 문화적 차원만이 아니라 심리정서적 차원, 법과 도덕의 차원, 경제적 보상의 차원까지 포괄한다. 호네트의 인정이론에 대한 지금까지의 일반적 설명을 바탕으로 해서 이제 호네트의 자본주의 분석을 살펴보자.

2) 자본주의 사회의 인정질서

호네트는 먼저 근대 자본주의의 역사적 발생을 "인정질서"의 변화를 통해 설명한다.[25] 전근대 신분사회의 인정질서의 특징은 권리인정과 사회적 평가가 미분화된 채로 융합되어 있다는 것이다. 이 사회에는 신분집단 사이에 위계적 서열이 있고, 개인은 출생과 혈통에 의해 특정 신분집단에 귀속되며, 개인에 대한 평가는 일단 그가 속한 집단에 의거해서 이루어진다. 이때 "사회적 평가"는 권리와 명예를 포괄한다. 개인이 누릴 수 있는 권리와 명예가 모두 자신이 속한 신분에 의해 규정되는 것이다.

자본주의의 발흥과 부르주아계급의 투쟁을 통해, 또 도덕적 보편주의의 확산과 더불어 신분질서가 흔들리면서 사회적 주체로서 개인이 부각된다. 이제 개인은 한편으로 도덕적 자율성을 갖춘 동등한 인격체로, 다른 한편으로 독특한 자질과 능력을 갖춘 개성적 존재로 등장한다. 이에 맞춰 인정 형식으로서 권리/존중과 사회적 존경이 분화된다. 권리/존중은 평등의 원리를 따르게 되는 반면, 사회적 존경은 평가에 따라 등급화된다. 도덕적 인격체로서 개인은 동등한 권리를 누리고 평등한 존중을 받는다. 그러나 독특한 개성을 가진 존재로서 개인은 자신의 성취와 업적에 입각하여 차별적인 평가와 보상을 받게 된다.

3) 인정으로서 분배

독특한 재능과 자질을 갖춘 존재로서 개인적 성취에 근거하여 차별적인 평가와 인정이 이루어지는 대표적인 곳이 자본주의 시장이다. 시장참여자들이 받는 경제적 보상은 그러한 평가와 인정의 표시이다. 물론 시장에서 보상이 결정되는 데는 인정의 문법을 따르지 않는 여러 요인이 작용한다. 사적 이윤추구의 태도, 효율성 중심의 사고방식, 수요과 공급의 법칙, 자본축적의 논리 등등. 그러나 동시에 어떤 활동이 사회의 재생산에 대한 기여로 인정될 만한지, 어떤 기여가 얼마나 가치 있는 기여인지 하는 것은 문화적 해석과 평가의 결과이기도 하다. 다시 말해서 시장에서의 분배는 문화적 해석의 틀을 거치게 된다. 여기서 분배투쟁을 인정투쟁으로 해석할 여지가 생긴다. 기존의 분배 도식에 의해 자신들의 실제 기여를 제대로 평가받지 못하는 사람들은 이를 "무시"로 경험하게 되며, 이에 대한 반작용으로 적절한 가치평가를 위해 투쟁한다. 업적 원칙을 창조적으로 재해석하고, 기존의 평가도식에 의문을 제기함으로써 그들은 자신들의 기여에 대한 정당한 인정을, 그에 걸맞는 경제적 보상을 요구한다.

그런데 시장에서의 보상이 단지 소위 경제 '법칙'의 직접적 관철이 아니라는 점에서 자본주의 경제를 규범적 인정투쟁의 장소로 해석할 수 있는 여지가 생기기도 하지만, 동시에 분배가 전적으로 문화적 평가의 산물이 아니라는 점에서 이러한 해석의 한계가 드러나기도 한다. 호네트의 인정이론은 자본주의 시장의 작동에서 문화적 해석유형의 역할을 정당하게 강조하지만, 이것을 제외하면 자본주의 경제 자체의 작동에 대해서 새롭게 말해주는 바가 없는 것이다.[26] 이러한 비판에 직면하여 호네트는 솔직하게 자신의 접근방법의 "설명적" 한계를 인정한다(호네트 2014, 372, 374, 382). 인정이론적 전략은 "오늘날 자본주의의 발전 동학을 설명하는 데 충분한 것은 아니다. 그럼에도 … 자본주의 발전 과정과 관련된 규범적 제한들이 무엇인지를 분명하게 밝혀줄 것이다"(호네트 2014, 374). 이렇게 자본주의 분석에 있어서 경제 원칙이 아니라 "규범적 원칙들[의] 발굴[에]" 몰두하는(호네트 2014, 374) 인정이론의 제한성은 호네트가 집중하는 경제현상이 노동시장에 한정되어 있다는 사실에도 반영된다.[27] 임금, 노동시간, 노동조건과 관련하여 상시적으로 갈등과 투쟁이 일어나는 노동시장은 자본주의 경제의 작동에 사람들의 규범적 기대, 문화적 해석틀, 집단적 의지가 상당한 영향을 미치고 있음을 생생하게 보여준다. 그러나 자본주의 경제에는 노동시장 외에도 문화적 해석유형이 얼마나 규범적 힘을 발휘하는지가 그렇게 분명하지 않은 소비재와 자본재 시장, 원자재시장, 금융시장 등도 있으며, 호네트 스스로도 인정하듯이 자본주의 경제에 고유한 경제 '법칙'들도 작용하고 있다.

4) 사회적 자유

호네트와의 논쟁에서 프레이저는 호네트의 인정이론은 궁극적으로 "긍정적 자기관계", "자기실현"에 호소함으로써 인정요구의 정당성을 판정할 객관적 기준을 제공하지 못한다고 비판한다.[28] 이 비판은 호네트의 인정이론에 대한 오해에 가깝지만 호네트로 하여금 자신의 이론을 보다 선명한 규범적 토대 위에 세우도록 자극했음이 분명하다. 호네트가 찾은 규범적 토대는 사회적 자유 개념이다. 호네트는 프레이저와의 논쟁 이후의 작업들에서 이 개념을 사회비판의 "선도 이념"으로 제시한다.[29]

현대사회에서 사회제도의 정당성은 궁극적으로 자유에 기반한다(RF[30], 122). 그런데 근대 이후 자유에 대한 세 가지 경쟁하는 이해방식이 있다. 소극적, 성찰적, 사회적 자유가 그것이다. 이 중에서 사회적 자유 개념이 오늘날 가장 낯선 개념이지만 호네트에·따르면 사실은 "일련의 근대적 제도들을 구성하는 규칙과 정신의 형성에 가장 큰 영향을 끼친 자유 개념"이다(RF: 222).

사회적 자유는 자유를 개인주의적이 아니라 상호주관적으로 이해한다.[31] 사회적 행위는 다른 사람들과의 "협력"(Kooperation) 속에서 "상호보완"을 통해 실현되며, 이때 행위자는 비로소 온전한 의미에서 자유롭다고 할 수 있다. 이런 자유가 실현되기 위해서는 각자의 행위를 상호보완이 되게끔 엮어주는 역할기대와 행위규칙들이 제도화되어야 하는데(RF, 225), 현대사회는 이렇게 제도화된 세 가지 영역으로 이루어져 있다: 개인들의 인격적 관계 영역, 자본주의 시장 영역, 정치적 공론장의 영역.

연인이나 가족 같은 인격적 관계나 공동체 구성원들의 정치적 관계는 협력과 보완의 관계로, 따라서 사회적 자유가 구현되는 곳으로 이해될 수 있는 여지가 상당히 있다. 그러나 자본주의 시장은 보통 사람들이 사적 이익을 추구하는 곳으로, 협력이 아니라 무한 경쟁의 장으로 여겨진다. 그렇다면 자본주의 경제의 밑바탕을 이루는 자유는 간섭 없이 자신의 이해관심을 좇는 소극적 자유일 것이다. 이런 널리 퍼진 이해에 비춰볼 때 자본주의가 자신의 정당성을 사회적 자유의 실현에 두고 있다는 주장은 말도 안 되는 것 같다.

호네트도 이런 반론을 충분히 예상하고 있다. 그러나 그는 거꾸로 시장에 대한 그런 전형적 이해가 오히려 주류 경제학에 의해 시야가 좁혀진 단견은 아닐지 의심한다. 사회질서의 안정성은 그 질서에 대한 구성원들의 "정당성 믿음"에 달려있다는 가정을 받아들인다면, 무한 경쟁을 통한 사적 이익의 극대화와 그 결과인 승자독식은 자본주의 시장제도의 정당성 토대가 되기에는 너무 빈약할 수밖에 없다. 그것으로는 시장의 교환에 지속적으로 참여하도록 사람들을 동기부여할 수 없다. 호네트가 보기에 자본주의 시장은 표면상의 그러한 경쟁과 이기적 이윤추구에도 불구하고 심층에서 그러한 과정을 통해 궁극적으로 모든 시장참여자들의 목적이 상호보완적으로 실현될 것이라는 "약속"을 하고 있다.[32] 따라서 경쟁과 사익추구는 사회적 자유의 실현이라는 시장의 규범적 요구조건에 의해 제한되고 조정되어야 한다(RF, 348-349).

자본주의 경제의 규범적 전제에 대한 이러한 주장에는 사실성과 타당성의 간격이 벌어져 있다. 호네트는 협력과 연대에 대한 기대가 규범적 요구로서 자본주의 제도 안에 "내재되어" 있다고 본다. 지난 세기 소비자운동과 노동운동은 자신들의 요구를 규범적으로 뒷받침하기 위해 바로 자본주의의 이러한 약속에 호소해 왔다. 그러한 약속은 복지정책과 코포라티즘 등을 통해 부분적으로 실현되기도 했다. 그러나 20세기 후반부터 신자유주의 정책들은 자본주의 자체의 규범적 존립기반을 스스로 허무는 잘못된 방향으로 나아가고 있다. 이러한 현실진단에서 볼 수 있듯이 사회적 자유는 "그릇된 발전"을 진단하고 규범적 개선방향을 제시하는 준거점, "사회주의의 이념"이 된다.

비판이론을 사회적 자유 개념 위에 세우려는 호네트의 이러한 시도는 여러 의문과 반대에 노출되어 있다. 자본주의 시장 또한 본래 사회적 자유가 실현되는 곳이라는 주장은 특히 논쟁적이다.[33] 이런 내용적 쟁점은 제쳐두고 자본주의 비판을 위한 이론전략적 특성에 주목해 보면 인정일원론에서 사회적 자유로의 기반 변화에도 불구하고 연속성이 두드러진다. 우선 "체계통합에 대한 사회통합의 우선성"을 고수한다(호네트 2014, 375). 시장 법칙 같은 체계의 논리가 있지만 그것의 작동은 무시할 수 없을 정도로 참여자들의 "정당성 믿음"에 의존함으로, 그들이 자본주의 시장에 대해서 가질 수밖에 없는 규범적 기대에서 변화의 잠재력을 찾는다. 나아가 『자유의 권리』(RF)에서는 자본주의 경제의 구조적 측면에 대한 분석은 더 이상 시도되지 않는다. 자본주의가 그 위에 서 있으나 잊고 있는 사회적 자유라는 규범적 지반을 발굴하는 데에 전념한다.

3. 낸시 프레이저: 이차원적 정의론에서 식인자본주의로

1) 이차원적 정의론

『분배냐, 인정이냐?』에서 프레이저는 호네트의 인정일원론이 문화주의적이라고 비판한다. 그녀가 보기에 호네트의 이론은 "정치경제가 문화로 환원되며 계급은 신분으로 환원될 수 있다[는]" 입장이다(프레이저 2014, 98쪽, 각주 51). 이 비판이 지금 우리의 맥락에서 흥미로운 것은 그것이 프레이저의 이론 설계 방향을 가리키고 있기 때문이다. 프레이저는 맑스주의의 경제주의와 인정이론의 문화주의를 모두 피하고 싶어 한다. 그런데 그것은 단지 분배문제와 인정문제가 질적으로 서로 다름을 강조하는 데 그치는 것이 아니라, 이 두 문제의 환원불가능한 차이와 더불어 현실에서의 "뒤얽힘" "상호작용"까지 포착하는 데 성공해야 진정 의미 있는 것이다 (프레이저 2014, 110, 100). 다시 말해서 분배와 인정을 서로에게 환원하지 않으면서도 "통합"할 수 있는 이론틀이 제시되어야 한다.

프레이저의 통합 전략은 분배와 인정을 보다 상위의 범주로 묶는 것이다. 통합을 보장하는 범주는 정의(正義)이다. 프레이저는 정의를 종속이 없는 "동등한 참여"(parity of participation)로 규정한다. 동등한 참여를 위해서는 두 가지 조건이 충족되어야 한다. 하나는 객관적 조건이다. 경제적 불평등이 동등한 참여에 걸림돌이 되지 않도록 물질적 자원이 분배되어야 한다. 다른 하나는 상호주관적 조건이다. 제도화된 문화적 가치유형이 특정한 사람들을 평가절하해서 사회에 온전히 참여하는 것을 방해하지 않도록 사회적 존중과 존경에 대한 동등한 기회가 보장되어야 한다(프레이저 2014, 71-73). 그러니까 경제적 불평등과 사회적 무시가 문제시되는 것은 동등한 참여를 가로막는다는 이유에서 둘 다 불의이기 때문인데, 이때 전자는 경제 메커니즘에서 연유하는 분배문제이고, 후자는 문화적 가치유형에서 기원하는 인정문제이다. 분배와 인정은 정의를 구성하는 물질적 차원과 상호주관적 차원이다.

2) 관점적 이원론

분배와 인정이 정의 문제의 두 차원을 이룬다는 이차원적 정의론은 규범이론 차원이다. 프레이저는 정의의 이 두 차원을 사회질서와 제도에 대한 분석과 연결시키려고 한다. 사회이론 차원에서 분배와 인정은 이제 사회질서를 분석하는 두 관점으로 전환된다(프레이저 2014, 114쪽 이하). 분배의 관점에서 자본주의 경제구조에서 기인하는 불평등과 종속은 경제적 계급구조로, 인정의 관점에서 문화적 평가유형에서 유래하는 차별과 무시는 위계적 신분질서로 분석된다. "이러한 접근을 나는 '관점적 이원론'이라고 부르고자 한다. 여기서 분배와 인정은 경제와 문화라는 실체적인 사회적 영역들에 대응하지 않는다. 오히려 분배와 인정은 모든 영역에 해당될 수 있는 두 가지 분석적 관점을 의미한다"(프레이저 2014, 115). "한 관점을 다른 관점으로 환원시키지" 않고 "모든 관행을 경제적인 동시에 문화적인 것으로 간주함으로써"(프레이저 2014, 114) 이 이원론은 "경제 질서와 문화 질서[를] 분리된 영역이 아니라 분화되면서도 상호 침투하는 질서들로" 고찰하며, 그를 통해 "현대 사회의 계급 종속과 신분 종속, 불평등 분배와 무시가 맺고 있는 복잡한 관련성을 완벽하게 파악하도록 해준다"(프레이저 2014, 121).

프레이저가 "관점적 이원론"과 대비시켜 "실체적 이원론"이라고 부르는 접근법의 대표적인 예는, 사회가 생활세계와 체계로 구성되어 있다는 하버마스의 이원적 사회이론이다.[34] 하버마스의 의사소통행위이론에서 생활세계와 체계가, 프레이저가 (그리고 호네트를 비롯한 많은 비판가들이) 주장하는 것처럼 실체적으로 "분리된 두 영역"의 위상을 갖는지는 길게 따져야할 문제이므로 제쳐두자.[35] 사회분석과 관련하여 눈에 띄는 것은 하버마스에 대한 비판에도 불구하고 하버마스의 체계/생활세계 구분과 프레이저의 경제/문화 구분 사이의 유사성이다. 하버마스는 "행위조정 메커니즘"에 따라(2/473) 사회를 생활세계와 체계로 구분한다. 생활세계는 의사소통의 논리에 따라 문화가 전승되고, 구성원들이 사회화되고, 그들의 상호작용을 통해 유대가 생성되는 장이다. 체계는 복잡성이 증가됨에 따라 이러한 언어적 의사소통의 맥락을 "뚫고 나가[서]"(2/273) 기능적 연관으로 자립화된 자본주의 경제와 관료적 행정이다. 프레이저는 하버마스의 이러한 사회이론적 구분을 분배와 인정이라는 문제틀에 맞춰 단순화해서 경제와 문화로 차용하고 있는 것으로 보인다.

프레이저의 이론 설계와 관련하여 주목할 만한 논점은 '사회'이론 차원에서 사회를 경제질서와 문화질서 혹은 계급구조와 신분질서로 구분하는 것이 그녀가 주장하는 것처럼 "통합"되어 있는가 하는 점이다. 통합이 이루어진 곳은 분배와 인정을 정의의 두 차원으로 간주하는 '규범'이론의 차원이었다. 경제적 불평등과 문화적 차별이 왜 잘못된 것인지를 같은 정의의 문제로 설명할 수 있다는 점에서 분배와 인정은 통합되었다. 그러나 '사회'이론 차원에서 경제와 문화, 계급구조와 신분질서는 어떤 통합의 틀도 없이 병렬된 채 "모든 관행들을 … [이] 두 관점에서 평가해야만 한다 [고]" 권유될 뿐이다(프레이저 2014, 114). 하버마스는 사회를 "행위조정 메커니즘"을 기준으로 해서 체계와 생활세계를 구분하였다. (참고로 호네트는 사회를 주체의 긍정적 자기관계에 필요한 세 가지 인정관계에 입각하여 사랑과 보살핌의 영역, 권리와 존중의 영역, 평가와 보상의 영역으로 구분하였다.) 프레이저에게는 이런 이론내재적 기준이 없다. 그래서 경제/문화 구분은 익숙하긴 하지만 이론적으로 통합되지 못한 채 자의적인 것으로 남게 된다(호네트 2014, 241-242). 이런 자의성은 프레이저의 이론틀에서 사회가 경제와 문화로 구분되어야 할 특별한 내적 이유가 없다는 사실에서 드러난다. 사회는 예를 들어 경제, 정치, 문화로 구분될 수도 있을 것이고, 경제, 정치, 사회, 문화, 사적 영역, 공적 영역 등등으로도 구분될 수 있을 것이다. 이론내재적 기준이 없기에 사회적 이슈화에 따라 이런 식으로 계속 병렬식 더하기를 해나갈 수도 있다.[36] 이런 접근법이 실용적이고 유용할 수 있다. 그러나 이론적으로 통합되어 있는 것은 아니다.

3) 식인자본주의

『분배냐, 인정이냐?』 논쟁 이후 호네트가 사회의 체계구조에 대한 분석보다는 규범적 정당성 토대에 대한 연구로 기울어진 반면, 프레이저는 자본주의 시스템의 구조 분석을 심화하는 쪽으로 나아간다. 자본주의는 보통 경제 시스템을 의미하는데, 프레이저에 따르면 이러한 협소한 경제주의적 이해는 "젠더, 인종, 생태계, 정치권력을 자본주의 사회 내부 불평등의 축으로 체계적으로 사고하지" 못한다(30[37]). 프레이저의 포부는 "페미니즘, 생태주의, 탈식민주의, 흑인해방사상 등에 관한 통찰을 자본주의의 이해와 체계적으로 통합"하는 것이다(29). 그러기 위해서는 "자본주의관[이] 확장"되어야 한다(20). 자본주의를 "경제의 한 유형만이 아니라 '사회의' 한 유형[으로]"(19), 즉 "'경제적 시스템'을 가능하게 하는 '비-경제적' 배경조건을" 포함하는(55) "봉건제 같은" 하나의 "제도화된 사회 질서"로 이해해야 한다(58).

자본주의를 단지 경제가 아니라 "제도화된 사회질서"로 보자고 제안하면서 프레이저는 "자본주의 사회에 구성적인 … 구조적 분할"(53-54), "제도적 분리"(58)를 강조한다. 이러한 분할, 감춤이 이전 사회구성체와 구별되는 자본주의의 특징이다. 자본주의 사회는 생산이 이루어지는 경제, 재생산이 이루어지는 사회, "생산 '투입물'의 원천이자, 생산 과정에서 배출되는 폐기물을 빨아들이는 '하수구'로서 자연"(44), 자본주의 경제의 정치적 조건으로서 공적 권력, 수탈이 일어나는 주변부로 분할되어 있다. 이러한 제도적 분리는 "전경(前景)과 배경"으로 배치되어, 배경은 드러나지 않는다. 자본주의 사회의 전경은 생산, 교환, 분배, 축적이 일어나는 경제이다. 사회, 자연, 정치, 주변부는 이러한 전경이 유지되기 위해 "감춰진 필수 요소"(50), 자본주의 경제 시스템을 가능하게 하는 "결정적 배경조건"이다(55).

프레이저는 자본주의의 이러한 "전경/배경 관계"를 "분할(division), 의존(dependence), 책임회피(disavowal), 불안정화(destabilization)의 4D 논리"로 설명한다(170). 자본주의 사회는 경제를 위의 네 가지 비경제적인 배경조건들로부터 "분리"시켜 경제가 자족적인 것 같은 가상을 만들어 낸다. 그러나 사실 경제의 작동은 배경조건의 충족에 "결정적으로" "의존"하고 있다. 노동력이 공급되기 위해서라도 돌봄과 사회화를 포함하는 사회적 재생산이 이루어져야 하며, 자연이 원자재를 공급하고 폐기물을 받아주어야 하며, 자본 운동의 법적·정치적 조건이 공적 권력에 의해 확보되어야 하며, 이윤 확대를 위해서는 중심부에서의 착취가 주변부에서의 수탈에 의해 보완되어야 한다. 자본주의 경제는 이런 의존성을 부인하면서, 배경조건이 충족되기 위해서 떠맡아야 할 보상이나 "책임을 회피한다". 이러한 책임회피는 결국 자본주의 사회를 "불안정하게" 만들고 위기에 빠지게 한다. 자본주의는 자기 꼬리를 먹는 뱀과 같은 것이다.

다른 한편 프레이저에 따르면 자본주의 사회의 전경과 배경의 관계는 위의 서술이 암시하는 거처럼 기능주의적이기만 한 것은 아니다. 왜냐하면 자본주의 사회에서 제도적으로 분할된 위의 다섯 가지 영역은 각각 "서로 다른 고유한 규범적·존재론적 문법을" 품고 있기 때문이다(56-57). 경제 영역은 효율성, 소극적 자유, 능력주의적 출세 같은 가치를 내세운다면, 사회의 재생산은 돌봄과 연대의 이상에 기반하고 있고, 정치적 실천은 공적 자율성과 민주주의와 관련된다. 생태적 실천은 공존, 자연에 대한 책임과 비지배, 세대간 정의와 결부되어 있으며, 수탈에 대한 저항은 인간의 존엄성, 보편주의적 인권, 공동체의 자율성에 호소한다. 자본주의 사회 영역들의 이러한 규범적 다원성은, 경제 영역에서의 계급투쟁과 더불어 프레이저가 "경계투쟁"이라고 부르는 투쟁을 촉발한다(61). 각 영역의 규범적 원리가 서로 충돌하면서 어떤 원리가 관철되어야 할지를 둘러싸고 투쟁이 일어나는 것이다.[38]

그런데 프레이저가 치밀하게 보여주는 것처럼 다섯 영역들 간의 모순과 갈등은 그저 평행하는 것이 아니라 "긴밀하게 얽혀[서]" "서로 상호작용한다". 이것들은 "너무도 밀접하고 상호 구성적이어서, 이들 가운데 어느 것도 따로 떼어놓은 채로는 제대로 이해될 수 없다"(171). 여기서 이 상호 얽힘을 상세히 살필 수는 없고, 다만 사회적 재생산의 경우를 통해 예시하기로 한다. 돌봄과 재생산은 노동력을 상품으로서 비용으로만 취급하는 경제와 얽혀있을 뿐 아니라, 이를 얼마나 공적인 일로 여겨 보호하고 지원할지를 결정하는 정치와도 관련되어 있다. 나아가 돌봄과 가사 노동이 외국에서 인력 수급을 통해 값싸게 전가되기도 한다는 점에서 수탈 및 주변화

와도 얽혀있다. 마지막으로 출산과 양육만이 아니라 환자 돌봄, 임종 돌봄
을 포괄하는 재생산은 인간을 자연적 존재로 떠받치는 활동이기도 하다.

4) 착취와 수탈의 얽힘

『식인 자본주의』에서 프레이저는 자본주의 사회에서 배경으로 물러나
감추어져 있는, 경제 이외의 다른 영역들을 드러내는 데 집중한다. 이 중
에서 특별히 자본주의 생산의 착취를 가능하게 하는 필수 배경조건으로서
주변부의 수탈을 조명하는 부분이 흥미롭다(50-54, 85-112).[39] 물론 이것은
새로운 이야기는 아니다. 이미 100년 전 로자 룩셈부르크(Rosa Luxemburg)
의 통찰이기도 하고, 최근에는 데이비드 하비(David Harvey)에 의해 새롭게
주목 받는 주제이기도 하다.[40]

착취는 적어도 자유 계약의 형식 아래에서 일어난다. 노동자는 형식상
자유로운 계약 당사자로서 임금을 받고 자신의 노동력을 판매하지만, 노
동력에 의해 산출된 가치의 극히 일부만을 임금으로 받을 뿐 나머지 몫은
자본가의 손으로 이전된다는 점에서 착취된다. 수탈에는 이러한 형식상의
자유와 계약상의 동등함도 없다. 합법적·비합법적인 강제와 종속관계를 통
해 타자와 약자는 약탈된다. "무한한 확장과 잉여가치의 사적 전유에 골몰
하는 본성을 가진 자본주의 시스템은, 자본 소유주가 종속적 인구집단으
로부터 노동과 노동수단을 징발할 뿌리 깊은 이해관계를 갖도록 만든다"
(86). 징발의 대상은 노동, 토지, 자산, 천연 자원일 수도 있고, "인간의 성
적·생식적 역량, 자녀와 장기일 수도 있다"(86). 이런 징발을 통해 자본가
는 한편으로 원자재와 에너지를 싸게 확보할 수 있고, 다른 한편으로 피수
탈자들로 하여금 생필품을 싸게 공급하게 함으로써 중심부 노동자의 임금
을 낮출 수 있다. "착취의 밑바탕에는 수탈이 있으며, 수탈 덕분에 착취는
높은 이윤을 거둔다"(52). "자본의 '수탈 대상'이 되는 이들의 예속은 '착취
대상'이 되는 이들의 자유를 가능하게 하는 감춰진 조건이다"(84). 이런 의

미에서 수탈은 자본의 원시 축적기의 에피소드가 아니라 자본주의 사회에 "구성적"이다(53). 적나라한 폭력의 제국주의적 형태도 있지만, "좀 더 '현대적인'" 형태로 이루어지기도 한다(86). 후자의 예로는 저개발국가로의 공장 이전, 초국적 성매매, 이민과 난민을 통한 노동력 확보, 노동시장 이중화를 통한 이류 노동계급의 탄생과 이중화된 임금체계, 약탈적 대출 등이다.

자본주의 사회의 생산 계급을 나누는 착취와 수탈의 구별은 정치적 지배 양식, 위계적 지위 서열과도 관련된다(89쪽 이하). 특히 자본주의 중심부에서 복지국가의 성립은 착취의 대상인 노동자들에게 법률상 자유로운 시민-노동자로서 법적·정치적 보호와 물질적 처지의 개선을 안겨 주었다(99). 그러나 수탈의 대상이 되는 (주변부 국가의 혹은 자국 내) 주변부의 예속민은 그런 보호 없이 배제되고 무방비로 방치된다. 프레이저가 강조하듯이 이런 구분은 또한 역사적으로 볼 때 지금까지 계속해서 인종적 구분과 겹쳐왔다.

프레이저의 진단에서 특별히 흥미로운 것은 금융 자본주의 체제 하의 중심부 국가에서 "수탈/착취 혼종의 엄청난 확장"이다(101쪽 이하). 안정적 일자리가 사라지며 많은 사람들이 불확실한 고용관계로 밀려나 저임금을 강요받으며 사회보험에도 편입되지 못하는 "불안정 노동자"가 된다.[41] 엎친데 덮친 격으로 사회복지와 보육 등 공공 서비스의 축소는 실질 소득을 더욱 감소시켜 많은 이들이 생존과 생활을 위해 높은 금리의 빚을 지게 되고, 결국 감당을 못하고 자산을 압류당한다. "'부채'는 금융화된 자본주의 안에서 새롭고 중대한 수탈 물결을 일으키는 엔진이다"(104). "착취와 수탈의 새로운 얽힘, (⋯) 연속체가 등장한다. 한쪽 끝에서는 무방비 상태의 피수탈 주체의 무리가 증가하는 반면에, 다른 쪽 끝에서는 착취'만' 당하는 주체인 보호받는 시민-노동자 계층이 감소한다. 그리고 그 중간에는 새로운 등장인물, 즉 수탈과 착취를 동시에 당하는 시민-노동자가 자리한다. 형식적으로는 자유롭지만 너무도 취약한 상태인 이 등장인물은 … 표준적 존재가 된다"(104).

4. 중간평가: 하버마스, 맑스, 푸코

지금까지 자본주의 비판 전략의 모색에 초점을 맞추고 호네트와 프레이저의 『분배냐, 인정이냐?』 논쟁과 그 이후의 작업을 추적해 보았다. 호네트는 행위이론이란 단일한 틀 안에서 "체계통합에 대한 사회통합의 우선성"이란 모토 아래 꾸준하게 자본주의에 내재한 규범적 잠재력을 발굴하는 데 노력을 기울였다. 프레이저와의 논쟁 이후 『자유의 권리』(RF)에서는 자본주의 시장을 지탱하는 근본 가치도 사회적 자유라는 논쟁적인 주장을 내세우며, 자본주의의 작동도 구성원들로부터 정당성 확보라는 규범적 강제 아래 있음을 한층 더 강조한다. 주류 경제학이 전면에 내세우고 맑스주의도 받아들인 것처럼 인간을 자기이익추구에만 관심이 있는 경제적 인간으로 그리고 자본주의를 경제법칙이 자연법칙 같은 법칙성을 가지고 관철되는 곳으로 무비판적으로 가정하면 할수록, 우리는 자본주의를 다르게 조형하고 규범적으로 개선할 가능성을 시야에서 점점 더 놓쳐버린다. 이런 점에서 시장에 참여할 때에도 우리가 서로에게 그리고 경제 시스템에 대해서도 규범적 기대를 갖고 있으며, 이런 기대의 충족 유무가 자본주의의 작동에 무관하지 않다는 것을 지속적으로 환기하는 호네트의 작업은 의미가 있다. 이런 의미에서 호네트는 맑스주의의 경제주의를 확실히 벗어났다고 할 수 있고, "규범과 무관한" 자본주의 경제라는 관념도 상당히 성공적으로 문제화하였다.

그러나 이런 성취에도 불구하고 호네트의 규범적 접근이 자본주의 분석에서 노출하는 제한성 또한 뚜렷하다. 벌써 표면적으로 그의 분석은 노동시장과 소비영역에 제한되어 있다. 이것은 결국 하버마스가 강조한 것처럼 행위이론적 설명틀의 한계로 귀결된다.[42] 호네트는 인정투쟁 분석과 "규범적 재구성"이란 방법을 통해 행위이론의 잠재력을 적극적으로 확장하는 데 성공했지만, 이 이론틀 자체의 약점, 그러니까 행위자들의 (개인적·집단적) 의식, 의도, 의지를 벗어나는 사회현상은 시야에 담지 못한다는 한계를 돌파할 수는 없었다. 그리고 호네트도 인정하는 것처럼 현대 자본주의는 상당 정도로 이러한 비직관적 사회현상이다. 특히 오늘날 우리가 지구화와 금융위기를 겪으면서 자본주의에 대해서 알고 싶고, 답답해하는 것은 바로 이렇게 우리의 직관적 이해를 뚫고 작동하는 자본주의의 작동방식이다.

프레이저는 분배와 인정이란 두 관점의 결합에서 자본주의 시스템에 대한 구조적 분석 쪽으로 더 나아갔다. 그녀는 자본주의 경제가 젠더, 인종, 주변부, 자연, 정치, 문화와 맺는 관계를 종합하고 그것이 초래하는 문제들을 폭로한다. 생태주의, 페미니즘, 탈식민주의, 반인종주의의 통찰을 자본주의 비판과 결합하는 그녀의 분석은 풍부하고 다층적이며 그러면서도 선명해서 자본주의 사회의 작동과 얽힘에 대해서 많은 것을 알려준다. 자본주의 경제의 다른 영역들에 대한 의존과 상호작용을 드러낸다는 점에서 경제주의에 잡혀있지도 않다.

그러나 얼마만큼 자본주의 시스템에 대한 "구조적 분석"에 값하는지에 대해서는 의문을 가질 수 있다. 자본주의 경제의 착취와 수탈의 겹침, 이 겹침의 정치사회적 차원에 대한 조명은 값진 성취이다. 그러나 자본주의 경제가 국가, 사회, 자연과 맺는 관계와 관련해서는 이미 알려진 것들의 종합에 가깝고, 이 종합을 이뤄내는 이론적 틀은 불분명하다. 좀 야박하게 평가하자면 프레이저의 방법은 이미 부각된 주제들 중에서 자본주의 경제와, "분할, 의존, 책임회피, 불안정화의 4D 논리"로 엮일 수 있는 것들의 상당히 도식적인 종합이다. 이 도식성은 프레이저가 "21세기 사회주의" 모습을 그리는 6장에서 두드러진다. 거기서 그려진 사회주의의 모습은 그저 비판적으로 파악된 현실 자본주의 앞에 거울을 세우고 거기에 비친, 좌우가 바뀐 자본주의의 상일 뿐이다.

덧붙여 프레이저의 자본주의 사회의 전경과 배경 구분은 여전히 하버마스의 체계와 생활세계 구분의 그늘 아래 있다고 할 수 있다.[43] 전경은 자본주의 경제이고 배경은 생활세계이다. 프레이저에게서 자본주의 사회의 배경이 되는 재생산과 정치 영역은 대체로 생활세계의 세 가지 구조적 요소(인성, 문화, [시민]사회)에 상응한다.[44] '자연'이 추가되었을 뿐이다. 프레이저의 4D 논리도 하버마스가 체계에 의한 생활세계의 식민지화라고 부른 과정의 상세화라고 할 수 있다. 하버마스에게서도 체계는 생활세계에서 "분화"되어 나갔지만 여전히 자신의 존립을 생활세계의 재생산에 "의존"하고 있는데, 체계의 맹목성은 그런 의존성을 알아채지 못하고 생활세계의 고유 논리를 파괴하는 경향이 있다("책임회피"). 그렇게 되면 의미 상실, 아노미, 동기 상실 등의 병리현상이 발생하며, 이것은 결국 체계의 작동도 방해하게 된다("불안정화"). 길들여지지 않는 체계는 결국 제 살을 깎아먹게 되는 것이다.

호네트와 프레이저의 작업이 이뤄낸 성취와 발전을 인정하면서도 우리는 바로 이 성공의 지점에서 역설적으로 인간의 직관적 의식을 넘어서 작동하는 자본주의 경제 체제에 대한 맑스의 정치경제학적 분석에 상응하는 것을 찾게 된다. 그렇다고 다시 맑스의 자본비판으로 그저 되돌아 갈 수도 없는 것이, 많이 지적되어 왔듯이 맑스의 자본주의 비판전략에는 비판의 규범적 토대가 불확실하다. 자본주의에 대한 설명과 규범적 판단이 확실하게 이론적으로 통합되어 있지 못하다. 우리가 찾는 것은 행위이론적으로 규범적 토대를 확실히 하면서도 직관적 이해를 벗어나는 자본의 운동을 포착하여 드러낼 수 있는 접근이다. 그리고 그것은 단순 종합이 아니라 이론에 의해 인도되는 체계적 통합이어야 할 것이다. 이런 점에서 나는 행위이론과 체계이론의 통합을 추구하는 하버마스 이론이 여전히 좋은 모델이 된다고 생각한다. 물론 지금까지 하버마스의 의사소통행위이론에 대해 이루어진 토론을 고려할 때 하버마스가 채용한 행위이론과 체계이론의 틀이 각기 확장되어야 할 것이다. 좀 더 정확히 말하자면 하버마스에게서 영감을 얻은 통합 이론 모델은 하버마스에서처럼 "참여자 관점"과 "관찰자 관점"의 결합을 추구한다. 이때 참여자 관점은 '상호이해'를 넘어, '투쟁'과 '권력'에 의해 확장되어야 할 것이다. 관찰자 관점도 체계기능주의를 넘어 정치경제학비판과 푸코식 권력이론에 의해 확장될 필요가 있다.[45] 그리고 이렇게 각각 확장된 참여자 관점과 관찰자 관점은 그냥 병립하는 것이 아니라 다시 이차 참여자 관점 아래 통합된다(참여자 관점의 우위). 이 성찰적 참여자 관점은 비유하자면 바로 행위이론과 체계이론을 결합한 『의사소통행위이론』을 쓴 저자의 관점에 해당한다. 기본적으로 참여자 관점이지만 단순 참여자 관점이 아니라 관찰자 관점에 의해 계몽된 참여자 관점, 사안과 필요에 따라 관찰자 관점으로 전환할 수도 있는 그런 참여자 관점이다.

주

1 이 글은 2020년 대한민국 교육부와 한국연구재단의 지원을 받아 작성되었고(NRF-2020S1A5B5A16083644),『철학』제158집 봄호(한국철학회, 2024)에 먼저 게재되었다.

2 프레이저 · 호네트 (2014).

3 Honneth (2011).

4 호네트 (2016).

5 프레이저 (2023),『좌파의 길. 식인 자본주의에 반대한다』; Fraser und Jaeggi (2012).

6 보통 (정통) 맑스주의로 일컬어지는 입장이 실제로 얼마나 맑스 자신의 (시기에 따라 조금씩 달라지는) 견해를 반영하는지는 복잡해서 여기서 규명을 시도할 수 없는 문제이다. 여기서는 맑스와 맑스주의의 구분이 잠정적으로 보류된다. 주안점이 맑스가 아니라 호네트와 프레이저에게 있으므로 이러한 유보는 양해될 수 있을 것이다.

7 이 절에서 참고하는 문헌은 다음과 같다: Honneth (2013); Honneth (2016), 2장; Honneth (2018).

8 맑스, (2014), p. 7.

9 Honneth (2018), p. 26.

10 호네트 (2014), 372; Honneth (2013), p. 360; Honneth (2018), p. 26.

11 Honneth (2011), pp. 354-355. 맑스의 노동가치론에 대한 경제학적 설명과 비판적 평가에 관해서는 이정전(1993)의 1부 2장 참조.

12 프레이저 (2022), pp. 50-54. 프레이저와는 다른 방식으로 노동가치론을 거부하면서도 여전히 자본주의 시장에서 노동 착취를 주장할 수 있는 논증전략에 대해서는 장춘익(2023)의 「착취에 관하여」(238-246) 참조. 하비(2019)는 맑스주의적 노동가치론의 두 전제를 모두 고수한다.

13 이하의 내용에 대한 좀 더 상세한 설명은 강병호(2023) 참조.

14 하버마스(2006)의 2권 194쪽을 가리킨다. 이 책에서 인용할 경우 계속해서 이렇게 권수와 쪽수만 표시한다.

15 Habermas (1986), p. 379.

16 장춘익(2023)의 「돈, 소외와 자유의 동시적 근원」(208-211) 참조.

17 하버마스 (2018), p. 493.

18 Habermas (1985), pp. 156, 160; 하버마스 (2018), p. 60.

19 Jaeggi (2017), pp. 160-180, 여기서는 특히 pp. 162-163.

20 Honneth (1985), pp. 323, 334.

21 Honneht (1998), pp. 398, 400-401.

22 호네트는 Honneth(2004)에서 자신의 이론에 대한 자기이해의 변화를 회고한다. 특별히 101-106쪽. Honneth(2000)도 참조.

23 호네트 (2014), p. 382.

24 "올바로 이해된 인정 개념", "분화된 인정 개념", 프레이저 · 호네트 (2014), p. 18; 호네트

(2014), pp. 176, 194, 262.

25 이하의 내용은 호네트(2014)의 212-231쪽과 호네트(2011)의 234쪽 이하를 참조.

26 이에 대한 프레이저(2014, 319-321)의 설득력 많은 비판을 참조.

27 호네트, 「노동과 인정」.

28 프레이저, 『분배냐, 인정이냐?』, 58, 73-81쪽.

29 Honneth (2015), p. 154.

30 Honneth(2011)의 약자이다.

31 강병호(2022) 참조.

32 우리가 흔히 듣는 '누구에게나 기회가 있다', '누구나 노력하면 성공할 수 있다' 등등의 말은 이러한 약속의 일종이라고 할 수 있다.

33 Jütten(2013) 참조.

34 프레이저 스스로도 자신의 접근이 하버마스의 생활세계/체계 모델과의 유사함을 인정한다 (프레이저(2014, 330, 각주 14번).

35 여기서는 일반적으로 이해된 바와 달리 이미 『의사소통행위이론』에서 하버마스가 생활세계와 체계를 분석적 관점으로 '이해'하고 있는 증거들이 있다는 것을 지적하는 것으로 만족하고자 한다: "행위이론의 접근법은 사회과학적 분석을 사회집단 구성원들의 내부 '관점'에 연결시킨다. […] 이에 반해 체계이론은 사회과학적 분석을 관찰자의 외부 '관점'에 연결시킨다"(2/320, 인용자의 강조). 이 관점에 따라 하버마스는 "사회를 '동시에' 체계와 생활세계로 파악할 것을 제안"한다(2/194, 하버마스의 강조); "의사소통적 행위연관들의 합리화와 목적합리적 경제행위 및 행정행위의 하부체계들의 발생은 '분석적으로' 분명하게 분리되어야 하는 과정이다"(2/473, 인용자의 강조). 비판에 답하면서는 하버마스는 체계와 생활세계가 "하나의 동일한 대상에서 '분석적으로만' 분리될 수 있는 측면"임을 반복해서 명확히 한다 (Habermas 1986, 379쪽 이하, 인용자의 강조).

36 실제로 이후에 프레이저는 「지구화하는 세계에서의 정의에 대한 새로운 틀의 설정」, 『지구화 시대의 정의』(김원식 옮김, 그린비, 2010)에서는 "3차원적 정의론"을 펼친다.

37 이 절에서 인용은 따로 표시하지 않으면 프레이저의 『좌파의 길. 식인 자본주의에 반대한다』에서 온 것이다. 괄호 안에 쪽수만 표시한다.

38 프레이저의 "경계투쟁"은 호네트의 "인정 영역 사이의 새로운 경계 설정"이란 아이디어를 차용한 것으로 보인다. 후자에 대해서는 호네트(2014, 288 290) 참조.

39 돌봄, 자연, 정치에 대한 프레이저의 논의의 간략한 정리는 김만권(2023) 참조.

40 Harvey (2013), pp. 137 – 82; 하비(2021), pp. 205-215.

41 불안정 노동이란 개념과 한국 불안정 노동자들의 상황에 대해서는 이승윤 · 백승호 · 김윤영 (2017)을 참조.

42 이러한 한계는 호네트의 노선을 따라 자본주의 경제를 사회적 실천과 삶의 형식 개념을 통해 통합하려는 Jaeggi(2017)의 시도에서 더욱 뚜렷하다.

43 Jaeggi도 프레이저와의 자본주의에 대한 대화에서 이러한 인상을 받는다. Fraser und Jaeggi (2012), 204, 238쪽 참조.

44 하버마스(2006), 2권 224쪽 이하 참조.

45 여기서 '권력'이 참여자 관점에도, 관찰자 관점에도 모두 등장하는 것은 그것이 이 두 관점 모두에서 접근될 수 있고 그렇게 되어야 할 현상이기 때문이다.

참고문헌

강병호. 2022. 「호네트의 사회적 자유 개념」. 『철학』 150집: 223-246.

강병호. 2023. 「생활세계와 체계. 하버마스의 이원적 사회이론과 그에 대한 논쟁에 대한 재고찰」. 사회와철학연구회 (2023), pp. 263-297.

김만권. 2023. 「자본주의는 어떻게 우리의 삶을 먹어치우는가」. 『시민과 세계』 42호(상반기).

맑스. 2014. 「서문」. 『정치경제학 비판을 위하여』. 김호균 옮김. 중원문화.

이승윤 · 백승호 · 김윤영. 2017. 『한국의 불안정 노동자』. 후마니타스.

이정전. 1993. 『두 경제학의 이야기. 주류경제학과 마르크스경제학』. 한길사.

사회와 철학 연구회. 2023. 『한국사회의 현실과 하버마스의 사회철학』. 씨아이알(CIR).

장춘익. 2023. 「착취에 관하여」, 「돈, 소외와 자유의 동시적 근원」. 『나의 작은 철학』. 곰출판.

하버마스. 2006. 『의사소통행위이론』. 장춘익 옮김. 나남.

하버마스. 2018. 『사실성과 타당성』. 한상진 · 박영도 옮김. 나남출판.

호네트. 2009. 「노동과 인정. 새로운 관계 규정을 위한 시도」. 강병호 옮김. 『시민과 세계』 제15호: 391-426.

호네트. 2011. 『인정투쟁』. 문성훈 · 이현재 옮김. 사월의책.

호네트. 2014. 「인정으로서의 분배」, 「인정의 요점」. 프레이저 · 호네트 (2014), pp. 169-290, 351-397.

호네트. 2016. 『사회주의 재발명』. 문성훈 옮김. 사월의책.

하비, 데이비드. 2019. 『자본주의와 경제적 이성의 광기』. 김성호 옮김. 창비.

하비, 데이비드. 2021. 「강탈에 의한 자본축적」. 『자본주의는 당연하지 않다』. 강윤혜 옮김. 선순환.

프레이저, 낸시. 2010. 「지구화하는 세계에서의 정의에 대한 새로운 틀의 설정」. 『지구화 시대의 정의』. 김원식 옮김. 그린비.

프레이저, 낸시. 2014. 「정체성 정치 시대의 사회 정의」, 「과도한 왜곡」. 프레이저 · 호네트 (2014), pp. 21-167, 291-350.

프레이저, 낸시. 2023. 『좌파의 길: 식인 자본주의에 반대한다』. 장석준 옮김, 서해문집, 2023.

프레이저 · 호네트. 2014. 『분배냐, 인정이냐?』. 김원식 · 문성훈 옮김. 사월의책.

Brunner, Reinhard & Kelbel, Peter (hg.). 2000. *Anthropologie, Ethik und Gesellschaft*, Frankfurt am Main: Campus Verlag.

Fraser, Nancy und Jaeggi, Rahel. 2012. *Kapitalismus. Ein Gespräch über kritische Theorie*. Suhrkamp, 2012.

Halbig, Christoph & Quante, Michael (hg.). 2004. *Axel Honneth: Sozialphilosophie zwischen Kritik und Anerkennung*. Münster: LIT Verlag.

Habermas, J. 1985. "Die Neue Unübersichtlichkeit Die Krise des Wohlfahrtsstaates und die Erschöpfung utopischer Energien", in: *Die neue Unübersichtlichkeit*. Frankfurt am

Main: Suhrkamp.

Habermas, J. 1986. "Entgegnung", in: Honneth & Joas (hg.) (2017[1986]).

Harvey, David. 2003. *The New Imperialism*. Oxford University Press, 2003.

Honneth, A. 1985 [2014]. *Kritik der Macht*. Berlin: Suhrkamp.

Honneth, A. 1988. "Nachwort", in: Honneth (1985 [2014]).

Honneth, A. 2000. "Anerkennungsbeziehungen und Moral. Eine Diskussionsbemerkung zur anthropologischen Erweiterung der Diskursethik", in: Brunner & Kelbel (hg.).

Honneth, A. 2004. "Antworten", in: Halbig & Quante (hg.).

Honneth, A. 2011. *Das Recht der Freiheit* [RF], Suhrkamp.

Honneth, A. 2013. "Die Moral im Kapital. Versuch einer Korrektur der Marxen Ökonomiekritik", in: Jaeggi, Rahel & Loick, Daniel (hg.), *Nach Marx*, Berlin: Suhrkamp.

Honneth, A. 2015. *Die Idee des Sozialismus*. Berlin: Suhrkamp. (『사회주의 재발명』, 문성훈 옮김. 사월의책).

Honneth, A. 2018. "Wirtschaft oder Gesellschaft? Größe und Grenzen der Marxschen Theorie des Kapitalismus", in: *WestEnd. Neue Zeitschrift für Sozialforschung*, 15 Jg., Heft 2, S. 3-27.

Honneth & Joas (hg). 2017[1986]. *Kommunikatives Handeln. Erweiterte und aktualisierte Ausgabe*. Berlin: Suhrkamp.

Jaeggi, Rahel. 2017. "A Wide Concept of Economy: Economy as a Social Practice and the Critique of Capitalism", in: Lafont & Penelope (2017), pp. 160-180.

Jütten, T. 2013. "Habermas and Markets". *Costellations* 20(4): 587-603.

Lafont, Cristina & Deutscher, Penelope (eds.). 2017. *Critical Theory in Critical Times: Transforming the Global Political and Economic Order*. Columbia University Press.

호네트의 비판이론과 헤겔의 인정 개념의 현재화[1]

이 행 남

들어가는 말

    호네트의 비판이론은 헤겔의 사유를 두 번에 걸쳐 전유하는 시도를 통해 체계적으로 형성되었다. 이 글의 목적은 이 두 번의 헤겔 전유의 시도를 중심에 두고 호네트의 '인정이론'의 발전사적 궤적을 체계적으로 이해함으로써 그의 비판이론의 공적과 한계를 고찰하는 데에 있다. 이를 위해 먼저 호네트가 선배 프랑크푸르트학파 이론가들을 비판하면서 헤겔의 고전적 사유에 닻을 내리는 까닭을 살펴본 다음(1), "사회적 부정성"을 중심으로 수행된 호네트의 두 차례의 헤겔 전유의 요지를 차례대로 분석한다. 먼저 『인정투쟁』에서 호네트는 청년 헤겔의 문헌들을 기반으로 '정의의 제도를 완비하지 못한 나쁜 사회'에서 주체들은 타인에 의해 부당하게 '무시되는 고통'에 초점을 맞춘다면(2), 『비규정성의 고통』과 『자유의 권리』에서는 헤겔의 『법철학』에서는 '정의의 제도가 완비되었을지라도 개인적 자유의 이념만을 추상적으로 절대시하는 메마른 사회'에서 주체들이 겪는 비규정성의 고통'에 주목한다(3). 그러나 애석하게도 호네트의 논의에서는

이행남 / 호네트의 비판이론과 헤겔의 인정 개념의 현재화   163

헤겔의 인륜성 이론의 생산적 전유를 위해서는 반드시 더 필요한 한 가지 "부정성"에 대한 고찰이 등장하지 않는다. 이는 인륜적인 것이 "직접성"의 형상을 띠면서 굳어질 위험을 안고 있다는 사실로 인해서 초래되는 부정성으로서, 현재의 인륜적 규범에 따라 서로를 '이미' 인정하고 있는 주체들을 지극한 고통에 빠뜨리는 역설적인 형상의 병인이라고 볼 수 있다. 호네트의 인정이론이 최근 '현실 긍정의 낙관성 혹은 보수성으로 기운다'는 혐의를 받고 있음을 감안할 때, 인륜성 '안에' 내재하는 이 부정성과 고통에 주목하는 논의는, 헤겔의 인정 개념의 현재성은 물론이고, 호네트의 사회 '비판' 이론의 역동성을 배가하기 위해서도 긴요해 보인다(4).

1. 헤겔과 함께 3세대 비판이론을 여는 호네트의 관심: 고통의 부정성과 해방의 실천

호네트의 비판이론은 프랑크푸르트학파의 전통 안에서 형성된 것이자 이를 발전시키려는 시도로 이해될 수 있지만, 여기서 '발전'이라는 말은 단순한 연속적 계승이 아니라 '비판적' 대결을 통해 얻어낸 성취에 가깝다. 사회적 지배를 도구적 합리성에 입각한 자연 지배의 일환으로 이해했던 1세대 프랑크푸르트 이론가들은 '부정성'에로의 지나친 경도 때문에 사회적 지배를 극복하고 좋은 삶을 위한 긍정적 가능성을 제시할 수 없었기 때문에 문제라면,[2] 하버마스는 구체적 부정성 상태에 대한 주의력 부족 때문에 형식적인 선험적 규준만으로도 사회적 소통의 지평을 열고 유지할 수 있다고 믿었기 때문에 문제였다.[3] 호네트는 그간의 사회비판이론을 지배했던 이 두 한계를 극복하기 위해서는 결국, 이 양측이 각기 일면적으로만 추구했던 관심을 유기적으로 종합해야 한다고 여긴다. 즉, 한편으로 1세대 프랑크푸르트학파가 추구했던 '부정성' 비판에의 관심과, 다른 한편으로 하버마스가 견지했던 '윤리적으로 정당화 가능하며 민주적으로 합의된 사회 발전 과정에의 관심'[4]이 적절히 종합될 때에만, 오늘날 적절하고 유효한 사회비판이론적 대안이 창출될 수 있다. 이는 호네트가 1세대 비판이론가들의 부정주의적 문명이론에서 벗어나 사회적 '부정성'을 실천적 해방의 긍정적 동력으로 확보하려 한다는 점을, 그리고 하버마스의 언어이론적 틀에서 벗어나 사회적 합의의 민주적 절차와 윤리적 정당화를 사회적 갈등 및 투쟁의 과정 속에 그리고 사회 성원들이 실질적으로 겪는 고통의 체험 안에 정주시키려 한다는 점을 의미한다. 바로 이것이 이전 세대의 사회비판이론가들과 단절하되, 그들의 통찰을 다시금 생산적으로 계승하기 위해 호네트가 택한 변증법적 전략이다.[5]

호네트가 자신의 선배 비판이론가들을 향해 품는 이 변증법적 종합에의 관심은 주지하듯 헤겔의 통찰을 전유하는 방식으로 실현된다. 그런데 호네트의 이 헤겔 전유는 비단 헤겔 철학의 수용사에서만 보기 드문 사례인 것이 아니라, 호네트 자신의 이론 체계 안에서 볼 때도 꽤 이례적인 면모를 띠고 있다. 호네트는 『인정투쟁』과 함께 차세대 사회비판이론의 주자가 되었고, 여기서 그는 '헤겔의 상호주관성 이론적 통찰은 그의 청년기 실천철학적 문헌들에서만 발견될 뿐 자신의 철학 체계가 형성됨과 동시에 자취를 감추게 된다'는 입장을 견지했다.[6] 그러나 호네트는 자신의 이 입장을 교정하면서 헤겔의 성숙기 사유 또한 인정 개념 중심으로 전유하는 쪽으로 시야를 넓혀 나갔다. 호네트의 헤겔 '전유'는 이처럼—다른 철학자들의 사유를 분석하고 수용하는 그의 작업에서는 좀처럼 확인되지 않는—이례적인 면모를 띠는 것으로, 강한 제한적 입장에서 출발해 그것의 교정과 관점의 확장으로 나아가는 일련의 긴 과정 안에서 이루어진 것이다. 청년 헤겔의 사유만을 중시했던 종전의 입장을 거두고 헤겔의 후기 저작 또한 상호주관성 이론의 견지에서 바라보려는 호네트의 확장적 시도는 그의 두 번째 헤겔 전유의 저작인 『비규정성의 고통』에서 처음으로 본격화되며 『자유의 권리』에 이르러 완성된다.

이렇게 호네트가 헤겔의 인정 개념에서 출발해 현대 사회의 부정성을 진단하고 그로부터의 해방 가능성을 모색하려는 시도를 단 한 번이 아니라 적어도 두 번 시도했다는 점, 그리고 이 두 번의 헤겔 전유의 시도는 제각기 다른 방향성과 목표를 지닌 것이었다는 점은 우리로 하여금 그 둘을 어떤 방식으로든 종합적인 시야에서 바라보아야 한다는 요구에 직면하게 한다. 이 요구를 인수하기 위해서 우리가 무엇보다도 주목해야 할 바는, 첫째, 호네트가 이 두 차례의 헤겔 전유의 시도에서 각기 상이한 유형의 '사회적 부정성'을 중심에 둔다는 점이다. 『인정투쟁』에서는 주체들이 자신들 외부로부터 가해진 '인정의 박탈' 혹은 '인정의 거부' 때문에 피동적으로 겪는 무시됨에 초점을 맞추는 반면, 『비규정성의 고통』과 『자유의 권리』에서는 '개인적 자유 이념의 절대화'가 낳는 부정성이 부각된다. 둘째, 이때 주의할 점은 호네트가 이 두 유형의 부정성이 규범적 관점에서 볼 때 필히 해당 사회의 성원들에게 상흔을 남기며 고통으로 체험될 수밖에 없다는 사실에 방점을 둔다는 것이다.[7] 요컨대 호네트는 프랑크푸르트 학파의 선행적인 비판이론가들이 그러했듯이, 세계 안에서 주체들에게 체험되는 선-이론적인(vortheoretische) 고통만이 비판이론의 시대진단과 해방적 대안 제시의 규범적 관점이 실재의 현실 안에 닻을 내리도록 만들어 주는 정박지(Halt)[8]와도 같다는 확신에서 출발한다. 현재의 사회적 부정성을 반영할 뿐 아니라 그것을 극복할 자원까지도 응축하고 있는 주체들 자신의 부정적인 체험과 사회적 고통에 기반할 때에만, 비판이론은 사회의 바깥 혹은 너머에서 보편적이며 항구적인 규범적 규준을 모색하는 한갓된 선험적 시도로 비약하지도 않으며, 사회를 단지 총체적으로 관리되는 부정성의 체계로 고발하면서 모든 적극적인 해방의 가능성을 부정하는 염세적인 보고로 전락하지도 않을 수 있는, 이중적인 안정성의 토대를 얻을 수 있다는 것이다.[9]

2. 호네트의 첫 번째 헤겔 전유: 무시됨의 고통과 인정투쟁을 통한 해방

먼저 『인정투쟁』에서 호네트가 비판 대상으로 삼는 사회적 부정성은, 모든 개인의 동등한 자기실현의 권리와 자격을 함부로 무시하는 비-인정의 행동 및 제도들이다. 그리고 이런 인정관계에서의 왜곡은 그것을 겪는 주체들의 자기정체성 형성에 막대한 지장과 장애를 초래하는 고통을 남긴다.

사회적 삶의 재생산은 상호인정이라는 지상 명령 하에서 수행된다. 주체가 실천적인 자기 관계에 도달할 수 있는 것은 오직 자신의 상호 작용 상대자들이 가지고 있는 규범적인 관점을 통해 자신을 이 관점의 사회적 수령자로 이해할 수 있을 때이기 때문이다. 이런 점에서 개인화라는 인류사적 과정은 상호 인정 관계들의 동시적 확장이라는 전제와 관련되어 있다.[10]

『인정투쟁』에서 호네트는 이를 청년 헤겔이 보여준 생산적 통찰의 요체로 이해한다. 그러나 곧이어 호네트는 헤겔의 이 통찰 안에 담긴 함축을 역동적으로 발굴하기 위해서는, 역사 과정에서 인정투쟁이 등장하도록 압력을 가하는 사회적 경험들을 보다 적절하게 규정할 수 있어야 하리라고 덧붙인다. 요컨대 인정 단계에 대한 대립적 등가물이자 사회적 행위자들에게 인정이 유보되어 있다는 사실을 사회적으로 경험할 수 있게 하는 무시(Missachtung)의 형태에 관한 체계화된 고찰[11]이 필요하다는 것이다. 이것이 바로 『인정투쟁』에서 호네트가 수행하는 비판적인 시대진단 작업을 이룬다.

사회적 무시 형태에 관한 이 체계화된 고찰을 위해서는 먼저 각 주체들의 원만한 자기정체성 형성을 위해 반드시 요구되는 세 가지 인정의 형상이 분명히 제시될 수 있어야 한다. 때문에 호네트는 우선, 인간이 사회적 삶 속에서 자신의 주관성을 적절히 표현하고 실현하는 자립적 주체가 되기 위해서는 어떤 인정의 요건들이 충족되어야 하는지를 체계적으로 기술한다. 이 인정의 요건들은 차례대로 사랑, 권리, 연대의 형상을 띤다.

첫째, 친밀한 타인들과의 관계 안에서 흔히 사랑의 형태로 구현되는 인정 관계는 신체적 정서적 욕구체계를 적절하게 형성하고 재편할 수 있도록 해줌으로써, 한 인간이 외부로부터의 우발적인 외적 사건들을 겪더라도 자신의 삶을 안정적으로 영위할 수 있는 확고한 내면성의 토대를 갖출 수 있도록 돕는다. 친밀성의 관계 안에서 정서적 배려와 격려의 방식으로 경험된 인정은 자기 신뢰[12]의 일차적인 토대를 다지도록 해준다.

둘째, 노동과 소유의 활동에서부터 정치적 참여의 활동에 이르기까지 우리들이 스스로의 주관적 요구와 바람, 의견 등을 표출하기 위해서 수행하는 모든 사회적 활동 안에서 '권리'의 이름으로 주어지는 인정은, 타인들과 동등하게 자기를 표현하고 실현할 수 있는 자격을 가지고 있음을 체감하도록 함으로써, 자기 존중의 객관적 토대를 제공해준다.[13]

셋째, 마지막으로 공동체 안에서 자신의 기여와 공적을 적절하게 평가받는 형태로 구현되는 인정은, 나의 가치[14]를 체감하는 객관적 증거로 간직됨으로써 존엄한 삶의 지평으로부터 쉽사리 일탈하지 않도록 해주며, 주관적 삶의 편협한 한계 속에 갇히지 않고 보편적 삶의 다양한 방식들로 시야를 확장하도록 도와준다.

이 세 가지 형상의 인정이 인간의 자기 정체성 형성에 필히 요구되는 조건이라면, 그러한 인정의 유보와 훼손은 주체들의 자기 관계에 막대한 장애를 초래할 수밖에 없다. 따라서 호네트는 저 세 인정에 각기 대칭적으로 대립되는 세 유형의 무시 현상들을 특정한 다음, 이 세 갈래의 무시됨에서 벗어날 수 있을 때라야 비로소 인간의 긍정적 자기실현에 관해 말할 수 있다는 귀결을 낸다. 호네트가 세 가지 인정됨의 형상에 각기 대칭적으로 대립된다고 보는 무시의 유형들은 차례대로, 신체적 폭행과 학대, 법적 권리의 박탈과 억압, 공동체적 연대 범주로부터 배제됨이다. 자신이 속한 사회의 공동성원인 타인(들)로부터 이 세 차원의 무시를 경험한 개인은 신체적, 사회적, 공동체적 존재로서의 원만한 자기정체성을 형성하는데 막대한 장애를 겪게 되며, 따라서 자기 자신을 향한 내면적 자기관계에서도 자신감 부족, 자존감 상실, 자기폄하 등의 고통에 시달린다.

이처럼 『인정투쟁』에서 호네트가 초점을 맞추는 고통은 한 사회의 어떤 개인(들)이 타인들로부터 부당하게 무시됨으로써 자신의 개인적 삶을 안정적으로 영위할 수 있는 내적/외적 토대를 구축할 기회 자체를 빼앗길 때 초래된다. 호네트는 이렇게 체험된 고통이 반드시 그것의 극복을 도모하는 바람직한 실천으로 이어지리라는 귀결을 끌어내는 데까지 더 나아간다. 즉 호네트가 고통을 중심으로 수행한 비판적 시대진단은 반드시 해방적 관심을 실현하는 다음 단계의 실천을 제시하는 논의와 유기적으로 연결되어 있는데, 이 점에서 호네트는 헤겔의 통찰에 또 한 번 가깝게 접근한다.

헤겔은 주지하듯 인식과 실천의 양 차원 모두에서 인간의 모든 정신의 운동은 '규정적 부정'을 원리로 삼는다는 사실을 최대한 진지하게 보이려 했던 사상가이다. 헤겔에게 규정적 부정이란 한 단계에서의 사유와 실천의 운동이 그것의 불완전성으로 말미암아 필연적으로 어떤 부정성의 한계에 직면하게 되며, 이렇게 봉착한 부정성은 다시금 외부로부터 유입된 초월적 규준을 통해서가 아니라 현행적인 사유와 실천의 내재적 논리에 입각해 필연적으로 극복되면서 다음 단계의 보다 참된 사유와 실천으로 나아가도록 만든 핵심적인 추동력을 발휘한다.[15] 그러므로 헤겔의 규정적 부정의 원리는 현행 단계의 정신의 운동의 한계를 비판적으로 드러내는 진단을 가능케 함은 물론이고, 그 한계의 극복을 통해 후행 단계의 보다 발전된 정신의 운동이 도래하리라는 목적론적 전망 또한 열어준다. 이 견지에서 볼 때 우리는 호네트가—헤겔의 실체주의적인 국가개념이나 절대정신의 개념 등에서 묻어나는 절대적 목적론의 이념을 경계하는 "탈형이상학인" 독법을 추구하는 것은 사실일지라도[16]—헤겔의 철학적 사유 전개의 발전적 원리에 해당하는 내재적 목적론에 대해서만큼은 상당히 친화적인 태도를 갖고 있다고 말할 수 있다. 사회 발전의 동역학적 논리를 규범적으로 해명하기 위해서 구체적인 어떤 사회 단계에서 필연적으로 부각될 구체적인 부정성에 주목하고 그 부정성 자체로부터 그것의 극복의 가능성을 도출해내는 내재적 초월의 문법을 따른다는 점에서 말이다.

호네트가 이런 유형의 내재적 초월을 구사하는 데에 유리한 위치를 점하는 까닭은, 현행적인 사회 상태의 부정성을 비단 이론적 견지에서 객관적으로 발굴해 내지 않고, 해당 사회의 성원들이 선-이론적으로 겪는 고통의 체험으로 환수하여 진단하는 전략을 취하기 때문이다. 주체들이 현재 체험된 고통이 그들의 좋은 삶을 영위를 저해한다는 사실을 '자각'하는 이상, 그들은 어떤 방식으론가 이 고통의 상태를 넘어서려는 해방적 관심을 동시에 가질 수밖에 없기 때문이다. 이 직관에 따라 호네트는 『인정투쟁』에서, 현행적인 사회상태의 정의 부족과 타인들의 인정 기각이 어떤 일부의 당사자들에게 고통을 겪는 '피동적' 체험을 유발할 수밖에 없다고 진단한 다음, 이렇게 겪어진 고통이 응당 인정을 획득하기 위한 '적극적' 투쟁에 나서도록 촉발할 것이라고 전망한다. 이때 주체들에게 고통의 겪음에 머물지 않고 그것의 극복을 위한 능동적 투쟁으로까지 더 나아갈 수 있도록 실질적 동력을 부여해주는 것이 바로 불의의 감정이다. 앞서 상술한대로, 호네트에 따르자면, 자신이 속한 사회 안에서 타인들에 의해서 함부로 무시될 경우 주체들은 자존감 부족, 자신감 상실, 자기 학대 등을 겪는 등, 자기-관계에 있어 막대한 장애를 입는다. 따라서 신체적 학대, 권리의 억압, 공동체의 연대성 범주로부터 배제된 주체들은 자기 삶을 일구는데 반드시 필요한 인정의 박탈 때문에 필연적으로 고통을 체감할 뿐 아니라 이 고통이 부당하게 주어진 근거 없는 것임을 자각하는 "불의의 느낌들"[17]

을 가질 수 있다. 덕분에 사회로부터 또한 타인으로부터 부당하게 무시됨으로써 고통을 겪는 이들은 현재의 부조리한 상황에 단순히 순응하거나 굴복하는 대신에 자신이 겪는 이 부당한 심리적 위축 및 삶의 자유의 수축에 저항하고 이를 극복하려는 실천적 해방의 관심 쪽으로 돌아설 수 있다.

3. 호네트의 두 번째 헤겔 전유: 개인적 자유의 고통과 인륜성 회복을 통한 해방

『인정투쟁』이 이처럼 타인들에 의해서 부당하게 무시된 개인들이 겪는 고통을 중심에 두고 '개인적인 자기실현'의 자유가 안정적으로 보장되려면 어떠한 사회적 · 상호적 조건이 구성되어야 하는지를 진단하는 시도라면, 헤겔의 『법철학』을 중심으로 호네트의 두 번째 헤겔 전유가 수행되는 『비규정성의 고통』과 『자유의 권리』에서는 상반되는 '부정성'에 대한 시대 비판적 진단이 등장한다. 이 저작들에서 호네트는 오히려 개인적 자기실현의 이념이 절대시될 때 벌어지는 고통을 중심에 두고 현존하는 인륜적 상호인정관계의 결속 안에서 자기를 '제한'할 수 있어야 함을 강조하는 데로 나아간다.

이 사실만으로도 우리는, 호네트가 수행한 두 차례의 헤겔 전유의 시도가 서로 어떤 긴밀한 상관성, 그것도 성층화된 유기적 연속성의 관계를 이루는지 조감할 수 있다. 『인정투쟁』은 자기를 실현할 수 있는 정당한 권한을 소지한 문자 그대로의 의미에서의 자유로운 개인이 되기 위해서는 '최소한' 억압과 무시됨이 초래하는 고통스러운 부자유의 질곡에서 벗어날 수 있어야 한다는 점이 강조된다면, 『비규정성의 고통』과 『자유의 권리』는 정의의 규범들이 객관적으로 제도화된 경우에도 참된 자기실현을 위해서는 '아직 더 많은' 요구조건들이 필요함을 적극적으로 드러내려 한다.

이를 보여주기 위해서 호네트는 먼저 헤겔의 『법철학』의 「서론」 도입부

에 등장하는 자유의지 개념에 주목한다. 호네트에 따르면 이곳에서 (특히 §
5-§7절) 헤겔이 말하는 논지는 다음과 같다.

첫째, 자유롭게 의지할 수 있기 위해서는 우선 여하간의 주어진 현실적
제약에서 벗어나 무한한 가능성을 소지한 주체로 나를 사유할 수 있어야
한다. 그러나 무한한 가능성, 즉 무-제약됨의 요건만으로는 아직 부족하
다. 오직 무-제약됨만이 자유의 전부라고 오인하면서 어떤 현실적인 제약
도 겪지 않기를 원한다면, 자유로운 '의지함'의 실천 자체가 실종되어 버
릴 것이다.

둘째, 의지한다는 것은 어떤 특정한 '무엇인가'를 원한다는 것이며, 이는
나의 무차별적인 자유를 제한할 때에만 가능하다. 즉 의지는 한갓된 추상
적 무-제약성의 관념이 아니라 어떤 특정한 제약됨, 제한됨의 계기를 필
요로 하는 실천적 능력이다. 그런데 단지 여하간의 의지함이 아니라 '자유
로운' 의지함이 문제라면, 이 특정한 제약됨과 제한됨의 내용이 외부로부
터가 아니라 나 자신으로부터 자유롭게 유래한 것이어야 한다. 즉 무엇을
행할 것인지 어떤 삶을 살 것인지를 스스로의 판단에 따라 결정함으로써
나의 한갓된 무차별성의 자유를 구체적으로 제한하는 자는 다름 아닌 '나'
여야 한다. 그러나 나 자신의 자유로운 반성과 판단에 따라 결정된 모든
자기제한이 다 참으로 자유로운 나를 실현해주는 것은 아니다. 그러므로
내가 선택한 어떤 특정한 행위 내용과 삶의 이상으로 자신을 제한함이라
는 두 번째 계기만으로도 아직 부족하다.

셋째, 따라서 자유로운 의지는 내가 나에게 부여한 여하간의 자기제한이
아니라 '무한한 가능성의 주체로서의 나'를 실현할 수 있도록 해줄 '제한
됨'을 원하는 의지여야 한다. 주체로서의 내가 지닌 무제한적인 가능성을
도야하고 펼칠 수 있도록 해주는 '제한됨', 그러므로 제한됨임에 틀림없으
나 결코 제한됨으로 경험되거나 감지되지는 않는 제한됨. 이런 기묘한 제
한됨은 "타자 안에서 자기 자신"[18]이고자 하는 주체들이 자신을 기꺼이 제

약하는 상태로서, 가령 우정이나 사랑의 경우에 잘 구현된다. 이런 관계를 맺는 주체들은 자기 앞의 상대방 타자를 위해서 나의 한갓된 무차별적 자유를 기꺼이 제한하면서도 이를 제한됨으로 느끼지도 않을뿐더러, 이 제한됨 덕분으로 자기의 편협한 개인성의 한계를 넘어서는 자기확장과 성장을 이루기 때문이다.[19]

그런데 호네트가 보기에는, 헤겔이 『법철학』서론의 도입부에서 제시된 이 세 계기들은 오늘날 정의로운 사회가 갖추어야 할 규범적 제도들의 본질을 지시한다. 헤겔의 자유의지론에 등장하는 비규정적 무한성(§5), 나 자신이 선택한 주관적 특수성(§6), 타자 곁에서 자기 자신임(§7)이라는 세 계기는 『법철학』의 본론에서 상술될 추상법, 도덕성, 인륜성이라는 세 가지 근대 사회의 규범적인 제도 체계들의 핵심을 이룬다.[20] 호네트는 이렇게 『법철학』의 서론과 본론을 대칭적으로 짝지우는 독법을 활용해, 법과 도덕이라는 제도는 자유의 실현을 위해 반드시 필요하지만, 절대시될 경우 역설적이게도 개인의 참된 자기실현을 불가능하게 만드는 제도들이라는 귀결을 낸다. 즉 이 두 규범적 체계는 엄연한 근대적 성취물임에 틀림없으나, 그것들이 표방하는 이념만이 자유의 전부인 것처럼 절대화될 경우 병리현상이 초래된다는 것이다. 이때 추상법과 도덕성이 '일면적으로 절대화될 경우'란, 타인들과 소통적으로 교감하는 인륜성 영역 안에서의 인정 관계를 전면적으로 중단시키거나 망각시킬 정도로까지 개인적 권리주장과 주관적 도덕판단의 권한을 보장하는 규범적 체계의 위력이 비대하게 확장되면서 이 두 제도가 허용되는 영역을 이탈하는 경우이다.[21]

호네트가 오늘날의 대부분의 선진화된 사회에서 확인되는 이 강한 사법화의 경향 및 도덕화의 경향을 비판하는 사회병리학적 진단의 요지는 다음과 같다. 모든 삶의 의제들을 법정 다툼을 통해 해결하려 하거나 자기 안의 내면적인 도덕적 신념과 확신에 따라서만 바라보는 개인들의 잘못된 실천적 태도는 일차적으로—그 당사자 개인의 잘못된 심리적 왜곡의 기제 때문이 아니라—해당 사회에서 구축되고 유지되는 제도적 규범 체계들의 위력에 따라 '구조적으로' 유발된다. 즉 어떤 사회가 오직 법이나 도덕을 구체적 삶의 문제 해결에 있어서 혹은 구체적 사안에 관한 올바른 규범적 입장 결정에 있어서 절대적 위력을 발휘할 수 있는 특권화된 제도적 장치로 인정하는 경향을 보일 때, 그 사회의 성원들은 자연스럽게 이런 사회적 경향을 내면화함으로써 해당 사안을 법 혹은 도덕의 규준에 의거해 처리하고 바라보는 실천적 태도를 취하는 쪽으로 향한다는 것이다.[22] 여기에는 물론, 각 개인들의 '주관적' 삶은 자신이 속한 사회가 표방하는 객관적 정신의 틀 안에서 형성된다는 호네트의 강한 사회존재론적 확신이 반영되어 있다. 호네트는 헤겔의 『법철학』과 본격적으로 씨름하기 시작하면서 한층 더 강화된 자신의 이 확신에 근거해, 각 개인들의 실천적 행위는 비단 그 스스로가 내린 순수한 의지적 결정과 선택의 산물로서만이 아니라, 궁극적으로 그가 속한 사회 안에서 위력적으로 통용되는 규범적 표상들과 제도들이 만들어낸 산물로 간주되어야 한다는 강한 입장 쪽으로 선회한다

[법적 혹은 도덕적인 개인적 자유 주장의 절대화가 낳는 그러한] 병리현상들은 (…) 2차적 층위의 장애(second-order disorders)라고 명명되는 오작동과 장애들로 볼 수 있다. 스스로의 1차적 층위의 실천들 및 확신들이 해당 당사자에 의해서 더 이상 적절히 반성적, 평가적으로 전유되지 못하는 2차적 층위에서의 합리성의 결여. 그러나 이런 형태의 병리들은 개인적인 병적 기질들이나 심리적 왜곡들이 사회적으로 집결되었다는 의미로 이해되어서는 안 된다. 어떤 특정한, 사회적으로 제도화된 실천을 합리적으로 활용할 줄 모르는 사람은 심리적 질병으로 인해 그런 것이 아니라, 사회적 영향으로 인해 직관적으로 친숙한 행위 체계들의 규범적 문법을 실천하는 법을 잘못 배워서 그런 것이다.[23]

호네트에 따르면, 사회 현실 안에서 맹위를 떨치는 법의 문법과 도덕의 형식을 직접적으로 내면화함으로써 자기주장의 배타적 틀로 삼는 것, 이 것이 바로 오늘날의 후기 자본주의 사회의 성원들이 계몽된 합리성의 '증 진'으로 인해 반성적 합리성의 '결여'에 시달릴 때 벌어지는 병리적 태도 의 전형에 해당한다. 가령 결혼, 이혼, 상속 등 인륜적 관계의 맥락 안에서 상대의 의미와 가치를 인정하는 가운데 특유의 소통적 방식으로 다루어져 야 할 사안들을 오직 계약의 문법 안에서만 바라본다거나 법적 다툼을 통 한 공정한 재산분할의 문제로 간주하고 처리하는 실천들,[24] 혹은 경제적 불평등을 야기하는 자본주의를 일소하기 위해서 사회적 부유층 인사들을 살해하고 자본의 상징물들을 일소해야 한다는 강한 도덕적 신념으로 무장 했던 RAF의 활동이나 오늘날 자신들의 주관적 신념을 구현한다는 명목 하에 자행되는 각종 종교적 테러의 실천들[25]이 바로 이런 병리적 태도의 대표적 사례들이다. 그리고 호네트에 따르자면, 법제도 및 도덕적 신념체 계를 이처럼 ─스스로의 반성적 숙고는 없이─ 전면적으로 내면화한 주체 들, 그러므로 자신의 구체적인 실천에서 아무런 내적 갈등 없이 법의 문법 이나 도덕적 신념체계를 절대적으로 따른 주체들은, 인륜적 삶을 구성하 는 풍부한 상호성 관계들로부터 추상한 탓에 초래되는 내적 공허함과 부 정성의 고통[26]에 시달리지 않을 수 없다.

『인정투쟁』에서 그러했듯 이 두 번째의 헤겔 전유 작업에서도 호네트 의 병리학적 서사는 여기서 그치지 않는다. 그는 이번에도 사회적 부정성 의 '고통'에 힘입어 적극적인 자유 실현의 가능성과 전망이 열린다는 해법 을 낸다.[27] 비규정성의 고통은 자신들의 사회에서 위력을 발휘하는 개인주 의적 제도들을 '무반성적으로 내면화'함으로써 이 제도가 요구하는 바대 로의 자기실현만을 반복적으로 실행한 데에서 초래된 것이다. 때문에 이 고통을 체감하는 한, 주체들은 그간 자신이 잘못된 자유 표상을 무반성적 으로 받아들이는 데 그쳤음을 자각함으로써 참된 자기실현의 조건에 관해 다시금 진지하게 성찰할 수 있는 기회를 얻는다는 것이다.

지금 비규정성의 고통에 시달리고 있는 것은, 주체들이 스스로 자각하지 못한 채 그들 삶의 실천 안에서 일면적인 자유의 표상들을 받아들였기 때문이다. 이러한 해방적인 자각이 없다면, 그 주체들은 **근대적인 인륜성이라는 이념 속에 안착돼 있는 상호주관성이론에 근거한 정의 개념**에 도달할 수 없다. (…) 주체들이 일면적 자유 관념을 받아들이는 이유는 [생활세계 안에] **이미 존재하는 상호주관성**이 억압/배제되었기 때문이다. (…) 때문에 병리현상들로부터 해방된다는 것은 상호주관성이론적으로 이해된 정의를 향해 돌아선다는 것과 같은 의미가 된다. (…) 사회적 병리 현상들에 대한 비판적 극복과 잘못된 확신에 대한 성찰은, 소통의 전제들을 받아들이면서 자유의 필수 조건들에 대해 통찰하도록 만들기 때문이다.[28]

이 인용문에서 명시적으로 확인되듯이, 호네트는 이런 반성적 자각에 힘입어 비규정성의 고통에서 해방된다는 것은—인정투쟁의 경우에서와는 달리—아직 제대로 갖추어져 있지 않던 정의의 제도들을 창출해내는 양태가 아니라, "이미 존재하는", 그러나 망각되거나 억압되어 한동안 비가시적인 것으로 가려져 있던 인륜적 상호인정의 관계들을 활력 있게 만드는 복원의 방식을 띤다고 생각한다. 이는 성공적인 자기실현이라는 미명하에 자신을 사회적 관계와 인륜적 책무에서 떼어내 적극적인 원자적 개인으로 규정한 데에서 초래된 고립화의 고통은 궁극적으로, 그 사이 망각된 타자의 가치와 의미를 반추함으로써 그들과 공유하는 삶의 지평으로 돌아가려는 노력을 통해서만 치유될 수 있음을 의미한다. 현존하는 사회적 부정의 및 타인들의 무시 때문에 초래된 고통은 적극적인 저항과 투쟁을 통해 자신의 부당하게 '수축'된 삶의 외연을 '확장'할 수 있을 때 비로소 극복 가능하다면, 개인적 자유의 이념이 무반성적으로 '확대'된 탓에 초래되는 고통은 타자(들) 속에서 나를 재발견하고 재구성하려는 의지에 힘입어 성취되는 윤리적인 자기'제한'을 감행할 때에만 치유 가능하다는 것이다.

4. 호네트의 비판이론의 현재화를 위하여: 인륜적인 것 '안의' 인정투쟁

이상의 고찰만으로도 우리는 호네트가 근대적 인륜성 안에는 상호주관적인 인정을 위한 정의 규범들이 '있다'는 매우 강한 긍정적 독법을 표방하고 있음을 감지할 수 있다. 그러나 이런 일면적인 인륜성 이해는 헤겔 해석의 측면에서도 호네트 자신의 인정 이론적 견지에서도 불충분해 보인다. 헤겔의 모든 철학적 개념들이 그러하듯이 인륜성 역시도 서로 모순되는 두 성질―객관성과 주관성, 직접성과 반성성, 보편성과 특수성, 권리와 의무 등등―의 유기적인 종합을 통해서만 정의되는 개념이다. 따라서 일면적인 절대시의 태도는 인륜성의 경우에도 필연적으로 오류와 기형을 낳는다. 현재의 논의 문맥에서 이는, 법과 도덕이라는 개인적 자유의 제도들이 그러하듯 '인륜성'이라는 '상호인정의 제도'에서도 일면적인 절대시의 태도는 고통의 부정성을 야기함을 뜻한다. 그러나 호네트는 '인륜성'을 주체들이 윤리적인 자기제한을 통해 서로를 인정하는 바람직한 관계를 맺을 수 있도록 해주는 객관성의 지평으로만 간주하기 때문에, 이런 인륜성의 일면적 절대시가 야기하는 고통이라는 부정성 문제에 관해서는 특별히 주목하지 않는다.

반면에 흥미롭게도 헤겔은 이 문제를 드러내는 데에 상당한 공을 들인다. 그의 『법철학』에 등장하는 다음 대목을 눈여겨보자.

[a] "개인들이 현실성과의 단적인 동일성에 이를 때 (in der einfachen Identität), 인륜적인 것은 그들의 일반적인 행위 방식인 습관으로 (…) 즉 제2의 자연으로 나타난다. 한갓된 1차적 자연의 의지 대신에 들어선, [그것

을] 관통하는 영혼(durchdringende Seele), 그들 현존의 의지이자 현실성인 이 제2의 자연이야말로 하나의 세계로서 생동하며 현존하는 정신이다."[29]

[b] "습관은 한편으로 인간을 자유롭게 만들지만, 다른 한편으로 습관은 인간을 그것의 노예로 만든다. 느낌의 개별성에 의해서 지배되는 직접적인 제1의 자연이 아니라, 영혼에 의해 정립된 제2의 자연이라 할지라도 습관은 여전히 **자연**이며, **직접적인 것**(Unmittelbares)의 형태를 취하는 법칙이다 (…)."[30] "인간이 (…) 정신적(…)으로 무뎌졌다면, 즉 주관적 의식과 정신적 활동성의 대립이 사라졌다면, 인간은 또 습관 때문에 죽는다."[31]

헤겔이 명시적으로 말하고 있듯이, 인륜성에 관한 한 우리는 반드시 이 두 차원에 동시에 주목할 수 있어야 한다. [a] 인간은 객관적인 인륜적 규범들이 적재된 공동체 안에서 비로소 정신적 주체가 된다. 공동체의 인륜적 규범들을 배우고 익혀 자연스러운 "습관"으로 실행하는 존재가 됨으로써 말이다. 때문에 '일반적으로' 인정된 행위규범과 가치 표상이 '객관적'으로 적재되어 있으며 그것을 '나의 것'으로 삼아 '상호적'인 인정의 관계를 맺는 주체들의 실천이 이루어지는 인륜적 공동체가 없이는 자유의 실현을 논할 수 없다. [b] 그러나 문제는 인간이 설령 자신이 속한 공동체 안에서 배운 인륜적 규범들을 성실히 인정하면서 그 규범에 따라 오차 없이 타인과 인정의 관계를 맺으며 정신적 주체로 사회화된다 할지라도, 이 공동체의 규범들을 그저 "습관"적으로만 따른다면, 인간은 오히려 정신의 종말과 사회의 죽음을 맞게 된다는 것이다. 왜 그러한가?

첫째, 헤겔이 위의 인용문에서 말하듯, "습관"은 내 노력을 통해 형성된 것일지 몰라도 일단 정착된 후에는 변경 불가능한 자연필연성의 법칙인 것처럼 작동하기 때문이다. 즉 습관은 마치 내가 타고난 "자연성"의 사실인 듯 현존하게 되며, 내적인 갈등 없이 그리고 추가적인 반성적 사유가 가미되지 않고 곧장 "직접적으로" 실행된다. 개인이 인륜성과 완전히 '동일시'되어 혼연일체에 이르면, 이렇게 그 개인에게 인륜적인 것은 절대적인 "직접성"의 양태를 띠게 된다. 즉 우리 사회에서 객관적으로 통용되는 인륜적인 규범을 '나의 것'으로 전유하는 작용이 "이미 끝났다/ 완성되었다(vollbracht ist/ is done)"[32]고 믿는 주체, 즉 자신이 우리 사회의 바람직한 상호인정 관계들의 규범을 완전하게 내면화했다고 믿는 개인은 이 규범의 일반성의 의미에 대한 감각이 "무뎌진다. […] 이때 나타나는 무관심성이 정신적[…] 죽음이다."[33] 그러므로 이 주체에게서는 자신이 체득하고 익힌 바대로의 사회적 규범을 '나'의 필연적인 본성의 법칙인 것처럼 행사하는 일만이 반복된다.[34]

둘째, 또한 인륜적 습관의 고착화는 그것의 실행 주체를 지금의 '나'에 가두는 위험을 초래한다는 점에서 더욱 치명적이다. 습관은 우리가 일상적 경험을 통해서도 잘 알고 있듯이, 환경 세계의 외적 요인들이나 우발적인 심리적 충동 등에 구애받지 않고, 이미 정해진 하나의 경로를 반복 실행하는 기계적 메커니즘이다. 이처럼 습관은 그것의 실행 주체가 외부 환경을 기민하게 살피거나 내적 회의를 진행하지 않고도 소기의 의도를 착오 없이 구현하도록 만들어주는 행위 메커니즘이다. 때문에 단순한 습관에 따라 인륜적 실천을 행한다는 것은, 이 실천 특유의 구성요소여야 할 '타자의 주관성에 대한 감수성'과 '공동세계의 맥락에 대한 민감성' 없이 행위에 임한다는 것을 의미한다. 즉 인륜적 습관의 주체는 자신을 초과하는 보다 크고 넓은 일반적인 행위의 형식으로서 나와 타인에게 공통으로 주어져 있는 규범의 의미와 가치를 떠올려 본다거나 각성하는 작용이 없이, '나'의 즉자적인 실행만으로도 충분히 타당하고 바람직한 행위가 될 수 있다는 듯 간주하는 우를 범하고 만다.

이런 독특한 위기는 비단 인륜적 주체의 고유한 정신성의 종말을 의미할 뿐 아니라, 공동체적 인륜적 규범의 미래까지도 말살할 수 있기 때문에, 결코 사소하지 않은 문제이다. 즉 인륜적 규범을 반성적 사유의 매개 없이 직접적으로 실행하는 일만을 반복하는 "습관"의 주체들의 사이에서, 그 인륜적 규범은 필연적으로 "관습"[35]이 된다. 인정의 용어를 사용해 달리 정식화해보자. 우리 공동체에서 지금(까지) 통용되고 있는 (되어 왔던) 상호주관적인 '인정'의 규범들을 맹목적으로 반복 실행하는 습관은 필연적으로 타자 '인정'의 실패, 즉 비-인정의 결과를 가져온다.

이런 사정은 헤겔의 인륜성을—설혹 그것이 '근대적인' 인륜성이라 할지라도—상호주관적인 인정 관계를 보장하는/반영하는 정의의 개념으로 단순하게 일면적으로 긍정해버리면 곤란하다는 사실을 잘 보여준다. 헤겔의 인륜성 개념에 천착해, '사회 공동체 안에는 상호인정의 관계를 배우고 실행하여 우리를 자유로운 자기실현에 이르게 해주는 정의의 제도들이 현존한다'고 말하고자 한다면, 인륜적 주체와 규범은 맹목적 습관과 편협한 관습의 덫에 빠질 위험을 안고 있음을 충분히 의식해야 하며, 이 위험이 현실화될 때 어떤 부정성이 초래되며 그로 인한 고통을 극복할 수 있는 해법은 무엇인지를 제시할 수 있어야 한다.

> 인간은 현존하는 것에 그저 머물러 있는 것이 아니라, (…) 이성성을 고찰해야 한다. (…) 오늘날의 세계는 이에 대한 아주 절실한 욕구를 지니고 있다. 고대 세계 이전에는 현존하는 법칙에 대한 존경과 경외만이 있었지만, 지금 시대의 도야는 전혀 다른 방향을 띠게 되었고 통용되어야 할 모든 것의 정점에 사유가 자리하게 되었기 때문이다.[36]

헤겔의 이 서술은 인륜적 습관과 관습을 타개하는 해법은 '반성적 사유'를 새롭게 시작하는 데에 있음을 잘 보여준다. 마치 즉자적으로 주어진 자연의 사실과도 같다고 해야 할 정도로 현재(까지) 충실하게 지켜져온 인륜적인 것의 옳음과 가치를 되물어보는 '반성적 사유'와 이성의 검토를 통해서만 우리는 맹목적 습관과 관행의 고리를 끊을 수 있다. "관습과 전통은 더 이상 통하지 않으며, 다양한 올바름[의 규범]들은 이성을 증거로 해서만 정당화된다."[37]

그러나 인륜적인 것을 절대적인 습관처럼 행사하는 주체가 어떻게 '반성적 사유'로 나아간단 말인가? 그리고 관습이 지배하는 인륜적인 공동체 안에서 어떻게 '반성적 사유'의 물결이 일 수 있단 말인가? 역설적이게도 인륜적 습관의 주체들은 그들이 실행하는 맹목적인 인륜적 실행들 (즉 기계적인 습관과도 같이 실행하는 타자인정의 실천들)로 인해서 반성적 사유 쪽으로 돌아설 수밖에 없는 계기를 얻는다. 인륜적 습관의 주체들이 자신들의 맹목적인 절대시의 태도를 중단할 수밖에 없게 만드는 부정성의 계기에 직면하여 차츰 반성적 사유와 이성적 정당화의 태도 쪽으로 돌아서기 시작할 때, 인륜적 규범은 편협한 관습의 틀에서 해방된다.

가령 가족 공동체의 가치를 중시하면서 가족 성원들의 관계를 소중히 여기지만, 자신이 체득한 가족 사랑의 행위 방식만을 반복 실행하는 데에 굳어져 있는 가부장적 아버지를 떠올려 보자. 이 아버지는 자신의 고착된 자식 사랑의 행위를 기계적으로 수행하는 형태로만 '인정'의 실천에 임하기 때문에, 당연히 날로 성장하는 자식이 새로이 갖게 된 현재의 **고유한 주관성**에 전혀 부합되지 못하는 실천만을 반복하거나, 자식의 현재적인 고유성과 주관성을 해치거나 가로막는 오작동을 행하면서 '비인정'의 결과를 낳는다. 이 아버지-주체는 자식을 자기 삶의 소중한 존재로 '인정'하는 데에 전혀 부족함이 없고 자식을 향한 자신의 책무를 내적 분열이나 갈등이 조금도 없이 충실히 행할 정도로 '인정의 실천'에 여념이 없지만, 역설적이게도 그의 타자 인정은 필연적으로 타자 비인정의 결과를 낳는다.

따라서 그가 자식 사랑의 심정에서 수행한 인정의 행위들은 정작 그 행위의 수신자인 자식에 의해 무의미하거나 나쁜 것으로 비판되면서 부정적인 갈등 상황을 빚어낼 것이다. 이 상황은 물론 현재 인륜적 습관에 머물러 있는 아버지에게 지극한 고통으로 체감되지 않을 수 없다. 그는 자식 사랑의 심정을 지닌 자일 뿐 아니라, 자식 사랑의 행위가 어떻게 실행되어야 하는지에 관한 (지금까지의) 우리 사회의 인륜적인 규정들을 철저히 학습하고 내면화하여 자연스럽게 곧장 이행할 정도로 '좋은 아버지'이기를 희구하는 인륜적 주체이기 때문이다. 따라서 그는 자신의 인륜적 행위가 의도치 않게 자식에 의해 해로운 실행으로 비판된다는 사실을 사소히 여길 수 없으며, 자신의 인륜적 행위의 수신인인 자식의 측에서 제기된 정당성 비판은 현재의 아버지-주체를 필연적으로 자기반성의 압력에 노출시킨다.[38] 그뿐 아니라 좋은 아버지로서의 그의 자기규정과 지위는 그 자신 스스로 확신하거나 주장함으로써가 아니라, 자식에 의해서 인정될 때만, 즉 자식의 "곁"에서만 구성될 수 있다. 그러므로 그가 현재까지 고착된 신념으로 가지고 있던 바, 좋은 아버지로서의 자신의 현존을 유지하고 싶다면, 아버지-자식 관계에서 일반적으로 통용되어야 할 규범을 이성적으로 재-사유함으로써 다시금 새롭게 좋은 아버지가 '되어야' 한다. 그리고 (대)다수의 아버지들이 자신의 정체성을 이루는 편협한 '습관'의 틀에서 벗어날 때, 이는 공동체 전체의 수준에서, '편협한 인륜적 관습'의 양태에서 벗어난 유연하고도 개방적인 가족 규범의 출현을 가져올 것이다. 오랫동안 한 사회 안에서 마치 절대적인 자연적 법칙인 것처럼 대다수의 성원들에게 맹목적으로 지켜져 왔던 가부장제의 이데올로기는 이런 형태로 가족 공동체의 규범으로서의 실효를 재검토당하며 개선되었다고 해야 할 것이다.

나가는 말

이상의 고찰은 호네트가 "이데올로기로서의 인정"이라는 이름으로 칭하는 사회적 병리현상이 인륜성의 바깥에서 (즉, 인륜성이 없거나 부족해서) 발생하는 것이 아니라, 인륜성의 한가운데에서 (더 정확히 말하면 인륜성의 과잉과 절대화의 최정점에서) 발생하는 문제라는 것을 잘 보여준다. 호네트는 이 데올로기로서의 인정이라는 이름으로 특칭되어야 할 사회적 병리 현상은 과거의 전통적인 사회에서(만) 흔히 발견되는 문제로 여기고 싶어 하는 듯 보이지만,[39] 인륜성이 그 특유의 구조적 논리로 인해서 맹목적인 습관과 관습으로 전락할 위험을 안고 있다는 헤겔의 경고는 전통적 인륜성과 근대적 인륜성, 과거의 인륜적 사회와 오늘날의 인륜적 사회를 나쁜 것과 좋은 것으로 나누는 이분법적 관점을 취하하도록 권한다.

　헤겔의 인정 개념을 생산적으로 계승하는 오늘날의 사회비판이론은 언제나 '인륜성의 제도적 규범과 객관적 영토 안에는 상호주관적인 인정의 정의'가 있다는 단순한 명제 대신에, 인륜성 '안에는' 현재의 인륜적인 상호인정 관계의 규범과 객관적 규정들이 과잉되게 그리고 무반성적으로 절대시될 위험이 내재하며, 이 위험이 현실화될 때 서로를 인륜적으로 이미 '인정'하는 주체들은 그럼에도 불구하고 '비인정'의 결과를 초래하면서 필연적인 고통의 소용돌이에 휘말린다는 진단을 내놓을 수 있어야 한다. 물론 인륜성의 맹목적인 과잉으로 인해서 인륜성 '안에서' 초래되는 이런 고통, 즉 서로를 (맹목적으로) 인정하기 때문에 (실제로) 인정하는 데에 실패하는 인륜적인 상호관계의 주체들이 겪는 고통을 넘어서는 해법 또한 인륜성 '안에' 있다는 사실이 중요할 것이다. 서로를 우리의 공동체의 소중한 일원으로 바라보는 인륜적 주체들에게는, 현재(까지) 우리 공동체를 지배하는 (지배해 온) 제도적인 객관적 규정들을 맹목적으로 절대시하고 무반성적으로 체현하면서 타자를 '비인정'하는 결과를 초래하는 경우에도, 이 모순과 역설을 넘어설 수 있는 반성적 사유의 역량과 소통적 정당화의 자원을 자기 안에 지니고 있는 자들이기 때문이다. 물론 이 사유의 역량과 소통의 자원이 활용되기 위해서는, 서로를 '이미' 우리의 일원으로 인정하면서 함께 인륜적 공동체의 '안에서' 살아가고 있기 때문에 그들 사이에서 불거지는 '갈등과 대립' 및 그로 인한 고통의 체감이 언제나 매개되어야만

할 것이다.

  헤겔의 『법철학』의 시의적절한 전유에 관한 한, '추상법'의 형상을 띠는 개인적 자유 이념의 '절대시'가 낳는 병리 현상들에 주목하고 현존하는 인륜적 상호인정관계의 '회복'에서 그 해법을 찾는 시도만큼이나, 현존하는 인륜적 상호인정 관계의 규정들이 '절대시'될 때 초래되는 고통에 주목하고 이를 극복할 수 있는 인륜성 내재적인 해법을 모색하는 일은 필수적이다. 최근 호네트의 인정이론이 '현실 긍정의 낙관성 혹은 보수성으로 기운다'는 혐의를 받곤 함을 감안할 때, 이는 비단 헤겔 철학의 현재성을 위해서만이 아니라, 호네트의 사회 '비판' 이론의 역동성을 배가하기 위해서도 절실한 과제일 것이다.

주

1 이 글은 필자가 발표한 다음의 두 연구논문에 담긴 내용을 적절히 취하여 현재의 목적에 맞
   게 변형하고 확장하면서 종합적으로 재구성한 것이다: 이행남, 「무시의 부정의로부터 비규
   정성의 고통으로 - 악셀 호네트의 두 차례의 헤겔 전유의 시도에 대한 고찰」, 『사회와 철학』
   36집, pp. 231-258; 이행남, 「칸트의 도덕적 자율성으로부터 헤겔의 인륜적 자율성으로 -
   "제2의 자연"에 의해 매개된 2차원적 "해방"을 위하여」, 『철학연구』 116집, pp. 221-250.

2 Axel Honneth, *Kritik der Macht*, p. 75.

3 Axel Honneth, 「무시의 사회적 동학」, p. 121.

4 Axel Honneth, 「사회적 병리현상」, p. 83.

5 호네트의 비판이론이 이전 두 세대의 프랑크푸르트 학파의 이론가들의 한계를 동시에 넘
   어서려는 관심에서 출발한다는 사실을 잘 보여주는 분석으로는 Amy Allen, "Herrschaft be-
   greifen: Anerkennung und Macht in Axel Honneths kritischer Theorie", pp. 260-261.

6 Axel Honneth, 『인정투쟁』, 32쪽.

7 호네트의 비판이론의 의의는 피지배자들의 경험에 바탕해 시대진단을 수행하는 부정주의적
   방법론을 택하는 데에 있음을 잘 보여주는 분석으로는 Jean-Philippe R. Deranty, "Injustice,
   violence and social struggle. The critical potential of Axel Honneths theory of recognition",
   pp. 302-312. 이렇게 우리가 생활하는 세계 내부의 경험으로부터 사회 세계를 비판할 규범
   적 자원을 끌어내는 호네트의 시도는 저자 자신에 의해 "세계내적 초월(innerweltliche Tran-
   szendenz)"을 위한 것이라 명명된 바 있다 (Honneth, 「무시의 사회적 동학」, p. 114; Nancy
   Fraser & Axel Honneth, *Umverteilung oder Anerkennung?*, p. 274). 서도식은 루카치 식의 역
   사철학적-초월적 규범화, 즉 비판의 규범적 토대를 비판 대상 외부에 설정하는 경향과 호네
   트의 '내재주의'를 옳게 대비시키고 있다. 그러나 여기서 서도식은 물화에 대해 말할 뿐, 헤
   겔의 『법철학』을 본으로 삼아 전개되는 비규정성의 고통에 대한 분석은 시야에 두고 있지 않
   다 (서도식, 「사물화 비판의 두 모델 - 인지 모델과 인정 모델」, p. 209, 228). 프랑크푸르트
   학파의 비판이론이 전반적으로 세계 내적 부정성에 대한 진단 그 자체로부터 내재적 초월의
   가능성을 제시하려는 기획으로 이해되며 호네트의 사회철학이 헤겔적 관점을 차용함으로써
   이 기획을 보다 완전하게 만들고자 하는 시도임을 보여주는 논의로는 José M. Romero, "Zur
   Aktualität der immanenten Kritik in der Sozialphilosophie", pp. 7-17.

8 Axel Honneth, 「무시의 사회적 동학」, p. 121.

9 Joel Anderson, "Situating Axel Honneth in the Frankfurt School Tradition", pp. 44-57.

10 Axel Honneth, 『인정투쟁』, p. 164.

11 위의 책, p. 166.

12 위의 책, p. 220.

13 Axel Honneth, 『인정투쟁』, p. 207.

14 위의 책, p. 220.

15 헤겔의 "규정적 부정" 개념의 의미와 이것이 어떻게 헤겔주의적 견지에서 "내재적 비판"의 원
   리로 가동되는지에 관한 분석으로는 한상원, 「규정적 부정과 내재적 비판: 헤겔과 아도르노

의 비판적 방법론」, pp. 51-57.

16 Michael Opielka, *Gemeinschaft in Gesellschaft: Soziologie nach Hegel und Parsons*, p. 461.

17 Axel Honneth, 「무시의 사회적 동학」, p. 124.

18 G. W. F. Hegel, *Grundlinien der Philosophie des Rechts*, §7의 Zusatz (p. 57).

19 Axel Honneth, 『비규정성의 고통』, pp. 22-29; Axel Honneth, "Das Reich der verwirklichten Freiheit. Hegels Idee einer *Rechtsphilosophie*", pp. 34-38.

20 Axel Honneth, 『비규정성의 고통』, pp. 36-43; Axel Honneth, "Das Reich der verwirklichten Freiheit. Hegels Idee einer *Rechtsphilosophie*", pp. 40-46.

21 Axel Honneth, 『비규정성의 고통』, p. 41-42, 51-71; Axel Honneth, *Das Recht der Freiheit*, pp. 158-172, 206-218.

22 같은 맥락에서 오늘날 정의로운 자유의 제도를 갖춘 선진화된 사회에서 주체들이 체험하는 고통을 사회 안에 정착된 자유의 제도들로부터 유발되는 질병으로 규정하려는 호네트의 시도로는 Axel Honneth, 「사회의 질병들 - 거의 불가능한 개념에 대한 접근」, pp. 175-202 참조.

23 Axel Honneth, *Das Recht der Freiheit*, pp. 157-158; 호네트가 여기서 문제 삼는 2차적 층위의 장애의 의미와 함축을 상세히 드러내는 논의로는 Christopher F. Zurn, *Axel Honneth. A Critical Theory of the Social*, pp. 95-111; 그에 관한 비판적 논증으로는 Fabian Freyenhagen, "Honneth on social pathologies: A critique", pp. 144-150.

24 Axel Honneth, *Das Recht der Freiheit*, pp. 161-167; Axel Honneth, 『비규정성의 고통』, pp. 171-172.

25 Axel Honneth, *Das Recht der Freiheit*, pp. 215-218.

26 Axel Honneth, 『비규정성의 고통』, p. 61, 72.

27 여기서 문제되는 비규정성의 고통은 『인정투쟁』의 논제였던 무시됨의 고통과는 질적으로 상이한/상반된 종류의 것이기 때문에, '고통의 겪음'이 인과적으로 유발하게 될 주관적 효과와 해방적 실천을 제시하는 호네트의 논의 역시 전작인 『인정투쟁』에서의 것과는 질적으로 상반된다. 당시에는 '타인과 사회를 바꿔서 인정을 받는 투쟁'이 실천적 해법으로 제시되었다면, 현재는 '나를 반성함으로써 사회 안에 있는 상호인정의 결속으로 돌아가는 회복'이 실천적 해법으로 제시된다.

28 위의 책, p. 77.

29 G. W. F. Hegel, *Grundlinien der Philosophie des Rechts*, §151.

30 G. W. F. Hegel, *Grundlinien der Philosophie des Rechts*, § 410 Z.

31 G. W. F. Hegel, *Grundlinien der Philosophie des Rechts*, § 151 Z.

32 G. W. F. Hegel, *Grundlinien der Philosophie des Rechts*, §151 Z.

33 G. W. F. Hegel, *Grundlinien der Philosophie des Rechts*, §151 Z.

34 제2의 자연과 함께 나타나는 이 '정신성'의 '자연성'으로의 전도에 관한 생산적인 해석으로는 Ch. Menke, "Autonomie und Befreiung", pp. 172-176; 제2의 자연의 '형성된 것'으로서의 역사가 망각되고 그것이 흡사 "최초의 경험"인 것처럼 구현되는 망각의 측면에 관해서는 M. Hartmann, *Kreativität der Gewohnheit*. pp. 158-159.

35 G. W. F. Hegel, *Grundlinien der Philosophie des Rechts*, zu §147.

36 G. W. F. Hegel, *Grundlinien der Philosophie des Rechts*, p. 16-17.

37 G. W. F. Hegel, *Vorlesung über die Philosophie der Geschichte* (Werke in zwanzig Bänden Bd. 12), p. 417.

38 헤겔에 따를 때 합리적 행위의 본질은 본래 '있는' 내적 의도의 일면적인 성공적 구현이 아니라, 내가 행한 것이 타인들에 의해서 어떻게 파악되고 평가되는지를 고찰함으로써 당초의 주관성 상태를 교정하는 사후작용을 더 진행하는 데에 있음을 보여주는 논의로는 R. Pippin, *Hegel's practical Philosophy: Rational Agency as Ethical Life*, pp. 147-163. 그러나 피핀은 이 '사후적 교정'의 작용이 실은 인륜적 주체와 규범을 앞으로 더 나아가게 만들면서 인륜성의 '미래'를 가져오는 건설적인 의의를 갖는다는 사실에 둔감하다. 때문에 그는 이런 '사후적인' 반성적 검토의 작용의 출현을, 주체가 애초에 가지고 있던 내면적 주관성이 '가상적인 실재'에 불과했음을 입증하는 전거인 것처럼 잘못 해석한다. 그러나 헤겔의 인륜성 지평 안에 속하는 주체들은 "단지 임시적인"(R. Pippin, "What is the Question for which Hegel's Theory of Recognition is the Answer?", p. 150) 주관적 심정이 아니라 강한 윤리적 동기에서 행위하는 자들이고, 바로 그 때문에 이들은 자신의 행위가 낳은 '의도치 않은' 결과에 (대한 타인들의 비판과 평가에) 민감하게 반응하면서 자신의 당초의 윤리적 주관성 상태를 반성하고 교정하기를 '원하는 쪽으로 나아가게 된다'. 피핀이 이 사실에 얼마나 부주의한지는, 자신의 '사후적 의도 구성' 테제를 방어하기 위해서 '의지박약' 문제를 자주 예로 든다는 데에서 잘 드러난다.

39 호네트의 사랑의 인정 모델이 그 사이 여러 이론가들로부터 받아온 비판은 이런 사정과 무관하지 않다. 그가 특히 엄마-아이의 관계를 전형으로 삼아 구성한 사랑의 모델은, 호네트의 생각과 달리 상호 대칭성이 아니라 권위의 위계적 격차를 달리 하는 타자에 대한 강한 비대칭적 의존성을 본질로 하기 때문에 동등한 주체들 사이의 인정의 이념 위에 정초되어야 할 호네트 자신이 추구하는 류의 사회적 자유의 토대로 간주되기 어렵다는 것이다. 이 비판의 대표적인 사례로는 다음을 보라. Lois McNay, "The trouble with recognition: subjectivity, suffering, and agency", pp. 275-278; Amy Allen, "Herrschaft begreifen: Anerkennung und Macht in Axel Honneths kritischer Theorie", pp. 264-272.

'탈(脫)비판이론적' 비판 모델[1]

홍 윤 기

1. 하버마스 의사소통행위론으로 정전화된 '비판이론': 이 철학운동의 최신 상황에 대한 문제제기 이전의 성과 총괄 점검

1924년 6월 22일 당시 바이마르공화국으로 불리던 독일공화국의 프랑 푸르트시(市) 빅토리아로(路, Viktoria Allee)에 세워진 건물에서 낙성식을 올린 '사회조사연구소(IFS, Institut für Sozialforschung)'는 창립 당시 그 어떤 학파를 결성할 특정한 의도나 기획은 전혀 없었지만, 그 이후 백 년 동안 독일과 유럽 현대사의 진행에 따라 그 학문적 생산성과 유의미성을 누구도 의심하지 않는 이론적 성과를 축적하면서 20세기 철학과 사회과학의 역사에서 '프랑크푸르트학파(die Frankfurter Schule)' 또는 '비판이론(批判理論, die Kritische Theorie)'이라는 역사시대적 고유명사를 획득하게 되었다. 2023년 10월 현재 가동할 수 있는 인터넷의 모든 검색 엔진에서 '사회조사연구소', '프랑크푸르트학파', '비판이론'이라는 검색어를—한글이든 어떤 외국어든 상관없이—투입하면 어김없이, 역사적으로 확고한 의미를 획득한 이 세 명칭과 결부된 사안들이 그 내용으로 검출된다. 나아가 세계의 선진국 학계에서 이 학파와 관련된 학술 논문이나 저작들의 생산 상황은 더 이상 거론할 여지 없이 압도적이다.[2] 더구나 대략 르네상스와 종교개혁이 일어나는 15세기 말까지 길게 소급하여 그때부터 서양 현대가 시작되었다고 가정한다면, 이 서양 현대에 들어와 어떤 특정 학파 그것도 철학 관련 학파가 학파와 관련된 문제의식과 개념의식을 백 년 동안 유지하면서 학문적 생산성을 유지한다는 것은 (사실 동양에서는 그리 보기 드문 일이 아니지만) 전례 없는 일이며, 그런 학파가 일정 시대적 시간 간격마다 자체의 이론 모델을 변형 · 생성하는 과정을 철학 공부를 업으로 삼아 20세기 후반기와 21세기 초반기를 살아왔던 사람으로서 필자 개인의 생전에 목격하는 것은 더더구나 행복한 일이다.

그렇다면 이 '프랑크푸르트학파' 또는 '비판이론'의 학문적 내지 철학적 생동력은 그 원천을 어디에서 찾아야 할까? 연구자마다 견해가 다르겠지만. 필자가 목격해 왔던 바에 따르면, 이 고유명사들과 연관된 이 학파의 학문적 활동의 핵심은 칸트 이래 서양 현대 철학의 근거정립에서 그 기축으로 작동했던 '비판'의 다양한 모델들을 비판적으로 전형(轉形)시켜 가면서 서유럽과 영미권의 철학과 사회과학의 각종 문제연관에 시의성 있게 효과적으로 개입하면서 그 연관에 대한 대처법을 설득력 있게 제시하여 상당 정도 이론적 · 학문적 일반성을 인정받을 수 있었다는 데서 그 일차적 원천을 찾을 수 있을 것이다.

그런데 이렇게 '비판'을 중심에 놓고 이 학파 또는—필자의 입장에서 더 적절하다고 생각되는 기술용어로는—이 철학운동이 이렇게 시의성 있게 효과적으로 각종 문제연관에 개입했다고 한다면, 그리고 그 때문에 일정 정도 학문적으로, 그리고 진정 중요한 것은 그 학문적 성과가 교육적으로 가르쳐질 가치가 있다고 인정받을 정도로, 일반성을 획득했다고 한다면, 그렇게 된 더욱 중요한 요인은 이 철학운동이 그 자체 안에서 자신들이 대응할 '현실적 문제'를 문제다운 것으로, 그리고 그것이 해결될 경우 자신들이 상정하는 사회적·정치적 생활세계에서 다른 대응논리에 비하여 충분히 경쟁력을 가질 수 있는 것으로, 적절하게 '문제선택'을 해왔다는 학문전략적 능력에서 찾아진다.

필자는 이 글 가운데서 이 철학운동이 학문전략적으로 선택해 왔던 초점문제(focus problem)와 그 문제에 대응하는 '비판이론적' 비판모델(the critico-theorectical model of critique)을 상호연관적으로 약술하겠지만, 그 이전에 20세기 후반기에 이 학파의 태두로 21세기 현재까지 이제 망백(望百)을 넘어 백세에 더 가까와진 연세에도 여전히 왕성하게 활약하고 있는 한 인물, 즉 위르겐 하버마스(Jürgen Habermas, 1929-) 자신이 그 짧지 않은 생애 내내 프랑크푸르트학파 또는 비판이론의 맥락 안에서 철학적 근거를 제시하는 논문들을 지속적으로 축적하다가 때마다 그 성과를 총괄적으로 체계화시켜 정전화(正典化, Kanonisierung)하는 저작을 제출해 왔다는 것도 이 학파 또는 철학운동의 학문적 생명력과 생동력을 유지시킨 아주 중요한 요인의 하나임을 강조하고 싶다. 즉 '비판이론'의 정전은 하버마스 자신에 의해 때마다 체계적으로 제시되었고 그에 따른 학계 그리고 나아가 교육계의 논의가 물줄기를 잡아간 것인데, 1970년대 이래 하버마스는 자신의 철학이론들을 스스로 체계화시킨 정전들을 적어도 4차례 발간해 왔는데, 초기 철학적 인간학과 니체 수용을 기반으로 '인식관심' 개념을 제시한 『인식과 관심(Erkenntnis und Interesse)』(1968), '화용론적 전회'에서 귀결한 언어이론을 토대로 한 의사소통행위론과 합리성이론을 근거정립한 『의사소통행위이론(Theorie des kommunikativen Handelns, 2Bde.)』(1981), 그리고 그동안의 사회이론과 정치철학을 헌법이론으로 접목시켜 '민주주의적 법치국가이론'으로 체계적으로 집대성한 『사실성과 타당성. 논변론적 법이론과 민주주의적 법치국가 논고(Faktizität und Geltung: Beiträge zur Diskurstheorie des Rechts und des demokratischen Rechtsstaats)』(1992) 등이 그것이다. 그리고 21세기 첫 십년기가 지나가는 시점인 2009년 5월에 자신이 50여년간 집필한 논문들 가운데 자기 철학의 뼈대를 주제별로 논변한 핵심논문 53편을 모아 각 권마다 새로 '서문'을 붙여 2009년에 발간한 5권의 『철학적 텍스트 (*Philosophiesche Texte. Bde.1-5*)』의 내용구성은[3] 자기가 반세기 이상 진전시켜온 자신의 철학에 대해 하버마스 자신이 어떻게 생각하고 있는가를 여실하게 보여준다. 이에 따르면 지난 백 년간 지속적으로 비판 모델을 전형시키면서 지속된 '비판이론'은 하버마스에 와서 '의사소통행위론'과 '논변이론'으로 정착하여 다음과 같은 사회적·정치적 이론들로 차곡차곡 층위지어 접합된 체계를 보여주면서 종국적으로는 스스로의 철학을 칸트가 선도했던 '이성비판'의 맥락 안에 위치시킨다.

I. Sprachtheoretische Grundlegung der Soziologie (사회학의 언어이론적 근거설정)

II. Rationalitäts- und Sprachtheorie (합리성이론과 언어이론)

III. Diskursethik (논변윤리)

IV. Politische Theorie (정치이론)

V. Kritik der Vernunft (이성비판)

이렇게 자기 철학의 뼈마디들과 그것으로 이어붙인 뼈대를 자기 철학의 최종적 귀착점으로 설정했다는 것은, 이런 자기정전화의 완결된 골격을 제시한 2009년 이후에도 왕성하게 생산한 그의 저작물들의 주제가, 국민국가를 넘어서 유럽대륙 차원의 헌법 구상이나[4] 그리고 (서양 현대의 세속화과정에서 종식되었다고 믿은 종교 담론들이 유럽의 다문화화를 통해 새로이 유입되면서 역설적으로) 21세기에 들어와 전개되는 탈(脫)세속화(post-sekular) 국면에 대한 철학적 대응[5] 또는 디지털 매체로 인해 작동 양상이 복잡해진 '공론장의 새로운 구조변동'에 대한 해명[6] 등으로 확대되었으면서도, 이들 주제에 대한 철학적 논변은 의사소통행위이론의 골격 안에서 그 주제들을 탈(脫)형이상학적으로(post-metaphysisch) 해명하면서 상호이해를 추구하는 방식으로 논변과 해석을 진행하고 있다는 점으로도 분명히 드러난다. 최근에 작성된 핀레이슨과 리이스의 하버마스 철학에 대한 아주 정밀한 개관[7] 역시 하버마스가 추가한 주제들에 대한 언급을 포함하면서도 하버마스 자신이 자기 철학을 스스로 정전화시킨『철학적 텍스트』의 내용구성에 거의 정확하게 부응한다.

이것은 곧 하버마스가 자신의 철학으로 지금까지 자신이 선택했거나 아니면 자기 현실에 제기된 현실적 도전들에 대해 철학적 동요 없이 정합적으로 대응해 왔으며, 각종 도덕적, 사회적, 정치적 문제에 대해서도 의사소통과 논변을 통한 대응과 대안 제시에 있어서도 실천적으로 별다른 탈선이나 난관에 부딪치지 않았음을 보여준다. 그러나 2022년 2월 24일 러시아가 우크라이나를 전면적으로 침공함으로써 시작된 러-우-전쟁은 하버마스가 인생 내내 자신의 생활세계로 설정해 왔던 유럽 대륙 차원에서 그의 철학적 이론과 정치적 실천이 더 이상 타당성을 견지할 수 없을지도 모른다는 불안요인을 부각하면서 그의 철학, 더 나아가 '비판이론' 일백 년 발전 맥락에서 더 이상 감당할 수 없는 메타 차원의 철학적 근본문제를 현실적으로 제기한다.

2. "의사소통으로 합의하기로 합의한 적이 있는가?" 또는 '의사소통하기로 의사소통한 적이 있는가?": 하버마스 의사소통행위론으로 정전화된 '비판이론'에 대한 '메타-비판적' 물음과 그 21세기 현재적 응답가능성의 실천적 한계

러-우 전쟁이 발발한 지 얼추 두달이 지난 2022년 4월 29일 하버마스는『쥐트도이체 차이퉁』지면에「전쟁과 격분」이라는 제목의 평론을 기고하여 이 전쟁에 대응하는 독일과 유럽연합 좌파진영의 딜레마와 그 실천

적 대응에 대한 의견을 개진하였다.[8]

　우선 그는 독일에 앉아서 이 전쟁을 바라보는 입장에서 자신에게 체감되는 이 전쟁의 상황을 "2차 대전 종전 후 77년 그리고 오직 공포의 균형을 통해서만 평화가 유지되던 그런 시기가 끝난 지 33년이 지났는데 충격적 불안들 안기는 전쟁의 이미지들(disturbing images of war)이 되돌아 왔다"고 요약하면서 그것도 "바로 우리집 문밖에서 러시아 멋대로 그 누구도 재갈을 물릴 수 없이(right outside our doors and unleashed arbitraily by Russia)" 그렇게 됐다고 하면서 "바로 인근에서 벌어진 폭력의 장면"에 공포를 느끼지 않을 수 없다고 토로했다. 즉 직접 당하지는 않았지만 바로 이 "폭력의 근접성(proximity of vilolence)"이 끊임없는 불안증과 스트레스의 원인을 제공하고, 이런 폭력의 현란함은 게임 같은 디지털 미디어에 익숙해 있는 이른바 2030 젊은 세대보다는 4,50대 이상의 노년층에 더 큰 압박감을 준다고 '독일 사회'의 분위기를 요약했다. 즉 직접 당하는 고통보다 조금 거리를 두긴 했지만 바로 가까이에서 보는 데서 오는 불안과 공포, 그리고 이런 상황의 추이에 대한 '불확정성(indeterminacy)'이 현재 문밖에서 벌어진 전쟁판을 보는 유럽의 기분인 셈이다.

　이런 상태에서 **하버마스의 초점문제는** 러시아-우크라이나-전쟁(앞으로 '러우 전쟁'으로 약칭) 그 자체의 원인과 책임이 아니라(이 점에 대해서 그는 그 누구도 재갈을 물릴 수 없는 러시아, 그것도 "누구도 예상할 수 없는unpredictable" 푸틴과 러시아 정부의 자의적 권력행사임을 지적하고 이 점을 자기 논술의 부동의 전제로 상정한다), 그 전쟁의 직접적 당사자는 아니지만 **그 전쟁이 벌어진 두 나라에서 지근거리에 있는 유럽연합 가맹국들이,** 누구도 부인할 수 없이 이 전쟁에 도덕적 책임을 져야 하는 푸틴과 러시아 정부에 적대한 "격분"의 "집단화"로 인해, 그리고 이런 "망상과 강박증에 사로잡힌 지배자"라는 개인 이미지를 지닌 푸틴을 방관할 경우 과거 러시아 제국이나 소련에 비견할 강대국을 선망하여 "한 걸음 한 걸음 러시아 제국의 재창출"을 지향하는 그의 "필생의 야망"의 다음 차례가 어디일까 라는 일종의 러시아 공포증 (Russo-phobia)에 대항하여, **이 전쟁의 피해 당사자로 되어 있는 우크라이나를 어느 정도의 규모와 범위로** — '개입(intervention)'은 아니고 — **'지원(support)'해 야 할 것인가라는 것**에 대한 독일 및 유럽 내 진보진영의 논란이다. 그런데 이미 이점에 대해 메르켈 이후 독일 정부를 맡은 사민당의 올라프 숄츠 총 리가 전쟁 발발 직후 『슈피겔』과의 대담에서 단 한 문장으로 정식화화였 고, 정식화 수준에서는 아주 명확하다. 즉, "우리는 러시아가 우크라이나에 가한 **공포스러운 고통**(terrible suffering)에 대하여, 유럽 대륙 전체에 걸쳐, 어 쩌면 전세계에 걸쳐 헤아릴 수 없는 고통을 가할지도 모를, 통제할 수 없 는, **대결의 단계적 고조**(escalation)를 창출하지 않으면서, **가능한 모든 수단을 사용하여 대결하고**(confronting … using all means possible) 있다."[9]

숄츠 총리의 이 진술에는 사실 러-우 전쟁의 핵심이 일목요연하게 모두 함축되어 있다. 이 전쟁의 발발에 대한 직접적 원인과 책임은 러시아 정부 와 푸틴에게 있음을 확실하게 언명하는 가운데서도 그런 러시아의 전쟁정 책이 (러시아는 이 사태를 '전쟁'이 아니라 "우크라이나 특별군사작전"이라고 부른다 는 점은 지구 공론장에서 현져 전혀 주목할 가치가 없는 것으로 허언으로 간주된다) 당장은 우크라이나에게, 그리고 사태 전개 상황에 따라서는 유럽 대륙 전 체와 전 세계에 "고통"을 가하고 있음을 분명히 하는데, (사실 이런 점에서 구 미 계통 언어의 관계대명사 구문의 묘미와 간지가 교묘하게 작동한다) 숄츠 총리의 발언을 문법적으로 정확하게 분석하면 — 독일 정부를 포함한 유럽연합 가맹국들 전부를 함축한다고 여겨지지만 — "우리(we)"는 직접 '러시아'가 아니라 (러시아가 우크라이나에 가한) "고통"과 "대결한다"고 이해된다. 그러 면서 그는 그런 '고통'이 현재는 일단 우크라이나에 국한되어 있지만, "우 리"가 쓰는 수단이 무엇인지 그리고 그 정도가 어느 수준인지에 따라, 즉 우리가 그 고통에 대결하는 수단의 종류와 그 질과 양에 따라, "유럽 대륙 전체에 걸쳐, 어쩌면 전세계에 걸쳐 헤아릴 수 없는" 정도로, "대결의 단계적 고조(escalation)"가 일어날 수 있다는, 전략적 한계선을 긋고 있다.

러-우 전쟁에 관하여 하버마스는 숄츠 총리의 이 전략적 명제에서 더 보탤 것도 더 뺄 것도 없이 바로 그 진술 그대로의 그 명제를 자신의 명제로 받아들이고 있다. 즉 하버마스는 숄츠 총리의 입장을 지지하고 있고, 총리가 말한 이상으로 러-우 전쟁에 관해 할 말은 없다. 그런데 하버마스가 전쟁이 발발하도 두 달 남짓 지난 시점에서 68학생운동 이래 거의 칠십년간 해온 대로 또다시 현실 논쟁에 개입하고 들어간 것은 독일 및 유럽 대륙 정치계의 좌파 진영에서 제기하는 러시아 또는 푸틴에 대한 극도의 격분과 단호한 응징 여론의[10] 위험성을 지적하고자 하는 것인데, 여기에는 독일이 2차 대전 이후 주로 개혁좌파의 주도로 쌓아왔던, 그리고 하버마스도 필생 거기에 관여해 왔던, '독일적 정체성(German identity)'에 대해 새삼 새로운 위기 상황이 도래했음을 주장하는 열혈 좌파들에 대해 그들이 러-우 전쟁에 대해 독일과 유럽이 처한 미묘한 현실상황을 잘못 파악할 경우 '서구 좌파 노선의 딜레마(the West Red-Line's Dilemma)'에 빠져들 것임을 경고한다.

이 딜레마의 일차적 요인은, 러-우 전쟁의 전장에서 유럽연합 나아가 미국이 우크라이나와 군사적 동맹관계 속에서 러시아군과 직접 교전하는 당사자가 되는 것은 극력 피한다는 것, 즉 직접적인 군사적 개입은 철저하게 회피하는 것이 독일을 비롯한 유럽연합과 미국의 대(對)러시아 최우선 원칙이라는 점에서 찾아진다. 이에 따라 우크라이나에 대하여 '개입'이 아니라 '지원'을 함으로써 우크라이나가 자력으로(?), 적어도 동원되는 전투 인력의 측면에서는 자국의 병력 자원으로 침공한 러시아군에 대처하고, 나아가 아주 행운스럽게는, 크름 반도를 포함하여, 러시아가 장악한 이른바 우크라이나 영토에서 러시아군을 완전히 축출하는 것이 가장 바람직한 목표일 것이다. 그런데 이런 반(反)러시아 서방측의 딜레마는 우선 정부간 정책 차원에서 우크라이나에 대한 이 '개입'과 '지원'의 명백한 구분선이 없다는 데서 시작한다. 즉 전쟁이 발발한 즉시 러시아에 대해 국제적 차원에서 취해진 금융 및 경제교역상의 '제재조치들(sanctions)'은 그 자체가 — 하버마스만 이런 표현을 쓰는 것은 아닌데 — "사실상 개입(de facto intervention)"이고, 병력을 파견하지 않는 가운데 전장에서 직접 상대방을 살상하는데 쓰이는 전투용 물자, 무기 등의 '공급'은 사실상 간접적인 교전 상태에 들어가는 것으로 간주된다. 즉 숄츠 총리를 비롯한 서방측 정권 담당자들이 아무리 '불개입'을 천명해도 그것이 '사실상의 개입'이 되는 상태에서 이것을 개입으로 간주하느냐 마느냐 하는 해석권은 우크라이나에 지원을 제공하는 측이 아니라 이런 지원으로 인해 직접 인적·물적 손상(損傷, damage)을 입는 러시아 즉 푸틴이 쥐고 있는 아주 기묘한 상황이 연출되고 있다. 이런 식의 서방측 간접 개입에 대해 러시아는 직접적 대응 조치를 취하지 않지만, 이런 눈치보기식 지원이라도 거기에는 "리스크 문턱(危險負擔, risk threshold)"이 있다는 것은 명백하다. 왜냐하면 "서방이 개입할 경우 그 일차적 타격 목표는 런던에 대한 핵 투입이 될 것이다"라는 러시아 측의 (아직은) 공갈대로, 전략핵은 아니더라도, 우크라이나 전장에서 소규모 '전술핵'을 사용할 의지는 러시아 측이, 따라서 푸틴이, 공공연하지는 않아도, 그렇다고 극구 숨기지도 않기 때문이다. 이렇게 되면 "제3차 세계대전으로의 에스컬레이션"이 전혀 개연성이 없다고 단언할 수 없다. 따라서 우크라이나를 전적으로 러시아 즉 푸틴의 의지에 맡기고 서방측은 러-우 전쟁에서 손 털고 나오는 길이 아니라면, 서방측이 어떤 방식으로든 간여하고 나서는 그 순간부터 독일 나아가 서방측은 러시아가 가늠하는 '리스크 문턱'이 어디에 설정되어 있는지 확실하게 알 수 없는 불확정성 안에서 3차 대전으로의 에스컬레이션을 언제 넘을지 가늠할 수 없는 "딜레마"에 빠져든다.

그런데 하버마스가 이 논평문을 기고하게 된 보다 직접적인 동기는 2022년 2월 24일 이 전쟁이 개시되면서 러시아군이 우크라이나 수도 키이우를 조기 점령하기 위해 벨라루스 영내를 통과하여 북부 우크라이나로 침입, 3월 초 키이우 권역의 소도시 부차(Bucha)를 점령했다가 우크라이나 군의 반격으로 4월 1일 이 소도시에서 빠져나간 뒤 도시 전체에서 458구의 시신이 발견되었는데, 그중 73구의 시신은 무장한 흔적이 전혀 없는 상태에서 양손이 뒤로 묶인 채 사살된 것이 분명했고, 집 안에서 기르던 반려동물들에게도 총격을 가하는 등 러시아 점령군이 채 한 달도 안 되는 기일 동안 우크라이나 군인과 민간인을 막론하고 길거리에서 사살하거나 집단으로 살상하여 매장한 것으로 확인된 '부차 학살' 사건이었다.[11] 유럽 언론들이 속속 드러나는 학살의 현장을 적나라한 동영상으로 보도하자 러시아는 우크라이나의 자작극이라고 말도 안 되는 발뺌을 했지만 UN 인권고등판무관실까지 현장확인을 러시아군의 만행임이 확인되자 푸틴을 전범으로 헤이그 국제사법재판소에 회부하자는 등, 러시아와 푸틴에 대한 (독일과 EU 가맹국들의) 좌파 진영들의 정치적·도덕적 격분(Empörung, indignation)이 급격하게 격화되었다. 그리고 우크라이나에 침입한 러시아군을 완전히 축출하기 위해 군사장비의 '지원'을 강화해야 한다는 주장들에 힘이 실리는데 바로 이런 정세를 목전에 두고 하버마스가 논평으로 언론 차원에서 정쟁에 개입했다.

그가 좌파 진영에 경고한 것은, 러-우 전쟁에 대한 딜레마 앞에서 개입선을 넘지 않는 지원 수준에서 위태로운 균형을 취하고 있는 독일 및 서방측이 이런 좌파측의 도덕적·정치적 격분과 압박으로 우크라이나에 대해 신중한 지원 수준을 넘어 러시아 측에 명백한 개입으로 보일 조처를 취하게 되면 4대 핵보유국(미·영·불·러)이 모두 간여되는 규모로 전쟁이 확대될 수 있는데, 이 경우 러시아 측이 적어도 "전술"핵무기를 투입할 가능성을 전혀 배제할 수 없다는 것이었다. 그런데 하버마스의 의견으로는, 일단—핵전쟁은 아니더라도—핵전투가 감행되면 핵무기를 보유한 국가이든 아니든 그 결과는 전통적 의미에서의 승자와 패자가 갈리는 그런 전과가 나오지는 않는다는 것이 과거 냉전 시대에서 배웠던 군사적·정치적 교훈이다. 즉 "핵"무기 요인이 개재되어 있는 한, 대립하는 진영들 사이에서 승-패를 결정하는 인류의 오랜 방식인 "전쟁"은 더 이상 유효한 수단이 될 수 없으며, 그 전망은 불투명한 상태가 지속되는 불확정성이 고착화되는 것이고 이런 상태는 KGB에서 정세판단의 훈련을 받아 경우에 따라 냉정하게 합리적으로 계산할 능력을 가진 푸틴도 충분히 인지하고 있을 것으로 추측된다. 다시 말해서 하버마스는 푸틴의 전쟁범죄에 대한 좌파의 격분이 서방측 정권들로 하여금 '리스크 문턱'을 넘도록 부추길 수 있을 뿐만 아니라, 푸틴이 원하지 않을지도 모르는 (하지만 전쟁 발발 자체가 그러했듯이 어느 순간 불쑥 저질러버릴지도 몰라) 핵투입을 하라는 신호로 읽힐지도 모르는 그런 또 다른 차원의 딜레마를 안고 있음을 경고하는 것이다. 즉 평화주의자가 정치적·도덕적 격분에 빠져 전쟁을 확대시키는 쪽으로 '개종(conversion)'할 경우 정세에 대한 전체적 판단능력을 상실하면서 사태를 오해하여 전략을 오판할 우려가 있음을 하버마스는 역점적으로 강조하고 있다.

어쨌든 러-우 전쟁의 휴전 내지는 종전을 타협할 협상 또는 상호의사소통이 개시될 전망이 보이지 않는다고 판단할 정도의 현실주의적 감각을 갖고 있기도 하지만, 하버마스는, 실망스럽게도, "우리가 첫 번째로 해야 할 일은 딜레마로부터의 출구를 찾아내는 것이다.(we first must find a way out of our dilemma.)"라는 당장의 과제에 대한 (명시적이든 암시적이든) 현실적 실천방안을 제시하지는 못한다(아니면 않는다?) 그가 자신의 기고문에서 마지막으로 제안하는 것은, 전쟁을 끝장내거나 전범을 처단하려고 하다가 전쟁 규모와 범위를 확대시키는 결과만 나오는 그 어떤 적극적 조처도 유보한(reprieve) 채, 일단은 이런 희망이 담길 수 있도록 하는 것을 전제로, "우크라이나가 **패전(敗戰)해서는 안 된다**라는 목표에 대한 신중한 정식화(the cautious formulation of the goal that Ukraine "must not lose" this war.)"부터

하자는 것이다.

그 어떤 실천적 제안이라기보다 당장은 전장 현장에 있지 않다는 이점을 충분히 살려 목표가 무엇인지부터 확실하게 하는 시간을 갖자는 그의 권유는, 비록 결코 패배주의적이지 않지만, (그렇게 새삼 전쟁 목표를 신중하게 정리하는 그 시간에도 우크라이나에서는 군인은 말할 것도 없고 무고한 시민들이 죽거나 다치고 있는 판에) 당장의 전쟁 피해자들에 대해서는 너무 냉담한 것은 아닌지 섬찟한 느낌을 주는 것은 사실이다. 하버마스가 내심 러-우 전쟁의 당사자들이 협상을 통한 타협에 도달하기를 바라는 것은 분명하고, 또 민주주의적 의사소통에 따른 논변 원칙의 확립자로서 응당 그래야 하는 것이기도 하다. 그런데 그는 자기의 평소 철학에서 필생 다진 실천적 방안에 대해서는 말머리도 떼지 못한 채 "전쟁에서 진다는 것, 즉 패전이란 무엇인가?"라는, 일종의 '패전의 철학'에 대한, 논변부터 시작하자는 것은, 공론장을 화두로 시작하여 언어학적·화용론적 전회를 통하여 논변이론을 핵심으로 하는 의사소통론의 체계 위에서 서양철학사 전반을 '탈형이상학(Post-Metaphysik)'의 구도로 재해석하는, 거의 60년간의 학문적 장정을 이어온 이에게서 뜻밖에 자기 철학의 취약점이 스스로 자기고백되는 광경을 의도하지 않게 목격하는 순간을 제공한다.

즉 러-우 전쟁이 벌어진 옆집 마당을 그 옆의 자기 집 2층 창문 커튼을 조금 살그머니 젖히고 한 눈으로 내다보면서 그는 결실풍부한 자신의 '비판이론'의 장정을 더 계속하지 못하는데, 그 이유는 '비판적' 논변과정을 통해 정당화되는 자신의 진리합의론 이전에 '메타비판적으로' 제기되는 상태에 대한 대처가 미처 예비되어 있지 않았다는 데서 찾아진다. 말하자면, 러-우 전쟁의 당사자들은 물론이려니와 이 전쟁판의 옆에서 전쟁에 직접 '개입'하지는 않지만 어느 한 편을 '지원'하는 이쪽저쪽 편들 사이에서도 아직, **'의사소통으로 합의하기로 합의'**하거나 적어도 **'의사소통하기로 의사소통한 적'**이 없다.

그런 상태에서 하버마스는 우선, 어느 정도 해줘야 전쟁에 지지 않는 것인가를, 그러자니 전쟁에서 진다는 것이 무엇인가부터 정하자고 한다. 결국 하버마스에 와서 정식화되고 체계화되어 전 세계 철학계와 인문·사회과학계 그리고 교육계에 보급된 '하버마스판 비판이론' 또는 '논변이론을 핵심으로 한 의사소통의 철학'은, 개전 직전까지 누구도 예측하지 못했지만 그 전 지구적 규모의 부정적 영향만은 개전 첫날부터 예견되었던 러-우 전쟁에 부딪치면서 **비판의 메타비판적 조건이 아직 충분하게 근거정립되어 있지 않았음**이 은연중에 드러났다. 그리고 이런 하버마스를 보면서 필자에게 불현듯, '**비판은 어떤 경우에 가동되어야 할 것인가?**' 즉 비판의 적합성 조건이라든가, '**비판은 어느 정도까지 진행되어야 비판으로써 효능을 다했다고 할 수 있는가?**' 즉 비판의 충분성 조건이 의문으로 떠오른다. 그러면서 물음은 더욱 뒷걸음질 친다. 즉, 애초 '비판'이란 것을 왜 하게 되었지? 그것이 어떻게 해서 서양 현대의 철학적 운동에서 철학함의 아주 핵심적인 활동기제 중 하나로 부각되었을까? 물음은 일종의 '비판의 계보학'으로 정리되어 간다.

3. 서양 현대에 있어 철학적으로 자각된 '비판'의 계보: '칸트 이전·전현대적' 비판의 의미와 '칸트 이후·현대적' 의미의 비판 모델들로서 '이성비판', '정치경제학비판', '이데올로기비판' 그리고 '논변이론적 비판이론'

현대인의 일상 대화에서 '비판(批判, critique, Kritik)'이라는 단어처럼 무비판적으로 사용되는 말은 없고, 그 뜻조차 우선 일상용어로서, '비판한다'라는 말의 말투는 점잖아도, '이의를 제기한다', '탓한다', '비방한다' 심지어 '비난한다'라는 부정적 뜻으로 통용되는 것은 21세기 현재에도 동서양 막론하고 공통된다. 그런데 이 말이 언론을 비롯한 일상담화가 아니라 철학을 비롯한 여러 현대 학문들의 논술에서 필수적 논변 절차의 하나를 표기하는 개념용어로 확고한 위상을 획득한 결정적 계기가 칸트의 첫 비판서인 『순수이성비판(*Kritik der reinem Vernunft*)』(1781/1787)과 그 뒤의 두 비판서들이라는 사실은 그 책들이 나온 지 242년이 지난 2023년 10월 현시점에도 아직 세계 학계의 통상적 상식은 아닌 것 같다.

'비판'이라는 용어의 철학적 적용의미가 학문적 의미-스펙트럼 안에 정착되어 통용되는 시기가 명확히 '칸트 이전(vor Kant)'과 '칸트 이후(nach Kant)'로 구분되고, 그 의미성격도 전(前)현대적인(vor-modern) 것과 현대적인(modern) 것으로 차이난다는 것은 철학용어에 대한 문헌학적 연구자들 사이에서는 정설로 되어 있다.[12]

우선 문헌학적 연구자들이 추적한 '비판'의 어원은 그리스어 κρίνειν (krínein)에서 찾아지는데, 당시 그것은 주로 윤리적-정치적 맥락과 법률적 맥락에서 "판단한다(beurteilen)" 또는 "결정한다(entscheiden)"라는 뜻으로 사용되면서 일상적으로는 발휘되는 지각능력이나 사고작용을 뜻하는 말로도 쓰였었다.[13] 흥미로운 점은 이 고대 그리스어 단어가 의학적 맥락에서 κρίσις(krísis)와 연관되어 그 어떤 증상을 판별하고 구분하는 진단행위 중에서도 병세의 전환점을 판정하는 아주 중요한 능력과 결부되어 사용되었다는 것이다. 이 의학적 용어가 나중 '위기(危機, crisis, Krise)'라는 뜻의 단어로 발전하는데,[14] 이 단어의 어원이 인간 신체에서 발생한 병의 진행과정과 결부되어 있었다는 것은 그 단어의 사용이 현대적 개인들의 생활영역 도처에 일반화되어 있는 상황을 감안하면 대단히 시사적이다. 결국 헬레니즘 시대까지 질병 치료의 맥락에서 κρίνειν(krínein)과 κρίσις(krísis)가 결부되어 철학적·학문적 담화에서 카오스적 상황에서 예리하게 발휘되는 인간 판단의 예지력을 비유하는 용어로 통용되는 정도로 의미론적으로 정착된다.

그런데 유럽 중세의 지식계에서 '성경'의 수용과 이해가 가장 중요한 지적·학문적, 특히 신학적, 과제로 떠 오르면서 이 κρίνειν(krínein)이라는 단어의 의미에는 상당한 권력적 긴장이 스며들게 된다. 충분히 짐작될 수 있는 일이지만, 본래 히브리어와 고대 희랍어로 된 성경의 복음서나 서한문들을 라틴어로 번역하는 과정에서 일어날 수 있는 의미의 변용가능성은, 교회외적으로는 이단의 문제와 치명적으로 연관되어 있었고, 교회내적으로는 교권의 향배도 좌우할 수 있기 때문에, 최대한 방지되어야 할 일이었다. 이런 상태에서 성경이나 신학적 개념을 정확하게 이해하여 그것이 '신의 뜻'에 정확하게 부합할 수 있도록 그것의 축자적(逐字的) 해석뿐만 아니라 그 해석이 일반성을 갖도록 확대하고 심화시키기 위하여 관련 정보나 지식을 보충하는 해설(解說)이 중시되었는데, 이런 정확한 해석과 보완적 해설의 작업을 현재 문헌학에서 '주석(註釋, annotation, comment)' 또는 '주해(註解)'라고 별도의 용어로 지칭하지만 중세 신학에서는 특히 성경과 관련된 문헌에 대한 주석 내지 주해(Auslegung, Anmerkung) 작업을 'Kritik'이라고 칭하였다.

현대 시기로 들어오면서 Kritik의 적용은 이런 맥락에서 여러 장르로 확산되면서 '특정 작품에 대한 개성적으로 소화된 개인들의 주관적 소감과 평가를 자유롭게 수용하는, 비평(批評)'이나 '서평(書評)', '평론(評論)'으로 번역될 수 있는, 예술 및 문예 활동 전반으로 확산되었다. 그런데 칸트가 청년 시절부터 획득한 자신의 철학적 통찰 전반을 '비판'이라는 제목의 3대 비판서들로 체계적으로 통일하여 제시하면서(이 때문에 칸트 철학의 발전사를 '전비판기'와 '비판기'로 나누어 고찰하기도 한다.), Kritik은 **현실과 대결하는 철학함의 현대-특정적인**(modern-specific) **활동**으로 전면에 부각되면서 그 작동양상에 따라 각기 특성을 갖는 '비판 패러다임'을 유형화시킬 수 있는 철학의 표준활동으로 정식화시킬 수 있게 되었다.

3.1. [탈경험적 선험론적 물음-이성비판-주체성의 원칙]: 칸트는 '이성비판(Vernunftkritik)'의 패러다임을 제시함으로써 서양 현대에서 철학적 차원

에서 개발된 '비판 패러다임'을 선도하였다. 칸트가 자신의 전반기 철학적 통찰들이나 철학사적으로 선행하는 철학들을 Kritik이라는 용어로 개념적으로 표집하고자 했을 때 이 용어의 적용이 개념적으로 가장 극적인 설득력과 그에 따른 정신적 흡인력을 발휘할 수 있었던 요인은 이 Kritik의 과정의 맨앞에 너무나 평범하고 직관적으로 자명한 듯이 보이면서도 무수한 반례들(反例, counter-examples)과 대결해야 하는 그런 성격의 문제를 문제제기의 당자 즉 '무엇인가를 안다는 그 나(das etwas wissende Ich) 즉 인식주관(認識主觀, das erkennende Subjekt)'에게 **재귀적으로 물음**(reflexv Fragen)으로써 **자기 문제에 대한 응답의 책임을 바로 이 인식주관이 부담하는 철학함의 형태**에 있었다.

주지하다시피, 칸트가 『순수이성비판』에서 가장 먼저 제시하는 물음은, 우리의 인식이 '경험'으로 시작한다는 것은 누구도 의심하지 않는 명확한 사실인데, 이 명확한 사실을 두고 칸트는 그 사실 배후로 한 발자국 더 돌아들어가, 당시의 경험주의자들이나 합리론자들뿐만 아니라 일상을 살아가는 이들 누구라도 당혹스러워 할 수밖에 없는 뻔한 질문 즉, **"경험은 어떻게 가능한가?"**(Wie ist Erfahrung möglich?)"라는 물음을 제기한다. 이 물음에 "경험"을 통해 응답하면서 그 응답의 진위를 확인하는 것은 사실상 불가능하기 때문에 칸트는 이미 이 물음으로써 우리가 안다고 믿는 그 무엇인가 안에는 경험 말고 다른 요인이 개재되어 있음을 인지하게 만든다. 즉 경험 전체를 문제삼음으로써 그 문제를 제기받는 당사자는 일단 자신의 경험 전체 밖으로 스스로를 빼내어 경험을 객관화하는데, 그러면서도 그 경험 안에서는 물음에 대한 응답을 찾아낼 수 없기 때문에, 자기 안에서 경험을 벗어난 자기부분 즉 탈(脫)경험적(post-emprisch) 영역, 다시 말해서 선(先)경험적(vor-emprisch) 영역에서, 응답의 원천을 찾을 수밖에 없다. 즉 칸트는 비판서들에서 자신이 "선험론적(transzendental)"이라고 명명한 그런 형태의 물음을 제기함으로써 우리 지식의 일차적 원천인 경험들은 언제나 확실한 인식의 범위에서 제외될 수 있음을 인식자들로 하여금 몸소 체험하도록 만들어 경험계 또는 현상계(Phänomena)에 관한 그동안의 앎 전반뿐만 아니라 그것의 존립근거마저 동요시킴으로써 경험세계 전반과 인식주관 사이의 관계들을 **총체적이고도 근본적인 위기**(totale und fundamentale Krise)로 몰아넣는다.

이렇게 총체적 근본위기에 빠진 경험계를 몽땅 포기할 경우 그 결과는 (흄에서 보듯이) 총체적 회의주의일 수밖에 없는데, 칸트는 '선험론적 반성'을 통해 이 경험계 그리고 '그 어떤 것이라고 명시적 형태를 갖추고 우리 앞에 현전하는 대상(對象)' 안에 인식주관이 선험적으로 갖추어진 능력(Vermögen)이 개재하여 순전히 지각되기만 했던 그 객체에 개념을 부여함으로써 '(자연에서는 결코 획득할 수 없는) 무슨무슨 명칭까지 획득한 대상'을 성립시킨다. 칸트가 가동한 '이성비판'은, 일단 인식론적 차원에서는, 대상에 대한 경험에 개재하는 이성의 능력에 대한 이성의 자기확인인데, 이 이성의 능력으로 획득하기는 하지만 결코 인간 이성이 그 타당성을 확인할 수 없는 '가상(假象, Schein)'에 대해 적절하게 한계선을 긋고 절제시키려고 하면서 본격적으로 '비판'이 투입되기 시작한다.

『순수이성비판』에서 칸트가 '비판'이라는 용어를 이론의식적으로 가장 빈번하게 그리고 그 기예를 집중적으로 투입한 부분은 '선험론적 요소론'의 '제2부. 선험론적 논리학' 가운데 '제2과. 선험론적 변증론' 부분인데, 여기에는 『순수이성비판』 가운데서 가장 많은 분량이 할애되어 있다.[15] 그리고 우선은 분량상으로, 그리고 보다 핵심적으로는 그 철학적 작업의 비중에 있어서, 이 '선험론적 변증론'은, 인간의 이성과 오성이 경험의 한계를 무단으로 넘어 오직 자신의 사변적 능력으로 정립한 '변증법적 가상들'—즉 칸트 시대까지의 형이상학에서 정립했던, 사고하는 자아의 영혼의 특성과 관련된 합리적·초험적 심리학의 명제들, 세계의 실존 형태와 그 구조에 대한 합리적·초험적 우주론의 이론들 그리고 모든 본질들의 본질로서 신(神)에 관해 진술된 합리적·초험적 신학의 오류추리들—을 낱낱이 짚어내는 '형이상학 비판'을 통해, 인간의 인식능력 및 기타 선험적 능력들을 "제자리에 갖다놓는(zurecht stellen)" 일종의 자기교정 작업이 된다. 칸트에 따르면, "선험론적 변증법은 초험적 판단들의 가상(den Schein der transzendenten Urteile)을 덮고 있는 것을 걷어내어 그와 동시에 그 가상이 사기를 칠 수 없도록 보호하는 정도에 만족하는 것인데, 그런다고 해서 (논리적 가상이 그런 것처럼) 그런 가상이 완전히 사라져 가상이기를 멈춘다든가 하는 그런 일을 성취하기를 바랄 수는 없다."[16] 따라서 그의 순수이성 건축(die Architektonik der reinen Vernunft)에서 '선험론적 변증법'은 인간의 인식능력 즉 감성, 오성, 이성의 개념과 그 사용법을 논구한 선험론적 분석론과 어긋나는 오류추론들이나 허위판단을 (절멸시키는 것이 아니라, 왜냐하면 인간 이성은 이런 오류가능성을 선험적으로 내장하고 있어 인간 이성이 오류로부터 완전히 자유롭다는 것은 불가능하기 때문이다) 일일이 들춰내어 제자리에 돌려놓는 것 즉 '이성의 자기비판'의 항시적인 완전 가동에 다름 아니게 된다.[17]

3.2. ['비판 가동 3분절' 또는 '비판 패러다임'의 문법(3C) : '위기 – 비판 – 준거구도 (Crisis – Critique – referential Construction)']: 칸트식의 이 '이성비판'은 결국 현대라는 시대에서 철학적으로 근본적인 의미에서의 '비판 패러다임'의 문법을 확립하였다. 앞에서 보았듯이 칸트가 비판을 가동하는 데는 두 가지 요인이 선재해야 했다. 하나는 '비판'을 투입할 정도의 **치명적 문제요인**'이 있어야 하는데, 칸트의 경우는, 이성이 그 자체의 능력 때문에 이성에게서 기대되는 이성 자체의 고유한 목표와 어긋나는 '가상'을 자초하는 상황이 문제된다. 즉 이성의 오류추론(Fehlschluss)에서 산출된 '가상'은 방지 내지 제거되어야 하는데, 이 '이성의 가상'이 보다 **치명적인** 이유는 그 가상의 원인이 이성능력 자체 안에 내재되어 있기 때문이다. 즉 '이성

의 가상'은 이성이 존립할 근거와 유의미성을 자체적으로 무너뜨린다. 따라서 이성이 추구하는 진리나 정당성이 정작 이성 그 자신으로 인해 획득될 수 없다고 한다면, 먼저 그런 원인을 확인할 수 있도록 하는 이성 능력의 **표준구도가 정립**되어 있어야 한다. 이런 관점에서 보면 '이성비판'은 이성 자체의 치명적 문제상태, 이성의 자기비판 그리고 이성이 궁극적으로 도달해야 할 '이성의 온전한 구도'에 따라 진행되는 방법적 과정이다.

칸트에서 확인되는 이 절차에서 각 위기나 비판방법 그리고 준거구도의 특정성을 추상하면서 추출되는 '**위기 – 비판 – 준거구도** (Crisis – Critique – referential Composition), 3C'는 '**비판 가동 3분절**'로서, 비판 대상에 대해서는 그 '위기'가 인지되고 그것이 '비판'되면서 상정되었던 '구도'에 '준거'하여 그 비판이 작동하는 것인바 우리는 그것을 비판이 가동되는 뼈대가 되는 일종의 '비판의 문법' 또는 '비판의 구문론'이라고 부를 수도 있다. 그에 따라 우리는 칸트의 '이성비판'을 기점으로 하여 현대 사회구성체 차원에서 마르크스의 '정치경제학비판', 초기 프랑크푸르트학파의 '이데올로기비판', 그리고 언어분석철학에서 하버마스의 후기 프랑크푸르트학파 내지 후기 비판이론의 '언어비판(내지 의미비판)'을 이와 같은 '현대-특정적 비판 패러다임'의 사례들로 들 수 있다. 그리고 이 패러다임 각각에 이성의 초험적 가상(칸트), 자본주의의 주기적 위기(마르크스), 파시즘(프랑크푸르트학파 내지 초기 비판이론) 그리고 선진 민주주의 단계의 국민국가의 민주주의적 법치국가 내에서의 정당화위기(후기 비판이론) 등이 비판이 겨냥하는 특정적 주요 위기로 비정(比定)되며, 각각의 위기와 그 비판적 대결에는 각각에 특정한 '위기 인지'의 내용과 '비판 방법 또는 절차'를 통괄적으로 규제하는 '준거구도'가 확인된다.

— 헤겔에서 Kritik은 그의 절대적 관념론의 구도 안에서, 그 용어 그대로 별도의 분절로 취급되지 않고, 정신의 자기 생성을 추동하는 의식의 주관

적 운동 안에서 '규정된 부정(bestimmte Negation)'으로 편입되어 정신 자신의 존립구도로서 변증법적으로 작동한다. 즉 Kritik은 독일 관념론 전통의 맥락에서는 제기되는 쟁점들을 자기화시키는(aneignen) 정신 고유의 핵심적 체질로 박동한다. 바로 이 부정의 리듬에 따라 정신은, 헤겔의 구도 안에서, 스스로를 절대정신으로 발전시킨다. 따라서 가장 거시적으로 보면 헤겔에 있어서 Kritik은 근본적으로 자기부정이 아니라 자기완성의 메커니즘으로서 궁극적 체계를 완성하고 공고히 하는 가장 효능적인 작동 요인이다. 즉 헤겔에서 부정 또는 Kritik은 어떤 경우에도 그것이 그 안에서 작동하는 정신체계를 근본적으로 혁신하거나 파괴하는 것이 아니라 정신체계를 그 완성된 형태로 보수(保守)한다.

3.3. [역사적 사회구성체들 특히 현대 자본주의 사회구성체의 주기적 위기 – 정치경제학비판 – 사적유물론과 "인간적인 사회"]: 학적으로 '정치경제학비판'이라는 용어로 개념화된 마르크스의 비판 문법은, **인간들은 생각하거나 쓰거나 영웅적으로 행위하기 이전에 "먹고 살아야 한다"**는, 『독일 이데올로기』에서의 통찰을 대전제로 하여,「정치경제학비판 서문」(1859)에서 그 '위기' 분절을 '인간들 개개인이 자기들의 삶(Leben)을 사회적으로 생산하는 과정'에 접합시키는데, 필자는 이 '삶'을 버텨주는 사회구조적 요인들을 — 마르크스 자신의 용어법에 따르면 — '역사에 대한 유물론적 파악(die material-istische Auffassung der Geschichte)' 또는 나중 '사적유물론(historischer Material-ismus)'으로 통칭되는 '비판의 준거구도' 안에 압축적으로 도식화한다.[18]

마르크스가 표준적으로 제시한 '정치경제학비판'의 이 사적유물론적 준거구도는 실천적 맥락에서 그것의 영향을 받은 이들에 의해 크게 두 방향으로 분지하는데, 그 하나는 이 준거구도를 경제결정주의('경제가 인간 삶의 다른 모든 영역을 결정한다'), 토대우선주의('경제에서 토대는 상부구조를 결정한다'), 계급주의('자본주의는 계급에 따라 각 사회세력의 성격이 파악된다'), 혁명주

□ [도식] 정치경제학비판의 사적유물론적 준거구도

인간 개개인의 삶의 사회적 생산

/ 삶의 지평: 국가 - 대외교역 - 세계시장
/ 자본주의적 현대에서의 삶의 유형: 자본 - 토지소유 - 임금노동

경제적 사회구성체	정신적·문화적 삶 정치적 삶 사회적 삶	이데올로기적 형태들 **생산관계와 생산력의 모순과 사회적 갈등의 의식** ↑ **규정함(bestimmen)** 상부구조	특정한 사회적 의식형태들 (법, 정치, 종교, 예술, 철학) 사회관계들 (법률·정치·인륜 등)
	물질적 삶 의 생산양식 ("인간적 사회"의 전사(前史)로서 아시아적, 고대적, 봉건적, 현대적·자본주의적 생산양식들)	↑ **조건지움(bedingen)** 사회의 경제적 구조, 즉 사회의 실재적 토대 기존 생산관계들 혁명적 변혁 ◀ 모순(Widerspruch) 생산력들 발전의 특정 단계	(소유관계를 비롯한) 생산관계들 생산력들 (노동 능력과 조직, 생산기술) 자연

의('자본주의에서의 노동자계급의 가장 의미 있는 성과는 자본주의의 혁명적 타도와 변혁이다') 등을 근간내용으로 하는 '마르크스-레닌주의' 방향이다. 하지만 사적유물론에 대한 마르크스주의-레닌주의적 방향의 이 이해는 볼셰비키 혁명을 정당화하는 과정에서 공산주의가 법칙론적으로 필연적임을 옹호하다가 스탈린주의적으로 크게 왜곡되는 과정을 거치면서 결국 현존하는 '공산주의지향체제'를 실제로는 "국가독점 사회주의"로 전락시키고, 더욱 나쁜 것은, '공산주의'에 대한 정치적 냉소를 돌이킬 수 없게 만들어 놓고 백 년을 넘기지 못한 채 자체붕괴하였다.[19]

3.4. [선진자본주의 국가의 정치적 위기로서 파시즘 - 이데올로기비판 - 전기 '비판이론' 또는 프랑크푸르트학파]

마르크스주의-레닌주의가 스탈린주의에 의해 왜곡되고, 독일이나 이태리 같은 서유럽 자본주의국가들에서의 사회주의지향적인 노동자 반란들(스파르타쿠스단 봉기와 밀라노 소비에트의 실패)이 속속 좌절되는 시기에 연이어 내습한 '대공황기'를 배경으로 선진자본주의 국가들에 정치적 위기가 발생하면서 마르크스의 '정치경제학비판'이 의거하는 사적유물론의 준거구도는 또 다른 방향으로 발전하는데, 그것은 이 준거구도를 구성하는 사회적 삶의 구성요인들 가운데 '이데올로기적 형태들'을 연구 초점으로 잡아 특히 자본주의적 계급구조 안에서의 '노동자계급'의 의식을 집중적으로 주목하였다. 이런 주제의식은 바이마르 공화국 시절인 1924년에 창립된 '프랑크푸르트 사회조사연구소(IfS)'가 1929~1931년간에 실시한 노동자 대상 설문조사의 결과를 통해 경험적으로 실증되었다.

당시 에리히 프롬(Erich Fromm)이 주도한 이 연구프로젝트는 271개 문항의 설문지를 3,300여명에게 배포, 2년에 걸쳐 응답지를 취합하였다.[20] 이 조사의 결과는 각 국가들 안에서 진행된 '노동자계급'의 사회적 의식상태가 당시까지 공식화되어 있던 유형의 마르크스주의적 계급이론에서 기대되었던 바와 크게 어긋난 특징들을 보였다. 즉 이 조사에서 시행한 설문의 결과들에 대한 분석에 따르면, 응답자 중 다수를 차지하는 좌파 성향의 노동자나 피고용자들은 정치적으로는 통상 좌파노선의 정치적 구호에 동조하는 응답을 제출했는데, 비정치적 물음들에 대해서는 친좌파적 정치성향에서 기대되었던 것과는 반대로 "급진성의 정도가 예민하게 점차 옅어져" 이들이 "사회주의적인 반권위주의의 통일성(unity of socialist-anti-authoritarianism)"을 구현하리라던 기대를 의문시하게 만들었다.

이에 프롬의 연구진은 조사대상자들에 대하여 '정치적' 태도, '권위'에 대한 태도 그리고 '동료인물들'에 대한 태도를 묻는 간단한 설문을 다시 배포하였다. 그 결과는 앞에서의 의혹이 틀리지 않았음을 보여주는 쪽으로 나왔는데, 응답자들 가운데 '독일공산당(KPD)'과 '사회민주당(SPD)' 당원인 사람들의 15%만이 그 당색에 부응하는 "급진적(radical)" 응답을 내놓은 반면, 그 25%는 경향상으로나 아니면 통째로 "권위주의적(authoritarian)"이라고 할 수밖에 없는 응답을 내놓았다.[21]

사회조사기법의 발전이 아직 일천했던 당시의 사정을 감안하면, 이런 조사결과가 바이마르 공화국 시절의 독일 사회 전반의 정치적·사회적 동향을 '정확하게' 파악했다고 주장할 수 있지는 않겠지만, 분명한 것은, 비록 조사대상의 수가 인구의 극히 미미한 부분에 지나지 않았지만, 이 소수의 조사대상 안에서, 당시의 마르크스주의적 계급이론이 주는 선입견에 정확하게 부응하여 계급별로 '급진적' 성격, '자유주의적' 성격, '권위주의적' 성격이 일관되게 일의적으로 나타나는 것이 아니라 각 계급구성원들 개인별로 이런 성격들이 혼재되어 정치는 급진적 성격을, 사회생활에서는 권위적 성격을 띠는 등, 한 개인 안에 여러 계급특정적 성격들이 여러 가지 혼재하면서 '태도의 비일관성(inconsistency in attitudes)'이 두드러진 가운데, 좌파적 계급구성원들 안에서 '권위주의적' 성격이 더 많이 발견되었다. 심리적 상태가 이렇다고 하면, 일관성 없으면서 권위주의적으로 경사되는 성향을 보이는 성격들은 사회적·정치적으로 자신의 정치성향과는 어긋나더라도 쉽사리 거부할 수 없는 강한 압박이 들어오면, 그것이 자신의 생존과 이해관계를 치명적으로 침해하지 않는 한, 그런 압박에 강고하게 저항할 수 없는 것은 분명했고, 경우에 따라서는 권력기회주의적 태도를 취할 수도 있음을 뜻했다. 그리고 이것은 바이마르 공화국 정치체제의 취약성을 헤집고 '민족사회주의독일노동자당(NSDAP)'과 같이 정치적으로 여러 성향의 명칭이 뒤섞인 이름을 가진 정당 즉 나치(Nazis)가 집권하였을 때 사실로 입증되었다. 당시 독일 노동자 계급은 '독일공산당'이 해산당하고 '사회민주당'이 추방되고 급기야 노동조합들이 철거되어도 전국적 저항을 하지 않은 채 나치의 전체주의에 흡수통합되었다.

학문적·이론적으로 이런 현상은 마르크스주의적으로 정리된 당시의 사회주의 내지 공산주의 운동의 현실인식에 커다란 혼란요인이 내재되어 있음을 입증하였으며, 사회적 의식을 규정하는 사회구조상의 세력배열체에 있어서 보다 정교한 분석요인을 고려해야 함을 보여주었다. 결국 '경제적' 생산관계들의 분석에 국한된 당시 노동자계급의 사회의식 즉 이데올로기가 마르크스주의적 계급관과 어긋나는 상황을 파악하기 위해 헤겔의 의식이론과 아울러 프로이트의 심층심리학이 투입되면서 이데올로기 자체를 직접 조작할 수 있는, 당시로서는 새로운 산업 즉 의식생산산업으로서의 '문화산업(Kulturindustire)'이 의식을 규정하는 사회적 존재로서 부가되었다.[22]

'비판이론'은 헤겔의 의식 변증법과 프로이트의 의식분석을 접속한 '이데올로기비판'으로써, 당시 독점자본주의론에 도식적으로 사로잡힌 경제주의적 토대 분석과 계급이론에 매몰되었던 통상적인 경직된 마르크스주의로부터 당시로서는 역사발전의 수동요인으로 간주되던 이른바 상부구조 요인인 문화 그것도 대중문화 분석을 선도하면서 파시즘에 영합하는 대중정세를 정확하게 포착하는 것은 서양 현대의 학문사에서 지울 수 없는 학문적 성과였다. 하지만 '비판이론'은 이런 학문적 성과와 정치적 해석의 새로운 시각을 획득하면서 그 이면에서는—뒤에 20세기 후반기 비판이론의 출발조건이 되었지만—위기가 포착되는 '삶의 지평'은 (본래 마르크스가 '정치경제학비판'에서 그 최장最長 지평으로 설정했던) '세계시장'에서 쭈욱 움츠러들어 '국가' 그것도 '선진-자본주의·제국주의 국가들'로 그 시각이 **부지불식간에 협애화**되었던 것은 서양 현대에서 발상된 이후의 비판모델들이 본격적으로 '유럽중심주의적'이 되는 첫 걸음을 뗀 셈이 되었다.

그리고 이와 아울러 '비판이론'은 더 이상 정치경제학 담론에 적극적으로 개입할 자체의 철학적 유인을 상실하였다. 제2차 세계대전이 파시즘

국가들의 완벽한 패전과 아울러 그 전쟁행위의 범죄성이 국제적으로 단죄되고 난 조건에서 추방당했던 현장에서 복원된 '프랑크푸르트학파'의 준거구도에서 미국식 소비주의가 밀려오고 그에 접붙인 서유럽 고육의 복지국가가 효율적인 행정체계에 의해 정착되면서 '비판이론'은 또한 **유의미한 사회경제적 담론을 전개할 단서를 유실하였다.** 이런 전후 상황에서 마침 지구 건너편에서 발발한 '한국전쟁'으로 유발된 특수에까지 힘입어 전쟁을 통해서보다 평화 상태에서 더 많은 것을 획득할 수 있었던 '라인강의 기적'이 현실화되었을 때 철학사에서 전례 없이 음악철학을 수립한 테오도르 아도르노가 더 이상 추구할 공산주의란 없다는 메시지를 받은 전후 세대가 아도르노를 '공산주의 실향민' 또는 '고향 잃은 공산주의자(heimatloser Kommunist)'라는 별명을 붙였다는 것은 서글픈 해학에 해당된다.

3.5. [민주주의적 법치국가의 항시적인 정치적 관리사안으로서 '정당화' 위기 – 논변이론적 비판이론 – '비판이론' 20세기 후반기 버전 또는 후기 프랑크푸르트학파]: 학문활동상의 생활지평은 서유럽과 영미의 선진복지민주주의 국가와 사회로 좁혀지고 학문적 관심지평에서 정치경제학 담론이 떨어져 나간 상태에서 미국에 망명해 있던 프랑크푸르트학파의 본진이 제자리로 돌아와 '프랑크푸르트 사회조사연구소'를 복원하고 난 전후(戰後) 20여년 간 '비판이론'이 비판으로써 실천적 개입을 할 뚜렷한 정치적·사회적 쟁점들로 부각된 것은 없었다. 다만 전후 세계 패권 경쟁에서 전전(戰前)까지의 주도권을 상실하고 주변화된 독일이나 서유럽 정도가 아니라 망명지였던 미국에서 그 사회상을 직접 체험했던 마르쿠제가 복지국가(welfare state)의 풍요를 보장하는 경제적 잠재력이 전쟁국가(warfare state)의 군사적 무력으로 전환될 가능성을 감지한 마르쿠제가 풍요로운 소비 속에서 반성능력을 상실한 대중의 정치적 무비판성의 위험을 경고하는 헤르베르트 마르쿠제의 『일차원적 인간』이 미국이 본격적으로 베트남 전쟁에 개입하기 직

전인 1964년 출간되어 반전운동으로 시작된 미국 대학생들의 '학생반란 (student revolt)'이 풍요 속에서 수많은 반민주적 차별과 착취를 은폐하는 것에 항의하는 서구 전체의 '항의운동(Protestbewegung)' 즉 '68운동'을 선지적으로 예비하고 있었다.[23] 그리고 그 2년 전에 하버마스는 '공적 영역 (die Öffentlichkeit)'에 주목하여 독일 현대사에서 그렇게 기피하던 부르주아 민주주의(bürgerliche Demokratie) 또는 민주주의적 법치국가(demoktratischer Rechtsstaat)를 공고화시킬 수 있는 시민적 근본토대(bürgerliches Fundament) 를 탐색하면서 '정치철학의 이론과 정치실천이 통일될 수 있는' 준거세계관을 모색하기 시작하였다.

중요한 것은 바로 이 68운동을 전후하여 하버마스가 주도하는 전후 프랑크푸르트학파의 '비판이론'이 그것이 추구하는 실천적 타당성의 이론적 문제지평을 선진산업사회(advanced industrial society) 또는 후기자본주의 국가와 사회(late-capitalist state & society)로 명백하게 선을 긋고 나섬으로써 이미 마르크스의 고전적 정치경제학비판의 모델과 거리가 두어졌던 전전의 프랑크푸르트학파의 이데올로기비판 모델보다 더 멀어져 갔다. 하버마스의 이런 위치 설정은 68운동 당시 한때 독일 (당시로는 서독) 학생운동의 이론가로서[24] 대학개혁운동의 의사를 분명히 확증시키기 위해 행동파 학생들이 점거하고 들어간 학교 건물이나 야외 장소를 '지배로부터 자유로운 구역(HFZ. herrschaftsfreie Zone)'이라는 참신하게 명명할 정도로 정당화하는데 기여하였지만, 1969년 들어 행동파 학생들이 결집한 재야학생조직인 '탈의회기구(APO. Außerparlamentarische Organisation)'가 (관변측의 극단적인 폭력적 탄압과 아울러 이들 재야학생조직의 지도자였던 루디 두취케에 대한 살해 미수 의혹이 계기가 되어) 경찰을 비롯한 공권력은 물론 학교 당국과 심지어 교수진과도 신체적·폭력적 대결을 불사하면서 이들 극단좌파와 선을 긋기 시작하였다. 이들 급진행동파 학생운동 조직을 '좌파 파시스트(linke Faschisten)'라고 낙인 찍은[25] 하버마스는 우선 이들에게 그 행동 강령과 방식이 우선 민주주의 국가의 헌법질서 안에서 '좌파 입헌주의'로 정치적 위치를 정착시킬 것을 촉구하였다. 그리고 이들이 이른바 '미제국주의'의 '베트남 (침략)전'에 대항하여 '제3세계 해방'을 표방하면서 거리 투쟁에 나섰을 때 선진산업사회의 대학생들이 추구할 수 있는 해방의 타당성 범위 안에 '제3세계 국가들'은 포함될 수 없음을 단언했다. 하버마스는 제3세계 해방과 연대하여 그것을 지원하려는 그들의 급진적 의지표명에도 불구하고 선진국 학생세력에게는 그것을 실천할 실질적 역량이 없다는 아주 냉정한 현실주의적인, 경우에 따라서는 냉소적으로 들리는, 확언을 서슴지 않았다.

> 과거 식민지였던 지역에서 정치적 해방을 위한 투쟁은 동시에 사회적 해방투쟁이기도 하였다. 이 해방투쟁의 명백한 목표는, 외국에 대한 경제적 종속을 심화시키고 산업 발달을 방해하는 국내의 사회구조를 제거하는 것이다. 식민지 착취관계에서 발전된 과거의 제국주의이론은 오늘날 부유한 나라와 가난한 나라 사이의 증가하는 불균형을 충분히 설명하지 못한다. 개발도상국가의 국제적인 혜택 상실은 완결된 체계를 갖춘 제국주의이론에 필수적인 착취의 범주로는 앞으로 점차 더 분명히 파악되지 않을 것이다. … 이제까지 우리가 알고 있었던 차원을 훨씬 넘어서는 저개발국가의 경제적 파탄, 즉 기아는 충분히 예견될 수 있다. 그러므로 제국주의이론이 더 이상 충분한 설명을 제공하지 않더라도 이 이론은 분명하게 다음과 같은 현상들을 지시한다. 즉, **안정된 사회체제를 갖고 있는 국가들은 건너편 세계에서 야기되고 있는 생존 문제를 해결할 수 없다.**[26]

이런 문제지평에서 보면 '68운동'이라는 학생반란은 제3세계 해방을 위한 초석이 아니라 "후기 자본주의" 선진민주복지국가 내에서 서로 다른 의견을 가진 사회세력들이나 정치세력들 사이의 의견차이가 성공적 의사소통(erfolgreiche Kommunikation)을 이루지 못한 상태에서 나타나는 일종의 '의견불일치(Dissens)'로 간주되며, 이런 상태가 항상적으로 또 장기적으로 나타날 경우 그것을 지양하기 위해 필요한 것은 사회체계 전반의 전복이 아니라 이 의견불일치 상태를 상호이해하고 적절한 대안을 놓고 의견대립 상대방을 합리적으로 수긍하도록 만드는 정당화 절차(Legitimationsver-fahren)의 개시이다.

이렇게 일종의 상대방 발언에 대한 언어비판 내지 담화비판으로 나타나는 비판의 준거구도는 선진민주복지국가에서 나타나는 경제적 위기, 합리성 위기, 정당화 위기, 동기화의 위기가 이렇게 의사소통적 정당화 절차 안에서 타당성 있게 해소될 수 있다고 믿을 수 있는 근거는 '후기 자본주의'라는 사회구성 자체가 국가기구를 다루는 정치 활동이나 복지를 운영해야 하는 행정체계뿐만 아니라 경제를 비롯한 모든 생활영역과 활동에 대해, 특히 시장에 대하여, '국가 개입'을 필수적인 작동 요인으로 한다는 그 구조적 특성에 있다. 이렇게 보면 '후기 자본주의'는 국가의 작동방식에 대한 합의만 이루어져 있으면, 그리고 '헌법'에 의해 이런 합의에의 참여는 이미 체제운영의 공분모로 국가를 비롯한 모든 생활영역 안에 내장되어 있기 때문에 민주주의적 법치국가를 작동축으로 하는 후기 자본주의 사회는 그 구성원들의 논변 참여에 보편적으로 개방되어 있고 또 보장되어 있기 때문에,[27] 나중 '논변윤리'에서 요구하는 논변 성립의 제1원칙인 '논변참여 원칙(Diskursprinzip)' 즉 D-원칙은 이미 체제 안에서 유통되고 있으며, 후기 자본주의 사회의 구성원들은 모두 국가적으로 개설되는 정당화과정의 잠재적 참여권자이다. 이러면서 하버마스는 이런 체제 안에서라면 당장의 요구가 이성적인 요구임에도 관철되지 않는다고 하더라도 행동주의로 성급하게 후퇴할 필요는 없을 것이라고 단언한다. 왜냐하면 그런 행동주의는 이성적인 소통에 주목하게 만들기보다 행동에의 몰입으로 인해 모든 이성적 담화행위의 가능성을 일단 차단시켜 버리기 때문이다.[28]

— 이런 위기지평 안에서 하버마스는 1970년대~80년대 내내 '화용론적 전회'를 통해 '의사소통행위이론'을 근거정립하고 그로부터 '논변이론(Diskurstheorie)'을 도출하고, 이를 토대로 '논변윤리(Diskursethik)'를 발전시키면서 '생활세계-공론장-국가'를 기축영역으로 하여 각 영역에서 의사소통과정과 논변절차 그리고 논변윤리를 가동시켜 국가 안에서 이루어지는 모든 생활위기를 해결하는 '민주주의적 법치국가'의 작동구조에 대한 설계를 완료하였고(하버마스의 이 '논변이론적 비판모델'에 관해서는 서유럽과 영미권에서 최근까지도 실시간으로 많은 정리와 요약이 이루어져[29] 이 글에서는 별도의 논의를 생략하겠다), 20세기 후반기 유럽 차원에서 이른바 현존사회주의 체제가 붕괴하고 동서 냉전이 해체되면서 '유럽연합(EU)'이 결성되어 유럽대륙 차원의 민주화(democratization on the european-continental level)의 골격이 짜여지면서 그의 '논변이론적 비판이론 모델'은 대륙적 보편타당성까지도 획득하는 듯한 국면이 전개되는 것으로 20세기는 매듭지어지는 것처럼 보였다.

— 그런데 21세기 들어 하버마스는 9·11테러 이후 '종교'의 명분으로 전(前)현대적 사회구성으로부터 현대적 사회구성 한복판에 폭력적 도전이 제기되는 사태에 직면한다. 밀레니엄 전환기에 하버마스는 이미 2천년 서양철학사 전반에 관한 '탈형이상학적 소통 또는 논변이론적 재구성' 작업에 들어가 철학사 전반에 관한 세속화 내지는 합리적 재구성을 추진하던 터였다.[30] 그런데 이미 세속화가 완료되었다고 판단되는 '후기 현대'의 한가운데 서양 현대적 의미에서의 세속화를 전적으로 거부하는 '전(前)현대적인' 성(聖)스러운 것(das vormoderne Sakrale)이 폭력적 개입자로 틈입되어 들어왔다. 이제 더 이상 지난 몇 세기 추진해온 세속화 과정은 더 이상 추진될 탄력을 잃었다고 보이면서 하버마스는 '탈(脫)세속적 국면(post-säkulare Phase)'의 정세를[31] 대략적이나마 추적하기 시작하였다.

4. '비판이론'을 넘어?: '탈비판이론적' 비판 모델_['전지구적 · 우주적 위기지평' – '지구적 · 우주적 지평의 사적유물론 복원' – '행성생명계 지구시민']

'프랑크푸르트 사회조사연구소' 창립 초기 '비판이론'은 (아주 짧은 기간의) '마르크스주의적 정치경제학'에서 출발하여 마르크스의 사적 유물론에 헤겔과 프로이트의 발상을 접합시킨 헤겔적-프로이트적 마르크스주의 또는 '서구 마르크스주의(western Marxism, westlicher Marxismus)'를 거치면서 주로 선진산업사회에 대한 '이데올로기비판(Ideologie-Kritik)'을 중심으로, 일차적으로는 독일 지식인 사회 그리고 2차대전 이후 전후 서유럽과 미국에서 그 철학적-학문적 성과가 학계에서 대폭 수용되고 60년대의 68-운동을 통해 시민사회에서 일반화되는 흥성기를 거쳐, 20세기 후반기 냉전이 종식되어 동·서유럽에서 정치적·사회적 민주화가 이루어지면서 대륙화되었다. 그런데 '비판이론'이 밀레니엄 변환기를 거쳐 백 년 동안 학문적·이론적 생산력뿐만 아니라 위기현실에 대해 실천적·비판적 앙가주망까지 가능했던 것은 자신들이 설정한 일종의 영미-서유럽 권역, 조금 더 넓히면, 영미-유럽대륙-권역 또는 북대서양 권역으로 경제지위놓은 위기지평 안으로 비판이론의 적용을 엄격하게 한정시켰다는 데서 찾아진다. 그리고 이 위기지평 안에서는 자체 사회구성과 다른 곳에서 끼어들어온 교란요인들에 대해서도 어찌 되었든 안정된 소통능력과 위태롭지만 그럭저럭 균형을 취하는 정치능력으로 사회적으로 소화시키는 데 성공시켜 왔다. 즉 위기가 지금까지의 북대서양 권역의 위기지평 안에서만 터지기만 하면 '논변이론적 비판 모델'로 동화시키거나 공존해 왔다.

그런데 이런 상태에서 '러-우 전쟁'이 터졌고 그것은 의사소통행위모델과 논변절차가 적용가능한 위기지평 바로 밖에서 일어난 사건이었다. 본래부터 공유하고 있던 문제의식을 놓고 행동주의를 떨쳐버리고 이성적 상호이해와 합의가 가능한 국가적 차원의 개입과 합리적 조절이 작동했던 반세기 이전의 상황과 전혀 다른 일이 벌어진 것이다. 그리고 공교롭게도 비판이론이 적용가능한 위기지평의 협소함에 대한 이런 의문을 정리하고 있던 바로 그 시점, 2023년 10월 7일 새벽, 현존하는 가장 넓은 노천 수용소라는 가자지구로부터 팔레스타인 자치지구를 통치하는 하마스 무장조직으로부터 4,400발의 로켓포가 이스라엘 군 주둔지와 민간인 거주 지역 특히 축제장에 쏟아지면서 육해공 삼면에서 무장인들이 풀리면서 무차별 살상과 납치가 자행되고, 이에 대해 이스라엘군이 반격하는 과정에서 단 사흘 동안 양측 사상자가 1,500명을 넘어서는 대참사가 벌어졌다. 이런 상황에서라도 이런 상황에 대해 그 어떤 '비판'이 작동되어야 한다면, 그 비판은 당장 현존하는 인간들에게 닥친 위기를 자기의 위기로 인지하고 분석하는 위기지평의 확대부터 기해야 하고, 더 중요한 것은 이제 '지구상 어디서 일어나든 그 어떤 인간에게든' 닥친 위기는 사실상 거의 실시간으로 '나의 위기'로 전화된다. 즉 이 시대의 우리는 그 어떤 시대보다도 **지구상 인간에게 일어난 그 어떤 문제도 나의 문제이다!**'라고 언명할 수 있는 글로벌 연관망 안에서 실존한다.

그러면서 이런 글로벌 연관망은 마르크스 상정했던 '세계시장'의 범위도 훨씬 넘어선다. 당시 마르크스는 선행 자본주의 국가의 신흥 부르주아들이 교역망을 통해 세계시장을 장악해 가는 것을 목도한 정도였다. 하지만 거의 2세기반이 지난 21세기 세 번째 십년기 현재 지구인들은 중국 우한에서 확산되기 시작한 코로나19에 지구인 전체가 대응해야 할 뿐만 아니라 기후위기나 지질위기의 후유증이 어느 한 지역에만 국한되지 않는 '인류세'의 시대를 살고 있다. 이런 위기에 대해 소통해야 할 이들이 과연 북대서양 권역의 거주민들에 국한되어야 할까? 결국 그 어떤 비판 작업을 통해 사태를 정확하게 파악하고 실천적 대응방안을 적절하게 판단하고 결정내려야 한다면 **위기지평이 '전지구적·우주적 범위**(global & cosmic scope)**'로**

확대되어야 한다.

그런데 이렇게 위기지평을 확대한다고 하더라도 그 안에서 발생하는 위기사태들을 포착하고 분석할 수 있는 '인식능력 있는 비판 모델'이 짜여져야 한다. 그런데 앞의 3장에서 검토하였듯이 20세기 들어와 개발된 프랑크푸르트학파의 비판 모델은 위기에 대한 인지를 의사소통에 직접 참여하는 동질적 참여자들로 국한시켰다. 그러나 21세기 세 번째 십년기에 벌어지는 위기사태는 직접적인 참여인간을 넘어서는 범위에서 발생하여 각 국가의 시민들의 생활세계로 넘쳐 들어온다. 자연생태계는 더 이상 객체화시켜 풍부하게 조작할 수 있는 대상이 아니며, 생산력도 그 질과 양에 있어서 새로이 조망되어야 한다. 아마도 우리는 조만간 생산력(Produiktivkräfte)뿐만 아니라 재생산력(Re-Produiktivkräfte)도 문제 삼아야 할 것이다. 따라서 '**전지구적·우주적 지평의 사적유물론의 재합성**(Recomposition of the historical materialism of global & cosmic horizon)'이 시급하게 착수되어야 한다.

이런 요구들에 직면할 인간은 자신의 삶을 유지하고 활동할 수 있는 준거가 되는 인강상을 '**행성생명계의 지구시민**(earthian citizen on the system of the planetary lives)'으로 정립해야 할 것이다. 어느 면에서 예전에 '세계시민(cosmopolitan)'이라는 관념상에서 임의적으로 설정했던 이상적 인간상 대신 우리는 자연생태계와 행성운행의 한계 안에서 이 지구상에 공동으로 생존해야 하는 **우주적 실존**(cosmic existence)으로서 '지구시민(the earthian citizen)'임을 재규정해야 할 것이다.

주

1 본 논문은 한국연구재단 2018년도 중견연구자지원사업(과제번호 2018S1A5A2A01039624) "대한민국헌법 규범력에 상응하는 헌법현실의 창출을 담보하는 헌법교육/민주시민교육의 철학적 근거정립"의 연구 성과의 하나로 작성되었음.

2 양적인 측면에서 한국만 국한시켜 보자면, 2023년 10월 3일 현재 필자가 동국대학교 중앙도 서관을 통해 접근한 '학술연구정보서비스(RISS)'(https://www-riss-kr.sproxy.dongguk.edu/ index.do)에서 한글로 '하버마스'를 검색어로 투입한 결과 국내학술논문(1,009건), 학위논문 (573건), 단행본(930건), 연구보고서(329건) 등의 4가지 성과 범주에서 총 2,844건이 검출되 었다. 이른바 서양철학 분야에서 이보다 많은 검출수가 나온 것은 '플라톤', '아리스토텔레스', '데카르트', '로크', '칸트', '헤겔', '마르크스', '니체' 정도이다. 그런데 이들은 이미 일제 강점기 때부터 수용되어 왔다는 점을 고려하면 1973년 처음 소개된 하버마스에 대해 비단 철학뿐만 아니라 전공을 넘나들여 국내 학계 전반에서 보인 연구 관심은 20세기 철학자들 가운데서는 단연 발군이다. 즉 20세기 서양 철학자들 가운데 하버마스보다 더 많은 검출수가 나온 경우 는 없었는데, 다만 '비트겐슈타인'이 2,068건으로 하버마스 다음으로 검출되어 나왔다.

3 Jürgen Habermas, *Philosophische Texte: Studienausgabe in fünf Bänden* (Frankfurt a.M.: Suhrkamp, 2009. 5.)

4 J. Habermas, *Zur Verfassung Europas. Ein Essay* (Frankfurt/M.: Suhrkamp, Berlin 2011)

5 J. Habermas, *Nachmetaphysisches Denken II. Aufsätze und Repliken* (Frankfurt/M.: Suhrkamp, Berlin 2012) 및 엄청나게 방대한 분량의 같은 저자, *Auch eine Geschichte der Philosophie. Band 1: Die okzidentale Konstellation von Glauben und Wissen; Band 2: Vernünftige Freiheit. Spuren des Diskurses über Glauben und Wissen* (Frankfurt/M.: Suhrkamp, Berlin 2019)

6 J. Habermas, *Ein neuer Strukturwandel der Öffentlichkeit und die deliberative Politik* (Frankfurt/ M.: Suhrkamp, Berlin 2022)

7 Finlayson, James Gordon / Rees, Dafydd Huw, "Jürgen Habermas", in: *Stanford Encyclopedia of Philosophy* (https://plato.stanford.edu/entries/habermas/ First published Fri Sep 15, 2023) 이 문건은 사전글임에도 불구하고 그 내용이나 양에 있어서 Finlayson이 18년 전 당시까지 의 하버마스 철학을 아주 간략하게 조망한 Finlayson, James Gordon, *Habermas - A Very Short Introduction* (New York: Oxford Univ. Press, 2005.)보다 양도 더 많아지고 내용도 더 풍부하 다. 어쨌든 이 2005년 개론서의, xx쪽에서 제시하고 있는 하버마스 철학의 구성은 다음과 같다.

1. the pragmatic theory of meaning;
2. the theory of communicative rationality;
3. the programme of social theory;
4. the programme of discourse ethics;
5. the programme of democratic and legal theory, or political theory

이 개론서의 한글 번역으로는 제임스 고든 핀레이슨, 『하버마스 입문』, 서요련 옮김 (서울: 필 로소픽 푸른커뮤니케이션, 2022) 참조.

8 "Jürgen Habermas zur Ukraine. Krieg und Empörung", in: *SÜDDEUTSCHE ZEITUNG*

(Gastbeitrag von Jürgen Habermas 28. April 2022 - 16 Min. Lesezeit. https://www.sued-deutsche.de/projekte/artikel/kultur/das-dilemma-des-westens-juergen-habermas-zum-krieg-in-der-ukraine-e068321/?reduced=true) 필자는 유료구독을 요구하는 독일어 본문에 접근하지 못하고 영어/이태리어로 전문 번역하여 5월 6일자로 탑재한 유럽 진보진영의 사이트를 찾아 그 전문을 통독할 수 있었다. "Jürgen Habermas, "War and Indignation. The West's Red Line Dilemma. Jürgen Habermas 6 May 2022" (https://www.resetdoc.org/story/jurgen-habermas-war-indignation-west-red-line-dilemma/)

9 "We are *confronting terrible suffering that Russia is inflicting upon Ukraine using all means possible, without creating an uncontrollable escalation* that will cause immeasurable suffering across the entire continent, perhaps even throughout the world."

10 이런 점에서 유럽 나아가 이른바 선진민주주의 국가들의 정치 현장에서 푸틴의 정파적 위상은 러시아 극우 쇼비니즘인데, 이 관점에서 보면, 푸틴을 빨갱이로 보는 한국 정계와 사회 일각의 정파적 착각은 심각하다.

11 "Massaker von Butscha", in: WIKIPEDIA. https://de.wikipedia.org/wiki/Massaker_von_Butscha zuletzt am 26. September 2023 um 01:53 Uhr bearbeitet.

12 Tonelli, G./Bormann, C.v., "Kritik", in: Ritter, Joachim/Gründer, K., *Historisches Wörterbuch der Philosophie*. Bd.4 (Basel/Stuttgart: Schwabe & Co.AG Verlag, 1976), 1249~1267쪽과 Hozhey, H., "Kritik", in: 같은 책, 1267~1282쪽.

13 Tonelli/Bormann(1976), 위의 글, 1249쪽.

14 "From Latin crisis, from Ancient Greek κρίσις (krísis, "a separating, power of distinguishing, decision, choice, election, judgment, dispute"), from κρίνω (krínō, "pick out, choose, decide, judge")." https://www.freemorn.com/dictionary/english/greek/ 무료 온라인 영어-그리스어 사전에 영어 "crisis" 투입.

15 라이문트 슈미트가 편집하여 『순수이성비판』의 초판과 재판을 같이 실어놓은 펠릭스 마이너 판 즉 Immanuel Kant, *Kritik der reinen Vernunft*, Nach der ersten und zweiten Original-Ausgabe neu herausgegeben v. Raymund Schmidt (Hamburg: Felix Meiner Verlag, 1956)을 기준으로 하면 '선험론적 변증론 (Zwiete Abteilung. Die transzendentale Dialektik)' 부분은 본문 총 766쪽 가운데 317쪽(SS.334~650)으로 약 41%의 분량을 차지한다.

16 위의 책, 337쪽.

17 현대 변증법의 발전에 있어서 칸트의 '선험론적 변증론'의 결정적 역할과 그 작동구조에 대해서는 졸고, "6.2. Das Argument für die Notwendigkeit der Dialektik bei Kant", in: 졸저 (Hong, Yun-Gi), *Dialektik-Kritik und Dialektik-Entwurf: Versuch einer wahrheitstheoretischen Auffassung der Dialektik durch die sozio-pragmatische Neubegründung.* (Thesis (doctoral)-- Freie Universität Berlin: Philosophie und Sozialwissenschaft, 1995), 243~257쪽 참조.

18 다음 도표의 작성은 Karl Marx/Friedrich Engels, *Marx-Engels-Werke(MEW)*. BD.13 (Berlin/DDR: Dietz Verlag, 7.Aufl., 1971, unveränderter Nachdruck der 1.Aufl., 1961), 7~11쪽의 『정치경제학비판(*Zur Kritik der politischen Ökonomie*)』(1859), 「서문(Vorwort)」에 의거한 것인데, 사실 마르크스 자신은 자신이 직접 집필한 글들에서 '사적 유물론'이나 '변증법적 유물론'이라는 용어를 쓴 적은 없다.

19 마르크스-레닌주의의 "국가독점사회주의(staatsmonopolisierter Sozialismus)"로의 전락과 그 이데올로기적 실상을 "변증법비판"의 관점에서 고찰한 것은 졸고, "2. Sinnkrise der Dialektikforschung(1) : Stalins Paratheoretisierung der Dialektik und die Konsolodierung der Sowjet(ir)rationalität", in : 졸저(1995), 앞의 박사학위논문, 51~80쪽 참조.

20 Erich Fromm, *The Working Class in Weimar Germany. A Psychological and Sociological Study*. Tr. by Barbara Weinberger, ed. & introd. by Wofgang Bonss (Cambridge, Mass.: Harvard University Press, 1984.), 1~2쪽. 이 책의 독일어 원본은 에리히 프롬의 유산물에서 Wolfgang Bonss 엮음, *Arbeiter und Angestellte am Vorabend des Dritten Reiches* (Stuttgart: Deutsche Verlagsanstalt, 1980)

21 Wolfgang Bonss, "Critical Theory and Empirical Social Research : Some Observations", in: Fromm(1984), 위의 책, 28쪽.

22 Horkheimer/Adorno, "Kulturindustrie. Aufklärung als Massenbetrug", in : Max Horkheimer/ Theodor Adorno, *Dialektik der Aufklärung. Philosophische Aufsätze* (Frankfur a.M.: Suhrkamp, 1988, 16판/ 초판 1944, 초판), 128~176쪽. 한글번역으로는 테오도어 W. 아도르노/막스 호르크하이머, 「문화 산업 : 대중 기만으로서의 계몽」, in: 같은 저자들, 『계몽의 변증법 - 철학적 단상. 우리 시대의 고전 12』. 김유동 옮김, (서울: 문학과지성사, 2001.08.)

23 Herbert Marcuse, *One-Dimensional Man: Studies in the Ideology of Advanced Industrial Society* (Boston: Beacon Press, 1964) 마르쿠제의 이 책은 1972년 이래 여러 번 번역되었다.

24 Frank Benseler/Ludwig von Friedeburg/Jürgen Habermas/Christoph Oehler/Friedrich Weltz(공저), *Student und Politik. Eine soziologische Untersuchung zum politischen Bewusstsein Frankfurter Studenten* (Neuwied am Rhein/Berlin, Luchterhand, 1961); Jürgen Habermas, *Protestbewegung und Hochschulreform* (Frankfurt: Suhrkamp Verlag, 1969)

25 상당 기간이 지난 뒤 하버마스는 자신이 당시 급진행동파 학생들에게 낙인찍었던 '좌파 파시스트'라는 비난이 너무 과한 것이었다고 유감의 뜻을 표하기는 했다.

26 하버마스, 「제7장. 독일 학생운동에 대한 분석과 비판」, in: 하버마스, 『이성적인 사회를 향하여』, 장일조 역 (서울: 종로서적, 1980), 304~305쪽(번역문 글귀 약간 수정).

27 후기 자본주의의 사회구성상의 이런 특징들에 대해서는 Jürgen Habermas, *Legitimationsprobleme im Spätkapitalismus* (Frankfurt a.M.: Suhrkamp Verlag, 1973)에서의 논의 요약. 한글 번역으로는 위르겐 하버마스, 『후기자본주의 정당성 문제』, 임재진 옮김 (서울: 종로서적, 1983. 7.) 참조.

28 Habermas(1973), 위의 책, 195쪽.(하버마스, 위의 책, 169~170쪽.)

29 Finlayson, James Gordon, *Habermas : a very short introduction* (Oxford, UK ; New York: Oxford University Press, 2005.); Finlayson, James Gordon / Rees, Dafydd Huw, "Jürgen Habermas", in: *Stanford Encyclopedia of Philosophy* (https://plato.stanford.edu/entries/habermas/ First published Fri Sep 15, 2023); WIKIPEDIA, "Jürgen Habermas", in: https://de.wikipedia. org/wiki/J%C3%BCrgen_Habermas (zuletzt am 14. August 2023 um 13:20 Uhr bearbeitet.)

30 Jürgen Habermas, *Nachmetaphzsisches Denken II* (Frankfurt a.M.: Suhrkamp Verlag, 2012) 및 같은 저자, *Auch eine Geschichte der Philosophie Bd.I. Die okzidentale Konstellation von Glauben und Wissen /Bd.II.Vernünftige Freiheit. Spuren des Diskurses über Glauben und Wissen* ((Frankfurt a.M.: Suhrkamp Verlag, 2022.11.)

31 J. Habermas, "Religion in der Öffentlichkeit der 'postsäkularen' Gesellschaft", in: Habermas(2021), 앞의 책, 308~328쪽.

좋은 삶의 형식적 개념에 기초한 사회 정의론의 개요[*]

정 태 창

I. 들어가는 말

오늘날 프랑크푸르트학파의 비판 이론의 전통에서 사회 정의(Soziale Gerechtigkeit)와 사회 비판(Sozialkritik)의 관계를 어떻게 이해할 것인가의 물음은 근본적인 의미를 갖는다. 이 물음은 롤스(J. Rawls) 이래로 자유주의 (liberalism) 기반의 철학적 정의론을 중심으로 전개되어온 정치 철학과, 마르크스(K. Marx)의 문제 의식을 계승하여 좀 더 포괄적인 맥락에서 사회 비판을 추구해온 사회 철학의 경계 및 영역 설정의 문제와 연관된다. 이에 대한 가장 명료한 답변은 호네트에게서 찾을 수 있다. 그에 따르면 정치 철학은 사회적 삶의 형식을 정의(justice)의 개념을 중심으로 정치적-도덕적 정당성의 측면에서 탐구하는 반면, 사회 철학은 사회적 삶의 형식을 좋은 삶(good life)의 개념을 중심으로 그것이 인간의 자기실현이라는 목표에 부과하는 구조적 제약을 탐구하는 것으로 이해될 수 있다.[1] 사회 철학

---

[*] 이 글은 다음 논문을 수정하고 보완한 것이다. 정태창, 「좋은 삶의 형식적 개념에 기초한 사회 정의론의 개요」, 『윤리학』 제12권 제2호, 한국윤리학회, 2023.

은 무엇보다도 '사회적 병리현상'으로 규정될 수 있는 잘못된 사회적 발전 과정을 규정하고 논의해야 한다는 것이다. 하지만 옳음(right)과 관련된 도덕적(moral) 물음을 정치 철학에 넘겨주고, 사회 철학에는 좋음(good)과 관련된 윤리적(ethical) 물음만을 남겨두는 것은 적절하지 않아 보인다. 사회 및 '사회적인 것'이 옳음과 좋음의 두 가지 측면에서 평가될 수 있는 만큼 사회 철학은 이 두 가지 규범적 척도와 관련된 물음을 모두 다룰 수 있어야 하며, 사회 정의의 문제를 나름의 방식으로 주제화할 수 있어야 할 것이다.[2]

이는 사회 비판의 규범적 기초를 어떻게 정립할 것인가의 문제와 직접적으로 연관된다. 비판 이론의 1~3세대, 즉 아도르노와 호르크하이머에서 하버마스를 거쳐 호네트에 이르기까지 사회 비판의 토대를 이루어온 것은 (도구적) 이성 비판으로서, 기술적인(descriptive) 성격을 갖는 이성 비판으로부터 사회 비판을 위해 필요한 어떤 규정적인(prescriptive) 내용을 이끌어내려는 이러한 구도는 사회 비판의 규범적 기초를 불분명하게 하는 근본 원인으로 작용해왔다.[3] 오늘날의 사회 비판이 베버에서 연원하는 도구적 이성 비판과 결별하고 새로운 규범적 기초를 정립해야 한다면, 가장 기본을 이루는 작업은 사회 비판이 옳음과 좋음이라는 두 가지 규범적 척도와 어떠한 관계를 맺고 있는지를 해명하는 것이다. 그러한 '관계'의 방식에는 크게 두 가지가 있다. 하나는 의무론의 방식으로, 옳음에 중점을 두고 옳음과 좋음의 문제를 엄격하게 분리하면서 전자에 후자에 대한 우선성을 부여하는 것이다. 다른 하나는 목적론의 방식으로, 좋음에 중점을 두고 옳음과 좋음을 긴밀하게 상호 연관시키면서 좋음을 증진시키는 것이 곧 옳음이라는 식으로 옳음을 좋음에 기초하여 설명하는 것이다. 사회 비판의 규범적 기초를 확립하려면 이 두 가지 방식 중 하나를 택하여 옳음 혹은 좋음으로부터 규범적인 내용을 끌어오거나, 아니면 옳음과 좋음의 개념에 의존하지 않고도 규범적 내용을 이끌어낼 수 있는 독자적인 원천을 제시할 수 있어야 한다.

본 논문은 호네트의 형식적 인륜성, 즉 개인의 좋은 삶의 영위를 위한 필수적 전제 조건으로 작용하는 상호주관적 조건들의 총체의 개념에 기초한 사회 정의론의 개요를 제시함으로써 이러한 문제들을 풀어나가기 위한 기본틀을 마련하는 것을 목적으로 한다.[4] 다만 본 논문은 호네트 자신의 정의관을 그가 논의한 바에 충실하게 재구성하는 것에는 관심이 없으며, 그의 논의로부터 형식적 인륜성을 비롯한 몇 가지 이론적 단초들을 가져와서 나름의 방식으로 정의론을 전개해나가는 작업을 수행하고자 한다. 이러한 기획에 따라 이 논문은 다음과 같이 전개된다. Ⅱ절에서는 그동안 주류를 이루어온 자유주의 기반의 의무론적 정의관의 한계를 롤스의 정의론을 중심으로 살펴보고, 그러한 한계를 의무론의 틀 안에서 극복하려는 시도(프레이저)와 목적론에 기초하여 극복하려는 시도(샌델)의 문제점에 대해 알아본다. Ⅲ절에서는 호네트의 좋은 삶의 형식적 개념이 정의론의 새로운 기초를 정립하는 데 있어 유망한 이유를 살펴보고, 그럼에도 그의 인정 일원론이 이 개념이 갖는 잠재력을 충분히 끌어내는 데 한계가 있음을 논증할 것이다. Ⅳ절에서는 좋은 삶의 영위를 위한 상호주관적 조건들의 총체라는 개념을 좀 더 구체적으로 해명한다. 이러한 '형식적 인륜성'은 민주주의의 규범적 내용의 핵심에 놓여 있는 '코어'와 보다 논쟁적인 '주변부'의 두 부분으로 구성되어 있는 것으로 이해될 수 있다.

Ⅱ. 자유주의적 정의관의 한계와 주요 대안들에 대한 검토

1. 자유주의 공공 철학의 한계

오늘날 사회 정의론의 새로운 모델이 요구되는 가장 큰 이유는 그동안 민주주의 사회의 공공 철학의 주류를 이루어온 의무론 기반의 자유주의 정의관의 한계가 분명하게 드러났다는 점에서 찾을 수 있다. 롤스의 공정으로서의 정의(justice as fairness)를 의무론적 자유주의(deontological liberalism)의 전형으로 이해한다고 할 때 그러한 한계는 크게 다음의 두 가지로 요약될 수 있다.[5]

첫째, 공적 토론에서 논쟁적인 논의들을 배제하고 괄호치는 방식으로 작동하는 의무론의 정당화 논리는 정의론을 내용적으로 공허하게 만든다.[6] 보편화가능성(universalizability)을 갖는 옳음의 문제와 그렇지 않은 좋음의 문제를 엄격하게 구분하면서 옳음의 좋음에 대한 우선성을 확립하고, 옳음에 대한 논의에서 좋음에 대한 논의를 배제함으로써 이성적 존재자들 간의 합의에 도달하여 규범을 정당화할 수 있다는 칸트 의무론의 정당화 논리는 롤스 정의론의 핵심에 놓여 있다.[7] 롤스의 정치적 자유주의에서 이러한 논리는 정당성(legitimacy)에 대한 자유주의적 원칙으로 집약된다. 이 원칙에 따르면 정치 권력의 행사는 그 본질적 요건이 자유롭고 평등한 모든 시민에 의해 그들의 공통의 인간 이성에 의해 수용될 만한 원칙과 이상에 비추어 승인될 것으로 합당하게 기대될 수 있는 헌법에 따라 행사되는 경우에만 정당화된다.[8] 롤스의 정치적 자유주의는 이 원칙에 입각하여 모든 시민의 합의를 얻을 수 있는 정치적 정의관과 그러한 합의에 도달하는 것이 원칙적으로 불가능한 포괄적 교설을 구분하고, 공적 이성(public reason)의 요구에 따라 공적 토론에서 후자에 대한 논의를 배제하고 전자에 의존하여 시민들 사이의 의견 불일치를 조정하고 합의에 이르게 될 것으로 기대한다.[9] 정당화하는 힘의 원천으로서의 합의에 대한 이러한 의무론의 강조는 롤스의 정치적 자유주의에서 정의의 제2원칙으로 대표되는 평등주의적 재분배의 요구가 크게 약화되게 하는 결정적인 원인이 된다.[10]

둘째, 좋음의 문제에 대한 자유주의적 중립성의 요구를 충족시키는 규범적 기준들, 즉 즉 인권 및 기본권을 포함하는 권리 일반, 공정성(fairness),

불편부당성(impartiality), 선의 극대화(공리주의), 자유로운 합의에 의해 성립한 계약 이행 등으로는 자본주의 사회가 발생시키는 사회적 병리 현상들을 파악할 수 없고 올바르게 평가할 수도 없다. 왜냐하면 자본주의 시장 경제의 논리는 ① 권리를 가진 개인들 사이의 ② 공정한 합의에 따른 자유 계약을 통한 ③ 상호적인 선의 극대화라는 관념에 기초해 있기 때문이다. 따라서 자유로운 합의의 관념은 권리 침해, 불공정 혹은 편파성, 선의 극대화의 실패, 계약 불이행 등 자유주의 정의관의 주요 규범적 기준들을 대부분 무력화시키게 된다. 이와 관련하여 샌델(M. Sandel)은 자유주의적 정의관이 시장 사회의 병리 현상들을 올바로 다룰 수 없다는 점을 마약 환자들의 불임시술을 장려하기 위한 현금 보상의 경우를 중심으로 설득력 있게 논증한 바 있다.[11]

민주주의 사회의 주류 공공 철학의 기초로서 자유주의적 정의관이 기여해온 바에 대해서는 존중하는 것이 마땅하지만, 그럼에도 불구하고 이러한 정의관이 특히 선진 산업사회에서 발생하는 부정의의 문제들을 파악하고 올바르게 평가하는 데 있어 한계를 갖는다는 문제 의식이 광범위하게 공유되고 있는 것으로 생각된다. 이러한 문제 의식을 출발점으로 삼는다면, 이제 관건은 자유주의적 정의관의 규범적 성취들을 발전적으로 계승하면서 그것을 보다 확장하기 위한 새로운 이론적 기초를 마련하는 것이 된다. 이러한 기초 위에 세워진 정의관은 옳음의 좋음에 대한 의무론적 우선성에 기초하여 논쟁적인 쟁점들을 공적 토론에서 배제하는 기존의 자유주의적 정의관보다는 두꺼우면서도(thick), 현대 사회의 가치 다원주의와 양립 가능해야 한다는 점에서 충분히 얇아야 한다(thin). 오늘날 자유주의적 정의관의 한계를 지적하면서 대안을 제시하려는 여러 시도들은 이러한 기본적인 방향성을 공유하는 것으로 이해될 수 있다.

2. 대안①: 의무론의 확장(프레이저)

가장 먼저 떠오르는 대안은 의무론의 기본적인 틀을 고수하면서 그것을 적절하게 확장하는 것으로서, 이러한 시도 중 대표적인 것으로 프레이저 (N. Fraser)의 관점적 이원론을 들 수 있다. 프레이저의 정의론의 핵심 원칙은 동등한 참여(participatory parity)이다. 이 원칙에 따르면 정의는 모든 사회 구성원들이 다른 사람들과 동등한 존재로서 상호작용할 수 있게 해주는 사회 상태, 즉 동등한 참여를 요구하는 바, 이를 위해서는 ① 객관적 조건('분배')과 ② 상호주관적 조건('인정')의 두 가지 조건이 만족되어야 한다.[12] 프레이저의 관점적 이원론은 '분배'와 '인정'을 정의의 모든 문제에 적용될 수 있는 두 가지 분석적 관점으로 간주한다.

프레이저에 따르면 정의관이 현대 사회의 가치 다원주의와 양립할 수 있기 위해서는 비분파적(nonsectarian) 성격을 가져야 한다는 점에서 좋은 삶의 개념에 기초해 있는 목적론적 정의관은 대안이 될 수 없으며, 그보다 좀 더 유망한 노선은 근대 자유주의의 핵심을 이루고 있는 도덕적 이상인 인간의 동등한 자율성을 출발점으로 삼아 그것을 급진 민주주의의 관점에서 보다 두껍게 해석하는 것이다.[13] '동등한 참여'는 바로 그러한 해석의 산물로서, 프레이저에 따르면 이 관념은 의무론적인 방식으로 비분파적이면서도 동시에 실질적인 내용을 갖는다(substantive). 따라서 '동등한 참여'에 기초해 있는 정의관은 롤스와 하버마스의 얇은 '절차적 자유주의'처럼 내용적으로 공허하지도 않고, 그 반대편에 있는 두꺼운 '목적론적 자유주의'처럼 좋은 삶에 대한 특정한 관점을 옹호하여 현대 사회의 가치 다원주의와 충돌하지도 않는다는 점에서 제3의 대안이 될 수 있다. 프레이저는 이러한 의미에서 자신의 정의론을 "두꺼운 의무론적 자유주의(thick deontological liberalism)"라고 부른다.[14]

프레이저의 이러한 대안은 다음과 같은 두 가지 문제점을 갖는다. 첫째,

호네트가 지적하듯이 동등한 자율성의 개념을 의무론의 관점에서 절차주의적으로 이해하면서 동시에 그로부터 실질적인 내용을 이끌어내는 것은 양립할 수 없다.[15] 프레이저는 동등한 자율성을 '동등한 참여'로 해석하는 과정에서 실질적인 내용을 임의적으로 채워넣고 있을 뿐이다. 민주주의 사회의 시민들 사이에 그에 대한 보편적 합의가 암묵적으로 존재하는 경우에만 그러한 실질적인 내용은 의무론에 따라 절차주의적으로 정당화될 수 있을 것이다. 하지만 이 경우 정의론은 보편화가능성의 원리에 얽매여 공허한 자명성 안에서 다시금 맴돌게 될 가능성이 높다. 둘째, 자유주의적 정의관을 '동등한 참여'의 관념에 기초하여 두껍게 확장하는 것은 불가피하게 자의적인 성격을 갖게 된다. 왜 하필 '동등한 참여'가 정의관의 핵심 원칙을 이루어야 하는지, 그리고 이 '동등한 참여'의 보장에 있어 분배와 인정이, 그리고 이 둘만이 중요한지에 대한 설득력 있는 해명을 제시하기는 쉽지 않다. 이 경우에도 유일하게 기댈 수 있는 것은 이러한 정의관이 민주주의 사회 안에 이미 암묵적으로 존재하는 보편적 합의를 합리적으로 재구성한 결과물이라고 주장하는 것뿐이다.[16]

프레이저의 관점적 이원론이 직면하게 되는 이러한 문제점은 의무론 특유의 경직성에서 기인하는 것으로 보인다. 의무론은 보편화가능성의 원리에 따라 모든 이성적 존재자들의 승인이라는 강한 정당화를 요구하기 때문에 '의무'의 임의적인 확장을 허용하지 않는다. 이러한 방식으로 '의무'가 될 수 있는 것은 민주주의의 사상적 전통에 이미 견고하게 뿌리내리고 있는 규범적 내용으로부터 끌어낼 수 있는 것들뿐이다.

3. 대안②: 좋은 삶의 특정한 관념을 옹호하는 목적론적 정의관(샌델)

자유주의적 정의관의 한계를 극복할 수 있도록 의무론을 확장하는 데 어려움이 있다면, 그다음으로 고려할 만한 대안은 목적론에 기초해 있는 정의관이 된다. 이러한 노선을 따르는 대표적인 입장으로 샌델의 아리스토텔레스적 정의관을 들 수 있다. 샌델은 옳음과 좋음을 보편화가능성을 기준으로 엄밀하게 분리시키고 전자에 후자에 대한 우선성을 부여하는 의무론의 기본틀을 거부하고 그 대신이 아리스토텔레스에 의존하여 옳음과 좋음을 목적론적으로 상호 연관시키는 방식으로 정의관을 구성한다.[17]

샌델의 아리스토텔레스적 정의관의 핵심은 다음의 두 가지이다.[18] 첫째, 정의는 목적론적(teleological)이다. 이는 옳고 그름의 판단을 위해서는 그와 관련되어 있는 사회적 실천(social practice)의 텔로스(telos), 즉 목적을 파악해야 함을 의미한다. 둘째, 정의는 명예를 부여하는 것(honorific)이다. 샌델에 따르면 사회적 실천의 목적에 대해 숙고하는 것은 부분적으로는 해당 실천이 어떠한 덕성 혹은 탁월성(virtue)에 명예를 부여하는지를 따져본다는 것을 의미한다. 샌델의 정의관은 정의의 문제와 연관되어 있는 좋음, 가치, 목적의 구체적인 내용을 평가하고 그에 대한 실질적인 판단을 내림으로써 옳음이 좋음을 증진시키는지의 여부를 결정한다는 점에서 공리주의나 공동체주의 같은 여타의 목적론적 정의관과 분명하게 차별화된다.[19] 따라서 이러한 정의관은 좋음의 구체적인 내용에 대한 평가를 배제하는 자유주의적 중립성을 거부한다. 의무론이 주장하는 바와 달리 옳음의 문제는 좋음의 문제와 분리될 수 없으며, 정의로운 것이 무엇인지를 확정하려면 좋은 삶의 본질에 대해 함께 토론하고 평가하는 과정을 피할 수 없다는 것이다. 샌델은 이러한 목적론적 정의관이 현대 사회의 가치 다원주의와 반드시 충돌하지는 않을 것이라는 기대를 피력한다. 현대 민주주의 사회에는 좋음에 대한 다원주의만이 아니라 옳음에 대한 다원주의 또한 나타나기 때문에, 후자가 합리적 토론을 통해 원칙적으로 해결될 수 있는 문제라면 전자 또한 그렇게 간주하지 않을 이유가 없다는 것이 샌델의 관점이다.

의무론적 자유주의에 대한 샌델의 비판은 합당한 측면이 있지만, 그럼에도 불구하고 그의 정의관을 대안으로 수용하기 어려운 것은 그것이 좋음을 옳음에, 그리고 가치를 규범에 동화시킴으로써 특정한 좋음, 가치, 목적의 추구를 일종의 당위로 제시하게 된다는 문제점을 갖기 때문이다.[20] 정의에 대한 판단이 좋은 삶에 대한 특정한 관점의 옹호를 통해 정당화된다면, 좋은 삶에 대한 특정한 관점의 수용이 일종의 규범과 같은 성격을 갖게 될 수밖에 없다. 샌델의 정의관은 현대 민주주의 사회의 다원주의의 현실을 고려할 때 실현되기 어려운 형태의 두꺼운 합의, 즉 좋음, 가치, 목적의 실질적인 내용에 대한 합의를 요구한다. 정의에 대한 주요 쟁점들이 이러한 두꺼운 합의의 방식으로 해결될 수 있으려면 민주주의 사회의 시민들 사이에 좋은 삶의 구체적인 내용에 대한 합의가 존재해야 하지만, 앞으로 민주주의 사회가 이러한 방향으로 나아갈 가능성은 높지 않아 보인다.

III. 좋은 삶의 형식적 개념과 사회 정의론

1. 호네트의 형식적 인륜성 개념

요컨대 의무론적 자유주의는 오늘날 선진 산업사회에서 발생하는 정의의 문제들을 파악하고 올바로 평가하기에는 지나치게 얇다는 문제점을 갖지만, 이를 극복하기 위해 의무론의 기본 노선을 고수하면서 내용을 확장하려는 시도는 의무론의 경직성에 가로막히고(프레이저), 목적론을 대안으로 삼아 정의관을 좋은 삶의 특정한 관념의 옹호와의 연관 하에서 근거지으려는 시도는 현대 사회의 다원주의와 충돌하게 되는 것이다(샌델). 그렇다면 자유주의 공공 철학의 규범적 성취를 발전적으로 계승하여 내용적으로 확장하면서도, 현대 사회의 다원주의와 충돌하는 것을 피하기 위해서는 정의론이 어떠한 기본적인 개념틀에서 출발해야 할까? 의무론의 틀 안에서의 확장은 쉽지 않고, 좋은 삶의 특정한 관념을 옹호하는 방향으로 나아갈 수도 없다면, 남은 유일한 길은 목적론의 기본 노선을 따르면서 좋은 삶의 개념을 형식적으로 이해하는 것밖에는 없어 보인다.

호네트의 '인륜성(Sittlichkeit)' 개념은 이와 관련하여 중요한 실마리를 제공해준다. 그에 따르면 이 개념은 개인의 자기 실현, 혹은 좋은 삶의 영위를 위해 필연적 전제 조건으로 작용하는 상호주관적 조건들의 총체를 가리킨다. 말하자면 이 개념은 시민 각인이 갖는 다양한 선관(conception of the good)들의 구체적인 내용과 상관없이 도대체 좋은 삶이라는 것이 가능하기 위해 필요한 '형식적(formal)' 조건 일반을 의미한다고 할 수 있다. 호네트는 이러한 의미에서 인륜성을 "좋은 삶의 형식적 개념"이라고 부르기도 한다.[21]

여기서 말하는 '형식성'의 의미를 분명하게 해둘 필요가 있어보인다. 좋음에 대한 롤스의 다음과 같은 3단계에 기초한 정의는 이를 위한 논의의 틀을 제공해준다.[22]

(1) A는 다음과 같은 경우 그리고 오직 그 경우에만 좋은 X이다: 즉 X가 무엇에 사용될 것이며 어떠한 작용을 하리라고 기대되는가 등등 모든 적합한 추가 사항이 알려져 있고, 그러한 X에서 합리적으로 원하게 될 성질을 (평균적이거나 표준적인 X보다 높은 정도로) A가 가질 경우.

(2) A는 K(여기서 K는 하나의 개인이다)에게 다음과 같은 경우 그리고 오직 그 경우에만 좋은 X이다: 즉 K의 여건이나 능력 및 인생 계획(목적 체계)을 고려할 때 K가 X에서 합리적으로 원하게 될 속성을 A가 가질 경우.

(3) (2)와 동일하지만 K의 인생 계획 혹은 그중 이 경우와 유관한 부분이 합리적이라는 조건을 추가.

(2)와 (3)에 따르면 어떤 대상(A)이 어떤 개인(K)이 갖는 합리적인 인생 계획을 고려할 때 갖기를 원하는 것은 합리적인 그러한 속성들을 가졌을

때, 그것은 K에게 좋은 X가 된다. 롤스에 따르면 어떤 대상이 인간 일반에 대해 이러한 조건을 만족시키는 경우에는 그것은 인간적인 선(human good)이 되는 바, 롤스는 이를 그의 사회적 기본 재화(social primary goods)에 대한 논의와 연결시키고 있다.

롤스의 이러한 논의에 기초하여 좋은 삶의 '형식성'의 의미를 해명할 수 있다. 개인 K_1, K_2, K_3… 가 각각 인생 계획 P_1, P_2, P_3… 를 갖는다고 해보자. 좋은 삶의 '형식적' 개념과 대비되는 좋은 삶의 '실질적' 개념은 각인이 갖는 인생 계획 P_1, P_2, P_3…와 직접적으로 연관된다고 할 수 있다. 만약 어떤 정의관이 특정한 좋음, 가치, 목적 X를 받아들일 것을 강제하는 경우 개인 K_1, K_2, K_3…는 그에 따라 자신의 인생 계획 P_1, P_2, P_3…를 X를 포함하도록 수정하라는 압력을 받게 된다. 따라서 어떤 특정한 좋음, 가치, 목적이나, 혹은 더 나아가 인생 계획을 포함하여 좋은 삶에 대한 특정한 관념을 받아들일 것을 요구하는 정의관은 자유주의적 중립성의 요구를 만족시키기 못하고 현대 사회의 다원주의와 충돌하게 된다. 그러한 정의관은 어떠한 삶이 좋은 삶인지를 스스로 결정하고 그것을 추구하는 개인의 자유를 제한하게 되기 때문이다.

반면 좋은 삶의 '형식적' 개념은 개인 K_1, K_2, K_3…가 갖는 인생 계획 P_1, P_2, P3…과 직접적인 연관성이 없으며, 개인에게 특정한 선관을 수용할 것을 요구하지도 않는다. 그것은 좋은 삶을 가능하게 하는 일반적인 조건들의 총체를 가리키기 때문이다. 그것은 인생 계획 P_1, P_2, P_3…의 구체적인 내용과 상관없이 개인 K_1, K_2, K_3… 모두가 사회적으로 확보되어 있기를 바랄만한 그러한 조건들로 이루어져 있다. 예를 들어 자유주의가 강조하는 기본권이나, 신로마 공화주의의 비지배 자유, 호네트가 말하는 바람직한 인정 질서 등이 그러한 조건들에 속한다고 할 수 있다. 이러한 조건들은 롤스의 좋음에 대한 3단계 정의에서 개인의 인생 계획과 연관되어 있는 (2), (3)이 아니라 (1)에 가까운 성격을 갖는다고 할 수 있다. 이렇게 시민 각인이 갖는 선관의 구체적인 내용과 상관없이 좋은 삶의 추구를 일반적으로 가능하게 하는 조건들로 이루어져 있다는 점에서 인륜성의 개념은 '형식성'을 갖는다. 따라서 그것은 자유주의적 중립성의 요구를 만족시키며, 현대 사회의 다원주의와도 양립 가능하다.

이러한 호네트의 인륜성이 사회 정의론의 기초로서 갖는 강점은 그것이 좋은 삶에 대한 특정한 관점의 옹호와 무관하기 때문에 현대 사회의 가치 다원주의와 양립할 수 있으면서도, 좋은 삶을 가능하게 하는 조건들의 총체라는 관념에 기반하여 의무론적 자유주의의 내용적 공허함을 극복할 수 있게 해주는 풍부한 논의를 가능하게 해준다는 점에 있다. 그것은 좋은 삶 일반을 가능하게 하는 형식적이고 추상적인, 그리고 그렇기 때문에 보편적인 구조적 요소들을 가리키는 개념이다.[23] 그러면서도 그것은 권리, 공정성, 불편부당성, 선의 극대화 등 선관에 대해 중립성을 갖는 개념들을 중심으로 전개되는 의무론적 자유주의의 한계를 넘어서 있는 문제 의식을 담고 있다. 이 개념에 담겨 있는 핵심적인 문제 의식은 좋은 삶을 영위하는 것을 가능하게 하는 바람직한 사회 질서는 무엇인지, 그리고 그러한 질서가 유지되기 위해서는 어떠한 조건들이 만족되어야 하는가이기 때문이다.

호네트의 인정 이론적 정의관에 따르면 사회 정의는 개인의 인격적 정체성 형성과 자아실현이 올바른 방식으로 발전할 수 있도록 해주는 상호주관적 조건, 즉 '인륜성'을 확보할 수 있는 정도에 따라 평가될 수 있다. 이때 인륜성 개념에 기초하여 평가되는 사회의 바람직함은 긍정 혹은 부정의 이치 논리(two-valued logic)가 아니라 공리주의의 효용(utility) 개념처럼 연속적인 값을 갖는 양적 정도의 문제로 이해될 수 있다는 점에서 이러한 정의관은 목적론에 기초해 있다고 할 수 있다. 호네트는 이러한 의미에서 자신의 정의론을 목적론적으로 이해된 롤스 정의론, 그리고 라즈(J. Raz)의 자유주의적 완전주의(liberal perfectionism)와 함께 '목적론적 자유주의' 전통에 속하는 것으로 분류한다.[24]

호네트의 정의관이 이처럼 목적론에 기초해 있기 때문에, 그의 정의관은 국가에 대한 아리스토텔레스의 관점과 통하는 부분이 있다. 아리스토텔레스에 따르면 모든 행위들의 궁극적인 목적인 최고선은 행복, 즉 잘 사는 것과 잘 행위하는 것으로서,[25] 국가의 목적 또한 그 구성원들이 '잘 사는 것(εὖ ζην)', 즉 좋은 삶을 영위하도록 하는 것에 있다.[26] 아리스토텔레스는 이러한 맥락에서 시민(πολίτης)을 "좋은 삶의 영위를 위해 자진하여 지배하고 지배받을 수 있는 사람들",[27] "좋은 삶을 목표로 삼는 자유롭고 동등한 공동체 구성원들"[28]로 정의한다. 여기서 아리스토텔레스가 말하는 '좋은 삶'을 호네트의 방식으로 형식적 개념으로 이해하면, 국가의 목적은 시민들의 좋은 삶의 영위를 가능하게 하는 상호주관적 조건들을 확보하는 것이 된다.

2. 호네트의 인정 이론적 정의관과 형식적 인륜성의 분리

형식적 인륜성은 의무론보다 내용적으로 풍부하면서 현대 사회의 다원주의와 양립할 수 있는 목적론적 정의관을 전개하기 위한 기초를 이룰만한 잠재력을 가지고 있지만, 이러한 가능성은 호네트의 인정 이론적 정의관 안에서는 충분히 전개되지 못하고 있는 것으로 보인다. 그의 이론 안에서 이 개념은 그의 정의관의 일반적인 성격을 드러내는 보조적인 역할을 하는 데 머물고 있기 때문이다. 인정 일원론의 입장을 취하고 있는 호네트의 정의관 안에서 인륜성은 일차적으로 '인정(Anerkennung)'과 '무시(Mißachtung)'의 문제와 연관된다. 호네트의 인정 일원론에 따르면 사회적 불의의 경험은 항상 정당한 인정의 유보라는 형태로 나타나기 때문에, 인정의 개념은 사회적 불의의 경험 전체를 범주적으로 해석하기 위한 적절한 수단의 역할을 할 수 있다.[29] 그의 인정 개념은 사랑, 권리, 업적이라는 세 가지 인정 유형으로 이루어져 있어 이 개념으로 일반적으로 이해되는 바에 비해 훨씬 더 넓은 범위를 포괄한다. 그의 정의론에서는 이러한 세 가지 인정 유형에 있어 바람직한 인정 질서를 확립하는 것이 곧 형식적 인륜성의 확보이고 사회 정의의 실현이 된다. 프레이저와의 논쟁에서 그는 분배와 인정을 정의관의 두 가지 분석적 관점으로 간주하는 프레이저의 관점을 거부하면서 그의 인정 일원론에 따라 분배 정의가 어떻게 인정의 문제로 이해될 수 있는지를 보이고 있다.[30]

정의에 대한 대부분의 쟁점에서 관련된 불의 경험을 인정/무시의 문제와 연관시킬 수 있고, 그에 따라 인정 이론의 관점에서 해당 쟁점을 분석할 수 있다는 것은 사실로 보인다. 하지만 이는 정의에 대한 모든 문제가 인정의 문제로 환원될 수 있다거나, 혹은 해당 쟁점을 인정의 개념을 중심으로 분석했을 때 가장 적절한 이해를 얻을 수 있음을 의미하지는 않는다.[31] 정의에 대한 인정 일원론이 성립하기 위해서는 정의와 인정 사이의 필연적인 연관 관계를 보여주는 상세한 논증이 제시되어야 할 것으로 보이나, 그러한 작업은 이루어지지 않은 것으로 보인다. 호네트는 다만 모든 불의 경험이 인정/무지의 문제와 연관될 수 있다는 점을 지적하면서, 세 가지 인정 유형으로 이루어진 그의 인정 개념을 통해 정의와 관련된 모든 문제를 포괄할 수 있으면 좋겠다는 기대를 피력하고 있을 뿐이다.

형식적 인륜성 개념이 사회 정의론의 토대로서 갖는 잠재력은 좋은 삶의 영위를 위한 상호주관적 조건들의 총체가 곧 바람직한 인정 질서의 구축과 동일한 것으로 파악하는 호네트의 인정 이론적 정의관의 기본틀 안에서는 크게 제약될 수밖에 없다. 본 논문은 이러한 문제 의식에 따라 호네트의 인정 일원론을 거부하고, 그의 인륜성 개념을 그의 인정 이론적 정의관의 맥락으로부터 분리하여 나름의 방식으로 정의론의 기본틀을 구성하고자 한다. 이러한 새로운 틀의 핵심을 이루는 것은 다음의 두 가지이다. 첫째, 본 논문에서는 호네트의 형식적 인륜성, 즉 좋은 삶의 영위를 위한 상호주관적 조건들의 총체의 개념을 정의론의 규범적 토대로 삼는다.

본 논문은 사회 정의가 인륜성을 확보한 정도에 따라 평가될 수 있다는 호네트의 관점이 기본적으로 타당하다고 본다. 둘째, 본 논문은 호네트가 말하는 바람직한 인정 질서를 좋은 삶의 영위를 위한 상호주관적 조건들 중 하나로 파악한다. 이렇게 함으로써 정의와 관련된 모든 문제를 인정의 문제로 환원하려는 호네트의 인정 일원론의 한계를 극복하고 사회 정의론을 풍부한 내용을 담아낼 수 있도록 확장할 수 있을 것으로 기대할 수 있다.

정의론의 이러한 새로운 틀은 부분적으로는 호네트의 의도에 합치하는 것이기도 하다. 호네트에 따르면 그의 인정 이론은 사회 정의에 대한 하나의 목적론적 관점으로서 좋은 삶에 대한 하나의 가설적으로 일반화된 구상(Entwurf)이라는 지위만을 갖는다.[32] 이는 호네트 역시 인정 개념보다는 좋은 삶의 개념이 정의론에서 더 근원적인 층위에 있음을 인식하고 있으며, 목적론의 관점에서 정의와 좋은 삶의 상호 연관을 그와는 다른 방식으로 이해할 가능성을 열어두고 있음을 보여준다.

좋은 삶의 영위를 위한 상호주관적 조건들의 총체로서의 형식적 인륜성을 인정 이론으로부터 분리하여 정의론의 토대로 삼으면 이 개념을 바람직한 인정 질서 외에도 다른 여러 조건들과 자유롭게 결합시키고 종합하는 방식으로 정의론의 내용을 크게 확장하는 것이 가능해진다.[33] 이러한 방식으로 결합가능한 조건들에는 예컨대 공화주의의 아테네적 전통이 강조하는 시민적 덕성 및 정치 참여, 그리고 공화주의의 신로마적 전통에서 강조하는 비지배 자유(freedom as non-domination) 등이 있다.[34] 이처럼 형식적 인륜성 개념은 자유주의 정의관의 한계를 극복하는 것을 공통의 목적으로 삼고 있는 여러 대안적인 입장들을 하나의 틀 안에서 통합할 수 있는 잠재력을 가지고 있다.

IV. 좋은 삶의 영위를 위한 상호주관적 조건들의 총체에 대한 해명

형식적 인륜성의 개념이 사회 정의론의 규범적 기초의 역할을 할 수 있으려면 이 개념의 내용을 좀 더 구체적으로 서술할 필요가 있다. 본 논문에서는 이러한 해명 작업을 다음과 같이 수행하고자 한다. 먼저 이 개념에 담겨 있는 규범적 내용의 핵심을 칸트의 의무론과의 비교를 통해 일반적인 차원에서 해명한다(1). 좋은 삶의 영위를 위한 상호주관적 조건들의 총체는 '코어'와 '주변부'의 두 가지 부분으로 이루어져 있는 것으로 이해될 수 있다. 형식적 인륜성의 '코어'는 민주주의의 사상적 전통의 핵심을 이루는 규범적 내용으로 이루어져 있으며, 비교적 논쟁으로부터 자유롭다(2). 반면 인륜성의 '주변부'는 개별 민주주의 사회들의 우연성 및 역사적, 사회적 맥락과 긴밀하게 연관되어 있으며, 그만큼 더 논쟁적인 쟁점들을 포함한다(3).

1. 칸트의 의무론과의 비교

좋은 삶의 형식적 개념에 기초해 있는 사회 정의론은 정의(justice)를 좋은 삶을 영위하기 위한 상호주관적 조건들의 충족 정도에 따라, 즉 옳음(right)을 좋음(good)의 증진에 따라 판단한다는 점에서 전형적인 목적론의 입장을 취하고 있다. 그럼에도 불구하고 이러한 목적론적 정의론이 자유주의적 중립성의 요구를 만족시킬 수 있는 것은 그것이 칸트의 의무론과 내용적으로 공유하는 부분이 적지 않으며, 특히 두 이론 모두 좋음에 대한 얇은 이론(thin theory of the good)에 기초해 있다는 공통점을 갖기 때문이다.[35] 따라서 이러한 정의론을 칸트의 의무론과 비교하여 그 특징을 드러내는 작업은 형식적 인륜성에 담겨 있는 규범적 내용을 이해하는 데 도움이 될 것으로 생각된다.

이와 관련하여 중요한 실마리를 제공하는 것이 칸트의 '목적의 나라'의 개념이다. 칸트는 이 개념을 다음과 같이 규정한다.[36]

나는 '나라'라는 말이 공동의 법칙들에 의한 서로 다른 이성적 존재자들의 체계적인 결합을 뜻하는 것으로 이해한다. 그런데 법칙들은 그것들의 보편적 타당성에 따라 목적들을 규정하기 때문에, 이성적 존재자들의 개성적인 차이와 함께 그것들의 사적인 목적의 일체 내용을 도외시한다면, 체계적으로 연결된(목적 그 자체인 이성적 존재자들의, 그리고 개개 이성적 존재자가 스스로 세울지도 모르는 고유한 목적들의) 모든 목적들의 전체가 생각될 수 있다. 다시 말해 앞서 말한 원리들에 따라서 가능한, 목적들의 나라가 생각될 수 있다.

'목적의 나라'에 대한 칸트의 이러한 논의는 형식적 인륜성을 이해하는 데 있어 도움을 주는 통찰을 포함하고 있다. 칸트에 따르면 "이성적 존재자들의 개성적인 차이와 함께 그것들의 사적인 목적의 일체 내용을 도외시"(시민 각인이 갖는 선관들의 내용을 도외시)하면, "체계적으로 연결된 모든 목적들의 전체"(좋은 삶의 영위라는 공통의 목적)에 도달하게 되는 바, 이렇게 도달된 '목적의 나라'는 내용상 형식적 인륜성과 밀접하게 연관되어 있다. 다만 이 지점에서 갈라지게 되는 양자 사이의 근본적인 차이는 다음의 두 가지로 요약할 수 있다. 첫째, 칸트의 의무론은 도덕 법칙에 엄밀한 보편성과 필연성을 부여하기 위해 모든 경험적인 것을 배제하고 오로지 선험적 원리들에만 기초해 있는 윤리 형이상학을 전개하는 반면,[37] 형식적 인륜성에 기초해 있는 정의론은 좋은 삶의 영위를 위한 상호주관적 조건들의 총체를 규정하는 과정에서 오늘날의 민주주의 사회와 연관되어 있는 경험적이고 우연적인 내용들을 배제하지 않는다. 둘째, 칸트의 의무론은 모든 경험적인 것을 배제한 결과 모든 구체적인 내용을 추상하고 순수하게 형식적인 성격을 갖는 보편화가능성의 원리에 기초하여 도덕 법칙을 정당화하는 반면, 형식적 인륜성에 기초해 있는 정의론은 사회 정의를 좋은 삶의 영위를 위한 상호주관적 조건들이 확보되어 있는 정도에 따라 목적론적으로 판단한다.

칸트의 보편화가능성의 원리는 옳음에 대한 판단을 내림에 있어 좋음과 관련된 내용들을 배제할 것을 요구하기 때문에, 그의 의무론은 좋음과 무관하다는 오해가 생겨날 수도 있다. 하지만 좋음과 관련된 내용에 대한 의무론적 배제는 칸트가 위의 인용문에서 명시적으로 언급하고 있듯이 '사적인 목적', 즉 각각의 이성적 존재자들이 각자의 사정에 따라 추구할 수도 있고 추구하지 않을 수도 있는 우연적 목적들에만 적용되는 것이다. 만약 모든 이성적 존재자가 추구할 수밖에 없는 필연적 목적이 있다면, 그러한 목적에 대해서는 이러한 의무론적 배제가 적용될 수 없다. 칸트의 도덕 법칙은 다름 아닌 이러한 필연적 목적의 개념에 기초해 있다. 정언명령의 두 번째 정식인 인간성 정식에서 분명하게 나타나듯이, 칸트는 목적 그 자체로서의 이성적 존재자를 모든 실천 법칙의 근거로 삼고 있기 때문이다.[38]

이와 긴밀하게 연관되어 있는 것이 칸트의 주관적 목적과 객관적 목적의 구분이다. 칸트에 따르면 주관적 목적은 주관의 특정 종류의 욕구 능력과의 관계를 통해서만 가치를 부여받기 때문에 모든 이성적 존재자에 대해 보편타당한 실천 법칙을 제공할 수 없다.[39] 반면 인격(Person)들, 즉 그것들의 본성이 이미 그것을 목적 그 자체로 표시하는 그러한 목적은 객관적 목적이며, 모든 이성적 존재자는 그것을 목적으로 삼을 것이 요구된다.[40] 칸트의 인간성 정식은 이러한 객관적 목적의 관념으로부터 따라 나오게 된다.[41]

형식적 인륜성, 즉 좋은 삶의 영위를 위한 상호주관적 조건들의 총체라는 개념은 사회 구성원들 각인의 특수한 '경향성(Neigung)'에 연관되는 것이 아니라, 좋은 삶의 영위라는 누일반적인 좋음에 연관되는 것이라는 점

에서 칸트적인 의미에서 '객관적 목적'에 가까운 것이라고 할 수 있다. 그
것은 좋은 삶의 영위를 추구하는 합리적인 개인이라면 누구나 바랄만한
상호주관적 조건들로 이루어져 있기 때문이다. 형식적 인륜성의 요구에
따라 모든 사람이 좋은 삶을 영위하기 위한 공통의 조건을 확보하는 것은
사회 안에서 구성원들이 서로를 단지 수단으로서가 아니라 목적 그 자체
로 대하려는 의지를 나타내는 것으로 생각된다.[42] 다만 차이가 있다면 형
식적 인륜성은 사회 정의론의 기초를 이루는 개념이기 때문에 칸트의 객
관적 목적처럼 엄밀한 보편성과 필연성의 영역에만 머무를 수는 없으며,
오늘날 형식적 인륜성을 규정하려는 시도는 민주주의 사회들의 경험적이
고 우연적인 차원에 대한 논의를 포함해야 한다.

2. 형식적 인륜성의 '코어'를 이루는 조건들에 대한 합리적 재구성

형식적 인륜성의 구체적인 내용의 해명에 있어 먼저 분명하게 해두어
야 할 점은 이 개념의 내용을 민주주의 사회의 사상적 전통에 뿌리박혀 있
는 어떤 근본 관념으로부터 선험적으로 연역해냄으로써 체계를 구축하는
것을 목표로 할 필요는 없다는 것이다. 좋은 삶의 영위를 위한 상호주관
적 조건들의 총체가 체계적으로 정리되는 것이 바람직하기는 하나, 그렇
게 되지 않는다고 해서 어떤 이론적인 결함이 있는 것은 아니다. 민주주의
사회에서 시민들의 평등한 기본적 자유가 일련의 목록으로 제시되는 것과
마찬가지로, 좋은 삶의 영위를 위한 상호주관적 조건들의 총체 또한 어떤
일목요연한 체계성이 없이 여러 조건들의 단순한 나열식으로 구성될 가능
성이 높을 것으로 생각된다.[43] 이는 사회 현실의 경험적이고 우연적인 측
면을 진지하게 고려하면서 자유로운 논의의 결과물들을 누적시킬 경우 나
타나게 될 가능성이 높은 자연적인 형태라고 할 수 있다.

본 논문에서는 형식적 인륜성이 다음과 같은 두 가지 층위로 구성되어

있다는 생각에서 출발한다. 하나는 '코어'로서, 이 부분은 민주주의 사회의 사상적 전통의 핵심을 이루는 규범적 내용으로 구성되어 있기 때문에 그에 대한 대략적인 합의가 이미 도달되어 있어 비교적 논쟁의 여지가 적은 반면, 다른 하나는 '주변부'로서, 이 부분은 오늘날의 여러 민주주의 사회들의 우연성 및 역사적, 사회적 맥락과 좀 더 긴밀하게 연관되어 있기 때문에 보다 논쟁적인 부분으로 생각될 수 있다.[44] 형식적 인륜성의 이러한 두 가지 층위는 모두 민주주의 사회의 공적 토론의 결과물이 누적되어 생겨난 것으로서 그 경계는 유동적이며, 각 층위에 속해 있는 요소들은 각각 서로의 영역으로 이행해갈 가능성에 대해 열려 있는 것으로 이해될 수 있다.

그렇다면 형식적 인륜성의 '코어'에 해당하는 부분의 내용은 어떻게 구체화할 수 있을까? 롤스가 평등한 기본적 자유의 목록을 결정하는 데 사용한 방법을 참고하는 것이 도움을 줄 수 있을 것이다. 롤스에 따르면 이러한 목록은 다음의 두 가지 방법을 사용하여 결정할 수 있다.[45] 하나는 역사적 방법으로서, 민주주의 국가들의 헌법을 조사하여 일반적으로 보호받고 있는 자유들의 목록을 작성하는 것이다. 형식적 인륜성의 '코어'에 해당하는 조건들의 목록을 결정하는 작업 또한 또한 민주 헌법의 규범적 내용의 핵심을 재구성하는 방식으로 기본적인 틀을 마련할 수 있을 것이다. 다른 하나는 철학적 방법으로서, 어떠한 자유들이 전 생애에 걸쳐 도덕적 인격체의 두 가지 능력(정의감의 능력, 선관의 능력)을 적절히 발전시키고 충분히 행사하기 위한 본질적인 사회적인 조건(essential social conditions)들을 이루는지를 따져보는 것이다. 롤스의 이러한 물음은 자유에 초점을 맞추고 있다는 점을 제외하면 형식적 인륜성에 담겨 있는 문제 의식과 거의 합치하는 것으로서, 형식적 인륜성의 '코어' 또한 이러한 합리적 재구성의 과정을 통해 구체화될 수 있을 것이다.

형식적 인륜성의 '코어'를 합리적으로 재구성하는 과정은 기존의 정의론들로부터 이 개념과 결합될 수 있는 내용들을 추출하는 방식을 통해 좀 더 수월하게 이루어질 수 있다. 대부분의 정의론들은 어떠한 방식으로든 좋은 삶의 영위를 위한 상호주관적 조건들을 재구성하는 작업을 포함하고 있기 때문이다.[46] 그러한 정의론들과 본 논문에서 제시하는 정의론이 차별화되는 가장 중요한 부분은, 전자의 경우 그러한 조건을 예컨대 자유나 평등, 인정이나 분배 정의 등 하나의 주요 범주를 제시하고 그 안에서 정의론의 전체 논의를 담아내려고 한 반면, 후자의 경우에는 좋은 삶의 형식적 개념을 중심으로 그러한 여러 조건들을 통합하려고 한다는 점에서 성립한다.

좋음에 대한 얇은 이론에 기초해 있는 롤스의 사회적 기본 재화(social primary goods)의 개념은 형식적 인륜성의 '코어'를 이루는 주요 조건들을 결정하는 데 있어 중요한 실마리를 제공한다.[47] 롤스에 따르면 기본 재화란 시민 각인이 어떠한 선관을 갖든 상관없이 합리적 인간으로서 합리적 인생 계획을 실현하기 위한 수단으로 원할 것으로 기대되는 것들이다. 이러한 '전목적적 수단(all-purpose means)'들, 즉 본 논문의 방식으로 표현하면 좋은 삶의 영위를 위한 상호주관적 조건들을 이루는 것들의 목록으로는 ① 기본적 권리 및 자유들, ② 다양한 기회들을 갖는다는 조건 하에서의 이전의 자유 및 직업 선택의 자유, ③ 정치적, 경제적 제도 내에서 직책과 직위에 다르는 권력 및 특권, ④ 수입과 부, ⑤ 자존감의 사회적 기반이 있다.[48] 롤스의 이러한 기본 재화의 목록은 큰 무리 없이 형식적 인륜성의 '코어'를 이루는 조건들로 포섭될 수 있으며, 이 개념에 기초해 있는 정의관은 이러한 방식으로 기존의 자유주의적 정의관의 규범적 성취를 발전적으로 계승할 수 있게 된다. 이러한 목록에 포함되는 ①~⑤의 주요 조건들은 민주주의 사회의 사상적 전통 안에서 시민 각인의 좋은 삶의 영위를 위해 필수불가결한 조건들로 간주되어온 것들로서 이 조건들에 대해서는 오랜 역사적 검증과 공적 토론의 결과 형성된 광범위하며 강한 규범적 확신이 존재한다. 특히 ⑤에 해당하는 '자존감(self-respect)의 사회적 기반'은 호네트가 강조하는 바람직한 인정 질서와 같은 맥락에 있는 것으로서 오늘

날의 민주주의 사회에서 점점 더 중요성을 갖는 요소라고 할 수 있다.[49]

판 빠레이스(Van Parijs)가 말하는 실질적 자유(real freedom)의 개념 또한 형식적 인륜성의 관점에서 이해될 수 있다. 빠레이스에 따르면 사회 정의란 스스로 좋은 삶이라고 생각하는 것의 실현을 추구하기 위한 실질적 자유를 공정하게 분배하는 것을 의미한다.[50] 이때 실질적 자유란 ① 잘 집행되고 있는 권리들의 구조가 있음(안전성), ② 이 구조는 각인이 스스로를 소유하는 방식으로 되어 있음(자기 소유권), ③ 이 구조는 각인이 그 자신이 원하고자 하는 것은 무엇이든 할 수 있는 가능한 최대의 기회를 갖도록 되어 있음(기회의 최소극대화)의 세 가지 요소로 구성되는데, 이 중 빠레이스가 특히 강조하는 것은 ③에 해당하는 기회의 최소극대화이다.[51] 즉 가장 불리한 처지에 있는 사람의 관점에서 각자가 좋은 삶이라고 생각하는 것을 실현할 수 있는 실질적인 수단과 기회가 최대화되어 있는 사회가 정의로운 사회라는 것이다. 이를 형식적 인륜성에 기초해 있는 정의론의 방식으로 표현하면 좋은 삶의 영위를 위한 상호주관적 조건들의 총체가 최대한 확보되어 있는 사회가 곧 정의 사회라는 것이 된다. 빠레이스는 이에 도달하기 위한 가장 중요한 수단으로서 기본소득에 기초한 분배 정의에 논의의 초점을 맞추고 있는데, 이러한 논의는 무리없이 형식적 인륜성에 기초한 정의론과 연계될 수 있을 것이다.

'좋은 삶의 영위를 가능하게 하는 조건들의 증진'이라는 목적론적 방향성을 갖는 형식적 인륜성의 개념은 유연하기 때문에 이처럼 다양한 논의들과 결합되는 것이 가능하다. 이 개념의 '코어'를 이루는 부분에 들어갈 수 있는 조건들 중 좀 더 논쟁적인 성격을 갖는 것들로는 앞서 언급한 바 있는 시민적 덕성과 정치 참여, 그리고 비지배 자유 등을 들 수 있다. 형식적 인륜성의 '코어'에 해당하는 구체적인 조건들은 이러한 이론적 작업들을 통해 결정될 것으로 기대할 수 있다.

3. 형식적 인륜성의 '주변부'와 민주주의 사회의 공적 토론

형식적 인륜성의 '주변부'에 해당하는 부분은 무엇이 좋은 삶의 영위를 위한 필수불가결한 조건에 속하는지에 대한 논쟁적인 쟁점들로 이루어진 것으로서 민주주의 사회의 공적 토론과 밀접하게 연관되어 있다. 비록 아직 분명하게 개념적으로 파악되고 있지는 못하지만, 바로 이러한 쟁점들에 대한 논의가 오늘날의 민주주의 사회의 공론장에서 중요한 부분을 이루고 있기 때문이다. 형식적 인륜성은 이 영역에서 정의와 관련된 공적 논의의 선도 이념의 역할을 할 것으로 기대할 수 있다.

형식적 인륜성의 '주변부'와 공적 토론의 연관성을 이해하기 위해서는 하버마스의 심의 정치의 투트랙 모델을 살펴볼 필요가 있다. 하버마스에 따르면 기능적으로 분화된 현대 사회에서 심의 정치(deliberative Politik)는 민주적으로 조직된 의지형성과 비공식적인 의견형성 간의 상호작용을 통해 작동하게 된다.[52] 하버마스는 민주주의 사회에서 구속력을 갖는 의사결정을 산출해내는 국회 중심의 공식적인 민주적 절차를 의지형성의 과정으로 규정하는 반면, 시민들이 소통적 자유를 행사하여 다양한 의견들을 제시함으로써 시민사회를 기초로 하는 공론장에서 여론을 형성하는 과정을 의견형성의 과정으로 규정한다. 비공식적 공론장은 의사결정의 권한 없이 다양한 의견들이 결합하는 장으로 기능하는 반면, 구속력을 갖는 의사 결정은 국회 중심의 공식적인 민주적 절차를 통해 이루어지는 것이다. 따라서 공론장은 주로 새로운 문제를 발굴하고 확인하는 발견의 맥락에 따라 작동하는 반면, 국회의 공식적인 민주적 절차는 문제를 선택하고 해결책을 모색하는 정당화의 맥락을 중심으로 구조화된다.[53]

하버마스의 이러한 투트랙 모델에 비추어볼 때 형식적 인륜성의 '주변부'를 이루는 논쟁적인 쟁점들은 주로 민주주의 사회의 비공식적 공론장에서 좋은 삶의 영위를 위한 필수불가결한 조건들에 대한 다양한 의견들의 경합을 통한 의견형성의 과정에 속하는 것으로 이해될 수 있다. 이러한 의견형성의 과정 속에서는 오늘날의 끊임없이 빠르게 변화하는 현대 사회의 흐름 속에서 무엇이 좋은 삶을 이루기 위한 새로운 필수적인 조건을 이루는지에 대한 가장 최근의 상황을 반영하는 논의들이 시민 자신들에 의해 끊임없이 전개된다. 이 과정에서 어떤 조건에 대한 시민들의 대략적인 합의가 이루어지면 그에 대한 공적 보장에 대한 요구가 민주적 의지형성의 과정에서 검토되어 새로운 정책이 만들어지기도 하고, 새로운 입법이 이루어지기도 한다.

이러한 '주변부' 영역에서 개별 쟁점들을 검토할 때 핵심을 이루는 물음은 다음의 두 가지인 것으로 보인다. 첫째, 어떤 것이 좋은 삶의 영위를 위해 공적으로 보장되어야 할 상호주관적 조건이고, 어떤 것이 자신의 좋은 삶을 위해 시민 각인이 스스로 확보해야 할 비공적 조건인가? 이는 해당 쟁점의 공적/비공적 성격에 대한 판정과 연관된다고 할 수 있다. 좋은 삶의 영위를 위해 공적으로 달성되어야 할 조건들을 최대한 충족시키는 것이 사회 정의에 도달하는 길이기는 하지만, 사회가 각인에게 좋은 삶 자체를 보장해줄 수는 없는 노릇이다. 따라서 어떠한 조건들은 아무리 그에 대한 시민들의 열망이 강하다고 하더라도 각인이 스스로 확보해야할 비공적인 것으로 남아있게 된다. 사회는 다만 좋은 삶의 영위를 위해 최대한 우호적인 공적 조건들을 마련해주는 것만 할 수 있다. 둘째, 어떠한 것이 좋은 삶의 영위를 위해 확보되어야 할 실현가능한 조건이고, 어떠한 것이 그렇지 않은 조건인가? 시민 각인의 관점에서 좋은 삶의 영위를 위해 필수불가결한 조건으로 보이는 것 중에도 어떤 것들은 오늘날의 사회적 현실을 고려할 때 실현이 불가능한 것들이 있을 수 있다. 이러한 조건들에 대한 시민들의 열망은 비록 내키지 않더라도 앞으로 달성되어야 할 과제로 미루어두는 것이 사회적 현실과의 화해를 위해 도움이 될 것으로 보인다.

좋은 삶의 영위를 위한 상호주관적 조건들에 관련된 이러한 논쟁들은 민주주의 사회의 공적 토론에서 이미 그리고 항상 진행 중에 있는 것으로서 여기서 어떤 새로운 것을 임의적으로 도입하고 있는 것은 아니다. 이러한 쟁점들에 대한 충분히 숙고된 합의에 이르는 과정에서는 불가피하게 입장들 사이에 충돌이 발생할 수밖에 없으며, 경우에 따라서는 시행착오가 발생하기도 하고, 정치적 타협이 필요할 수도 있다. 그러한 공적 토론의 결과가 충분히 누적되어 사회적 합의에 도달하게 되면 그와 관련된 조건들은 이론적으로는 형식적 인륜성의 '주변부'에서 '코어'로 이행할 수 있고, 정치적으로는 민주주의 사회의 의지형성의 과정에서 공적으로 정당화되어 실제 법률이나 정책의 형태로 실현될 수도 있다. 좋은 삶의 형식적 개념에 기초해 있는 사회 정의론은 어떠한 사회가 좋은 삶을 가능하게 하는 바람직한 사회인가라는 포괄적인 물음을 중심으로 이 과정을 선도하는 이념의 역할을 할 수 있을 것으로 기대된다.

V. 나가는 말

본 논문은 호네트의 형식적 인륜성, 즉 개인의 좋은 삶의 영위를 위한 필수적 전제 조건으로 작용하는 상호주관적 조건들의 총체의 개념에 기초한 사회 정의론의 개요를 제시하는 것을 목적으로 하여 다음과 같이 전개되었다. 먼저 오늘날 새로운 형태의 정의론이 요구되는 배경으로서 기존에 주류를 이루어온 자유주의적 정의관의 한계를 롤스를 중심으로 살펴보았으며, 이를 극복하기 위해 의무론의 틀 안에서 자유주의적 정의관을 보다 내용적으로 두껍게 변형하려는 시도(프레이저) 및 목적론으로 전회하여 좋은 삶의 특정한 관점을 옹호하는 방식으로 정의론을 내용적으로 풍부하게 하려는 시도(샌델)의 문제점을 각각 검토하였다. 호네트의 형식적 인륜성의 개념은 목적론에 기반해 있으면서도, 좋은 삶의 영위를 위한 상호주관적 조건들에 대해 따져묻는다는 점에서 정의론의 기초로 유망한 것으로 평가될 수 있지만, 그럼에도 불구하고 그의 인정 이론적 정의관에서 이 개념이 인정에 밀려 그 잠재력을 제대로 전개하지 못하고 있기 때문에 본 논문에서는 이 개념을 그의 인정 이론의 맥락에서 분리하여 나름의 방식으로 정의론을 전개하는 작업을 수행하였다. 형식적 인륜성이 정의론의 기초의 역할을 할 수 있으려면 이 개념에 대한 보다 구체적인 해명이 이루어져야 한다. 이를 위해 본 논문은 먼저 칸트의 의무론과의 비교 하에서 이 개념의 규범적 내용의 핵심을 일반적인 차원에서 해명하였으며, 계속해서 형식적 인륜성을 '코어'와 '주변부'의 두 가지 층위로 구분하여 각각의 내용을 개괄적으로 살펴보았다.

본 논문에서 이루어진 작업의 많은 부분은 형식적 인륜성에 기초하여 정의론을 전개하기 위한 시론의 성격을 갖는다고 할 수 있다. 이러한 개요가 실제로 적실성을 갖는 정의론으로 발전해나갈 수 있는지를 확인하기 위해서는 앞으로 논의를 보다 구체화하는 후속 작업이 많이 필요할 것으로 보인다.

주

1 Honneth, 2000: 20 참조. 사회철학에 대한 호네트의 이러한 관점을 수용하는 입장으로는 Jaeggi, 2014: 10; Jaeggi & Celikates, 2017: 11 참조.

2 사회의 정의(Gerechtigkeit) 혹은 안녕(Wohl)은 상호 인정의 조건을 확립할 수 있는 역량의 정도에 따라 평가될 수 있다는 호네트의 인정 이론적 정의관의 관점은 이러한 생각에 근접해 있는 것으로 보이기도 한다(Honneth, 2003a: 206 참조). 하지만 전체적으로 볼 때 그의 논의 에서 사회 정의와 사회 비판의 관계는 불분명한 채로 남아 있다.

3 이에 대한 상세한 논의로는 정태창, 2022 참조.

4 호네트의 인륜성의 형식적 개념(ein formales Konzept der Sittlichkeit)에 대한 설명으로는 Honneth, 1994: 277 참조.

5 롤스의 공정으로서의 정의를 의무론적 자유주의의 전형으로 이해하는 관점에 대해서는 『정 의론(A Theory of Justice)』의 3부인 '목적론(Ends)'에서 나타나는 목적론적 요소들을 근거로 하여 반론이 제기될 수도 있다. 이러한 반론을 받아들이기 어려운 이유는 다음의 두 가지이 다. 첫째, 롤스 정의론 전체를 목적론적 정의관으로 해석하려는 시도는 아직까지 이루어진 바 없으며, 정의론에서의 논의 비중을 보더라도 그러한 해석을 제시하는 것은 어려워 보인 다. 둘째, 롤스의 정치적 자유주의에서 정의론의 목적론적 요소들은 대부분 사라지고 오히려 의무론의 논리가 더 선명하게 나타나게 된다. 이러한 점들을 고려할 때 롤스의 정의론은 의 무론적 기본틀 안에서 목적론적 요소 몇 가지를 포함하는 것으로 이해될 수 있다.

6 이에 대한 상세한 논의로는 정태창, 2019: 179-185; 197-198; 2021b: 324-326 참조.

7 의무론의 정당화 논리에 대한 상세한 분석으로는 정태창, 2018: 60-71 참조.

8 Rawls, 1993: 137 참조.

9 Rawls, 1993: 247-253 참조.

10 롤스는 정치적 자유주의에서 모든 시민들의 기본적 필요를 위해 공급해야할 사회적 최소치 (social minimum)는 정의의 제1원칙과 함께 헌법의 본질적 요건에 포함시키지만, 정의의 제 2원칙에 속하는 공정한 기회균등의 원칙 및 차등의 원칙은 제외시킨다. 비록 후자가 조정하 고자 하는 사회적, 경제적 불평등의 문제가 '기본적 정의(basic justice)'라는 이름 하에 공적 이성의 영역에 포함되기는 하지만, 정치적 자유주의에서 평등주의적 재분배의 요구는 사실 상 배면으로 밀려나게 된다. 롤스에 따르면 정의의 제2원칙을 헌법의 본질적 요건에 포함시 킬 수 없는 이유는 그에 대한 모든 시민의 합의를 기대하기 어렵다는 점에 있다. 이와 관련해 서는 Rawls, 1993: 229 참조.

11 Sandel, 2013: 43-46 참조.

12 Fraser, 2003b: 208 참조.

13 Fraser, 2003b: 223-229 참조.

14 Fraser, 2003b: 230 참조.

15 Honneth, 2003b: 210-211 참조.

16 프레이저는 실제로 이러한 방식으로 정의론을 구성한다. 그녀는 오늘날 사회 정의에 대한 요 구가 분배와 인정이라는 두 유형으로 나타난다는 사실로부터 출발하여, 이러한 두 가지 요

구를 모두 단일한 틀에서 포괄할 수 있는 이론을 구성하는 방향으로 나아간다(Fraser, 2003a: 7-9 참조). 이와 관련하여 호네트는 프레이저의 이러한 이론 구성은 민주주의 사회에서 전면에 드러나는 정치적 갈등들을 선택적으로 재구성하는 측면이 있다고 비판한다(Honneth, 2003a: 129-159 참조).

17 Sandel, 1998: 186 참조.

18 Sandel, 2010: 186 참조.

19 Sandel, 1998: xi 참조. 샌델에 따르면 그의 정의관은 정의를 선의 극대화 여부에 따라 판정하는 공리주의와도 구분되고, 정의의 원칙을 어떤 특정 공동체에 의해 수용되는 가치에 의해 정당화되는 것으로 보는 공동체주의와도 구분된다. 왜냐하면 공리주의와 공동체주의는 좋음, 가치, 목적의 구체적인 내용에 대해서는 판단을 중지한다는 공통점을 갖기 때문이다.

20 이에 대한 상세한 논의로는 정태창, 2021b: 336-338 참조.

21 Honneth, 1994: 275 참조.

22 Rawls, 1999: 350~351 참조.

23 Honneth, 1994: 280 참조.

24 Honneth, 2003b: 210 참조. 라즈의 자유주의적 완전주의와 관련해서는 Raz, 1986 참조.

25 Aristoteles, 1920: 2(1094a)

26 Aristoteles, 1957: 85(1281a).

27 Aristoteles, 1957: 94(1284a)

28 Aristoteles, 1920: 102(1134a)

29 Honneth, 2003a: 157; 201 참조.

30 Honneth, 2003a: 186-187 참조.

31 이와 관련하여 프레이저는 호네트가 인정 개념을 그 비판적 힘을 상실할 정도로 과도하게 확장하고 있다고 지적한다. Fraser, 2003b: 201 참조.

32 Honneth, 2003b: 213 참조.

33 이와 관련된 논의로는 정태창 2021a; 2021b 참조.

34 샌델의 아리스토텔레스적 정의관에 대한 논의에서는 시민적 덕성과 정치 참여에 대한 시민 공화주의의 강조가 현대 사회의 다원주의와 양립할 수 없다고 했다가, 이 부분에서는 이러한 공화주의적 이상을 인륜성의 한 부분으로 포함시킬 수 있다고 주장하는 것이 모순되는 것처럼 보일 수도 있겠다. 하지만 이 두 요소에 대한 강조가 현대 사회의 다원주의와 충돌하는 것은 그것을 좋은 삶에 대한 일종의 평가적 요소로 삼으면서 관련된 선관을 강요할 경우에만 성립한다. 반면 그것을 좋은 삶의 영위를 위해 필요한 상호주관적 조건으로 이해하는 경우에는 그러한 충돌이 발생하지 않는다. 이와 관련해서는 정태창, 2021b: 331-334 참조.

35 좋음에 대한 얇은 이론의 개념에 대해서는 Rawls, 1999: 348-350 참조.

36 IV: 433. 본 논문에서 칸트를 인용하는 경우 『순수이성비판』의 인용은 일반적인 관례대로 Raymund Schmidt판에 따라 초판(1781년)과 재판의 쪽수를 A와 B 뒤에 숫자로 표시하고, 그 외에는 베를린 학술원판을 기준으로 하여 괄호 안에 권수(로마자)와 쪽수(숫자)를 순서대로 표기한다.

37 IV: 388-389 참조.

38 "그것의 현존재 그 자체가 절대적 가치를 가지고, 목적 그 자체로서 일정한 법칙들의 근거일 수 있는 어떤 것이 있다고 가정해본다면, 그런 것 안에서 그리고 오로지 그런 것 안에서만 가능한 정언적 명령, 다시 말해 실천 법칙의 근거가 놓여 있을 터이다."(IV: 428)

39 "한 이성적 존재자가 그의 행위의 결과로서 임의로 앞에 세우는 목적들(질료적 목적들)은 모두 단지 상대적일뿐이다. 왜냐하면 단지 그것들의 주관의 특정 종류의 욕구능력과의 관계만이 그것들에게 가치를 부여할 것이고, 그래서 그러한 가치는 모든 이성적 존재자에게 보편적이고, 또한 모든 의욕에 대해 타당하고 필연적인 원리들, 다시 말해 실천 법칙을 제공할 수 없기 때문이다."(IV: 427-428)

40 "인격들은 한낱 그것들의 실존이 우리 행위의 결과로서 우리에 대해서 가치를 갖는 주관적 목적들이 아니라, 오히려 객관적 목적들이다. 다시 말해, 그것들의 현존 그 자체가 목적인, 그 것 대신에 다른 어떤 목적도 주어질 수 없는그런 것들로, 다른 것들은 한낱 수단으로서 이에 봉사해야 할 것이다. […] 그러므로 무릇 최상의 실천 원리가 있어야 하고, 그리고 인간의 의지에 관련한 정언 명령이 있어야만 한다면, 그것은 목적 그 자체이기 때문에, 필연적으로 누구에게나 목적인 것의 표상으로부터 의지의 객관적 원리를 형성하고, 그러니까 보편적 실천 법칙으로 쓰일 수 있는 그러한 것이어야 한다."(IV: 428-429)

41 IV: 429 참조.

42 이 표현은 본래 롤스가 그의 정의의 두 원칙에 대해 서술하면서 사용한 것이다. 이와 관련해서는 Rawls, 1999: 156 참조.

43 평등한 기본적 자유들의 목록에 대해서는 Rawls, 1999: 53-54 참조.

44 이러한 구상은 롤스로부터 가져온 것이다. 롤스는 그의 정의관을 ① 민주주의 사회의 시민들의 공통의 규범적 확신을 이루고 있는 헌법적 요체(constitutional essentials), ② 경제적, 사회적 불평등의 조정과 관련되는, 좀 더 논쟁적인 성격을 갖는 기본적 정의(basic justice)의 두 부분으로 구성된 것으로 제시한다. 이와 관련해서는 Rawls, 1999: 227-231 참조.

45 Rawls, 2005: 292-293 참조.

46 예를 들어 롤스의 정의론에서 형식적 인륜성과의 연관성은 특히 사회적 연합체들의 사회적 연합으로서의 질서정연한 사회의 관념에서 분명하게 드러난다. 이 관념에 대해서는 Rawls, 1999: 459 참조. 이 관념과 형식적 인륜성의 연관성에 대한 논의로는 정태창, 2019: 187-188 참조.

47 이와 관련해서는 Honneth, 2003b: 210 참조.

48 Rawls, 1993: 79; 180-181 참조.

49 이와 관련된 논의로는 정태창, 2019: 186-193 참조. 여기서 한 가지 언급할만한 점은 롤스의 정의론은 일차적으로 분배 정의에 초점을 맞추고 있기 때문에 자존감의 사회적 기반 또한 다소 반직관적인 방식으로 '분배'의 대상으로 삼을 수밖에 없었으나, 형식적 인륜성에 기초한 정의론에서는 그러한 문제점은 발생하지 않는다는 것이다.

50 Van Parijs, 2006: 15-16 참조.

51 Van Parijs, 1998: 25 참조.

52 Habermas, 1994: 374 참조.

53 Habermas, 1994: 375 참조.

참고문헌

정태창(2018), 「민주주의의 규범적 기초로서의 자율성에 대한 연구 - 하버마스와 롤스를 중심으로」, 서울대학교 박사학위논문.

정태창(2019), 「프레이저-호네트 논쟁에서 분배 원칙의 정당화 문제」, 『철학사상』, 제72호, pp. 173-205.

정태창(2021a), 「좋은 삶의 영위를 위한 하나의 형식적 조건으로서의 비지배 자유」, 『철학논집』, 제64집, pp. 97-127.

정태창(2021b), 「공화주의 공공 철학과 좋은 삶」, 『철학논총』, 제105집, 제3권 pp. 319-348.

정태창(2022), 「좋은 삶의 형식적 개념에 기초한 '물화(Verdinglichung)'의 재정식화」, 『철학사상』, 제85호, pp. 3-33.

Aristoteles(1920), *Ethica Nicomachea*, I. Bywater(ed.), Oxford University Press.

Aristoteles(1957), *Politica*, W. D. Ross(ed.), Oxford University Press.

Fraser, N.(2003a), "Social Justice in the Age of Identity Politics: Redistribution, Recognition, and Participation", in: N. Fraser & A. Honneth, *Redistribution or Recognition?*, Verso, pp. 7-109.

Fraser, N.(2003b), "Distorted Beyond All Recognition: A Rejoinder to Axel Honneth", n: N. Fraser & A. Honneth, *Redistribution or Recognition?*, Verso, pp. 198-236.

Habermas, J.(1994), *Faktizität und Geltung*, vierte Auflage, Suhrkamp.

Honneth, A.(1994), *Kampf um Anerkennung*, Suhrkamp.

Honneth, A.(2000), *Das Andere der Gerechtigkeit*, Suhrkamp.

Honneth, A.(2003a), "Umverteilung als Anerkennung. Eine Erwiderung auf Nancy Fraser", in: N. Fraser & A. Honneth, *Umverteilung oder Anerkennung?*, Suhrkamp, pp. 129-224.

Honneth, A.(2003b), "The Pointe der Anerkennung. Eine Entgegnung auf die Entgegnung", in: N. Fraser & A. Honneth, *Umverteilung oder Anerkennung?*, Suhrkamp, pp. 271-305.

Jaeggi, R.(2014), *Kritik von Lebensformen*, Suhrkamp.

Jaeggi, R. & Celikates, R.(2017), *Sozialphilosophie*, C. H. Beck.

Sandel, M.(1998), *Liberalism and the Limits of Justice*, Second Edition, Cambridge University Press.

Sandel, M.(2010), *Justice*, Farrar, Straus and Giroux.

Sandel, M.(2013), *What Money Can't Buy*, Penguin.

Rawls, J.(1993), *Political Liberalism*, Expanded Edition, Columbia University Press.

Rawls, J.(1999), *A Theory of Justice*, Revised Edition, Harvard University Press.

Raz, J.(1986), *The Morality of Freedom*, Oxford University Press.

Van Parijs, P.(1998), *Real Freedom for All*, Oxford University Press.

Van Parijs, P.(2006), "Basic Income: A simple and powerful idea for the twenty-first century", in: B. Ackerman et al.(eds.), *Redesigning Distribution*, Verso, pp. 3-42.

인공지능 시대의 도구적 이성 비판[*]

이 국 배

1. 들어가는 말

독일 프랑크푸르트에 사회연구소가 창설된 지 100년이 되었다. 당시 연구소를 중심으로 모인 사상가들에게 '비판(critique)'은 단순한 이론 비판이 아니었다. 그들에게 비판은 우리가 세계를 어떻게 이해하며 관찰해야 하는지의 문제이기도 했지만, 무엇보다 지식의 사회적 조건을 밝히는 일이었으며, 특히 세계의 변혁을 목적으로 하는 사유 형태의 하나였다. 이때 비판은 변화된 세계질서를 새롭게 이해하면서, 왜곡된 세계가 초래하는 수많은 병리를 극복하기 위한 포괄적 이론의 수단이었다. 따라서 비판 이론은 전통적 의미에서의 사회 이론이나 철학의 하위 분야가 아니었다. 비판 이론은 전통이론과는 "다른 형태의 지식"이고자 했다(Thompson, 2017: 2).

세계를 점차 장악해 가는 도구적 이성에 대한 비판은 비판 이론의 본격

[*] 이 글은 프랑크푸르트학파 100주년 기념 학제적 연합학술대회(2023년 10월 14일, 서울대학교)에서 발표한 글을 수정·보완하여 재구성한 것이며,『사회사상과 문화』26권 4호(2023)에 등재된 논문임을 밝힌다.

적인 진격을 알리는 신호탄이었다. 호르크하이머와 아도르노, 마르쿠제 등 이른바 비판 이론 제1세대는[1] 당대의 시기를 이성이 한낱 도구로 축소되어버린 기형의 시대로 이해했다. 그들은 모든 것이 수량화되고 계량화되는 자본주의 사회 질서 속에서 이에 순응하는 이성의 타락을 보았다. 비판 이론은 그러나 도구적 이성이 초래하는 사회적 병리를 시대에 따라 다르게 접근하고자 했다. 이러한 이론적 접근의 역사적 변천 과정은 사실상 비판 이론의 진화과정이기도 했다. 1930년에 연구소장으로 부임한 호르크하이머는 베버의 도구적 합리성 패러다임과 루카치의 '물화(reification)' 개념을 적극적으로 수용하고, 도구적 이성에 대한 분석과 비판을 연구소 프로젝트의 중점 과제로 설정했다(Schecter, 2010: 3-4).

호르크하이머는 『도구적 이성 비판』(1947)을 출간하기 전 「이성의 종말」(1941)에서 인류의 이성은 이제 그것의 다양한 능력 중에서 그 일부만을 선택하여 활용하는 일종의 "에너지 절약 사업"이 되었다고 비판한다 (Horkheimer, 1941: 368). 그가 보기에 인간의 사유 활동은 오직 실용적 의미로만 축소되어, 그저 목적을 위한 수단의 최적화 기능으로 전락했다.

> 모든 사람은 경험론자가 되었다 … 사유는 아리스토텔레스가 오르가논 (organon)에서 말한 경험과학의 원리에 근거한 '도구'가 되었다. 사유는 이제 객체의 실제 그대로를 이해하기보다는, 로크나 칸트처럼 가정된 데 이터만을 정렬하고 분류하는 일에 만족한다. 유명론은 승리한 형식주의와 손을 잡는다. 객체를 낯선 다양성이자 혼돈으로 보는 제한적 이성은 분석 적 판단만을 하는 일종의 계산기가 되었다(Horkheimer, 1941: 370-371).

도구적 이성 비판은 단순한 시대적 현상에 대한 비판이 아니라 비판 이론의 형성과 발전을 위한 토대를 의미했다는 점에 그 중요성이 있다. 그러나 비판 이론이 도구적 이성에 대한 비판의 수위를 높여갈수록 그 대안을 위한 이론적 해법의 어려움 또한 가중되었다. 이성의 도구화에 대한 비판은 마치 이성 자체에 대한 비판인 것처럼 오해되곤 했다. 호르크하이머가 쓴 글의 제목이 말해주는 것처럼 도구적 이성 비판은 이성의 종말 자체를 의미하는 듯 보여, 이성의 역사가 이제는 점차 해체의 길로 들어서게 되었음을 정당화하는 듯 전달되었다. 더구나 이성의 도구화가 전면화되고 있다면, 그것을 비판하거나 극복할 수 있는 또 다른 이성의 힘은 도대체 어떻게 가능할 수 있는지, 무엇에 근거해야 도구적 이성에 대한 비판적 이성의 힘 역시도 강화될 수 있는지, 이에 대한 설득력 있는 답변을 마련하는 일 역시도 쉽지 않은 과제로 부상했다. 사회적 현상을 중심으로 도구적 이성 비판을 집중하는 과정에서 예기치 못한 이러한 난제의 부상은 이후 하버마스가 의사소통적 합리성을 통해 이성의 복원을 꾀하려는 이론적 촉매제가 되기도 했다. 물론 도구적 이성 비판 패러다임으로부터 의사소통적 이성 패러다임으로의 전환이라는 하버마스의 전격적 대안이 해방적 미래 구상을 위한 최적의 활로인지에 대해서는 외부에서는 물론이고 비판 이론적 전통의 내부에서조차도 다양한 의문이 제기되고 있다(Hammer, 2017: 614-618).

이른바 3세대 비판 이론가 중 한 사람으로 알려진 호네트는 "도구적 이성 비판이 우리 시대에도 여전히 유용한 프로젝트일 수 있을까"라는 물음에 대해 일단은 유보적이다. "이성의 진보가 자본주의 사회 조직에 의해 차단되거나 중단된다는 생각은 그저 놀라움을 줄 뿐이다. 그렇다고 이제 자본주의를 더는 사회적 합리성의 통일된 시스템으로 간주하기도 어렵다(Honneth, 2004: 337)." 이는 이성의 능력이 자본주의라는 도구적 합리성의 체계로 인해 오로지 도구적인 성격으로만 축소되어버렸다고 보기도 어려울 뿐 아니라, 설사 도구적 이성이 사회 전반을 장악했다 할지라도, 오늘의 사회가 그 도구적 성격의 기반 위에서 전체적으로 통일된 합리성을 확보했다고 보기에도 어렵다는 지적이다. 도구적 이성 비판이 초기에는 비판 이론의 중심 패러다임으로 설정되기도 했지만, 이후에는 오히려 비판 이론가들 사이의 세대 간 단절을 의미하는 양면적인 유산으로 남았다.

비판 이론 내부에서의 이론적 계승과 단절뿐 아니라 변화된 이론 외적인 현실 역시 다시 돌아볼 필요가 있다. 비판 이론 제1세대는 미국을 중심으로 한 새롭게 부상한 소비중심 사회에 대해 심층적으로 고민했다. 따라서 그들의 사회 분석을 21세기인 오늘에 그대로 적용하기에는 적지 않은 어려움이 따른다. 그들은 글로벌 자본주의에 따른 세계화와 신자유주의, 세계적 수준의 금융의 지배력 강화, 자원과 환경문제, 그리고 일상화된 위기사회나 초개인주의의 확산 등을 예견할 수 없었다. 무엇보다도 오늘날의 정치 권력이 사회에 대한 합리적 통제를 자신들의 기대만큼 적절하게 하고 있느냐에 대해서도 의문이 제기될 수 있다. 파시즘의 시대를 살았던 비판 이론 1세대는 당시의 사회를 거대하고도 폭압적인 정치 권력에 의해 통제되는 '관리 사회'로 간주했지만, 이제 과거와는 비교될 수 없을 정도로 복잡성이 확대된 현대 사회에서는 권력이 사회를 전체적으로 통제하거나 효율적으로 지배하는 일 역시 의도만큼 간단한 사안이 아니게 되었기 때문이다.

더구나 최첨단 기술의 발달에 따른 정보사회의 등장과 디지털 환경에 따른 소통방식의 급격한 변화는 도구적 이성 비판이 처한 이론적 현재성에 대한 우리의 판단을 더욱 어렵게 한다. 최근 인공지능의 상용화와 급속한 확산 속에서 인간이 역사 과정에서 발달·진화시켜 온 도구적 이성의 능력은 이제 그마저도 인간 고유의 능력만은 아니게 되는 방향으로 진행되고 있다. 도구적 이성의 사회적 전면화는 주관적 이성의 역할과 능력을 기계의 고유능력으로 점차 대체해 가고 있다. 한마디로 인류는 도구적 이성을 세계 전체로 전면화한 결과 도구적 이성에 대한 소유권을 사실상 상실하게 되는 역설적 상황에 직면했다.

그러나 이 글의 관심은 인공지능의 본격적인 상용화의 현황과 이에 따른 구체적인 결과들, 그리고 향후 다가오게 될 도구적 이성의 미래상 등을 경험적 수준에서 예고하는 일에 있지 않다. 이 글은 비판 이론의 토대와 중심을 구성했던 도구적 이성 비판의 패러다임을 비판 이론 내부의 사상사적 지평에서 회고하고, 인공지능으로 대표되는 이 시대에 도구적 이성 비판의 부활 가능성을 탐색하는 작업에 중점을 두고자 한다. 이는 도구적 이성 비판이 한 세기가 지난 오늘에도 여전히 유효한 현실적 패러다임일 수 있는지에 관한 이론적 탐색이자 프랑크푸르트학파 창설 100년을 회고하고 전망하는 일이다. 도구적 이성 비판은 이제 사회적·이론적 환경의 변화에 따라 하루바삐 폐기되어야 할 과거의 유물일까, 아니면 세계의 급격한 변화 가운데서도 비판적 현실 분석을 위해 여전히 유효한 이론적 무기일까. 만약 폐기되어야 한다면 어떠한 부분이 폐기되어야 하며, 여전히 유효하다면 어떠한 내용이 의미 있는 유산으로 남을 수 있는 것일까.

이 글은 도구적 이성 비판 패러다임의 현재성을 인정한다. 이를 위해 우선은 1) 도구적 이성 비판 패러다임이 출현하게 된 사상적 배경과 그것의 주요 내용을 간략히 살핀 다음, 2) 계몽과 문화, 그리고 기술의 영역을 통해 도구적 이성 비판이 실제로 현실의 지평에서 어떻게 구현되었는지를 핵심적 내용을 중심으로 검토하고자 한다. 이어서 이 글은 3) 도구적 이성 비판의 전개 과정에서 1세대 비판 이론은 결국 어떠한 이론적 난제에 직면할 수밖에 없었는지, 그래서 비판 이론 내부로부터는 어떠한 이유로 인해 전격적 전환이 요구되는 반론에 직면할 수밖에 없었는지를 분석한다. 마지막으로 이 글은 4) 도구적 이성 비판이 오늘날에는 어떠한 이유에서 현실적 전환을 요구받고 있으며, 만약 도구적 이성 비판 패러다임의 현재성을 여전히 유효하다고 가정한다면, 그것은 어떠한 내용적 조건에서 가능할 수 있는지를 논구하고자 한다.

2. 합리성과 도구적 이성 비판

이성이 한낱 도구로 전락하는 시대적 현상에 대해 호르크하이머가 본격적으로 문제를 제기하기 이전부터, 철학은 이미 광범위한 수준에서 다양한 형태의 비판을 전개했다. 니체의 합리주의 비판, 신칸트주의의 방법론 논쟁, 그리고 딜타이와 후설의 과학주의 비판과 정신과학에 대한 철학적 특화 작업 등은 모두 이성이 도구적 이성으로 전락하는 현실에 대한 비판적 사유의 결과를 담고 있다. 다만 제1세대 비판 이론가들이 동시대 철학자들과 구별되던 점은 그들이 단순히 철학의 영역에만 머물러 있지 않았다는 사실이다. 그들은 철학과 사회과학 사이의 학제 간 연구를 통해 도구적 이성이 초래하는 병리적 현상에 대한 비판에 주력했다. 이를 위해 비판 이론은 베버의 합리성 개념과 마르크스의 자본주의 구조 비판을 도구적 이성에 대한 사회 이론적 분석과 비판을 통해 종합하고자 했다. 특히 도구적 이성 비판의 이론적 토대는 막스 베버가 근대의 대표적인 특성의 하나로 규정했던 합리성 개념의 직접적인 유산이기도 하다. 베버는 『경제와 사회』에서 이렇게 말한다.

> 행위는 목적 합리적(zweckrational)이다. 이는 목적과 결과, 그리고 (이로 인한) 이차적인 결과 모두가 합리적으로 고려되고 비중 있게 다루어졌음을 의미한다. 행위는 최종 목적에 대한 대안적 수단, 최종 목적과 이차적 결과 사이의 관계, 그리고 다양한 형태의 목적을 상대적 중요도에 따라 분별하는 합리적 고려 모두를 포함한다(Weber, 1978: 26).

베버가 말하는 목적 합리적 행위는 목적을 이루기 위해 적절한 수단을 계산하고 선택하는 모든 종류의 합리적 행위를 말한다. 이때 수단을 선택하는 기준은 효율이고, 계산의 대상은 무엇보다도 '속도'이다. 따라서 그는 이러한 합리적 행위를 자본주의 체계 안에서 이루어지는 효율 중심의 경제 행위에 연계시켰다. "경제 행위(Wirtschaften)는 경제적 목적을 이루기 위한 자원의 평화로운 이용에서 주로 볼 수 있다. '합리적 경제 행위'는 이러한 방향을 가진 도구적 합리성, 즉 계산된 계획에 의존한다(Weber, 1978: 63)." 도구적 이성의 원천은 '합리적 경제 행위'이다. 관료적 행정을 포함해 현대 자본주의에서의 경제 행위는 전략적으로 계산되고 기획된 설계에 따른다. 한마디로 도구적 합리성은 일종의 '계획(plan)'이다. 베버는 시장 체제에서 쉽게 발견할 수 있는 합리성의 양식이 자본주의의 지배적인 양식이 되었다는 점을 인정했다. 이른바 근대성이란 이러한 합리성의 양식이 사회의 구조를 장악하는 수준에 따라 규정된다. 다양한 사회적 기구들의 합리화 과정은 결과적으로 사회 구조 전반의 합리성을 구축한다. 그것의 수준과 정도가 과거와 근대를 구별하는 경계가 된다. 하지만 베버는 도구적 합리성의 사회적 일반화 과정을 문명 세계의 긍정성이 강화되는 과정으로 단순화하거나 동일시하지는 않았다. 오히려 "우리 시대의 운명은 합리화와 지식화, 그래서 결국은 세계로부터 이탈(the disenhancement of world)되는 경향을 보인다(Weber, 1978: 155)." 이처럼 베버는 도구적 합리성에 의해 장악된 근대가 실제로 인류 문명의 안정적 궤도이며 긍정적 연장선 위에서 진행되고 있는 것인지에 관해 계속해서 의문을 제기했다. 베버는 근대 문명에 대한 니체의 허무주의적 그림자로부터 결코 자유롭지 못했다. 비판 이론의 도구적 이성 비판 역시도 이러한 그림자의 차양 아래 있었음을 부정하기는 힘들다. 당연히 비판 이론의 입장에서는 도구적 이성이 전면화된 사회를 인간 이성이 정상적으로 작동한 결과로 볼 수는 없었다. 그러한 의미에서 도구적 이성 비판은 이른바 "베버리안 패러다임(Weberian paradigm)"의 계승과 본격화를 의미하며, 그것의 비판적 적용과 실험의 역사로 평가될 수 있다(Schecter, 2010: 6-7).

이른바 '베버 서클(Weberian Circle)'의 충실한 회원이었던 루카치는 베버의 합리성 개념을 마르크스의 소외된 노동 분석과 연계했다. 그리고 물화 개념을 통해 두 사상가 사이의 이론적 종합을 꾀한다. 그는 "합리적 기계화가 노동자의 영혼까지 확대"되기 때문에 "그의 심리적 측면은 인격 전체와 분리되어 통계적인 타당성의 개념으로, 그래서 결국은 합리적인 체계 안으로 통합"될 수밖에 없다고 말한다(Lukács, 1971: 88). 자본주의의 합리화 과정은 필연적으로 주체를 사물화한다. 주체와 객체, 노동자와 노동 모두는 '계량화'된다.

> 생산 대상의 분화는 필연적으로 생산 주체의 분화를 가져온다. 노동 과정의 합리화라는 추상적 특수 법칙에 따르면, 노동자의 인간적 측면과 특성은 단지 오류를 야기하는 원천일 뿐이다. 노동자는 객관적으로 일의 과정이나 관계에서 진정한 주인이 될 수 없다. 그는 기계 장치에 편입된 기계의 한 부분일 뿐이다(Lukács, 1971: 89).

루카치는 이처럼 '물화'를 매개로 마르크스의 소외된 노동 비판과 베버의 도구적 합리성 개념을 이론적으로 통합하고자 했다. 그러나 그는 도구적 이성에 대한 비판 프로젝트를 그의 이론 과제로 계속해서 발전시켜 가지는 않았다. 루카치의 주된 관심은 자본주의의 생산 양식과 그것이 양산하는 의식의 특수성에 있었다. 반면 비판 이론은 루카치의 이러한 기획을 도구적 이성 비판으로 재구성한다. 도구적 이성 비판은 그것의 이론 지평을 인식론과 방법론에서부터 문화와 기술, 그리고 계몽과 근대성의 정의 문제에 이르기까지 사회 전반으로 확대한다.

호르크하이머는 이성에 대한 비판이 '이성의 종말'로 흐를 것이라는 오해를 불식하기 위해 『도구적 이성 비판』에서 이성의 능력과 기능을 보다 세분화한다. 그는 이성을 "주체와 객체의 소외를 고려하지 않고 사물화의 사회적 과정에 순응하는" 주관적 이성과, "현존재가 우연이나 맹목적인 운명으로 인도되는 것을 막기 위한" 객관적 이성으로 구분했다(Horkheimer, 2020: 248). 주관적 이성은 목적을 위한 수단을 계산하는 도구이며, 객관적 이성은 목적의 규정과 그것의 실현 방법을 지향하는 의식이다. 주관적 이성은 수단 지향적이며, 객관적 이성은 목적 지향적이다.

호르크하이머의 이성 분석은 매우 명쾌하지만 단순한 이원적 도식을 제시한 것으로 평가될 가능성도 있다. 물론 그의 도구적 이성 비판을 이성의 도구화 자체에 대한 비판으로 보는 시각은 타당하지 않을 수 있다. 오히려 도구적 이성의 사회적 출현 과정과 도구적 이성의 사회적 "전면화"에 대한 비판이라고 보는 해석이 적합해 보인다.[2] 그에게 중요한 것은 도구적 이성 패러다임의 사회적 적용과 이것에 근거한 현실 비판이다. 호르크하이머에게 도구적 이성 비판이 곧 현실 비판일 수 있는 이유는 도구적 이성이 사회의 구조 형성에 개입하면서 '지배(Herrschaft)'의 문제와 연계되기 때문이다.

> 사람들이 현실을 질적인 용어로 생각하지 않을수록 현실은 조작의 대상이 될 가능성이 커진다 … 결과적으로 가치 판단은 이성이나 과학과 관련이 없다고 여겨진다. 이는 자유와 복종, 민주주의와 파시즘, 계몽과 권위, 대중문화와 진실에 대한 선택 등이 한낱 '주관적인 기호 문제'로 간주된다는 것을 의미한다. 그러나 선택의 자유는 항상 풍족한 삶을 누린 소수 그룹의 특권이었다(Horkheimer, 1941: 371).

도구적 이성 비판은 사실상 '지배'의 문제이며, 그러한 의미에서 '정치적인 것'이다. 이러한 배경을 전제할 때만이 비판 이론이 어떠한 이유에서 실증주의와 계몽, 대중문화와 기술에 대한 분석과 비판을 집중했는지가 이해될 수 있다. 이처럼 그들에게 '비판(critique)'은 단순한 이론 비판이 아니다.

물론 이성 비판의 정치적 의미를 충분히 고려한다고 할지라도, 이론의 수준에서는 도구적 이성과 해방을 지향하는 비판적 이성 사이에 불안한 긴장 관계가 계속해서 잠재되어 있을 수밖에 없다. 주관적 이성과 객관적 이성 모두가 이성 본래의 능력이라면, 도구적 이성만이 세계를 지배하게 된 이유는 무엇인가. 주관적 이성과 객관적 이성, 혹은 도구적 이성과 해방적 이성을 분리하는 방식은 제1세대 비판 이론가 모두에게 공통된 특징이었다. 이처럼 이성을 이원적으로 분리하는 방식은 칸트의 전통을 상기시키지만, 이성의 이원화 방식은 현실의 지평으로 내려올 경우 충분히 해결하지 못한 이론적 딜레마를 남길 수 있다. 이러한 문제점을 호르크하이머 역시 인지하고 있었다. "주관적 이성이 통속적 유물론으로 발전하는 경향이 있는 것처럼 객관적 이성 역시 낭만주의를 선호하는 경향"을 보인다 (Horkheimer, 2020: 248). 그 결과 주관적 이성은 냉소적인 허무주의로 흐를 위험이 있는 반면에 객관적 이성은 이데올로기나 기만이 되기 쉽다. 그렇다면 이른바 건강한 이성 활동에 따른 현실 비판은 무엇을 근거로 해서 어떻게 가능한가. 다시 말해 비판 이론은 어떻게 가능한가. 도구적 이성이 전면화되는 현실, 즉 "오늘날 유토피아를 향한 진보가 사회적 권력의 압도적인 힘과 원자화된 대중의 힘 사이의 완전한 불균형으로 인해 저지되는" 현실에서 해방을 이끄는 이성의 능력은 도대체 무엇을 근거로 어떠한 조건에 의해서 작동하게 되는 것일까(Horkheimer, 2020: 263). 호르크하이머는 우선 근대 철학의 과제였던 이성의 자기비판을 통해 이를 극복해 보려 하였다.

　우리가 계몽과 정치적 진보를 사악한 힘들, 악마와 운명의 여신, 맹목적인 운명이라는 미신으로부터 인간을 자유롭게 하는 것, 간단히 말해 두려움으로부터의 해방으로 이해한다면, 오늘날 이성이라고 불리는 것에 대한 고발은 이성이 수행할 수 있는 가장 커다란 공헌이 될 것이다 (Horkheimer, 2020: 264).

이렇게 되면 자기비판의 역할을 담당하는 철학의 임무와 과제는 분명하다. 철학은 전통이론의 논리적 재구성 작업이 아니다. 오히려 철학은 현재의 삶에서 당연하게 간주 되는 규칙과 믿음, 그리고 약속에 대한 비판적 성찰을 시작하는 작업이다. 그리고 철학의 임무는 계속해서 문제가 되었던 주관적 이성과 객관적 이성 사이의 모순을 상호 비판을 통해 지양하는 일이다. "철학의 과제는 하나의 이성 개념을 다른 이성 개념과 완고하게 반목시키는 것이 아니라, 상호 간의 비판을 증진시키는 것이며, 그리하여 가능하다면 현실 가운데 있는 두 개념의 화해를 정신적 영역에서 준비하는 것이다(Horkheimer, 2020: 249)." 이처럼 호르크하이머는 철학이 어느 정도는 이 과제를 담당할 수 있으리라 믿었다. 물론 그도 인정하듯이 도구적 이성에 대한 고발이 철학만으로는 관철 불가하겠지만, 최소한 "철학은 인류의 기억과 양심이 될 수 있을 것이며, 인류의 도정이 보호 시설 수용자들의 휴식 시간 동안 그들을 의미 없이 감시하는 것과 유사한 것이 되지 않도록 도울 수는 있을 것"이라고 생각했다(Horkheimer, 2020: 263). 하지만 이처럼 이성의 최후 심판의 업무를 수행해야 할 철학이 철학이라는 이유만으로 도구적 이성에 의해 장악될 가능성은 없다고 믿어도 되는 것일까. 아도르노는 세월이 흐른 뒤 다소 도발적인 질문을 내놓는다. "철학이 아직도 필요한가." 그리고 그는 철학을 부정 변증법 자체로 대체한다. 아직 자신의 이론 체계를 구성하기 전인 하버마스는 철학의 역할에 대해 약간 더 급진적이다. "만약 '철학이 아직도 필요한가'라는 질문을 더는 물을 필요가 없는 철학이 있다고 한다면, 우리 반성의 결과는 이렇다. 그것은 과학에 대해 결코 과학주의적이지 않은 철학이어야 한다고(Habermas, 1971: 17)." 이론의 부분적 수준에서는 비록 세대 간 단절과 비판이 있었다 할지라도 이때까지는 이들 모두가 철학의 주요 과제를 도구적 이성 비판에 두었다. 무엇보다 비판은 정치적 실천의 문제이다. 그런 의미에서 "철학적 사유의 미래는 정치적 실천의 문제이다(ibid.)." 이는 비판 이론가 모두가

철학을 초월적 지향의 자기성찰로서가 아니라 철학의 실현을 위해 철학을
버리는 실천적 전통의 연장선에서 두었음을 말해준다.

3. 계몽과 대중문화 그리고 기술

도구적 이성의 전면화라는 파도 앞에서 이성의 비판 능력을 복원하고,
어떻게 이를 넘어설 것인가에 대한 물음뿐 아니라, 비판 이론을 다시 또
곤혹스럽게 한 과제는 도구적 이성이 어떠한 과정을 통해 개인의 정체성
을 사물화하는지, 그리고 사회적 관계를 구조화하는지, 이에 대해 충분한
설명을 제시하는 일이었다. 비판 이론은 이러한 사안들을 충분히 인지하
고 있었고, 그것의 해법 모색을 위해 계몽과 문화, 그리고 기술을 비판 대
상으로 설정했다.

호르크하이머와 아도르노는 『계몽의 변증법』에서 도구적 이성의 출현
을 발생론적으로 추적했다. 계몽주의 시대 자연과학이 주목한 정복(mas-
tery) 개념을 실증주의와 연계하기도 했다. "계몽주의 입장에서는 숫자로,
궁극적으로는 하나(one)라는 수로 환원될 수 없는 모든 것은 환상일 뿐이
며, 현대의 실증주의는 수로 환원될 수 없는 것들을 시어(poetry)로 치부해
버린다(Horkheimer·Adorno, 2002: 4-5)." 그리고 이러한 과정에서 모든 것의
질적 특성은 제거된다. "질적 특성의 제거, 즉 기능으로의 변환은 인간의
모든 능력을 작업의 합리적 방식에 따라 경험적인 것으로 전환하고, 결국
인간은 양서류(amphibians)로 전락한다(Horkheimer·Adorno, 2002: 28)." 계몽
은 자연의 신비에 대해 이해를 돕고, 권력의 정당성을 위한 토대를 제공함
으로써 인류에게 미래에 대한 희망을 약속했지만, 이제는 그 자체가 사회
적 통제를 위한 도구가 되었다는 것이 이들의 주장이다. 이처럼 그들에게
계몽의 합리주의는 도구적 이성의 원천이다. 계몽적 이성은 도구적 합리
성을 잉태하고, 이러한 합리성은 필연적으로 인간을 포함한 모든 것을 사

물화한다. 이들은 계몽이 양산하는 효과를 문제 삼기보다는 도구적 이성을 계몽의 내재적 진화의 결과로 보았다. 하버마스는 바로 이 지점에서 비판 이론 1세대와 사실상의 이론적 결별을 선언한다.

계몽의 이성이 도구적 이성을 잉태하고, 비판적 이성의 출현을 막는 가운데 일종의 순응주의를 양산하기 위해서는 이러한 목적을 위한 효과적 기제(mechanism)가 필요하다. 개인을 양서류로 전락시키고 상품으로 변환하기 위해서는 이를 강제하거나 강화할 수 있는 효율적 체제가 요구된다. 도구적 합리성이 경제와 정치의 영역을 장악했다 할지라도, 이것만으로는 도구적 이성이 자본주의 사회에서 개인의 사물화된 정체성과 인간 상호 간의 관계를 구조화하는 데에 어떻게 기여 하는지까지를 설명하기에는 충분하지 않다. 비판 이론이 문화에 주목했던 이유는 여기에 있다. 대중문화는 복종과 사회적 통제를 효과적으로 촉진하고 강화하는 기제이며, 사회적 통제를 위한 중요한 변수로 작동한다.

호르크하이머와 아도르노는 인간의 의식을 물화시키고, 순응적 성격을 강화할 수 있는 후기 산업 사회의 기제가 대중문화에 있다고 생각했다. "오늘날의 문화는 모든 것들을 동일성(sameness)에 감염되도록 한다 (Horkheimer · Adorno, 2002: 94)." 다양성(plurality)을 사상한다. 호르크하이머와 아도르노는 '문화 산업(culture industry)'이라는 개념을 사회적 수준에서 포착할 수 있는 이론적 발판을 제공했다. 문학과 미술, 음악을 매개로 한 문화 상품은 기술과의 연계를 통해 대량 생산·복제된다. 문화는 자본주의의 도구가 되어 개인을 그러한 체제에 순응하도록 만든다. "문화 산업이 더 강력하게 침투할수록 소비자의 욕구를 원하는 데로 조작할 수 있게 된다. 따라서 욕구를 창출할 수도, 통제할 수도 있으며, 길들일 수도, 그리고 그 모든 재미를 빼앗아 버릴 수도 있다. 이처럼 문화의 진보에는 거침이 없다(Horkheimer · Adorno, 2002: 115)." 호르크하이머와 아도르노는 이러한 문화 산업이 경제와 생산 활동의 기제와 연계되고, 이를 체계적으로 강

화한다는 점이 중요하다고 강조한다. "오락(entertainment)은 후기 자본주의
에서 노동 과정의 연장으로 기능한다. 사람들은 기계화된 노동 과정에서
잠시 탈출했다가 다시 또 이것을 찾는다(Horkheimer · Adorno, 2002: 109)."
따라서 후기 자본주의 사회에서 대중문화의 기능은 1) 질적 차이를 사상
하여 모든 것을 균일하게 만들며, 2) 소비자의 욕구를 선택하고 창출하며
길들이고, 3) 오락을 통한 일시적인 탐닉과 소비를 통해 현존하는 노동 과
정을 지속시킨다.

그런데 대중문화의 중요한 특성은 그것이 생산과 유통, 그리고 소비의
과정에서 기술(technology)과 연계된다는 점이다. 기술은 대중문화를 세련
되어 보이도록 한다. 호르크하이머는 기술을 자연 정복의 결과로, 도구화
의 물질적 실현으로 파악했다(Horkheimer, 2020: 149-152). 기술은 또한 자
본주의 사회에서 노동이 기계화되는 원인이기도 하다. 노동자가 기술과
경쟁해야 하는 사회에서 노동자는 기술적 생산의 척도로 평가받는다. 비
판 이론가 중에서 기술이 초래하는 사회적 결과에 누구보다 집중한 이론
가는 마르쿠제였다. 그는 '순응적 효율(conformable utility)'이라는 개념이
기술적 합리성의 특징을 완벽하게 보여준다고 생각했다. 기술화된 사회에
서 인간의 개성은 순응적 효율에 의해 잠식된다. 이성은 기술적 체제 아래
서 비판적 능력을 상실하고 순응과 조율의 능력으로 전환된다. 문제는 기
술의 합리성이 인간적 가치나 이해관계와는 무관하게 독립적으로 작동한
다는 데 있다.

기술적 합리성의 법칙과 체제가 사회 전반으로 확대되면서, 오직 그것
의 진리와 가치를 확산시킨다. 이러한 진리와 가치 체계는 특정 장치의
기능에만 적용되거나 중요했던 것들이다. 경쟁을 하거나 함께 논의하는
일, 사업의 방법, 효율적인 조직과 통제의 원칙, 공정한 경쟁, 과학과 기술
의 활용에 관한 다양한 제의들은 이 가치 체계의 용어로, 즉 자신만의 목

적에 따르는 도구적 용어에 근거할 때만이 참이든 거짓이 된다(Marcuse, 1998: 49).

기술화된 사회에서는 주체와 이성 모두를 도구적 합리성에 더욱 의존하도록 강제한다. 마르쿠제에게 도구적 이성은 기술적 합리성이나 사회적 통제와 사실상의 동의어가 된다. 사회가 대규모로 기술화되는 현상은 완전한 통제 사회로 이끄는 베버적 관료주의 사회의 구체적인 모습이다. 기술화된 사회는 무엇보다 지배를 심화시킨다. 마르쿠제에 따르면, "기술의 무한한 힘, 즉 사물의 도구화는 해방의 가능성을 억제하고, 인간을 도구화로 이끈다(Marcuse, 1998: 159)." 기술은 지배의 정당화를 위한 근거가 되며, 이로써 인간의 모든 차원은 도구화된다. 후기 산업 사회는 기술의 기능으로 사회의 기능을 축소하는 일차원적 사회이다. 사회의 기술화는 일차원적 의식을 양산하며, 일차원적 인간을 생성한다. 따라서 마르쿠제가 말하는 일차원적 사회는 소위 '기술 전체주의 사회'이다. "기술적 합리성은 그 자체가 더 효과적인 지배를 위한 거대한 도구로 그것의 정치적 본질을 드러낸다. 기술은 사회와 자연, 정신과 몸이 이 세계에 대처하기 위해 영구 동원 상태로 유지되는 진정한 전체주의 세계를 창조한다(Marcuse, 1998: 18)."

호르크하이머가 도구적 이성의 극복 방안으로 이성에 대한 이성 비판이라는 철학의 길을 택했다면, 아도르노는 다소의 비관적 전망 안에서 부정변증법을 통한 이성의 내재적 비판을 강조했다. 반면 마르쿠제는 기술화 사회에 대한 비판의 강도를 높이면서 예술의 '새로운 감성(new sensitivity)'과 이를 활용한 정치적 실천을 통해 해방의 활로를 모색했다(Marcuse, 1969: 23). 비판 이론 1세대가 해방을 위한 각기 다른 활로를 모색했음에도 불구하고, 이들에게 공통적이었던 관심은 현실에 대해 잘못된 관념과 의식을 생산하는 사고 과정에 대한 비판, 즉 이데올로기의 형성과 효과에 대한 비판이었다(Tar, 1985: xxiv-xxv). 그들은 가상으로 현현하는 물화 현상이 가장 극명하게 나타나는 영역으로 1) 도구로 전락한 이성, 2) 순응적 대중문화에 길들어진 감성, 그리고 3) 이들 모두를 가능하도록 지속시키는 기술을 각각 비판 대상으로 설정했다. 해방의 관점에서 볼 때, 효과적 지배를 위한 이데올로기는 지식과 의식의 영역에서 출몰하는 허구였다. 그리고 그 배경에는 도구적 합리성으로 구성된 '관리 자본주의(administrative capitalism)'라는 객관적이며 물적인 토대가 있었다. 따라서 비판은 인간의 정체성과 자유와 같은 규범적 개념들이 기술적이며 효율적인 관리 자본주의 사회의 이데올로기적 구조 속으로 어떠한 과정을 통해 해체되고 함몰되는가를 포착하는 작업이었다(Thompson, 2017: 8).

비판 이론 1세대와 마르크스와의 관계를 볼 때, 그들은 루카치와 마찬가지로 자본주의, 억압, 교환가치, 물화 등의 개념을 통해 연결고리를 찾았다. 이러한 개념들은 그들 시대에 나타난 비인간화의 과정과 문화, 그리고 이를 지속시키는 기술의 발전을 이해하는 데 중요한 역할을 했다(Kautzer, 2017: 43-65). 그런데 무엇보다 중요했던 것은 '순응적이고 사물화된 시대에 개인의 비판적 능력을 어떻게 해야 견인할 수 있는가'라는 출발선에서부터의 질문에 직면했을 때이다. 문제는 비판 이론 1세대가 이에 대해 이론적으로나 정치적으로 충분한 답변과 대안을 제시했는가이다. 이에 대한 답변은 해결되지 않은 과제로 남았다는 주장이 비판 이론 내부에서 제기된다. 그리고 이러한 문제 제기는 도구적 이성 비판에 대한 비판과 이론적 재구성의 계기를 촉발한다.

4. 도구적 이성 비판의 비판과 재구성

하버마스는 도구적 이성 극복을 위한 활로 모색을 위해 완전히 다른 차원에서 이성의 또 다른 능력에 주목했다. 그는 도구적 이성 비판을 비판 이론의 중심으로 설정했던 전통에 대해 획기적 전환을 시도했다. 하버마스는 호르크하이머와 아도르노가 역사 과정에 도구적 이성의 능력을 지나치게 깊게 자리 잡게 함으로써, 오히려 역사에 대한 평가를 근대 이전으로 돌리는 시도를 했다고 비판한다. 다시 말해 비판 이론 1세대가 도구적 이성을 비판하기 위해 역으로 문화사의 전체 과정을 도구화 과정으로 전환하여 전개했다는 주장이 그것이다. 하버마스는 호르크하이머와 아도르노가 계몽에 대해 일면적 비판에만 의존함으로써 베버가 말한 합리성 개념의 전체 윤곽을 오로지 도구적 합리성으로 축소하고, 그 경계를 모호하게 했다고 비판한다.[3] 하버마스가 보기에는 이러한 일면적 비판이 인간의 역사를 그저 "도구적 합리성만이 증대되는 역사"로 만들었다(Habermas, 1984: 366). 그는 실증주의가 인식의 방법론적 측면에만 집중하여 도구적이고 형식적인 측면에 치우친 견해를 제시했다고 한다면, 비판 이론 역시도 합리성에 대한 도구적 측면에만 주목함으로써 마찬가지의 편향성을 보였다고 주장한다. 하버마스는 부정 변증법 또한 담론의 역사적 축적을 부정함으로써 허무주의에서 벗어날 방법을 사실상 상실했다고 주장한다. "부정 변증법으로 개념화된 도구적 이성 비판은 이론이라는 수단을 활용하면서도, 결국에는 그 이론적 주장을 포기하게 되는" 딜레마에서 벗어나기 힘들다(Habermas, 1984: 387). 그는 비판 이론 1세대가 계몽적 이성의 도구적 성격에만 치중한 나머지 계몽의 이성이 남긴 중요한 유산들을 간과했다고 지적한다. 하버마스는 공론장과 법적 타당성, 그리고 권력의 정당성 모색과 민주주의의 제도화 역시도 사회적 합리성을 총체적으로 증진시키는 이성의 해방적 능력이며, 이는 명백히 계몽적 이성이 유산임을 동시에 강조해야 할 것이라고 말한다.

따라서 하버마스가 말하는 도구적 이성 비판의 문제점은 사유하는 주체와 도구화되어가는 객체 사이의 관계에만 매몰되어 인간 서로의 상호주관적 관계를 보지 못했다는 점이다. 그가 보기에 도구적 이성 비판은 1) 이성의 도구화가 합리성의 다양한 측면 중 하나에 불과할 뿐이라는 것을 인정해야 하며, 이성의 능력을 분석할 때에도 2) 언어 구조에 내재되어 있는 상호주관적 합리성이라는 더 근본적인 형태를 간과하지 말아야 한다.

탐구의 초점은 인지-도구적 합리성에서 의사소통적 합리성으로 전환하는 것이다. 의사소통적 합리성 패러다임은 고립된 주체가 객관 세계를 표현하고 조작하는 관계가 아닌, 말하고 행위 하는 주체들이 서로에 대한 이해에 도달할 때의 상호주관적 관계를 뜻한다(Habermas, 1984: 392).

하버마스는 이성 개념에 대한 내재적 비판과 이성의 또 다른 차원에 대한 주목을 통해 의사소통적 합리성 개념에 도달할 수 있었다. 호르크하이머와 아도르노가 이성 비판의 과정에서 부지불식간에 빠져들었던 도구적 이성과 해방적 이성 사이의 딜레마와 관련하여, 하버마스는 의사소통적 합리성을 통해 딜레마에 빠진 이성을 구출할 수 있는 계기와 전망을 확보하게 됐다고 확신했다. 무엇보다 의사소통적 합리성은 도구적 이성 비판이 그다지 주목하지 못했던 계몽의 유산, 즉 공적 혹은 정치적 영역의 중요성과 그것의 해방적 역할의 가능성을 강조한다. 도구적 이성으로부터의 해방적 전망은 말과 행위에 의한 의사소통적 이성의 비판적 활성화를 통해 가능하다.

의사소통적 이성은 이제 정치적·사회적 행위의 범주로 전환되면서, 베버가 제시했던 범주들을 보완하는 역할을 담당하게 된다. 즉 의사소통적 합리성은 도구적 합리성을 견제하는 수단이 된다. 하버마스는 실용주의적인 합리성과 사회적 행위 모델을 수용함으로써 비판적 의미를 유지한 합리성의 민주적 개념을 구성해 냈다. 의사소통적 합리성은 이제 언어에 내재 된 합리성의 규칙에 따라 토론하고 상호 합의하는 합리적 연대의 담지자 역할을 한다. 이러한 이론적 구성은 정치적 주장과 규범, 그리고 공적 기구들을 의사소통적 합리성에 근거하여 정당화하고, 권력의 정당성에 대한 비판과 그 비판의 개방성을 보증하는 새로운 민주주의의 이론 형식을 가능하게 한다. 비판 이론의 이와 같은 새로운 전환은 민주적인 행위와 권위의 정당성, 그리고 다각적이면서 상호주관적인 관계를 통해 민주적인 연대를 창출할 수 있는 비판적 공적 영역의 전망을 연 것으로 평가되기도 한다(Bohman, 1999: 459-480). 이는 하버마스가 계몽의 프로젝트를 또 다른 차원에서 비판 이론과 결합한 결과이다. 계몽의 역사는 단순히 도구적 이성의 생성역사가 아니라 비판적 이성의 발전적 역사로 거듭난다.

그러나 이론의 수준에서 현대 사회라는 현실의 지평으로 내려오면, 도구적 이성의 사회적 전면화의 수준은 비판 이론이 출발했던 한 세기 전과는 비교할 수 없을 정도로 더욱 확대됐음을 깨닫게 된다. 이러한 새로운 환경에서 하버마스의 다소 낙관적으로 평가될 수 있는 해법은 수많은 물음 앞에 직면할 수 있다. 그 많은 물음 중에서 루만(Luhmann)은 의사소통적 합리성의 온전한 작동 가능성 자체에 대해 의문을 제기한다. 만약 소통을 통해 합리성을 추구해야 할 주체가 기능화된 사회체계의 코드에 따라 행위 하는 일종의 사회적 환경이 되어버린 상태라면,[4] 그리고 의사소통적 합리성이 일정 정도는 작동해야 할 정치의 영역조차도 이제는 기능체계의 하나로 전락하여 집권·실권이라는 정치적 코드와 구성원들의 도구적 이해관계에 따라 좌우되는 사회의 한 부분에 불과하게 되었다면, 의사소통적 합리성이 기획했던 해방의 전망에는 다시 또 짙은 어둠의 그림자가 드리우게 된다(Luhmann, 1994: 25-36). 루만은 근대 이후의 사회체계는 그것의 하위체계로 정치·경제·법·교육 등 사회의 영역별 기능체계로 분화되었으며, 분화된 기능체계는 각각의 체계가 갖는 고유한 코드에 따라 작동한다고 본다. 예를 들면 정치는 집권/실권, 경제는 이윤/손실, 법은 합법/불법 등, 자기 폐쇄적인 기능체계 안에 내재한 코드에 의해 존립하며 작동한다. 루만에게는 이러한 기능체계들 사이의 소통(communication)이 바로 사회이며, 이러한 사회는'자기 생성(autopoiesis)'하는 가운데 진화한다. 물론 다음과 같은 여지를 생각해 볼 수 있다. "기능체계들 간의 대화와 협의가 합의를 지향하는 것으로 전제될 필요는 없다. 오히려 기능체계들 간의 협의에서는 서로의 차이를 확인하고 서로의 요구가 일치될 수 없음을 확인하는 것이 현실적일 뿐만 아니라 더 중요할 수도 있다. 기능체계들 사이에 활발한 대화와 협의가 이루어지면 이제 사회 전반에 걸쳐 기능체계들이 독립 분화되기 전보다 더 수준 높은 커뮤니케이션 연관이 성립할 수도 있다. 그러니까 사회는 부분체계들이 독립 분화하면서 오히려 새롭게 구조화될 수도 있는 것이다(장춘익, 2022: 277-278)."

그런데 루만의 관점에 따르면, 문제는 사회적 역할이란 측면에서 볼 때 인간은 분화된 기능체계의 각각의 코드에 따라 각기 다른 사회적 역할을 할당받게 된다는 것이다. 이는 한 개인이 다중적 차원의 사회적 역할을 동시에 행위 할 수밖에 없음을 의미한다. 사회의 분화된 영역에 따라 각기 다른 사회적 역할을 담당할 수밖에 없는 주체는 의사소통적 합리성이라는 범주를 설정했을 때 어떠한 영역에 기준을 두고 소통하느냐에 따라 지극히 상이한 모습을 보이거나, 특정 영역에서는 극히 제한적으로 행위 할 수밖에 없다. 현대 사회의 개인은 그 사회적 역할에 따라 정치의 영역을 관계할 때와 경제적 이해관계를 다룰 때, 그리고 교육의 문제를 고심할 때, 각기 다른 입장과 상반된 주장을 할 수 있다. 다시 말해 같은 주제를 가정에서 이야기할 때와 직장에서 이야기할 때는 완전히 다른 입장을 택하는 상반된 사람이 된다는 것이다. 따라서 그 개인을 총체적 관점에서 평가하자면, 위치와 대상에 따라 모순된 입장을 택하는 관계로 결코 '합리적 행위'를 하고 있다고 말하기가 쉽지 않다.

더구나 의사소통적 합리성은 소통이 갖는 사실상의 한계로 인해 예상과 달리 작동 불가할 수도 있다. 하버마스는 언어에 내재한 규칙에 따라 의사소통적 합리성이 상당 수준 조정되고 작동한다고 보지만, 루만은 이 역시도 소통 주체들의 상대에게 갖는 '기대(expectation)'의 다름과 그 다름의 다름, 그리고 그 다름의 지속적인 변동으로 인해 합리성의 관철은 지극히 제한적일 수밖에 없다고 주장한다(Luhmann, 2010: 54-60).

그러나 애초부터 출발점이 다른 이론으로부터의 비판은 하버마스의 의사소통 합리성 이론의 견고함에 별다른 타격이 되지 못할 수 있다. 그러나 비판 이론의 전통에 있으면서 기본 패러다임의 재구성에 집중하는 이론들로부터 비판을 받게 되는 경우에는 상황이 다를 수 있다. 미국의 비판 이론가이자 연구자인 햄머(Hammer)는 하버마스의 의사소통이론에 대한 비판과 문제점을 다음과 같은 3가지 핵심적 측면으로 나누어 제시한다. 우선 1) 하버마스의 의사소통이론은 합리성 형식에 대해 과도하게 집중함으로써, 현존하는 사회적 병리들에 대한 비판 임무에는 사실상 소홀했다는 것이다. 비판 이론은 인간의 자유를 억압하고 사회적 정의를 훼손하는 현실세계의 다양한 구조적 악에 대한 비판적 성찰을 주요 과제로 삼은 반면에, 의사소통이론은 이 모든 실천적 과제를 의사소통이론 자체로 전환하는 방법으로 문제를 해소했을 뿐이라는 비판이 있다. 또 다른 비판은 2) 하버마스의 의사소통행위이론이 초기에는 노동과 상호작용 간의 이원화를, 그리고 후기에는 생활세계와 체계 사이의 이원화를 설정함으로써 노동이나 생활세계와는 사실상 무관할 수도 있는 의사소통의 영역을 설정했다는 지적이다. 노동의 영역과 분리될 수 있는 의사소통영역은 현실적으로 가능하지도 않을뿐더러 그 역할의 현실성 또한 크게 떨어진다는 비판이다. 의사소통이론에 비판적 시각을 가진 입장에서는, 이러한 3) 이원화 방식이 사실상 칸트주의 혹은 신칸트주의로의 복귀를 말하는 것일 뿐이다. 이들의 입장에 따르면, 하버마스에게 깊게 드리운 신칸트주의는 사회적 합리성 이론 구성에서 칸트의 규칙에 따라 권리문제(quid juris)와 사실문제(quid facti)를 이원화하는 부분에서 절정을 이룬다. 아도르노가 부정 변증법으로 인해 극단적 헤겔주의에 경도되었다는 비판을 받았다면, 하버마스는 반대로 부정 변증법에 대한 과도한 비판과 헤겔과의 결별로 인해 초기 비판 이

론이 주요 비판의 대상으로 삼았던 신칸트주의에 오히려 안착한 것으로
보인다는 비판을 받는다(Hammer 2017: 614-616).

5. 비판의 새 지평

대상에 대한 관찰은 언제나 주어진 시간과 공간에서의 관찰이다. 따라
서 이론이 자신의 시대를 넘어 보편의 차원에 이르는 일은 제한적일 수밖
에 없다. 비판 이론 역시 예외는 아니다. 비판 이론은 비판의 대상이 그 시
대였다는 점에서 그 어떤 이론보다도 현실 밀착적인 이론이었다. 그러한
현실 밀착성은 바로 그와 같은 특성으로 인해 시대의 변화에 따라 그 한계
를 더 크게 노출하기도 한다. 그러나 시대가 만들어내는 담론의 한계는 동
시에 새로운 지평에서의 담론의 재구성을 위한 동력으로 작동하기도 하
다. 비판 이론은 이처럼 양면적이다. 한 세기가 흐른 시점에서 볼 때, 비판
이론의 이론적 유산은 오히려 그 양면성에 있다. 이유는 비판 이론의 중심
이 '이론'이 아니라 '비판'에 있었기 때문에 가능하다. 시대적 변화가 비판
이론이 남긴 실천의 성과와 새로운 가능성의 전망 모두를 가릴 수는 없다.
한 세기에 걸친 비판 이론의 성과와 유산은 당대 담론의 '내용'에 있는 것
이 아니라, 비판 자체가 갖게 되는 그 현재성에 있다는 것이 이 글의 강조
점이다.

비판 이론이 태동한 시기는 전체주의의 시대였다. 그들에게 파시즘과
스탈린주의는 모두 철저한 통제를 근간으로 한 야만의 신화였다. 이른바
'관리 사회'의 등장과 이에 대한 비판적 분석은 비판 이론 1세대에게 주
어진 주요 과제 중의 하나였다. 특히 마르쿠제는 관리 사회에 대한 분석
을 자신의 이론적 과제로 설정했고, 대중문화와 기술 모두 전체주의 권력
을 위한 통제와 관리의 수단이었다. 그러나 특정 권력을 전체주의적이라
고 간주하기에 어려운 경우, 혹은 전체주의 권력이 붕괴한 이후에는 사회

가 복잡성의 정도를 급격히 확대해 왔고, 복잡성이 증대되는 만큼 사회는 인간의 관리와 통제에서 점점 더 멀어져 갔다. 복잡성 증대의 원천은 통합이 아닌 사회의 '분할(separation)'이었다.[5] 월처는 자유주의의 출현이 "분할의 기술"로 설명될 수 있다고 주장한다. "이 세계에 대해 자유주의 이론가들은 분할의 기술을 설파하고 실행했다. 그들은 경계선을 긋고 서로 다른 영역들을 구획하면서 우리가 오늘날에도 친근하게 느끼고 있는 사회·정치적 지도를 창출해냈다. 가장 유명한 경계선이 교회와 정치 간의 '장벽(wall)'이지만 이외에도 여러 가지가 많다. 자유주의란 일종의 장벽들의 세계이며, 각각의 영역은 새로운 자유를 창출한다. 이것이 분할의 기술이 작동하는 방식이다(Waltzer: 1984, 315)." 복잡성을 증대시키는 현대 사회의 이와 같은 분할 과정이 월처의 말처럼 과연 일부 정치 집단이나 이론의 의도와 기획에 따른 것인지에 대해서는 논란과 이견이 있을 수 있다. 그러나 중요한 점은 현대 사회가 진화과정에서 영역별로 분할되었고 그와 같은 지속적 분할 과정 안에서 복잡성이 증대함에 따라 사회의 각 부분에 대한 통합적이고도 절대적인 통제는 사실상 불가능하게 되었다는 것이다. 지난 2008년 미국의 금융 위기는 오늘날의 사회가 인간의 통제권에서 어느 정도까지 멀어져 있는가를 보여주는 대표적인 사례로 꼽힌다. 한편에서는 신호접근법과 위기경보모형에 따라 당시의 금융 위기를 사전 예측했다는 주장도 있지만(박원암, 2011: 49-83), 문제는 그것을 사전 감지했다 할지라도 사태에 대한 그 어떤 효율적 대응이나 즉각적 후속 조처를 할 방안이 지금의 사회체제에서는 거의 불가능했다는 사실이다. 사회는 이제 제한적 수준에서만 인간의 의도에 따라 관리되거나 작동할 뿐이다. 사회 특정 부분의 붕괴뿐 아니라 그것의 복구조차도 이제는 사회가 지닌 자기 회복력(resilience)에 의존하는 경우가 빈번하다.

그러나 사회 복잡성의 증가가 도구적 이성 비판의 무용함을 입증할 수는 없다. 비판 이론 1세대의 시기에는 글로벌 자본주의에 의한 세계화가 존재하지 않았다. 금융의 지배력도 지금의 수준에는 비교되기 힘들었다. 전쟁의 상처가 가시지 않은 상황에서 자원과 환경의 문제 역시 주요 관심사일 수는 없었다. 당시에는 개인의 삶 전체가 지금처럼 전면적으로 사전 설계되고 프로그램되지도 않았으며, 개인이 감수해야 하는 각종 위기도 지금처럼 일상이 되지는 않았었다. 그러나 오늘날 인류에게 닥친 이 모든 현실의 변화들이 도구적 이성 비판의 무용함을 입증하지는 못한다. 오히려 그 반대이다. 언급된 현상 중에 도구적 합리성의 전면화가 초래한 사회적 결과와 무관한 것이라고 간주할 수 있는 사안이 과연 있는가. 도구적 이성 비판의 현재성은 이처럼 단순하면서도 명백하다.

비판 이론은 기술이 도구적 이성의 사회적 전면화를 어떻게 확대하고, 인간의 자유를 축소하는 억압적 기제들을 어떻게 생산하는지, 그리고 이를 극복하려는 다양한 시도들에 대해서는 어떻게 적절하게 대응하고 효율적으로 조정하는지에 관심을 집중했다. 다시 말해 기술의 발전과 확산이 초래하는 사회적 효과에 주목했다. 그러나 기술 자체가 무엇인가에 대한 물음에는 상대적으로 불충분했던 것으로 보인다. 앞에서도 언급한 것처럼, 호르크하이머는 기술을 자연 정복의 결과로, 도구화의 물질적 실현으로 파악했다. 비판 이론 1세대는 이러한 생각을 공유했다. 사실 그들이 활동하던 시기의 제조업 기반의 기술과 오늘날 디지털을 기반으로 한 최첨단 기술의 사회적 속성은 질적인 차이가 있다. 비판 이론의 활동 시기에는 기술이 베버가 말한 목적·수단의 도식 안에서 작동했다. 1세대 비판 이론가들은 이러한 도식 안에서 기술을 이해하고 평가했다. 따라서 그들은 기술이 관리 효율을 증대하고 지배를 강화하는 도구로 작동한다고 보았다. 하지만 오늘날의 기술은 이제 단순한 도구나 수단이 아니다. 기술은 사회의 복잡성을 창출하면서 오히려 사회를 자신의 발전 방향에 적합하도록 재편할 뿐 아니라, 통제되지 않는 독립적 진화의 발전 성향까지 보인다. 경제 영역과의 결합을 통해 발전의 동력을 강화했던 기술은 이제 사회 전반과 결합하게 되었다. 과학 역시도 이제는 기술의 발전 방향과 목적에 따라 자신의 과제를 부여받는 처지가 되었다는 사실이 기술의 위상 변화를 반증해 준다. 인공지능을 비롯한 최첨단 기술은 앞으로도 이와 같은 독립적 진화의 특성을 더욱 강화해 갈 것이다. 기술이 사회체제 안에서 현재와 같은 위상을 갖고 더욱 자율적 수준에서 사회 진화의 방향을 결정하는 힘으로 부상하게 된 이유는 두 가지 배경 때문이다. 우선은 1) 기술이라는 존재 자체가 경제 영역과 밀접하게 결합되는 특성이 있기 때문이고,[6] 다른 하나는 2) 기술이 경제 영역과 결합되는 만큼 사회의 복잡성을 시간적으로나 공간적으로 축소하는 기제로 작용하기 때문이다. 루만에 따르면, 사회 진화는 시간이 흐름에 따라 복잡성을 창출하는 반면, 기술은 그 복잡성을 시간적으로나 공간적으로 축소하는 역할을 담당한다(Luhmann, 1990: 224). 다시 말해 복잡성을 단순화하기 위해 효율을 극대화한다. 기술에 대한 이러한 시각은 베버가 정의한 도구적 합리성 개념의 연장선에 있다. 도구적 합리성은 목적을 위한 적절한 수단의 선택이며, 경제 행위와 연계된다. 그리고 수단 선택을 위한 척도는 바로 효율과 속도이다. 따라서 도구적 합리성과 경제, 그리고 기술은 상호 연계되며, 친화성(affinity)을 갖는다. 이는 프로테스탄티즘의 윤리와 자본주의 정신이 상호 친화성을 갖는 경우와 유사하다. 오늘날 기술이 사회의 복잡성을 창출하면서도 사회를 자신의 발전 방향에 적합하도록 재편하고, 사회 진화의 방향을 결정하는 자율적 힘으로 작용한다는 시각은 특정 이론의 정치적 지향과는 별도로 일반론이 되었다(Ellul, 1964: 133-148; Luhmann, 1990: 223-231). 그리고 그 힘은 이미 의사소통적 합리성의 범주를 넘어서고 있다. 도구적 합리성의 확대는 애초부터 사회적 합리성의 증진과는 사실상 무관했다. 그러나 그 힘은 갈수록 사회적 통제로부터 멀어져가고 있다. 바로 이 점이 오늘날에도 도구적 이성 비판 패러다임이 여전히 유효할 수 있는 이유이다. 그러한 의미에서 도구적 이성 비판은 과거보다도 오히려 오늘날에 더욱 유효하다고 볼 수도 있다. 기술로 구성되고 기술이 선도하는 현대 사회는 역설적으로 도구적 이성의 독주에 대한 보다 철저한 비판적 성찰을 요구하는 환경을 창출하고 있다.

베버의 전통에 따를지라도, 도구적 합리성과 사회적 합리성은 철저히 구분될 필요가 있다. 하버마스와 호네트 그리고 루만 까지도 기술의 발전과 확산은 사회적 합리성의 수준을 판단하는 데에 별다른 도움이 되지 않는다고 말한다. 서두에서 호네트가 강조한 것처럼 도구적 합리성과 사회적 합리성은 별개의 사안이다. 루만 역시도 도구적 합리성과 사회적 합리성을 동일시하는 시각은 "두 측면을 구분하지 못하는 유럽 합리성 모델"의 하나일 뿐이라고 비판한다(Luhmann, 2017: 88). 그런데 바로 이 지점에서 도구적 이성 비판은 오히려 그것의 유효성이 증진된다. 도구적 합리성의 사회적 장악이 사회적 합리성을 보증하지 않는다고 한다면, 도구적 이성의 자기 독립적 진화는 사회적 비합리화의 가능성을 오히려 증폭시킬수 있다고 보아야 한다. 이는 기술적 허무주의에 매몰되어 디스토피아적미래를 상상하는 일과는 명확히 구분되어야 한다. 중요한 것은 도구적 이성의 자율적 진화를 어떻게 하면 다시 사회적 합리성 안으로 끌고 들어올수 있을 것이며, 상호주관적 관계의 연대를 통해 이를 어느 정도까지 적절히 통제할 수 있을 것인가이다. 도구적 이성의 전면화에 따른 허무주의의일상화는 결국 이성 자체에 대한 신뢰의 붕괴로 이어진다. 그리고 이성에대한 신뢰의 붕괴는 또 다른 형태의 신화적 권력을 탄생시킬 수 있는 환경을 제공한다. 그 신화적 권력은 이제 정치 권력이 아닌 사회 전반을 재편해 가는 기술일 수도 있다. 그러나 독주를 시작한 새로운 권력에 대해 과연 의사소통적 합리성이 어느 정도나 유효한 통제력을 발휘할 수 있을지에 관한 문제는 여전히 미래의 과제로 남겨져 있다. 비판 이론의 전통에서 있는 이론가 중에는 사회적 정의 실현의 과제와 허무주의 사이의 의미연관에 관한 연구가 당대보다도 오히려 오늘날 우리에게 더욱 밀접한 시

사점을 줄 수 있는 초기 비판 이론의 중요한 유산 중의 하나라고 강조하는
이론가도 있다(Bernstein, 1995: 10-34).

6. 글을 나가며

비판 이론은 그 시대의 도구적 이성이 갈수록 그 세력을 확대하고 있음
을 목도했다. 도구로 전락한 이성은 지배를 위한 수단의 역할을 철저하고
도 충실하게 이행해 갔다. 비판 이론가들은 도구적 이성이 결국 세계를 장
악하게 될 것을 우려했다. 그 위험을 앞서 감지한 이들에게 주어진 일차적
인 임무는 위기의 도정에 대한 비판의 날을 세워 널리 경보음을 울리는 일
이었다. 한 세기가 흐른 오늘의 시점에서 보면 어떤 의미에서 그들의 예견
은 불행하리만큼 정확했다. 비판 이론의 출발 과정에서 도구적 합리성의
출현이라는 막스 베버의 근대 분석과 사물로 전락해 가는 인간에 대한 루
카치의 비판적 통찰은 도구적 이성 비판 패러다임 구성을 위한 이론적 단
서였다. 비판 이론은 도구적 이성 출현의 시원을 계몽의 이성 내부에서 찾
고자 했다. 그리고 기술과 대중문화가 도구적 이성의 강화를 위한 효율적
장치로 작동하고 있음을 포착했다. 인간의 해방과 희망의 역사를 선도했
던 계몽의 이성은 어떠한 이유에서 정치적 억압과 사회적 지배를 위한 하
나의 도구로 전락하게 되었을까, 그리고 어떻게 해야 인류는 이성의 총체
성을 회복하면서 해방의 전망을 열 수 있을까, 이러한 의문은 허무주의의
경계선에 선 비판 이론 1세대 이론가들을 마지막까지 힘들게 한 문제였다.

2023년 상반기, 생성형 인공지능 기업의 최고경영자를 비롯해 업계 전
문가 350여 명은 인공지능을 비롯한 개발 경쟁의 결과가 인류의 통제권을
벗어날 우려가 있다며, 인공지능을 우선적 위험 요인에 포함 시킬 것을 촉
구하는 공동 성명을 발표했다(Center for AI Safety, 2023.05). 그것의 위험 수
준이 핵전쟁이나 전염병에 버금간다는 주장이다. 이는 업계 내부의 자발

적 움직임이라는 점에서 작지 않은 파장을 촉발했고, 미국 의회는 이에 따라 해당 사안에 대한 특별 청문회도 개최했다. 그러나 업계 관계자들의 이와 같은 집단적 선언에도 불구하고 다른 한편으로는 그들 스스로가 최신형 인공지능 개발에 오히려 박차를 가하는 모습을 보임으로써 그 진정성에 대한 의문 역시 커지고 있다(유진, 2023.11.15.) 그런데 여기서 주목해야 할 부분은 인공지능을 둘러싼 주요 담론과 비판이 이제는 업계 자체에 의해 주도되고 있다는 사실이다. 이처럼 이제는 관련 담론조차도 업계가 독점하는 양상까지 나타나고 있다. 이러한 현상은 기술의 독립적 진화의 수준이 마침내 어디 정도까지 와 있는지를 보여주는 단적인 사례일 수 있다.

최근 생성형 인공지능이 상용화의 단계에 들어섬에 따라, 일반인 대상 관련 담론이 과잉 공급되는 양상이 나타나고 있다. 이를 과잉 공급으로 볼 수 이유는 대체로 두 가지 차원의 사회적 배경 때문이다. 우선은 1) 인공지능이 상품 형태로 가시화되어 생활세계로 진입했기 때문이다. 사실 인공지능 관련 담론이 전문 영역에서 본격화된 것은 사이버네틱스가 새로운 보편 과학 프로젝트로 주목받기 시작한 1950년대 초부터이다(김명진, 2018: 88). 우리의 생활세계를 알고리즘이 구성하고 운용하기 시작한 것 역시 오래전의 일이다. 그러나 생성형 인공지능이 가시적이고도 직접적인 형태로 생활세계 내부에 진입함에 따라, 담론을 소비하는 고객층 역시 급속히 확대되었다. 따라서 담론의 과잉 공급 현상은 이러한 일련의 움직임에 따른 담론 시장 활성화의 결과이다. 불안은 소비를 촉진한다. 그리고 담론은 신화가 된다. 다른 또 한 가지 이유는 2) 사태의 '동시성(the simultaneous)'에 의한 관찰의 한계와 대중적 관심의 불균형 때문이다. 첨단 기술을 시현 하고 작동시키는 현실적 요인에는 여전히 직접적인 인간 노동이 상당 부분을 차지하고 있음에도 불구하고, 대중의 관심은 익숙한 형태의 생산방식 보다는 첨단 기술이 창출하는 새로운 효과에 있다. 이러한 관찰의 한계와 관심의 불균형은 일면적 담론만을 확산하는 사회적 효과를 양산한다. 각종 대중매체의 일면적 정보 전달은 이러한 효과를 증폭시킨다. 우리의 일상이 된 온라인 상거래의 이면에는 전 근대적 형태의 플랫폼 노동이 엄연히 존재한다. 현재 그 노동을 통제하는 존재는 배차 알고리즘이며, 바로 그 알고리즘이 플랫폼 노동자의 사고율을 높이는 원인이기도 하다(장현은, 2023.10.23.). 그러나 대중의 관심은 배차 알고리즘의 신기한 작동 방식에 있지 그 알고리즘의 지시에 따라 움직이는 플랫폼 노동자의 일상에 있지 않다. 빈번한 사고 역시 우리가 흔하게 목격하는 수많은 교통사고 중 하나로 분류될 뿐이다. 그런데 관찰의 한계와 관심의 불균형이 만들어내는 이러한 효과는 수많은 인공지능 반도체 공장들에서 발생하는 일상의 이면이기도 하다.

동전의 양면을 동시에 보는 일은 사실상 불가능에 가깝다. 인공지능으로 대표되는 담론만이 과잉 공급되는 이유는 이처럼 우리 인식과 관찰의 한계와 무관하지 않다. 그러나 기술 자본주의가 보다 강화되고 있는 오늘의 현실은 오히려 도구적 이성 비판의 중요성이 더욱 부각 될 수 있는 환경의 도래를 의미한다고 볼 수 있다. 관찰은 동시성의 한계를 갖지만, 순차성은 가능하다. 담론 역시 시차를 두고 형성된다는 점을 고려한다면, 사태의 동시성에 대한 비판적 접근과 종합적 판단이 결코 불가능한 일은 아니다. 도구적 합리성의 전면화에 맞서 사회적 합리성을 증대시켜야 할 당위가 여기에 있다. 도구적 이성 비판이 이 시대에도 여전히 유효한 패러다임일 수 있는 이유 역시 여기에 있다.

특정 첨단 기술이 상용화되어 생활세계 내부로 진입하기 시작했다는 사실은 사회의 기본 작동 메커니즘이 그 기술에 의해 이미 상당 수준 장악되었음을 시사한다. 다만 과거와 비교해 특기할 만한 사항이라면 인간이 자기보존의 한 방식으로 진화시켜 온 도구적 이성 능력이 인공지능의 고도화에 따라 더는 인간 고유의 능력만은 아니게 되었다는 점이다. 비판 이론이 그 출발의 기적을 울리고 한 세기가 지난 오늘, 인류는 이제 도구적 이성의 주관적 소유권마저 박탈되는 과정을 밟고 있다. 문제는 이러한 현실의 변화가 이론 자체의 위기 또한 초래할 것이라는 사실이다. 비판 이론이 한때 이론적 공격의 포화를 집중했던 실증주의는 오늘날에 이르러 더욱 활성화된 외양을 보이기도 하지만, 사실은 스스로가 누렸던 영광과 역할의 상당 부분을 기술로 대체해 가고 있다. 사회 이론의 경우, 문제 중심(problem-driven)보다는 방법론 중심(method-driven)의 '양적 연구'에 편중하는 경향이 갈수록 심화 됨에 따라, 학술 공론장이 대중의 관심에서 멀어지는 효과가 발생했고, 결국에는 학문 공동체 자체가 소멸의 위기에 직면한 것은 아니냐는 우려가 커지고 있다. 물론 이러한 문제의식은 이미 오래전부터 제기된 사안이기도 하다(김남국, 2006: 228-249).

이러한 이론의 환경 변화는 반대로 독주용 비행로를 확보한 도구적 이성에 대한 비판적 당위를 더욱 강화해주는 역설의 상황이다. 도구적 이성의 사회적 전면화가 인간의 도구적 이성 능력 자체를 탈취하고, 도구적 이성에 근거한 과학주의가 이론 자체를 소멸시키는 역설의 상황은 비판 이론이 태동했던 100년 전에는 전혀 없던 일이다. 이런 가운데 인공지능을 탄생시킨 최첨단 정보사회는 인식과 소통, 그리고 각종 관리의 방식을 질적으로 변화시켜 가고 있다. 그리고 그 변화의 방향은 이제 쉽게 예측되지도 통제되기도 어려운 사회적 힘으로 작동하고 있다.

지금까지 이 글은 프랑크푸르트학파 창설 100년을 맞아 도구적 이성 비판의 현재성을 탐색했다. 이는 비판 이론의 토대와 중심에 위치했던 도구적 이성 비판의 패러다임을 비판 이론 내부의 사상사적 지평에서 회고하고, 인공지능으로 대표되는 이 시대에 도구적 이성 비판의 부활 가능성을 전망하는 일이었다. 그리고 그 탐색과 진단의 결과는 도구적 이성 비판 패러다임이 인공지능으로 대표되는 오늘의 최첨단 정보사회에서도 여전히 유효하며 그 현재성을 갖는다는 것이었다. 그러나 한 세기에 걸친 역사의 변천 과정에도 불구하고 도구적 이성 비판이 여전히 현재성과 유효함을 갖고 있다는 결론은 전혀 반갑지 않은 일이다. 이는 인류에게 또 다른 차원에서의 불행이 오늘도 계속되고 있음을 말해주는 것이기 때문이다.

주

1 비판 이론은 기본적으로 1세대와 2세대로 구분되며, 일부에서는 3세대, 혹자에 따라서는 4세대까지지도 구분하는 경우가 있다. 일반적으로 제1세대는 호르크하이머(Horkheimer)와 아도르노(Adorno), 마르쿠제(Marcuse)와 프롬(Fromm), 폴락(Pollock)과 뢰벤탈(Löwenthal)등을 말하며, 제2세대는 하버마스와 그의 제자들, 그리고 3세대의 대표주자로는 사회인정이론의 호네트(Honneth)를 꼽는다(Hammer, 2017: 613).

2 『도구적 이성 비판』의 역자 박구용은 '옮긴이의 해제'에서 호르크하이머가 비판의 대상으로 삼은 것은 도구적 이성 자체가 아니라 도구적 이성의 '전면화'라고 해석한다.

3 막스 베버 연구자 김덕영은 그의 저서에서 다음과 같이 지적한다. "베버는 논의의 맥락에 따라 합리화, 합리성, 합리주의라는 용어를 사용한다. 먼저 합리화란 아주 일반적인 차원에서 말해 체계화, 통일화, 질서화, 조직화를 가리킨다. 세계 또는 사물은—그것이 인간의 외부에 존재하는 것이든 내부에 존재하는 것이든 상관없이—존재론적으로 나름의 질서를 가지고 있지만 그 자체로는 인간에게 단편적이고 무질서하며 따라서 무의미하다. 이에 인간은 스스로 규칙을 만들어 세계와 사물에 통일적인 질서를 부여하고 의미를 창출하며, 또한 바로 거기에 입각해 조직적으로 삶을 영위하고 행위를 한다. 바로 이 과정이 합리화다. 합리화가 진행됨에 따라 개인들의 삶과 행위는 명확한 원리와 규칙에 의거하게 되며 그 결과 사회 구성원들 사이에 의사소통성과 상호작용의 가능성이 증가하게 된다(김덕영, 2012: 661)." 베버의 합리성 개념을 이렇게 해석한다면, 하버마스가 말하듯이 의사소통적 합리성은 이미 베버의 합리성 개념 안에 내재되어 있었다고 볼 수 있다.

4 마르크스와 베버 모두 극단적 객관주의자이거나 극단적 주관주의자는 아니었지만, 인간과 사회적 환경 사이의 무게 중심을 볼 때, 적어도 이 부분만큼은 마르크스와의 거리가 하버마스보다는 루만이 더욱 가깝다고 볼 수도 있다.

5 루만이 말하는 현대 사회의 기능별 하위 체계도 월처의 이러한 주장과 사실상 그 맥락을 같이 한다.

6 특정 기술의 발명은 언제나 경제적 이해관계에 의존할 뿐 아니라, 그 기술의 존폐 역시도 결국은 경제적 이윤 창출 여부에 좌우된다. 기술이 경제 영역과 연계된다는 뜻은 이러한 의미이다.

참고문헌

김남국. 2005. 「한국정치학계의 방법론 논쟁에 대한 소고」. 『한국정치연구』 Vol. 14(1): 228-249.

김덕영. 2012. 『막스 베버: 통합과학적 인식의 패러다임을 찾아서』. 도서출판 길.

박원암. 2011. 「2008년 위기 예측 가능했나?: 신호접근법 분석」. 『대외경제연구』 15(3): 49-83.

유진. 2023.11.15. 「오픈 AI, 차세대 AI 'GPT-5' 개발 착수…MS 추가 투자 필요」. AI Post.

장춘익. 2022. 『비판과 체계: 하버마스와 루만』. 21세기북스.

장현은. 2023.10.23. 「배차 알고리즘이 키운 위험…배달라이더 33% '최근 1년 사고 경험'」. 한겨레.

호르크하이머, 막스(Horkheimer, Max). 2020. 『도구적 이성 비판』. 박구용 역. 문예출판사.

Bernstein, Jay M.. 1995. *Recovering Ethical Life: Jürgen Habermas and the Future of Critical Theory*. Routledge.

Bohman, James. 1999. "Theories, Practices, and Pluralism: A Pragmatic Interpretation of Critical Social Science." *Philosophy of the Social Sciences* 29(4): 459-480.

Center for AI Safety. 2023.05. "Statement on AI Risk." https://www.safe.ai/statement-on-ai-risk.

Ellul, Jacques. 1964. *The Technological Society* trans. by John Wilkinson. Vintage Books.

Habermas, Jürgen. 1971. "Does Philosophy Still have a Purpose?.", pp. 1-20 in *Philosophical-Political Profiles* trans. by Frederik G. Lawrence. The MIT Press.

Habermas, Jürgen. 1984. *The theory of Communicative Action: Reason and the rationalization of society* Vol. 1, trans. by Thomas McCarthy. Beacon Press.

Hammer, Espen. 2017. "Experience and Temporality: Toward a New Paradigm of Critical Theory." pp. 613-630 in *The Palgrave Handbook of Critical Theory*. Macmillan.

Honneth, Axel. 2004. "A social pathology of reason: On the intellectual legacy of critical theory." pp. 336-360 in *The Cambridge companion to critical theory*. edit. by Fred Rush. Cambridge University Press.

Horkheimer, Max & Adorno, Theodore W.. 2002. *Dialectic of Enlightenment*. edit. by Gunzelin Schmid Noerr and trans. by Edmund Jephcott. Stanford University.

Horkheimer, Max. 1941. "The End of Reason." *Studies in Philosophy and Social Science* Vol. IX: 366-388.

Kautzer, Chad. 2017. "Marx's Influence on the Early Frankfurt School." pp. 43-65 in *The Palgrave Handbook of Critical Theory*. Macmillan.

Luhmann, Niklas. 2010. *Love: A Sketch* edit. by Andre Kieserling & trans. by Kathleen Cross. Polity Press.

Luhmann, Niklas. 1990. "Technology, Environment and Social Risk: a Systems Perspective." *Industrial Crisis Quarterly* Vol. 4(3): 223–231.

Luhmann, Niklas. 1994. "Politicians, Honesty and the Higher Amorality of Politics." *Theory and, Culture & Society* Vol. 2: 25–36.

Luhmann, Niklas. 2017. "The Special Case of High Technology." pp. 83–100 in *Risk: A Sociological Theory* trans. by Nico Stehr & Gotthard Bechmann. Routledge.

Lukács, Georg. 1971. *History and Class Consciousness: Studies in Marxist dialectics* trans. by Rodney Livingstone. MIT Press.

Marcuse, Hebert. 1969. *An Essay on Liberation*. Beacon Press.

Marcuse, Hebert. 1991. *One-Dimensional Man*. Beacon Press.

Marcuse, Hebert. 1998. "Some Social Implications of Modern Technology." pp. 39–66 in *Technology, war and Fascism* ed. by Douglas Kellner. Routledge.

Thompson, Michael J.. 2017. "Introduction: What is Critical Theory?." pp. 1–14 in *The Palgrave Handbook of Critical Theory*. Macmillan.

Waltzer, Michael. 1984. "Liberalism and the Art of Separation." *Political Theory* Vol. 12(3): 315–330.

Weber, Max. 1978. *Economy and Society* Vol. 1, edit. by Guenther Roth and Claus Wittich. University of California Press.

Zoltan Tar. 1985. *The Frankfurt School: The Critical Theories of Max Horkheimer and Theodor W. Adorno*. Shocken Books.

아도르노의 비판이론과 아헨바흐의 철학실천:
'무력화되고 고립된 개인'의 삶을 치유하기 위한 비판적 사유[*]

노 성 숙

1. 들어가는 말

오늘날 개인들은 자신의 심리적 상태를 미리 알아채고 조절하여 자신이 속한 사회에 잘 적응함으로써 소위 '성공적' 삶에 진입하려 애쓴다. 이를 위해 자기계발서를 탐독하거나 또는 전문가로서 성공한 사람들이 자기 통제 전략을 어떻게 해왔는지를 모방하면서 전수받으려 한다. 특히나 한국 사회에서는 모든 초중고 교육의 최종 목표인 명문 대학에 합격하여 졸업하고 성공적으로 직장에 들어갔더라도 그 성공적 삶을 위한 적응전략은 강도를 더해서 계속된다. 따라서 그 적응과정에서 육체적 한계를 체험하게 되는 병에 걸리거나 혹은 본인도 통제할 수 없는 불면증, 불안 등의 심리적 고통에 시달리게 되고 나서야 비로소 그 삶의 궤적을 뒤돌아보게 된다. 그런데 개인이 겪는 심리적 고통에서 벗어나기 위한 치료 및 치유가

---

[*] 이 글은 다음 논문을 수정하고 보완한 것이다. 노성숙, 「아도르노의 비판이론과 아헨바흐의 철학실천: '무력화되고 고립된 개인'의 삶을 치유하기 위한 비판적 사유」, 『사회와 철학』 제46집, 사회와철학연구회, 2023.

과연 '정상(頂上)'을 향한 성공궤도로의 재진입이거나 사회적 '적응 및 재적응'을 위한 효과적 전략이어야 할까?[1]

한편, 철학자들은 근대 자본주의의 사회 안에서 개인끼리의 무한 경쟁이 불러올 폐해를 일찍이 내다보았으며, 그 문제점을 냉철히 비판할 것을 요구해왔다. 맑스의 자본주의비판은 상품이 되어버린 인간의 노동이 그 물신주의로 인해 어떻게 인간 소외를 발생시키는지를 상세히 밝힌 바 있다. 그런데 이러한 사회주의 이념을 실현하고자 했던 서구 공산주의가 스탈린주의로 교조화되고 독일에서는 파시즘이 승리하자, 프랑크푸르트학파로 대변되는 비판이론은 어떻게 하면 맑스의 사회비판적인 의도를 되살리면서도 변화된 현실에 직면하여 사회적 개혁을 이루어 나갈지를 진지하게 고민하지 않을 수 없었다. 특히 아도르노의 비판이론은 상품물신주의에 뿌리박고 있는 '물화'에 내재된 '동일성 사유'의 문제점을 철학적 차원에서 그 근본으로부터 비판적으로 성찰했다.

이러한 비판적인 문제의식에 맥락을 함께 하면서 1981년 독일의 아헨바흐는 '철학실천(Philosophische Praxis)'[2]라는 이름으로 개인들에게 새로운 차원에서의 상담 및 조언을 받을 수 있는 기회를 열었다. 그는 '철학실천'을 기존의 정신과 치료나 심리치료 및 심리상담과의 차별성을 강조하면서 그 대안으로서 제안했으며, 개인이 겪는 심리적 고통이 '철학적' 차원에서 비판적 사유와 좀 더 심도있고 폭넓은 이해를 필요로 한다는 점에 천착했다. 그의 '철학실천'은 네덜란드, 프랑스, 덴마크 등 서구를 거쳐 미국으로 건너가서 '철학상담(Philosophical Counseling)'으로 규정된 이후 한국에 유입되었다.[3] 그렇다면 맑스로부터 아도르노로 이어지는 프랑크푸르트 학파의 비판이론은 과연 아헨바흐의 철학실천과 어떤 연관성이 있을까?

본 논문은 '개인'이 겪는 심리적 고통에 주목하면서 아도르노의 비판이론과 아헨바흐의 철학실천의 연관성을 고찰하려는 목적을 지닌다. 그런데 아쉽게도 아직까지 양자의 연관성을 학문적으로 논의한 구체적인 연구가 없기 때문에, 주로 양자의 원전텍스트를 근거로 해서 양자 사이에 놓인 접점의 윤곽을 처음으로 제시해 보고자 한다. 우선적으로 2장에서는 서구 근대 문명사에서의 '개인'에 대한 아도르노의 비판이론을 살펴볼 것이다. 또한 3장에서는 고대와 근대 시민으로서의 '개인'에 대한 아헨바흐의 철학실천적 문제의식을 알아볼 것이다. 나아가 4장에서는 오늘날 무력화되고 고립된 개인의 삶을 '치유'하는 데에 아도르노의 비판이론과 아헨바흐의 철학실천이 어떻게 기여할 수 있는지를 고찰할 것이다. 이 과정에서 아헨바흐의 철학실천이 아도르노의 비판이론과 어떻게 사상적으로 교차되면서 그의 비판적 사유를 계승하고 실천하는지를 초점화하고자 한다. 그리하여 한편으로 '아도르노의 비판이론'이 다른 정신과 치료나 심리치료 및 심리상담과는 다른 차원에서의 치유를 시도하고 있는 아헨바흐의 철학실천이 지닌 차별성을 보여주는 '철학적 이론'의 기반이 될 수 있으며, 다른 한편으로 '아헨바흐의 철학실천'은 아도르노의 비판이론이 지닌 독특함이 구체적으로 개인의 심리적 고통을 치유하기 위해 '철학적으로 실천'될 수 있는 모델로 자리 잡을 수 있다는 사실을 보이고자 한다.

2. 서구 근대 문명사에서의 '개인'에 대한 아도르노의 비판이론

1) 자연지배의 주체로서 근대적 개인의 탄생과 발전

아도르노에게서 개인은 과연 어떤 존재인가? 그는 단적으로, "개인은 사회적으로 구성되지 않은 어떠한 내용도 지니지 않는다."[4]고 말했다. 사회를 떠난 개인이 있을 수 없으며, 어떤 사회적 맥락에 사느냐와 개인의 정체성은 매우 긴밀하게 연결되어 있다. 아도르노가 철학적으로 비판적인 문제의식을 갖게 했던 사회의 모습은 그가 실제로 마주하고 살았던 파시즘의 사회였다.

그는 당시 시민사회의 총체적인 위기였던 파시즘이 단순히 역사에서 우연히 등장한 것이 아니라 역사적으로 오랜 시간 동안 형성되어온 경제적, 사회적, 정치적, 사회심리학적, 문화적 발전과정에서 빚어진 필연적인 결과라고 보았으며, 그 발전과정이 과연 무엇에 근거해서 어떻게 진행되었는지를 연구하고자 시도했다. 그리하여 그는 "왜 인류가 진정으로 인간적인 상태에 진입하는 대신에 새로운 종류의 야만성에 빠져버렸는가"[5]라는 비판적인 질문을 호르크하이머와 함께 던지고 이에 대한 철학적 대화를 나누었으며, 이를 『계몽의 변증법』이라는 제목의 책으로 남겼다.

아도르노와 호르크하이머는 신화로부터 파시즘의 등장에 이르기까지 서구 문명의 총체적인 역사를 되짚어보면서, 근대 이후 시민사회에서 등장한 개인의 원형이 이미 태고적 신화로부터 유래하고 있다고 보았다. 아도르노는 특히 『오디세이』를 유럽 문명의 근본 텍스트로 해석했으며, 그 가운데 주인공 오디세우스를 "시민적 개인의 원형"(DA 61)으로 간주했다. 그리하여 『오디세이』를 서구 문명의 자기 파괴적 경향에 대한 알레고리로 해석하면서 그가 직면하고 있던 파시즘의 근간을 이루는 '개인'의 탄생과 발전과정에 대한 이해를 시도했다. 이 신화에 담긴 주인공 오디세우스의 여정, 즉 "트로이로부터 이타카에 이르는 표류는 자연의 폭력에 대비해서 육체적으로 매우 약한 그리고 자기의식 속에서 이제 막 형성되는 자아가 신화들을 거쳐나가는 길"(DA 64)이었다. 따라서 그가 이타카로 귀환하는 그 과정에는 '신화적' 인물들의 속박으로부터 헤쳐나온 근대적 개인의 '계몽적' 발전과정이 고스란히 들어 있다.

아도르노와 호르크하이머가 『계몽의 변증법』에서 전개한 핵심테제는 "신화는 이미 계몽이었고, 계몽은 신화론으로 되돌아가고 있다"(DA 16)에 잘 드러나 있다. 이 테제는 신화와 계몽의 상호 교착성을 통해서 신화에도 계몽적 요소가 이미 내재해 있으며, 소위 '계몽'이라는 기치를 내건 유럽 문명사가 전개되어 온 과정 전반의 기저에 오히려 흑역사인 '야만'이 모순적으로 한데 엉켜 있음을 밝히고 있다. 오디세우스라는 인물의 알레고리에서 보여지듯이 신화로부터 내딛은 '진보'라는 첫발에서부터 그 문명사 깊숙이 이미 '퇴보'가 함께 자라 나왔다는 것이다.

근대 시민사회에서의 '개인'에 대한 원형으로서 오디세우스에 대한 해석을 통해서 가장 주목해볼 것은 매우 영리하고 똑똑했던 오디세우스가 신화적 인물에 비해 물리적인 힘은 약하지만 자신의 '책략'을 이용해서, 다시 말해 자신의 '이성'을 통해서 어떻게 그 난관을 헤쳐나왔는지에 있다. 오디세우스는 인간보다 힘이 더 센, 즉 소위 '외적 자연'이라고 개념화되었던 키클로펜, 키르케, 사이렌 등의 신화적 인물들을 이겨내고 지배하기 위해 온갖 책략들을 만들어냈으며, 그 과정에서 자신의 '이성'을 가장 중요한 지배의 '수단'이자 '도구'로 사용하게 되었다.

구체적인 예를 하나 들자면, 『오디세이』 제12장에서 오디세우스의 배는 사이렌의 섬을 통과해야 했다. 사이렌들은 매우 아름다운 목소리로 그 섬을 지나가는 사람들을 유혹하는데, 그 유혹이 너무도 강력해서 그 섬을 통과하고 살아남을 수는 없다고 전해져 왔다. 한편 오디세우스는 키르케의 도움을 받아서 어떻게 하면 사이렌의 유혹에 빠지지 않고 죽음의 위기를 벗어나 그 섬을 통과할 수 있는지를 알아냈다. 그리하여 한편으로는 선장으로서의 자신을 돛대에 묶도록 하고, 자신의 한 부하에게 본인이 만약 사이렌의 노래가 주는 아름다움에 못이겨서 그 섬에 머물겠다고 몸부림치면 오히려 더욱 강도 높게 자신을 묶으라고 했다. 또한 다른 한편으로 나머지 부하들은 밀랍으로 귀를 막아 사이렌의 노래를 아예 듣지 못하도록 원천봉쇄 했고, 오로지 전력을 다해 노를 저어서 그 섬을 빠져나가도록 명령했다. 물론 오디세우스의 전략은 성공했고, 그의 배는 사이렌의 섬을 통과했다.

아도르노와 호르크하이머는 오디세우스의 배가 사이렌의 섬을 빠져나온 이 '성공적' 장면으로부터 서구 문명사의 내적 논리를 엿볼 수 있다고 주장했다. 즉, 오디세우스로 대표되는 근대적 시민의 원형으로서 한 개인이 어떻게 '도구적 이성'을 수단으로 삼아 '동일적 자아'를 형성하고 이와 동시에 '자연을 지배하는 주체'로 탄생되었는지 그리고 그 이면에 놓인 문제가 무엇인지를 밝혀내었다. 특히 오디세우스가 온갖 '책략들'을 통해서 신화적 인물들을 속이고 이타카의 왕으로서 자기를 보존하고 귀향했지만, 그처럼 '성공적'으로 자연을 지배할 수 있었던 오디세우스의 '책략' 안에는 자기희생이라는 '기만'이 숨겨져 있다는 것이다.

다시 말해 오디세우스가 사이렌들의 섬을 지나온 장면에는 '자연지배'의 중층성과 그 '기만적 희생'이 매우 명시적으로 드러난다는 것이다. 한편으로 그는 자신의 부하들에 대한 '사회적 지배'를 통해서 키르케, 사이렌들 등과 같이 막강한 위력을 지닌 신화적 인물들, 즉 '외적 자연'을 지배하고 마침내 이타카의 왕으로서 자아의 '동일성'을 보존하는 데에 성공했다. 그런데 이러한 자기보존의 이면에는 자기 스스로의 욕망, 즉 사이렌들의 아름다운 목소리가 주는 유혹에 빠져들고 싶어서 몸부림쳤던 자신의 욕구를 억압하는 자기희생이 뒤따랐고, 그 자신의 '내적 자연'에 대한 지배가 불가피했던 것이다.

이를 아도르노와 호르크하이머의 용어로 요약하자면, 근대적 개인의 원형인 오디세우스가 이타카의 왕으로서 귀환함으로써 자기를 보존했던 여정은 '외적 자연'에 대한 지배와 '사회적 지배'를 위해서 '인간 안에 존재하는 자연을 부정'(Verleugnung der Natur im Menschen)(DA 72)하는 대가를 치러야만 했다. 이처럼 자기를 보존하기 위해서 자연과 타인들을 지배해온 문명의 역사 속에서 근대적 개인은 스스로의 내면을 억압하는 자기희생을 통해서 주체로 형성되어 왔다. 또한 오디세우스의 '책략'에 드러난 것처럼 '이성' 내지 '합리성'은 이미 그 발생에서부터 외적 자연지배와 동시에 내적 자연을 억압하는 '도구'로서 사용되었다. 이와 같이 자연지배와 '도구적 이성'에 대한 분석을 토대로 아도르노와 호르크하이머는 서구의 문명사가 지나온 과정 전체를 '계몽'의 역사로 파악하고, 그 안에 담긴 신화와의 교착성을 '계몽의 변증법'이라고 보았으며, 그 역사 속에서 서구 근대적 개인이 시민적 주체로 형성되는 자연지배의 과정에서도 신화와 계몽의 요소가 모순적으로 얽혀 있다고 주장했다.

2) 문화산업에 의한 대중 속 개인의 무력화

아도르노가 망명했던 미국 사회에서도 독일에서의 나치즘으로 구체화되었던 유럽의 파시즘에서와 같이 자연지배의 주체로서 개인이 형성되었을까? 그가 서구 문명의 역사적 맥락에서 근대적 개인의 원형으로 밝혀낸 오디세우스와 같은 '내적 자연'의 억압이 과연 미국에서도 발견되었을까? 아도르노는 유럽과 달리 파시즘이 등장하지 않았던 미국에서의 개인들이 대중문화의 발전과 함께 또 하나의 '야만'을 경험했다고 보았다. 『계몽의 변증법』에서 처음으로 소개된 '문화산업(Kulturindustrie)'라는 용어는 다국적 기업들이 자본의 논리에 의해 획일적인 문화상품을 대량으로 생산하고 이를 소비하는 과정에서 생겨나는 대중문화의 형성과정을 비판하고자 고안되었다.

아도르노와 호르크하이머에 의하면, "오늘날 문화는 모든 것을 유사하게 만든다. 영화, 라디오, 잡지는 하나의 체계를 만든다."(DA 141), 대중매체들은 단순히 '영업(business)'라는 것을 앞세워 자신들의 기업을 홍보하면서 문화상품을 정당화하는 이데올로기를 내세우는 데에 혈안이 되어 있다. 이러한 문화상품들은 그것이 과연 사회적으로 유용한지에 대한 의심도 받지 않으면서 독점적 기업들에 의해 생산되었다. 그렇게 생산된 대중문화는 겉모습만 다르게 포장되었을 뿐이다 그 이면의 논리는 동일한 이데올로기의 확산에 불과하다. 그럼에도 문화상품들이 드러내고 있는 가시적인 동일성은 마치 개인들이 그 보편적 대중문화를 대표하고 있는 것과 같은 착각을 일으키도록 하는데, 이는 전적으로 "보편적인 것과 특수한 것의 잘못된 동일성"(DA 141)이다.

또한 문화산업은 이미 생산에서부터 경제적인 강자의 '기술'을 통해 규격화되고 대량생산됨으로써 지배를 확산시키고 끊임없이 획일화를 강요한다. 아도르노와 호르크하이머는 오늘날 예술 장르들 간의 융합을 예견하면서, 이처럼 생산의 모든 요소가 융합되는 과정은 다름 아닌 "투자된 자본의 승리"(DA 145)를 의미한다고 보았다. 아울러 이렇게 융합되어 생산된 문화상품들이 노동에서 놓여 난 개인들의 여가시간을 장악하고 있다는 것에 비판적으로 주목했다. 문화소비자로서의 개인은 자신의 자유로운 선택에 의해 여가시간을 보내고 있다고 생각하지만, 자신이 의식하지도 못하는 사이에 여가 및 휴식시간에서조차 노동시간과 마찬가지로 "경제적으로 거대한 메커니즘의 모델"(DA 148)에 의해 포섭되고 만다. 아도르노와 호르크하이머에 따르면, 이미 생산자들이 모든 분류를 끝내버렸기 때문에 더 이상 그 문화상품을 소비할 대중들이 선택할 여지가 없다. 예를 들어 인기가요, 인기배우, 멜로물들, 오락물들의 내용들은 겉보기에만 변화된 것처럼 보이지 실제로는 반복의 연속이고 단지 세부적인 작은 것들만 바뀔 뿐이다. "심지어 개그, 효과, 익살도 계산된 것"(DA 146)에 불과하다. 특히 문화산업이 작품의 내용이자 완성도보다도 선정적인 효과나 성과들에 매달려 발전해왔기 때문에 작품의 전체적인 구조 속에서 전체와 부분들의 긴밀한 연관성은 이미 상실되고 말았다.

문제의 심각성은 문화상품을 소비하는 과정에서 문화상품의 속성이 문화소비자들인 개인들의 자발성이나 상상력을 위축시킬 뿐 아니라 생산과정에서 계획된 대로 개인들을 매끄럽게 순응하도록 만든다는 데에 있다. 왜냐하면 문화산업의 "중앙통제에서 벗어날 수 있을 법한 욕구는 이미 개인의 의식적 통제에 의해 배제"(DA 142)되기 때문이다. 또한 아도르노와 호르크하이머가 더욱 비판적으로 주목한 점은 개인들이 이러한 대중적인 문화상품을 그저 '자동적인 반응'으로 소비하면서 '적극적으로 사유하는 능력'을 상실하게 된다는 데에 있다.

나아가 아도르노와 호르크하이머는 문화산업에 의해 문화가 장악됨으로써 예술작품과 달리 단지 '모방'의 양식만이 절대화되었으며, 문화는 이미 시장의 통제에 의한 관리 대상으로 파악되고 분류되었다고 보았다. 따라서 문화를 소비하는 대중으로서의 개인들은 그 분류 대상으로서만 살아남게 되었다. 그 결과 개인들은 자연스럽게 "사회적 위계질서에 복종"하게 되었을 뿐 아니라 "심미적인 야만"(DA 152)의 상태에 빠지게 되었다.

특히 문화산업이 대중들에게 끼친 가장 큰 영향은 '유흥(Amusement)'이라는 매개를 통해서 전달된다. 그런데 유흥을 빌미로 문화상품들이 제공될 때, 대중들의 비판의식은 마비되고 만다. 왜냐하면 관객으로서의 대중들에게 고유한 생각은 허용되지 않으며, "생산품은 모든 반응을 미리 정하고 있기"(DA 159) 때문이다. 따라서 기분전환을 하려는 대중들의 욕구는 문화상품안에 구조화된 유흥에 의해 자연스럽게 길들여지며, 그 사이에 저항적 사유는 낱낱이 흩어져 자취를 감추고 만다. 문화산업이 소비자인 대중들에게 약속한 행복을 철저히 기만하고 있다는 것을 가장 잘 드러내는 것은 역설적이게도 '웃음'에 있다.

> 웃음의 집단은 인류를 패러디한다. 그들은 다른 이들을 희생하고, 다수를 배경으로 삼으면서 모든 것을 결정 내리는 즐거움에 빠진 모나드들이다. 그러한 조화 속에서 그들은 연대의 왜곡된 상을 보여준다. […] 문화산업은 금욕에서처럼 도취 속에서 현재하는 고통을 유쾌한 단념으로 대신한다. (DA 163)

아도르노와 호르크하이머에 따르면, 문화산업이 만들어낸 오락거리에서의 웃음은 마치 소비자로서의 대중들이 지닌 욕구를 충족시키는 듯 보이게 한다. 하지만 웃고 있는 동안 그들은 정치적으로 무관심해지거나 자

본주의적 소비 이데올로기에 고스란히 길들여짐으로써 정치나 경제적 지
배체제에 쉽게 동화된 채 자신의 처지에 대해 더 이상 비판적으로 사유하
지 못하게 된다.

즐긴다는 것이 의미하는 것은 언제나 그것에 대해 생각할 필요가 없고,
고통이 제시된 경우에도 그 고통을 잊어버리는 것이다. 그 근원에 무력감
이 놓여 있다. 그것은 사실상 도피이다. 그러나 그 도피는 일반적으로 주
장하듯이 잘못된 현실로부터의 도피가 아니라 여전히 남아 있는 저항에
대한 마지막 생각으로부터의 도피이다. 유흥이 약속하고 있는 해방이란
부정성으로서의 사유로부터의 해방이다. (DA 167)

이처럼 문화산업에 의한 유흥의 즐김이 대중들에게 치명적인 이유는 고
통에 직면해 있음에도 그것을 잊어버리도록 할 뿐 아니라 가장 밑바닥에
무력감이 깔려 있기 때문이며, 그 깊은 무력감에서 더 이상 부정적인 사유
를 하지도 않고 저항하지도 않게 된다는 데에 있다.

나아가 이러한 문화산업은 대중들을 전제로 상품들을 생산하는데, 이때
에 전제된 소비자로서의 인간은 '유적(類的) 존재(Gattungswesen)'에 불과하
며, 대체가능한 존재일 뿐이다. 아도르노와 호르크하이머에 따르면, 문화
산업에 있어서 개인은 "절대적으로 대체가능한 것, 순전한 무(無)(Nichts)"
(DA 168)이며, 따라서 "이미 물리쳤지만 싸우고 있는 적(敵)은 사유하는 주
체"(DA 173)이다. 문화산업에서의 개인이라는 관념은 그저 환상에 불과하
며 개인은 보편성과 완전한 동일성을 이룰 때에만 용납될 뿐이다. 예를 들
어서 영화 속에서나 재즈 음악에서의 개인들은 진정한 개별성을 지닌 존
재가 아니다. 왜냐하면 그 안에서 "자아의 특수성이란 자연스러운 것으로
보이지만 사회적으로 제한된 독점상품(Monopolgut)"(DA 178)에 불과하기
때문이다. 개인은 무리 없이 보편성 속에 흡수될 수 있는 존재이고, 그렇

게 다루어질 뿐이다.

이와 같이 볼 때, 문화산업은 자본주의 경제의 이윤체계를 '문화'라는 비가시적인 형태로 총체화함으로써 결국 개인들을 흡수통합하는데에 성공한다. 그리하여 문화산업의 대중 속 개인들은 대량으로 생산된 문화상품들의 무비판적인 소비자로서 그 상품의 표준화(standardization)에 발맞추어 항상 동일한 것을 선택하고, 자신들의 욕구를 그 표준에 맞도록 미리부터 도식화(schematization)한다. 나아가 각자의 경험을 주어진 스테레오 타입들(stereotypes)에 동일시함으로써 끊임없는 사회화과정을 거치고, '사이비 개인주의(pseuso-individualism)'[6]의 지배를 받는 존재가 된다.

아도르노에 따르면, 이러한 사회화를 주도해가는 문화산업의 스테레오 타입들은 "자아의 취약성을 조장하고 수탈(Beförderung und Ausbeutung der Ich-Schwäche)"[7]하기에 용이하도록 만든다. 왜냐하면 개인들이 이러한 스테레오 타입들을 스스로에게 주입하면서 개별자로서의 다양성과 고유한 차이들을 없애버리고, 자신들의 자아를 취약하게 만듦으로써 지배적인 사회질서에 쉽게 편입하도록 하는 퇴행적 사회화를 거듭하게 되기 때문이다. 그리하여 개인들은 자율적이고 주체적인 자아를 형성하는 사회화 과정을 거치는 대신, 문화산업에 의해 주어진 스테레오 타입들에 의한 타율적인 자아상을 마치 자신의 욕구인 것처럼 자연스럽게 받아들임으로써 자신의 내밀한 본능, 욕구에 이르기까지 철저하게 억압하고 통제하는 대중 속의 무력한 개인으로 전락하고 만다.

3) 자본주의적 시민사회에서 개인의 고립과 집단적 나르시시즘

아도르노와 호르크하이머는 서구 근대의 문명사에서 개인들이 어떻게 자연지배의 주체로서 스스로를 억압하는 존재로 형성되어 왔는지 그리고 현대 문화산업의 발전으로 인한 대중문화의 맥락에서 개인들이 사회적 지배체제에 흡수통합되면서 얼마나 무력한 존재가 되고 말았는지를 밝혀냈다. 나아가 그들은 오디세우스와 로빈슨 크루소의 알레고리에서 드러나는 '절대적 고독'에 비판적으로 주목했다. 그런데 그 고독은 오히려 소외된 상태에서 '총체성'과 관계 맺는 '보편적 사회화'의 결과인데 그러한 철저한 사회화는 곧 철저한 소외를 의미한다.

오디세우스와 로빈슨은 둘 다 총체성과 연관된다. 전자는 총체성을 횡단하고, 후자는 총체성을 생산한다. 둘다 단지 다른 인간들과 떨어져 나와서만 총체성을 수행한다. 이 둘은 그들을 단지 소외된 형태에서, 즉 적으로서나 지지거점으로서, 항상 도구이자 사물로서만 만난다. (DA 81)

그런데 오디세우스와 로빈슨 크루소에게서 보여진 것처럼 홀로 떨어져 나와서 다른 사람들을 도구로 만나는 소외된 형태의 사회화는 자본주의적 시민사회에서 개인들에게서도 고스란히 나타난다. 아도르노와 호르크하이머는 오디세우스와 로빈슨만이 아니라 근대 시민사회에서 개인들의 삶에서의 소외가 마치 감옥 속에 있는 죄수들의 삶에서와 같이 더욱 심각하게 전개된다고 주장했다. 라이프니츠의 단자들처럼 "절대적인 고독, 폭력적으로 자기 자신에게 재회부되는 것, 그 자신의 모든 존재는 재료들을 감당하는 데에 있고, 노동의 단조로운 리듬에 존속하는 것"(DA 258)이 개인적 삶의 방식에서 모범이 되었던 것이다. 또한 '아니오'라고 말할 수 없는 무기력은 이러한 삶의 방식을 가능케 하는 조건을 형성했다.

그렇다면 왜 근대 시민사회에서 이러한 고독과 고립의 골이 깊어진 것일까? 개인들의 삶이 자본주의적 '생산양식'에 종속되었음에도 이러한 사실은 은폐된 채 머물고, 그 개인의 삶 깊숙이 경쟁의 원칙이 관철되고 있기 때문이다. 더욱이 심각한 문제는 개인들이 이러한 고립과 고독의 상태를 각자가 숙고한 뒤 선택한 것이라고까지 여긴다는 데에 있다.

자유주의의 해체와 함께 본래 시민적인 원칙, 경쟁의 원칙은 극복되지 않았으며, 사회적 과정의 객관성으로부터 서로 부딪히고 밀치는 원자들의 속성으로, 말하자면 인간학으로 넘어갔다. 삶을 생산과정 아래에 복속시키는 것은 각자에게 일종의 고립과 고독에 굴복하도록 강요했는데, 우리는 그것들을 우리가 숙고하여 선택한 사태로 간주하도록 애쓴다. (MM 28)

그런데 시민사회에서 고립된 개인으로서의 삶을 영위하는 것이 과연 개인이 숙고해서 내린 선택의 결과일까? 이는 오히려 자본주의 경제체제에 종속된 채 보편적인 사회화과정을 거쳤기 때문이다. 더욱이 원자화되고 고립된 삶의 힘듦은 자본주의 체제를 유지하기 위해 개인들끼리의 경쟁 원리가 가속화되고 있는 데에 뿌리를 두고 있으며, 그 경쟁 속에서 개인들은 사회적 착취를 당하고 있는 것이다.

개인은 바로 그의 개별화 안에서, 아무리 매개된 것일지라도 착취의 법칙, 상위의 사회적 법칙을 반영한다. 그러나 이는 또한 현재 단계에서 개인의 몰락 그 자체가 개인주의적이지 않고, 오히려 사회적 경향에서 파생된 것이며, 마치 그 경향은 개별화에 힘입은 것이지 그것의 단순한 적으로서 관철되지 않는다는 것과 같다. (MM 167)

개인들의 삶 안에, 그 구체적인 '개별화'를 통해서 사회적 착취의 법칙, 즉 자본주의 경제체제로 인한 경쟁의 원리가 관철되고 있는 데에도 그 경쟁에서 비롯된 고립의 책임을 단순히 개인들에게 물어서는 안 될 것이다. 더욱이 아도르노는 이러한 과다한 경쟁 속에의 고독이 그 개인들 안에 잠재되어 있던 사디즘으로 전환될 경우, 자칫 그 고독은 한 사람의 바보가 여러 사람의 바보를 만들 듯이 무서운 광기로 돌변하면서 집단화될 수 있다는 사실에 대해 경고했다.

광기의 심연에 놓인 고독은 집단화하는 경향을 지니는데, 그 집단화는 광기의 이미지를 소환한다. 이런 열정적 메커니즘이 오늘날의 사회 메커니즘과 조화를 이루는데, 절망적인 고립 속으로 사회화된 사람들은 함께 할 것을 갈망하고 차가운 무리가 되어 결집한다. 그렇게 바보는 전염성 있게 된다. 미친 종파들은 거대한 조직과 같은 리듬에 맞춰 성장한다. 그것은 총체적 파괴의 리듬이다."(MM 184)

시민사회에서의 경쟁의 원리가 가속화됨으로써 개인의 고립이 깊어질수록 사회적 모나드로서 고립된 개인들은 오히려 파괴적 리듬으로 뭉쳐서 파시즘에 열광하게 될 수도 있는 것이다. 아도르노가 목도했던 현실은 바로 이처럼 고립된 개인들이 파괴적인 집단으로 군중을 이루면서 파시즘에 열광했던 장면이었다.

다른 한편으로 그는 이러한 현실을 프로이트의 "나르시시즘(narcissism)" 이론을 통해서 사회심리학적으로 분석했다. 프로이트에 따르면, "개인은 자신의 자아 이상을 포기하고 이를 지도자에게서 체현된 집단 이상으로 대체한다."[8] 이전의 시민사회에서는 가족이 중요한 사회화 역할을 해왔다. 개인들은 유년 시절에 자아가 취약한 상태에서 권위적인 아버지상에 동일시하면서 나르시시즘에 빠지기도 했지만, 점차 그 권위에 도전하고 저항할 수 있는 자율적 자아를 형성할 여지를 지니고 있었다.[9]

그러나 이러한 가족이 해체되자, 가족 안에서의 권위적 아버지는 사라졌고, 이를 대체할 수 있는 권위적 아버지상을 가족 밖에서 새롭게 만들게 되었다. 더욱이 문화산업은 고립된 개인으로 하여금 자신의 사디즘을 표출하고 집결할 수 있는 권위적이고 강력한 아버지상을 만들어내는 데에 이바지했으며, 이를 통해 퇴행적 사회화를 강화시킴으로써 파시즘과 같은 '전체주의'의 지배체제가 쉽게 구축되도록 했다. 그리하여 고립된 채 각자 경쟁에서 이기기 위해 내달리던 개인들은 문화산업이 제공한 강력한 지도

자상을 따르는 파괴적 집단으로 뭉치면서 집단의 외부와 내부를 가르고, 경계 밖 외부집단을 향해 그들의 억압된 부정적 감정을 쏟아붓게 되었다. 또한 그들은 집단 내부의 결속을 강화시키고 그 집단의 일원이 됨으로써 집단적 나르시시즘을 통해 그 집단에 동일시된 자아정체성을 형성하게 되었다.[10]

3. 고대와 근대 시민으로서의 '개인'에 대한 아헨바흐의 철학실천

1) 고대 그리스 아테네 시민으로서의 개인들을 위한 소크라테스 대화

아도르노가 신화로부터 구축되어온 서구의 문명사를 매우 비판적으로 고찰한 데에 반해, 아헨바흐의 '철학실천'으로서의 철학상담은 소크라테스의 철학을 핵심적 유산으로 삼고 출발한다. 우선적으로 그는 소크라테스가 철학을 인간들이 사는 폴리스, 즉 도시 공동체이자 인간들의 '사회' 안으로 끌어들여 왔다는 점에 주목했다. 키케로에 따르면, 소크라테스는 "철학을 하늘로부터 데리고 내려와서 그것을 도시들에 정착시켰던" 사람이었으며, "사람들이 삶, 관습들, 선과 악에 대해 묻도록 강요했다".[11] 여기서 '철학을 도시에 정착시켰다'는 것은 철학을 인간들이 실제로 살고 있는 '주거 안에', 즉 그 공간에 '도입'함으로써 신화에서 많이 논의되었던 '하늘'이라는 공간을 단순히 떠나왔다는 것만을 의미하지 않는다. 특히 소크라테스의 철학은 아테네라는 도시 사회 안에서의 시민들에게 '삶에서 과연 무엇이 중요한지'에 관심을 기울였다. 키케로와 함께 아헨바흐는 소크라테스가 도시 공동체 및 사회 안에서 철학의 역할을 모범적으로 보여주었다는 점을 강조했다.

그런데 이와 같이 소크라테스가 아테네에 사는 동료 시민들을 만나서 제기했던 '삶, 관습들, 선과 악'에 질문들은 일상적인 삶에서 흔히 제기되는 주제와 관심처럼 소소한 걱정거리들은 아니었다. 따라서 아테네 시민들에게 선과 악 등의 '덕'과 연관된 소크라테스의 질문들은 오히려 일상과는 다른 차원에서 제기되는 성가신 것이었다. 소크라테스는 도대체 왜 그들이 별반 관여하지 않으려는 이러한 성가신 질문들을 오히려 부담을 주면서 '강요'하면서까지 제기했을까?

소크라테스는 "단지 검토된 삶만이 살 만한 가치가 있다"[12]는 원칙을 지니고 있었기 때문에, 아테네 시민들이 '살 만한 가치가 있는 삶'을 살도록 하기 위해 그들의 삶을 검토하는 질문을 제기한 것이었다. 아헨바흐에 따르면, 이러한 소크라테스의 원칙은 "단지 그럭저럭 태평하게 사는 삶이 다름 아닌 '실제로 살고 있지 않은' 삶, 즉 뭔가 '탕진한', 어느 식으로든 '놓치고', 분산되어, 스스로를 죽인 채 사는 삶이 수치스러운 두려움이라고 알려 준다."(PPP 15) 그렇다면 살고 있지만 살고 있지 않다고 느끼는 삶, 뭔가 스스로 주도하지 못하고 수동적으로 끌려가고 있다고 느끼는 삶으로부터 소크라테스가 말하는 가치있는 삶으로의 전환은 어떻게 이룩할 것인가?

소크라테스가 제기하는 질문 속에는 어떤 자극이 들어 있는데, 그것은 우리가 이미 일상이나 학문에서 확실하다고 여겨지는 것들이 과연 모든 의심에서 벗어난 것일 수 있는지, 혹시 개인들이 완고하게 믿고 있는 도그마 혹은 이데올로기에 불과한 것은 아닌지를 검토하기 위해 시민들에게 향한다. 따라서 질문을 받고 있는 아테네 시민들이 일상에서 경험하고 있는 루틴을 안정시키기보다는 오히려 방해하고, 일상의 소소한 어려움을 덜어주는 것이라기보다는 오히려 더 어렵게 만드는 것이다. 슈페만도 이러한 소크라테스의 전통을 따라 철학의 사태는 "해결책을 더 쉽게 만드는 것이 아니라 과제를 더 어렵게 만드는 것"[13]이라고 주장했다.

소크라테스의 별명이 '쇠파리'였다는 것은 그의 질문이 아테네 시민들에게 일상의 어려움에 대한 해결책을 쉽게 만드는 것이 아니었다는 것을 명시적으로 보여준다. 소크라테스 대화는 아테네 사회에서 "통용되는 의

견들, 습관화된 견해들, 전통적인 판단들, 전통을 존중하는 타당성, 신성한 규범과 관습들, 다른 모든 일반적인 격언들"(PPP 57)을 오히려 뒤흔들고 그 안에 전제된 것들을 불확실하게 만들기 때문이다. 그렇다면 소크라테스는 삶을 검토하는 대화 속에서 왜 아테네 시민들을 이러한 혼란에 빠뜨리고 궁지에 내모는 자극을 주면서 삶을 오히려 어렵게 만들도록 했을까?

소크라테스는 물론 그의 '논박술'에서 잘 드러나듯이 대화상대가 이미 당연하게 전제하고 있는 그 당시 사회적 통념, 관습, 신념들을 논박을 통해서 깨뜨리는 데에 전념했다. 그러나 소크라테스가 왜 그런 견해에서 잠들고 있는 아테네 시민들을 논박으로 깨우는 '쇠파리'였는지는 그의 대화가 지닌 '산파술(Hebammenkunst)'[14]의 측면에서 더욱 잘 드러난다. 소피스트들이 각자의 이득을 얻기 위해 논쟁에 이기도록 그 논리적 수단을 가르쳤던 기존의 논쟁술과는 달리, 소크라테스의 논박은 아테네 시민 각자가 스스로 주체가 되어 삶의 진리를 낳도록 돕는 산파술로서의 의미가 있기 때문이다.

따라서 소크라테스 대화를 통해 아테네 시민들이 기존에 자신들이 속한 사회의 선입견, 고정관념 등으로부터 벗어나는 과정은 이중적 의미를 지닌다. 한편으로 대화 당사자들은 논박을 통해서 아포리아(aporia)에 처하게 되는데, 이로써 자신이 알고 있었던 것에 대한 자신의 무지를 고백하고 인정할 수밖에 없다. 그러나 또 다른 한편 이들은 이러한 난처함과 부끄러움을 통해서 각자의 진리를 낳는 과정에 돌입하게 된다. 이처럼 소크라테스 대화의 과정은 그야말로 지적인 독단을 정화시켜서 지혜에 대한 사랑의 길로 접어들게 하는 영혼의 정화과정이자 '영혼을 이끌어 가는 기술(psychagogia)'[15]인 것이다. 니체 역시 좋은 대화가 바로 이러한 산파와 나누는 대화라는 점을 다음과 같이 말했다. "한 사람은 자신의 생각을 위해 산파를 찾고, 다른 사람은 그가 도울 수 있는 사람을 찾는다. 그렇게 좋은 대화가 탄생한다."(PPP 57)

소크라테스 대화는 아테네 시민으로서의 개인들이 그 사회적 맥락에서 통용되고 있는 관습, 신념 등에 수동적으로 끌려가는 일상에서 벗어나 각자가 주도적인 진리를 낳도록 돕는 것이었다. 그렇다면 아테네 시민들이 주체적으로 스스로 낳는 그 진리가 향하는 곳은 과연 어디였을까? 다름 아닌 '좋은 삶(eu zen)'을 위한 방향과 가치를 제시하고 이끄는 덕들(Tugen-den)이었다. 그 덕들은 아테네 시민들이 '그들 자신을 발견하는 특성들'이었다고 할 수 있는데, 힌스케에 따르면, 그것은 개인들이 "장기적으로 그 자신의 특정한 가능성을 쏟아붓고, 그래서 운명의 모든 예측 불가능함에도 불구하고 충만한 삶을 영위하기 위해 필요한 특성들(Eigenschaften)"(PPP 122)이다.

물론 아테네 시민들에게 이러한 덕들은 단지 한 번에 실천되고 끝나는 것이 아니라 평생 동안 꾸준히 습득하고 단련하면서 실천해야 하는 '과도한 요구(Zumutung)'였다. 그럼에도 인간으로서 그 누구도 그러한 요구로부터 놓여날 수 없으며, 소크라테스 대화에서 대화자들은 각자 그 요구를 공통적으로 지니고 있었다. 그렇기 때문에 소크라테스도 역시 같은 인간으로서 동등한 입장에서 그것들에 대해 질문을 제기하도록 부담을 주면서 강요하기까지 할 수 있었다. 더욱이 그는 그러한 덕을 추구하고 꾸준히 단련하는 삶이 어떠한 것인지 그 자신의 행위를 통해 실천함으로써 몸소 보여주기도 했다. 소크라테스는 정의가 무엇이냐는 질문에 대해 다음과 같이 대답했다. "말이 아니라 행동으로 나는 그것을 그날 행한다."(PPP 44)

오늘날 이러한 덕들에 대한 관심과 이해는 사라졌고, 덕들은 더 이상 진지한 의미를 지니지 않고 단지 부정적인 연상작용을 불러일으키는 단어로 전락하고 말았다. 그러나 아헨바흐는 소크라테스의 대화가 아테네 시민으로서의 개인들에게 삶의 주도성을 되찾도록 돕고, 덕들을 추구하면서 꾸준히 훈련하도록 요구했던 바를 오늘날 개인들에게 '철학실천'으로서의 철학상담을 통해서 되살리고자 시도했다.

2) 근대 시민사회에서 자율적 개인의 역설과 치료문화에 대한 비판

서구 철학사의 맥락에서 볼 때, 중세 시대의 개인들이 삶의 주도성을 찾고 '좋은 삶'을 위한 덕을 습득하고 훈련하는 노력이 없었던 것은 아니다. 그러나 그들은 자기 스스로 무언가를 주도하기보다는 신을 중심으로 자신의 삶을 기획했다. 또한 소크라테스 대화에서 철학자들이 했던 역할을 대신해서 사제들이 영혼의 지도자(Seelenführer)로 나섰는데, 그들과의 대화에서는 인간이 죄인이라는 전제가 이미 깔려 있었다. 인간이란 "바로 그가 **인간이기 때문에**, 죄인이고 타락한 피조물이며 낙원에서 쫓겨난 자이고, 타락했고 길을 잃었고 자비로운 구원이 필요한 존재"(PPP 123)에 불과했다. 따라서 "인간은 하늘의 보호를 받으며 은총의 자비에 매달려 있다. 왜냐하면 그는 좋은 삶을 스스로 정복할 수 없기 때문이다."(EPP)

아헨바흐에 따르면, 중세 시대에 인간은 고대 그리스의 아테네 시민들이 지녔던 스스로의 삶을 주도하며 훈련해가던 자부심을 꺾고, 이제 교만을 버리고 살아가야 하는 존재가 되었다. 그들에게 "성공적인 삶은 하늘에 계신 아버지께 맡겨지고 빚진 삶, 경건하게 **봉헌된** 삶이다."(PPP 123) 이러한 인간상을 아헨바흐는 '겸손한' 것이라고 명명할 것을 제안했는데, 그에 따라 인간은 신과 그의 은총을 신뢰하는 삶을 영위하는 겸손한 존재가 되었다. 여기서 우리는 고대 그리스 아테네인들처럼 "자신의 삶을 **스스로 주도한다**는 의식을 대신해서 자신이 **주도되고 있다**는 믿음으로 경건하게 된 신뢰"(PPP 124)가 중세인들에게 중요한 의미를 지녔음을 알 수 있다.

오늘날 철학적 대화에서 개인들이 자신의 삶을 검토하고자 할 때, 대화 당사자들은 스스로 자신의 삶에 책임지고 주도했던 고대 그리스 아테네의 시민도, 신 앞에서 도움을 청하는 그리스도인들도 아니다. 아헨바흐가 개인들에게 철학적 조언을 제공하려는 계기이자 그의 비판적 문제의식은 근대 시민으로서 '개인'의 탄생을 알린 루소의 인간상에 대한 비판적이고 실천적인 문제의식에서 출발한다. 그는 캇시러가 "장 자크 루소의 문제"에 대해 쓴 글[16]을 인용하면서 루소 이전에는 주목되지 않았던 지점, 즉 '사회(Gesellschaft)'의 중요성이 대두되었다고 주장했다. 이로써 개인들의 삶에 대한 '책임(Verantwortung)'의 주체가 완전히 변화되었으며, 그 책임을 전가할 수 있는 가능성이 생겨났다.

우리 삶에 대한 책임을 지는 것이 엄밀한 의미의 '사회'일 필요는 없지만, '사회'는 모든 종류의 개편을 허용할 만큼 충분한 넓이와 개방성의 개념이다. 따라서 우리는 책임을 지는 것이 개인이 아니라 상황의 앙상블(das Ensemble von Umständen)이며, 그 관계들(Verhältnisse)에 책임이 있다고 말할 수 있다.[17]

이와 같이 근대적 개인은 '사회'와의 연관성 속에서 자신의 삶에 대한 책임을 새롭게 전가할 수 있는 가능성(Imputabilität)을 획득하게 되었으며, 그에 따라 개인적 삶의 책임소재는 곧바로 개인들에게 향하기보다는 그 개인들이 처해있는 환경이나 상황, 그리고 개인이 맺고 있는 관계들 안에 놓여 있게 되었다. 그런데 아헨바흐가 보기에 이러한 근대적 인간상이 오늘날 치료문화의 근간을 이루게 되면서 매우 심각한 문제가 대두되었다. 왜냐하면 이러한 논리에 따라 더 이상 세상에서 도덕적 질문들이 사라질 위기에 처하게 되었기 때문이다. 그리하여 잘못을 저지르는 행위자는 없어지고, 모두가 "도움을 필요로 하는 희생자(hilfsbedürftige Opfer)"가 되어서 적절한 치료를 받아야 하는 환자이자 "돌봄의 대상들(Objekte der Fürsorge)"(EPP 324)이 되고 말았다는 것이다.

아헨바흐에 따르면, 루소가 말한 바 있는, "본성적으로 좋은 사람이라는 가설(Hypothese des von Natur aus guten Menschen)"은 "삶이 '정상적으로(normal)' 진행된다면 저절로 성공할 것이라는 아이디어"(EPP 324)를 함축하고 있다. 이는 반대로 삶이 성공하지 못할 경우, 성공을 방해하는 무언가가 있기 때문이라는 것을 전제한다. 말하자면, 근대적 개인들은 때때로 좋지 않은 상태에 있는 자신을 발견하게 될 경우, 자신을 '트라우마가 있는 자'나 '신경증에 걸린 자'로 간주하면서 '본성적으로 좋은 사람'이 되지 못하게 하는 방해 요소들을 추적하기 시작한다는 것이다. 다시 말해 그들은 각자 "정상적이고, 좋고, 올바르고, 건강하고, 삶을 즐기고, 오르가즘을 즐기면서 근면하고, 평화로우면서 온화한 인간, 즉 모든 친구에게 그리고 자기 자신과 관련해서 잘 알고 있는 인간"(PPP 125)이 되기 위해, 그들을 방해하고 있다고 여겨지는 온갖 '상황들과 관계들'을 찾아내야 했던 것이다.

아헨바흐는 '건강하고 정상적인 개인'이 되는 데에 방해가 되는 요인들, 관계들, 상황들을 찾아 나서는 바로 이 과정에서 근대 사회의 개인들은 지금까지 역사적으로 전개되어 온 것과는 전적으로 다른 가능성과 기회를 갖게 되었다고 보았다. 즉, 고대인들이 금욕주의적으로 자신을 도덕적으로 훈계하는 데에 집중하거나 중세인들이 경건함의 방식으로 고해소에 가서 겸손하게 무릎을 꿇었던 것과는 달리 근대인들은 심리치료사를 만나 카우치에 누워서 분석을 받으러 갔던 것이다.

그렇다면 이 과정에서 개인들은 '건강하고 정상적인 존재'로서의 자율적 자아가 될 수 있었을까? 아헨바흐는 근대 사회에서의 개인들이 각자의 자율적 자아를 찾기 위해 심리치료를 찾았지만, 이는 오히려 역설적이게도 타율적으로 자신을 추적해가는 과정이었다는 것을 매우 비판적으로 바라보았다.

인간은 이로써 이미 치료의 경로에 도달했는데, 자율성을 달성할 목적으로 타율성이라는 추적의 길에 접어들게 된다. 그는 자신을 낯선 사람에 의해 낯설게 된 인간, 타인에 의해 자신으로 만들어진 인간으로 이해되도록 하고, 그러고 나서 부정의 부정을 통해서 자신에게 낯선 것을 층층이 제거하기 위해 시도한다. 모두 파묻힌 것 아래서 결국 본래적이고 참되고 해방되고 그럼으로써 건강한 자아가 드러날 거라는 희망을 지닌다. (PPP 172)

그런데 과연 이러한 타율적 치료방식에서 드러나는 '건강한 자아'에 대한 과도한 몰입은 자율적인 개인이 되기 위한 진정한 치유일 수 있을까? 슬로터다이크는 근대적 개인들이 자신에 대해 끊이지 않는 호기심으로 과도하게 이야기를 한다고 보았으며, 이를 단적으로 "나는 누구인가-신경증(Wer-bin-ich-Neurose)"의 증상이라고까지 명명했다. (PPP 124)

대부분의 치료법에 근간이 되며 그것을 이끌어가는 아이디어는 아마도 "자기 자신에게 다가오는 것"에 상응할 것이다. 그들의 서비스는 "나는-누구인가-신경증"에 대한 대화이자 접대이다. (EPP 325)

아헨바흐는 이처럼 '자기 자신에게 다가오는' 방식에서, 즉 '나는-누구인가-신경증'을 다룰 때 자신에게 주로 '이론적인' 태도를 취하게 된다는 점을 매우 비판적으로 주목했다. 여기서 개인들은 각자 자기가 누구인지를 '하나의 경우(Fall)'로 간주하는데, 이로써 이 개인의 작업은 그 연원을 해명하려는 "인식(Erkenntnis)"의 질문이자 "사실(Faktum)"의 사태가 되고, 개인들은 스스로조차 자신을 "관찰자"로 대하게 된다. (EPP 325)

여기서 우리는 근대적 인간상에 근거한 치료문화 전반에서 "근대적 자연관계가 내적인 관계로 확장된다는 점, 이러한 의미에서 자연의 '탈주술화'가 인간의 '탈주술화'로 계속된다는 점"(EPP 325)을 눈여겨보아야 한다. 이러한 치료문화에서 개인들은 마치 자연대상을 대하듯이 자신의 내적인 감정에 대해 합리적인 태도에 의해 획득한 지식을 통해 지배하고 통제하는 방식으로 대하게 되기 때문이다. 그리하여 그리스 아테네에서 소크라테스의 대화에서처럼 개인들이 자신의 삶에 대한 주도성을 지니고 좋은 삶을 묻고 검토했던 철학함의 상호주체적인 활동은 완전히 자취를 감추고 말았다. 근대 사회에서 제공된 치료문화 속에서 개인들은 관계들과 상황적인 요인들에 의해 이론적으로 규정되고 타율적 방식으로 다루어지는 대상으로 전락했다. 니체에 따르면, "근대의 가장 일반적인 표징은 인간이 자신의 눈으로 믿을 수 없을 정도로 품위(Würde)를 상실했다는 것이다." (PPP 125)

근대인들이 이처럼 품위를 잃은 채 심리적인 고통을 받는 것은 그들의 자기 이해와 깊은 연관이 있다. 아헨바흐는 전근대인들과 근대인들이 자기를 이해하는 방식의 차이가 덕들과 맺는 관계에서 기인한다고 보았다. 즉, 근대로 접어들면서 고대로부터 전해 내려왔던 덕들이 그 명성을 상실했기 때문이라는 것이다. 이는 인간의 자기 이해와 연관해서 매우 "혁명적"(PPP 122)인 변화라고 할 수 있다. 덕들이 중시되었던 고대 아테네에서의 개인들은 자신의 삶을 주도적으로 이끌어가는 인간이었으며, 덕들을 쌓기 위해 이성과 지혜를 통해 꾸준히 훈련하고 실천해가는 존재들이었다. 이러한 고대의 원칙을 겔렌은 다음과 같이 명시적으로 표현한 바 있다. 인간은 "사는 존재가 아니라 자신의 삶을 **주도하는**"[18] 존재이다. 그런데 이처럼 삶을 주도해가는 덕이 지녔던 명성을 상실한 근대 사회에서의 개인들은 더 이상 자신의 삶을 이끌어가는 자부심과 '품위'를 상실한 채, 건강한 자아가 되기 위해 오히려 타율적으로 이끌려가는 존재가 되고 만 것이다.

3) 대상화된 환자로서의 개인에 대한 비판과 철학실천의 시작

아헨바흐는 '철학실천'이라는 아이디어를 머릿속에만 지니고 있다가 이를 본격적으로 시작하게 된 결정적인 계기가 있다고 말했다. 그의 지인이었던 한 예술가가 자신의 딸과의 대화를 그에게 부탁한 것이었다. 당시에

17세였던 그녀는 자살을 시도했지만 실패한 뒤, 정신과 병동에 입원해 있었다. 그런데 그녀는 그 병원에서 치료에 '비협조적'이라는 낙인이 찍힌 환자였고, 그 어떤 의사나 심리치료사들과도 아무런 치료적 작업을 하려 들지 않았으며 침묵만을 지켰다. 절망적인 심정으로 그녀의 아버지는 아헨바흐를 찾아와 그녀를 만나주기를 청했고, 그 병원 전문가들의 동의를 받아서 마침내 그녀와의 만남이 이루어졌다. 물론 그 병원 전문가들의 치료가 환자였던 그녀에게 실패하지 않았다면 이 만남이 성사되지 않았을 것이다. 그녀와의 대화에 대해 아헨바흐는 다음과 같이 회고했다.

나는 그 불행한 소녀와 나눈 대화에 대해 일반적인 스타일로 다음과 같이 말할 수 있다. 나는 내가 할 수 있는 한 매우 단호하게, 매우 상세하게, 매우 면밀하게 이 사람인 아이(Menschenkind)에 대해 관심을 가졌다. 즉, 그녀의 동인들에 대해, 그녀의 기분의 색깔에 대해, 그녀의 감정의 색조에 대해, 기껏해야 그녀에게 반쯤 의식적인 삶에 대한 개념과 삶에 대한 그녀의 희망을 걱정하는 표상에 대해, 그녀 자신이 찾고 있는 자기 이해, 그녀가 꿈꾸며 예감하는 기대와 조용히 가슴에 간직한 소원의 시나리오들, 단어를 찾기 어려운 그녀의 두려움과 억압적인 우려들에 대해, 그녀를 괴롭히는 체험들에 대해, 그녀가 당한 것들과 그녀가 과도하게 기대했던 것에 대해, 그녀가 부응하려 노력했던 기대에 대해─다른 사람들이 그것을 그녀에게 맡겼든, 그녀 자신이 그것들에 내맡겨 부응했든 간에─ 그녀의 주변 상황들, 여러 길들과 오솔길들에 대해, 거기서 그녀가 지금까지 자신에게 왔고, 또는 지금까지 자신을 지나쳐 살았던 것을 아마도 자신이 거기서 어떻게 느꼈는지에 대해 관심을 가지고 이야기를 나누었다. (PPP 199)

아헨바흐가 그녀와 나누었던 대화에 대한 간략한 회고를 통해서, 우리는 아헨바흐가 얼마나 예민한 귀를 지니고 그녀에게 다가갔는지, 그리고 그녀가 마음 속 깊이 가지고 있었지만 차마 형언하지 못했던 것들을 말할 수 있도록 하기 위해서 얼마나 섬세하게 노력했는지를 짧게 나마 간접적으로 체험할 수 있다. 그런데 이 대화는 그녀에게 "완전히 새롭고 예상치 못한 경험"이었다. 왜 그랬을까?

그녀는 한 사람에 의해 진지하게 받아들여졌고, 이것을 그녀는 행운으로 체험했고 느꼈다. 반면에 병원에서 그녀는 "치료에 저항적"이라고 입증되었고, "비협조적으로" 행동했다. 그러니까 그녀는 **마치 하나의 대상이자 하나의 사태, 마치 하나의 물건처럼** 간주되었다. 즉, **그녀와 함께가** 아니라 **그것에 대해** 이야기되는 하나의 사태였다는 인상을 받았다. (PPP 199)

아헨바흐는 정신과 치료에서 매우 '비협조적'이고 '치료에 저항적'이며 침묵으로 일관했던 그녀와의 대화를 성공적으로 잘 마치고 나서, 정신과 치료나 심리치료 환경에서 환자들의 지위에 대해 매우 진지한 성찰을 하게 되었다. 그리고 나서 이처럼 대상화된 환자들에게 새로운 차원의 철학적 조언을 제공할 필요를 느끼게 되었다. 물론 오늘날 인간중심치료나 실존주의 심리치료에서도 이처럼 환자를 대상화하여 다루는 치료방식에 대해 비판이 제기된 바 있다.

그러나 아헨바흐는 이러한 심리치료나 심리상담조차도 근본적인 한계를 벗어날 수 없다고 보았다. 그러한 치료나 상담이 전제로 하는 심리학에서의 인간이해가 이미 제한적이기 때문이다. 그는 니콜라스 고메즈 다빌라(Nicolás Gómez Dávila)의 경구를 통해 다음과 같이 비판했다. "모든 학문적 심리학은 그 본질에 따라 잘못되었는데, 왜냐하면 그것은 주체가 되는 데에 그 본성이 있는 것을 대상으로서 파악하려 하기 때문이다."(PPP 199)

아헨바흐는 심리학의 학문적 특성상 인간이라는 '주체'가 지닌 주관적 측면을 마치 '객체'가 지닌 대상으로 다루고 있는 데에 근본적인 문제가 있다고 보았다. 나아가 그는 심리학과 철학의 학문적 전제가 지닌 차이에 입각하여 심리치료사의 접근과 철학상담자의 접근에 차이가 난다고 여겼다. 심리치료는 심리학적인 시각에 입각하여 심인성의 어려움들을 해결하고자 하는데, 심리치료사는 심리학적 접근을 통해서 특수한 것을 특수한 방식으로 인지하도록 훈련받은 전문가이다. 반면에 철학상담자로서의 철학자는 보편적인 것에 대한 전문가이고, 한 개별자에 대해 모순을 염두에 두면서도 통합적인 접근을 시도한다.

철학자는 역설적으로 말해서 특수하지 않은 것, 즉 보편적인 것과 개괄적인 것에 대한 (또한 이미 이성적으로 사유된 것의 풍부한 전통에 대한) 전문가이기도 하고, 모순적인 것과 일탈적인 것 그리고 특히 역점을 두자면, 개별적이고 일회적인 것에 대한 전문가이기도 하다. (PPP 17)

이러한 맥락에서 볼 때, 아헨바흐는 오늘날 번성하고 있는 심리치료 및 심리상담에 대한 대안으로서 그의 철학실천을 정립하고자 했음을 알 수 있다. 그러나 그의 '철학실천'과는 달리 심리치료 및 심리상담의 한 갈래로서 철학상담을 이해하고 시도하는 사람들도 여전히 존재하고 있다. 여기서 우리는 오늘날 철학상담이 과연 아헨바흐가 말한 심리학과 철학의 차이와 그 학문적 전제에서 다르게 주목할 수 있는 '철학적인' 차원에 대한 감수성을 지니고 철학적 대화에 임하고 있는지 좀 더 근본적인 차원에서 자성해볼 필요가 있다.

4. 현대 사회에서 개인의 무력화되고 고립된 삶을 '치유'하기 위한 비판이론과 철학실천

1) 무력화되고 고립된 개인의 잘못된 삶에 대한 '비판'

아헨바흐의 철학실천은 한편으로 소크라테스가 고대 그리스 아테네 시민들과 나누었던 대화의 정신을 이어받고 있으며, 다른 한편으로 근대 시민사회의 개인들이 '덕의 상실'로부터 겪는 신경증과 그 치료문화에서 드러나는 타율성을 비판하려는 문제의식으로부터 출발하고 있다. 소크라테스 대화에서 아테네 시민들의 삶이 검토될 때 중심에 놓여 있던 덕들은 근대 이후에 매우 부정적인 평가를 받고 있다. 아헨바흐는 이와 같이 근대적 개인들이 덕의 관점을 상실함으로써 무엇을 해야 할지, 어떻게 살아야 할지를 분명하게 알지 못한 채 고통받고 있다는 것이 바로 오늘날 철학상담이 새롭게 출발해야 하는 시급함을 알린다고 보았다.

나아가 아헨바흐의 또 다른 비판적 문제의식은 오늘날 자본주의 사회에서 개인이 무력화된 채 고립되어 있으며, 그 무력화되고 고립된 개인을 단지 '대상화'시킴으로써 '이론적으로' 치료하고 있는 현실 속에서 개인의 진정한 '치유'는 불가능하다는 데에서 출발한다. 그는 아도르노가 단적으로 말한대로, "잘못된 삶 속에 올바른 삶은 존재하지 않는다(Es gibt kein richtiges Leben im falschen)."(MM 43)는 데에 전적으로 동의했다. 또한 이 문장에서 표현된 아도르노의 생각이 대중적 인기를 얻을 수 있었던 이유가 비록 아도르노가 의도하지는 않았을지라도 '근대적 치료문화'에 대한 근원적인 비판과 긴밀한 연관성이 있다고 주장했다.

잘못된 삶 속에 올바른 삶은 존재하지 않는다고 말한 생각이 대중성을 얻을 수 있었던 것은 의도하지는 않았지만 이러한 의미에서 근대 치료

문화의 기본사상을 표현하고 있기 때문이 아닐까 싶다. […] 나는 실제
로 아도르노의 격언 속에 처음에는 루소에서 시작되어 오늘날─물론 대
체로 파악되지는 않았더라도─모든 치료의 기초가 된 인간상(Menschen-
bild)에 대한 전례 없는 혁명이 집중되어 있다고 생각한다. (EPP 322)

아헨바흐는 아도르노 비판이론의 정신을 이어받으면서 오늘날의 치료
문화에서 개인들이 사회적으로 기인된 고립과 무기력을 벗어나기 위해 정
신과 치료나 심리치료를 받게 될 경우, 오히려 더 큰 무기력에 빠지게 된
다고 경고했다. 그는 하르트무트 폰 헨티히(Hartmut von Hentig)의 말을 다
음과 같이 인용했다.

우리의 위험하기도 하고 위험에 처한 세계에서 최악의 유혹 중 하나는
어디에서나 우리에게 제공되는 환자의 지위이다.
어려움들이 우리에게 너무 커서, 우리는 과부화를 느낀다. 그런데 우리는
우리를 강하게 해 줄 사람이 아니라 우리를 치료해 줄 사람을 찾고 있다.
우리는 우리의 실패를 다른 사람에게 위임하는데, 그는 대체로 우리의 약
점이 이런 혹은 저런 경험에 빚지고 있다는 것을 확인한다. 사태의 문제
들로부터 관계의 문제들이 만들어진다.
우리는 도덕적으로 빚을-탕감(ent-schuldigen)하도록 한다.
현대 치료주의(Therapismus)는 사람들이 스스로 아프다고 선언하는 대가
로 치유를 약속한다. 이러한 절차는 […] 개인의 무능함을 증가시킨다.
(PPP 35)

아헨바흐는 현대의 정신과 치료나 심리치료가 현대 사회의 개인들이 겪
고 있는 어려움을 치료하려 하지만, 그러한 치료들이 제공하는 환자의 지
위는 개인들의 무능함을 오히려 증가시킬 수 밖에 없다고 보았다. 더욱이

근대 이후 제공된 치료문화에서 개인들에게 '사태'를 주도적으로 바라보도록 하는 덕들의 비중이 사라지고 나서, 개인들은 자신의 삶을 이끌어 가는 주체로서의 자율성을 잃어버리고 말았다. 따라서 개인들이 겪는 삶의 불편함과 심리적 고통들은 그것을 치료할 수 있는 전문가들에게 내맡겨지는데, 정신분석이나 심리치료에서 그 불편함과 고통들은 단지 분석이나 치료에서 다루어지는 '상황들 혹은 관계들의 문제'로 환원되고 만다. 따라서 아헨바흐는 아도르노의 문장, 즉 "잘못된 삶 속에 올바른 삶은 존재하지 않는다"는 테제를 바로 근대 이후 개인들이 찾는 치료문화에 대한 매우 급진적인 비판적 통찰로 받아들이면서 그러한 치료에서의 잘못된 삶 속에 올바른 삶은 존재하지 않는다고 보았다.

그런데 아도르노의 "잘못된 삶 속에 올바른 삶은 존재하지 않는다"는 문장은 과연 올바른 삶이 전적으로의 불가능하다는 것만을 얘기하고 있는 것일까? 이 테제는 다층적으로 해석될 수 있다. 우선적으로 현대 자본주의적 삶의 방식 속에서의 잘못된 삶에 대해 철저하게 비판하는 것이라고도 볼 수 있고, 오히려 그 비판을 가능케 하는 올바른 삶에 대한 이상을 암묵적으로 제시하고 있다고 할 수 있을 뿐 아니라 올바른 삶, 좋은 삶의 가능성을 구체적으로 열어두고 있다고도 할 수 있다.[19] 특히 올바른 삶을 추구하기 위해서 잘못된 삶을 비판하고 수정해야 한다는 요구로 받아들일 경우, 오늘날 범람하고 있는 치료문화에 직면해서 대상화되고 무력화된 개인들을 방치하지 않을 수 있는 구체적인 실천을 도모해야 하지 않을까? 그렇다면 그 무기력으로부터 개인들을 회복시키고, 올바른 삶을 실현해갈 수 있도록 촉진할 수 있는 좀 더 구체적인 방안은 과연 무엇일까?

아헨바흐가 자신의 '철학실천'을 기존의 심리치료에 대한 대안으로서 제시한다고 했을 때, 단지 근대적 인간상, 즉 '계몽의 변증법' 속에서 드러난 야만성을 내면화한 무력화된 개인에 대한 비판만을 염두에 둔 것은 아니었다. 그는 그러한 인간상을 전제로 전개되고 있는 오늘날의 치료문화 전반에 직면해서 아도르노의 비판정신을 더욱 급진적으로 계승하려고 시도했다.[20] 그리하여 아헨바흐는 그 비판정신을 단지 이론적인 차원에서만이 아니라 근대적 개인이 느끼는 무력감과 고립을 탈피할 수 있는 '철학함'의 일환으로서 '철학적 조언'이라는 구체적인 형태로 실천에 옮겼다.

"새로운 것을 보기 위해서는 새로운 것을 해야 한다."(PPP 184)는 리히텐베르크의 말처럼, 아헨바흐는 1981년 "철학실천(Philosophische Praxis)"이라는 이름을 내걸고 이 작업에 착수했다. 그의 시도는 개인들의 고립과 무기력을 벗어날 수 있는 '철학적 조언'이자 '철학적 대화'라고 할 수 있는데, 이는 고대 그리스에서의 소크라테스 대화를 오늘날 맥락에 맞게 새롭게 구현한 것이다. 그의 철학실천은 서구에서 네덜란드, 이태리, 프랑스, 스페인 등을 거쳐 미국과 캐나다 등으로 확산되었으며, 오늘날 '철학상담'이라는 이름으로 자리잡고 있다.

아헨바흐는 노발리스를 따라서 '철학실천'에서의 '철학함'을 다음과 같이 정의했다.

철학한다는 것은 의기소침을 벗어나는 것─생기 있게 하는 것이다. (Philosophistisiren ist dephlegmatisieren ─ Vivificiren.) (PPP 97)[21]

노발리스가 말한 독일어의 고어적인 표현을 새롭게 번역하면서 아헨바흐는 다음과 같이 번역할 것을 제안했다.

철학한다는 것은 힌트를 주어 돕고, 활기차게 한다는 것을 의미한다.
(Philosophieren heiße Auf die Sprünge helfen und beleben.) (EPP 132)

그렇다면 아헨바흐의 철학실천은 의기소침하고 무력감에 빠진 개인들에게 어떻게 힌트를 주고 개인들이 다시 생기를 찾을 수 있도록 도울 수 있는 것일까?

2) '형언할 수 없는 개인'들끼리 '개념'의 경계를 넘나드는 철학적 대화

아헨바흐의 '철학실천'이 전제하고 있는 인간은 결코 보편적이거나 추상적인 인간이 아니다. 그는 철학적 대화에서 철학상담자가 마주하고 있는 바로 그 인간, 즉 개별자로서의 한 인간의 중요성에 대해 매우 강조했다. 그런데 아도르노에 따르면, 근대적 개인은 서구 문명사에서 자연지배의 주체로 발전되어 왔으며, 문화산업에서 대중 속의 무력한 개인이 되었고, 자본주의적 시민사회에서 고립된 자아로 약화되었다. 그렇다면 억압적이고 무력하며 고립된 개인에게는 아무런 희망이 없는 것일까?

여기서 우리는 아도르노가 비록 서구 문명사에서의 '근대적 개인'의 역사적, 문화적 발생사를 강도 높게 비판했지만, 그럼에도 근대적 개인 안에 담긴 이중적 의미에 천착하고 있음을 주목하지 않으면 안 된다. 그는 한편으로 개인이 '사회화'에 의해 무력화된 것이 사실이지만, 또 다른 한편으로 개인이 몰락하면서 겪어낸 많은 경험 속에 저항적이고 비판적일 수 있는 '개별자'가 인식될 수도 있다고 보았다. 바로 그 개별적인 것의 영역에 비판이론이 존재한다는 것이다.

개인은 '사회의 사회화'에 의해 충만함, 세분화, 힘을 획득했는데, 다른 한편으로 이와 마찬가지로 쇠약해지고 약화되었다. 개인이 몰락하는 시대에 '개인의 경험'은 개인이 지배적인 범주로서 꺾이지 않고 긍정적으로 해석하는 한, 자신에 대해서나 그가 경험하는 것으로부터 자신에게 단지 은폐되었던 것을 인식하는 데에 기여했다. 차이의 박멸을 곧 의미라고 외치는 전체주의적 통일성에 직면해서, 해방시키는 사회적 힘에서 어떤 것은 일시적으로 '개별적인 것'의 영역으로 집결될 수 있을 것이다. 그 안에

단지 양심과 함께만은 아니겠지만 '비판이론'이 머문다. (MM 16)

　아헨바흐의 철학실천은 아도르노의 비판이론이 머물고 있는 그 개인의 구체적 영역으로부터 시작된다. 따라서 그가 염두에 둔 대화의 상대자들은 아도르노의 비판이론이 주목한 바 있는 '개별자'들이며, 그의 철학실천은 그 개별자들과의 대화를 말한다.[22] 아헨바흐는 한 인터뷰에서 자신은 아도르노의 의미에서 개별자가 중심인 사유를 전개하려고 했으며, 그럴 경우의 '철학함'은 바로 아도르노가 말한 바와 같이 "구체적인 것에 대해서(über das Konkrete)"가 아니라 바로 "구체적인 것으로부터(aus dem Konkreten heraus)"[23] 끄집어 내는 것을 말한다고 강조했다.

　그렇다면 철학실천에서 나누는 대화가 개인이 지닌 구체적인 것으로부터 시작된다고 할 때, 과연 그 구체적인 것은 무엇을 의미하는가? 아헨바흐에 따르면, 그것은 개인들이 각자 구체적으로 얽혀들어 있지만, 각자에게 이해되지 않은 이야기들이다. 바로 그 이해되지 않았던 운명이나 난관들이 이성적으로 이야기할 수 있게 되면서 그 의미가 드러나고, 철학을 통해 이해될 수 있다는 것이다.

철학실천에서 해석학은 구체적이다. 이해되어야 할 것은 단독자, 개별적인 것, 즉 여러 이야기에 얽혀 있는 **하나의** 이야기이다. 그러한 해석학을 찾는 것은 그 이야기의 이성이자 그것의 이야기 가능성인데, 왜냐하면 그 안에서 그것의 의미가 드러나기 때문이다.
철학실천은 철학을 이해할 수 있게 만들어야 하는 것은 아니다. 그것은 철학강사의 과제이다. 오히려 운명들, 곤궁들, 때때로 참을 수 없는 존재의 가벼움을 감지하는 것, 짧게 말하자면, 이해할 수 없는 것들이 철학적으로 이해되어야 한다. 그래서 철학실천은 철학의 시험대가 된다. (EPP 238-239)

그런데 아헨바흐가 철학실천에서 전제하는 대화상대자이자 이야기하는 주체로서의 구체적인 '개인'은 아도르노와 마찬가지로 "형언할 수 없는 개인(individuum ineffabile)"(ND 148)이다. 여기서 개인을 '형언할 수 없다'고 말하는 것은 과연 무엇을 의미하는가? 아도르노에게서 이 개별자는 다름 아닌 비동일자[24]이다. 이 존재자는 절대성의 요구를 거절하고 동일성이라는 전체주의적 강압 속에서 소멸되지 않은, 즉 "그 자신의 존재에서 개념으로 파악되지 않은 존재자"[25]를 의미한다고 할 수 있다.

아헨바흐도 괴테가 라바터에게 보낸 편지로부터 다음과 같은 한 구절을 소개했다.

개인은 형언할 수 없다(Individuum est ineffabile).[26]

그렇다면 아헨바흐의 철학실천에서 대화상대자와의 대화는 이미 출발에서부터 난항에 처하는 것은 아닐까? 대화를 나누려고 만난 구체적인 개인으로서의 대화상대자가 '형언할 수 없는 존재자'라면 도대체 말로 전개하는 철학적 대화, 그 '철학함'은 과연 무엇을 통해서 어떻게 전개될 수 있단 말인가?

여기서 아헨바흐는 특히 개인들이 이야기할 때 표현의 수단과 관련해서 아도르노의 '철학'에 대한 구상을 좀 더 적극적으로 끌어들였다. 아도르노에게서 철학은 비트겐슈타인과 달리 "개념을 통해서 본래 비개념적인 것을 표현하고자" 하는 시도이다. 즉 "철학은 본래 말해질 수 없는 것을 말하려는 지속적이고 언제나 절망적인 고군분투이다."[27]

이러한 맥락에서 아헨바흐는 자신의 방문자들과의 철학적 대화에서 철학의 고군분투가 얼마나 어려운지에 대해 매우 여러 번 경험했다고 고백했다. 그는 자신이 만났던 많은 대화상대자가 그들 자신의 고통에 대해 말하는 것에 대해 매우 주저하기도 했고, 말하려는 바가 말해질 수 있는지의 여부에 대해 의심을 갖기도 했으며, 그저 울기만 하는 방문자들도 많았다고 전했다. 따라서 그는 철학실천의 과제를 다음과 같이 말했다.

> 우리는 새로운 산파술이 필요하고 우리는 조산 서비스를 제공해야 한다. 손님에게 그가 **어떻게** 고통을 당하고 있는지 말할 기회를 주는 것이 중요하다. (PPP 89)

특히 철학상담자는 매우 섬세한 감각을 지니고 대화를 시작하는 것이 필요한데, 그 시작은 매뉴얼에 따라 똑같이 진행되는 것이 아니라 소위 "소통지식(Umgangswissen)"을 지니고 유연하게 대처하는 것을 말한다. 그리하여 마치 하나의 소설을 시작하듯이 독특하고 대체 불가능한 방식으로 대화상대자에게 맞는 철학적 대화를 열어 가야 하는데, 이는 결코 쉬운 과제는 아니다.

아헨바흐는 철학적 대화를 잘할 수 있는 능력, 즉 대화에 숙달하는 것(Gesprächkönnerschaft)은 자신의 실제 상담경험에 비추어 볼 때, 참으로 어렵고, 드문 일이었다고 말했다. 이는 아도르노도 이미 주목한 대로 '형언할 수 없는' 개인을 '이해'하고 말로 표현하려는 그야말로 필사적인 노력이기 때문이다. 그리하여 아도르노가 말한 대로 '개념을 통해서 개념을 넘어서는' 작업이 철학상담에서 실제로 벌어질 때에는 언어의 경계를 유연하고도 섬세하게 넘나들 수 있는 소통지식을 지닌 자의 활동으로 이루어짐을 알 수 있다.

3) 방법론에 대한 비판과 '개인'에게서 시작하는 비판이론의 실천모델

만일 철학상담이 내담자를 인식하고 분류하는 규칙과 패턴에 따라 이루어지는 것이어서 이러한 규칙과 패턴을 학습한 상담자가 그것을 내담자들에게 적용하는 작업이라고 할 경우, 그 상담은 흔히 심리치료나 정신과 치료에서처럼 이미 심리학적 혹은 의학적인 일반 규칙이 적용되는 경우(Fall)들의 집합이 될 것이다. 그런데 아헨바흐는 아도르노가 '개별적인 것'을 무화시키는 '전체'와 '체계'의 우위를 비판하면서 '개별자'를 옹호하고 존중했던 그 비판정신을 이어받으면서, 철학실천에 적용될 수 있는 일반 규칙을 명시하는 것에 대해서 매우 비판적인 태도를 취했다. 왜냐하면 그러한 규칙을 통해서 인간을 이해한다는 것은 오히려 인간의 이해를 방해할 수 있다고까지 보았기 때문이다.

> 이해하려는 노력은 이해 그 자체의 전제 조건을 움직이도록 해야 한다. 규칙이 인간상을 주조하도록 허용되어서는 안 되며, 오히려 이해되어야 할 인간에게 여지(der Spielraum)가 마련되어야 하는데, 그 여지는 **그에게 우리의 이해 규칙이 변경되는 것을** 허용한다. 우리는 이해의 전제조건들을 바꾸지 않으면 안 된다는 것을 깨닫자마자, 한 사람을 이해하기 시작한다. (PPP 175)

아도르노는 이미 철학의 시도가 "대상화된 그리고 대상화시키는 개별학문들에서의 경우와는 다르게 주체를 끌어들인다"[28]고 주장한 바 있다. 여기서 개별학문과 달리 주체를 끌어들인다는 것은 아헨바흐에게서 철학상담이 일반적으로 규칙에 따르는 진단을 중심으로 움직이는 심리치료 및 상담과 달리 그 규칙 자체조차 새롭게 이해할 수 있는 '여지'를 지닌 한 인간에 대한 '이해'에서 출발한다는 것과 맞닿아 있다.

이러한 맥락에서 한 걸음 더 나아가 아헨바흐는 '철학실천으로서의 철학상담'이 오늘날 개별학문들에서와 같이 '방법론'을 우선시하는 태도와는 구분되는 태도를 취한다고 강조했다. 그는 철학상담자가 '어떤 방식으로' 철학을 실천하는지, 철학상담이 과연 어떤 '방법론'을 통해 작업하는지에 대해 다음과 같이 말했다.

철학은 **방법론을 통해서**(mit) **작업하는 게 아니라 기껏해야 방법론을 대하면서**(an) 작업하는 것이라고 말하는 것이 옳을 것이다. 방법론에 복종하는 것(Methodengehorsam)은 학문들의 자부심이지 철학의 사태는 아니다. (PPP 16)

그런데 철학실천에서의 '철학'은 일반적으로 개별학문들에서처럼 대상을 객관적으로 대상화하지 않는다. 또한 개별학문들처럼 각 학문이 이미 전제하고 있는 '방법론'의 경로를 고스란히 따라가는 것도 아니다. 오히려 철학은 다른 개별학문들의 전제 자체에 대해서 더 근본적으로 질문을 제기할 수 있다. 철학은 하나의 분과학문이 아니기 때문이다. 아헨바흐의 철학실천은 철학이 지닌 "무제한의 관심과 무한한 주의력"(PPP 67)을 매우 중시한다. 따라서 대화상대자를 이미 정해진 규칙이나 패턴에 따라 분류될 수 있는 '하나의 경우'로 환원하지 않으며, 그 규칙이나 패턴조차도 그 한 개인에 적용하는 것이 과연 타당한지를 더 근원적으로 파고 들어가 물을 수 있는 '여지'를 담고 있다.

이와 같이 철학적 차원의 개방성을 지닌 자유로운 대화가 중요한 이유는 오늘날 방법론에 대한 지나친 강조로 인해 개별학문들만이 아니라 여타의 치료들이 전문화된 것은 사실이지만, 이로 인해 개인들의 실제적인 삶으로부터 오히려 멀어졌기 때문이다. 더욱이 철학조차도 하나의 분과학문의 방법론을 따라가고자 변형된 이래로,[29] 개인의 삶이 단지 자본주의적인 물질적 '생산과정'의 부속물이 되어서 단순히 소비영역으로 전락하고 말았는 데에도, 이에 대한 비판적 사유, 즉 '올바른 삶'에 대한 성찰은 아예 자취를 감추고 말았다. (MM 13)

아헨바흐는 방법론에 대해 아도르노와 비판적 문제의식을 공유하고 있기 때문에, 그의 철학실천에 있어서도 방법론에 대해 매우 비판적인 태도를 취했다. 그런데 이러한 태도에 대해 몇몇 철학상담자들은 '방법론에 대한 부정'이라고 규정하고 많은 비판을 제기했다. 이러한 비판은 철학상담을 마치 여타의 심리상담처럼 '방법론'의 하나로 인식하고자 하는 그룹들로부터 제기되었다. 그들은 아헨바흐의 철학실천을 '방법이 없는 방법(no method method)' 혹은 '방법 초월적 방법'이라고 정의내리거나 혹은 아헨바흐의 입장이 '어떠한 것도 허용된다(anything goes)'는 식의 상대주의 혹은 방법 무정부상태에 빠지게 한다고 비판했다.[30]

　그렇다면 아헨바흐의 철학실천은 진정으로 전혀 방법론이 없다는 절대적 부정주의 입장이거나 뭐든지 허용된다는 절대적 상대주의의 입장에 불과한 것일까? 여기서 우리는 아헨바흐가 왜 그토록 상담을 위한 규칙이나 방법론에 대해 비판적인지 그 이유에 대해 그 자신이 어떻게 얘기하고 있는지 좀 더 귀 기울여 볼 필요가 있다. 그는 프랑스의 도덕주의자 라 로슈푸코(La Rochefoucauld)의 말을 인용하면서 다음과 같이 말했다. "유일한 한 인간보다 인간들을 알아가는 것이 더 쉽다."[31] 여기서 말하는 인간들이란 '보편적 범주로서의 인간'을 가리킨다. 도대체 왜 그럴까?

　학문적인 인식에서 인간을 파악하는 방식은 '보편적 인간'에 집중되며, 이러한 인간 인식은 구체적인 '한 인간'에 앞서서 주어져 있다. 일상에서 인간을 알아가는 태도에서도 구체적인 '한 인간'의 독특함보다는 그 '한 인간'이 '인간들'의 범주나 유형으로 환원하는 것을 당연시하는 태도가 만연해 있다. 따라서 아헨바흐의 철학실천은 이처럼 보편적 범주로서의 '인간'이나 '인간들'로부터 벗어나 온전히 '한 인간'으로서 내 앞에 있는 대화 상대자에 주목하려는 태도를 담고 있는데, 이는 바로 그 개인을 최대한 존중하려는 것이다. 그리하여 그 어떠한 학문적, 인식적, 진단적 틀에 앞서서 '한 인간'을 개별적 존재자 그 자체로 수용하고 이해하려는 것이다.[32]

　또한 아헨바흐는 철학실천을 시도하는 철학자, 즉 철학상담자 역시 한 인간이라는 점을 잊지 않아야 한다고까지 역설했다.

철학실천에서의 철학자로서 우리는 마치 자신의 진지함에서 봉사하는
학자가 그 분과의 대변인으로서 기꺼이 듣게 하는 것처럼 "철학의 대표
자"로서 질문을 받는 것이 아니라, **우리 자신이** 질문받고 있다는 것을 뜻
한다. **한 인간**, 그 철학자가, **한 인간으로부터**, 즉 그의 손님으로부터 질문
을 받는 것이다. (PPP 205)

이와 같이 볼 때, 철학실천에서의 철학자는 한 개인으로서 단지 '철학'을
대표하는 사람이라기보다는 "살과 뼈를 지닌 존재"로서 살아 있는 존재로
서 질문을 받고 있는 것이다. "왜냐하면 소화되지 않은 배설물들이 아니라
그 스스로의 피로부터 분비되는 우유로 다른 사람들에게 양분을 공급할
수 있기 때문이다."[33]
　나아가 아헨바흐는 철학실천의 중심이 대화를 나누는 두 개인이며, 이
들은 "보편적이고, 의무적으로 생각된 존재의 인간 변형들이거나 양태들
이 아니라, 이중적으로 존재 그 자체, 혹은 모나드들"이라고 보았다. 그리
고 이 모나드들의 관계에 대해 다음과 같이 말했다.

모나드들이란 일반적인 존재의 인간에 대해 영원히 정당한 것이 영원한
정당성과 함께 제시되는 그 인간"의" 결여된 양태로서의 개인들이 **아니
라**, 다른 존재에 의해 인정(그 인정은 모나드들에게 자주 결여되어 있고, 그
인정을 실천에 옮기는)이 필요한 존재 그 자체이다. 왜냐하면 그 모나드들
은 다른 것들의 인정 속에서 비로소 그 **즉자**이자 **대자**가 되는 존재이기
때문이다. (EPP 92)

이처럼 아헨바흐는 철학실천에서 대화를 나누는 두 모나드, 두 개인 간

의 관계가 서로를 인정하는 '상호성'과 '동등성'에 입각해 있다고 강조했다. 그는 '타원의 비유'를 통해서 이러한 두 모나드들로서의 개인들이 역동적인 상호성의 관계에 있으며 동시에 동등한 존중의 관계를 맺어야 한다고 주장했다. "철학실천의 중심은 마치 타원의 중심과 마찬가지로 이중적인 중심이며, 전체는 말하자면 하나의 형태인데, 그 형태는 두 초점의 균등한 관계로부터 생겨난다."(EPP 92) 아헨바흐의 철학실천에서 두 개인은 마치 타원에서의 두 중심처럼 각각 개별자로서 유지되면서도 하나의 형태를 이루게 되는데, 그 이중적 초점은 대화가 전개되면서 계속 같은 거리 속에서 역동적으로 유지되면서도 지속적으로 자유롭게 변화된다.

이러한 맥락에서 아헨바흐의 철학실천이 그야말로 개인들 간의 "자유로운 대화(ein freies Gespräch)"라는 것을 돌이켜 볼 필요가 있다. 이 대화는 "관철된 것, 타당한 것, 판결된 것(Verhängten), 결정된 것(Ausgemachten)에 매수되지 않는 자유"(EPP 60)를 누리며 전개된다. 여기서의 자유는 아도르노가 말한대로 "흑백 중 하나를 선택하는 것이 아니라 그렇게 지정된 선택으로부터 벗어나는 것"(MM 148)이라고 할 수 있으며, 그 대화에서 사회화의 압력에 저항하는 모나드로서의 두 개인은 계속되는 다른 형태의 타원을 그리며 생생하게 살아 움직이며 철학함을 실천한다는 것이다.

4. 맺음말

지금까지 '근대적 개인'에 대한 이해를 바탕으로 아도르노의 비판이론과 아헨바흐의 철학실천 사이에 놓인 연관성을 고찰해 보았다. 그리하여 아헨바흐의 철학실천이 아도르노의 비판이론을 실천에 옮긴 하나의 치유적 모델이 될 수 있음을 보이고자 했다. 아헨바흐는 아도르노가 전개했던 비판적 사유의 정신을 계승하면서 아도르노에게서는 단지 자신만의 "내적 대화(ein dialogue intérieur)"에 머물렀던 바를 실제 개인들끼리의 대화로 실천에 옮기고자 시도했다.

물론 본 논문의 2장과 3장에서 각각 상세히 밝힌 바와 같이 양자가 '개인'을 비판적으로 바라보며 논의를 출발하는 역사적인 맥락은 다소 상이하다. 아도르노는 '오디세우스'의 알레고리를 통해 잘 드러나듯이, 서구 근대 문명사에서 자연지배의 주체로서 개인이 탄생하게 된 배경과 역사적 전개과정을 통시적 시각으로부터 비판적으로 인식하는 데에서 시작하여, 그가 경험한 파시즘과 문화산업의 공시적 맥락을 밝혀냈을 뿐 아니라 오늘날 자본주의 체제와 '개인'의 무력감과 고독이 얼마나 깊숙하게 연관될 수 있는지를 매우 비판적으로 잘 보여주었다.

이와는 달리 아헨바흐는 고대 그리스의 아테네 시민으로서의 개인들이 '삶을 검토했던' 철학적 대화가 사라지고 근대 시민사회가 등장하면서 '건강하고 본성상 좋은' 개인이 탄생되었지만, 오히려 자유롭고 자율적인 개인이 되기 위해 새로운 치료문화의 타율적 도움을 필요로 하게 된 역설적 측면을 밝혀내었다. 더욱이 그는 오늘날 대상화된 환자로서의 개인에게서 어떤 존엄성도 찾을 수 없었던 자신의 대화 경험을 계기로, 현대 심리치료나 상담에 대한 대안으로서의 '철학실천'을 새롭게 시작했다.

비록 아도르노와 아헨바흐가 개인을 바라보고 논의를 시작하는 역사적인 맥락은 상이하더라도, 근대적 시민으로서의 '개인들'이 무력화되고 고립된 채 대상화되었으며, 더 이상 올바른 삶을 영위할 수 없게 되었다는 비판적인 문제의식에서 매우 깊이 상통하고 있다는 것을 알 수 있었다. 더욱이 아헨바흐는 아도르노의 비판이론이 현대의 치료문화에서의 잘못된 관행을 꿰뚫고 있다고 보았다. 나아가 그는 아도르노와 같이 '형언할 수 없는 개인'에 대한 깊은 존중을 지니고, 아도르노의 '철학'에 대한 이해를 바탕으로 하는 '철학적 대화'를 시도했다고 역설했다. 또한 양자는 철학이 방법론에 종속되거나 방법론으로 환원되어서는 안 된다는 비판적 문제의식을 공유했으며, '무력화되고 고립된 개인의 삶'으로부터의 회복과 치유를 모색했다.

  본 논문은 아도르노의 '비판이론'과 아헨바흐의 '철학실천'의 연관성을 논의하는 첫 학문적 시도로서 양자가 만나는 지점을 찾아내는 데에 집중했다. 특히 '근대적 개인'에 대한 비판적 이해가 놓여 있는 각자의 사상적 맥락을 밝혀낸 뒤, 양자 사이에 놓인 접점을 중심으로 주로 아도르노의 비판이론이 지녔던 정신이 아헨바흐의 철학실천에서 어떻게 구체적으로 계승되었는지에 초점을 두었다. 따라서 양자 사이에서 입장의 차이에 대한 논쟁적 이슈, 예를 들어서 개인에게서 비판적 사유가 구체적으로 어떻게 가능하며, 그 비판이 놓인 전제가 과연 유물론인지 등을 좀 더 적극적으로 다루지 못해서 이를 후속과제로 삼고자 한다.

주

1 한병철은 오늘날 넘쳐나는 '힐링'에 대한 관심이 단지 신자유주의적 자아 최적화 이데올로기에 지나지 않는다고 비판했다. "힐링이란 효율과 성과의 이름으로 모든 기능적 약점, 모든 정신적 억압을 치료를 통해 깨끗이 제거함으로써 자아의 최적화를 이룬다는 것을 의미한다. 시스템의 최적화와 완전히 부합하는 부단한 자아 최적화는 파괴적이다. 그것은 결국 정신의 붕괴로 끝나고 만다. 자아 최적화는 완벽한 자아의 착취에 지나지 않음이 드러난다." 한병철, 『심리정치: 신자유주의의 통치술』, 47-48쪽.

2 오늘날 철학상담이 새롭게 대두하게 된 철학자체의 위기와 더불어 철학 외부의 치료적 접근에서 철학이 새로운 쓰임으로 등장하게 된 배경에 대해서는 아래 참조. 노성숙, 『철학상담으로 가는 길』, 41-81쪽.

3 이러한 '철학상담'이 과연 그의 '철학실천'과 같은 것인지의 논의는 차치하고, 한국에서는 두 용어가 혼용되고 있는데, 본 논문에서는 주로 '철학실천'이라는 용어를 사용하고자 한다. 아헨바흐의 '철학실천'에 대한 구상이 아도르노의 연관성을 잘 드러낸다고 생각되기 때문이다.

4 T. W. Adorno, *Minima Moralia. Reflexionen aus dem beschädigten Leben*, pp. 168-169. (이하 MM으로 약칭)

5 T. W. Adorno, M. Horkheimer, *Dialektik der Aufklärung. Philosophische Fragmente*, p. 11. (이하 DA로 약칭)

6 이러한 맥락에서 쿡은 문화상품의 상품화를 동반한 네 가지 지배적인 특징을 표준화, 사이비 개인주의, 도식화, 스테레오 타입들로 구분하고 분석한다. D. Cook, *The Culture Industry Revisited*, pp. 39-48.

7 T. W. Adorno, "Résumé über Kulturindustrie", p. 344.

8 T. W. Adorno, "Freudian Theory and the Pattern of Fascist Propaganda", p. 420.

9 "체계가 존속하는 동안 시민계급의 가장 효율적인 대리자였을 뿐만 아니라 '개인'을 억압했지만 강화시켰던, 그렇지 않으면 발생되지 않았을 저항도 가족과 함께 녹아 없어졌다. 가족의 종말은 대항세력을 마비시킨다." (MM 23)

10 D. Cook, *The Culture Industry Revisited*, p. 15.

11 G. B. Achenbach, *Philosophie der Philosophischen Praxis*, p. 131. (이하 PPP로 약칭)

12 소크라테스가 말한 원래 문장은 다음과 같다. "검토되지 않은 삶(ho anexetastos bios)은 인간에게 살 가치가 없다." 플라톤, 『플라톤의 네 대화편: 에우티프론, 소크라테스의 변론, 크리톤, 파이돈』, 176쪽.

13 Robert Spaemann, Die zwei Grundbegriffe der Moral, *Grenzen. Zur ethischen Dimension des Handelns*, Stuttgart 2001, p. 78. (PPP 132에서 재인용)

14 소크라테스 대화의 논박술과 산파술에 대한 좀 더 상세한 논의는 노성숙, 『철학상담으로 가는 길』, 98-103 참조.

15 남경희, 「소크라테스와 학문의 발견」, 67쪽.

16 Cassirer, "Das Problem Jean Jacques Rousseau", Darmstadt 1970, pp. 31-32. (PPP 124에서

재인용)

17 G. B. Achenbach, *Zur Einführung in die Philosophische Praxis: Vorträge, Aufsätze, Gespräche, Essays*, p. 323. (이하 EPP로 약칭)

18 Arnold Gehlen, "Anthropologische Forschung", Reinbek 1961, p. 38. (PPP 123에서 재인용)

19 정진범은 아도르노의 이 문장을 세 단계의 사유과정을 통해 전개했다. 첫 번째는 "좋은 삶의 불가능성"으로, "아도르노가 현대 사회에서 좋은 삶의 가능성을 부정한다면 어떤 근거에서 그러한가"를 해명하는 것이고, 두 번째는 "좋은 삶의 추상적 가능성"으로, "아도르노의 비판적 사회이론에 맞세워진 그의 고유한 좋은 삶의 이념, 곧 화해의 이상"을 보이는 것이고, 세 번째로는 "좋은 삶의 구체적 가능성"으로 "아도르노가 잘못된 삶 안에서 올바른 삶/좋은 삶의 가능성을 부정할 수도 없고 부정하지도 않는다는 사실"을 아도르노의 사유논리와 구체적 내용의 측면에서 검토했다. 정진범, 「현대적 조건 하에서 좋은 삶의 가능성에 대한 아도르노의 대답」, 77-100쪽.

20 아헨바흐는 자신의 책 제목을 "잘못된 것에서의 올바른 것에 대하여(Vom Richtigen im Falschen"이라고 지었는데, 이는 전적으로 아도르노의 정신에서 영감을 받은 것이다. G. B. Achenbach, *Vom Richtigen im Falschen: Wege philosophischer Lebenskönnerschaft*.

21 Novalis, Werke, Tagebücher und Briefe, hrsg. von H. J. Mähl und R. Samuel, Band 2, Darmstadt 1978, p. 317. (PPP 97에서 재인용)

22 아도르노의 비판이론을 계승하는 맥락에서 구쪼니는 '철학함'에 대한 책을 저술하면서, 자신의 저술이 바로 아도르노가 말한 비동일자에 대한 것이자 다양한 것들의 의사소통에 대한 것이라고 말했다. 여기서의 철학함이란 변화하지 않는 '무엇인가(was ist)' 혹은 '왜(warum)'라는 질문이 아니다. 즉, 철학이란 무엇인가가 관건이 아니라 어떻게 그 철학함이 일어나는지에 관심을 가지는 것을 말하는데, 전자는 보편적인 것을 탐색하는 반면에 후자는 개별적인 것에 관심을 가진다. 구쪼니는 이러한 맥락에서의 철학함을 "놀라워하고, 비판하고, 사변적이고, 이미지를 담은(erstanunend, kritisch, spekulativ, bildhaft)" 사유라고 규정했다. U. Guzzoni, *Philosophieren: Wider Theorie und Begründungszwang*, p. 7.

23 아도르노의 원문은 다음과 같다. "Nicht über Konkretes ist zu philosophieren, vielmehr aus ihm heraus." T. W. Adorno, *Negative Dialektik*. p. 43.

24 한상원은 아도르노의 '비동일자 개념'에 대한 구쪼니, 튀엔, 바르토넥의 의견차이를 조명했다. 그에 따르면, 바르토넥은 '비동일성'을 부정적으로 이해된 '한계 개념'으로, '비동일자'를 동일성의 속박을 벗어난 유토피아적 성격을 갖는 '실재적 존재자'로 구분함으로써 구쪼니와 튀엔으로 갈라진 입장을 종합했다. 한상원, 「아도르노의 비동일자 개념 논쟁-유토피아적 존재인가 한계개념인가?」, 74쪽.

25 U. Guzzoni, *Identität oder nicht: Zur Kritischen Theorie der Ontologie*, p. 47.

26 Goethes Werke, Weimarer Ausgabe, IV. Abteilung, Briefe, Bd. 4, p. 300. (PPP 53에서 재인용)

27 T. W. Adorno, *Philosophische Terminologie*, p. 82.

28 T. W. Adorno, *Philosophische Terminologie*, p. 82.

29 하이데거는 오늘날 자연과학의 절대화에 대해 매우 비판적이었으며, 이러한 절대화가 니체의 말대로 방법론의 우세와 깊은 연관이 있다고 보았다. 니체에 따르면, "우리 19세기를 표시하는 것은 학문의 승리가 아니라 학문에 대한 학문적 방법의 승리이다." (Nietzsche, Wille zur

Macht, Nr. 466. M. Heidegger, *Zollikoner Seminare*, p. 167에서 재인용·)

30 오신택은 철학상담의 방법에 대한 아헨바흐의 부정론을 비판하는 라베를 따라서 철학상담의
방법에 대한 긍정적 대안을 제시하고 있다. 오신택, 「철학상담의 방법론에 관한 검토 : 소크
라테스와 라베를 중심으로」, 198-204쪽.

31 Die Französischen Moralisten, hg. v. F. Schalk, Bd. I, München 1973, p. 83. (PPP 175에서
재인용·)

32 물론 이러한 존재 그 자체로서의 인간에 대한 수용과 이해는 로저스의 인간중심치료에서도
유사하게 나타난다. 인간중심치료도 미국에서 심리치료의 근간을 이루는 행동주의와 실증
주의적 태도에서 대상화된 인간에 대한 비판을 담고 있기 때문이다. 그런데 로저스가 새로운
인간관에 입각하여 개인의 주관적이고 사적인 세계로서 '현상학적인 장'의 중요성과 '진정한
자기되기'의 실존적 차원을 심리치료에서 새롭게 일깨운 것은 사실이지만, 그는 여전히 자신
의 심리치료의 전제를 생물학에서 찾고 있으며, 이를 통해 그의 이론을 실증주의 방식으로
설명하고자 했다는 사실을 주목할 필요가 있다. 노성숙, 『심리치료와 철학상담』, 75-83쪽.

33 Schopenhauer, *Parerga und Paralipomena II*, Ed. Lütkehaus, 1991, § 247, p. 426. (PPP 111에
서 재인용·)

참고문헌

남경희, 「소크라테스와 학문의 발견」, 한국서양고전학회, 『서양고전학연구』 제28집, 2007, 47-78쪽.

노성숙, 『심리치료와 철학상담』, 학지사, 2021.

노성숙, 『철학상담으로 가는 길』, 학지사, 2018.

오신택, 「철학상담의 방법론에 관한 검토 : 소크라테스와 라베를 중심으로」, 대동철학회, 『대동철학』 제97집, 2021, 179-208쪽.

정진범, 「현대적 조건 하에서 좋은 삶의 가능성에 대한 아도르노의 대답」, 한국철학회, 『철학』 제126집, 2016, 77-100쪽.

플라톤, 『플라톤의 네 대화편: 에우티프론, 소크라테스의 변론, 크리톤, 파이돈』, 박종현 역, 서광사, 2003.

한병철, 『심리정치: 신자유주의의 통치술』, 김태환 역, 문학과지성사, 2015.

한상원, 「아도르노의 비동일자 개념 논쟁-유토피아적 존재인가 한계개념인가?」, 서울시립대학교 도시인문학연구소, 『도시인문학연구』 제11권 제1호, 2019, 63-82쪽.

Achenbach, G. B., *Philosophie der Philosophischen Praxis*, Freiburg: Nomos Verlag, 2023.

Achenbach, G. B., *Vom Richtigen im Falschen: Wege philosophischer Lebenskönnerschaft*, Freiburg: Herder Verlag, 2003.

Achenbach, G. B., *Zur Einführung in die Philosophische Praxis: Vorträge, Aufsätze, Gespräche, Essays*, Köln: Verlag für Philosophie Dinter, 2010.

Adorno, T. W. & Horkheimer, M., *Dialektik der Aufklärung*. Gesammelte Schriften. Bd. 3. Frankfurt a. M.: Suhrkamp. 1984.

Adorno, T. W., "Freudian Theory and the Pattern of Fascist Propaganda", *Soziologische Schriften I*, Gesammelte Schriften Bd. 8, Frankfurt a. M.: Suhrkamp, 1972, pp. 408-433.

Adorno, T. W., "Résumé über Kulturindustrie", *Kulturkritik und Gesellschaft I*, Gesammelte Schriften, Bd. 10-1, Frankfurt a. M.: Suhrkamp, 1977 , pp. 337-345.

Adorno, T. W., *Minima Moralia: Reflexionen aus dem beschädigten Leben*. Gesammelte Schriften. Bd. 4. Frankfurt a. M.: Suhrkamp, 1979.

Adorno, T. W., *Negative Dialektik*. Gesammelte Schriften. Bd. 6. Frankfurt a. M.: Suhrkamp, 1977.

Adorno, T. W., *Philosophische Terminologie*, Bd. 1, Frankfurt a. M.: Suhrkamp, 1973.

Cook, D., *The Culture Industry Revisited*, Lanham: Rowman & Littlefield Publishers, 1996.

Guzzoni, U,. *Identität oder nicht: Zur Kritischen Theorie der Ontologie*, Freiburg: Verlag Karl Alber, 1981,

Guzzoni, U,. *Philosophieren: Wider Theorie und Begründungszwang*, Freiburg: Verlag Karl Alber, 2023.

Heidegger, M., *Zollikoner Seminare*, M. Boss(Hg.), Frankfurt am Main: Vittorio Klostermann, 1987.

3부

비판이론과
현대사회비판
그리고 해방

"객체를 향한 자유": 아도르노의 자유론과 실천의 문제[1][2]

정 진 범

1. 들어가며: "객체를 향한 자유"[3]를 어떻게 해석할 것인가?

사회의 비판 이론(Kritische Theorie der Gesellschaft)으로서 아도르노의 철학은 해방의 철학이다. 그러나 그가 생각하는 해방이 무엇인지는 막연하고 추상적으로만 남아 있다. 해방과 밀접한 의미 연관을 갖는 개념인 자유에 대한 그의 유명한 표현인 "객체를 향한 자유"를 떠올려봐도 마찬가지이다. 이 자유론은 그 유래도, 의미도, 의의도 불분명하다.[4] 다만 일단 확실한 점은, "객체를 향한 자유"가 오늘날 우리의 자유 이해를 지배하고 있는 신자유주의적 자유관과 정면으로 배치되며, 더 거슬러 올라가 근대의 합리주의적이고 개인주의적인 자유 이해의 관점으로는 도무지 이해될 수 없다는 사실이다. 또 이 자유는 오늘날 정치철학에서 자유 개념의 기초적 구분으로 통용되는 소극적 자유와 적극적 자유의 도식으로도 적절히 설명될 수 없고, 최근 호네트가 구상하고 있는 헤겔-마르크스 전통의 사회적 자유와도 거리가 있다.

"객체를 향한 자유"는 아도르노 철학 내재적 관점에서 볼 때 매우 중요한 논제이기는 하나 또한 비일관적이고 불분명하다. 아도르노는 이 자유를 일관되지 않은 맥락들에서 논의하고 있는데, 크게 다음의 두 가지 상이한 맥락들을 지적해볼 수 있다. "객체를 향한 자유"는 첫째로 예술철학적 혹은 협의의 미학적 정식이다. 그것은 창작과 수용 모두를 포함한 예술 경험에서 이루어지는 자유와 관련되기 때문이다. 뒤에서 살펴보겠지만, 이 자유가 그의 미학적 저작들에서 가장 생생하고 구체적으로 설명되는 것은 이런 이유에서이다. 둘째, "객체를 향한 자유"는 실천철학적 의미를 갖는다. 아도르노는 이 자유가 헤겔적 외화 개념과 별반 다르지 않다고 말함으로써 인간의 모든 실천 일반과 관련된 기초적 의미를 부여한다.[5] 인간 실천 일반이라 함은 예술과 이론, 사회적 행위 등을 모두 포함한 포괄적인 의미이다.

> 그[=인간화 및 문화화] 과정은 헤겔이 말하듯 또한 외화를 통해 수행된다. 우리는 스스로를 각 개별자로서 실현함으로써 자유로운 인간이 되는 게 아니다. 우리는 우리로부터 나아가, 타자들과 관계 맺으며, 어떤 의미에서는 그들에게(an sie) 우리를 줌으로써(aufgeben) 자유로운 인간이 된다.[6]

그런데 이 두 번째의 의미는 그 근원적 성격으로 인해 첫 번째 의미보다 중요하지만, 하나의 난점을 발생시킨다. 아도르노에게 예술과 사회는 이율배반적 관계에 있기에 하나의 동일한 자유론이 두 영역에 동시 적용된다는 주장은 많은 설명을 요구하며, 특히 그중에서도 사회는 아도르노에게 있어 오늘날 그와 같은 외화로서의 자유를 허용하지 않는 '잘못된 사회', 속박과 부자유의 영역이 되었기 때문이다. 따라서 객체를 향한 자유는, 그것이 객체에 대한 수용적 태도를 함축하는 한 곧장 실천적 자유의 한 형태로 이해될 수 없다.

그렇다면 객체를 향한 자유는 어떻게 해석되어야 할 것인가? 아도르노의 구상을 이해하기 위하여 가장 먼저 극복되어야 할 것은 합리주의적으로 협소화된 자유 이해이다. 아도르노는 다음과 같이 말함으로써 자유와 의식 혹은 이성 사이의 동일성을 부정한다.

> 자유라는 계기의 자기 경험은 의식과 결합되어 있다. 주체에게 자신의 행위가 자신과 동일한 것으로 나타나는 한에서만 주체는 자신을 자유롭다고 여기는데, 이는 단지 의식적 행위의 경우에만 해당된다. (……) 의식 내지 이성적 통찰은 단순히 자유로운 행위와 동일한 것이 아니며, 의지와 온전하게 동일시할 수도 없다. 그런데 칸트의 경우 바로 그런 일이 이루어진다.[7]

그런데 이 자유 이해는 이제까지 우리의 사고를 지배하는 자유 이해의 거의 전부였으므로, 아도르노의 구상을 이해하는 일은 상당한 정도로 전복적 상상력을 요구한다.

이 논문은 위에서 언급한 두 번째 의미를 내적으로 다시 구분하여 세 번째 의미, 미학적-인간학적 의미로 아도르노의 자유론을 해석하고자 한다. 이러한 해석은 멘케(Menke)의 미학적-인간학적 힘(Kraft) 이론에서 그 주된 실마리를 얻고 있다.[8] 미학적-인간학적인 것은 예술이 가능하기 위한 근본적 차원이되 예술과 곧장 동일한 것은 아니다. 아도르노는 예술이 미메시스적 태도의 도피처라고 말한다.[9] 그러나 예술이 구성적 합리성을 통한 미메시스적-미학적 충동의 객관화인 한, 그 충동과 직접적으로 동일하지 않다. 이렇게 미학적-인간학적 관점으로부터 볼 때 "객체를 향한 자유"는 좁은 의미의 예술철학에 국한되지 않은 것은 물론이거니와, 일반적인 인간 실천과도 결코 동일하지 않고, 또 그러면서도 실천 일반의 구성적 계기이다. 즉 객체를 향한 자유는, 실천과 긴장 관계에 있는 실천 이전적 차원에서의 주객 관계에 관련된 정식이다. 이 실천 이전적 차원의 다른 표현이 미학적-인간학적 차원인데, 이 차원은 예술, 이론, 실천 각각에 대해 비동일적이지만 동시에 이것들 모두에 구성적이다.[10]

따라서 이 논문의 목적은 궁극적으로 이 세 번째 의미로부터 아도르노 자유론의 유래와 성격을 해명하면서 그 실천철학적 의의를 탐색하는 데에 있다. 그리고 이 탐색을 통해 미적 자유에 대한 서술로 이해된 그의 자유론을 해방적인 사회적 실천에 이질적이면서도 동시에 그것을 위한 불가결한 구성요소로 드러낼 것이다. 이런 목적을 위해 우리는 먼저 아도르노의 자유론이 칸트-실러-헤겔로 이어지는 근대 독일의 실천철학 전통에서 계승하는 지배에 대한 문제의식에서 나왔음을 밝히고(1), 이 틀 안에서 그의 자유론의 구체적 내용을 상론한 뒤에(2), 그것과 실천의 가능한 관계들(3)을 탐색하고자 한다.[11]

2. 지배와 해방: 근대 독일전통과 아도르노의 자유론

"객체를 향한 자유"는 주객 모델을 전제하는 정식이다. 여기서 "객체"는 주체와 직접 마주한 모든 타자를 뜻할 뿐이어서, 그것은 구체적으로 감성과 같은 1차적-주관적(내적) 자연일 수도 있고, 나무나 바다 등 비인공적 환경을 뜻하는 1차적-객관적(외적) 자연일 수도 있으며, 나아가 제도나 체제라는 의미에서의 2차적-사회적 자연일 수도, 혹은 예술작품을 뜻하는 2차적-미적 자연일 수도 있다.[12] 심지어 그것은 다른 주체를 반드시 배제하는 개념도 아니다. 그러나 객체 개념이 지나치게 넓은 외연을 가지고 있다는 사실은 당장에는 문제가 되지 않는다. 우리가 우선 주목해야 할 점은 아도르노가 주체와 객체의 이분법을 활용하고 있으면서도 그 의미가 막연한 "향한(zu)"이라는 관계적 표현을 사용하고 있고, 동시에 이 자유 정식이 근대 독일의 철학 전통, 더 정확히는 주체를 이성과 감성으로 분열시킨 저 전통을 환기시키고 있다는 이중의 사실이다. 이런 이유에서 논의의 출발점에서 아도르노의 자유론을 근대 독일의 사유 전통에서 형성되어 온 문제의식 아래에서 조명해 보는 것은 필수적이다.

칸트는 주체를 이성과 감성의 두 차원으로 양분하는 근대 독일전통의 본격적인 출발점으로서, 그는 자신의 실천철학에서 자유를 주체의 자율 혹은 자기 입법으로 규정하고 있다.[13] 스스로에게 법칙을 부여하고 그 법칙에 스스로 종속된다는 자율적 자유의 이념은 타율, 곧 타자에게서 강압적으로 부과된 법칙에 대한 종속과의 대조 속에서 그 뚜렷한 실천철학적 의미를 얻지만, 동시에 그것이 전제할 수밖에 없는 자기 지배의 논리는 당대부터 문제적이었다. 자율로서의 자유 이념에는 정신과 자연, 이성과 감성이 서로 화해되지 않은 채로 지배와 종속의 관계 속에 놓여있음으로 인해, 나는 나의 주인인 바로 그만큼 나의 노예이기도 하다는 문제, 곧 주체화와 노예화의 동맹 관계에 대한 혐의를 피할 수 없다.

칸트의 실천철학을 관통하는 이원론에 대한 불만족은 실러 미학 사상의 근본 동기가 된다. 실러는 칸트의 실천철학에서 나타나는 저 분열을 반드시 극복되어야 할 결정적 결함으로 간주한다. 그는 극복의 단초로서 (이성과 감성 사이의) 유희(Spiel) 개념을 발전시키는데, 이 또한 칸트의 미학, 즉 『판단력 비판』의 중요한 구상 중 하나인 상상력과 지성 사이의 "자유로운 유희"[14]를 계승한 결과로 볼 수 있다. 그러나 도덕과 미를 끝까지 구분하고자 했던 칸트와 달리 실러는 그 구분이 사라진 상태, 즉 이성과 감성, 의무와 경향성, 즉 도덕과 미가 조화를 이루고 있는 상태를 추구했고, 이로써 소위 "아름다운 영혼(die schöne Seele)"의 개념을 제시한다.[15] 실러의 시도는 칸트의 실천철학을 관통하는 근대적 분열을 극복하려 한다는 점에서 헤겔에 의해 높이 평가되고 상당 부분 공유된다. 그러나 동시에 실러의 "아름다운 영혼"이 이상주의로 빠진다는 점은 헤겔이 보기에 결정적인 문제점이다. 헤겔은 실러가 국가와 예술을 혼동함으로써 비현실적인 구상으로 빠지게 된다는 점을 비판한다.[16]

자유가 이처럼 현실화 가능한 것이어야 한다면, 즉 칸트처럼 자유를 추상적 당위로 요청해서도 안 되고, 실러처럼 그것의 극복을 추구하는 중에 이상주의에 빠져서도 안 된다면, 헤겔은 다시 칸트와의 직접적인 대결로 돌아갈 수밖에 없다. 헤겔의 자유론은 그의 『법철학』에서 가장 구체적인 수준에서 상론된다고 할 수 있지만, 칸트 비판과 관련된 그의 자유 이해는 정신의 개념 규정에서 가장 선명히 드러난다. "…현실적 자유는 정신 속에 직접적으로 존재하는 어떤 것이 아니라, 그의 활동을 통해 산출되어야 할 어떤 것이다."(Enzy. Ⅲ. § 382 Z, 27; Menke(2018b)) 정신의 본질은 자유이며, 그 자유는 고정될 수 있는 어떤 상태가 아니라 정신이 행하는 하나의 활동, 과정이라는 것이다. 이 자유는 해방의 과정이며, 또 해방은 부정을, 즉 자신의 반대항에 대한 저항을 필연적으로 함축한다. 자유를 이렇게 볼 때 본래 문제시되었던 정신의 자연지배도 일정 부분 해소되는데, 이런 자유론 속에서 자연은 단적으로 부정되어야 할 어떤 외적인 것이 아니라, 부단히 부정되지만 또 다시 산출되는 것으로서 정신과의 역동적 상호 작용 속에 놓이게 되기 때문이다.

아도르노는 칸트적 자율에 대한 실러와 헤겔의 비판 정신을 계승한다. 실러가 본 것처럼 이성과 감성, 정신과 자연의 단적인 위계 관계는 해체되어야 하며, 또 헤겔이 본 것처럼 자유는 주어진 것에 대한 부정을 통해서 그로부터 해방되는 과정, 부단히 산출되어야 할 과정이다. 특히 자유와 관련하여 아도르노는 헤겔로부터 좀처럼 구분하기 어려울 정도로, 헤겔에게서 선취된 해방적 자유가 아도르노의 자유 이해에 거의 그대로 수용되는 것처럼 보인다 해도 과언이 아니다. 아도르노는 헤겔과 마찬가지로 자유의 실체화를 거부했고, 또 자유의 급진적 역사화를 추구한다.[17] 또한 아도르노가 자유와 부정을 상호 규정적 개념으로 보면서 그에 따라 자유를 상태가 아닌 과정으로 파악하는 것 등[18]도 두말할 나위 없이 헤겔적 통찰의 계승이다. 그렇다면 자유는 헤겔에게서와 마찬가지로 아도르노에게서도

자율이기보다는 해방이다. 주체의 자율성을 고수하는 한 자유는 시야에서 사라진다.[19]

그러나 동시에, 아도르노의 관점에서 보면 실러와 헤겔 모두 동일성 철학의 틀 안에 갇혀 있고, 동일성은 주체의 우위로부터 산출되는 관념론적 입장이다. "자아는 자유의 이념을 자신의 지배권이라는 모델로부터 도출"해낸다는 것, 즉 "사람들과 사물들에 대한 지배로부터, 그 다음에는 내면화된 상태에서 그것이 사유함으로써 처분하는 모든 구체적 내용에 대한 지배권으로부터 자유의 이념을 도출"해낸다는 문제는 주체 중심적 동일성 철학에서 공통적인 문제다.[20] 그런 철학의 패러다임에서는 정신의 자연지배, 이성의 감성지배 문제가 근본적으로 해결될 수 없고 늘 동전의 이면처럼 자유는 지배와 속박을 영구적으로 수반한다. 따라서 자유론이 이런 문제로부터 벗어나려면 무엇보다 주체 중심주의를 깸으로써 비동일성을 강조하는 쪽으로 방향 잡아야 한다. 여기서 아도르노가 이런 작업을 수행하기 위한 전략의 핵심에는 계보학적 논리가 있다. 그에게도 자유가 정신의 본질이지만, 이 정신은 자연과 무관한 것이 아니라 자신의 발생적 기원이 자연임을 늘 상기하는 정신이자, 나아가 자연의 우위마저 승인하는 정신이다.[21] 그래서 아도르노의 자유론은 정신 이전적 충동의 활동으로 거슬러 올라간다.

3. 아도르노 자유론의 미학적–인간학적 근본 성격

1) 탈중심적–부정적 자유론

앞서 언급했듯이 자율적 자유의 문제는 아도르노에게 지배의 문제이다. 아도르노가 칸트적 자유를 중점적으로 주제화하는 『도덕철학의 문제』와 『부정 변증법』 3부 1장 모두에서, 둘 중에서도 특히 『도덕철학의 문제』에서, 자유의지와 결정론에 관한 제3이율배반은 상당한 비중을 두고 다루어진다. 이 논의는 결국 자율, 곧 칸트의 실천철학적 자유 개념을 비판하기 위한 밑작업이라는 의미를 갖는다. 자기 입법으로서 자율은 결국 "자유와 필연성이 구별되지 않는 상태"[22], 즉 자유와 법칙의 통일이기 때문이다. 비록 자율 이념에서 법칙은 자연법칙이 아니라 이성법칙이기는 하지만, 자율이 (실천적) 필연성을 표방하는 법칙 아래로 자유로운 자발성을 종속시키는 위계적 통일인 한에 있어서, 자율 이념은 아도르노가 볼 때 정신의 자연지배에 대한 다른 표현이자 동일성 강압과 다름없다. 아도르노는 그러한 지배와 억압의 계기에 주목하면서, 칸트가 자율을 통해 자유를 정립하고 보증하려 하지만 이는 곧 자유의 취소로 귀결된다고 비판한다. 칸트의 자율은 이성과 합치하지 않는 모든 것(충동, 욕구, 외적 속박 등)을 배제함으로써, 즉 "모든 존재자, 모든 자연으로부터의 절대적 독립성 위에 세워짐으로써, 그것은[칸트의 자유 개념은] 부자유로 전도될 위험에"[23] 빠지게 된다. 그렇게 배제되거나 지배되는 자연은 또한 바로 자기 자신이기 때문이다. 이처럼 자율적 주체는 자유를 위해 스스로를 지배하거나 노예화하는 주체이며, 이로 인해 항상 부자유를 생산한다.

이러한 칸트 비판으로부터 우리는 아도르노가 자신의 자유론에 부여하려는 다음의 두 가지 특징들을 읽어낼 수 있다. 첫째, 자유론은 탈중심화되어야 한다.[24] 자유-이성-법칙의 통일을 핵심으로 하는 칸트적 자율을 비판하려는 아도르노의 한결같은 관심은 저 세 개념 간의 연결 고리를 느슨하게 만듦으로써 자기 및 타자에 대한 지배 관계를 청산하는 데에 있다. 따라서 아도르노 자신의 자유론은 무엇보다 그러한 지배를 주도하고 확립하는 기존의 이성 중심적 입장을 극복한 것이어야 한다. 이성에도, 법칙에도 따르지 않는 자유, 그래서 합리적 주체의 주도적 역할을 부정하고 대상과 일종의 유희적 관계로 들어설 때 실현되는 자유를 아도르노는 구상한다. 그리고 기존의 위계를 뒤흔듦으로써 진정한 의미에서 탈중심화를 성취하려는 그의 자유론이 정신과 이성의 타자인 충동에 더 무게를 두고 전

개되는 것은 필연적이다.[25]

둘째, 자유를 긍정적으로 규정하며 출발하는 것은 불가능하다. 칸트적 자유가 부자유로 전도된다는 점을 아도르노가 비판한다고 해서, 그가 부자유의 가능성이 완전히 제거된 순수하고 긍정적인 자유의 또 다른 상태를 제시하려는 것은 전혀 아니다. 그의 칸트 비판은 그저 자유를 위해 이루어지는 지배가 반드시 부자유와 속박을 생산한다는 역설과 모순을 지적하는 것일 뿐이다. 자유 자체가 그러한 전도 가능성을 원리적으로 떨쳐버릴 수 있다고는 아도르노도 생각하지 않는다. 순수한 자유를 이론이 보증하는 것은 불가능한 일이며, 자유는 언제나 부자유의 가능성과 공존한다. 이것이 아도르노가 칸트에게서 읽어내고자 하는 진리이다.[26] 자유만을 긍정적 규정 속에서 고정할 수는 없고, 이론이 말할 수 있는 것은, 자유란 바로 그런 부자유의 가능성에 저항하고 부정하는 관계 자체에 있다는 사실이다. 간단히 말해 아도르노는 자유가 필연적으로 부자유를 생산한다는 문제를 지적하면서, 자유는 오직 부자유에 대한 저항 속에서만 산출된다는 테제를 주장하는 것이다.

2) 스스로를 내맡김(sich überlassen)[27]: 자유의 중심 계기

일반적으로 자유는 실천적 의미로 이해되며, 여기서 실천이란, 큰 틀에서 볼 때, 자신의 의지를 관철하여 무언가를 이뤄내는 행위 및 그 행위를 주도하는 주체와 연관된다. 이는 근대 의 자유론, 특히 자율적 자유를 통해 우리에게 익숙해진 바이다. 그러나 자율적 자유가 상정하는 자기 정립적이고 타자 지배적인 주체, 즉 근대의 이성 중심적-주권적 주체의 상을 비판하는 아도르노는 종전의 지배적 이해와 대립하는 새로운 관점을 제시한다. 그는 진정한 자유의 핵심 계기를 오히려 자신을 타자에게 내어주고 (sich hingeben) 내맡기는 미적 경험에서 발견한다. "예술작품의 본질은 … 작품의 개별적 계기들에서 스스로를 상실하고 바로 이러한 "던져라, 그러면 얻게 될 것이다(Wirf weg, damit du gewinnst)"속에서, 즉 저 위험에 스스로를 내맡김 속에서 스스로를 재발견하는 자신의 힘을 제대로 입증하는 것에 있다."[28] 즉 일종의 자기 상실을 통한 자기 획득이[29] 객체를 향한 자유의 구성적 계기이다.

객체를 향한 자유가 비교적 구체적으로 논의되는 곳은 그의 미학적 저작들이다. 그러나 이 사실이 객체를 향한 자유가 예술이나 미학의 분리된 영역에서만 유효한 개념임을 뜻하지는 않는다. 실제로 객체를 향한 자유는 아도르노의 사유 일반을 관통하며 나타나는 계기이다. 그럼에도 객체를 향한 자유가 미학적 저작들에서 특히 구체적으로 논의되는 까닭은, 이 자유론이 앞서 언급한 칸트-실러의 미학을 관통하는 지배 비판적 문제의식을 이어받아 구상된 이론이라는 사실에서 찾아볼 수 있다. 그러나 동시에 객체를 향한 자유는 예술이나 협의의 미학을 넘어서는 포괄적인 의미를, 즉 인간 실천 일반에 대해 구성적인 의미를 갖는데, 이는 이 자유론이 단지 한정된 영역의 의미에서가 아니라 그 단어의 전통적이고 기원적인 의미에서 감성적인(ästhetisch) 근본 성격을 갖기 때문이다. 이 후자의 사실이 염두에 두어져야 할 것이다.

아도르노는 객체를 향한 자유를 "대상과 마주하여 자기 스스로를 망각하는 경험"[30]이라고 규정하고 있으며, 이것과 내용적으로 밀접한 또 다른 대목에서는 다음과 같이 쓰고 있다.

한 작품을 보거나 듣거나 읽은 주체는 완전한 처리가 이루어질 때까지 자신을 망각하고 자신에 대해 무관심한 상태에서 예술작품 속에서 사라져야 할 것이다(sich erlöschen). 주체가 행했던 동일시(Identifikation)는 그 이상에 따르자면 예술작품을 자신과 같게 만드는 것이 아니라 그 스스로를 예술작품과 같게 만드는 것이었다. 미적 승화의 본질이 바로 그러했다. 그런 태도를 일반적으로 일컬어 헤겔은 객체를 향한 자유라고 했다.

바로 이로써 헤겔은 주체에게 존경을 보여주었다. 예술작품이 자신에게 무언가를 주리라는 속물 부르주아적 요구와는 반대로 정신적 경험 속에서 외화를 통해 실현되는 주체에게 말이다.[31]

여기서 아도르노는 객체에 대해 마땅히 맺어져야 할 관계가 구현되는 진정한 미적 경험을 부각시키기 위해 그것을 "속물 부르주아적 요구"와 대조하는데, 이 요구에서는 주객 관계가 소비의 모델에 따라 형성된다. 주체는 대상을 자신의 만족을 위한 소비재로 격하시킨다. 그는 대상으로부터 그저 무언가를 얻기만을 기대하는데, 이때 그가 얻는 그것은 사실 자기 요구의 반영이자 자기 투사[32]에 불과하다. 혹은 이런 소유 지향적 태도를 향유(Genuss)[33]의 태도라고 표현할 수도 있다. 대상을 "자신과 같게 만드는" 소비의 태도에서 대상에 대한 거리는 사라진다. 이 거리는 감상자가 대상을 자기 자신과 다른 것으로서 받아들이고 있음, 즉 타자의 타자성에 대한 인정을 은유한다. 즉 대상이 주체가 세운 임의의 목적을 위한 한갓 수단으로서 존재하는 게 아니라 그 이상의 존재로서 인정되어야 한다는 사실의 표현인 것이다. 그래서 아도르노는 미적 경험에서 대상은 어떤 목적을 충족시키기 위해 존재하는 것이 아니라 "그 자체로 존재하는 것(ein An-sich-Seiendes)"[34]으로 나타난다고 말한다. 따라서 대상과의 거리가 소멸한다는 것은 대상이 감상자의 한낱 주관적 욕구의 투영물이 되었음을 뜻한다. 이는 아도르노가 볼 때 주체가 객체에게 행하는 '잘못된' 동일시의 전형적인 경우이다.

이와 반대로 대상을 "그 자체로 존재하는 것"으로 이해하는 진정한 미적 경험은 대상의 질적 특징들을 따라가는 것이다. 가령 아도르노는 이를 "한 화음에서 다른 화음으로, 한 색에서 다른 색으로, 하나의 시구에서 다른 시구로 이어지는 그 논리를 이해하는 것"[35]으로 설명한다. 이것이 객체에게 자신을 내어주는 것이자, 스스로를 객체와 같게 만드는 '참된' 동일시를 실현하는 것이다. 그러나 주체가 그 속에서 "사라진다"고 아도르노가 표현한[36] 이 관계는 단순히 소비 모델('예술작품을 자신과 같게 만듦')의 전도는 아니다. 단지 그런 것이라면 그 또한 '잘못된' 동일시이자, 주체에 대한 추상적 부정에 불과한 것이다. 그렇다면 참된 동일시를 위해서, 즉 객체에게 자신을 내어줄 수 있기 위해서, 주체 전체가 아니라면 주체의 '무엇'이 사라져야 하는가? 그것은 주관적 욕구와 임의의 목적 등, 주체가 자의적으로 설정하여 강압적으로 투사하는 모든 것들이다. 즉 '내어줌'은 그런 주관적 요소를 일단 유보한 채 대상에 접근한다는 뜻이고[37] 그때에야 대상을 "그 자체로 존재하는 것"으로 경험하는 일이 가능해진다.[38] 이렇듯 참된 동일시의 관계는 지배적-주권적 주체와 양립 불가능하다는 점에서 차라리 친화성(Affinität)[39], 혹은 질적으로 변화된 동일성의 관계로 보아야 한다.

『미학 이론』의 다른 대목에서 아도르노는 미적 경험에서의 동일시를 아우라 개념으로 설명한다.[40] 벤야민에 따르면 아우라 속에서 대상은 "아무리 가까이 있어도 멀리 있는"[41] 것으로 나타난다. 즉 아우라 역시 대상과의 거리에 대한 다른 표현인데, 이 거리는 고정되어 있는 거리가 아니다. 그 거리 속에서 대상은 아예 닿을 수 없는 것이기보다는, 주체에 포착된 것 같지만 이내 뒤로 물러나서 또다시 주체 이상의 것, 주체와 다른 것으로 나타난다. 주체와 객체의 이런 관계가 위에서 말한 참된 동일시라면, 그것은 결코 완결되지 않는 동일시의 시도, 즉 지속적으로 시도되고 실패하지만 그럼에도 그 과정 속에서 주체와 객체가 계속 변화하는 역동적 동일시의 시도이다. 따라서 참된 동일시는 동일성과 비동일성 사이의 무한한 왕복이고, 주체와 객체 사이의 "위태로운 평형(prekäre Balance)"[42], 따라서 언제든 깨어질 수 있는 평형이다. 주체는 자신을 내어줌으로써 더 풍부한 경험을 얻을 수도 있지만, 그러한 획득과 자기 회귀는 반드시 보장된 것은 아니다.

그런데 이런 역동적 동일시의 관계는 주체에게 단지 수동성만이 아니라 적극성도 함께 요구한다는 사실이 중요하다. 참된 동일시는 강한 자아만이 해낼 수 있는 성취이다.[43] 다만 이때의 강함이나 적극성은 스스로를 대상에 관철하여 자신의 의지에 따라 대상을 변화시키는 실천적 능력에 있지 않다. 주체는 객체 앞에 자신의 욕구나 목적을 관철하려는 요구를 삼가면서 객체의 질적 특징들을 그 자체로서 수용해야 한다는 점에서 수동적이어야 하지만, 이는 동시에 객체를 지속적으로 좇아가려는 집중력과 주의력을 요구하는 일이라는 점에서 적극적이기도 해야 한다.[44] 달리 말하면, 이런 집중력과 주의력은 사태로부터 주의를 돌리는 것에 저항한다는 의미에서 적극적이다.[45] 그래서 아도르노는 이를 두고 "능동적 수동성"이라고 표현하는데, 이는 단순한 형용 모순이나 말장난이 아니다. 능동적인 수동적 태도란, 대상에 힘껏 몰두하며 대상을 받아들이라는 뜻과 다르지 않기 때문이다.

> … 중요한 것은 예술작품이 그에게 무엇을 '주는가'가 아니라, 그보다는 그가 작품에 무엇을 주는가, 즉 그가 특정 방식의 능동적 수동성(aktive Passivität) 속에서, 혹은 힘껏 사태에 스스로를 내맡김(Sich-Überlassen) 속에서, 사태가 원래 스스로 기대한 바를 사태에 주는가 하는 것입니다.[46]

3) 참여로서의 자유와 충동

아도르노는 앞서 언급된 속물 부르주아적인 태도를 대상에 대한 "전유(Aneignung)"의 태도로, 반면에 진정한 미적 경험의 태도를 대상에 대한 "참여(Teilhabe)"의 태도로 구분한다.[47] 이런 참여, 대상과의 친화성을 실현하는 참여가 자유라고 불릴 수 있는 이유는, 참여를 통해 주체는 그 이전에 자신이 놓여있던 상태, 한갓 실존으로부터 풀려나고 고양되기 때문이다.[48] 참여는 주체가 주어진 직접성으로서의 자기 자신으로부터 해방되는 한 가지 방식이자, 굳어진 자기 동일성에서 벗어나 자유로운 자기 관계를 실현하기 위한 계기이다. 그러나 이 참여는 어디까지나 미적인 참여로서, 통상적으로 이론(관찰)과 대립되는 개념인 실천적 참여와 다르다는 사실이 중요하다. 미적 참여는 주체가 무언가를 의도하면서 성취하려는 참여가 아니기 때문이다. 주지하다시피 아도르노가 강조하는 미적 참여의 특징은 주관적 의도나 목적을 배제한 채 대상의 질적 특징을 좇는 경험 과정 자체에 있다. 이런 경험은 주체에게 인내를 요구하며, 무엇보다 "대상을 오랫동안 바라보는, 그리고 폭력 없는 시선" 속에서 이루어진다.[49] 나아가 이것은 비단 예술에서만이 아니라, 참된 인식[50], 그리고 올바른 실천을 위해서도 불가결한 계기라는 점에서 기초적이면서 포괄적이다.

미적 참여의 수동성에 관한 아도르노의 이런 생각은, 가다머가 흔히 관조적(kontemplativ) 태도로 특징지어지는 이론(theoria)의 의미를 고대 그리스로 소급하여 밝히는 곳에서도, 그리고 멘케가 가다머의 논의를 비판하면서 다시 이론으로부터 미적 참여로서 바라봄(Zuschauen, 주시)의 계기를 별도의 독자적 층위로 추출해 내는 곳에서도 공유되고 있으며, 이로써 다시 한 번 설득력을 얻는다.[51] 가다머는 이론이 테오로스(theoros), 즉 축제 사절단에 참여하는 사람에서 유래함을 지적한다. 테오로스는 바라보는 사람으로서 경축 행위에 참여한다. 마찬가지로 이론 역시 "한 사태에 몰두함으로써 자신의 원래 목적을 망각"하는 것이자, "행위가 아니라 감수하는 것, 즉 보이는 것에 마음을 빼앗겨 빠져 들어가는 것"이다.[52] 그러나 멘케의 타당한 지적처럼 이론은 그 이상의 것이다. 이론은 단지 그런 맹목적 바라봄만은 아니며, 바라본 것에 의미와 질서를 부여할 때 비로소 이론이 된다. 즉 이론은 "바라보는 행위에 자신을 내맡기고, 돌아와서, 본 것을 보고하는 과정 전체이다."[53] 가다머와 멘케가 공통적으로 지적하는 것은 이론의 불가결한 한 차원을 형성하는 바라봄이 주체의 자기 규정적 활동이 아니라 반대로 "보이는 것에 마음을 빼앗겨 빠져 들어가는" 수동적 태도라는 점이다. 이는 아도르노가 객체를 향한 자유에서 강조하는 핵심과 다르지 않다.

그러나 수동성은 아도르노 철학에서 미적 참여의 특성을 규정하는 최종적 어휘가 아니다. 미적 참여에서 나타나는 주체의 수동성은, 다시 이를 가능케 하는 자발성의 원천으로부터 해명되어야 하기 때문이다. 이때 미적 참여를 가능케 하는 자발성의 원천은 이성일 수 없다. 아도르노에게 그 원천은 목적과 의미를 정립하고서 이를 관철하며 실천하는, 그래서 주권적이고 지배적이며 의식적-의지적인 주체의 특성이 '아닌 것', 즉 이성보다 더 근본적인, 인간학적 차원에 놓인 힘이다. 이런 힘에 아도르노는 "충동(Impuls)"이란 이름을 부여하며, 혹은 그것의 실체화를 피하고자 "부가요인(Hinzutretende)"이라고도 부른다. 아도르노에 따르면 충동은 수동적이면서 자발적인 특성을 가지며, 이 두 특성은 서로 분리될 수 있는 속성이 아니다. 여기서 충동 개념에 대한 해명에 앞서, 충동의 특성을 설명하는 수동성-자발성의 개념적 연관을 먼저 살펴보자면, 그것은 다음과 같은 테제들로부터 구성된다. 첫째, 아도르노에 따르면 겉보기에 능동적인 모든 주관적 활동의 근저에는 수동성이 놓여 있다. "능동적인 것의 핵심 안에는 수동성이 숨겨져 있다."[54] 둘째, 다시 이 수동성은 자발성(Spontaneität)의 의미론적으로 본질적인 차원을 형성한다. 자발성은 한편으로 "행함, 산출함, 창조함의 능력"이면서 다른 한편 "비자의적(unwillkürlich)"인 능력, 곧 "각 개별자의 의식된 의지와 동일하지 않다"는 것을 뜻하기 때문이다.[55]

아도르노는 능동성에 대한 수동성의 우위, 그리고 수동성과 자발성의 개념적 연루를 칸트 인식론 해석에서 보여주는데, 이 해석은 그 자신의 충동 개념과 결코 무관하지 않다. 그에 따르면 칸트는 자발성이 의식적-능동적 활동과 동일하지 않음을 보여주었다는 점에서 탁월하다.[56] 잘 알려진 것처럼 칸트는 사유를 자발성(Spontaneität)이자 활동(Tätigkeit)으로 이해함으로써 이를 감성의 수용성과 대조한다. 더 정확히 말해, 그에게 자발성은 감성에 주어진 잡다들을 대상으로 범주적 활동을 하는 지성에 고유한 특성이다. 나아가 지성의 이런 활동을 통제하는 것이자 모든 종합의 최종적 근거로서 초월적 통각은 그 자신 순수 자발성으로서 이 모든 활동을 가능케 하는 것이다. 그런 한에서 그것은 "행함, 산출함, 창조함의 능력"이다. 그러나 동시에 그것은 정작 그 스스로는 어떤 식으로도 대상화되지도, 따라서 경험되지도 않은 채로 오직 모든 경험의 근거로서만 이야기될 수 있다. 그런 한에서 "각 개별자의 의식된 의지와 동일하지 않다". 초월적 통각은 내 모든 표상에 수반된다고 추론되는 것이며, 따라서 내 모든 표상은 그것에 귀속된다. 그것이 행하는 종합 활동은 의식 자신에게 의식되지 않은 채, 즉 어떤 의지의 개입도 필요 없이 자기 혼자 저절로 일어난다는 점에서 자발적임과 동시에, 내 표상이 그리로(만) 귀속되며 귀속되지 않을 수 없다는 점, 내 표상을 떠맡아야만 한다는 점에서 수동적이다. "한갓 귀속성을 통한 이런 규정과 더불어 ich denke는 그 자체로 이미 하나의 수동적인 것이 된다."[57] 또한 동시에 초월적 통각의 자발성은 홀로 자립한 채로 발휘되는 게 아니라 현상으로 구성될 근거인 물자체를 항상 필요로 한다. 그런 한에서 초월적 통각의 자발성은 물자체를 향한 수동성이기도 하다.[58]

칸트에게서 초월론적이라고 간주되는 그 층위에서 능동성과 수동성은 결코 작품의 외부건축물에 따라 기대되는 그런 방식, 행정적 방식으로 서로 분리되는 것이 아니다. 저 수동적 계기 뒤에는, 비록 칸트가 설명하진 않았지만, 겉보기에 독립적인 것, 즉 기원적 통각이 칸트 체계 안에서 경험 저편의 물자체로 날아가는 비규정적 객관과 같은 어떤 것에 의존해 있다는 사실이 숨겨져 있다. 사유가 그 자체로, 자기 고유의 형상에 따라, 그 자신 사유 아닌 것에 결부되어 있지 않다면, 활동으로서 사유의 객관성도 전혀 가능하지 않을 것이다.[59]

이처럼 자발성 개념은 능동성과 수동성을 불가분의 관계로 연결한다.

아도르노는 자발성의 수동적-비자의적 차원을 강조함으로써, 자발성이 주체 자신의 의식과 의지의 통제 바깥에서 일어나는 일이고, 또 무엇보다 그것이 발휘되기 위한 토대로서 타자를 필요로 한다고 주장한다.

아도르노가 칸트의 초월적 통각의 특성을 통해 서술한 바는, 바로 그 자신의 충동 개념에 정확히 상응한다. 충동은 아도르노에 따르면 자발적이다. 충동은 우리 의식 경험 속에서 보면 그 자신 스스로 작용하는 것으로 나타나기 때문이다. 그것의 작용은 의식과 의지, 결국 이성의 배후에서 이루어진다. 비슷하게, 개개인의 의식과 의지로 환원되지 않는 근원적 성격 때문에 충동은 또한 비자의적이다. 그것은 통제되지 않기에 예측할 수 없고, 근절될 수도 없다. 또한 충동은 순응적인 특성을 갖는데, 이때의 순응은 협소한 의미 즉 자발성의 소멸과 유사한 의미가 아니라[60] 아도르노가 종종 언급하는 미메시스의 주된 특징이다. 충동이 순응적-미메시스적이라는 말은 그것의 작용이 홀로 자립적으로 이루어지는 것이 아니라 타자에 의해 자극받고 타자를 향해 실현되기 때문이다. 그러므로 충동은 자발적이면서 동시에 타자 의존적이다. 충동은 주체의 자기의식에 투명하지 않고 따라서 의지나 의식으로써 통제 및 조절될 수도 없다는 의미에서 의식 초과적인 힘이자, 타자와의 근원적 연관성을 형성하는 힘이다. 그것은 의식적 활동이 가능하기 위한 주체의 토대이자 원천이지만, 동시에 주체의 심층에 놓인 어두운 힘이기에 실체화하여 긍정적으로 규정할 수 없고, 반대로 맹목적이고 비규정적인 특성이 두드러진다.[61]

4. 미적 자유와 실천

1) 미학적-인간학적 힘으로서 충동과 그 부정성

앞에서는 객체를 향한 자유가 미적 참여를, 즉 대상을 향한 주체의 자기 상실을 의미한다는 사실, 그리고 그런 일을 가능하게 하는 원천이 충동이라는 사실이 논의되었다. 이때 충동은 의식 초과적이면서 객체 연관적인 힘이라는 특성을 갖는다. 그런데 충동이 그런 것이라면, 그것은 더 이상 일반적인 주체 개념의 틀 안에서 논의하기 어려워 보인다. 충동은 주체에 귀속되는 주체 이론적 개념이라기보다는, 주체 이전적 인간에 귀속되는 인간학적 개념으로 보는 것이 더욱 적절하지 않을까? 왜냐하면 충동은 주체가 객체에 의해 압도되어 스스로를 망각하게 되는 순간을 만들 때 작동하고 있는 힘인데,[62] 그렇다면 그때 객체는 더 이상 객체가 아니고 마찬가지로 주체도 더 이상 주체라고 말하기 어렵기 때문이다. 충동은 주체를 주체 이전적 순간으로 되돌린다. 여기에는 아도르노의 계보학적 논리가 작용한다. 그는 정신의 기원이 충동이라고, 즉 "모든 정신적인 것은 수정된 육체적 충동"이며 반대로 "충동은 정신의 예비형태"[63]라고 말하기 때문이다. 이 구절에 덧붙여 그는 정신과 육체의 차이가 그 자체 역사적 성취인 정신의 자기의식을 통해 사후적으로 정립된 것이며, 양자 사이에는 질적 차이가 있지만 동시에 역사적 연속성이 존재한다고 말한다. 즉 그가 정신에서 충동으로 소급하는 것은 정신의 계보학적 자기반성 논리에 따른 일이다.[64] 이런 관점에서 본다면, 충동에 관한 본격적인 논의의 장은 정신을 통해 자기 정립하는 주체의 이론으로부터, 그러한 정립의 실질적 토대이자 주체의 기원에 대한 논의인 인간학으로 이행해야 한다. 이때 아도르노의 충동 개념은 멘케가 미학적-인간학적 개념으로 제시한 힘(Kraft) 개념과 본질적인 연관성을 상당한 정도로 공유하고 있기 때문에, 우리는 우선 힘에 대한 멘케의 규정을 참고할 필요가 있다.

멘케에게 힘은 능력(Vermögen)과 다른 개념으로서, 그는 이 개념적 구분에 의거하여 근대 독일 미학사를 바움가르텐의 "능력의 미학" 계열과 헤르더의 "힘의 미학" 계열로 양분하여 파악한다. 예술 활동은 원칙의 실현 속에서 이루어지는데, 능력의 미학과 힘의 미학은 그 실현에 대한 상반된 두 이해 방식을 각각 반영한다. 우선 능력의 미학은 예술을 감각적 인식과 묘사에 대한 능력의 행사로 이해하며, 이 능력은 주체가 반복적 연습과 학습, 훈련을 통해 습득한 것이다. 주체는 이 능력을 통해 하나의 행위를 성취할 수 있다. 아리스토텔레스의 시학 전통으로까지 소급되는 이 관점에서 보면, 예술은 능력을 통해 이루어지는 하나의 사회적 실천이다. 반면 힘의 미학은 예술을 무의식적으로 실현되는 힘들의 표현으로, 따라서 실천의 타자로 파악한다. 힘은 스스로 작동하며 의식적으로 통제되지 않는 것이기에, 그 담지자는 주체가 아니라 주체화되기 이전의 인간에게 일종의 본성으로서 귀속되어 있다. 또한 같은 이유에서 힘은 능력과 달리 성공을 겨냥하여 행사되는 것이 아니고, 따라서 성공의 척도도 갖지 않는다. 능력이 목적, 법칙, 규범에 따라 제작하는 활동을 설명하는 개념이라면, 힘은 그것들에서 벗어난 유희이며, 유희 속에서 스스로 미처 의도하지 못했던 어떤 것을 창조해낸다.[65] 두 계열의 미학에 대한 멘케 자신의 입장은, 힘은 능력의 타자이면서 동시에 근거이기 때문에 궁극적으로 예술은 능력과 힘 중 하나만으로는 설명될 수 없고 양자 사이를 오가는 차이의 운동으로 이해되어야 한다는 것이다. 따라서 능력과 힘은 주체를 구성하는 내적 차이와 긴장을 드러낸다는 점에서 양자택일적 관계 속에 놓인 개념들이 아니라 함께 고려되어야 하는 개념들이다. 그러나 멘케에게 미적인 것의 고유성을 드러내는 것은 힘 개념이다.

이상과 같이 실천적 능력으로부터 구분되는 맹목적인 힘의 실현은 이미 아도르노의 미학에서도 주목되고 있다. 실천이 주체가 의도한 바의 객관화이자 자기 규정적 활동이라고 한다면, 아도르노에 따르면 예술은 "우리 자신도 무엇인지 모르는 것을 만들어내는 것"[66]이고, 이것이 예술에 고유한 역설이다. 이때 아도르노도 예술에서 작용하고 있는 인간의 미학적 힘 혹은 충동에 관해 생각하고 있다. 아도르노는 이런 산출적 힘이나 충동을 "맹목적인 것", "비자의적인 것", "표현"적 계기 등으로 기술하는데[67] 이 모든 개념적 표현들은 결국 미메시스적인 것, 따라서 합리성 이전적인 것과 관련되는 것으로, 여기에 구성적-형식적 계기, 결국에는 합리적 계기, 혹은 예술가의 "자의"[68]가 함께 작용함으로써 예술작품이 산출된다. 아도르노는 표면적으로 충동 연관적 계기와 합리성 연관적 계기가 서로 팽팽히 대립하고 긴장하는 듯이 서술하지만, 그가 강조하는 미적 차원의 핵심인 수동성의 논리에 따르면 이 대립은 심층에서는 충동에 치우친 비대칭적 관계를 숨기고 있다. 이는 멘케가 힘을 능력의 타자이자 동시에 토대로 보는 것과 매우 유사한 논리이다. 충동도 이성의 타자지만 또한 토대로서, 이성은 상시 충동에 의존해 있다. 이런 이중의 관계로 인해 힘과 능력은, 그리고 충동과 이성은, 서로 매끄럽게 화합될 수 없고 갈등하면서도 서로 조건 짓고 지어지는 관계에 있다.

이런 비대칭성 속에서 미학적-인간학적 충동 개념을 이해할 때 그것의 부정성, 비규정성, 궁극적으로는 비실천성이 잘 드러난다. 이런 성격은, 충동이 그 자체로는 규범과 법칙, 목적 등 이성적이고 실천적인 것의 영역 너머에 있어 의식적으로 통제되지 않는다는 점에서 맹목적이고 유희적인 성격의 것이라는 사실에 기인한다. 충동은 비록 실천이 이루어지기 위해 반드시 필요한 구성적 요소지만, 또한 실천 이전적인 것으로서 충동은 맹목적이고 비생산적이기 때문에 원리적으로 언제든 저 실천적 요소들을 무시하고 파괴할 수도 있다는 가능성을 함축한다. 이처럼 이성의 통제에 완강히 저항하는 충동은 비규정적인 힘이자 부정의 힘이다.

끝으로 이런 사실은 아도르노의 자유론에 대해 통용되는 정식인 "자기 상실을 통한 자기 획득"을 재검토할 것을 요구한다. 이 정식은 비단 연구자들 사이에서만이 아니라 아도르노 자신에 의해 직접 말해진 바이다.[69] 무엇보다 이 정식은, 헤겔적 외화와 별반 다르지 않다는 그 자신의 자유 이해를 잘 표현한다. 그런데 여기서 강조되는 것이 자기 상실의 측면인지, 이를 통한 궁극적인 자기 획득의 측면인지는 결코 사소하지 않은 문제이다. 미학적-인간학적 관점에서의 해석이라면 전자가, 예술철학적-주체이론적 관점에서의 해석이라면 후자가 강조될 것이다. 그러나 후자의 관점은 자기 상실을 한낱 잠정적이고 수단적인 단계로, 자기획득을 상위의 목적으로 고정한다는 비판에 대해 스스로를 방어해야 할 것이다. 무엇보다 우리는 이 정식이 과연 아도르노 자신의 사유에 대한 일관성 있는 정식인지, 이 자유의 핵심인 충동의 부정성을 일관적으로 반영하고 있는지에 대해 비판적으로 검토할 필요가 있다. 객체를 향한 자유는 탈주체화의 경험을 계기로 삼는 것이 분명하나, 여기서 자기 회귀(자기 획득)는 결코 보장될 수 없는 성격의 것이기 때문이다. 그것은 오직 관념론적 논리를 통해서만 보장되거나, 아니면 예술 경험에서 개연적으로 가능할 것이다. 일반적인 경우 예술은 창작자 혹은 감상자의 실존을 위협하거나 파괴하지 않기 때문이다. 이와 달리 미학적-인간학적 근본 차원에서 말해지는 객체를 향한 자유에서는 부자유의 위험, 즉 속박과 영구적 자기 상실의 가능성을 근절할 수 없다.

2) 미적 자유와 실천의 관계

(1) 미적 자유의 비실천성

이제까지 객체를 향한 자유, 곧 미적 자유가, 다름 아닌 미학적-인간학적 충동의 자기 전개임에 관해 언급하였다. 그런데 충동은 긍정적 규정을 통해 실체화될 수 없다는 점이 아도르노 충동 개념의 핵심이라는 점은 우리의 논의를 한층 복잡하게 만든다. 충동은 이성에 의해 완전히 규정될 수 없다는 점, 곧 비규정성을 자신의 고유함으로 가지고 있다. 이성은 충동을 개념적으로 규정하려 시도하지만, 충동의 자발성이 함축하는 이성 초과적 성격은 이 시도를 원칙적 수준에서 이미 좌절시킨다. 충동의 실체화 불가능성은 이에 근거한다. 따라서 충동은 주체와 결코 무관한 것이 아니라 오히려 주체화의 토대에 있음에도 불구하고 그에게 낯선 힘으로 나타나며, 그것도 직접 홀로 나타나기보다는, 충동이 수반되어야만 이루어질 수 있는 실천 속에서, 그리고 실천과의 긴장 관계 속에서 나타난다.

충동이 실천에 대해 형성하는 긴장 관계는 아도르노의 행위 이론에서 가장 직접적으로 다루어진다.[70] 주체의 실천은 의도한 바의 성공을 겨냥하며 이루어지기 때문에 합리성이든 반성이든 이성 연관적 요소를 필수적 요소로 갖는다. 그러나 아도르노에 따르면 실천은 이런 요소만으로는 이루어지지 않고 반성의 타자인 충동 연관적 요소의 개입 속에서만 실현될 수 있다. "...진정한 실천에는 실제로 충분한 이론적 의식이 필요"하고, 또한 거기에는 "의식으로 해소되지 않는 또 다른 어떤 것, 육체적인 것, 이성과 매개되어 있지만 이성과는 질적으로 구분되는 것이 필요하다. 그 두 계기들은 결코 분리되어 경험되지 않는다."[71] 이처럼 반성과 충동은 모두 실천에 구성적이다. 이 말은 이것들 중 하나만으로는 실천이 이루어질 수 없다는 것을 뜻한다. 반성만으로는 현실에서 아무 일도 시작할 수 없고, 충동만으로는 그 특유의 맹목성으로 인해 목표를 그르칠 수밖에 없다는 것이다.[72] 아도르노 자신이 예시로 활용한 셰익스피어의 비극작품 「햄릿」에서,[73] 햄릿은 자신이 복수해야 할 클로디우스를 정작 죽여야 할 때 망설이고, 마침내 그가 복수를 실행하려는 순간 그의 칼은 엉뚱하게도 연인 오필리아의 부친 폴로니우스를 찌른다. 그런데 아도르노의 이러한 생각이 단순히 실천을 반성에 충동을 더하는 산술적 관계 속에서 설명하는 것으로 이해되어서는 안 된다. 그의 논리는 반대 방향으로 이해되어야 한다. 즉 그것은 어떤 실천이 이루어진다는 사실로부터, 그것을 가능케 하는 토대지만 그것의 성공 지향적 성격(또는 선)과 충돌하는, 주체의 의식과 비동일적인 계기가 있음을 회고적으로 추론하고 계보학적으로 상기하는 것으로 이해되어야 한다.

이처럼 충동은 실천적 주체의 관점에서 보면 무언가를 성공시키기보다는 그르칠 수 있다. 충동은 주체 자신을 포함한 모든 기존의 것에 변화를 가한다는 의미에서 창조적일 수는 있지만, 실천적으로 생산적이지는 않다.[74] 즉 충동 그 자체만으로는 주체 및 주체와 연루된 기존의 것들을 향해 어떤 실천적인 것도 낳지 못한다. 충동은 비실천적인 데에서 더 나아가, 원리적 수준에서 보면 반실천적이기조차 하다. 왜냐하면 충동은 주체 자신뿐만 아니라 주체가 세운 기존의 것들, 사회적이고 실천적인 것들에 따르지 않은 채 그 스스로 실현되려 하는 자발적 힘이기 때문이다. 충동은 어떤 긍정적인 것을 정립시키는 힘이 아니라 오히려 기존에 정립된 것들을 무차별적으로 유희적 관계로 가져감으로써 변형하고, 해체하며, 파괴하는 힘이다.[75] 그래서 충동은 부정의 힘이고, 충동의 자기 전개를 유일한 원리로 삼는 미적 자유는 비실천적, 혹은 나아가 반실천적이다. 이 점에서 아도르노는 충동을 직접적으로 실천의 원리로 삼는 모든 정치적 시도를 경계한다. 그런 시도는 현실적으로 공포정치로 이어질 뿐만 아니라 개념적으로 이미 문제이다. 가령 현실 정치의 원리를 상상력으로 대체하고자 했던 68혁명과 같은 낭만주의적 시도는 아도르노에게 실천이 아니고 맹목적 폭력과 다를 것이 없다.

(2) 실천의 구성적 차원으로서의 미적 자유

미적 자유가 그 비실천성에도 불구하고 사회적 실천에 대해 가질 수 있는 구성적 성격은 크게 두 가지 측면으로 나누어 볼 수 있다. 첫째, 미적 자유는 비실천적이기 때문에 실천적일 수 있다. 둘째, 미적 자유는 실천을 비로소 실천이게 한다. 이 두 테제는 실천에 대한 아도르노의 이중적 규정으로부터 비롯된다. 이 이중적 규정에 따르면 사회적 실천은 한편으로 잘못된, 가상적 실천이고, 다른 한편으로 잘못된 실천의 폐지이자 진정한 실천이다.

우선 첫 번째 테제와 관련해서는 실천과 노동의 연관성이 중요하다. 아도르노는 실천이 삶의 직접적 재생산을 위한 노동에서 발생했다고 주장한다.[76] 이는 서양 사상의 전통과 상응하지 않는다는 점에서 독특할 뿐 아니라, 그 내용의 과격함과 가치 함축적 성격으로 인해 문제적이기도 하지만, 어쨌든 아도르노 사유의 독특성을 드러내는 주장이다. 실천의 기원으로서 노동은 자기보존을 위한 자연지배를 본질로 하며, 오늘날까지도 실천은 그러한 본질에서 벗어나 있지 못하다. 따라서 충동이 기존의 사회적 실천에 대해 부정적이라는 사실은, 그것이 자연지배적 활동에 대해 부정적임을 뜻한다.[77] 따라서 실천에 대한 충동의 부정성은 충동의 무용성, 비생산성이다. 그런데 동시에 충동이 이처럼 무용하다는 사실, 자기보존을 위한 자연지배에 무용하다는 사실을 통해서, 충동은 그 자체로 사회의 지배적 실천 양식에 대해 저항적 성격을 갖게 되며 이로써 실천성을 함축하게 된다. 충동의 비실천성이 바로 그것을 독특한 방식으로 실천적이게 만드는 것이다.

둘째로 충동의 자기 전개 속에서 이루어지는 미적 자유는 실천에 무용하거나 비생산적이기만 한 것이 아니다. 그것이 이론적, 예술적, 행위적 실천에 삽입될 때 각각의 실천들을 각 영역에 고유한 방식으로 실현하여 결실을 낳을 수 있다. 혹은 미적 차원은 이론, 예술, 행위적 실천을 비로소 실천이게 한다. 진정한 실천을 성립시키는 계기는 충동이 실현하는 "객체 연관성(Objketbezogenheit)"[78]에 있기 때문이다. 실천은 "인간들을 그들의 폐쇄성으로부터 바깥으로 끌어 내어주는 것"[79]을 약속하기에 그 약속은 미적 자유 없이는 이행될 수 없다. 그 약속을 이행하지 못하는 실천은 타자와 단절한 폐쇄적 활동으로서 하나의 가상적인 것이 되고, "무개념적 운행(Betrieb)"[80]으로 타락한다. 아도르노는 당대의 정치적 대중 운동을 이렇게 이해한다.

아도르노는 현재의 잘못된 실천이 갖는 자연지배적 성격을 "동물적 진지함"에 불과한 것으로 보면서, 그러한 실천의 모습이 유희적 계기, 결국에는 충동, 미적 참여 등으로 표현되는 탈주체적 계기를 통해 해소될 수 있다고 말한다.[81] 이 계기에 대한 아도르노의 강조에는 타자성의 인정이라는 도덕적 의미만 있는 것은 아니다. 그에 따르면 진정한 경험이란 자기 동일성의 폐쇄적 영역 바깥으로 나아가 타자를 경험할 때라야 비로소 이루어지며, 그때 비로소 새로움이 산출될 수 있기 때문이다. 아도르노는 "참된 사상은 사태의 경험으로부터 부단히 갱신되어야만 한다"[82]고 말하는데, 이 말은 실천에 대해서도 그대로 유효하다. 낯선 것의 수용은 일차적으로 주체 자신을 변화시키며, 나아가 새로움의 원천이자, 사물화에 대항하는 유일한 계기이다. 아직 매우 추상적으로 들리지만 여기서 새로움이란 하늘에서 떨어지는 게 아니라, 기존의 것, 익숙한 것, 나아가 사물처럼 굳어진 관습적인 것에 대한 부정의 관계 속에서 형성되는 것이다. 기존의 것에 대한 부정 속에서, 그것이 이제껏 억압하고 은폐하고 있던 것이 드러남으로써 새로움이 나타나는 것이다. 그런 부정의 힘인 충동과 함께 미적 자유가 실현된다는 것은, 자신이 변형하고 해체시킬 기존의 것을 엄숙하거나 진지하지 않은 유희적 시선에서 바라본다는 것을 뜻한다. 즉 미적 자유는 기존의 것에 대해 거리를 두고 새롭게 바라봄이자, 익숙한 것을 낯설게 봄이다. 이렇게 하여 미적 자유의 충동은 새로움을 산출하는 힘으로 작동할 수 있다. 비록 미학적-인간학적 충동은 그 자체로는 어떤 긍정적인 것의 정립과 제도화로 이어질 수 없는 비실천적 힘이지만, 또한 사물화된 사회적 실천을 유희 속으로 용해시켜 새로운 것이 들어설 수 있도록 공간을 마련한다. 그래서 그것은 모든 사회적 실천, 특히 비판적 실천에 요구되는 새로움을 만들어내는 원천으로서 불가결하다. 충동과 미적 자유는 사회 세계의 병리인 사물화를 분쇄하는 계기로서 실천에 구성적이다.

5. 나가며: 지배 비판으로서 아도르노의 자유론

이상의 해석을 통해 아도르노의 "객체를 향한 자유"의 이론이 제도화될 수 있는 사회적 자유나 실천으로 직접 실현되는 자유가 아닌, 하나의 고유한 미학적-인간학적 차원을 형성한다는 사실이 보여졌다. 이 자유의 고유성은 실천에 대해서 자립해 있다는 의미에서가 아니라 독특한 긴장 관계를 형성한다는 의미에서 이해되어야 함도 확인되었다. 여기서는 이러한 자유론의 의의를 되짚어보며 마무리하고자 한다.

우선 앞에서 언급한 것처럼 아도르노는 지배의 위계를 뒤흔들고자 객체 중심의 자유론을 전개하였다. 그가 『계몽의 변증법』에서 자신의 유명한 오뒷세이아 해석에서 보여준 것처럼, 외적 자연에 대한 지배, 내적 자연에 대한 지배, 그리고 사회적 지배는 동시 발생적이고 상호 연루적이다. 이 관점에서 볼 때, 비판 이론이 사회적 해방의 이론이고자 한다면 자연 지배적 정신에 대한 비판이 필수적이다. 아도르노는 객체를 향한 자유에서 이 문제를 다루고자 했다. 정신과 자연의 화해는 양자의 근원적 연관성이 없다면 불가능할 것이기 때문에, 아도르노의 자유론은 이 근원적 차원을 겨냥하고 있다. 그러나 이 차원으로부터 곧장 실천으로 나아가는 길은 막혀 있다. 미적 자유와 실천 사이에는 긴장과 모순이 존재하기 때문이다.

둘째, 그러한 긴장과 모순은 아도르노의 사회 이해로부터 필연적이다. 그에 따르면 오늘날 우리가 살아가는 곳은 외화를 통한 자기실현을 불가능하게 만드는 속박과 부자유의 영역으로서 적대적 사회이다. 그곳은 헤겔이 말했던 "타자 속에서 자기 곁에 있음(Bei-sich-selbst-Sein im Anderen)"[83] 이 더 이상 가능하지 않은 곳이다. 사회적 자유가 어떤 것인지를 시사하는 헤겔의 이 표현은 타자들 속에서도 편안하고 익숙하게 느끼는 것을 뜻하는데,[84] 아도르노가 본 것과 같이 현대 사회가 적대적이라면, 그런 편안함과 익숙함은 더 이상 기대될 수 없기 때문이다. 아도르노는 반대로, 편안하고 익숙한 장소를 상실했다는 의식을 가질 것을 오늘날 하나의 윤리적 요구로서 제기한다. 이 사회 속 어디에서든, 자기 집에서조차 항상 "자기 집처럼 편안하게 느끼지 않는 것, 그것이 도덕이다(Es gehört zur Moral, nicht bei sich selber zu hause zu sein)"[85] 사회의 적대적 상태가 심화될수록 미적 자유와 실천의 모순은 더욱 첨예해질 것이다. 이제까지 해석해온 아도르노의 자유론은 이처럼 미적 자유가 직접 실천이 될 수 없는 사회 현실에 부응하며, 그럼에도 실천은 미적 자유를 계기로 흡수하며 이행되어야 할 것이다.

이상에서 살펴본 아도르노의 자유론에서는 주체의 역할이 거의 소멸되는 것처럼 보이기 때문에 통상적인 자유 관념을 고수하는 한 그것을 자유로 규정하기가 어렵게 느껴질 수도 있다. 그러나 아도르노가 말하는 미적 자유는 기존의 자폐적 상태로부터의 벗어남이라는 점에서도 자유이며, 굳어진 자기 지배의 관계를 유희의 역동적 관계로 해소한다는 점에서도 자유이다. 즉 객체를 향한 자유는 낯선 것에 대해 유연하고 수용적일 수 있는 자유로운 자기 관계를 강조한다. 물론 그것이 영구적 자기 상실과 자기 이탈일 가능성도 전혀 없지는 않다. 실천과의 대립 관계에도 불구하고, 객체와의 근본적 연관성이 실현되는 이 차원의 자유가 없다면 어떤 실천도 온전히 이루어질 수 없다는 점에서 객체를 향한 자유는 불가결하다. 아도르노의 미적 자유는 헤겔을 위시하여 이제까지 사회철학적 전통에서 생산되어 온 사회적 자유론에 대한 대안이 아니라, 그것의 도외시될 수 없는 보완물, 혹은 어떤 의미에서는 '타자이면서도 동시에 구성적인' 요소로 보아져야 할 것이다.

주

1 이 논문은 2021년 대한민국 교육부와 한국연구재단의 인문사회분야 신진연구자지원사업의 지원을 받아 수행된 연구임(NRF-2021S1A5A8068699).

2 이 논문은 프랑크푸르트학파 100주년 기념 연합학술대회(2023년 10월)에서 발표되었고 학술지 『철학』(제158집, 한국철학회, 2024년 2월)에 출간되었다.

3 이 표현은 아도르노의 저작 및 강의의 수많은 대목에서 등장한다. ND 84/ 108, 아도르노(2012) 179/ 121, ÄT 37/ 33, 아도르노(2014) 63/ 46 등을 참고할 것[이하의 인용에서는 국문 번역본을 참고했을 경우 이를 기준으로 하되, 원어의 표현을 보다 정확하게 살려서 강조할 필요가 있을 시 독어본을 참고하며 수정하였다. 쪽수는 " / "를 사용하여 국역본과 독어본의 순서로 표기한다].

4 특히 유래와 관련하여, 아도르노 자신은 "객체를 향한 자유"를 언급할 때면 늘 이 개념이 헤겔의 것이라고 말하곤 하지만, 막상 헤겔에게서 이 표현은 발견되지 않는다(아도르노(2014) 76(편집자주 102)/ 410-411(편집자주102)를 참고할 것). 헤겔 자신의 자유 개념이라고 말할 수 있는 "실체적" 자유나 "객관적" 자유 등도 일단 이것과는 거리가 있다. 뒤에서 언급되겠지만 아도르노의 이 발상 자체가 상당 부분 헤겔에게서(더 정확히는 그의 외화(Entäußerung) 개념에서) 영감 받았음을 염두에 두고 보면 그의 이런 착오도 어느 정도 이해할 만하다.

5 아도르노는 객체를 향한 자유를 외화로 설명한다(ÄT 37/ 33; WEA 735 등). 그러나 늘 그렇듯 아도르노는 헤겔의 통찰을 수용하되, 그 발상에서는 옳았던 헤겔의 통찰이 동일성 중심적이고 관념론적으로 전개됨으로써 왜곡되었다는 점을 비판한다. "비동일자는 경직화를 통해서가 아니라 외화를 통해 비로소 자체에 도달하게 된다. 헤겔 외화이론의 억압적 계기들을 받아들이지 않더라도 그에게서는 이 점을 배울 수 있다."(ND 241/ 165)

6 WEA 735.

7 ND 314/ 226.

8 Menke(2008) 및 Menke(2013)을 참고하였음.

9 ÄT 94/ 86. 참고로 이 논문에서 "미학적-인간학적인 것"과 "미적인 것(das Ästhetische)"은 같은 뜻으로 사용되는 개념들이며, 전자가 후자에 대한 보다 정확한 표현이다. 또한 "미적인 것"과 "미학적인 것"은 모두 본래 번역하기 어려운 독일어 "ästhetisch"를 맥락에 따라 자연스럽게 번역한 것으로, 이 논문에서는 이 두 표현을 혼용하고 있으며 이는 바움가르텐에게서 확인되는 이 단어의 기원적 의미(감성의 학으로서의 미학, 즉 광의의 미학)에 근거한다. 이 논문에서 중요한 개념적 구분은 오히려 광의의 "미(학)적인 것"과 제도적 의미가 강한 "예술(적)(Kunst, künstlich)" (또는 오늘날 예술철학과 흔히 동의어로 사용되는 협의의 미학) 사이의 구분이다. 예술은 광의의 미(학)적인 것을 계기로 삼으면서도 주관적 이성이 개입하는 복합적 활동이기 때문이다.

10 멘케가 실제로 아도르노와 매우 유사한 생각을 발전시키고 있다는 사실에 근거하여, 이 논문은 멘케로부터 크게 다음의 두 가지 발상을 수용하고 있다. 첫째, 멘케는 "미학적-인간학적 자유 없이 예술은 없지만, 예술은 단지 그것으로부터만 형성되는 것은 아니"라고 봄으로써 미학적-인간학적인 것과 예술을 구분한다(Menke(2013), 특히 156). 이는 아도르노가 미메시스적 태도와 예술을 구분하는 것과 매우 유사한 관점이다. 본문에서 말하는 아도르노 자

유론의 세 번째 의미는 이로부터 착안되었다. 둘째, 이 논문의 테제는 객체를 향한 자유가 충동으로부터 이루어지는 미적 참여로서의 자유이며 이 자유는 사회적으로 실천적인 자유와 긴장 관계에 있다는 것인데, 이 또한 멘케로부터 영향받은 발상이다. 멘케는 미적인 것과 실천적인 것의 해소 불가능한 긴장 관계를 고수하면서, 힘(Kraft)이 "주관성의 모든 사회적 형태로부터의 자유"라고, 즉 "생산적이거나 실천적이거나, 자본주의적이거나 비판적이지 않은" 자유와 관련된다고 말한다(Menke(2013), 14). 그런데 멘케의 이런 생각들은, 위의 인용문(각주5)에서 나타나듯이 합리주의적-주체 중심적 자유 이해의 지평을 극복하고 확장하려는 아도르노에게서도 이미 단초적으로 발견되는 것들이기도 하다. 또 뒤에서 살펴보겠지만 그의 힘 개념은 아도르노의 충동 개념과 본질적으로 매우 유사하다.

11 이 논문에서 전개될 탐구는 아도르노 자유론의 전부가 아니라, 궁극적으로 아도르노 사유에서 거의 공백과도 같은 사회적·정치적 실천과 관련된 자유를 윤곽 그리기 위한 하나의 준비 단계임을 미리 언급해 두고자 한다.

12 제2의 자연은 우선적으로 법제도 및 인륜성 등을 지시하는 헤겔의 법철학적 맥락이나, 자본주의적 생산 양식에 대한 헤겔 좌파 및 마르크스적 사회 비판의 맥락에서 활용된 개념이지만 예술 역시 이차적 직접성으로서 제2의 자연이다. Rath에 따르면 예술이 제2의 자연을 생산한다는 생각은 독일어권 내에서 칸트, 실러, 괴테, F. 슐레겔, 횔덜린, 셸링, 헤겔, 그리고 아도르노 등에 의해 공유된다(Rath(2007), 489-490).

13 Kant(2016), 59(433).

14 칸트(2009), 211(B29).

15 Schiller(1991), 75; 김주휘(2015)

16 실러에 대한 헤겔의 양면적 관계에 대한 상세한 설명은 서정혁(2012)을 참고할 것. 또 Menke(2018b)도 칸트-실러-헤겔의 관계를 다루고 있다.

17 자유에 대한 아도르노의 역사화는 헤겔적 자유 이해의 급진화이다. 아도르노는 자유의 역사적 형성에 관해서만 말할 뿐 아니라, 역사적 소멸 가능성에 관해서까지 말하기 때문이다. "칸트에게 자명했던 근세적 의미의 개인이 형성되기 전에[…] 혹은 헤겔적 '자의식'이 형성되기 전에, 현실적 자유든 당위적 자유든 자유에 관해 논하는 것은 시대착오적이다. 또한 이와 마찬가지로 자유는, 단지 풍부한 재화가 생산되는 사회적 조건 아래서만 온전하게 만들어질 터인데, 다시 완전하게 어쩌면 흔적도 없이 소멸될 수도 있을 것이다." (ND 303-304/ 218)

18 관련된 대목은 LGF 338 및 ND 309/ 222 등을 참고할 것.

19 "그럴 때에만 철학은 헤겔이 '객체에 대한 자유'라고 칭한 것을 되찾게 된다. 철학은 그러한 자유를 자유개념의 마법으로 인해, 의미를 설정하는 주체의 자율성이란 마법으로 인해 상실했던 것이다." (ND 84/ 38)

20 ND 308/ 221-222.

21 그러나 그의 "객체의 우위" 테제가 그렇듯 이러한 우위는 언제나 주체 자신, 정신 자신의 매개적 노력을 통해서 승인되는 것으로, 한갓 체념이나 후퇴가 아니다.

22 아도르노(2019) 134.

23 아도르노(2019) 190; ND 394-395/ 294도 참고할 것.

24 아도르노 자유론의 탈중심적 성격에 관해서는 정진범(2021)에서도 논의한 바 있다.

25 충동 중심성으로부터 출발하여 탈중심화, 탈지배화를 성취하는 아도르노의 전략은 이 논문의 후반부(4장)에서 미적 자유와 (진정한) 실천의 관계 문제로 재구성될 것이다.

26 ND 394/ 294에서 아도르노의 칸트 비판적 논조는 칸트가 자기도 모르게 진리를 포착했다는 듯한 긍정적 논조로 급변한다. "자유와 결정론의 모순은 이성비판이 스스로 이해하고 싶어하듯, 독단론과 회의론이라는 이론적 입장들 사이의 모순이 아니라, 때로는 자유롭고 때로는 부자유로운 주체들의 자기경험의 모순이다."

27 ND 102/ 53; 아도르노(2014) 287/ 190.

28 아도르노(2014) 272, 그 외 280-281(편집자주 407)/ 183 및 463-464(편집자주 407)도 함께 참고할 것.

29 이 정식과 관련해서는 Seel(2014)도 참고할 것. 상기한 맥락에서 자기 상실 외에 빈번히 사용되는 아도르노의 유사한 다른 표현들로 자기 망각, 혹은 헌신이나 몰두(Hingabe, sich hingeben), 침잠(Versinken) 등이 있다.

30 아도르노(2014) 63/ 46.

31 ÄT 37/ 33.

32 아도르노(2014) 63/ 46.

33 아도르노(2014) 282-305/ 186-200. 아도르노는 이런 소비적 태도를 일종의 소외로 본다. 그것은 세계를 그저 상품범주로만 경험하는 소비자로서의 인간의 태도이기 때문이다(특히 같은 책 286/ 189을 참고할 것).

34 아도르노(2014) 288/ 191.

35 아도르노(2014) 298/ 199.

36 그 외에 아도르노는 (대상에 의한) 압도됨(Überwältigtwerden), 자기 망각(Selbstvergessenheit), 주체의 말소(Auslöschung) 및 붕괴(zusammenstürzen) 등의 어휘를 사용한다(아도르노(2014) 295/ 197).

37 그러나 아도르노는 이것을 칸트의 무관심성과 구분한다(ÄT 29-30/ 27-28). 그에게는 칸트의 무관심성도 대상에 대한 향유적 태도를 숨기고 있다. 대상 안으로의 소멸해 가는 주체의 이념과 비교하면 무관심적 태도는 여전히 너무 주관주의적이다.

38 이런 발상은 언뜻 현상학과 유사하기도 하지만, 아도르노의 경우 이렇게 해서 드러나게 될 객체 그 자체의 모습은 객체의 순수한 본질이 아니라 역사적, 사회적으로 규정되어 있고 변화 가능한 모습이라는 점이 강조된다.

39 아도르노 철학에서 동일성과 친화성 개념에 관해서는 정진범(2016)을 참고할 것.

40 "사태 안으로 들어가고, [주체가 사태를] 함께 수행하며, 벤야민이 말하듯 '아우라를 숨쉬는 것'"(ÄT 409-410/ 국역본에는 수록되지 않음).

41 벤야민(2007), 109.

42 ÄT 263/ 249.

43 ÄT 188/ 178.

44 "미적 경험은 비자의적인 것 외에도 자의, 즉 의식적 집중을 필요로 한다. 이 모순을 제거할 수는 없다."(ÄT 118/ 109)

45 ApD 602.

46 아도르노(2014) 287/ 190. 아도르노는 이를 "두려움 없는 수동성(angstlose Passivität)"(SuO)으로 표현하기도 한다. 아도르노 자신은 이 발상("생산적 수동성 혹은 자발적 수용성")의 원천을 헤겔("사유의 태도로서 경험 개념, 특히 의식의 자기 경험으로 생각된 바")에게로 돌린다(아도르노(2015) 145/ 119; Seel(2014), 251-256, 특히 255, 각주25도 참고할 것).

47 아도르노(2014) 296/ 198.

48 자유는 자연 상태 위로의 고양이라는 근대 독일 사상의 근본 동기가 여기에서도 유효하다. 예술작품의 해방적 힘, 고양시키는 힘에 관해서, 그리고 미적 경험의 순간에 갖게 되는 한갓 현존에 대한 고양이나 초월의 감정("[jenes] Gefühl des Herausgehobenseins", "[das] der Transzendenz gegenüber dem bloßen Dasein")에 관해서는 아도르노(2014) 294-295/ 195-196을 참고할 것.

49 ApD 602. 그래서 대상을 향한 몰두나 참여는 대상을 좇으려는 집요함이나 고집스러움, 탐욕이어서는 안 된다. 이런 것들은 폭력적이다.

50 가령 다음의 구절이 그 예이다. "인식은 결실을 맺으려면, 돌려받을 기대 없이(á fond perdu) 대상들을 향해 몸을 던져야 한다."(ND 90/ 43)

51 가다머(2000), 224-225/ 129-130; Menke(2013), 119-128.

52 가다머(2000), 224-225/ 130. "Theoria ist wirkliche Teilnahme, kein Tun, sondern ein Erleiden (pathos), nämlich das hingerissene Eingenommensein vom Anblick."

53 Menke(2013), 122. 동시에 멘케는 바라봄과 보고함 사이의 불연속적 관계에도 주목한다. 우리는 멘케의 논의를 활용하여 예술도 비슷하게 '바라봄, 돌아옴, 본 것을 모방함'이라고 말할 수 있을 것이다.

54 ApD 601.

55 WF 230. 여기서 수동성과 비자의성은 다르다는 반박이 제기될 수도 있다. 그러나 적어도 아도르노 자신은 이 두 개념을 같은 의미로 보고 있다.

56 ApD 600.

57 ApD 600. 아도르노는 자발성과 수동성을 아주 분명하게 구분하지는 않는다. 위의 각주에서도 언급했듯이 종종 그는 자발성과 수동성, 비자의성 등의 개념을 교환 가능한 개념으로 사용하기도 한다. 그러므로 본문에서의 구분은 개념적 명확성을 위해 어느 정도 해석이 가해진 것이다.

58 ApD 601.

59 ApD 601.

60 아도르노는 순응(Anpassung, adjustment)의 개념을 그저 개별 인간의 자발성의 소멸로, 따라서 부정적으로만 이해하는 것이 자신을 포함한 유럽 지성인의 편협한 경향임에 대해 지적한다. 이 편협한 관점을 떠나, 순응은 오히려 헤겔이 본 인간화 및 문화화 과정의 본질인 외화와 연관지어 이해되어야 한다는 것이다(WEA 735).

61 이 단락에서 지적된 충동의 특성들은 정진범(2018), 특히 115-116에서 선행적으로 언급된 바 있다.

62 그리고 충동은 오직 그렇게만 나타나기 때문에 주체에 선행하여 미리 전제하는 방식으로 실체화하여 다룰 수 없다. 이것이 아도르노가 충동을 "부가요인"이라고 달리 일컬을 때의 핵심

이다.

63 ND 285/ 202.

64 이것은 DA 76/ 58에서도 등장하는 "주체 내 자연에 대한 상기(Eingedenken der Natur im Subjekt"의 동기이기도 하다.

65 특히 Menke(2013) 11-14를 참고할 것. 충동-힘-미적인 것에 대한 아도르노와 멘케의 이해 는 이 논문에서 언급된 것 이상으로 훨씬 더 많은 유사성을 갖는다. 그러나 여기서 이를 더 다룰 수는 없고, 다만 이 논문에서는 아도르노와 관련된 논의 전개 및 심화를 위해 멘케의 힘 개념을 참고적으로 도입할 뿐임을 언급해 둔다. 즉, 지금의 논의 수준에서는 멘케의 힘 개념 이 전제하는 미학사적 구분까지 함께 수용하여 아도르노의 미학을 헤르더 미학 계열로 편입 시키고자 하지 않는다. 굳이 말하자면 표현과 구성을 동시에 강조하는 아도르노의 미학은 멘 케가 구분한 두 계열 모두에 걸쳐 있다고 할 수 있다. 그리고 이렇게 본다면, 아도르노의 미 학이야말로 힘과 능력 사이의 차이의 공간에서 전개되는 인간 주체화 과정에 대한 탐구이자 예술의 가능성에 대한 탐구로서 멘케의 예술 이해에 상응한다. 멘케는 한 각주에서 아도르노 를 두고 길 잃은 예술, 즉 모든 법칙을 해체하여 더 이상 어떤 규범적 실천이 아니게 된 현대 예술의 상황을 반영한 최신의 이론가라고 적절히 평가한다(Menke(2013), 115, Anm.10). 이 에 따르면 우리는 아도르노에게 예술은 '실천에 반하는 실천'이라고 말할 수 있을 것이다.

66 "Dinge machen, von denen wir nicht wissen, was sie sind"(ÄT 185/ 174).

67 ÄT 185/ 174.

68 ÄT 185/ 174. "비자의적인 것 속에서의 자의성이 예술의 생명소이다." 바로 이어지는 대목에 서 아도르노는 형식에 대한 예술가의 감각을 "능력(Vermögen)"이라고 기술한다.

69 앞선 각주 26번을 참고할 것.

70 이 단락에서의 내용은 정진범(2018), 특히 111-117을 참고할 것.

71 ND 316/ 228.

72 아도르노(2019) 180-181; ND 315-316/ 227.

73 아도르노(2019) 180-181.

74 비슷하게 Menke도 힘("das Ästhetische")이 "해방적이며 변화를 야기하지만 실천적이지는 않 다 - "정치적"이지 않다"고 말한다(Menke(2013), 14). 또 그는 같은 맥락에서, "미적으로 자 유로운 사람은 실천적으로 자유롭지 않다."고도 말한다(Menke(2013), 156-157). 달리 말해, 힘의 유희에 내맡겨진 인간은 무언가를 성취시키지 못한다.

75 Menke의 "미학화(die Ästhetisierung)" 개념이 이러한 사태에 상응한다(Menke(2013), 111-131).

76 MTP 761-763.

77 ÄT 28-32/ 25-28. 또 아도르노는 ND(333/ 242)에서도 노동과 실천의 본질적 연관을 언급 하고 있다. 현재의 실천은 궁핍에서 초래되는, 허둥거리게 만드는 실천이라는 것이다.

78 MTP 759.

79 MTP 759.

80 ApD 603. 여기서 아도르노는 정확히 "관조적 계기 없이 실천은 무개념적 운행으로 타락한 다"고 말한다. 관조는 일차적으로 이론적 태도지만, "대상에 대한 폭력 없는 시선"으로서의

관조와 바라봄의 참여가 본질적으로 다르지 않다는 점에 대해서는 앞서 지적한 바 있다.

81 "실천의 모습은 동물적 진지함이고, 이것은 재능(Ingenium)이 실천으로부터 해방될 때 이완된다. 실러의 유희 이론이 의미한 바가 바로 이것이었다."(MTP 763) 아도르노는 기본적으로 실러의 유희 이론에 대해 비판적이다. 그것이 지향하는 조화, 대칭, 균형 등은 관념론적이거나 고전주의적 이상으로서 역사적인 한 시대인 부르주아적 이상이자 주관적 요구일 뿐이고 궁극적으로는 자연지배의 긍정이기 때문이다. 그러나 이런 구체적 비판에도 불구하고, 유희 개념은 반지배적이고 탈주관주의적이라는 점에서 해방적이다. 아도르노는 이상의 인용에서 이런 개념적 잠재력을 염두에 두고 있다고 해석할 수 있다. 실러의 유희 개념이 갖는 탈주체화의 가능성에 대해서는 정진범(2022), 특히 17-20을 참고할 것.

82 ApD 604.

83 Hegel(1986), 57 (§7, Zusatz).

84 이것은 헤겔의 정식에 대한 뉴하우저의 해석이다(Neuhouser(2020) 105; 강병호(2022) 232-233).

85 MM 60/ 41. 이 문장이 속한 아포리즘의 제목은 "노숙자 수용소(Asyl für Obdachlose)"이다.

참고문헌

• 약어로 표기된 아도르노의 일차문헌

[아도르노 전집은 *Gesammelte Schriften*. Hg. von Rolf Tiedemann, Frankfurt/ M.:
    Suhrkamp를 참고하였음. GS로 약칭하며 숫자로 권수 표기함]

ApD: "Anmerkungen zum philosophischen Denken" (GS 10.2: 599-607).

DA: 『계몽의 변증법』, 김유동 역. 서울: 문학과지성사 2001 (GS 3).

LGF: *Zur Lehre von der Geschichte und Freiheit* (Adorno, Nachgelassene Schriften)

MM: 『미니마 모랄리아』, 김유동 역. 서울: 길 2005 (GS 4).

MTP: "Marginalien zu Theorie und Praxis" (GS 10.2: 759-782).

ND: 『부정 변증법』, 홍승용 역. 서울: 한길사 1999 (GS 6).

SuO: "Subjekt und Objekt" (GS 10.2: 741-758).

WEA: "Wissenschaftliche Erfahrungen in Amerika" (GS 10.2).

WF: "Wörter aus der Fremde" (GS 11).

ÄT: 『미학 이론』, 홍승용 역. 서울: 문학과지성사 1997 (GS 7).

• 약어로 표기되지 않은 아도르노의 일차문헌

아도르노. 2012. 『부정 변증법 강의』, 이순예 역. 서울: 세창출판사 (*Vorlesungen über
    Negative Dialektik*. Hg. von Rolf Tiedemann. Frankfurt/ M.: Suhrkamp 2003).

아도르노. 2014. 『미학강의 I』, 문병호 역. 서울: 세창출판사 (*Ästhetik*. Hg. von Eberhard
    Ortland. Frankfurt/ M.: Suhrkamp 2009).

아도르노. 2015. 『변증법 입문』, 홍승용 역. 서울: 세창출판사 (*Einführung in die Dialek-
    tik*. Hg. von Christoph Ziermann. Berlin: Suhrkamp 2010).

아도르노. 2019. 『도덕철학의 문제』, 정진범 역. 서울: 세창출판사 (*Probleme der Moral-
    philosophie*. Hg. von Thomas Schröder. Frankfurt/ M.: Suhrkamp 1996).

• 기타 참고문헌

강병호. 2022. 「호네트의 사회적 자유 개념」. 『철학』 150집: 223-246.

김주휘. 2015. 「실러의 『칼리아스편지』와 『우미와 존엄』에서 미Schönheit의 이해와 미
    의 실현에 대한 요구」. 『철학연구』 136집: 139-169.

서정혁. 2012. 「헤겔의 실러 수용과 비판」. 『헤겔연구』 31집: 181-202.

정진범. 2016. 「아도르노 철학에서 정신의 두 가지 원칙들 – 동일성(Identität)과 친화성
    (Affinität)」. 『철학』 129집: 99-126.

정진범. 2018. 「충동과 저항. 아도르노의 유물론적 도덕철학에 대한 연구」. 『사회와 철
    학』 36집: 107-136.

정진범. 2022. 「실러의 유희충동(Spieltrieb): 미적 주체와 정치적 주체의 사이에서」. 『철
    학연구』 138집: 1-31.

가다머, 한스-게오르크. 2000. 『진리와 방법 I』, 이길우 외 역. 서울: 문학동네 (Gadamer,
    Hans-Georg. 1990. *Wahrheit und Methode*. Tübingen: J.C.B. Mohr).

벤야민, 발터. 2007. 『기술복제시대의 예술작품/ 사진의 작은 역사 외』, 최성만 역. 서울: 도서출판 길.

칸트, 임마누엘. 2009. 『판단력 비판』, 백종현 역. 서울: 아카넷.

Hegel, G.W.F.. 1986. *Grundlinien der Philosophie des Rechts*, in: Werke Bd.7. Frankfurt/ M.: Suhrkamp.

Hegel, G.W.F.. 1986. *Enzykopädie der Wissenschaften* Ⅲ, in: Werke Bd.10. Frankfurt/ M.: Suhrkamp.

Kant, Immanuel. 2016. *Grundlegung zur Metaphysik der Sitten*. Hg. von Bernd Kraft und Dieter Schöneker, Berlin: Felix Meiner Verlag.

Menke, Ch.. 2008. *Kraft. Ein Grundbegriff ästhetischer Anthropologie*. Frankfurt/ M.: Suhrkamp(멘케, 크리스토프. 2014. 『미학적 힘. 미학적 인간학의 근본 개념』, 김동규 역. 서울: 그린비).

Menke, Ch.. 2013. *Die Kraft der Kunst*. Berlin: Suhrkamp.

Menke, Ch.. 2018. *Autonomie und Befreiung*. Berlin: Suhrkamp.

Menke, Ch.. 2018a. "Autonomie und Befreiung", in: ders.(2018).

Menke, Ch.. 2018b. "Freiheit und Gesellschaft", in: ders.(2018).

Neuhouser, F.. 2000. *Foundations of Hegel's Social Theory: Actualizing Freedom*. Cambridge: Havard University Press.

Rath, N.. 2007. "Natur, zweite", in: *Historisches Wörterbuch der Philosophie* Bd.6. Basel: Schwabe-Verlag, 484-494.

Schiller, F.. 1991. *Über das Schöne und die Kunst: Schriften zur Ästhetik*. München: DTV Deutscher Taschenbuch.

Seel, M.. 2014. "Aktive Passivität", in: Aktive Passivität. Berlin: Fischer.

민주주의의 약속:
아도르노와 급진민주주의의 대화[*]

한 상 원

1. 들어가며

오늘날 우리의 세계에서 '민주주의의 위기'는 자명해 보인다. 샹탈 무
페는 포데모스의 창립자 이니고 에레혼(그는 이후 포데모스를 떠나 '더 많은
국가'라는 뜻의 Más País를 창설했다)과의 대담에서 이렇게 호소한 바 있다.
"1985년 우리[라클라우와 무페를 말한다—필자]는 '민주주의를 급진화해
야 한다'고 말했습니다. 지금 우리는 그것을 급진화하기 위해서 먼저 민주
주의를 복구해야 합니다. 과제는 훨씬 어려워졌습니다."[1] 민주주의가 처한
이 위기를 어떻게 진단하고 어떤 처방을 제시하는가에 따라, 이러한 '복
구'와 '급진화'의 방향은 사뭇 달라질 것이다. 이 글에서 내가 제안하고 싶
은 것은 민주주의의 위기 앞에서는 민주주의를 '완성'하려는 시도가 아니
라 '급진화'하려는 시도가 필요하다는 것이다.

그렇다면 급진민주주의란 무엇인가? 급진민주주의는 "민주적 정치적

* 이 글은 다음 논문을 수정하고 보완한 것이다. 한상원, 「민주주의의 약속: 아도르노와 급진민
주주의(무페, 발리바르)의 대화」, 『시대와 철학』 제35권 2호, 한국철학사상연구회, 2024.

경합(contestation)의 이론과 실천"으로 정의될 수 있다.[2] 이런 관점에서 민주주의는 갈등의 조정과 화해, 전문가들의 합의, 다수결과 중립화 등으로 요약될 수 없다. 오히려 민주주의는 민주주의 자체의 잠재력을 재창조하고 재정의하며 재배치하는 반대, 적대, 갈등, 투쟁 속에서 집단적 변혁의 과정으로 이해된다. 그렇다면 그러한 민주주의의 원동력은 무엇이며, 그러한 전환의 출발점은 어디일 것인가? 그것은 "민주주의의 약속"[3]이며, 그러한 약속이 이끌어낸 민주적 상상이다. 현대 정치는 일련의 민주주의 혁명을 통해 민주주의의 환원할 수 없는 약속에 대한 믿음을 만들어냈다. 오늘날 상식이 된 이 약속에 대한 우리의 상상은 약속이 이행되지 않는 상황에 대한 비판과 저항을 동시에 가능하게 하는 원동력으로 기능한다.

동시에 여기서 필자가 제기하고자 하는 물음은 이것이다. 우리는 과연 현재의 민주주의의 '위기'를 넘어서는 '완성된' 민주주의를 사유할 수 있는가? 필자는 그러한 민주주의의 '최종상태'에 대한 표상에 반대해야 함을 주장하려 한다. 우리는 분명 현재의 위기를 극복할 수 있는, 현재와 다른 방식의 사회와 그것을 달성하기 위한 정치의 개념을 발전시켜야 한다. 그러나 그러한 사유는 민주주의의 최종적 완성에 대한 표상을 넘어서야 한다. 이것은 오늘날 우리가 민주주의의 위기를 사유할 때, 푸코가 말한 "19~20세기를 계속 사로잡아온 혁명적 종말론"[4]을 넘어서야 함을 뜻한다. 이러한 종말론적 표상의 전통은 오늘날 급진적 정치철학의 일각에서 계속해서 제기되고 있다. 그러한 표상에서는 '진정한' 민주주의에서는 사회계급이나 시장, 화폐 등 경제적 범주들뿐만 아니라 국가, 주권, 법률, 대표 등 모든 정치적 제도들이 소멸할 것이라고 예언된다. 그런데 이러한 관념은 '종말 이후 이뤄질 완벽한 화해'라는 아우구스티누스 이래의 기독교적 역사 종말론의 서사와 유사하다.[5] 그리고 이러한 종말론적 정치관은 당면한 현실의 문제에 해결책을 제시할 수 있는 정치적 현실성을 갖기 어렵다. 왜냐면 그것은 이러한 최종적 구원을 성취할 수 있는 "혁명적 힘의 외재성이라는 신화"[6]에 사로잡혀 있기 때문이다.

　필자는 이러한 종말론적인, 나아가 신화적인 '최종상태로서의 민주주의'
에 대한 표상을 거부하면서도 현재의 위기를 넘어서기 위한 사유를 '내재
적 부정성'의 관점에서 모색해보려고 한다. 이 과정에서 필자는 아도르노
의 부정변증법에서 제시된 규정적 부정의 원리로부터 내재적 비판의 방
법론을 도출하며, 이것이 무페와 발리바르가 각기 다른 방식으로 정식화
한 급진민주주의 이론들에 대해 갖는 친화성을 이론화하고자 시도할 것이
다. 결국 이 세 명의 서로 다른 이론가들이 어떻게 각자의 위치에서 '긍정
적 이상의 수립'이 아닌 '내재적 부정성의 운동'이라는 관점에서 민주주의
의 급진화를 사유했는가가 이 글의 주된 관심사이며, 이를 통해 급진민주
주의의 사유를 철학적 부정사유의 맥락에 위치시키는 것이 이 글의 목표
가 될 것이다. 이러한 사유는 결국 정치를 부정성의 심급에서 이해하는 대
항정치의 관점으로 연결될 것이다.

2. 아도르노: 변증법적 부정성과 내재적 비판의 가능성

　먼저 우리는 아도르노에게서 내재적 부정성을 통한 사회의 자기비판이
라는 맥락에서 내재적 비판이 어떻게 이론화되는지 살펴보고자 한다. 부
정성에 관한 아도르노의 변증법적 이해방식 그리고 사회에 대한 내재적
비판은 많은 부분 헤겔에 빚지고 있다. 첫째로 아도르노는 규정적 부정의
원리를 헤겔을 통해 받아들인다. 스피노자의 '모든 규정은 부정이다(omnis
determinatio est negatio)'라는 명제를 차용해 헤겔은 다음과 같이 서술한다.
"진리 내에 있는 결과가 규정적 부정(bestimmte Negation)으로 파악될 때, 직
접적으로 이를 통해 새로운 형태가 발생하며 부정 속에서 이행이 이루어
진다."[7] 스피노자의 명제에서 보듯, 어떤 대상을 규정하는 것은 동시에 부
정하는 것이며, 이러한 맥락에서 부정은 긍정으로서의 규정을 낳는 힘이

다. 여기서 드러나듯, 변증법적 부정성은 생산적이고 구성적인 힘이다. 긍정의 정립은 부정을 통해서만 가능하며, 부정은 허무주의적인 의미에서의 '없음'이 아니라, 긍정을 도출하는 적극적이고 능동적인 역할로 기술되는 것이다.

아도르노 역시 헤겔이 제시한 규정적 부정의 원리를 비판적 철학의 방법에 적용하고자 한다. 그에 따르면, "방법으로서 변증법의 신경(Nerv)은 규정적 부정이다."[8] 그런데 헤겔에게서도 마찬가지이지만, 아도르노에게서 부정의 원리는 대상의 내적 변화와 연결되어 있다. 나의 규정이 내가 아닌 것과의 관계 속에 이뤄진다는 사실은 그러한 부정적인 관계맺기가 나 자신을 돌아보는 거울의 역할을 한다는 사실을 의미한다. 하나의 사회 역시 다름 아닌 자기 자신의 척도에 따라 자신을 돌아보는 자기반성의 과정 속에서 자기 자신과 비판적으로 관계할 수 있다. 그리고 그것은 사회가 자신의 척도에 따라 변화될 수 있는 가능성을 암시한다. 이런 맥락에서 규정적 부정의 과정은 이미 현재의 상태로부터 다른 상태로의 이행과 운동의 원리를 내포하고 있다. 이것이 사회에 대한 내재적 비판의 동학이다.

이러한 맥락에서 아도르노가 헤겔로부터 차용한 둘째 원리는 객관정신으로서 사회제도 그 자체 내에 이성의 진리요소가 깃들어 있다는 통찰이다. 국가를 "자기 내에서 이성적인 것(ein in sich Vernünftiges)"[9]으로 파악하고 현실과 화해하라는 그의 주장은 일견 현실을 무조건적으로 옹호하라는 보수적 요구로 보인다. 그러나 이것은 모든 사회의 현재 질서를 무비판적으로 긍정하고 순응하는 의미로서가 아니라, 모든 사회가 그것의 고유한 규범적 원리 위해서만 존립할 수 있다는 사실에 대한 지적으로 해석할 수 있다. 하나의 사회, 특히 근대 국가는 이성적 원리에 토대를 둔 규범적인 척도를 스스로 제시하며, 그것의 실현을 약속하면서 그 대가로 구성원들에게 의무를 강제한다. 만약 그렇다면, 이러한 규범적 원리가 실현되지 않거나, 복수의 규범적 원리들 사이에 모순이 생겨날 때 이를 내재적으로 비판할 수 있게 된다. 근대 사회에서 그러한 규범적 원리의 핵심에는 급진민주주의 이론가들이 우리의 정치적 일상을 조건짓는 민주적 상상력이라고 부른 것이 자리하고 있다. 그리고 그러한 규범적 원리로서의 민주적 상상력이 훼손될 때 현대 사회의 정당성을 위기에 처하고 비판과 저항에 직면한다. 이러한 방식으로 하나의 사회가 자신의 규범적 척도를 스스로 제시한다는 사실은, 다름 아닌 그러한 척도에 따라 사회에 대한 비판이 내재적으로 가능해진다는 사실을 의미하는 것이다.

지금 언급된 이 두 가지 요소(규정적 부정과 내재적 비판)를 사회비판에 대입했을 때 우리는 다음과 같은 통찰을 얻게 된다. 하나의 사회를 그것이 스스로 제시하는 규범적 원리의 관점에서 내재적으로 비판한다는 것은 동시에 그 사회가 스스로 수행하는 자기반성의 원리를 의미한다. 다만 이 자기반성을 이해하는 방식에서 헤겔과 아도르노는 차이를 갖는다. 헤겔은 이러한 규정적 부정의 원리가 궁극적인 최종적 목적을 향해 필연적으로 진행되는 과정이라고 보지만, 아도르노에게서는 그러한 궁극목적이 존재하지 않는다. 왜냐하면 그러한 궁극목적의 설정은 부정이 아닌 긍정을 선험적으로 전제하는 것으로서 정당화될 수 없으며, 나아가 그러한 섣부른 긍정의 설정이 자기 내로 모든 운동을 종합시킴으로서 현실의 다양성에 대해 폭력을 가하게 되기 때문이다. 따라서 아도르노는 헤겔로부터 수용한 내재적 비판의 원리에 유대교 메시아주의의 요소인 '우상금지원칙(Bilderverbot)'을 결합시킨다. 본래 신의 형상을 그리지 말라는 신학적 금언이었던 이 원칙은 유물론적으로 세속화되어, 유토피아의 청사진을 미리 그리지 말라는 격언으로 제시된다.[10] 규정적 부정은 중단 없이 지속되어야 하며, 이를 통해 "부정적인 것의 화해될 수 없는 힘"[11]이 드러나야 한다.

그러한 내재적 비판은 해당 사회가 지닌 내적 결함을 들추어내는 것만을 목표로 하는 것이 아니라, 이러한 결함과 모순을 극복하기 위한 실천적 변화의 필요성을 제시하는 것이기도 하다. 따라서 이러한 실천적 변화 속에 사회는 자신이 추구했던 원리를 실행하기 위해서라도 자신의 현재를 극복하지 않을 수 없다. 또 우리는 그러한 변화의 과정에서 애초에 자신이 담지했던 규범적 원리 자체가 변화될 가능성도 남겨놓아야 한다. 이처럼 내재적 부정성을 통한 변화의 과정은 동시에 내재적으로만 머물러 있는 것이 아니라, 자기초월의 과정으로 이어질 수 있다. 이러한 방식의 변화과 정을 '내재적 자기초월(immanente Selbsttranszendenz)'으로 부를 수 있다.

내재적 비판은 하나의 사회가 갖는 규범적 척도를 그것의 실재와 대면 시킴으로써 사회에 자기반성을 요청하는 이론적 비판이며, 그런 맥락에서 "내재적 비판은 결코 순수 논리적인 비판이기만 한 것이 아니라, 언제나 또한 내용적인 비판, 즉 개념과 사태의 대면이기도 하다."[12] 따라서 아도르 노에게 내재적 비판은 "학문적 의미에서의 비판과 메타학문적 의미에서 의 비판의 통일"[13]로 이해된다. 이러한 방식으로 내재적 비판은 현대사회 가 추구하는 민주주의의 원리로부터 출발해, 그 민주주의가 약속하는 바 를 이행하지 않는 현실에 대한 비판과 이를 통한 저항을 촉구함으로써 민 주주의를 급진화하는 정치적 실천으로 연결될 수 있다. 따라서 아도르노 가 헤겔을 급진적으로 독해하며 발전시킨 내재적 비판의 방법은 급진민주 주의 정치철학과 결합될 수 있다는 것이 필자의 해석이다.

아도르노와 급진민주주의와의 결합 가능성을 이해하기 위해서 제기되 는 또 하나의 쟁점이 있다. 그것은 아도르노가 사회적 총체성을 어떻게 이 해하는가와 관련이 있다. 그는 갈등을 중립적 개념으로 이해하고 조절가 능한 것으로 규정하는 실증주의 사회학을 비판하면서, "통합을 통해서 객 관적 적대가 사라지는 것은 아니다"라고 강조한다.[14] 적대는 사회적 총체 성과 분리되는 개념이 아니다. 오히려 사회는 총체적 통일성을 이루려는 그 자신의 노력으로 인해 적대에 봉착한다. "사회가 적대적 총체성을 향해 전개되는 것이 맞다면, 요즘 유행하는 말로 거의 모든 특수한 갈등은 그것 의 모상(模相)이다."[15] 사회적 총체성은 적대적 총체성이며, 따라서 결코 완성될 수 없고 봉합될 수 없는 총체성이다. 그것은 총체성을 수립하기 위한 노력의 일환으로 이질적인 것, 비동일성을 배제하려 하지만, 이러한 배제의 시도는 동시에 완성된 총체성을 불가능한 것으로 만든다. 왜냐하면 그러한 총체성은 언제나 자신이 아닌 것, 잔여물을 가정해야 하기 때문이다. "총체적인, 전적으로 사회화된 사회"는 동시에 "보편과 특수 사이의 일종의 부정적 동일성"을 강요하며,[16] 이 때문에 적대는 불가피하다. 이렇듯 사회를 불가피한 적대적 총체성의 장소로 바라보는 아도르노의 시각은 라클라우와 무페의 급진민주주의, 그리고 보편적인 것의 자기반성에 대한 발리바르의 강조점과 조우하게 된다.

3. 무페: 급진민주주의와 경합적 다원주의

1) 급진적 부정성

1985년 『헤게모니와 사회주의 전략』을 펴내 급진민주주의와 포스트-맑스주의라는 용어를 널리 확산시킨 라클라우와 무페는 급진적 부정성을 정치적 심급에 도입하려는 시도를 감행한다. 이들에 의해 도입되는 부정성은 "차이들의 긍정성에 단순히 대립하는 것이 아니라, 긍정적 차이들의 왕국 내에 거주하는 급진적 형태의 부정성"이며, 그것은 이러한 맥락에서 "사회의 완전한 긍정화의 불가능성의 원칙"으로 이해될 수 있다.[17] 달리 말해 여기서의 부정성이란 사회적인 것에 내재해 있는 부정성이면서, 사회의 긍정적 정립을 불가능하게 만드는 심급이라는 면에서 부정성의 급진적 형태다.

물론 여기서 부정성은 헤겔이나 아도르노와 같은 변증법적 사유전통에서 비롯한 것이 아니다. 그것은 변증법적 부정성보다 더 근원적인 존재론적 부정성의 논리를 지칭하며, 여기에는 존재론적인(ontologisch) 것과 존재적인(ontisch) 것을 구분한 하이데거의 사유전통에 라캉, 데리다 같은 후기 구조주의적 사유가 접합되어 고유한 성좌를 이루고 있다. 그러나 필자는 동시에 라클라우와 무페가 제시하는 급진적 부정성 개념이 아도르노와 두 가지 점에서 조우할 수 있다는 사실을 보여주고자 한다. 특히 필자는 첫째로 사회적인 것의 부정성의 심급을 도입하려는 시도가 사회적 총체성에 관한 아도르노의 이론과 갖는 친화성에 주목할 것이며, 둘째로 (자유)민주주의 제도들을 급진화하려는 이들의 전략이 아도르노의 내재적 비판의 이념과 어떻게 결합될 수 있는지 드러내고자 한다.

먼저 첫째 측면을 살펴보자. 라클라우와 무페는 접합의 헤게모니 논리를 통해 사회를 설명하기 위해, "부분적 과정의 근원적 총체성으로서의 '사회'"라는 개념을 기각해야 한다고 주장한다.[18] 이것은 사회적인 것을 존재의 구성적 토대이자 부정적 본질이라는 의미에서 개방적인 것으로 간주해야 하며, 사회적 질서를 궁극적으로 실패할 수밖에 없는 시도로 이해해야 함을 뜻한다. 달리 말해, 라클라우와 무페가 '사회적인 것'으로 부르는 장소는 어떤 본질적 속성으로 서술될 수 없는 불안정하고 비어 있는 공간이자 헤게모니적 접합을 통한 우연성의 논리가 이뤄지는 담론적 공간이다. 이러한 설명을 통해 라클라우와 무페는 헤겔적 변증법 이론이 가정하는 사회적 총체성을 거부한다. 나아가 이러한 관점은 사회를 개인의 삶을 조건짓는 객관적 실재로 묘사하는 아도르노의 사회이론과도 부합하지 않는다. 어떤 면에서 아도르노는 라클라우와 무페가 거부하는 맑스주의적인 본질주의적 사회관에 가깝다고 할 수 있다. 사회적인 것의 실재성과 그 구조적 강제력에 대한 강조 속에서 아도르노는 사회적 지배 논리가 갖는 총체적 성격을 기술한다. 그러나 아도르노는 결코 사회적 총체성을 긍정적, 유기적, 완정된 통일성으로 서술하지 않는다. 앞서 보았듯, 그것은 동시에 부정적 총체성이다. 동일성을 통해 조직화되는 총체성은 그 자체 내에 자신의 통일성을 불가능하게 만드는 요소인 비동일성을 내포하며, 따라서 사회적 총체성은 그것이 수립되면서 동시에 자기부정되는 역설에 놓인다. 지배관계로부터 발생하는 적대에 대한 이러한 설명은 라클라우와 무페가 제시하는 부정성의 역설적 논리와 매우 유사한 것이다.

　라클라우와 무페에게저 적대란 실체적으로 존재하는 것이 아니다. 그것은 담론적, 헤게모니적 실천 속에서 구성되는 것이며, 이 점에서 적대는 헤겔적 모순과 구분된다. 사회적 객관성과 총체성이 실패한다는 사실 그 자체에서 비롯하는 내적 결함의 논리가 적대의 출현을 조건짓는다. 사회는 불가능한 총체성을 구성하려는 시도 속에서 내적 결핍을 드러내며, 이 부정성은 담론적 실천 속에서 적대로 구성된 것이다. 따라서 적대는 객관적 관계를 의미하는 것이 아니라, "모든 객체성의 한계를 드러내는 관계"를 뜻하는 것이며, 이러한 적대는 "최종적 봉합의 불가능성의 증인"으로서 "사회적인 것의 한계에 대한 '경험'"이다.[19] 이러한 "봉합불가능한 공간으로서 사회적인 것의 개념"[20]에 상응하는 개념화는 아도르노에게서도 발견된다. 그의 '비동일성의 변증법'에서는 총체성을 구성하려는 사회적 동일성 논리가 갖는 근본적 한계와 실패가 적대를 창출하는 조건임을 드러낸다. 동일성과 비동일성 사이의 부정변증법적 접근방식은 긍정적이고 유기적인 총체성이라는 신화를 넘어, 사회적 총체성을 라클라우와 무페가 사용하는 부정성과 적대의 언어로 재구성하는 통찰과 연결가능하다. "사회가 주체들의 속박 속에서 재생산되는 총체성을 향해 더 많이 나아갈수록, 분리를 향한 경향 역시 심화된다."[21] 총체성의 관점에서 사회를 고찰한다는 면에서 아도르노는 분명 라클라우와 무페의 관점과 차이를 드러내지만, 그러한 총체성은 결코 조화롭고 연속적인 긍정적 총체성이 아니라, 내적으로 비동일성과의 모순 속에 적대관계를 내포하는 불연속적이고 부정적인 총체성이다. 사회를 '불가능한 객체'로 바라보는 라클라우와 무페의 관점은, 현대 사회를 '예정조화'가 아니라 "예정부조화의 체계(System prästabilierter Disharmonie)"[22]로 고찰하는 아도르노의 관점과 상통한다. 왜냐하면 라클라우와 무페에게서 우발성의 논리에 따른 적대는 모순의 필연적 전개와 지양의 과정을 밟지 않으며, 이들은 최종적 화해가 정해져 있다는 형이상학적 목적론, 그리고 최종단계에 도달할 수 있는 방법에 대한 '과학적' 예견은 신학적인 종말론적 예언과 닮아 있다고 폭로하기 때문이다. 라클라우와 무페는 최종상태에 대한 예언의 철학자들이 아니다. 헤게모니적 접합이 갖는 우발성을 강조하는 이들은 과학적 예언의 불가능성을 주장한다.[23] 목적론적 체계에 입각한 변증법적 유물론의 정식화에 대한 이러한 비판은 아도르노 역시 공유하는 것으로, 아도르노는 라클라우와 무페와 마찬가지로, 미래의 최종적 화해라는 유토피아적 청사진을 (앞서 보았듯, '우상금지'라는 또 다른 신학적 전통을 차용하여) 거부하며, 정치를 오로지 부정성의 심급 속에 이해하기 때문이다.

이러한 관점은 자연스럽게 『헤게모니와 사회주의 전략』의 저자들이 표방하는 급진적 부정성의 둘째 측면으로 이어진다. 라클라우와 무페는 이 저작을 통해 급진민주주의 정식화를 시도한다. 그에 따르면 '민주주의 혁명' 이후 사회적 상상력의 변화는 억압에 맞선 적대의 전선이 출현할 수 있는 조건을 형성했으며, 이것이 오늘날 정치적인 것의 조건을 이룬다. 다양한 형태로 출현하는 새로운 사회운동의 폭발성은 서로 분절된 계기들 속에서 각기 다른 방식으로 전개되는 것 같지만, 다양한 사회운동들이 지닌 공통적인 특징은 그것이 "민주주의 담론이 종속에 대한 상이한 저항의 형태들을 접합하는 것이 가능해지는 순간" 나타난다는 사실에 있다.[24] 이것은 200여년 전 자유, 평등이라는 민주주의 원리가 사회적 상상의 새로운 모체로 제시되고 결절점을 구성한 이후에야 비로소 가능한 것이었다. 저자들은 나아가 사회주의적 요구들 역시 이러한 민주주의 혁명에 내재한 계기로 이해해야 한다고 주장하며,[25] 이러한 맥락에서 오랫동안 사회주의 운동이 자명한 것으로 받아들였던 자코뱅식 혁명 개념, 즉 권력장악과 집중을 통한 최종적 일격에 의한 지배세력의 무력화라는 관념을 폐기해야 한다고 주장한다.[26] 이를 대체하는 모델은 그람시의 진지전으로서, 이 모델은 자코뱅 모델과 달리 혁명적 행위의 과정적 성격이 중시되고, 권력의 집중이 아닌 다원화의 의미를 받아들이고 있어서 저자들이 추구하는 급진민주주의에 부합한 것으로 제시된다.

이런 맥락에서 라클라우와 무페는 "민주주의 담론의 심오한 전복적 힘"이 존재한다고 주장한다. 그것은 평등과 자유의 상상력을 확산시켜 상이한 형태의 종속에 맞선 투쟁들이 폭발할 수 있는 촉매제의 역할을 한다.[27] 두 저자들이 "급진적이고 다원적인 민주주의"[28]라고 부르는 것은 이처럼 민주주의 혁명이라는 공통의 기원에서 출발하는 정치적 상상력의 확장을 통해 새로 등장하는 상이한 영역에서의 사회운동들이 헤게모니적으로 접합될 수 있는 메커니즘으로서 민주주의 일반을 재정의해야 함을 의미한다. 따라서 저자들은 오랫동안 사회주의자들이나 평등주의 진영으로부터 적대시되어 온 자유민주주의라는 기표 역시 거부할 것이 아니라 그것의 의미를 둘러싼 담론적 투쟁이 헤게모니적인 방식으로 발생할 수 있는 장을 이룬다는 통찰이 필요하다고 주장한다. 아도르노적인 맥락에서 내재적 비판에 근접하는 이러한 통찰은 무페가 독자적으로 전개하는 경합적 다원주의 개념에서 보다 분명히 드러난다.

2) 경합적 다원주의

1990년대 이후 소비에트연방의 해체와 자유주의의 최종승리는 자유주의의 전지구적 헤게모니의 상황을 연출했다. 이러한 상황에서 출간된 『정치적인 것의 귀환』, 『민주주의의 역설』, 그리고 비교적 최근에 출간된 『경합들』 등에서 무페가 주로 수행해온 것은 자유주의적 헤게모니에 대한 도전이다. 이 과정에서 그는 자유주의의 본질을 통찰하면서 이를 근본적으로 거부했던 칼 슈미트의 '정치적인 것' 개념을 차용한다. 그러나 무페의 이러한 자유주의 비판이 그녀가 자유주의를 '거부'했음을 의미하는 것은 아니다. 자유주의를 거부하게 되면 자유주의 이후 근대가 이룩한 다원성에 대한 믿음이 붕괴할 위험이 생긴다. 무페는 자유주의 내지 자유민주주의에 대한 내재적 비판에 착수한다. 그러한 비판은 자유주의와 민주주의가 지닌 대립적 논리의 역설적 통일을 위해 수립된 자유민주주 체제가 20세기 후반 합의 중심의 자유주의 헤게모니에 의해 지배되고 있다는 사실을 이해하고, 민주주의의 날개를 복원하여 자유민주주의가 지닌 역동성을 다시 이끌어내는 작업을 말한다. 이러한 맥락에서 무페는 일종의 '자유주의의 자기반성'을 촉구하면서 내재적 비판을 수용하고 있다고 말할 수 있다.

무페가 자유주의를 비판하는 근본적인 이유는, 그것이 적대의 종식과 최종적 합의의 가능성이라는 가상을 추구하기 때문에 적대의 출현가능성과 '정치적인 것'의 근본적 심급을 부정한다는 데에 있다. 무페가 보기에, 이것은 민주주의에 치명적인 결과를 낳는다. 여기서 무페는 칼 슈미트에게서 차용한 정치적인 것의 개념을, 적과 동지의 구별에 의한 적대의 발생과 이를 통해 타자성을 매개로 하는 집단적 동일시의 출현이 인간의 존재론적 조건이라는 맥락에서 이해한다. 따라서 정치적인 것은 특수한 영역만을 지칭하는 것이 아니라, 모든 인간 사회에 존재하는 불가피한 조건이다. 결국 이는 적대의 불가피성을 함축한다. 그리고 이를 부정하고 최종적 합의의 도달가능성에 천착하는 것이 자유주의 정치의 근본적 한계로 지적된다. 그러나 우리는 동시에 이러한 적대가 절멸적인 폭력적 충돌로 이어지지 않을 수 있는 길이 무엇인지에 관해서도 질문해야 한다. 이러한 질문에 대한 대답은 결국 자유주의에 의해 보편화된 다원주의를 받아들여야 한다는 것이다. 그렇다면 정치적인 것의 존재론적 차원을 인정하면서도 그것을 제도적 틀 속에서 받아들이고 다원주의와 공존하도록 만들어야 할 과제가 존재한다고 말할 수 있다.

무페는 이것을 적대(antagonism)의 승화로서 경합(agonism)의 정치라고 말한다. 그에 따르면, 이제 적대의 관건은 제거해야 할 개인이나 집단으로서 적(enemy)에 대한 투쟁이라는 극단성을 폐기하고, 나와 의견이 다르기 때문에 불가피하게 충돌하고 나와 대립하지만, 그러나 동시에 자유민주주의 제도의 틀 속에서 공존해야 할 반대자(adversary)라는 개념을 도입하는 것이다. 이를 통해 무폐는 정치적 적대와 갈등이 갖는 생산적인 힘을 보존하면서도, 그것의 폭력적 분출가능성과 거리를 두고 다원주의와 결합될 수 있는 형태의 경합적 갈등을 제시한다. 이처럼 적대가 극단적 폭력으로 전화되지 않는 조건들을 마련하는 데에서 무폐는 자유민주주의 제도의 힘을 발견한다. "자유민주주의의 거대한 힘은, 슈미트에게는 미안하지만, 간략히 말해 그것이, 적절히 이해된다면, 적대감의 요소를 그것의 잠재력이 완화되는 방식으로 주조해낼 수 있는 제도들을 제공한다는 것이다."[29]

그러나 동시에 무폐는 이러한 자유민주주의의 제도적 힘이 오늘날 고갈되고 있으며, 정치적 위기가 가속화되고 있다고 지적한다. 그러한 위기는 자유민주주의의 한 축을 이루는 자유주의가 과도한 헤게모니를 얻게 되었으며, 반대 축인 민주주의가 소멸하고 있기 때문에 발생한다. 자유주의는 적대의 불가피성을 인정하지 않고 합의를 통한 갈등의 종식을 추구한다. 그러다보니 자유주의는 현실에 존재하는 권력 관계들과 사회에서 이 관계들이 차지하는 구성적 역할을 머리에서 지워버린다. 자유주의가 상정하는 갈등은 정치적 적대나 경합이 아니라 경제적 이익추구 과정에서의 경쟁으로 축소되며, 이는 대화를 통해 조절될 수 있다고 간주된다. 결국 민주주의는 주장을 교환하고 타협을 협상하는 엘리트들의 조정무대로 축소된다.[30]

이러한 자유주의적 헤게모니의 시대에 민주주의가 상정하는 평등의 논리는 소멸되고, 민주주의의 핵심인 인민주권은 주체적 성격을 상실한 채 정치적 결정을 위한 절차적 정당성으로 축소된다. 정치는 사법적 판단이나 권리들의 체계로 이해되며, 근본적인 적대의 심급이라는 정치적인 것의 관점은 배제된다. 경쟁하는 당파들의 합의가 강조되면서, 전통적인 정치적 좌우파 세력의 차이는 '중도적 합의'라는 이름으로 지워져버렸으며, 양자는 모두 자유주의의 헤게모니와 신자유주의 정책들을 받아들였다. 이것은 오늘날 민주주의의 위기가 초래되는 근본적 원인이다. 그러나 앞서 언급했듯이 무페가 추구하는 급진민주주의는 자유주의 그 자체를 반대하는 것이 아니다. 오히려 이런 비판을 통해 무페가 추구하는 것은 자유주의와 민주주의 사이의 새로운 헤게모니 접합을 이루려고 민주주의를 확대하려는 시도로 이해된다.

이러한 무페의 관점은 상이한 각도에서 해석되곤 한다. 예컨대 무페의 경합적 다원주의를 '갈등적 자유주의'의 관점에서 해석하려는 시도가 존재하며, 이러한 관점에서는 의견과 가치의 다양성을 보장하는 자유민주주의 제도들을 존중하지만 그것이 갈등을 제도화할 수 있도록 더 확산되어야 한다는 무페의 관점이 조명된다. 그에 따르면 무페는 자유주의적인 '소극적 자유'를 지지하며, 다만 이를 정치적 참여를 통해 보장하려는 전략을 택한다.[31]

반면 최근 무페가 택한 좌파 포퓰리즘론에서는 자유주의적인 합의의 정치에 대한 비판이 훨씬 더 강조되고, 자유주의에 의한 인민주권의 소멸과정을 넘어서기 위한 민주주의적 주체화 과정과 이를 촉진할 정서적 공통성의 창출이라는 과제가 훨씬 더 과감하게 제기되는 것을 알 수 있다. 나아가 무페는 이를 통해 권리들의 총합으로서의 자유주의적 정치 개념을 넘어서, 인민과 과두제 사이의 적대를 통해 인민을 주체로 호명하는 포퓰리즘 정치에 대한 밑그림을 그려내고 있다. 그럼에도 이러한 좌파 포퓰리즘론에서조차 무페는 자유민주주의 제도 그 자체를 반대한다고 결코 말하지 않는다. 오히려 무페는 "민주적 전통의 상징적 자원들을 동원하는 내재적 비판"을 강조하면서, 자유민주주의 이념적 원리로부터 내재적으로 형성되는 실천적 부정성을 강조한다.[32] 또 포퓰리즘 정치를 직접민주주의와 혼동하는 관점을 겨냥해 무페는 "대표 없는 민주주의는 존재할 수 없다"

고 단언하는데, 이는 정치적 실천들의 주체들이 본질주의적 방식으로 이미 존재하는 것이 아니라 담론적 구성의 산물이라는 관점에 따른 것으로, 결국 "정치적 주체들은 이미 존재하는 것이 아니라, 대표화 과정을 통해 창출된다"는 관점으로 이어진다.[33] 무폐에 따르면 직접민주주의는 갈등 없는 인민의 합의 가능성을 전제하며, 이런 의미에서 자유주의와 마찬가지로 '정치적인 것'의 차원을 배제할 뿐만 아니라, 실체적 인민의 동질성을 추구한다는 점에서 권위주의적이기까지 하다. 이러한 비판은 미국의 월가 시위나 스페인의 M15 시위 등 2010년대 초반 출현했던 점거운동들이 갖는 한계에 대한 비판으로 이어진다. 무폐는 제도화에 관한 논의를 거부하는 '순수한' 사회운동을 비판하면서, 권력과 제도에 관한 물음을 배제한 이러한 운동들이 결국 성과를 확산시키지 못하고 사그라졌다는 사실을 지적한다.[34] 결국 무폐가 보기에 민주적 제도들은 경합적 다원주의를 실현하기 위한 필수적 장치이며, 헤게모니 갈등과 대항헤게모니가 형성되기 위한 장을 이룬다.[35]

그러나 무폐는 사회운동의 에너지가 제도화되는 맥락과 제도들 내에서 경합들이 조직화되는 방식을 구체화시키지는 못했다는 지적 역시 받는다.[36] 나아가 이러한 비판은 제도로 환원되지 않는 제도 외부에서의 투쟁의 폭발 혹은 봉기가 사회 변화에 기여해왔던 무시할 수 없는 측면에 대해서 무폐의 경합적 다원주의 이론이—이전의 헤게모니 접합을 통한 급진민주주의 기획 단계에서와 달리—거의 언급하지 않고 있는 것은 아닌가 하는 물음으로 연결된다.[37] 결국 해방적인 봉기와 그것의 시민적 제도화 사이의 변증법적 관계, 곧 양자가 서로 배타적이지만 동시에 서로를 요청하는 필연적인 관계에 관한 진전된 사유가 필요한 것은 아닌가? 이러한 변증법적 짜임관계는 발리바르에게서 보다 명확하게 이론화되는 것으로 보인다.

4. 발리바르: 내재적 부정성과 해방적 정치

1) 민주주의의 이념과 현실: 내재적 비판

에티엔 발리바르는 오늘날 우리가 마주하는 민주주의의 위기가 드러나는 지점을 민주주의가 스스로 선언한 원칙들과 그에 대립하는 현실 사이의 괴리에서 발견한다. 즉 그는 "대부분의 현대 사회들에서 민주주의를 정초하는 원리들로 선언된 민주적 이념들과, 차별, 불평등 그리고 배제라는 무거운 현실 사이의 모순"[38]을 이론화하며, 이런 관점에서 이러한 민주적 이념들에 대한 내재적 비판을 도출한다. 그런데 발리바르는 이러한 이념과 현실 사이의 괴리는 전통적으로 대부분의 사회에서 발견될 수 있는 것이었던 데 반해, 현대 사회에서는 이러한 괴리가 모순으로, 즉 현실을 움직이는 부정성의 원동력이 된다는 사실을 지적한다. 달리 말해, 이러한 모순적 현실 혹은 '대립물의 통일'로부터 현실적 제도들 속에 해방적 이념을 기입하기 위한 정치적 담론이 출현할 수 있는 가능성이 언제나 존재한다. 따라서 발리바르는 "모순을 극단에까지 밀고 가기"를 추구하여 자유주의 담론 내에 존재하는 이율배반을 그대로 드러내며, 이를 통해 하나의 보편성에 내재한 양면성을 폭로해야 한다고 주장한다.[39]

민주주의를 그것의 불가피한 자기모순의 관점에서 사고하는 발리바르의 관점은 정치의 자율성이 부정성과 맺는 관계에 관한 통찰로 이어진다. 발리바르에 따르면, 정치는 각 개인들이 서로에 대해 권리를 인정하며 이를 통해 인민이 스스로 구성된다는 의미에서 '자기결정'이라는 민주적 원리에 입각한 자율성을 지닌다. 그러나 이러한 자기결정을 수행할 인민으로서의 집합적 주체는 결국 '특정한' 집합으로 제한될 수밖에 없으며, 이 때문에 시민권을 근거로 정초되는 정치공동체는 해방과 함께 배제의 논리를 내포할 수밖에 없다. 이러한 배제는 정치공동체의 안과 밖에 대한 구별에서 이뤄질 수도 있으며, 구성원 내부에서도 다양한 인간학적 차이들을 근거로 이루어질 수 있다. 결국 정치공동체를 이루는 집합적 주체로서 인민이란 정치공동체의 형성을 위해 불가피하지만, 그것은 동시에 완전하고 고유한 형태에서는 불가능한 존재라는 이중성을 갖는다. 보편적 인민이란 사실 성립 불가능한 개념이다.

그러나 그렇다고 해서 그러한 보편적 인민이라는 개념과 그것이 담지하는 자유와 평등의 이상이 공문구에 불과한 것은 아니다. 왜냐하면 시민권이라는 이름으로 성립된 인민의 사회적, 정치적 권리들은 이러한 배제가 정치공동체의 근본적 원리와 불일치하다는 사실을 일깨워줌으로써, 시민권으로부터 부정된, 인민의 집합으로부터 배제된 자들의 자기해방을 위한 실천의 도출을 가능하게 하기 때문이다. 프롤레타리아, 여성, 유색인종들의 투쟁은 이러한 역사를 보여준다. 발리바르는 이를 다음과 같이 명료하게 정식화한다. "이러한 사례들이 보여주는 것은, 현실에서 해방의 전 역사는 알려지지 않은 권리들을 요구하는 역사가 아니라, 이미 선언된 권리들을 향유하기 위한 진정한 투쟁의 역사라는 사실이다."[40] 물론 지적되어야 할 사실은 이러한 언급이 단지 기원적인 권리들로의 회귀를 뜻하는 것이 아니라, 새로운 정치의 재발명과 재창조를 함축하는 과정이라는 사실이다.

배제된 자들은 한편으로 부정당한 존재, 그 자체로 부정성을 구현하는 계급 또는 집단이다. 동시에 그들은 그러한 부정성으로서 동시에 보편성의 실현과 확장을 요청하며, 실질적 변화를 추동한다는 점에서 부정적 보편성을 구현한다. 그런데 발리바르가 보기에, 정치의 자율성이란 이러한 부정성, 무의 심급을 통한 해방의 과정에 다름 아니다. "정치의 자율성이 우선적으로 자신을 부정으로 제시"하는 과정을 거쳐야만 정치는 "부정의 부정"이라는 맥락에서 보편적인 것, 절대적인 것으로 자신을 제시할 수 있게 된다.[41] 그러나 이러한 부정의 과정이 가능한 이유는 정치가 언제나 기존의 정치적 이념을 준거로 하여 그것에 대한 내재적 비판으로서 해방적 실천을 담지하기 때문이다. 따라서 고전적인 맑스주의적 이데올로기론은 다음과 같이 정정되어야 한다.

기성 질서에 의한 지배는, 맑스가 헤겔에 뒤이어 주장한 것처럼, 지배적 원칙들의 이데올로기적 보편화에 의존하는 것이 아니다. 오히려, 맑스가 생각한 것과 반대로, '지배적인 관념들'은 '지배계급'의 관념이 될 수 없다. 이 관념들은 '피지배자들'의 관념, 인정과 평등한 역량에 대한 그들의 이론적 권리를 진술하는 관념이 되어야 한다. 더 간명하게 말하자면, 헤게모니적인 지배의 담론은, 사실상의 지배에 대항해서 권리상의 평등에 호소하는 것을 가능하게 해주는 것이어야 한다.[42]

오늘날 지배적인 관념은 피지배계급에게 주입된 지배계급의 관념이 아니라, 오로지 헤게모니적인 방식으로, 즉 그것을 통해 지배계급의 통치원리뿐만 아니라 피지배계급이 동의할 수 있는 해방적이면서 평등한 권리들이 표현될 수 있는 방식으로 기능할 수 있다. 이 때문에 해방적인 정치적 실천은 이러한 지배적 관념들, 곧 기존의 사회적 규범들이 내포하고 있는 민주적 이상들에 대한 내재적 비판으로서만 대항적 헤게모니를 구축할 수 있다. 때문에 정치적 자율성은 동시에 내재적 부정성으로 표현된다.

2) 봉기와 헌정의 변증법

동시에 이러한 부정성은 "급진적 부정성의 형상"[43]으로 나타난다. 이것이 '급진적'인 이유는 그것이 모든 제도화의 원칙을 거부하기 때문이 아니다. 오히려 그것은 제도 내에 부정성을 기입하여 그 제도에 담긴 보편적 원리를 급진화한다는 이유에서 급진적 부정성이다. 그것의 구체적 형태는 발리바르가 "봉기와 헌정[구성]의 변증법(dialectic of insurrection and constitution)"[44]이라고 부르는 메커니즘을 통해 출현한다. 이는 봉기적 실천과 제도적 헌정 사이의 관계가 상호 대립하면서 동시에 통일되어 있음을 보여주는 개념이다. 전자와 후자는 각각 (시에예스가 상정한) 구성권력(constituent power)과 구성된 권력(constituted power)의 관계에 상응하며, 양자가 상호 대립하면서 동시에 통일되어 있다는 사실을 지적함으로써 발리바르는 첫째로 모든 헌정이 그 내부에 봉기적 기원을 갖는다는 사실을, 둘째로 이와 동시에 모든 봉기적 실천은 제도화되어야 한다는 사실을 주장한다. 이러한 논의를 통해 발리바르는 제헌권력(구성권력)만을 강조하면서 헌정을 통한 제도화 없는 적대적 실천만을 강조하는 반제도주의를 거부하며, 또 제정된 권력(구성된 권력)만을 강조하면서 헌정 제도가 갖는 봉기적 실천의 구성적 심급을 부인하는 헌정주의적 관점에 대해서도 반대하고 있다. 이러한 양극단의 관점과 달리, 정치는 언제나 "봉기의 정치와 구성의 정치"라는 두 이율배반적 정치 사이의 동요 속에 구성된다. 봉기의 정치란 "영구혁명의 정치", 아래로부터의 해방적 투쟁들 속에 나타나는 중단되지 않는 정치적 실천들의 연속적 계기이며, 헌정(구성)의 정치란 "제도적 질서로서 국가 정치"를 말하는 바, 양자는 모순적으로 동요하면서도 언제나 상호관계 속에 작동한다.[45]

그런데 현대 사회에서 이처럼 미완된 권리를 실현하기 위해 자신의 해방을 추구하는 아래로부터의 봉기가 등장하고 동시에 국가적 헌정 제도 속에 봉기의 내용들이 기입될 수 있는 근거는 무엇인가? 발리바르는 여기에는 프랑스 혁명이 제시한 이념적 원리인 '평등자유(égaliberté; equaliberty)'가 숨어 있다고 주장한다. 자유와 평등이 상호 대립하거나 경쟁적인 이념들이 아니라 사실은 서로 동일한 내용을 구현하고 있다는 주장을 담은 이 신조어를 통해 발리바르는 해방적인 정치의 표현이 어떻게 프랑스 혁명이라는 역사적 사건과, 그것이 제출한 '인간과 시민의 권리선언'이라는 텍스트와, 그러한 텍스트에 내재한 평등자유의 내용이라는 구체적인 역사적, 이념적 맥락을 근거로 가능한지 설명한다. 그런데 이를 설명하는 방식에서 발리바르는 다시 한번 급진적 부정성의 원리를 제시한다. 첫째로 평등자유는 (아리스토텔레스가 논박elenchos이라고 부르는 방식대로) '부정적'으로만 증명가능한 테제다. 어째서 자유와 평등이 동일시되는 것이 가능한지를 증명하기 위해서는 부정적 증명을 거쳐야 한다. 달리 말해, 자유를 억압하는 모든 정치체들은 동시에 불평등을 야기하며, 또 평등을 파괴하는 모든 정치체들은 동시에 부자유를 생산한다.[46]

둘째로, 평등자유 명제는 목적론적 규범이 아니다. 그것은 '언젠가' 달성되어야 할 최종적 상태의 내용을 지칭하는 것이 아니다. 평등자유 명제는 오히려 "부정적 보편성(negative universal)"을 구현하며, 그것이 실현되지 않는 현실에 대한 고발의 관점에서 사유되어야 한다. 즉 "평등자유의 부정적이고 미결정적 성격"은 "목적이나 이상적 최종상태"와 무관한 것이다.[47] 이것이 의미하는 바에 대해 크리스티안 보넨은 다음과 같이 말한다. "우리는 어떤 제도가 모두를 위한 자유와 평등을 완벽하게 실현할지 알지 못할지 모르지만, 이 둘 중 하나라도 억압되는 상황은 견딜 수 없다는 것에 대해서는 알고 있다."[48] 결국 우리가 알 수 있는 것은 어떤 일련의 제도들이 평등자유를 완벽하게 실현해줄 수 있는지가 아니라, 오로지 어떤 제도적 상황이 평등자유를 훼손하며 따라서 실천적으로 변혁되어야 하는가 하는 것이다. 이런 점에서 평등자유에 관한 발리바르의 반-목적론적 관점은 다음과 같은 규범적 부정주의에 관한 아도르노의 명제와 근본적 친화성을 갖는다.

우리는 절대적 선이 무엇인지, 절대적 규범이 무엇인지, 다시 말해 무엇이 인간 혹은 인간적인 것 그리고 인간성인지에 관해 알지 못할지도 모릅니다. 그러나 무엇이 비인간적인 것인지에 대해서는 매우 잘 알고 있습니다. 나는 오늘날 도덕철학의 장소는 구속력 없고 추상적인 인간 존재의 위치설정보다는, 비인간성에 대한 구체적인 비난에서 추구되어야 한다고 말하고자 합니다.[49]

결국 발리바르에게서 부정성의 관점에서 사유되는 민주적 권리들 혹은 평등자유는 고정된 내용의 실현이라는 표상이 아니라, 언제나 이미 주어진 권리들로부터 출발해 그것의 실현이 동시에 매 순간 민주주의의 새로운 발명들이라는 관념에 더욱 부합한 것으로 보인다. 그리고 이렇게 이해할 때, 우리는 발리바르가 말하는 '민주주의의 민주화'라는 개념에 접근할 수 있게 된다. 그에 따르면, 민주주의 제도는 매우 취약하고 불안정하여, 소수의 엘리트 지배인 과두제로 전환될 위험을 항시 내포하고 있다. 따라서 민주주의의 탈민주화는 민주주의 자체가 상시적으로 가지고 있는 위험으로, 우연적이거나 일시적인 현상으로 간주할 수 없다. 따라서 민주주의의 민주화는 동시에 민주주의의 보존이자 확장이다. 즉 그것은 현존하는 민주적 체제를 '완성'하는 과정도 아니고, 모든 체제를 잠재적으로 '초월하는' 것도 아니다. 오히려 현재 제도 하에서의 '민주주의의 결여'와 대결하고 이를 급진적인 방식으로 변혁하기 위한 방식의 정치적 실천이 필요하다.[50] 이것이 뜻하는 바는 '참된 민주주의 그 자체'와 같은 것은 존재하지 않는다는 것이다. 민주주의는 계속해서 발명되어야 할 것이며, 시민권 역시 그러하다.

5. 나가며

주디스 버틀러는 한 대담에서 자신이 "급진적 민주주의를 위한 새로운 투쟁의 비-목적론적 궤도에 대해서 지금 생각하는 중"이라고 밝힌 바 있다.[51] 어찌 보면 이 글에서 소개한 급진민주주의(민주주의의 급진화)의 관념들에 부합한다고 말할 수 있을 버틀러의 이러한 표현은 그럼에도 우리에게 수수께끼를 남겨주는 것 같다. 그녀가 말하는 그러한 '비목적론적' 과정은 어떻게 일정의 '궤도'에 대한 표상과 결부될 수 있을까? 필자는 아도르노가 헤겔에게서 차용하지만 독자적 방식으로 정식화한 규정적 부정성의 원리와 내재적 비판의 방법을 민주주의의 급진화를 위한 해방적 정치의 과정에 접목시킴으로써 이러한 물음에 답하고자 시도했다.

어쩌면 우리는 오늘날 상실된 유토피아의 시대를 살아가고 있는지도 모른다. 변화되지 않고 되풀이되는 억압적 사회의 조건들과 그것이 이뤄내는 현실이 영원한 것처럼 보이는 상황에서 유토피아에 관한 주장들은 허황된 논리로 보일 뿐이다. '최종적 계급투쟁'이라는 역사철학적 서사에 입각해 궁극적 유토피아의 상태가 실현될 수 있다는 주장들은 오늘날 힘을 잃고 있다. 오늘날 그러한 목적론적 서사는 이론적으로 유지될 수 없을 뿐만 아니라, 실천적으로도 냉소와 허무를 가속할 뿐이다. 그럼에도 유토피아의 이념은 세속화된 형태 속에서 우리에게 변화를 위한 정치적 상상의 원천이 되고 있다는 사실 역시 지적되어야 한다. 달리 말해, 유토피아는 불가능하지만, 그러나 유토피아가 사유되지 않는 공간에서 현실은 변화의 불가능성에 대한 냉소적 믿음(마거릿 대처가 정식화한 T.I.N.A: 'There Is No Alternative')이 지배하는 사막이 되어버릴 것이다. 유토피아는 불가능하지만 동시에 불가피하다. 그렇다면 우리에게 필요한 '세속화된' 유토피아의 관념이란 실현되어야 할 긍정적인 장밋빛 최종상태에 대한 청사진이 아니라, 사회적, 정치적 현실에 내재해 있는 원리에 입각해 부정적인 방식으로 그것의 변화를 촉구하는 변증법일 것이다.

오늘날 민주주의를 다시 민주화하며 이를 통해 민주주의 담론을 급진적으로 재전유하고 사회적 권리들을 확장하기 위한 다양한 투쟁들은 그러한 변증법의 실천적 담지자들이다. 그것은 목적론적인 궤도가 아닌 비목적론적 궤도를 통해 민주적 상상력을 실현할 추동력이다. 이러한 관점은 민주주의는 결국 그것이 담지하는 권리들의 내용들에 따라 정의내릴 수 있을 뿐만 아니라, 이를 넘어 그러한 권리들을 '증명'할 수 있는 주체들의 행위와 이를 토대로 한 제도화라는 '과정'의 관점에서 이해되어야 한다는 사실을 나타낸다. 달리 말해 민주주의는 최종적으로 완성될 수 없는 것이며, "민주주의에는 국가의 통치행위와 인민주권 원칙의 평등한 활성화 사이의 구성적 갈등관계가 본질적"[52]이다. 필자가 보기에, 이 '구성적 갈등관계'가 뜻하는 바는 오늘날 민주주의가 대항정치로 작동해야 한다는 것이다. 즉 그것은 제도화의 원리 이면에 존재하는 정치적인 부정성이라는 맥락에서 이해되어야 한다. 이러한 관점 속에서 우리는 비로소 오늘날 마주하는 민주주의의 위기를 민주주의 자체의 재활성화와 급진화의 방식으로 돌파할 수 있는 희미한 가능성과 마주할 수 있을 것이다.

주

1 Mouffe, Chantal / Errejón, Íñigo: *Podemos. In the Name of the People*, London: Lawrence & Wishart, 2016, p. 24.

2 Finlayson, Alan: Rhetoric and Radical Democratic Political Theory, in: Little, Adrian and Lloyd, Moya (ed.): *The Politicas of Radical Democracy*, Edinburgh: Edinburgh University Press, 2009, p. 13.

3 Little, Adrian / Lloyd, Moya: Conclusion, in: Little, Adrian and Lloyd, Moya (ed.): *The Politicas of Radical Democracy*, Edinburgh: Edinburgh University Press, 2009, p. 206.

4 미셸 푸코, 『안전, 영토, 인구』, 오르트망 옮김, 난장, 2016, 481쪽.

5 한상원, 『앙겔루스 노부스의 시선: 아우구스티누스 맑스 벤야민』, 에디투스, 2018 참조.

6 Balibar, Étienne: *Equaliberty. Political Esaays*, Duke University Press, 2014, p. 147.

7 Hegel, G. W. F.: *Phänomenologie des Geistes*, Werke in 20 Bänden Bd. 3, Frankfurt/M, 1986, p. 74.

8 Adorno, Theodor W.: *Drei Studien zu Hegel*. Gesammelte Schriften Bd. 5. Frankfurt/M, 2003, p. 318.

9 Hegel, G. W. F.: *Grundlinien der Philosophie des Rechts*, Werke in 20 Bänden Bd. 7, Frankfurt/M, 1986, p. 26.

10 Adorno, Theodor W.: *Negative Dialektik*, GS 6, Frankfurt/M., 2003, p. 207.

11 Adorno, Theodor W.: *Reflextion zur Klassentheorie*, GS 8, p. 375.

12 Adorno, Theodor W.: *Einleitung zum「Positivismusstreit in der deutschen Soziologie」*, GS 8, p. 304.

13 같은 책, p. 307.

14 Adorno, Theodor W.: *Anmerkungen zum sozialen Konflikt heute*, GS 8, p. 184.

15 같은 책, p. 187.

16 같은 책, p. 186.

17 Marchart, Oliver: *Das unmögliche Objekt. Eine postfundamentalistische Theorie der Gesellschaft*, Berlin: Suhrkamp, 2013, p. 312.

18 Mouffe, Chantal / Laclau, Ernesto: *Hegemony and Socialist Strategy: Towards a Radical Democratic Politics*, London: Verso, 1985, p. 95.

19 같은 책, p. 125.

20 같은 책, p. 126.

21 Adorno, Theodor W.: *Negative Dialektik*, GS 6, p. 339.

22 Adorno, Theodor W.: *Kleine Proust-Kommentare*, GS 11, p. 206.

23 Smith, Anna Marie: Laclau and Mouffe. *The Radical Democratic Imaginary*, London and New York: Routledge, 1998, p. 24.

24 Mouffe, Chantal / Laclau, Ernesto: *Hegemony and Socialist Strategy*, p. 154.

25 같은 책, p. 156.

26 같은 책, p. 177-178.

27 같은 책, p. 155.

28 같은 책, p. 167.

29 Mouffe, Chantal: *The Return of the Political*, London and New York: Verso, 1993, p. 16.

30 Mouffe, Chantal: *Democratic Paradox*, London and New York: Verso, 2000, pp. 110-111.

31 Vincent Rzepka / Grit Straßenberger: 'Für einen konfliktiven Liberalismus. Chantal Mouffes Verteidigung der liberalen Demokratie', *Zeitschrift für Politische Theorie* Jg. 5, Heft 2, 2014, p. 231-232.

32 Mouffe, Chantal: *For a Left Populism*, London/New York: Verso, 2018, p. 33.

33 Mouffe, Chantal / Errejón, Íñigo: *Podemos. In the Name of the People*, p. 111.

34 Mouffe, Chantal: *Agonistics. Thinking The World Politically*, London and New York: Verso, 2013 참조.

35 Wallaschek, Stefan: 'Chantal Mouffe und die Institutionenfrage', *Zeitschrift für Politische Theorie*, Jg. 8, Heft 1, 2017, p. 4.

36 같은 글, p. 13.

37 Boonen, Christiaan: 'At the Outer Limits of Democratic Division. On Citizenship, Conflict and Violence in the Work of Chantal Mouffe and Étienne Balibar', *International Journal of Politics, Culture, and Society*, Vol. 33, 2020, p. 537.

38 Balibar, Étienne: 'Ontological difference, anthropological difference, and equal liberty', *European Journal of Philosophy*, No. 28, 2020, p. 4.

39 같은 곳.

40 Balibar, Étienne: *Politics and the Other Scene*, trans. by Christine Jones, James Swenson, Chris Turner, London: Verso, 2002. p. 6.

41 같은 책, pp. 6-7.

42 같은 책, p. 7.

43 Balibar, Étienne: *Equaliberty. Political Essays*, Duke University Press, 2014, p. 90.

44 같은 책, p. 6.

45 같은 책, p. 53.

46 같은 책, p. 49.

47 Boonen, Christiaan: 'Étienne Balibar on the dialecticof universal citizenship,' *Philosophy and Social Criticism*, Vol. 48, No.6, 2022, p. 910.

48 같은 곳.

49 Adorno, Theodor W.: *Probleme der Moralphilosophie*. Nachgelassne Schriften IV.10. Frankfurt/ M, 2010, p. 261.

50 Balibar, Etienne: *Citizenship*, trans. by Thomas Scott-Railton, Cambridge: Polity, 2015, p. 124.

51 주디스 버틀러, 아테나 아타나시오우, 『박탈: 정치적인 것에 있어서의 수행성에 관한 대화』,

김용산 옮김, 자음과 모음, 2016, 250쪽.

52 Lehner, Daniel: 'Freiheit, Gleichheit – und Ereignis? Zur Kritik und Vertiefung "radikaler Demokratietheorien"', *Momentum Quarterly. Zeitschrift für sozialen Fortschritt*, Vol. 1, No. 2, 2022, p. 106.

참고문헌

한상원, 『앙겔루스 노부스의 시선: 아우구스티누스 맑스 벤야민』, 에디투스, 2018.

주디스 버틀러, 아테나 아타나시오우, 『박탈: 정치적인 것에 있어서의 수행성에 관한 대화』, 김응산 옮김, 자음과모음, 2016, 250쪽.

미셸 푸코, 『안전, 영토, 인구』, 오르트망 옮김, 난장, 2016.

Adorno, Theodor W.: *Drei Studien zu Hegel.* Gesammelte Schriften (GS) Bd. 5. Frankfurt/M, 2003.

Adorno, Theodor W.: *Negative Dialektik*, GS 6.

Adorno, Theodor W.: *Anmerkungen zum sozialen Konflikt heute*, GS 8.

Adorno, Theodor W.: *Einleitung zum「Positivismusstreit in der deutschen Soziologie」*, GS 8.

Adorno, Theodor W.: *Reflextion zur Klassentheorie*, GS 8.

Adorno, Theodor W.: *Kleine Proust-Kommentare*, GS 11.

Adorno, Theodor W.: *Probleme der Moralphilosophie.* Nachgelassne Schriften IV.10. Frankfurt/M, 2010.

Balibar, Étienne: *Politics and the Other Scene*, trans. by Christine Jones, James Swenson, Chris Turner, London: Verso, 2002. p. 6.

Balibar, Étienne: *Equaliberty. Political Essays*, Duke University Press, 2014.

Balibar, Étienne: 'Ontological difference, anthropological difference, and equal liberty',. *European Journal of Philosophy* No.28, 2020, pp. 3-14.

Boonen, Christiaan: 'At the Outer Limits of Democratic Division. On Citizenship, Conflict and Violence in the Work of Chantal Mouffe and Étienne Balibar', *International Journal of Politics, Culture, and Society*, Vol. 33, 2020, pp. 529-544.

Boonen, Christiaan: 'Étienne Balibar on the dialecticof universal citizenship,' *Philosophy and Social Criticism* Vol. 48, No.6, 2022, pp. 904-933.

Finlayson, Alan: Rhetoric and Radical Democratic Political Theory, in: Little, Adrian and Lloyd, Moya (ed.): *The Politicas of Radical Democracy*, Edinburgh: Edinburgh University Press, 2009.

Hegel, G. W. F.: *Phänomenologie des Geistes*, Werke in 20 Bänden Bd. 3, Frankfurt/M, 1986.

Hegel, G. W. F.: *Grundlinien der Philosophie des Rechts*, Werke in 20 Bänden Bd. 7, Frankfurt/M, 1986.

Lehner, Daniel: 'Freiheit, Gleichheit - und Ereignis? Zur Kritik und Vertiefung "radikaler Demokratietheorien"', *Momentum Quarterly. Zeitschrift für sozialen Fortschritt*, Vol. 1, No.2, 2022, pp. 102-121.

Little, Adrian / Lloyd, Moya: Conclusion, in: Little, Adrian and Lloyd, Moya (ed.): *The Politicas of Radical Democracy*, Edinburgh: Edinburgh University Press, 2009.

Marchart, Oliver: *Das unmögliche Objekt. Eine postfundamentalistische Theorie der Gesellschaft*, Berlin: Suhrkamp, 2013.

Mouffe, Chantal: *The Return of the Political*, London and New York: Verso, 1993.

Mouffe, Chantal: *Democratic Paradox*, London and New York: Verso, 2000.

Mouffe, Chantal: *Agonistics. Thinking The World Politically*, London and New York: Verso, 2013.

Mouffe, Chantal: *For a Left Populism*, London and New York: Verso, 2018.

Mouffe, Chantal / Errejón, Íñigo: *Podemos. In the Name of the People*, London: Lawrence & Wishart, 2016.

Mouffe, Chantal / Laclau, Ernesto: *Hegemony and Socialist Strategy: Towards a Radical Democratic Politics*, London: Verso, 1985.

Rzepka, Vincent / Straßenberger, Grit: 'Für einen konfliktiven Liberalismus. Chantal Mouffes Verteidigung der liberalen Demokratie', *Zeitschrift für Politische Theorie* Jg. 5, Heft 2, 2014, pp. 217–233.

Smith, Anna Marie: *Laclau and Mouffe. The Radical Democratic Imaginary*, London and New York: Routledge, 1998.

Wallaschek, Stefan: 'Chantal Mouffe und die Institutionenfrage', *Zeitschrift für Politische Theorie*, Jg. 8, Heft 1, 2017, pp. 3–21.

현대사회의 폭력성에 대한
마르쿠제의 문화인간학적 해명[*]

임 채 광

I. 머리말

우리 사회는 분노와 좌절, 두려움, 무기력감과 같은 정신적 문제로 흔들리고 있다. 폭력과 혐오범죄, 자살과 전쟁위협은 위와 같은 현상의 결과물일지 모른다. 청소년들의 진학문제, 재정파탄, 실업, 차별, 극단적 경쟁과 이기주의, 권위주의적 문화 등 표면적으로 볼 때 요인은 다양하다. 21세기 현대인에게 "누구에게나 정신병 하나쯤은 있다"는 연극 대사가 깊이 와 닿는다.[1] 현실은 그리 가볍지 않다. 실제로 주변에서 각종 신경증적 증세에 시달리는 이들을 심심치 않게 보게된다. 우울증, 공황장애, 스트레스 치료와 같은 현대인의 질환을 진단하고 치료하는 연구와 정보들이 봇물을 이루고 있다. 그렇지만 그 무게는 결코 가벼워지지 않고 있다. 오히려 더욱 심각한 사례들이 증가하는 추세이다. 현대인의 정신적 문제, 그것은 왜 어디에서 올까?

---

[*] 이 글은 다음 논문을 수정하고 보완한 것이다. 임채광, 「현대사회의 폭력성에 대한 마르쿠제의 문화인간학적 해명」, 『동서철학연구』 제112호, 한국동서철학회, 2024.

비판이론은 현대인의 삶과 고통, 특히 사회적 삶 속에서 주어진 불행한 현실에 대해 관심을 갖고 토론하고 연구하였다. 풍요한 자와 극빈층이 공존하는 현실, 평화를 희구하는 전쟁국가들, 폐쇄성과 억압을 통해 유지되는 자유로운 민주사회의 존립과 같은 모순된 현실을 지탱하는 요인은 어디에 있을까? '폭력의 일상화', 이것이 이들이 문제삼고 싶었던 화두였다. 비판이론자들에게 현대인의 불행과 고통은 그들에게 가해지는 '사회적 폭력'으로부터 발생한다. '사회적 폭력'은 그들에게 불행과 두려움을 이입시킴을 넘어 이들을 개조하고 조작하는 힘이 있다. 욕구의 변형, 의식의 개조, 더 나아가 충동구조가 변형된 '새로운 인간'과 같이 살아 간다. 날로 커지는 빈부 차이, 이념적 갈등, 복지사회와 전쟁사회의 딜레마도 이와 같은 현실의 반영이라고 볼 수 있다. 현대사회의 폭력성 문제는 '폭력' 주제를 전면에 내세웠거나 그렇지 않았거나 비판이론자들에게 공통된 핵심 주제의 하나였던 점은 명확하다.

사회과학연구소(Institut für Sozialforschung) 구성원들 중에 일부는 문학비평가나 철학자였지만 사회과학과 정신분석학과 같은 일반 과학의 방법론을 통해 인간의 무의식적 행태나 사회적 현실에 대한 해명을 위해 노력한 점은 당시 유럽의 학술적 분위기를 염두에 둔다면 매우 자연스러운 일이었다. 마르쿠제 또한 '사회적 요인'의 규명에 눈길을 주면서 맑스의 이론을 토대로 하는 사회과학적 시각과 프로이드의 정신분석학을 접목시킨 인간과 사회에 대한 비판을 시도한다. 그 역시 현대인의 불행과 질병은 '사회적 폭력'의 결과물로 이해했기 때문이다. 그 현실은 오늘날도 크게 다르지 않아 보인다. 그리하여 마르쿠제의 연구는 현재 우리 사회의 현실에 시사하는 바가 크다.

'사회적 폭력'의 요인이나 구조적 관계를 규명한다는 것은 단순하지 않다. 복잡다단한 현대 사회는 더욱 그러하다. 그렇지만 적어도 그의 연구는 궁극적으로 불행한 현실에 직면한 현대인의 일상을 극복하고 대안을 찾기 위해 노력하는 이 시대 연구자들에게 남다른 시선을 제공해 줄 수 있음에 유익해 보인다.

본 연구에서는 현대인의 삶에 나타나는 병폐와 고통의 원인으로 지목한 "사회적 폭력"의 배경과 특징, 그리고 문화인간학적 측면에서 그의 이론이 갖는 의미, 더 나아가 이를 극복할 수 있는 방안이 있는지 마르쿠제의 문화인간학적 논리를 따라가며 해명해 보고자 한다.

II. 폭력의 논리, '전체주의'

마르쿠제는 현대 사회를 기술과 자본주의 원리로 조직화된 "전체주의"로 규정한다. "기술적 합리성(die technologische Rationalität)"에서 전체주의 국가의 논리를 발견한다. "기술적 합리성"이라는 만능열쇠는 구성원의 욕구와 필요를 기업의 자유가 극대화되는 방향으로 이끌어낸다. 이는 산업사회에서 개인의 생존과 욕구 충족을 위한 기본 관념이다. 현대인은 물질적 풍요와 그로 인해 발생하는 욕구의 충족을 경험하면서 자율적 판단의 권한을 상실하고, 인간으로서의 존엄성과 가치도 부인되는 현실에 놓이게 된다. 이들은 오히려 부자유의 현실을 수용하면서 그 대가로 스스로 내린 판단과 행위에 대한 책임을 회피하고 안락한 삶을 위한 쾌락과 풍요를 선택한다. 전통적으로 중시되었던 인권과 자유, 자율과 같은 인류의 모범이자 지향 가치는 사물화된 안위와 쾌락으로 대체되고 현대인의 자기정체성의 일부가 되어버렸다.

(기술)장치는 자기수호나 확장을 원하는 경제, 정치적 요구에 맞추어 노동시간, 자유 그리고 물질, 정신 문화를 근절시킨다. 이러한 결과로서 산출된 기술적 기반들은 현대 산업사회를 전체주의로 이끄는 경향이 있다. 여기에서 전체주의적이란 말은 사회를 정치의 테러적 통치만을 의미하

는 것만을 뜻하지 않고 전래적 관심을 동원해 욕구를 조작해내는 비테러적 경제-기술적 지배 속에도 들어있다.[2]

폭력적인 사회, 전체주의적 현실을 다룬 최초의 문헌은 20세기 초 암울했던 독일의 정치적 현실을 고발한 "전체주의적 국가관에 있어서 자유주의와의 투쟁"[3]이었다. 이는 마르쿠제가 사회과학연구소에서 활동을 시작한 직후인 1934년에 발간된 『사회연구지(ZfS: Zeitschrift für Sozialforschung)』의 세 번째 발행본에 게재되었다. 마르쿠제는 히틀러의 폭정과 전운이 감도는 정치적 환경을 목도하며 독일 사회를 전체주의 국가로 보고, 그 특징을 "자유주의(Liberalismus)"로 위장한 "전체주의적 이성(totalitäre Vernunft)"이 지배하는 사회라고 설명한다. 마르쿠제는 '권위주의' 및 '영웅주의'에서 그 전형을 본다.

당시 유럽을 휩쓸었던 "영웅적 민족 현실주의(heroisch-völkischer Realis-mus)"는 전체주의적 이성이 만들어낸 그 결과물이었다.[4] 마르쿠제는 "영웅적 민족 현실주의"에 대하여 에른스트 크리엑(Ernst Krieck)의 주장을 인용하면서, 이는 우연이 아닌 시대적, 사상사적 상황과 연계되어 있다고 보고 그 특징에 대하여 다음과 같이 설명한다.[5]

첫째, "인간의 영웅화(Heroisierung des Menschen)" 경향과 연계되어 있다. 이와 같은 현상은 바이킹 시대로 거슬러 올라간다. "독일의 신비주의, 르네상스 그리고 프로이센 왕국 시기에 그들이 피와 땀으로 형상화시킨 영웅 이미지는 평범한 사람들의 일상에 천국과 지옥으로 상징화된다. 카리스마적 지도력을 보유한 영웅에 대한 범인의 자세는 …… 본인이 헤아릴 수 없는 힘에 대한 겸허한 복종"[6]과 같은 것이다.

둘째, 자유주의로 위장한 근대사상의 폭력성은 "생철학(Philosophie des Lebens)"과 맞물려 있다. 마르쿠제에 의하면 생철학에서 전제하고 있는 '삶'은 우리가 합리적 근거나 정당성 또는 논리적 절차를 통해 해명하거나 분석할 수 있는 범위 밖에 위치하는 근원적 대상으로 이해한다. 그 과정에서 역사성과 사회적, 정치적 측면은 경시하거나 해체시켜 버린다.

셋째, 영웅적 민족 현실주의는 "자연주의적 요소"와 관련되어 있다. 자연주의는 역사적, 사회적 요소를 자연적, 유기체적 요소로 환원시키는 특징을 갖는다.[7] 자연주의는 가치를 초월하고, 자연의 기능을 통해 이성의 범주도 넘어서는 새로운 세계관이자 세상을 보는 방식으로 용인된다. 마르쿠제는 이를 "비합리적 자연주의(der irrationalistische Naturalismus)"라고 비판한다.[8]

넷째, 영웅적 민족 현실주의는 "보편주의적" 성향을 띄기도 한다. 보편주의는 삶 속에서 주어지는 다양한 가치와 논리를 모든 경우에 전면적으로 적용, 규정할 수 있는 공통의 틀을 만들어 보편적 동의와 명증성을 확보하려 한다. 그러나 마르쿠제는 전체성을 중시하는 보편주의적 관점이 자칫 신비화의 굴레에 빠져들 개연성이 없지 않다고 경계한다.[9] 정치이론의 경우 보편주의적 전체성의 논리를 적용시키다 보면 "자연적, 유기체적 특징을 부각시키게 되면서 계급성과 이익집단의 문제가 그 본질적 문제임에도 모든 사회적 차별에 선행하는 전체성으로서의 '민족(Volk)'을 전면에 내세우면서 보편주의는 자연주의와 결합하는 모습으로 등장한다"[10]는 것이다. 이 논리는 "파시즘"과 인종주의적 통치수단으로 종종 활용되었다.

1900년대 초반에 독일과 유럽을 뒤흔든 제국주의의 망령이 정치를 혼란에 빠트릴 때 마르쿠제는 "영웅적 민족 현실주의"로 그 전체주의적 특징을 지적했으나, 그 핵심 요소들은 후기 산업사회에 접어든 20세기 후반에 와서도 달라지지 않았고, 오히려 정치적 의도를 은폐하고, 후기 자본주의적 사회구조에 상응하는 외양으로 변형되어 전체주의적 이성의 논리이자 파시즘적 경향을 보여주고 있다고 보았다.[11] 개인의 삶과 실존은 전체주의자들에게 주목받지 못한다. 오히려 개인의 불행과 억압된 통제사회가 안정성과 합리성으로 이해되어지는 경향이 있다. 이때 영웅의 지배를 정당화시키고 정치적 현실을 사회적 안정의 논리를 통해 중립화시켜 버리는 경향을 띤다. 마르쿠제는 20세기 중반 이후 선진 산업사회를 지배논리인 "기술적 합리성"에서 영웅적 민족 현실주의의 특성을 발견한다.

III. 문화인간학적 쟁점들

현대인은 불행하다. 다양한 유형의 압박과 고통을 호소한다. 마르쿠제는 그 핵심요인을 사회의 전체주의적 요소라고 보았다. 전체주의적 환경에서 살아가는 현대인들은 다양한 형태의 억압과 고통에 시달린다. 그 중심에는 "기술적 합리성"이 있다. 이에 따른 전체주의적 통제원리가 어떻게 사회 안에서 작동하고, '폭력성'은 어떠한 형태로 작용하는지 문화인간학적 측면에서 살펴본다.

1. 개인의 사회적 성격

하이데거를 비롯하여 20세기의 다수의 철학자들은 기술문명의 부작용으로 거대한 경제나 정치조직 안에서 마치 도구나 수단으로 전락한 인간의 지위에 대해 지적하였다. "두려움(Angst)"과 "근심(Sorge)"는 하이데거의 철학적 근본물음이자 과제였다. 다만 마르쿠제는 자본주의의 거대한 체제에 개인의 욕구과 의식이 적응 또는 변형되는 과정에 억압적 요소가 있으며 그 배후엔 "제도의 논리", 즉 "제도적 합리성"이 있다고 보았다. 제도는 개인의 욕망과 의식의 배후이자 명령자가 된다. 개인의 사회적 삶의 조건은 제도의 가치에 따르는 삶이며, 기술과 경제적 가치에 순응하는 것이다.

기술적 합리성이 지배하는 사회에서 개인이 꿈꾸고 기대하는 삶은 오직 풍요와 안락한 미래뿐이다. 가치 있는 삶, 존재의 의미는 욕구의 성취능력에 달려 있다. 이와 같은 지상명령의 달성을 위해 어떠한 전통이나 규범도 과감히 포기한다. 마치 학업이나 직장생활이 생존수단으로 전락하고, 가정과 여가시간 등 일상은 그 의미와 가치가 재정능력과 부의 척도로 가름한다. 제도적 환경에 따라 요구되는 압박은 폭력적 수준이다. 풍요와 안락이라는 현존의 생존원리에 거역하는 것은 사회적 이단아로 취급받는다. 그 강요 수준은 가공할 만하다. 청소년과 노약자 등 사회적 약자뿐만 아니라 제도적 환경의 수혜자에게도 억압적 조건은 예외가 아니다.[12]

마르쿠제가 본격적으로 기술사회에 대한 연구성과를 출간하기 시작한 시점은 1955년 『에로스와 문명(*Eros and Civilization*)』의 발표를 통해서이다.[13] 『에로스와 문명』에서 마르쿠제가 현대문화를 바라보는 시선의 핵심은 "생명"에 대한 경시, 더 나아가 반생명적 요소에 대한 규명이었다. 파괴적이고 억압적인 현대문명은 현대인의 일상을 지배하며 그 생명적 가치와 행위를 저지하고, 개인의 사회적 성격을 왜곡시킨다. 마르쿠제는 여기에서 프로이드의 정신분석학을 받아들인다.

강박증과 두려움 또는 신경증적 증상들의 직접적 원인에는 개인을 닦달하는 "제도적 합리성"이 있다. 마르쿠제는 그 첫 번째 요소로 "성과원칙"과 "쾌락원칙"의 불균형상태를 든다. 인간의 행위는 "행위자의 내재적 동기"[14], 즉, 두 가지의 충동 원리에 따른다. "쾌락원칙(Lustprinzip)"과 "현실원칙(Realitätsprinzip)"인데, 현실원칙은 "성과원칙(Leistungsprinzip)"으로도 표현된다. 이는 인간의 삶에서 필요한 두 심리적 기제인데 프로이드는 양자가 조화롭게 어우러져 발동하는 행동방식이 건강한 인간이고 그와 같은 원리에 따라 작동하는 세계가 건강한 사회라고 보았다. 그러나 현존하는 기술문명의 사회에서는 성과원칙의 위력하에 쾌락원칙은 제대로 기능하지 못한다. 최대한의 노동과 착취를 덕으로 삼는 이 시대에 개인의 삶은 현실적 실적과 성과를 위해 더욱더 강력한 착취의 질서에 맞춰 구조화되어 있다. 충동의 자유로운 발현은 불가능하며, 이는 곧 현대인에게 있어서 '현존재에 대한 궁극적 부정'[15]을 의미한다.

현대인의 존재가치는 재정적 상황으로 결정되며, 사회는 얼마나 효율적으로 자연을 파괴할 수 있냐에 따라서 우월함을 인정받는다. 이들은 현재 삶이 자기 자신과 인류의 실존에 대한 파괴행위가 될 수 있다 해도, 눈앞의 성취감과 새로운 형식의 욕구체계에 빠져든 이상 더 이상 스스로 절제하지 못한다. 성과원칙이 강요된 환경이 "거짓된 충동"으로 바뀌어 일상을 지배한다.

현대 산업문화의 폭력성을 보여주는 두 번째 요소로서 마르쿠제는 우리 사회와 개인의 삶에 드러나는 "에로스적" 요소의 실종 현상을 든다. 이 사회는 인간이라는 유기체들로 이루어진 마치 거대한 생명 조직과 같다.[16] 개인과 사회는 서로 내재적 연관관계에 있다. 인간의 행위는 충동의 지배를 받는데 충동은 에로스적 요소의 지배를 받을 수도 있고 타나토스적 요소의 지배 아래 놓일 수도 있다. "에로스"는 "생명의 상징적 원천이요 존재의 속성"[17]이다.[18] 인간의 욕구나 충동이 생명을 향한 욕구나 죽음을 향한 욕구로 드러나게 되는데, 마르쿠제는 프로이드를 빌어 전자를 "에로스(Eros)", 후자를 "타나토스(Tanatos)"라고 불렀다.[19]

마르쿠제는 프로이드와 달리 '에로스' 개념을 단지 개인의 심리적 기제로만 이해하지 않고, 그 배후에는 사회적 또는 역사적 가치가 내재해 있다고 보았다. 인간의 삶과 노동은 인간으로서, 그리고 한 생명체로서 자유로우며 시대적 의미를 간직한 역사적 존재이기도 하다. 반면에 생존의 원리를 내세워 닦달하는 현실 앞에서 개인은 초라한 생존 기계로 전락한다. 노동은 고통이 되었고 생존의 과업을 수행해야 하는 무기력하고 비루한 존재가 되었다.

"생존"과 "풍요"라는 거대한 푯대는 개인이 부자유의 현실을 자발적으로 수용하고 선택하는 정당성을 제공한다. 노동자들에게 주체적 삶과 자유획득의 가능성은 점점 더 소멸되어 가는 데도 개인은 스스로의 결단에 의해 "자유의 부담으로부터 도피"하고자 한다.[20] 폭력적 구조 속에서 개인은 더욱더 큰 안위와 기쁨을 추구한다. 불합리하고 잔인한 현실사회의 폭압 속에서도 자신은 부정적 현실과 무관하며, 개인은 정치적 책임으로부터 자유로운 "중립적" 존재임을 자처한다. 이들은 사적 영역에서 자유로운 비판을 하지만 책임이 따르는 공적 성격의 자리는 피하거나 상황을 지배하는 제도적 요구에 순응하는 입장을 자청한다. 이데올로기가 되어버린 "생존"은 개인의 일상적 삶의 내용과 욕구체계를 기술적 산업장치의 억압적 메커니즘 아래 재편시킨다. 이와 같이 "힘의 폭정"[21]에 순응하는 개인은 결코 단독자가 아닌 사회적 관계를 맺고 영향을 주고받는 사회적 성격을 맺고 존립하는 존재인 것이다.

2. 정치의 실종과 전쟁산업

복지국가 달성은 산업국가의 목표이고 꿈이다. 마르쿠제에 의하면 전쟁의 공포와 군수산업의 확대는 복지국가 달성과 효율적 운용을 위한 재정확보 전략이다. 미국을 위시로 하여 세계의 군사강국들은 전쟁산업을 통한 재정확보에 몰두하고 있다. 우크라이나와 러시아의 전쟁 배후에는 이를 조장하고 부추기는 군수업체를 보유하고 그로부터 수익을 내는 거대 전쟁국가들이 존재할 수 있다. 군수업체의 유지와 수익성은 전쟁의 범위와 빈도수가 결정한다. 소위 복지국가라고 불리는 선진기술국가는 늘 무기거래를 위한 경쟁의 정점에 있다.

문제는 이와 같은 국제간 경합으로 인해 긴장이 고조되고 세계평화 분위기는 항시적으로 질식상태에 처하게 된다는 점이다. 실제로 세계 각지에서 전쟁은 다양한 명목을 앞세워 이어지고 있다. 수익을 위해 군수산업 업체나 관련 국가들은 전쟁을 반긴다. 진영을 나눠 한쪽에서는 자본주의나 사회주의와 같은 이데올로기를 내세워 전쟁 분위기를 유지하여 무기거래의 정당성을 확보하고, 다른 한편에서는 돈이 된다면 이념과 가치와 무관히 전 세계를 파괴해 버릴 수도 있는 가공할 만한 무기를 제한 없이 판매하기도 한다. 마르쿠제는 이를 "새로운 형태의 식민지 쟁탈전"[22]이라고 불렀다. 자본주의와 사회주의 진영으로 양분된 이념적 단절과 공포는 군수업체의 유지를 위한 수단이고 판매전략으로 기능한다. 새로운 제국주의자들은 무기거래를 위해 전쟁의 두려움과 공포를 증폭시킨다. 국제질서에서 대부분의 약소국들은 언제나 전쟁산업의 희생양이 될 수 있다.

선진 산업국가의 시민들은 군수산업이 겉으로는 산업원리에 따라 운용되지만 그 이면에는 전쟁의 참혹함이 연계돼 있다는 점을 망각한다. 일반 기업과 마찬가지로 기업이 이윤을 내기 위해 노력하고 정부는 기업들을 위한 최상의 사업 환경을 조성할 수 있도록 돕는다. 마르쿠제에 의하면 기업과 정치의 은밀한 거래는 20세기 초 두 차례의 세계대전 발발 시점으로 거슬러 올라간다.[23] 그리고 그 기조는 현재에도 달라지지 않았다. 이 시대에 와서도 거대 기업과 권력자들은 새로운 형태의 국가운영을 통해 시민들의 자발적 협조와 동의를 얻어낸다.

전체주의적 사회에서 구성원의 생각과 욕구를 조작하는 일은 그리 어려운 일이 아니다. 개인의 욕구를 조작하고 의식을 변화시키는 데 언론과 광고, 부패한 지식인은 정부의 전쟁문화를 설파하고 정당화하는 충실한 도구가 된다. 침략 전쟁의 당사자 국가는 전쟁의 정당성을 끊임없이 반복 생산하며, 무기거래를 통해 파괴하게 될 적대국은 악마로 규정된다. 방송과 언론을 적극 활용하여 혐오를 조장하고, 다양한 문화 행사나 프로그램에 접목시켜 사람들의 인식과정에 파고들도록 한다. 그 논리의 배후에는 모든 인간은 동일하지 않으며 그 가치가 차별화될 수 있음을 강조하는 세계관이 있다.

예를 들어 베트남 전쟁에 가담하였고, 이스라엘 정부수립 및 중동의 다양한 전쟁을 이끌었던 미국정부의 공식적인 입장은 한편으로 "군부독재자들에 대항하여 자유를 수호하기 위한 싸움"[24]이며, 이를 통해 노예상태로부터 민중들을 구출해 내야 한다는 것이었다. 자유로운 민주주의 정부의 수립을 위해 "공산주의와의 전쟁"은 피할 수 없는 일이라고 선전하기도 하였다.[25] 자유 민주주의의 수호라는 이념적 슬로건과 함께 내거는 또 하나의 이유는 "복지국가"이다. 안락하고 풍요한 사회를 지키고 유지하기 위해 전쟁은 회피할 수 없는 '사악한 적들의 불행'이라는 의식을 갖는다. 이런 현상은 개인의 욕구와 의식에 대한 대대적인 개조작업의 결과이기도 하다. 시민들은 제3세계에서 전개되는 전쟁과 착취구조를 알고 있지만 문제제기하지 않으며 더 이상 관심을 기울이지 않고 순응하는 경향이 있다. 마르쿠제는 이와 같은 권력과 착취의 논리에 순응하는 시민 의식의 배후에는 "기술적 합리성"이 놓여 있다고 보았다.

"기술적 합리성"은 권력자들에 의하여 구성된 "제도적 합리성"이자 기업인들을 위한 "경제적 합리성"이다. "체제의 생산성과 성장잠재력은 … 사회를 (공고하게 만들고) 기술의 진보는 (제도적) 지배의 틀 안에서"[26] 개인과 그의 사회적 관계를 재편한다. 그리하여 기술과 그의 합리성은 일종의 실존하는 경제 제도와 권력자의 정치적 가치로 환원된 '축소된' 합리성 또는 필요하다면 전쟁도 필요시 당연시할 수 있는 '전쟁의' 합리성이 되었다. 인간과 자연 또는 사회의 주체로서의 개인은 철저히 무시되며 사회적 "권력"과 "경제"의 이데올로기에 자신의 자리를 내주게 되었다. 기술적 합리성은 개인의 활동과 기업의 운용과정에 어떠한 정치적 특성도 드러내지 않는다. 그러나 마르쿠제에 의하면 자본주의적 제도의 운용방식이자 경제적 가치의 원리가 전제되어 있기에 기술적 합리성은 그 자체가 정치적이고 권력친화적 논리일 수밖에 없다고 보았다. 기술적 합리성이 전쟁의 합리성으로 기능할 때 어떤 요소들과 결합되어 나타나는지 정리하면 다음과 같다.

첫째, 전쟁문화는 이중적이고 '거짓된 합리성'과 의미를 함유하고 있다. 인간의 욕구가 거짓된 욕구로 변질되고 이에 부응하는 존재 양식이다. 다양한 형태의 조작과 왜곡을 통해 그 본래적 모습을 덮어버리기에 일상에서 그 본질적 모습을 알아채기 힘들다. 군사력과 무관한 경쟁, 전쟁과 상관이 없는 기술 등으로 가장하기 때문에 전쟁과의 연계성을 알아차리기 힘들다.[27]

둘째, 오늘날의 전쟁문화는 "반생명적"이다.[28] 존재의 파괴와 근절을 두려워하지 않는 문화이다. 존재는 생명에 있고 생명은 활동성, "에로스"에 있다. 전쟁문화는 도구적이고 권력과 자본에 최우선적 가치를 두는 반인류적인 문화이다. 로켓을 만들어 날리고, 수소폭탄을 실험해 보고, 우주 비행을 구상하는 이들에게 중요한 것은 성과주의와 수익성뿐이다. 무기를 연구하고, 실험을 거쳐 무기를 공급하는 이들의 기본적인 입장은 수익성, 기술 수준의 진척여부, 살상과 파괴의 효율성 등이다. 이는 기업과 권력, 정치와 자본과의 유착관계가 발생하기 쉬운 구조이다. 인간이나 자연 그 무엇도 고려되지 않는다. 오히려 착취와 활용의 대상으로 이해할 뿐이다.

셋째, 전쟁문화에는 '역사성'이 없다. 역사의 의미는 개인과 사회의 자유와 존립가치의 절대적 인정으로부터 출발한다. 삶은 자유의 소산이기 때문이다. 그러나 기업과 정치권력이 자유를 억압하고 있는 전쟁국가에서 개인과 그들의 일상에 자발성과 존재가치는 무기력해진다. 이들에게 자유로운 토론과 비판은 허용되지 않는다. 다양한 의견은 묵살되기 일수이다. 이들에게 세상엔 아군과 적군만이 존재하기 때문이다.

전쟁국가에서 삶과 문화의 다양성과 다의성은 인정될 수 없다. 오히려 인간의 존재적 가치에 대한 극단적 부정과 파괴만이 있을 뿐이다. 증오와 혐오, 두려움, 의심의 정치만이 충만하다. 오히려 전쟁국가에서는 두려움과 공포 산업을 복지국가의 존속과 번영을 추구하는 훌륭한 '생존방식'이라고 포장한다. 만일 누군가 폭력을 사용하거나 반인류적이라는 이유로 전쟁을 비판하고 항의한다면 풍요와 안락을 추구하는 개인의 기본욕구에 반하는 반사회적인 인사이거나 선동가로 취급되어 '공권력'의 이름으로 억압하고, 차단 또는 격리해 버린다. 정부는 "내전의 방지나 대규모의 무질서 또는 경제적 파탄을 방지해야 한다는 식으로"[29] 권력의 합법성을 설파하고 시민에게 공익의 이름으로 복종할 것을 강제한다.

3. 인공지능

자본과 정치세력화된 경제조직이 이끌고 통제하는 현 사회에서 인공지능은 어떠한 역할을 하게 될까? 클라우스 슈밥(Klaus Schwab)은 『제4차 산업혁명』에서 현대사회를 인공지능사회라고 규정하고, 이는 인류의 현재와 미래에 혁명적인 디지털 혁명을 초래하게 될 것이라고 예견한 바 있다.[30] 이는 단순히 인공지능이 중시되는 수준을 넘어 인공지능에 의존하는 사회를 말하며, 이로써 기존의 인간과 사회는 인공지능 시스템의 영향 아래 새로운 지위를 획득한다는 것이다. 최근 지젝은 인공지능사회를 통해 소통구조를 선점하는 일부 기술체계의 기업들이 소통수단과 정보의 사유화를 부추겨 신봉건사회로 회귀할 우려가 있다고 경고한 바 있다.[31] 이 우려는 우리 사회가 갖고 있는 폭력적 요소를 염두에 둘 때 경청해야 하는 측면이 없지 않다. 이와 같은 변화가 개인과 인류에겐 무슨 의미를 지니는지 함께 생각해 본다.

첫째, 인공지능의 시대에 개인의 '인격'과 '개별적' 지위가 위협받을 위기에 처해 있다. 인공지능의 전방위 적용은 개인의 일상에 상대적 가치와 의미의 세계들을 '중립화'시킨다. 개별성은 실종되고 사회나 기업이 요구하는 표준화된 정관과 새로운 규칙들이 시민들의 선택권을 무력화시킨다. 인공지능은 단순히 기술이나 정보의 문제가 아닌 권력의 문제가 되어 문화산업의 중심에 위치하게 된다. 호르크하이머(Max Horkheimer)와 아도르노(Theodor W. Adorno)는 20세기 중반 『계몽의 변증법』에서 현대 산업문명 그리고 그로 인해 조성된 '문화산업'의 모순된 구조를 다음과 같이 설명하고 있다. "경제적 생산성의 향상은 한편으로 정당한 세계적 기반을 만들어 놓았다. 동시에 인간을 다루는 기술 장치와 사회조직들이 여타 사람들의 위에 무리하게 군림한다. 개인은 경제적 권력 앞에서 철저히 무기력해지며 그렇듯 자연을 짓누르는 사회적 폭력이 어디까지 미칠지 감 잡을 수조차 없어졌다."[32]

인공지능 산업은 기술이나 과학의 문제가 아닌 자본과 문화산업의 영역까지 확대되었다. 거대한 문화산업의 구조 안으로 개인은 자발적 또는 비자발적으로 흡수되고 개인의 삶은 전체성의 가치로 전환된다. 이에 개인의 인격성은 소멸돼 버린다. 기술산업체계의 전체적 시스템 안에서 개인은 일종의 "도구"로 전락하며, 이성은 그와 같은 현실을 일종의 운명으로 수용하는 데까지 도달하였다. 인공지능 시스템을 활용한 산업체계는 이미 전 세계의 정보시장에 또는 인터넷과 반도체 기술이 접목되어 운영되는 대부분의 문화산업 전반에 무한한 자유를 허락받고 있다. 스마트폰 하나를 교체하게 되면 과연 몇 개의 프로그램을 내려받기 해야 할지, 그 과정에 몇 번의 개인정보 동의를 해야 할지, 그 행위와 판단들이 나에게 어떤 해악을 끼칠지 감조차 잡을 수 없는 상황이다. 그리고 개인의 모든 정보는 나의 의견과 무관히 다국적 기업의 메인 저장장치 안에 정리되어 있다. 심지어 수년간 활용했던 포털이나 SNS 시스템 안에서 마치 서비스 활용 조건으로 개인정보 동의 요청을 해오기도 한다.[33]

둘째, 실용주의와 경제논리가 무분별하게 일반화되는 시대를 맞고 있다. 제도적 논리와 가치, 기업의 경영원리가 절대시됨으로써 인공지능 시스템을 구축, 운영하는 자의 통제 내에서 소통하고 생존하는 새로운 형태의 전체주의를 경험하게 된 것이다. 자율자동차에 시민들의 출퇴근 시간이 맡겨지고 인공지능 프로그램으로 작동하는 교육프로그램이 미래세대를 교육하며, 오락과 여가시간, 인공지능에 의해 학업 관리와 진로정보를 설계하는 현실이 가시화되고 있다. 이와 같은 사회에서 중요한 것은 '경제성'과 '유용성'이다. 그 외엔 그 무엇도 중요하지 않다. 기계학습의 기초자료도 이와 같은 환경으로부터 주어지고 반영된다.[34]

마르쿠제는 현대 사회의 폭력성의 배후엔 기술문명을 만들고 이끌어가는, '제도적'으로 정교히 구축된 논리인 "기술적 합리성"이 놓여있다고 주장했다.[35] 그는 여기에서 현대 사회의 합리성이 두 가지 얼굴을 하고 있다고 지적한다. 하나는 기술적이고 도구적인 합리성의 체계와 논리를 더욱 강화하고 완성해 가려는 경향이며, 다른 하나는 기성의 제도나 규범, 또는 익숙해져 있는 인습의 틀 안에 안주하려는 의지가 내재된 가치를 추구하는 것이다. 현존하는 사회적 주도세력의 권익을 추구하는 경향에서는 실용주의나 경제성이 최우선 가치로 나타난다. 심지어 극단적 수준까지도 기업의 자유를 보장하려는 활동, 합리적 경영의 원칙을 내세우지만 궁극적으로 경영자의 입장만 고려하게 되며, 실업의 증대조차도 정당화되는 상황을 맞게 되는 것이다.[36] 그런 의미에서 마르쿠제가 우려한 지배의 합리성, 제도적 지배에 따른 폭력성이 인공지능사회에서 더욱 강화되는 방향으로 전개될 개연성이 더 커 보인다.

AI전문가 러셀은 인간과 동물, 인간과 사물의 가치평가를 기존 구축자료에 의존하는 상황에서 AI로봇의 목표 설정과 실행이 반인류적 상황으로 치달을 수도 있다고 경고하고 있다.[37] 러셀 교수는 "(AI의 위협은) 이미 현실이 되고 있다. 소셜미디어의 알고리즘을 보면, 사람들이 읽고 보는 것을 골라내 인간의 인지 영역에 엄청난 제어권을 발휘하고 (있으며) 알고리즘은 사용자를 조종하고 세뇌해서 사용자의 행동을 예측할 수 있게 만들고, 결국엔 클릭 수를 끌어 올려 수익을 내는 데 활용되고 있다"고 언급한다.[38] 효율성과 경제성은 프로그램을 만들고 운용하는 기업의 입장에서 가장 우선적으로 고려할 문제이다. 이로써 더욱더 강력한 방식으로 사적 영역을 통제하고 침해할 가능성이 열리게 된다.

셋째, 인간의 권력과 욕망이 더욱 극단적 형태로 표출되고, 이전보다 더욱 정교하고 잔인한 폭력 사회가 되지 않을지 우려하게 된다. 최근 언론 보도에 따르면 메타버스 기술이 발전하면서 지속적으로 성폭력 등 기존의 법체계로 다룰 수 없는 문제들이 성행하여 관련법 개정의 시급한 필요성이 대두되고 있다. 특히 4D 가상현실 안에서도 사람들은 참여자의 아바타를 통해 일반 사회와 동일한 형태의 사건과 범죄행각을 벌이기에 법적 또는 사회규범의 통제가 시급하다는 것이다.[39]

인간의 존엄성과 가치는 인공지능의 기계학습 과정에 포함된 자료에 의존하게 되며 기계적, 도구적으로 판단할 수밖에 없게 된다. 기계적 원리에 따라 작동하는 사회체계는 궁극적으로 개인보다는 자본과 권력의 취향과 의도를 충족시켜 주는 방향으로 진행된다. 김대식은 인공지능사회의 '편향성'과 '부조리'가 이전보다 더욱 심각한 양태로 전개될 것을 우려한다. "인간의 편향성은 인간의 뇌를 모방한 인공지능에서도 그대로 드러난다. 인공지능이 학습한 데이터에 이미 인간 편향적 사고가 반영되어 있기 때문이다."[40] 가령 기계학습에 사용되는 데이터에 약 70-80%가 인종주의자들의 백인우월주의 사상이 들어가 있다면, 남녀 편견을 토대로 한 자료들이 그렇지 않은 자료보다 더 많이 제공된다면, 제3세계에 대한 편견을 많이 학습한 인공지능이 내릴 판단은 과연 공정하고 합리적일 수 있을까?[41]

인공지능사회가 고도의 통제국가를 가능하게 할 수 있다는 우려도 존재한다. 최첨단 스마트시티가 가시화될 때 "인공지능과 빅데이터에 기반을 둔 중요 인프라 시설이 갖춰진 도시 형태로서 도로, 항만, 항구, 전기시설 등의 상태를 감시하고 통제"[42]할 수 있는 환경이 쉽게 조성될 수 있다는 우려이다. 스마트시티는 생활 공간 안에서 사람과 사람, 사람과 사물, 사물과 사물 간의 네트워크가 구축되고 교통과 행정, 개인의 일상생활이 사물인터넷과 빅데이터와 연동된 인공지능에 의해 작동하기 때문이다.[43] 기술이 정보와 자본으로부터 자유로울 수 있어야만 하는 이유이다. 그렇지만 과연 인공지능이 돈과 권력 또는 그들의 제도화된 폭력으로부터 자유로울 수 있는 방책이 있을까.

IV. 연대와 해방

권력이 된 자본과 기술 그리고 이들의 제도적 환경은 개인에겐 거부할
수 없는 절대적 생존조건이 되었다. 이들에게 억압적 환경이라 할지라도
일차원화된 욕구체계와 의식구조 안에서 현재를 극복하는 것은 쉽지 않은
현실이다. 자유롭고 행복한 삶을 추구하는 현대인에게 하루하루는 짐이고
고통이다. 전면통제의 억압적 환경에서 개인의 자유로운 욕구가 존중되는
사회를 어떻게 만들어 낼 수 있을까?

자본과 권력의 이데올로기가 현대인의 일상과 의식을 지배하는 전체주
의적 사회에서 이와 같은 폭압적 상황에서 벗어나기 위한 선결요건으로서
마르쿠제는 부자유한 현실을 자각하고 의미를 공유하는 이들끼리의 "연
대"와 "실천"을 강조한다. 연대의 능력은 "에로스"로부터 나온다. 그는 에
로스를 "생명체의 조직 전체를 지배하는 힘"이라고 규정하였다. 즉 "에로
스 연대"는 자유롭고 평화로운 민주사회를 위한 '감지자'이자 '시금석'이
된다고 보았다.

1969년에 출간된 『해방론』[44]에서 마르쿠제는 "연대성"에 관한 생각들을
정리하고 있다. 미래사회의 희망으로 규정한 "에로스적 연대" 개념을 정리
해 본다.

첫째, "자유"의 연대이다. 사회 구성원 각자의 자유로운 욕구와 의지를
존중하는 공동체이다. 이는 "서로에 대하여 이해하고 배려"[45]하는 상호 인
정과 공감의 태도이다. 인간의 삶과 활동은 "억압적 환경이 아닌 미학적
환경의 건설"에 맞춰져야 하고 대규모의 자본이 들어가는 환락과 오락이
일상을 지배하기보다는 아름다운 환경의 건설과 공원과 정원을 만들어 사
람들이 자유로워질 수 있는 토양을 마련하는 일이다. 특히 자본의 논리와

이윤이 개인의 자유로운 욕구를 통제하지 않도록 하는 힘이다.

"이윤과 실행의 원칙에 의해 지배되는 그 어떠한 사회와도 양립할 수 없을 이와 같은 사회적 요청인 노동시간의 재분배는 모든 차원에서 사회를 점차적으로 변화시킬 것이다."[46] 현실원칙이 지배하는 산업문명의 체질을 "미학의 원칙"으로 전향하는 것을 의미하는 것이다. 이는 자본주의적 욕구체계 안에서 일상화된 각자의 구성원들에게 새로운 형태의 감수성을 갖고 만들어가는 문화인 것이다.

둘째, 소수자와 사회적 약자를 위한 "소수자 연대"를 주장한다. 이는 공존과 평등의 가치에 기반한 정치적 요구이다. 폭력성에 피해자가 될 개연성이 큰 이들이 사회적 약자들이다. 기술과 자본을 독점한 자본가와 권력자들과 이들의 제도적 지배구조 안에 생존해야 하는 사회적 약자들이 근본적으로 평등하지 못한 사회에 우린 은거하고 있다. 이는 인간의 평등과 자율성을 억압하는 불공정한 구조로 나타난다. 이를 타개하는 방법으로서 마르쿠제는 구조적 위계로 인한 수세적 위치에 놓여 있는 이들의 연대를 강조한다. 다만 이는 현존하는 부당한 권력과 "파시즘, 전체주의자"[47]들과의 대립이 촉발될 수밖에 없을 것이다.

참된 민주주의적 질서는 개인별 평등뿐만이 아니라 국가별 평등과 공존의 연대도 중요한 지점이다. 특히 "제3세계의 해방과 발전을 위한 연대"가 중요하다. 이를 위한 "가난한 자들과 국가 간의 동맹 … 비열한 물적, 정신적 약탈에 의존하거나 타협하지 않는 일이다."[48] 약육강식의 사회에 살아가는 현대인에게 있어서 약자에 대한 배려와 소수자를 위한 세상을 꿈꾼다는 것은 현존하는 세계에 대한 부정과 "위대한 거부"를 통해 시작할 수 있다. "부정적 사유는 경험적 기초 즉, 주어진 사회 속에서의 현실적인 인간조건을 초월하여 자유의 영역을 확대해 나갈 수 있는 … 힘을 이끌어낸다."[49] 기존의 전통과 권위를 과감히 내려놓고 사회적으로 주어진 위계와 권력관계를 포기한 상호 용인과 협력의 창출이 요청되는 것이다.

셋째, "공동체 살리기 연대"이다. 이는 생명의 원리를 회복하는 것이 민주주의적 공동체라고 보고 이와 같은 민주적 사회를 구현하는 것과 맞물려 있다. "새로운 관계들은 일과 그 일의 목적에 있어서 생물학적 유대감의 영향을 받게 될 것이다. 이 유대감은 사회적 필요 및 목표, 개인적 필요 및 목표 그리고 우리가 진리로서 아는 것과 실천의 문제 사이에 자유롭고 진정성 있는 조화"가 담보되는 것이 될 것이다.[50] 이는 국가나 외부적 강자가 강요하거나 설정된 원칙에 수동적으로 반응하는 것이 아니고 "자율적 연대"[51]를 구축해야 한다.

마르쿠제에게 있어서 존재하는 모든 것이 생명체이고 사회는 생명들의 연합으로서 거대한 생명체이기도 하다. 그런 의미에서 사회의 모든 구성원들이 공존하고 살아 활동할 수 있는 환경이 민주주의적 사회이다. 자본주의는 사람과 그 생명이 살아 움직이기보단 물질과 자본이 사람을 억압하고 사회를 통제한다고 보았기 때문에 사물화된 세계요 비민주주의적인 전체주의사회인 것이다. 그와 같은 의미에서 마르쿠제는 민주주의적 사회를 꿈꾸는 순수한 열정과 감성을 가진 자들의 새로운 협력과 연대가 중요하다고 보았다.

견딜 수 없는 고통에 시달리는 구성원이 존재한다면, 적지 않은 수의 신경증적 증세에 시달리는 현대인이 정상적인 생활을 영위할 수 없다면 우리 사회의 폭력성의 수위를 주목해 보아야 할 것이다. 마르쿠제에 의하면 그와 같은 사회는 에로스적 요소, 즉 생명의 에너지가 고갈된 전체주의적 사회이다. 이때 사회의 약한 고리에서 문제가 발생한다. 사회는 이들을 위한 개인적 심리치료와 제도적 지원을 아끼지 않아야 할 것이다. 동시에 제도적 합리성의 원리에 따라 폭력을 유지 또는 영속화시키려는 구조적 틀을 개선하고, 그 환경으로부터 벗어날 수 있도록 구성원들을 훈련하고 교육하는 다양한 프로그램을 고안해 내야만 할 것이다.

우리가 폭력성으로부터 완전히 벗어날 수 있는 방안을 제시하는 일은 결국 인간과 세계를 바라보는 관점과 철학 그리고 정치적 식견의 문제로 귀착된다. 평등과 자유, 모든 개인의 존엄성을 인정하고 공존을 위한 사회를 구축할 것인지, 능력과 힘의 논리로 지배돼온 약육강식의 생존논리를 용인할 것인지 선택해야 할 것이다. 마르쿠제는 공존과 에로스의 가치가 살아 활력을 주는 그런 미래사회를 꿈꾸었다.

주

1 연극 〈톡톡〉은 강박증 치료 전문가인 스텐박사에게 찾아온 6명의 환자 이야기를 다뤘다. 뚜
  렛증후군 프레드, 계산벽 뱅상, 질병공포증 블랑슈, 확인강박증 마리, 동어반복증 릴리, 대칭
  집착증 밥인데 우리 주변에서 흔히 볼 수 있을 만한 크고 작은 정신질환자를 비유적으로 동
  원한다. 21세기 현대인들 이야기를 가볍고 경쾌하게 다룬다.

2 Herbert Marcuse, *Der eindimensionale Mensch: Studien zur Ideologie der fortgeschrittenen Indus-*
  triegesellschaft (1964), Neuwied u. Berlin 1967, S. 23.

3 Herbert Marcuse, "Der Kampf gegen den Liberalismus in der totalitären Staatsauffassung", in:
  ZfS, 3.Jg. 1934, S. 161-195 (Schriften 3.)

4 Herbert Marcuse, "Der Kampf gegen den Liberalismus in der totalitären Staatsauffassung", in:
  Kultur und Gesellschaft 1, Frankfurt a. M. 1965, S. 17.

5 "피는 형식적 오성에 대항하여 부각되고, 인종은 합리적 목적추구에 맞서며, 명예는 가치보
  다 중시된다. 구속은 방종이라 불리는 자유보다 그리고 유기체적 전체는 개인주의적 분산보
  다 우위에 있다. 용기는 시민적 안정에 대항하고 정치는 경제적 우위에 맞선다. 또한 국가는
  사회보다, 민족은 개인과 대중에 대항하여 일어난다." 마르쿠제에 따르면 크리엑의 위 글은
  인간의 지성이 발달하고 진리를 추구하며 인간의 지적 분별력의 준거를 이성으로 삼아왔던
  인류의 역사를 부인하는 내용을 담고 있다는 것이다. 특히 근대 이후 보편가치로서의 규범과
  보편적 지식으로서의 철학을 추구하였던 근대의 지성사에 역행하는 요소를 주장한다. Ernst
  Krieck, *Nationalpolitische Erziehung*, Leipzig 1933, 14-16 Aufl., S.68.

6 Herbert Marcuse, "Der Kampf gegen den Liberalismus in der totalitären Staatsauffassung", in:
  Kultur und Gesellschaft 1, Frankfurt a. M. 1965, S. 18.

7 비합리주의적 자연주의의 시각에서 볼 때 "자연은 모든 경우에 있어서 역사 이전에 실재하는
  것이며 신화적 원초성의 차원으로까지 이해된다. … 자연은 원초적인 것으로서 동시에 자연
  스럽고 진정성을 보유하며, 건전하고 귀중하다. 한마디로 성스럽다." Ibid., S. 19.

8 Ibid., S. 18f.

9 Ibid., S. 20.

10 Ibid.

11 파시즘적 환경의 배후에는 '인간에 대한 영웅화' 경향과 '삶의 철학', '비합리주의적 자연주
  의' 그리고 '보편주의적 경향'이 놓여 있었고 이는 '자유주의'와 은밀한 연관성이 있다고 보았
  다. 본래 자유주의의 뿌리는 르네상스 시대까지 거슬러 올라간다. 인간의 능력과 권한에 대
  한 극단적 신뢰가 가져온 사유방식이자 가치관이기 때문이다. 시민혁명의 시기에 다양한 논
  쟁을 촉발시켰으며 "1789년의 이념논쟁"과 "인본주의 및 평화주의", 그리고 이기주의와 개인
  주의 등의 논쟁에 촉매제 역할을 했던 후견인이기도 하였다. Ibid., S. 21f.

12 우리 사회의 정신질환과 자살과 같은 극단적 선택이 빈번히 발생하는 현상도 이와 무관하지
  않다. 경제 논리는 지식과 기술적 환경과 맞물려 있기에 이는 곧 마르쿠제가 지적한 기술적
  합리성과 무관하지 않다.

13 이 책은 두 가지 매우 의미 있는 시선을 제공해 주었다. 그 하나는 정신분석학을 통한 사회분

석이었다. 물론 프롬과 같이 처음부터 정신분석학의 관점을 통해 사회연구를 하였던 연구원도 있었으나 마르쿠제는 이 책에서 기존의 연구작업에서 보여주지 않았던 연구방법론을 시도하였다. 다른 하나는 이 책에서 본격적으로 인간학적 주제들을 문제 삼는다. 이 책에서 마르쿠제는 "개인 그리고 문명의 기원", "욕구", "아름다움"의 문제 등을 주로 다룬다. 논의의 주 관심은 기술사회에 살아가는 인간의 심상에 대한 분석과 전망에 대한 것이고, 기술시대 인간은 그의 자연적 성향 즉, '생명'의 본성을 망각하고 억압, 왜곡되어 살아간다는 것이다. 기술문명이 전체주의적 억압과 통제의 결과이다. 그리하여 현대인의 삶은 반생명적이고 궁극적으로 비인간적이다. 이 문제에 대하여 다음을 참조하시오. 임채광, 「마르쿠제의 '생명' 개념 연구」, 『범한철학』 제41집, 2006 여름, 29-50쪽.

14 위 글, 35쪽.

15 Herbert Marcuse, *Eros and Civilization. A Philosophical Inquiry into Freud* (1955), 김인환 역, 『에로스와 문명: 프로이드 이론의 철학적 연구』, 도서출판 나남, 1989, 193쪽.

16 임채광, 「마르쿠제의 '생명' 개념 연구」, 『범한철학』 제41집, 2006, 41쪽.

17 위 글, 34쪽.

18 마르쿠제가 사용했던 에로스 개념은 과거 그리스시대의 의미와는 약간 차이가 있다. 고대 그리스의 신화에서 나오는 에로스는 아프로디테(Aphridite)와 아레스(Ares)의 아들이자 사랑의 신으로 이해되어졌다. 이는 마음과 육체가 이질적 타자 즉 남성은 여성에, 그리고 성숙한 여성은 남성에 향하는 이질적 생명에 대한 동경이자 추구였다. 그 후 플라톤(Platon)을 경유해 중세로 오면서 사랑에 에로스는 제외되고 아가페로서의 영적사랑 또는 인격적 사랑이 중시되는 시대로 돌입하였다. Artikel "Eros" in: J. Ritter u. K. Gründer (Hg.), *Historisches Wörterbuch der Philosophie*, Bd. 2, Basel 1972 참조.

19 Herbert Marcuse, *Eros and Civilization. A Philosophical Inquiry into Freud* (1955), 김인환 역, 『에로스와 문명: 프로이드 이론의 철학적 연구』, 도서출판 나남, 1989, 38쪽 이하.

20 Erich Fromm, *Escape from Freedom*, Rinehart, 1941.

21 Herbert Marcuse, *Der eindimensionale Mensch: Studien zur Ideologie der fortgeschrittenen Industriegesellschaft* (1964), Neuwied u. Berlin 1967, S. 24.

22 Herbert Marcuse u. Karl Popper, *Revolution oder Reform?: Eine Konfrontation*, München, 3. Aufl. 1972, S. 13f.

23 독일과 일본 미국 등 중공업 분야 대부분의 큰 기업들은 2차 세계대전 전후에 무기생산 기업이었다. 그리하여 전후 독일은 주변 국가들에 대하여 국가별 변상과 별도로 기업 차원의 배상을 추가적으로 해야만 했다.

24 Herbert Marcuse, "Die innere Logik der amerikanischen Politik in Vietnam", in: Nachgel. Schriften Bd.4: *Studentenbewegung und ihre Folgen*, Springe 2004, S. 49.

25 Herbert Marcuse, "Rede auf einem Teach-In an der University of California in San Diego am 6. Januar 1973", in: Nachgel. Schriften Bd.4: *Studentenbewegung und ihre Folgen*, Springe 2004, S. 79.

26 Ibid., S. 19.

27 Herbert Marcuse, *Der eindimensionale Mensch: Studien zur Ideologie der fortgeschrittenen Indus-*

triegesellschaft (1964), Neuwied u. Berlin 1967, S. 24. S.101.

28 인간의 본성을 리비도의 활동 즉, 생명의 활동성에 귀속시키었던 프로이드의 이론을 사회철학적 관점으로 접목하여 해석한 마르쿠제의 이론에 의하면 생명성은 존재의 기초이고, 자유이고 해방이다. Herbert Marcuse, *Eros and Civilization. A Philosophical Inquiry into Freud* (1955), 김인환 역,『에로스와 문명: 프로이드 이론의 철학적 연구』, 도서출판 나남, 1989.

29 Herbert Marcuse (1969), *Versuch über die Befreiung*, Frankfurt am Main,『해방론』, 청하, 1984, 85쪽.

30 클라우스 슈밥(송경진 역),『제4차 산업혁명』, ㈜메가스터디, 2016, 25쪽 이하.

31 슬라보예 지젝, 윌리엄 어윈,『매트릭스로 철학하기』, 한문화, 2003.

32 Max Horkheimer u. Theodor W. Adorno, *Dialektik der Aufklärung: Philosophische Fragmente*, (1944), Ffm 1969, S. 4f.

33 2022년 SNS 페이스북 가입자들에게 요구한 동의서 캡쳐 사진. 유저들의 집단적 반발로 적용이 취소됐으나 유사한 형태의 사태들은 다양한 곳에서 수시로 발생한다.

34 MBC 탐사기획 스트레이트에서는 국내 포털사이트에서 노출되는 기사의 내용과 언론사들과의 역학관계를 분석하여 결국 거대 언론사들에 의해 노출빈도와 순위가 조작될 수 있다는 점을 지적하고 있다. 이지선,「네이버 뉴스 알고리즘의 비밀」,『스트레이트』123회, 2021.05.02.

35 Herbert Marcuse, *Der eindimensionale Mensch: Studien zur Ideologie der fortgeschrittenen Industriegesellschaft* (1964), (Neuwied u. Berlin 1967).

36 Ibid., S. 161.

37 김세희,「AI 석학 '인공지능, 갈수록 무서워져…위협 이미 현실화'」,『KBS 뉴스』2021.11.7.

38 위 글.

39 임재현,「접속 1시간만에 '성폭행 당해'…성착취도 이뤄지는 '가상세계'」,『서울신문』2022.7.2.

40 김대식,「미래기술과 격차: 인공지능에 과학, 사회학, 철학을 탑재하자」, 김도현 외,『인간을 위한 미래』, 클라우드나인, 2020, 146쪽.

41 위 책, 147쪽 이하.

42 양선진,「인공지능 시대와 코로나 시대의 교차점에서 인간의 자유와 감시사회」,『양명학』제59호, 2020.12, 254쪽 이하.

43 위 글 255쪽 참조.

44 Herbert Marcuse, *Versuch über die Befreiung*, Frankfurt am Main(1969), 『해방론』, 청하, 1984.

45 위 책, 109쪽.

46 위 책, 111쪽.

47 위 책, 109쪽.

48 위 책, 101쪽.

49 위 책, 107쪽.

50 위 책, 108쪽.

51 위 책, 109쪽.

참고문헌

김대식. 「미래기술과 격차: 인공지능에 과학, 사회학, 철학을 탑재하자」, 김도현 외, 『인간을 위한 미래』, 클라우드나인, 2020.

김세희, 「AI 석학 '인공지능, 갈수록 무서워져… 위협 이미 현실화'」, 『KBS뉴스』 2021. 11.7.

양선진. 「인공지능 시대와 코로나 시대의 교차점에서 인간의 자유와 감시사회」, 『양명학』 제59호, 2020.12.

이지선, 「네이버 뉴스 알고리즘의 비밀」, 『스트레이트』 123회, 2021.05.02.

임재현, 「접속 1시간 만에 '성폭행 당해'… 성착취도 이뤄지는 '가상세계'」, 『서울신문』 2022.7.2.

임채광, 「마르쿠제의 '생명' 개념 연구」, 『범한철학』 제41집, 2006 여름.

클라우스 슈밥. 『제4차 산업혁명』, ㈜메가스터디, 2016.

슬라보예 지젝. 윌리엄 어윈, 『매트릭스로 철학하기』, 한문화, 2003.

Fromm, Erich. *Escape from Freedom*, Rinehart, 1941.

Horkheimer, Max u. Adorno, Theodor W.. *Dialektik der Aufklärung: Philosophische Fragmente*, (1944), Ffm 1969.

Krieck, Ernst. *Nationalpolitische Erziehung*, 14-16 Aufl. Leipzig 1933.

Marcuse, Herbert. "Der Kampf gegen den Liberalismus in der totalitären Staatsauffassung", in: *ZfS*, 3.Jg. 1934, S. 161-195 (Schriften 3.) und auch in: *Kultur und Gesellschaft 1*, Frankfurt a. M. 1965.

Marcuse, Herbert. *Eros and Civilization. A Philosophical Inquiry into Freud* (1955), 김인환 역, 『에로스와 문명: 프로이드 이론의 철학적 연구』, 도서출판 나남, 1989.

Marcuse, Herbert. *Der eindimensionale Mensch: Studien zur Ideologie der fortgeschrittenen Industriegesellschaft* (1964), Neuwied u. Berlin 1967.

Marcuse, Herbert (1969). *Versuch über die Befreiung*, Frankfurt am Main, 『해방론』, 청하, 1984.

Marcuse, Herbert u. Popper, Karl. *Revolution oder Reform?: Eine Konfrontation*, München, 3. Aufl. 1972.

Marcuse, Herbert. "Die innere Logik der amerikanischen Politik in Vietnam", in: Nachgel. Schriften Bd.4: *Studentenbewegung und ihre Folgen*, Springe 2004.

Marcuse, Herbert. "Rede auf einem Teach-In an der University of California in San Diego am 6. Januar 1973", in: Nachgel. Schriften Bd.4: *Studentenbewegung und ihre Folgen*, Springe 2004.

직업으로서 일의 위기[1]

이 선 미

I. 서론

비판이론(Critical Theory)은 아도르노(T.W. Adorno), 호르크하이머(M. Horkheimer) 등의 1세대에 이어, 하버마스(J. Habermas), 오페(C. Offe) 등으로 대표되는 2세대와 호네트(A. Honneth)로 대표되는 3세대로 이어지는 일련의 사유 방식을 지칭한다. 2세대 이후 학자들이 내용적으로 서로 다른 이론체계를 가진 것은, 흔히 오해하듯 그들이 비판이론의 사유 방식을 폐기했기 때문이 아니라, 오히려 그 본질적 의도를 따르고자 했기 때문이다. 그 핵심은 인식의 대상으로서 객체의 변증법적 변화에 따라 이론도 변화해야 한다는 인식과 객체의 변증법적 사유이다. 하버마스가 명시적으로 요약한 것처럼, "한 사유의 전통은 그것의 본질적 의도가 새로운 경험의 맥락에서 증명될 때에만 살아남을 수 있게 된다. 그것은 낡디 낡은 이론적 내용들을 희생하지 않고서는 이루어지지 않는다(Habermas, 2002: 16)". 비판이론의 사유 방식으로서 부정변증법은 개념을 통한 이성적 사유가 현실을 총체적으로 포착하려 할 때 발생하는, 대상에 대한 인식의 지배를 경계한다. 이론은 사회구조의 역동적 변화에 따라 자신의 이론체계에 대한 부정을 통해 지속적으로 새로운 현실을 닮은 이론을 만들어내는데 기여해야 한다. 그러기 위해서는 항상 부정에 머물러 있어야 한다. 분석을 위한 '개념' 역시 객체로서 현실을 포착하기 위한 것이라기보다는, 내재적 비판을 위한 수단으로서 의미가 있다. 비판이론적 사유에서 출발하는 접근 방식이 실증주의 전통의 사회학 이론 연구가 당연시하는 사상사적 연구와 분류, 문헌고증과 해석이라는 방법과 구분되는 지점이 여기에 있다. 다른 한편, 맑스에서 출발하여 그람시, 루카치, 만하임 등으로 대표되는 이데올로기 비판 조류와도 구분될 수 있다. 비판이론 역시 이데올로기 비판을 중요한 임무로 삼고 있지만, 근본적인 차이점이 있다. 맑스주의 전통의 이데올로기 비판은 개념과 지식체계가 현실의 지배관계를 반영하고 있으며 이를 정당화하는 데 기여한다는 점을 강조하면서 이를 마땅히 제거해야 할 허위의식으로 보는 반면, 비판이론에 따르면 이성적 사유로서 이론은 그 대상이 되는 현실과의 대질을 통한 비판을 거쳐 자기반성에 이른다는 조건 하에 현실의 모순과 고통에 새로운 희망이 될 수 있다. 슈베펜호이저(Schweppenhäuser, 2020: 184)의 말을 그대로 인용하면, "이데올로기 비판이 문화적 현상의 가상적 자립화 속에서 언제나 숨어 있는 진리 계기를 추상적으로 부정하는 의미에서 진행된다면, 그러한 비판은 아도르노가 보기에는 그 자체 이데올로기적이다. (중략) 비판이론은 정신적이고 문화적인 것에 대한 진리 요구와 타당성 요구를 추상적인 이데올로기 비판을 통해 상대주의적으로 완화"시키려 하지 않는다. 이는 비판이론을 포스트모더니즘과 구분하는 지점이기도 하다. 이런 점에서 비판이론은 여전히 '이성의 기획'이다.

비판이론의 본질적 의도를 오늘날 우리의 경험 맥락에서 증명하기 위해 이 연구가 주목하는 사회 현실은 확정된 직업으로서 일의 가치를 둘러싼 위기이다. 현재 우리는 급격한 구조적 사회변동 시기에 살고 있다. 이로 인한 위기의 새로움은 경제성장률 하락, 생산성 하락, 실업의 증가, 소득과 부의 불평등 증대 등을 넘어서, 일의 가치에 관한 믿음의 위기이기도 하다는 점이다. 기대되는 것보다 더 많이 성실히 일하면 더 큰 보상을 받을 것이라는 믿음이나 성공을 향한 열심, 나아가 일이라는 아이디어 자체에 대한 불신과 회의가 수면 위로 떠오르고 있다.[2] 구조적으로 볼 때, 일의 위기는 전반적인 이윤율 하락 위기 혹은 그에 대한 체계의 대응에 따른 구조적 변동과 관련이 있다(백승욱, 2009; 박홍서·남수중, 2018). 좀 더 직접적으로는 미국을 중심으로 70년대 중반 이후 전개된 신자유주의 정책, 특히 노동 유연성 강화의 결과로 해석될 수 있다(Kalleberg, 2009). 그러나 원인 분석의 차이에도 불구하고 신자유주의 하 일의 위기를 다루는 기존 연구들은 대부분 직·간접적으로 노동운동과 노동조합, 혹은 노사관계의 관점을 견지하면서 '일자리'의 위기에 주목하는 경향이 있다(Clark, 1989; Fletcher and Gapasin, 2008). 이는 오늘날의 일의 위기가 확정된 직업으로서 일의 가치에 대한 회의, 직업윤리로 작용하는 조직적 생활방식과 인(간)성의 균열이라는 외양을 띠고 있다는 점을 제대로 포착하지 못한다.[3] 본 연구는 비판이론의 부정변증법 사유 방식이 이러한 의미의 일의 위기를 이해하기 위한 길을 열어준다고 본다.

한편, 이 연구를 위한 주요 개념적 도구는 하버마스가 베버의 비판적 재구성을 통해 발전시켰던 사회합리화(Habermas, 2015) 이론에서 도입한다. 하버마스가 내재적 비판을 위해 그랬듯이, 총체화하는 개념에서 출발하여 그것에 이질적인 구성 요소를 규정하고 그것이 구성적(constitutive) 요소임을 밝히는 작업이 우선되어야 하기 때문이다. 특히 베버와 하버마스가 합리성의 비합리적 구성 요소로 지목한 신교 직업윤리에 주목한다. 하버마스는 베버의 논의를 비판적으로 재구성하면서 종교적 신념윤리는 합리화된 세상에서 탈락함으로써, 즉 직업윤리로 작용하는 '조직적 생활방식(methodische Lebensführung)'과 '인성(character)'이라는 형식을 매개로 경제

합리성 안으로 포섭됨으로써 자본주의 경제의 유지에 기여할 수 있었다고 논증했다. 그러나 이후 그의 논의는 그가 살던 시기의 경험 맥락이던 공공 영역에 관한 이론화에 집중되면서, 20세기 중반 이후 기업 조직과 직업인 간의 합리화가 어떤 변증법적 동학을 보이는지에 관해서는 함구한다. 하버마스 논의가 다루지 못한 그 이후 시대를 위한 탐색을 위해, 이 연구는 베버와 하버마스의 주요 개념적 도구들을 기초로 기업 조직의 경제합리성 내부로부터 그 비합리성을 비판하는 방법을 취할 것이다. 20세기 중반 이후 경제 조직의 합리화가 진행되면서 생산과 관리가 분리되었고, 경영 조직은 조직 내부적으로 효율성과 생산성 향상이라는 목표에 부합하지 않는 '비합리적인' 요소들을 규정하고 그것에 합리적 관리로 대응하려는 전략적 시도를 지속했다. 이 연구는 이와 관련된—전통적 구분에 따를 때 사회이론 영역이 아닌—다른 분야 연구들을 참조한다. 비판이론적 사유를 한다는 것은, 마치 아도르노가 철학의 자기비판의 결과로 철학을 넘어 사회이론으로 이동한 것처럼, 사회이론이 자기비판을 통해 변증법적으로 변화하는 현실을 닮지 않은 자신을 넘어 다른 분야 지식들로 이동해야 한다는 것을 의미하기 때문이다. 이러한 이유에서 본 연구는 아도르노의 부정변증법, 막스 베버의 신교 직업윤리, 하버마스의 사회합리성 비판 등 사회학 이론뿐 아니라, 감정 사회학자인 일루즈(E. Illouz)가 추적한 직장 내 감정의 합리화 시도, 그리고 20세기 중후반 경영합리화에 영향을 준 인적자원관리의 지식 및 관리실천 등 다른 분과 학문의 논의들을 참고한다.

요약하면, 본 연구는 비판이론의 사유 방식을 오늘날의 경험 맥락에 적용한 사례로서, 사회합리화(Habermas, 2015)의 개념적 도구들을 기초로 경제 조직의 합리화와 인(간)성의 붕괴 및 일의 가치 위기 간의 관계를 규명하고자 한다. 내용적으로는, 베버가 관찰한 신교 신념윤리의 합리화가 일의 가치에 관한 신화를 만들어내었고, 이후 경제 조직의 합리화는 바로 이 신화를 탈주술화했으며, 지금의 일의 가치를 둘러싼 위기 현상은 그 결과라고 주장할 것이다. 이 연구의 구성은 다음과 같다. 먼저, 다음 절에서는 아도르노의 부정변증법에서 드러난 비판이론의 방법론적 특징과 주요 개념을 살펴볼 것이다. 이어 III절에서는 신교 신념윤리와 자본주의 정신에 관한 하버마스의 베버 재구성을 중심으로 개념적 수단들을 검토한다. 내용적으로는, 동일성 강압으로서 경제합리성 관점에서 출발하여 그것에 구성 요소로서 조직적 생활방식과 인성의 불안정성을 규명하는 하버마스의 주장을 검토할 것이다. IV절에서는 20세기 중반 이후 조직의 경제합리성이 자신의 비동일자로서 직업인간을 어떻게 새롭게 규정하고, 어떤 기술적 도구와 관리형식들을 통해 합리화하여 자신의 내부로 포섭하려 했는지 살펴볼 것이다. 이를 위해, 직장 내 감정의 합리화와 소통 윤리의 정착에 대해 비판적으로 고찰한 일루즈의 연구를 소개하고, 이어서 인사조직 및 관리 분야에서 오랫동안 지배적이었던 인간관계론적 관점이 규정한 직업인간의 상(像)과 그것의 합리화를 매개한 도구적 수단과 관리 형식들의 한계를 지적할 것이다. 그 모순을 드러냄으로써, 신자유주의 이후 본격화된 경영합리화의 비합리성을 비판할 것이다.

II. 비판이론[4]

잘 알려진 것처럼, 아도르노는 변증법의 아포리아를 벗어나기 위해 부정변증법을 제안했다. 여기서 말하는 변증법의 아포리아란 기존의 변증법적 사유체계가 긍정적 세계관으로 전도됨으로써 스스로 비변증법적인 변증법으로 퇴보했던 역사적 경험, 무엇보다 소련과 동구권 국가이데올로기로 정식화된 교조주의적 맑스주의의 경험을 의미한다(한상원, 2016). 따라서 아도르노의 부정변증법은 당시 자본주의의 모순과 관련하여 직선적인 역사발전을 예측하도록 이끈 기존의 변증법에 대한 내재적 비판을 통해 탄생한 새로운 사유 방식이다. 아도르노는 추상적 관념론 비판에 머물지 않고, 부정변증법의 사유 방식에 따라 홀로코스트, 미국 문화산업, 권위주의적 인성 등 다양한 사회 현상에 대한 비판을 이어갔다. 다양한 주제들에 대한 연구를 관통하는 것은 그의 부정변증법 사유로서, 그는 이를 통해 그의 연구 자체가 인식과 사회구조의 상호 대질, 개별 현상과 총체성의 상호 대질을 통해 당시의 시대적 맥락에서 해방에 기여하기를 바랐기 때문이다. 따라서 아도르노의 사회 비판 내용은 문구 그 자체로 독립적으로 해석되어서는 안 되며, 부정변증법의 사유 방식과—그가 살던 시대와 사회를 관통하는—사회구조의 동일성 원리라는 두 가지 차원의 교차에서 해석될 때 비로소 제대로 이해될 수 있다.

1. 부정변증법: 동일성에 대한 비판으로서 비동일자 부활의 기획

아도르노에게 있어 부정변증법의 비판이 의미하는 것은 동일성 강압은 바로 그것이 달성하고자 했던 것을 이루지 못한다는 것을 밝히고 "사안 내부에서 실현되지 않은 것의 힘"(Adorno, 2012: 322)을 드러내는 것이다. 그에게 동일성은 이중 의미를 가지고 있다. 슈베펜호이저에 따르면, "이는 사태 자체의 고유한 동일성과, 외부적으로 생성된, 이질적인 것의 동일성으로 파악된다"(Schweppenhäuser, 2020: 70). 즉, 대상에 대한 이성적 인식은 자신의 동일성 잣대로 대상을 규정하는 한 그 자체로 동일성 강압이다. 그러나 동시에 이성적 인식은 "이성적 주체가 개인으로서 사회 전체에 귀속되는 면에서 이 주체를 종속시키는 가장 현실적인 외적 강압의 흔적이기도 하다"(Schweppenhäuser, 2020: 70). 이성적 인식으로서 이론의 동일성 강압과 외적 현실로서 사회의 동일성 강압 사이의 결합을 변화시키기 위해 아도르노는 관념론에 대한 내재적 이데올로기 비판이라는 방법을 취한다. 아도르노에게 있어 이성적 인식을 대표하는 철학적 관념론에 대한 내재적 비판은 관념론이 자신의 원리를 충실히 따를 때 자신이 지향하는 목적을 달성할 수 없다는 자기반성의 형식을 띤다. 아도르노에게 있어 이는 필연적으로 관념론에서 사회구조에 대한 이론으로의 이행을 수반한다. 인식의 자기반성은 자기 내에 이미 작동하고 있지만 미처 인식하지 못함으로써 등한시하게 되는 객체성을 인식에게 일깨워주는 방식이기 때문이다. 이에 따라, 아도르노는 계속해서 인식이 아닌 객체로서 사회의 동일성을 파악하면서, 이를 또한 동일성 강압으로 비판하는 작업에 몰두한다. 그런데 이 비판의 목적은 동일성 자체를 반대하기 위해서가 아니라, 오히려 그 반대이다. 즉, "강압 없는 동일성이 사회의 측면에서나 개인들의 측면에서 전적으로 실현되어야 할 어떤 것임을 보여주기 위해서이다"(Schweppenhäuser, 2020: 89).

논리적 사유 규정으로서 동일성 강압 비판이 철학을 떠나 사회과학적인 의미의 현대 사회구조 비판으로 이어질 때, 아도르노는 교환원칙, 효용성 원칙이 지배하는 사회구조 법칙에 대한 언급을 통해 사회학자로서의 면모를 보인다. 사회구조 차원에서 보면, 동일성 강압은 맑스를 따라 "자본의 합리성"으로 파악된다.[5] 따라서 사회의 동일성 강압에 대한 비판은 그 합리성에 부합하지 않는 것들로서 사회구조의 유지에 구성적인 계기가 되는 것, 예를 들어 개인의 질적 특성을 생략함으로써 개인에 대한 외적 강압을 행사하는 문제들에 집중된다(Adorno, 2005).

요컨대, 아도르노에게 있어 비판이 향하는 지점은 이론으로서 인식의 동일성 강압과 사회구조의 동일성 강압 각각에 대해서뿐만 아니라, 이 둘이 서로 연결되어 나타나는 효과이기도 하다. 따라서 비판은 이성적 인식으로서 이론, 즉 세계를 하나의 도식으로 이해하려는 보편성(동일성) 요구를 가진 이론체계와 자본의 합리성이라는 사회구조의 동일성 강압을 대질시키는 이데올로기 비판이다. 그러나 그 방식은 비판의 대상 외부의 기준으로부터가 아닌 비판의 대상 내부의 기준에 따라야 하며, 그렇게 했을 때 어떤 자기모순이 있는지를 드러내는 방식이어야 한다.

여기서 철학적으로 논쟁적이었던 것 중 하나는 "비동일자"(Adorno, 1999: 39)가 무엇인가 하는 점이다. 아도르노의 비동일자 해석에 관한 독일 내 철학적 논쟁을 보면, 그것이 실재하는 어떤 것을 지칭하는 것인가 여부로 귀결된다. 예를 들어, 한상원(2019)에 의해 소개된 튀엔(A. Thyen)과 구초니(U. Guzzoni)의 논쟁을 보면, 튀엔은 구초니가 비동일자를 존재론화시켰다고 비판하면서, 그것은 동일성의 대립물이나 타자가 아니라 개념과 동일성이 인식 속에서 대상에 대해 월권적인 동일성 강압으로 전환되는 것을 막아주는 역할을 하는 구성적 한계개념이라고 주장한다. 따라서 비동일자는 결코 긍정적으로 규정될 수 없으며, 동일성과의 관계 속에서만 부정적인 방식으로 규정된다는 것이다. 실제로, 아도르노의 『부정변증법』에서 비동일자 개념을 나타내는 표현들은 '비개념적인 것', '개념에 대한 이질적인 것', '개념의 내용으로서의 비개념적인 것', '해소되지 않는 것', '질적인 것', '직접적인 것', '타자', '상이한 것', '낯선 것', '열려 있는 것', '닫히지 않은 것', '왜곡되지 않은 것', '생성된 것', '동일하지 않은 것' 등으로서, 매우 다양하다. 다만 모두 공통적으로 "부정의 경험"을 나타낸다(한상원, 2019: 72). 슈베펜호이저는 이에서 더 나아가, 비동일자가 동일성 강압에 의해 제약되는 동시에 그것의 포섭에서 벗어나는 것을 대변하는 한, 그것이 그 자체로 또 다른 동일성을 가지며 존재하는지의 여부는 아도르노에게 있어 문제가 되지 않는다고 주장한다(Schweppenhäuser, 2020: 87). 1971년부터 2000년까지 프랑크푸르트대학 사회학과 교수로서 아노르노를 강의했던 리체르트(Ritsert, 1997a: 48) 역시 "비동일자는 어떤 비밀스러운 실체가 아니라 문제들이 가득한 것에 대한 압축적인 표현에 해당한다. 아도르노의 비판이론은 이런 문제들과 갑론을박하는 것이며, 그리고 부분적으로는 이론이 문제들을 제기하기도 한다."고 주장한다. 또한 그는 그의 다른 책(Ritsert, 1997b: 160-180)에서, 비동일자는 철학적 사유임과 동시에 매우 복잡한 사회학적 문제를 요약적으로 표현한 것이라고 주장한다. 실제로 그는 아도르노의 여러 개별 저작들에 대한 검토를 통해, 이 개념이 포괄하는 범위가 가장 추상적이고 기본적인 인식론적 질문에서부터 개인 사회학의 구체적인 동기 문제에 이르기까지 폭넓고 다양한 차원을 포괄한다는 것을 증명하였다.

2. 매개와 내재적 비판

아도르노의 내재적 비판은 동일성의 요구가 개별 현상을 통해 유지되는 방식을 밝히는 것을 중요하게 다룬다. 여기서 등장하는 개념이 "내적 매개 (innere Vermittlung)"이다. 즉, 동일성이 자신을 총체화하는 원리는 외부적으로 개별 현상에 직접 강제를 행사하는 것이 아니다. 그것은 개별 현상과 내적 매개 관계에 있다. 바로 이 가정 때문에 내재적 비판을 통해 전체에 대한 비판에 도달할 수 있다는 주장이 성립된다. 아도르노에게 있어 내적 매개라는 개념은 매개가 '양극단에 있는 A와 B 사이의 대립관계', 그 이상임을 강조하기 위한 개념으로 사용된다. 아도르노 이전에는, 변증법에서 매개는 흔히 다음과 같이 이해되었다. '양극단은 근본적으로 서로에게 의존되어 있으며, 둘 사이의 관계가 변하면 양 극단도 변한다. 이로써 양극단은 지양된다.' 이로부터 흔한 오해는 이 대립관계의 지양이 마치 양극단 사이에 공통된 이해관계 중심의 조정이나 그것을 초월하는 제3의 더 나은 대안을 통해 일어난다고 생각하는 것이다. 리체르트는 내적 매개 관계를, 비록 아도르노는 도식화에 회의적이었지만 정의상 불가능하다고 보지는 않았다는 해석과 함께, 다음과 같은 도식으로 표현한다(Ritsert, 1997b: 155).

$$매개 = A[B] \langle - 대립 - \rangle B[A]$$

리체르트의 정식화에 따르면, 아도르노에게 있어 내적 매개는 다음 두 가지 특성의 종합이다. A와 B는 서로에게 엄격하게 배타적이다. 그러나 동시에 A와 B는 서로를 포함하는 관계에 있다. 왜냐하면 아도르노에게 있어 양극단의 어느 한쪽(A)의 분석은 그 자체 안에서 내적으로 그것에 대립하는 다른 한쪽(B)에 대한 이해로 이어지기 때문이다. 이 때 그 다른 한 쪽(B)은 처음의 그 한쪽(A)이 아닌 것으로 규정된 부정(bestimmte Negation)이다(Ritsert, 1997b: 155). 따라서 대립관계의 지양은 대립관계에 있는 양극단 A와 B 사이의 중도나 중용을 통해서 이루어지는 것이 아니며, 그 양 극단을 뛰어넘는 제3의 더 나은 대안을 통해서 이루어지는 것도 아니다. 따라서 동일성 강압에 대한 비판은 동일화 원리가 자신의 이상에 합당하지 못한 성질을 그 자신의 구성적(constitutive) 요소로 가질 수밖에 없다는 것을 밝히는 내재적 비판을 통해서 이루어져야만 한다. 이 때 내재적 비판은 한편으로 이론적 사유의 논리적 모순에 대한 비판이고, 다른 한편으로 "철학적 구상과 실행 사이에 간격이 벌어져서 드러나는 그 여지에"서 "방법론+내용을 빈틈없이 하나로 묶어내는 것을 금하는 비동일성의 무엇인가" (Adorno, 2012: 309)를 보여주는 방식이다.

내재적 비판 방법은 철학적 관념론에 대해서뿐만 아니라 사회이론에 대해서도 적용된다. 즉, 사회구조를 '법칙'으로 파악하는 이성적 인식은, 마치 철학이 그랬듯이, 진보를 위해 필수적인 자기비판의 계기를 가지고 있기 때문에 유용하다. 그러나 사회이론이 그 대상을 '사회구조의 법칙'이라고 파악하는 순간, 객체로서의 사회구조 및 그것의 변동에 대해서 인식의 지배를 행사하게 된다. 이로써, 쉽게 그 구조 변동과 자신이 맺는 관계를 인식하지 못하게 된다. 이를 변화시키기 위한 방법으로서 내재적 비판은 이론이 사회구조 법칙으로 개념화한 어떤 것이 그 개념이 달성하고자 한 자신의 목적을 달성하지 못했음을, 현실에서 드러나는 비동일자와의 대질을 통해 밝히는 방식을 따른다(Adorno, 2012: 55-59). 이때 비동일자는 경우에 따라 그 자체로 동일성의 존재로 상정될 수도 있고 그렇지 않을 수도 있다. 사회이론은 인식과 객체의 변증법적 동학에 따라, 그 시대에 드러나는 비동일자를 표현하도록 도와주는 노력으로 정의될 수 있다. 따라서 사회 비판은 총체화하는 어떤 원리를 이론화하는 것이 아니라, 여러 개별 현상을 통해 총체성에 대한 통찰을 얻고 이를 "짜임관계"(Konstellation)로 제시하는 방식이어야 한다(Adorno, 1999: 240-245; Schweppenhäuser, 2020: 82; 강순전, 2004). 또한 사회비판은 단지 사상사로서의 이론을 넘어 개별 사회 현상에 대한 두꺼운 맥락적 이해 위에서 총체성의 동일화 요구의 허상을 드러내는 창의성을 발휘해야 한다. 개별 현상에 대한 깊은 이해는 해방적인 것과 억압적인 것이 스스로를 드러내도록 하는데 필수적인 전제조건이다.

다음에서는 하버마스의 베버 재구성을 중심으로, 이러한 비판이론적 사유를 오늘날의 경험 맥락에 적용하기 위해 필요한 개념적 수단을 검토하고자 한다.

III. 신교 윤리와 자본주의 간 선택적 친화성의 비밀: 조직적 생활방식과 인성

1. 신념윤리로 작동하는 직업윤리?

『프로테스탄티즘의 윤리와 자본주의 정신』에서 막스 베버(Weber, 1987)는 신교의 신념윤리가 자본주의 경제의 탄생에 미친 영향에 대해 논의하였다. 보편적인 원리를 강조하는 근대적 세계상으로서 신교는 금욕적 생활태도와 조직화된 생활방식의 보편적 적용을 요구함으로써 자본주의 정신과 선택적 친화성을 가졌다는 것이 일반적인 해석이다. 그런데 여기서 신교 윤리와 자본주의 정신 간의 '친화성'을 지나치게 강조한 결과, 그 결합을 가능하게 하는 것이 '조직적 생활방식'이었다는 점이 자주 간과된다.

이로써 직업영역 내 조직적 생활방식에 내재된 모순을 시야에서 놓치게 된다. 베버에게 있어 신교 직업윤리는 '확정된 직업'의 중요성, 자본과 노동의 조직적 분업 속에서 자신이 맡은 일을 신성시하는 태도를 그 핵심 내용으로 한다. 그런데 그 형식적 속성에서는 주어진 목적을 위해 생활의 전 영역에 걸쳐 수단을 합리적으로 사용하는 기술, 그것의 응축된 습관으로서 '조직적 생활방식'이 핵심적이다(Weber, 1987: 229-234).[6] 이러한 형식적 속성에 대한 강조는 소명으로서의 직업이나 그것의 정당화 기능 및 결과에 대한 베버의 언급(Weber, 1987: 240)에 비해 덜 주목되었다. 베버의 본래 의도에 따라 신교의 직업윤리가 근대적 경제인의 탄생에 영향을 미쳤다고 인정한다면, 그 핵심으로 언급되었던 "세속내적 금욕의 방법적·체계적 성격"(Weber, 1987: 230)이 가진 의의에 관한 논의를 비판적으로 발전시키는 것은 후속 연구자들의 당연한 임무일 것이다. 자본과 노동의 분업을 기반으로 한 기업 조직 안에서 발생하는 경제적 합리성과 신교 윤리 사이의 긴장에서 그 형식이 가진 의미는 결정적이다. 하버마스는 『의사소통행위이론』 II부 막스 베버의 합리화이론 파트에서 이러한 임무를 비판적으로 이어갔다. 본 연구의 관심과 관련하여 특히 관심을 끄는 것은 직업영역에서 목적합리성과 가치합리성이 결합하는 방식에 대한 하버마스의 통찰력 있는 재해석이다(Habermas, 2015: 334-356).

하버마스는 베버가 체계 및 제도 차원의 합리화와 문화 및 인성 차원의 합리화를 구분했다고 보면서, 정작 베버의 이론체계에서는 후자의 중요성이 간과되고 있다고 비판한다. 이어서 베버의 저작에서 문화적 합리화와 인성 차원의 합리화에 관한 논의들을 비판적으로 발전시킨다(Habermas, 2015: 260-271).[7] 이런 맥락에서 볼 때, 신교 직업윤리 테제는 인성 차원의 합리화가 제도체계 차원의 합리화에 어떻게 영향을 미쳤는지에 대한 질문과 관련된다. 자본주의 경제와 근대적 국가로 대표되는 목적합리적 행위의 제도화가 어떻게 가능했는가라는 질문에서 베버가 주목했던 것은 목적

합리적 행위의 규범적 규제로 작동하는 사회통합의 형식들이었다. 이 특별한 형식의 조건으로 제시된 것은 세 가지인데, 그 중 가장 먼저 언급된 것이 "목적합리적 행위태도를 인성체계에 가치합리적으로 고정시키며 모든 영역을 체계화하는 신념윤리(개신교 윤리)"이다(Habermas, 2015: 338).[8] 다시 말해, 신교의 신념윤리가 직장영역에서 직업윤리로 작동하게 되는 전환 과정은 그것이 인성에 고정됨으로써 가능한 것이다. 그 결과 인성은 목적합리성과 가치합리성이 결합되는 하나의 형식으로 작용한다.

2. 직업윤리로서 조직적 생활방식

바로 이 지점에서 하버마스는 베버와 갈라설 준비를 한다. 베버는 신교의 신념윤리에 기반을 둔 금욕적인 조직적 생활방식을 실천적 합리성의 이념형[9]에 근접하는 역사적 사례로 보는 반면, 하버마스는 이 생활태도의 직업인간이 목적합리적 행위와 가치합리적 행위 사이에서 가질 수밖에 없는 내적 갈등에 집중하기 때문이다. 베버에게 있어 직장영역에서 금욕적인 조직적 생활방식은 실천적 합리성의 세 가지 조건, 즉 기술적 과제 해결과 효과적 수단의 구성, 가능한 행위들 사이에서의 일관적 선택, 원칙중심적 윤리의 틀 안에서 이루어지는 도덕적-실천적 과제 해결이라는 조건을 모두 만족시킨다고 평가되고 있다(Habermas, 2015: 277-280). 하버마스는 이를 비판하면서 신교 직업윤리의 내적 일관성에 의문을 제기한다. 이들은 자기 자신의 주관적 자연과의 교류에서나 상호작용 상대자와의 교류에서 엄청난 심리적 압박을 느꼈고, 직업수행을 위한 형식적 조건의 충족을 위해 큰 대가를 치러야만 했다는 것이다(Habermas, 2015: 293-294). 이렇게 볼 때, 신교 직업윤리가 종교적 구원 확신과 현세적 직업윤리를 '원칙적이고 체계적이며 단절 없이 통일'했다는 베버의 해석은 수용되기 어렵다. 하버마스에 따르면, 조직적-합리적인 생활방식은 경제 조직의 요구와 신념윤리 사이의 긴장 속에서 후자의 보편적 형제애의 요구를 희생하고 전자의 합리성을 선택한 결과이자, 자신의 이 선택을 가치합리적으로 정당화한 결과이다.[10] 이와 관련된 논증은 '개신교 직업윤리와 사회합리화의 자기파괴적 유형'이라는 소챕터에서 본격적으로 전개된다(Habermas, 2015: 342-356). 이를 요약하면 다음과 같다. 신교 교리를 수도원 내 생활방식의 조직화로 실천할 수 있었던 성직자와 다르게, 세속에서 직업생활을 해야 했던 당시 개신교 평신도들의 신념윤리는 딜레마에 빠진다. 모든 이웃을 사랑하라는 보편적인 형제애를 적용해야 한다는 요구와 냉혹한 경제 합리성의 요구는 쉽게 공존할 수 없기 때문이다. 이러한 긴장을 해소하기 위한 선택지는 다음 두 가지 중 하나였다. 하나는 직업영역에 머물면서 금욕적 삶의 방식으로 축소하거나, 다른 하나는 직업생활에서 탈락하여 기독교 신비주의의 범우주적 형제애에로 후퇴하는 것이다. 하버마스에 따르면, 현실에서 평신도들의 직업윤리는 전자로의 선택 결과였다. 신교가 요구하는 보편적 인류애 대신 개인 구원에 몰두하는 한편, 경제합리성의 요구에는 금욕적인 조직적 생활방식과 이에 대한 가치합리화로 대응하는 것이었다. 그 결과는 가치합리적으로 인성에 고착된 조직적-합리적인 생활방식이라는 '형식'이다.

하버마스는 바로 이 지점에서 개신교 직업윤리와 사회합리화의 자기파괴적 성격을 일면적으로 부각시키는 베버를 비판한다. 하버마스에 따르면, 베버는 탈전통 단계에서 원칙중심적인 보편적 도덕의식이 종교적 맥락을 떠나면서 필연적으로 자기파괴적이 될 수밖에 없다고 보았다. 이렇게 종교적 금욕은 근대 체계의 쇠창살로부터 탈락함으로써, 기계같이 작동하는 체계에서 더 이상 어떤 기능도 할 수 없게 된다(Weber, 1987: 246). 이는 곧 직업윤리를 자신의 구성 요소로 하는 사회합리화의 자기파괴이기도 하다. 반면, 하버마스는 특정한 조건 하에서 원칙중심적인 보편적 도덕의식은 종교적 맥락 밖에서 자신의 안정화 조건을 확보할 수 있다고 본다

(Habermas, 2015: 351-353). 그 특정한 조건이란 무엇보다도 전체 합리화 과정에서 등장한 '전문화된 가치영역의 분화'를 지칭한다. 사회합리화의 과정 속에서 전문화된 가치영역이 다른 하위영역들로부터 분화되는데, 이 가치영역 내에서 윤리적 합리화가 계속되는 경우, 원칙 중심의 도덕의식은 세속화된 체계에서도 살아남게 된다는 것이다. 하버마스는 세계의 합리화와 함께 열린 탈전통적인 행위태도와 인지적 잠재력들에 주목하면서, 문제가 되는 것은 이를 제한된 정도로만 허용하는 자본주의적 발전의 "부분적 성격"(Habermas, 2015: 366, 356)이라고 주장한다. 이러한 관점에서 볼 때, 직업윤리로 작용하는 조직적-합리적인 생활방식은 억압적인 동시에 해방의 길을 여는 단초가 될 수도 있다. 또한 인성(character), 즉 직장영역에서 주어진 목적을 위한 수단으로서 자신의 모든 시간과 행동, 욕망까지도 조직화하고 생활방식으로 습관화하며, 자신의 선택을 합리화된 세속윤리의 지식 혹은 과학적 지식을 동원하여 가치합리적으로 정당화할 수 있게 된 새로운 인간 존재 형식으로서 인성은 자본주의 경제합리성에 복속되지만, 동시에 바로 그 형식을 근거로 변화의 길을 열 수도 있다.[11]

3. 합리화된 인성과 일의 가치에 대한 신화

자본주의 정신, 조직적-합리적인 생활방식과 인성의 관계에 대한 생각은 일의 역사에 관한 현대의 다른 저작들에서도 쉽게 발견된다. 베버가 살던 시대, 자본주의 정신이 가장 발달했다고 그가 지목했던 영국에서 인성은 '일을 열심히 또는 잘하여 자수성가하는'이라는 유능함의 의미와 근면성실함, 신뢰 정직함, 자기 책임 등의 도덕적 의미를 가진 용어였다고 보고되고 있다(Illouz, 2010; Suzman, 2020). 이러한 인성 이해는 18세기의 상식과는 다른, 새로운 것이었다. 18세기에는 대부분의 사람들이 인간성을 신에게서 주어진 의무를 다하는 것과 연관해서 이해했었기 때문이다(Sennett,

2002: 49-50). 또한 이는 오늘날의 '자아'에 대한 이해와도 차이가 있었다. 자아는 자기 자신에게도 불투명한 존재로서 구성되고 찾아져야 하는 대상인 것과 다르게, 당시에는 인성을 찾고 표현하는 것은 별 문제가 아니었다. 나의 인성은 믿을만한 다른 사람을 통해서도 쉽게 알 수 있는, 즉 객관적인 평판의 문제이기도 했다(Illouz, 2010: 63).

조직적-합리적인 생활방식은, 사회적 평판의 준거가 되는 인성의 핵심 증거로 여겨졌다. 조직적 생활방식은 한 사람이 원칙 중심적 윤리를 기반으로 내적 통일성을 가지고, 종교생활, 직장, 이웃관계, 남녀관계 등에 이르기까지 영역과 시간에 상관없이 일관적으로 행동하기 위해 자신의 시간과 행동을 세분화하여 목적에 맞게 계획하고 관리한다는 것을 객관화하는 것이기 때문이다. 이로써, 조직적-합리적인 생활방식은 주어진 목적에 대한 수단합리적 행위의 차원을 넘어서, 사회관계 속에서 개인에 대한 평판의 객관성과 안정성을 보장하는 어떤 것이 된다. 조직적 생활방식은 나의 행동을 타인의 기대 속에서 계산 가능하고 예측 가능하게 만든다는 점에서 인성에 대한 상호 평판 가능성과 쉽게 조화를 이룰 뿐 아니라, 신뢰와 계약을 기반으로 하는 근대적 사회관계의 요구와도 병존 가능하다. 이 인성은 직업영역에서의 여러 실용적 문제 해결 과정에서 강도 높은 자기반성으로 전통과 인습, 감정과 욕망에 대항하며 자신을 규율하고 성장시키는 도덕적·윤리적 존재로 이해된다. 그러나 동시에, 베버의 신교 신념윤리와는 다르게, 경제 조직의 합리성을 따르는데 근본적인 내적 갈등이 없다(Sennett, 2002: 49-50). 이렇게 직업영역을 중심으로 등장한 인성은 하버마스가 주장한 합리성이 관철되는 다음과 같은 두 과정, 즉 "탈전통적 도덕 및 법 관념이 동기 차원에서 정착되고 제도적으로 구현되는 과정"의 병행성(Habermas, 2015: 312)이 교차하는 갈등 지점이라고 할 수 있다.

이렇게 보면 베버의 테제는 다음과 같이 수정되어야 한다. 신교의 신념윤리는 '인성'이라는 형식의 탄생에 매개됨으로써 비로소 자본주의 경제

조직의 합리성과 친화성을 가질 수 있게 되었다고 말이다. 역으로, 인성은 초기 자본주의 경제합리성의 여러 인지적·도구적 수단과 관리 형식들에 매개됨으로써 비로소 자신을 역사에 드러냈다. 이로서, 오늘날 영어권 작가에게 조금도 의문의 여지가 없는 'character'라는 개념이 등장한다. 한국어 번역에서 인성, 인격, 성품, 인간성 등으로 통일성 없이 번역되고 있는 이 개념은 "타인과의 관계와 자기 자신의 욕구 등을 존중하는 윤리적 가치를 의미"하는 것으로서, 이와 비슷하지만 좀 더 타고난 특성을 의미하는 것으로 사용되는 '성격(personality)'에 비해, 그것이 가진 사회적 맥락을 강조한다(Sennett, 2002: 10).

그런데, 경제합리성과 인성의 결합은 불안정하다. 인성 내부에서 긴장 속에 공존하는 윤리적 계기와 경제적 목적합리성은 기업 조직 내·외로 전개되는 변화에 따라 자기파괴적으로 작동하기 때문이다. 신교 신념윤리와 다르게, 이 인성의 자기파괴적 속성의 근거는 그 자신이 포함하는 윤리적 계기에도 불구하고 자신의 생활방식이 지향하는 목적의 언어와 지식을 성찰할 제3의 가치 준거를 자신의 내부에 가지고 있지 못하다는 점에서 비롯된다. '인성'은 종교적 신념윤리 대신 윤리적 합리주의의 언어와 지식의 도움을 받아 근대 자본주의 안에 정착함으로써 합리화되었지만, 역설적으로 직업으로서 일의 가치에 대한 신화를 만들어냈기 때문이다. 효율성과 생산성을 높이는 것을 목표로 하는 질서 있는 조직을 위해 분업화된 일을 한다는 것, 즉 확정된 직업을 갖는다는 것은 자신을 인격적으로 성장시키고 자신의 서사를 만드는 길이자, 사회와 이웃에게 자신을 인정받는 자연스러운, 심지어 유일한 길이라는 신화가 그것이다. 그러나 자본주의 체계의 구조적 변동에 따라, 인성은 자신의 모순을 자신의 내부로부터 드러낼 수밖에 없다. 20세기 후반, 피라미드 관료제의 점진적 해체, 자본주의 이윤율 저하와 그에 대한 대응으로서 노동권 법과 제도의 전개, 신자유주의 세계화 이후 더욱 합리화된 '인재' 관리와 더욱 경쟁적이 된 고용시장 등과 같은 구조적 변동은 인성의 모순이 자신을 드러내는 배경이 되었지만, 그 자체로 인성 붕괴의 인과적 원인이라고 말할 수는 없다. 인성의 위기는, 인성의 등장이 그랬듯이, 경제합리성의 여러 인지적·도구적 수단들과 관리 형식들, 그것을 정당화하는 과학적 지식체계들의 자기 재생산 동력과의 충돌과 갈등을 통해 자신을 역사에 드러내기 때문이다.

IV. 경제합리성의 관철과 비동일자로서 인성의 변증법적 동학

이 장에서는 경제 조직의 합리화라는 현실의 동학 속에서 인성이 자신의 모순을 드러내는 양상을 살펴볼 것이다. 이 때, 경제 조직 체계와 인성의 관계에 균열을 일으키는 여러 사태들을 파편적으로 나열하는 방식을 취한다. 내재적 비판은 어떤 인식을 그것이 파악했다고 믿는 현실과 대조하고 그 사이의 간극을 다시 벌이는 것으로서, 이 때 현실을 다시 그 자체로 통합적인 어떤 것으로, 즉 긍정적으로 규정하지 않아야 하기 때문이다.[12] 경제 조직의 합리화와 함께 인성이 스스로의 모순을 드러내는 양상은 양극단의 교차가 이루어지는 바로 그 지점, 즉 경제합리성이 인성을 부정적으로 포섭할 때 사용하는 도구적 수단들과 관리형식의 갈등적 변화를 통해 구체화된다. 여기서 나열적으로 소개하려는 것은 크게 두 가지인데, 하나는 사회학 내부의 연구이고, 다른 하나는 경영 및 인사조직 분야의 논의이다.

1. 경제합리성의 규정적 부정으로서 인성이 잘라내 버린 것들

1) 감정
(1) 직장영역 내 감정의 합리화와 소통 모델
감정 사회학으로 잘 알려진 에바 일루즈가 악셀 호네트의 초대로 프랑크푸르트에 머물면서 썼던 『감정자본주의』(2010)에서 그녀는 인성이 잘라내 버린 직업인간의 또 다른 면모가 드러난 역사적 사태에 주목한다. 일루즈는 20세기 초 테일러리즘과 합리적인 경영시스템의 도입이 시도되던 시기, 기업 경영 차원에서 "개인이라는 단위, 노사관계의 비합리적 차원, 그리고 노동자의 감정을 매우 중시"하는 경향이 동시에 생겼다는 것에 주목한다(Illouz, 2010: 35). 특히 흥미로운 것은, 당시 직장 내 문제의 원인 분석과 해결방식이었다. 1920년대 후반에 불황과 함께 실업률이 오르고 불확실성이 커지자, 지식 전문가들에 대한 경영 리더들의 의존이 커졌다. 이 과정에서 당시 호손(Hawthorne) 실험으로 유명한 메이요(G. Mayo)가 도입한 과학적 심리학의 영향이 확산되었다. 충성심, 책임감 등과 같은 윤리적 자질이 생산성 향상의 핵심이라고 주장하는 일군의 실험심리학자들에 비해, 메이요는 감정적 상호작용에 초점을 맞추며 당시 유행하던 정신분석학적 치료 담론을 과학적 심리학의 용어로 바꾸는 데 관심을 가졌다(Illouz, 2010: 33-36). 그의 과학적 심리학은 직장 내 문제의 원인을 노동자의 비합리적이고 통제불가능한 정서에서 찾았고, 그 해결도 정신분석학적 치료에 기원을 둔 주관주의적 설득담론에서 찾았다. 일루즈는 이 과정에서 발전된 소통 모델에 대한 분석을 통해, 직장영역과 결혼관계라는 서로 다른 영역, 합리성과 감정적 친밀성이라는 서로 다른 원칙이 상호 침투하게 되었음을 논증하였다. 직장영역에서 해법으로 등장한 소통 모델에서 핵심적인 것은 '정서성'과 '사회성'이라는 새로운 언어였는데, 이는 개념이자 기술(스킬)로서, 통제 불가능한 감정을 경제합리성의 관점에서 관리 가능한 형태로 변모시킨 것이다. 일루즈는 이 새로운 언어들의 탄생에 언어주의적 소통모델, 윤리적 합리주의, 사회적 인정에 관한 사회학의 과학적 지식들이 중요한 역할을 했다고 분석한다.

(2) 두 가지 논점: 쓸모 그리고 윤리적 합리주의의 모순

일루즈는 소통 윤리에 대한 기업 경영 차원의 관심이 단지 고용주의 착취를 감추고 노동자의 해방적 관심을 약화시키는 이데올로기에 불과한 것만은 아니라는 점을 강조하고 싶어 했다. 일루즈에 따르면, 소통 윤리는 노동자가 합리적인 감정 관리를 통해 직장에서 사회관계를 잘 맺는 데 '쓸모'(Illouz, 2010: 139)가 있었다.[13]

한편, 일루즈가 이 연구에서 관심을 기울였던 또 하나의 주제는 이 소통 모델의 윤리적 계기에 관한 것이다. 그녀는 기업이 요구하는 성과와 윤리적 평등의 모순적 요구가 직업영역에서 소통 윤리라는 중립적 언어로 변모하여, "관계 속에 있는 사람들은 평등하다고 간주되었으며, 관계의 목적은 노동 효율성을 위한 공조"가 되어버렸다는 점을 부각시킨다(Illouz, 2010: 39, 45-57). 이로써, 직장 내 관계맺기에 적용되는 치료학적 소통 모델은 직장 내 처신을 새롭게 규제하는 형식이자, 동시에 사회적 인정 윤리의 작용 방식이 되어버렸다고 주장한다. 그러나, 일루즈는 버틀러(J. Butler)를 인용하며 인정은 '나를 압도하는 타자성'을 전제하는데, 소통 모델에서처럼 합리적 언어로 중화된 사회적 인정 윤리는 결국 기성 가치에 순응하도록 만드는 과정일 뿐이라고 비판한다(Illouz, 2010: 81).

그러나 직장영역에서 소통 모델은 내적으로 모순적이다. 그 논리는 다음과 같다. 일루즈가 정확하게 간파한 것처럼, 직장에서 소통은 전략적인 이유로 선택된다. 다시 말해 직장에서 소통은 성과를 내기 위한 수단이면서 동시에 합리적으로 선택된 목적이기도 하다. 소통은 내가 세운 목표들을 달성하게 해준다고 되어 있기 때문에, 이러한 지식과 조건 위에서 소통을 잘 하고자 하는 것은 그 자체로 내가 선택한 목적이 된다. 그러나 다른 한편 "내가 전략적 목표를 성취한다는 것은 인정에 대한 동력이 사회적으로 정착되어 있음을 전제로 한다(Illouz, 2010: 52)". 즉, 기업에서 성공하게 해 준다고 되어 있는 이 소통은 결국 타자를 인정해야 한다는 규범과 가치

에 대한 믿음이 상호간에 이미 공유되고 있어야 가능한 것이다. 그러한 규범과 가치가 존재하지 않는 상황에서는 소통이라는 목적도, 그 소통을 통해 얻고자 하는 과제 협업과 나의 성과도 이룰 수 없다. 더욱이 소통에는 많은 에너지가 필요하다는 사실을 고려하면, 이러한 조건에서 소통을 목적으로 선택하는 것은 비합리적이다.

소통 모델의 모순적 요구는 신교 신념윤리가 빠진 것과는 반대의 딜레마에 빠진다. 신교 신념윤리의 경우는 직업영역 밖에서 이미 체화된 보편적 가치를 직업영역 상황에서 적용하지 못하는 데서 오는 딜레마라면, 소통 윤리의 경우는 직업영역에서의 목적합리적 행동이 필연적으로 요구하는 '규범과 가치의 공유'라는 전제조건을 그 밖에서 찾아야만 하는 데서 오는 딜레마이다. 이 전제조건은 목적합리성 스스로는 달성할 수 없다. 신교 신념윤리의 딜레마는 개인 차원에서 조직적-합리적 생활방식과 가치합리적 정당화를 통해 벗어날 길을 발견할 수 있었지만, 소통 윤리의 딜레마는 원칙적으로 이런 개인적 차원의 해결이 불가능하다. 사회적 연대의 노력만이 남겨진 유일한 탈출구이다.

2) 인간의 욕구

(1) 인간 기본 욕구의 합리화와 자기결정성

인성이라는 개념이 잘라내 버린 또 다른 직업인간의 면모는 경영 및 인사조직 분야의 연구와 관리 실천을 통해 엿볼 수 있다. 호손 실험에서 비롯된 흐름은 미국을 중심으로 전후 경영 및 노사 분야 전반에서 '인간관계 운동'으로 발전하였다. 이 운동의 결과로 기계적 규율, 관리와 통제 시스템에 대한 일방적 강조 대신, 팀(team), 구성원의 동기부여와 사기, 리더십 등과 같은 주제를 중심으로 전례 없는 정부 지원 연구가 이루어지기도 했다. 이는 사내 리더십 개발을 위한 기업 내 교육이 도입되는 배경이 되었다(Mathis, Jackson, and Valentine, 2013). 이 과정에 맥그레그(McGregor)의 저서인 『The Human Side of Enterprise』(1960)는 큰 영향력을 끼쳤다. 그는 심리학에서 인간 동기 이론을 정식화한 것으로 평가받는 매슬로(Maslow, 1943)의 제자로서, 인간의 본질과 행동, 특히 동기 이론을 경영 이론에 결합시키는 데 기여한 인물이다. 테일러리즘의 과학적 관리와 대비하여, 이 영향 하에서 발전된 인사관리를 인간관계론적 관점 혹은 좀 더 넓게 인본주의적 경영이라고 부른다(배종훈, 2013: 161).

이 관점에서 보는 직업인간은 윤리적 계기를 포함한 인성이 아니라, 자신의 기본 욕구를 충족하려는 내적 동기를 가지고 스스로 결정하려는 인간의 또 다른 면모이다. 1970년대 미국의 인사조직 분야에서는, 오랫동안 당연시되던 테일러리즘의 외적 보상에 관한 가정을 비판하면서 내적 동기를 강조하는 연구들이 본격적으로 등장하였다. 새로운 연구들은 외부에서 주어지는 보상이나 처벌의 회피를 위해서가 아니라, 활동 그 자체가 목적이 되는 행동의 중요성을 강조하였다. 이러한 연구 흐름은 자기결정성 이론(self-determination theory, Deci and Ryan, 1985)으로 정교화되었다. 그러나 인간의 욕구를 진지하게 다룬 이 관점도 생산성 향상을 위한 도구적 인간관을 내포하고 있다는 비판에서 자유롭지 않다. 인간관계론적 관점에서 가장 영향력 있는 인물인 데시(Deci, 1972; 1975)의 인지적 평가이론만 보더라도, 인간의 자유는 주어진 과업을 어떻게 수행할 것인가와 관련된 기술 습득, 그와 관련된 해석과 권한의 여지를 의미하는 '자율성'으로 축소되었고, 인간의 자존감은 비용, 품질, 속도 면에서 효율성 제고에 기여하는 '유능감'이라는 새로운 언어가 되었으며, 윤리적 계기를 포함하는 사회적 관계는 기계적 분업에 윤활유 역할을 하는 업무 조율을 위한 대인관계능력과 나의 과업 성과에 필수적인 타인의 인정을 얻어내는 '관계성'의 외피를 얻게 되었다.

(2) 일의 가치의 합리화와 자기결정성의 역설

세넷이 정확하게 지적했듯이 역사적으로 인성은 군대식 피라미드 관료제라는 특별한 조직 체계와 공존 가능했고(Sennett, 2009),[14] 소통 윤리는 주관적 감정의 객관화, 상호 인정과 피드백이라는 테크닉의 습득을 통해 개인의 사회생활에 쓸모가 있었다면, 인간의 욕구 만족이라는 약속은 과연 쓸모가 있을까? 그 약속을 조직 체계와 공존하도록 만드는 기반은 무엇인가? 이 관점에서 인간관계론에서 강조하는 직무 설계, 직무 몰입 등과 같은 새로운 경영기법을 살펴볼 필요가 있다.

데시와 함께 가장 영향력 있는 인물들인 해크만과 올드햄(Hackman and Oldham, 1976)이 발전시킨 '직무 특성 모델(job characteristics model)'은 인적자원 관리 실천에서 직무 설계(job design)의 핵심 방법 중 하나로 정착하였다(Brannick, Levine, and Morgeson, 2007). 이는 일차적으로 과업들(job tasks)을 세분화하고 계산 가능하도록 만들기 위한 것이지만, 그 세부 과업들을 하나의 직무로 조직화하는 과정에서 구성원들의 욕구를 반영함으로써 그 직무를 수행하는 구성원들의 내적 동기부여를 예측 가능한 것으로 만들기 위한 것이기도 하다. 직무 몰입, 직무 만족 등은 직무 설계가 구성원의 내적 동기부여에 적절한 수단인가를 측정하기 위한 도구이다. 이러한 기술적 수단과 관리 형식의 도입이 가지는 의의는 인간 욕구 만족을 통한 내적 동기부여가 생산성 향상의 단순한 수단이 아니라, 기업의 생산성과 효율성을 판단하기 위한 정당화 근거 중 하나로 자리 잡게 되었다는 것에 있다.

여기서 주목해야 할 또 한 가지는 구성원의 내적 동기가 '일' 자체에서 비롯된다는 가정이 정착했다는 점이다. 임금, 작업조건, 인간관계 등과 같은 일 외적인 요인들이 아니라, 일 그 자체에서 오는 성취감과 인정, 자신의 성장과 발전 등에서 동기 유발이 이루어진다는 것이다. 이는 데시의 내적 동기 모델을 비판적으로 발전시킨 토마스(Thomas, 2000)의 '목적 지향적 일(purposeful work)'이라는 개념에서 일의 가치와 의미로 확장된다. 그는 데시의 내적 동기 모델이 주로 과업 활동(task activities) 자체와 관련된 내적 보상에 집중했다고 비판하며, 일의 또 다른 차원에 주목한다. 그것은 일을 수행하면서 사람이 과업 너머로 지향하는 목적, 예를 들어 이 일을 더 잘 하고 싶다, 이 일을 통해 다른 사람의 안전을 지킨다 등과 같이 인간이 그 일을 통해 지향하는 가치이다. 사람들은 과업의 달성뿐 아니라 과업이 나에게 의미 있다(meaningfulness), 나는 전진하고 있다(progress) 등과 같은 가치 차원의 목표 달성을 경험했을 때도 내적으로 보상이 된다는 것이다.

　신념윤리와 감정의 합리화가 이루어졌을 때의 경제합리성의 언어와 논리는 주로 주어진 일을 **어떻게** 효율적으로 수행하는가에 집중되어 있었다. 따라서 직업인간의 합리화 형식으로서 조직적 생활방식과 직장 내 사회적 관계맺기의 기술은 개별 직업인간에게 주어진 일에 대해서는 합리적 검토를 요구하지 않았다. 이에 반해, 인간의 욕구와 내적 동기의 합리화는 **무엇이, 왜** 수행되어야 하는가와 관련된 경제합리성의 언어와 논리에 매개되어 있다. 따라서 무슨 일을 할 것인가, 왜 해야 하는가에 대한 합리적 검토를 직업인간 각자에게 지속적으로 요구한다. 이는 직업인간이 일의 가치에 대한 신화에서 깨어나 합리화된다는 것을 의미한다. 이전까지 일의 가치는 당연한 것으로 신화화되었다면, 이제 일의 가치는 외부로부터 주어지는 것이 아니라 스스로 혹은 조직의 동료들과 함께 창조해가야 하는 어떤 것이 된다. 그런데, 바로 여기에 역설이 있다. 무슨 일을, 왜 해야 하는지에 대한 개인의 자기결정이 강조되면 강조될수록, 직업인간의 이러한 인식이 매개된 경제합리적 조직 체계와의 괴리는 더 커진다. 조직이 더욱 합리화하여 자신의 효율성과 생산성의 정당화 근거를 구성원의 욕구 만족에서 찾으려 하면 할수록, 더욱 정교해지는 경영기법들의 쇠창살에 직업인간을 가두고 옥죌 수밖에 없기 때문이다. 이 역설은 신자유주의 세계화 이후, 현실이 된다.

2. 신자유주의적 세계화 이후: 다시 경제합리성의 동일성 지배로

1) 신자유주의적 세계화 이후 '인재 전쟁'

1980년에는 노동생산성과 임금의 관계에서 소위 '거대한 분리(great de-coupling)'가 이루어진다. 생산성, 총가계 생산이 모두 계속 늘어났지만 최고 소득자를 제외한 모두의 임금 상승폭은 미미했다(Suzman, 2020: 367-368). 이 시기부터 2008년 금융위기 전까지, 회사 고위급이 받는 보수 수준의 상승은 급속히 증가했는데, 이 과정에는 세계적 컨설팅 기업 맥킨지의 역할이 컸다. 맥킨지가 1998년 고객 대상으로 발송한 브리핑 소식지는 21세기 전략의 핵심을 제시하면서 '인재전쟁'이라는 제목을 붙임으로써 기업체 관련 발언에 처음으로 인재라는 단어를 도입한 것으로 유명하다(Michaels, Handfield-Jones, and Axelrod, 2002). 주목할 점은, 여기서 더 높은 수준의 합리화가 요구된다고 지목된 대상은 피고용인이 아니라, 최고 경영관리자의 리더십이라는 점이다. 리더십의 합리성은 대내외 환경을 고려하여 조직 외적 합리성뿐만 아니라 조직 내적 합리성을 제고하되, 이 때 구성원의 인적 자원으로서의 중요성을 인식하고 이를 조직구조와 프로세스 전반에 얽혀 있도록 만드는 전략적 리더십이어야 하며, 이 방향에서 모든 비합리적인 장애를 제거해야 한다는 것이다.[15] 그 수단으로 제안되는 것은, 예를 들어, 도전적인 직무경험들의 제공, 즉각적인 피드백, 구성원 간의 코칭과 멘터링, EVP(Employee Value Proposition, 이하 EVP) 등이 있는데, 이 모든 것들은 인재개발이라는 목표 하에 촘촘하고 체계적으로 정렬되어야 한다는 점이 강조된다(Michaels et, al., 2002: 162). 인적자원의 효율적 사용으로 제안된 신경영기법들은 매우 다양하고 구체적이며, 구성원들의 조직적 생활방식과 인간관계를 모두 포괄할 정도로 촘촘하다. 인재 전쟁의 원리를 비판적으로 발전시킨 하버드 경영대학원 석좌교수인 에머빌과 크레이머(Amabile and Kramer, 2013)의 '전진의 법칙'은 피고용자가 경험하는 직장 내 일상에서의 '작은 성공(small win)'의 경험이 조직구조와 정책 속에 얽혀 있을 수 있도록 해야 한다고 주장한다. 저자들의 표현에 따르면, 이는 창의성, 즐거움, 몰입을 하도록 동기 부여하여 앞으로 전진할 수 있도록 만들기 때문이다. 또한 의미 없는 과업이나 나쁜 관계 등과 같이 구성원의 전진에 방해가 되는 요소들을 제거하고, 명확한 목표와 자율성과 같은 직접적으로 업무에서의 전진을 돕는 이벤트들과, 용기를 주는 말이나 존중의 표현과 같은 관계적 이벤트(interpersonal events) 등, 작은 성공의 경험이 이루어질 수 있도록 조직화해야 한다고 조언된다.[16]

자본주의 경제합리성은 이윤율 저하의 위기를 맞을 때마다 자기 자신의 동일성에 부합하지 않는 자신 내부의 '이질적인 것'을 규정하여 표준화하고 목적합리적으로 재정렬할 것을 명령해왔다. 이는 비용, 품질, 속도 면에서 생산성과 효율성을 높이려는 전략적 기획과 조직구조 재편을 통해 이루어진다. 이전에 비해 이번이 다른 점은 비합리적인 것으로 규정된 것이 인간의 욕구와 내적 동기라는 점이다. 종교적 신념과 감정에 비해 인간의 욕구의 합리화는 다루기 쉽지 않다. 그래서 더 치밀하고 체계적으로 제안되고 있으나, 막상 관리실천 현장에서 그 도입과 운영은 매우 느리다.

2) 열린 질문: '인적자원'의 쓸모?

인재 전쟁의 논리를 그대로 따라가 보면, 기업 조직화에서 전통적 인사관리 프레임과 절차보다 우선되어야 하는 것은 잠재적인 인재를 발굴하고 그의 성장을 돕는다는 기업의 '가치'라는 점이다. EVP는 이를 상징적으로 보여준다. EVP는 "직원들이 회사의 일원으로서 일하면서 경험하고 부여받게 되는 모든 것들의 총합"을 의미하는 것으로서 "회사가 직원들의 필요와 기대 그리고 꿈까지도 얼마나 잘 충족시켜주고 있는가를 가리킨다"

(Michaels et, al., 2002: 88). 부와 보상뿐 아니라, 열정을 가질 수 있는 흥미로운 일, 훌륭한 동료와 훌륭한 리더와 함께 일하는 경험, 성장과 자기개발, 개인 및 가족생활의 요구 충족, 인간적인 교류 등 그 구성요소로 제안되는 것들은 모두 인간으로서 바람직한 삶에 관한 가치를 담고 있다. 회사가 사회 구성원 모두와 공유하는 가치를 창조하겠다는 제안은 각종 신경영기법과 관리 형식들에 반영된다.

그러나 조직 체계 차원에서 적용된 가치합리성은 직업인간의 실천적 합리성이라는 전제와 충돌한다. 즉, 조직은 자신이 선택한 목적과 수단을 가치합리적으로 정당화한다. 다시 말해 인재 개발이라는 목적과 이를 달성하기 위한 수단으로서 여러 적합한 기술적 도구들과 관리 형식들을 선택하는 경영자의 행위는 사회 구성원이 공유하는 가치 차원에서 정당화될 수 있는 한에서 윤리적이다. 그러나 다른 한편, 이런 경영자의 합리성은 조직의 구성원들이 그 가치를 내면화하고 있다는 것을 전제로 한다. 다른 말로 하면, 회사는 "실천적 합리성"(Weber)을 구현한 구성원이 바람직한 인간상이라는 전제를 암묵적으로 가정한다. 목적합리적으로 행동할 뿐 아니라 가치합리적으로 정당화하며 내적으로 충만히 동기부여되어 있다는 의미에서 실천적 합리성을 실천하는 구성원이 존재하지 않는 상황이라면, 이를 전제로 한 조직의 모든 새로운 기법과 형식은 조직 자신의 목적을 달성할 수 없다. 오히려 구성원의 모든 행위를 옭죄는 더 촘촘한 쇠창살을 남길 뿐이다. 이 쇠창살은 직업인간이 내적으로 충만히 동기부여되어 자신이 무엇을 (더) 할지를 선택할 것을 강요받는다고 느끼는 상황을 초래할 수 있다. 그러한 조직은 비합리적이다. 경영기법으로서 '권한이양'은 권한이 없는 과도한 책임으로, '노동자 재교육'은 인간 품질 향상의 모멸적 압박으로, 다차원적 직무경험을 위한 '직무확대(job enlargement)' 혹은 '직무충실화(job enrichment)'는 노동력 착취로 쉽게 변질되며, 경영전략에 부합하는 유연한 조직구조 재편은 파편화된 경험 속에서 "표류하는 개인"[17]을 양산하는 결과로 이어질 수 있다. 요컨대, 경제 조직의 합리성 관철 시도는 그것에 부합하는 이상적인 인간상인 '내적으로 동기부여 된 직업인간'으로의 성장을 오히려 억압하고 조직으로부터 배제함으로써 자신의 비합리성을 증명한다.

이러한 모순적 상황에서, 실천적 합리성을 지향하는 직업인간이 자신이 직면한 갈등에 대처하는 합리적 선택은 다음 세 가지 중 하나이다. 회사를 떠나 거친 망망대해를 헤치며 새로운 방식의 일을 시도하거나, 회사에 남아 있으면서 '조용한 퇴직'을 하거나, 가치합리적 자기반성을 유보한 채 조직이 유도하는 성공의 언어와 원리로 자신을 무한 채찍질하는 것 중 하나이다. 어떠한 경우이건, 내적으로 충만히 동기부여되고 가치에 의해 자신의 목적과 수단을 재검토하는 직업인간이라는 이상의 실현과는 거리가 멀다.

종교의 신념윤리의 제한된 합리화는 조직적 생활방식과 인성을 통해 생산성 향상을 목적으로 하는 관료제적 직장체계와 화해했고, 감정과 소통의 제한된 합리화는 인정과 피드백을 제공하는 치료학 에토스와 테크닉의 도움으로 끊임없이 변화하는 자아에 안정감을 주고 직장 내 인간관계를 다루는 데 최소한의 쓸모가 있었다. 그러나 이 시대 인간 욕구의 합리화 시도는 체계로서 기업 조직과 직업인간의 화해 가능성 측면에서나, 모순과 불확실성 속에서 인간의 대처 능력을 발전시키는 측면에서나 우려의 여지가 크다. 오히려, 기존에 사회적 관계를 다루는 데 쓸모가 있었던 인정과 피드백은 계량화된 성과평과와 환류의 틀 속에서 역량이 아닌 인간에 대한 평가로 쉽게 변질되고 있고, 가치 판단이 배제된 조직적 생활방식, 특히 목적지향적 시간관리의 장점은 자신 안에 어떤 이질성도 용인하지 않는, 긍정성의 과잉에 시달리는 병리적 현상으로서 "성과주체"의 등장으로 이어진다(한병철, 2012: 28). 이는 경우에 따라 육체적 질병과 정신적 번아웃으로 이어지기도 하고, 직장을 계속 옮김으로써 성과를 증명하려는 욕구의 양산 속에서 더 이상 직장체계와의 화해의 기술로서도 기능하지 못한다.

V. 나가며

이 연구의 목적은 이중적이다. 하나는 사회학에서 아직 낯선 비판이론의 사유 방식을 이 시대의 경험 맥락에 적용시켜 소개하는 것이고, 다른 하나는 이 시대 일의 가치 위기에 관한 비판이론적 고찰을 시도하는 것이다. 이 둘은 서로 긴밀하게 결합되어 있다. 비판이론의 사유 방식으로서 부정변증법은 이성적 사유로서 철학과 이론, 객체로서의 사회구조와 체계, 그 어떤 것이든 동일성의 지배를 행사하는 것에 대한 내재적 비판을 요구한다. 내재적 비판을 위해서는 동일성의 지배가 이루어지는 대상에 대한 두터운 맥락적 이해, 무엇보다도 그 대상이 사용하는 개념과 지식들에 대한 이해가 필수적이다(Held, 1980). 따라서 사회학에서 비판이론의 사유 방식을 따른다는 것은, 비판이론에 속하는 학자들의 저작에 나온 개념들과 내용을 그대로 사용하여 현실의 새로운 문제에 적용하는 것이 아니라, 연구자가 사는 시대의 경험 맥락에서 비판이 요구되는 개별 현상에 부합하는 개념들과 지식들을 도구로 사용하여 그 개별 현상을 관통하는 동일성 지배의 한계를 밝히는 방식을 의미한다. 이 때 비동일자는 동일성이 스스로 주장하는 원칙에 도달하지 못하고 있음을 드러내는 과정에서 등장하는 문제의식의 표현으로 이해하는 것이 적절하다. 이러한 관점에서 볼 때, 직업으로서 일의 위기라는 연구 주제는 이 시대의 경험 맥락에서 자본주의 경제합리성의 동일성 지배를 내재적으로 비판하기 위해 적절하다고 판단되는 하나의 개별 현상이다. 이 연구 주제를 선택한 또 다른 이유는 퇴준생, 조용한 퇴직 등과 같이 사회학적으로 매우 의미 있음에도 불구하고 기존의 실증적 연구들이 제대로 다루지 못하고 있는 현상에 대해 이론적 연구가 기여할 수 있는 지점이 있다고 판단했기 때문이다.

아도르노의 부정변증법의 사유 방식을 따라 직업적 일의 변증법을 분석하기 위해 일차적으로 필요했던 것은 내재적 비판을 위한 출발점이 되는 개념적 도구들이었는데, 다행히 비판이론 2세대인 하버마스의 베버 재구성에서 사회합리성이라는 동일성의 관철 속에서 직업적 일의 모순을 이해하기 위한 개념적 도구들을 발견할 수 있었다. 비판이론 3세대인 호네트와의 대화에서 일루즈도 이 개념적 도구들을 상당 부분 활용했다. 하버마스의 연구는 사회학의 고전인 막스 베버의 핵심 저작들에 등장한 개념적 도구와 지식들을 활용하여 당 시대의 동일성 강압의 한계를 드러내고 새로운 합리성 이론을 구성하는 데 집중하였다. 이 과정에서 하버마스는 사회합리성에서 파생된 자본주의 경제 조직의 유지에 '인성'의 등장이 결정적이었음을 밝혔다. 서양 문화권에서 'character(인성)'은 'personality(성격)'과 다르게 사회적 맥락과 윤리적 계기를 강조하는 개념으로서 학문적으로뿐만 아니라 일상적으로도 흔히 사용되고 있다. 이 용어는 현재 한국에서도 인성검사, 인성교육(character education) 등과 같은 맥락에서 흔히 사용되고 있는데, 공통적으로 특정 시대의 조직 혹은 사회가 요구하는 특정 인간상을 전제로 한다. 하버마스의 주장 내용을 요약하면, 서구 문화권에서 등장한 인성이라는 형식은 신교 신념윤리의 보편적 인류애를 향한 의무와 직장영역에서의 경제합리성 사이의 선택을 가치합리적으로 정당화함으로써 자본주의 경제에 포섭되어 등장한 인간의 근대적 존재 형식이다. 베버는 전통사회의 도덕의식이 세속화된 관료제 사회에서 탈락할 수밖에 없는 운명이라고 보았던 것에 반해, 우리는 하버마스의 논의를 통해 비록 불안정하지만 인성에 대한 상호 기대 위에서 세속화된 직장영역에서 윤리가 정착할 수 있었다는 결론에 도달할 수 있었다.

본 연구의 또 다른 기여는 이러한 인성의 다음 행보에 관한 고찰이다. 이와 관련된 결론으로서 먼저 강조할 것은 현대의 직장 내 여러 문제들은 경제 조직의 합리성과 인성의 변증법적 동학을 따라 전개되고 있다는 것이다. 직업윤리로서 조직적 생활방식과 인성에 대한 강조는 경제 조직의 합리성과 그것에 이질적인 사회적 인간 사이의 불안한 동거를 가능하게 해주었다. 기업 리더들이 기대했던 것처럼 노동자는 거센 노동조합 운동에 가담하는 대신 조직과 직원이 상생하는 문화를 만들 수 있다고 믿게 되었다. 물론 그렇다고 해서 직장 내 여러 현실적 문제들이 생기지 않는다는 것은 아니다. 하버마스가 이미 정확히 간파한 것처럼 인성은 자신 내부의 자연과 타인과의 소통을 다룸에 있어 결정적인 결함을 보이기 때문이다. 주목해야 할 것은, 그 문제와 갈등이 규정되고 전개, 해소되는 방식이다. 자본주의에서 이윤율 하락의 법칙은 그 불안한 동거의 한계를 드러내는 구조적 원인이지만 그 문제들이 전개되는 방식을 결정하지는 않는다. 20세기 중반 무렵 조직 내 인사부서의 분화와 성장은 기업 조직이 자신의 합리성 원칙을 따라 자신의 기준에서 이질적인 인간 존재를 자신의 내부로 포섭하려는 조직 구조 차원의 전략이다. 이 과정에서 기업 조직이 의존한 언어와 지식, 경영의 기술적 도구와 관리형식들은 직장영역을 넘어 이제 교육, 가정, 시민사회 등 전사회적인 영향력을 갖는다. 이러한 전사회적 영향력이 가능한 이유는 기업 조직의 합리성이 인간의 여러 면모를 규정하고 포섭할 때 의존한 바로 그 형식들이 직업인간이 스스로를 이해하고 더 나은 상황으로 나아가려는 과정에서도 중요한 자원이 되기 때문이다. 이런 맥락에서, 이 연구는 종교적 신념윤리의 합리화를 매개한 조직적 생활방식과 인성, 감정의 합리화를 매개한 소통 윤리, 인간 욕구의 합리화를 매개한 동기부여된 인재라는 형식들을 비판적으로 검토하였다.

두 번째 결론으로 강조할 것은, 경제 조직의 합리성이 자신에게 이질적인 인간을 규정하고 포섭하는 방식들의 차이와 그 쓸모이다. 신교 신념윤리의 합리화는 조직적 생활방식과 인성을 매개로, 감정의 합리화는 관계윤리이자 기술로서의 사회적 소통 능력을 매개로 진행됨으로써, 비록 불안정하지만 목적합리성과 윤리의 공존이 가능했고 조직 체계와 직업인간의 존재 양식 사이의 화해가 가능했다. 이에 비해 인간 욕구의 합리화는 동기부여된 인재라는 형식을 매개로 진행되고 있다. 앞의 두 형식들에 비해, 이는 개인적 쓸모에서나, 조직 체계와의 화해의 측면에서 모두 의문의 여지가 크다는 것이 이 연구의 결론이었다. 특히 인간 욕구의 합리화를 위해서는 일을 향한 내적 동기부여를 예측가능하고, 통제 관리 가능하도록 만들기 위한 다양한 경영기법들을 촘촘하고 치밀하게 구축해야 하는데, 이는 그것이 가정하는 바람직한 직업인간상과 충돌하면서 쉽게 직업인간을 옥죄는 쇠창살로 변하기 때문이다. 경제 조직의 합리화를 매개하는 형식들의 차이에 주목하는 또 다른 이유는, 이것이 곧 사회합리성의 동일성 강압에 대한 저항의 힘으로서 주체의 구성 조건이 되기 때문이다. 20세기 후반 서구 사유에서 지배적이 된 주체로서의 개인이라는 생각, 그 개인이 가지고 있는 것으로 상상된 자율적 권능과 자유에의 의지는 너무 쉽게 추상적 보편주의로 빠질 위험이 있다(김홍중, 2009: 204-206). 이런 맥락에서, 신자유주의 하에서 모든 하위체계를 가로질러 지배적인 규정 원리로 등장한 경제합리성이 직업인간의 구체적인 존재 형식들과 맺는 관계에 대한 지속적인 탐구는 사회이론의 핵심 임무라고 할 수 있다. 개인을 강압의 반영이자 저항의 힘으로서 이중적 속성을 가진 사회적 존재라고 보는 사회학 이론의 기본 입장을 후기 자본주의의 체계 변동이라는 이 시대, 이 사회의 구체적 경험 맥락에서 증명할 수 있는 길이기 때문이다.

마지막으로 강조하고 싶은 것은, 인간 욕구의 합리화를 매개하는 형식인 '일을 향한 내적 동기부여'와 이를 개발·관리하는 형식으로서의 신경영기법들은 '인성'에 의해 창출된 일의 가치라는 신화를 탈주술화한다는 점이다. 서론에서 본 연구는 현재의 일의 위기가 일의 가치에 대한 믿음의 위기라는 외양을 띠게 된 이유를 설명해야 한다고 했는데, 본문에서 우리는 자본주의 초기 조직화된 생활방식과 인성이라는 형식의 등장이 일의 가치에 대한 신화를 만들어냈고, 이 신화가 20세기 후반 일을 향한 내적 동기부여를 중심으로 구축된 기업조직의 도구적 수단과 관리 형식들을 통해 탈주술화되어 가고 있다고 논증하였다. 조직적 생활방식, 인성, 소통 윤리는 일을 '어떻게' 할 것인가와 관련된 반면, 인간 욕구의 합리화를 위한 기업의 전략은 '무엇을, 왜' 해야 하는가와 관련된 언어와 지식, 관리 형식들에 집중되어 있기 때문이다. 오늘날 개별 직업인간은 역사상 처음으로 무슨 일을, 왜 해야 하는가에 대한 답을 스스로 제출하도록 지속적으로 요구받고 있다. 비판이론의 임무는 이 요구를, 사회적 인간이 자신이 처한 시대적 딜레마에서 해방구를 찾는 해방의 힘이 되도록 돕는 것이다.

주

1 이 글은 『사회와 이론』 통권 45집(한국이론사회학회, 2023)에 「직업으로서 일에 관한 비판이론적 소고」라는 제목으로 게재된 것입니다.

2 실제로 언론, SNS 등에서는 산업의 구조적 변화에 따른 일자리 감소와는 별도로, 잦은 직업 전환, '조용한 퇴직' 등이 이슈가 되고 있다. 뉴욕타임스(*The New York Times*, 2021/8/22)는 「일은 거짓 우상(work is a false idol)」이라는 제목의 독자 기고문을 실었는데, 이 글에서 저자인 로젠블룸(Cassady Rosenblum)은 이제 "신성한 것은 세속적이 되었다"고 주장한다. 에릭 바커(Erik Baker)가 하퍼스 매거진(*Harpers Magazine*, 2023/5월호)에 기고한 「일의 위기의 시대. 조용한 퇴직은 무엇인가?(The Age of the Crisis of Work. What is the sound of quiet quitting?")」이라는 글에서는 이를 하버마스의 정당성 위기로 분석하기도 하였다. 이 때 조용한 퇴직이란, 퇴사하겠다는 의미가 아니라 심적으로 퇴사에 가까운 마음가짐을 갖고 회사 생활을 하겠다는 뜻으로 주어진 일 이상을 하지 않겠다는 태도를 의미한다.

3 이 연구에서 노동이 아닌 '일'의 위기라는 표현을 쓰는 것은 두 가지 이유에서이다. 첫 번째 이유는 간단하다. 이 연구의 참고문헌 상당수는 경영 및 인사관리 분야에서 왔는데, 이 분야에서는 'labor' 대신 'work'라는 개념이 선호되기 때문이다. 독일 학계에서도 영어가 많이 쓰이기 시작한 이후부터는, 직장 업무, 즉 직업(job) 맥락에서는 독일 관념론 전통의 'Arbeit' 대신 'work'를 사용하는 경향이 있다. 이 글에서 '일'은 이러한 맥락에서 사용되는 work를 번역한 것이다. 더불어, 영어의 job과 달리 한국어 '직업'은 주로 일자리를 뜻하는 경향이 있어서, 이 연구에서 초점을 맞추는 일 자체의 뉘앙스를 살리지 못하는 한계가 있다. 이 글에서 일이라고 쓸 때는 직업으로서의 일을 의미한다. 두 번째 이유는 노동 개념이 뿌리내린 이론적 맥락과 의미연쇄와 상관이 있다. 독일어의 'Arbeit' 혹은 우리나라의 '노동'은 주로 맑스주의 전통과 결합되어 사용되면서 착취적인 조건에 대한 강조, 생산된 결과로부터의 소외라는 함의를 가지고 있다. 또한 계급이론 혹은 노동권 담론과 결합되어, 자본에 대항하는 세력화된—맑스의 개념으로—'대자적 계급'에 공통된 속성을 지칭하기도 한다. 이에 따라 조직화된 노동(organized labor) 혹은 그것의 위기라고 할 때, 이것은 흔히 노동조합 혹은 노동조합의 위기와 등치된다. 이러한 의미의 위기와 구분하기 위해, 이 연구는 '일의 위기'라는 표현을 쓴다.

4 아도르노의 글은 매우 복잡하고, 난해하기로 유명하다. 또한 관념론 비판, 계몽 비판, 문화산업 비판, 권위주의적 인성 비판, 파시즘 비판 등 여러 주제를 넘나들면서 그의 내재적 비판 방법에 따라 각 영역 내부의 독자적인 규정원리와 개념들을 준거로 논쟁하기 때문에, 그 해석을 위해서는 철학에 대한 이해 뿐 아니라, 여러 분과학문들의 경계를 넘나드는 깊고 전문적인, 그러면서도 통섭적인 식견을 필요로 한다. 본 연구자의 역량과 배움의 한계로, 아도르노 해석에 있어서는 상당 부분을 리체르트(Ritsert, 1997a; 1997b), 슈베펜호이저(Schweppenhäuser, 2020), 한상원(2016; 2019)에 의존함을 밝힌다.

5 이에 대해선 Schweppenhäuser(2020: 217, 미주 49)를 참고하라.

6 『프로테스탄트 윤리와 자본주의 정신』 5장에서, 박스터에 이어 퀘이커파의 윤리를 예로 들어 베버가 지속적으로 강조한 것은 "신이 요구하는 것은 노동 그 자체가 아니라 바로 합리적인 직업노동"이었다는 점과, 신교 직업윤리의 특징으로서 "자본과 노동의 합리적 조직의 에토스", "세속내적 금욕의 방법적·체계적 성격"의 중요성이었다(Weber, 1987: 230).

7 하버마스는 그의 의사소통행위이론 구성을 위해, 제도 차원의 합리화와 문화 및 인성 차원에서의 합리화를 가능하게 근본 동력이 도덕적·인지적 의식구조라는 점을 강조하고 있다. 그러나 하버마스의 전체 이론 구성과정에 대한 논의는 이 글의 범위를 넘어선다. 본 연구의 핵심 관심인 직장영역 내 조직적-합리적인 생활방식의 모순에 대한 논의 전개에 이론적, 개념적 수단을 제공하는 한에서 하버마스를 인용한다.

8 사회통합 형식의 나머지 두 가지는 법, 종교공동체와 가족이다. "-이해관심을 따르는 것을 도덕적으로 중립화된 영역에서 정당화하는 강제적 규범들의 체계로서 부르주아 법, -해당되는 가치관과 문화적 재생산을 보증하는 하부체계로서 종교공동체와 가족." 여기서 신념윤리는 종교공동체와 구분되어 '인성'과 결합된 것으로 등장한다(Habermas, 2015: 338).

9 베버에게 있어 실천적 합리성은 수단 및 선택합리성의 조건을 충족시키는 목적합리적 행위와 규범 합리성을 충족시키는 가치합리적 행위의 결합이 이루어진 경우인데, 조직적-합리적인 생활방식은 개인과 집단이 이런 유형의 행위를 특정 시간과 사회적 영역을 넘어 일반화할 경우 성립한다(Habermas, 2015: 278).

10 하버마스(Habermas, 2015: 276-277)의 해석에 따르면, 베버는 내용적 측면에서 신념체계나 가치관의 합리성은 없다고 본다. 즉, 상이한 가치 사이에서의 선택은 근거에 따라 이루어지거나 합리적 동기에 따라 수용되는 것이 아니라는 것이다. 대신 "베버는 행위자가 **어떻게** 자신의 선호에 대한 근거를 제시하는지, **어떻게** 가치를 따르는지, 그 방법과 방식의 측면에서는 행위가 합리화될 수 있는 것으로 여긴다." 즉, 가치합리적 행위는 자신이 하는 행위에 따른 예견될 수 있는 결과들을 고려하지 않고 그에게 명하는 바에 대한 자신의 확신에 따라 행위 하는 것으로서, 형식적 속성에서 볼 때 가치의 합리성은 그 가치가 "추상화되어 기본 원칙으로 **일반화되고** 그리고 충분히 **형식적** 원칙으로서 내면화되고 **절차적으로** 적용될 수 있는"(강조는 원저자)가의 정도에 의해 판단될 수 있다. 이렇게 보면, 가치합리성이란 순수한 형태로 존재할 수 없고, 가치 실현의 조건과 그 매개 형식들 속에서 비로소 판단 가능한 어떤 것이 된다.

11 이러한 관점에서 세넷의 다음과 같은 주장은 참고할 만하다. 그는 기업의 관료주의에 의해 지탱된 조직적 생활방식이 노동자에게 착취적이지만은 않았다는 점을 잘 보여주고 있다. 20세기 초, 테일러리즘 하에서 합리적으로 관리되기 시작한 시간은 많은 갈등과 문제를 양산했음에도 불구하고, 시간의 조직화를 가능하게 했고, 이것이 노동에 가져온 해방적인 측면도 무시할 수 없다는 것이다. 예를 들어, 노동자들은 일의 규칙과 리듬에 점차 익숙해짐에 따라 이를 따라 안정적으로 자신만의 서사를 만들기도 하며, 노동조합에서는 조직화된 시간이 낳은 시간 측정을 수단으로 작업시간 축소를 둘러싸고 고용자와 협상하기도 하였다(Sennett, 2002: 55-56, 58). 신자유주의적 세계화 이후 유연한 자본주의가 인(간)성(character)의 붕괴를 가져왔다는 그의 주장(Sennett, 2002: 10-11)은 안정적인 관계 속에서 자신만의 서사를 만들 수 있도록 해주는 이러한 조직화된 시간의 붕괴와 밀접한 관련을 가지고 있다.

12 아도르노는 부정의 부정에서 비판의 준거가 되는 현실을 마치 그 자체로 통일된 어떤 것으로 표현하는 것을 금지하기 위해 이론 서술의 방법으로서 파편적 나열을 허용하는데, 이를 "짜임관계(Konstellation)"라고 한다. "통합을 이루는 계기는 부정의 부정 없이, 그러나 또한 최고 원칙으로서의 추상에 따르는 일도 없이, 개념들로부터 단계적으로 더 보편적인 상위개념들로 발전함으로써가 아니라 **개념들이 짜임관계 속에 들어섬으로써** 살아남는다. 이 짜임관계는

분류적 방식에는 무관하거나 부담이 될 뿐인 대상의 특유한 측면을 밝혀준다. (중략) **짜임관 계만이 내부에서 개념이 잘라내 버린 것**, 즉 개념이 될 수는 없지만 또한 그만큼 되고자 원하는 것, 개념 이상의 것을 외부로부터 표현한다. 개념들은 인식되어야 할 사물의 주위에 모임으로써 잠재적으로 그 사물의 내적 측면을 규정하며, 또 사유가 필연적으로 자체로부터 배제해버린 바에 사유로써 도달한다."(Adorno, 1999: 240) 인용 내 강조는 필자에 의한 것임.

13 마지막 에필로그식 마무리에서 일루즈는 문지기의 딸이 사는 지하층과 중간계급의 딸이 사는 1층을 비교한 프로이트의 비유를 인용하면서, 프로이트가 신경증을 겪는 중산계급의 딸과 그렇지 않은 문지기 딸이 겪는 정신적/심리적 경로와 계층이동 경로와의 관계에 대해 한 주장을 거꾸로 뒤엎는다. "치료학 에토스가 중간계급 직장의 자산이 된 다음부터 남녀는 오늘날의 전기물과 정체성의 본질이나 구조가 된 모순과 긴장과 불확실성에 훨씬 더 잘 대처하게 되었"기 때문에(Illouz, 2010: 142), 집주인의 딸은 문지기의 딸에 비해 사회경제적 의미에서뿐만 아니라, 감정적인 의미에서도 유리하게 된다. 실제로 치료학의 효과를 경험할 가능성이 높은 중간계급의 딸은 감정 아비투스를 가지고 결혼시장과 경제적 시장에서 성공적으로 경쟁할 것이다.

14 서구 역사를 볼 때, 인성이 훌륭해야 한다는 믿음은 사실상 군대와 닮은 피라미드식 관료제라는 현실이 제공하는 즉각적 보상에 의해 지탱되고 있었다. 가정과 직장에서 일관적으로 윤리적 태도를 견지하는 사람에게 주어진다는 미래 보상이라는 약속은, 현실의 관료제라는 조건 속에서 소속감과 안정감, 일련의 권한 해석 가능성 등을 통해 즉각적인 보상이 이루어지는 한에서만, 유지될 수 있었다. 역으로, 현실의 관료제는 일 자체의 만족과 상관없이 조직에 헌신하는 직업인간을 확보할 수 있었다. 현실의 관료제가 제공하는 즉각적 보상에 대해서는 세넷(2009: 39-50)을 참조하라.

15 이에 따르면, 21세기 경쟁력의 핵심은 '인적자원'이기 때문에, 구성원 한 명 한 명의 기본 욕구, 특히 자기 성장 욕구에 부합하는 도전적 직무경험을 제공하고 그들이 '열정을 가질 수 있는 흥미로운 일'을 제시하고, 부서를 넘나드는 배치가 가능하도록 하며, '관심은 평등하게, 대우는 차별적으로'라는 슬로건이 상징하듯 역량과 성과에 따른 보상 방식을 포함하는 새로운 방식의 조직화야말로 직원의 사기를 드높임으로써 결국 생산성 향상에 기여할 것이라고 주장된다. 또한 이 책의 주장에 따르면 이러한 시도는 매우 과감한 것이어서 '오랫동안 공유되었던 윤리관에 도전하는 용기'가 필요하며, 이를 추진할 수 있는 '전략적 리더십'이야말로 기업 성패에 핵심으로 칭송된다.

16 경영합리화로 도입된 도구적 기술과 관리 형식들은 대학의 취업 교육 등과 결합되어, 기업 조직의 경계를 넘어 전사회적으로 확산되고 있다. 유럽에서 압도적인 공감을 받은 브뢰클링(Bröckling, 2014)의 저작은 역량개발, 품질, 프로젝트, 창의성 등과 같은 경제합리성의 도구적 기술과 관리 형식들이 개인의 자기인식과 행동을 가능하게 하는 준거가 되고 있다고 분석하고 있다. 그는 이렇게 탄생한 주체를 '기업가적 자아'라고 개념화한다.

17 이 표현은 세넷(2009)의 저작인 『뉴캐피털리즘』의 부제에서 나온 것이다. 그는 이 책의 부제를 "표류하는 개인과 소멸하는 열정"으로 붙였는데, 이는 새로운 자본주의가 그것의 전도사들이 설파하는 개인의 자유로움 증대를 가져오지 않았다는 것을 표현하는 은유이다. 현대의 제도와 기능 및 소비형태의 변화가 그것의 억압을 헐겁게 하여 마치 개인의 자유를 증대하는 것처럼 보이지만, 그럼에도 불구하고 사람들은 자유로워지지 않았다는 것이 그의 주장이다.

참고문헌

강순전. 2004. 「사회적 통합의 두 변증법적 모델(2)-인식과 체계의 문제에 대한 아도르노의 부정 변증법과 헤겔의 사변 변증법의 대결」. 『시대와 철학』 15(2): 437-462.

김홍중. 2009. 「육화된 신자유주의의 윤리적 해체」. 『사회와 이론』 14: 173-212.

마이클스 · 핸드필드-존스 · 액슬로드. 2002. 『인재전쟁』. 최동석 · 김성수 역. 세종서적.

박홍서 · 남수중. 2018. 「자본의 이윤율 위기와 신자유주의적 대응: 4차 산업혁명론의 비판적 해석」. 『사회과학연구』 29(3): 285-302.

배종훈. 2013. 「기업과 시장의 구별짓기: 기업이론 관점에서의 관료제」. 『인사조직연구』 21(3): 153-193.

백승욱. 2009. 「역사적 맥락에서 본 신자유주의의 위기」. 『경제와 사회』 83: 12-39.

베버, 막스. 1987. 『프로테스탄티즘의 윤리와 자본주의 정신』. 박종선 역. 세계.

브뢰클링, 울리히. 2014. 『기업가적 자아』. 한울.

세넷, 리처드. 2002. 『신자유주의와 인간성의 파괴』. 조용 역. 문예출판.

세넷, 리처드. 2009. 『뉴캐피털리즘』. 유병선 역. 위즈덤하우스.

수즈먼, 제임스. 2020. 『일의 역사』. 김병화 역. 알에이치코리아.

슈베펜호이저, 게르하르트. 2020. 『아도르노, 사유의 모티브들』. 한상원 역. 에디투스.

아도르노, 테오도르. 1999. 『부정변증법』. 홍승용 역. 한길사.

아도르노, 테오도르. 2005. 『미니마 모랄리아』. 김유동 역. 도서출판 길.

아도르노, 테오도르. 2012. 『부정변증법 강의』. 이순예 역. 세창.

에머빌, 테레사 · 스티븐 크레이머. 2013. 『전진의 법칙』. 윤제원 역. 정혜.

일루즈, 에바. 2010. 『감정자본주의』. 김정이 역. 돌베개.

하버마스, 위르겐. 2002. 『현대성의 철학적 담론』. 이진우 역. 문예.

하버마스, 위르겐. 2015. 『의사소통행위이론1. 행위합리성과 사회합리화』. 장춘익 역. 나남.

한병철. 2012. 『피로사회』. 김태환 역. 문학과지성사.

한상원. 2016. 「변증법의 아포리아를 넘어 -헤겔, 맑스, 아도르노 그리고 부정성의 생산성-」. 『시대와 철학』 27(2): 103-139.

한상원. 2019. 「아도르노의 비동일자 개념 논쟁. 유토피아적 존재인가 한계개념인가?」. 『도시인문학연구』 11(1): 63-82.

Brannick, Michael T., Edward L. Levine, and Frederick P. Morgeson. 2007. *Job and Work Analysis*. LA: Sage Publications.

Clark, Gordon L. 1989. *Unions and Communities under siege. American communities and the crisis of organized labor*. NY: Cambridge University Press.

Deci, E. L. 1972. "Intrinsic motivation, extrinsic reinforcement, and inequity." *Journal of Personality and Social Psychology* 22(1): 113-120.

Deci, E. L. 1975. *Intrinsic motivation*. NY: Plenum Press.

Deci, E. L. and R. M. Ryan. 1985. *Intrinsic Motivation and Self-Determination in Human Behavior*. Berlin: Springer Science & Business Media.

Fletcher, Bill and Fernando Gapasin. 2008. *Solidarity Divided. The crisis in organized labor and a new path toward social justice*. Berkeley: University of California Press.

Hackman, J. Richard and Greg R. Oldham. 1976. "Motivation through the design of work: Test of a Theory." *Organizational Behavior and Human Performance* 16(2): 250-279.

Held, David. 1980. *Introduction to Critical Theory: Horkheimer to Habermas*. Berkeley: University of California Press.

Kalleberg, Arne L. 2009. "Precarious work, insecure workers: Employment relations in transition." *American Sociological Review* 74: 1-22.

Maslow, A. H. 2013[1943]. *A Theory of Human Motivation*. Mansfield Centre, CT: Martino Publishing.

Mathis, Robert L., John H. Jackson, and Sean R. Valentine. 2013. *Human Resource Management* (14th edition). Boston: Cengage Learning.

McGregor, Douglas. 1960. *The Human Side of Enterprise*. NY: McGraw-Hill.

Ritsert, Jürgen. 1997a. "Das Nichtidentische bei Adorno – Substanz- oder Problembegriff?" *Zeitschrift für Kritische Theorie* 3(4): 29-52.

Ritsert, Jürgen. 1997b. *Kleines Lehrbuch der Dialektik*. Darmstadt: Wissenschaftliche Buchgesellschaft.

Thomas, Kenneth W. 2000. *Intrinsic Motivation at Work*. Berrett-Koehler Publishers.

Cassady Rosenblum. 2021. "Work is false idol." *The New York Times* (Aug/22) www.nytimes.com/2021/08/22/opinion/lying-flat-work-rest.html(accessed: 2023/June/25).

Erik Baker. 2023. "The Age of the Crisis of Work. What is the sound of quiet quitting?" *Harpers Magazine* (May) https://harpers.org/archive/2023/05/the-age-of-the-crisis-of-work-quiet-quitting-great-resignation/(accessed: 2023/June/25).

클라프키의 비판-구성적 교육학의 재음미[*]

손 승 남

I. 들어가는 말

1923년 프랑크푸르트 대학의 사회조사연구소가 문을 연 지 어언 100년이 지났다. 본 연구는 제2차 세계대전 이후 독일 교육학이 프랑크푸르트 학파의 비판이론의 영향을 받아 새로운 길을 모색하게 되었음을 독일의 교육학자 클라프키(W. Klafki, 1927-2016)[1]가 제시한 비판-구성적 교육학의 사례를 통해 살펴보고자 한다. 현대 독일 교육학자들 가운데 클라프키의 교육학을 연구 대상으로 설정한 이유는 첫째, 그의 교육학적 인식 관심 변화 자체가 현대 독일교육학의 흐름을 그대로 보여 주고 있기 때문이다(Krüger, 2023: 67-70). 다시 말하여, 클라프키는 독일의 전통적 교육학의 기반인 정신과학적 교육학에서 출발하여 실증적 경험 연구와 비판이론의 접목을 통해 자신의 교육학을 새롭게 정립하고자 하였으며, 새롭게 정립한 자신의 이론적 틀 안에서 시대적 흐름과 변화를 적극 수용해 왔다. 둘째,

---

[*] 이 글은 다음 논문을 수정하고 보완한 것이다. 손승남, 「클라프키(Klafki)의 비판-구성적 교육학과 시대적 핵심문제의 재음미」, 『교육사상연구』 제37권 4호, 한국교육사상학회, 2023.

교육학의 핵심을 독일의 고유한 교육 전통과 유산인 빌둥(Bildung)[2]과 교수학(Didaktik)에서 찾고 있기 때문이다. 그는 빌둥을 통해서는 우리가 교육의 출발점에서 언제나 교육의 목적을 먼저 분명하게 설정해야 함을 각인시켜줌과 동시에 교수학을 통해서 교육학이 궁극적으로 교육 실천을 위한 이론이나 학문으로 나아가야 함을 역설하였다.

2016년 클라프키가 타계한 후 다양한 각도에서 그의 교육학을 재조명하려는 움직임이 있었다. 전반적으로 볼 때 독일과 스칸디나비아 북유럽권 학자들의 연구가 주를 이룬다. 쾨커와 슈퇴르트랜더(Köker & Störtländer, 2017)는 여러 교수학자와 함께 펴낸『볼프강 클라프키의 저작과의 비판-구성적 연결점』에서 교사교육, 일반교수법, 학교 이론 등의 주제가 클라프키의 비판-구성적 관점과 밀접한 연관성이 있음을 보여 주고 있다. '21세기를 위한 교수학'이란 표제어로 클라프키의 교수학적 성과를 총체적으로 조망한 바 있는 마이어(Meyer, 2007)는 그의 러시아 동료 라코치킨(Rakhkochkine, 2017)과 함께 클라프키의 '교수학' 개념이 러시아에서 어떻게 수용되어 왔는지를 비교교육학적 관점에서 검토하고 있다. 덴마크의 교육철학자 쇠뢴센(Sørensen, 2021)은 빌둥을 통한 민주시민교육의 문제를 거론하면서 클라프키의 비판-구성적 아이디어가 사회 민주주의와 인간화에 기여할 수 있는 방안을 진지하게 논구하고 있다. 노르웨이 교육학자인 크밤(Kvamme, 2021)은 클라프키의 시대적 핵심 문제 중 생태 및 기후 위기와 관련된 주제를 인류세 담론과 연결 지어 비판-구성적 사유의 확장성을 잘 보여 주고 있다. 1970년대 클라프키가 방송통신대학에서 여러 학자와 협업하여 발행한 세 권짜리 강의 모음집『교육학』(1970)을 정신과학적 교육학 전통에서 다시 조명하려는『볼프강 클라프키와 정신과학적 교육학. 입문』(Grunert, 2022)도 그의 교육학적 사유 형성과정을 이해하는 데 도움을 줄 수 있다.

국내에서는 아직 독일 교육학의 수용이 활발하지 못한 형편이기에 클라프키와 그의 교육학에 관한 관심도 저조한 편이다. 지금까지 수행된 연구로는 클라프키의 비판-구성적 교수법에 관한 연구(손승남, 1998)가 나온 이후 비판-구성적 교수 모델을 창조 수업에 접목하려는 시도(손승남, 2013)와 클라프키의 핵심 문제를 실제 화학 수업과 연결하여 비판-구성적 교육학의 현장 접목 가능성을 타진한 연구(정창호·손승남, 2020) 등 논문 몇 편이 있을 뿐이다.

이 글에서는 비판이론과의 접점에 유의하면서 현대 독일 교육학의 대표적 사례로 볼 수 있는 클라프키의 비판-구성적 교육학의 전체적 윤곽을 그려 보고자 한다. 이를 위하여 우선 클라프키 교육학의 토대가 되는 정신과학적 교육학과 그 한계를 짚어 보고, 비판이론과의 조우를 통해서 새롭게 형성된 비판-구성적 교육학의 성격과 방법적 특징을 검토한 다음, 마지막으로 시대 변화를 교육학에 수용하여 제시하고 있는 시대적 핵심 문제와 그것의 교수학적 실현 과정으로서의 문제 수업을 살펴보고자 한다.

II. 클라프키의 비판-구성적 교육학에 대한 반성적 고찰

1. 정신과학적 교육학과 그 한계

칸트와 헤르바르트를 거쳐 독일 교육학이 인간 이해를 방법론으로 학문적으로 정착한 것은 철학자, 역사학자, 교육학자였던 딜타이(W. Dilthey, 1833-1911)에 의해서이다. 제1차 세계대전 이후 독일 교육학의 주류를 형성하게 된 정신과학적 교육학은 여러 가지 다양한 요소들이 포함되어 있지만 기본적으로 딜타이의 철학과 사상에 뿌리를 두고 있다. 한편으로는 수학, 물리학과 같은 자연과학, 그리고 실증주의에 기반을 둔 학문으로부터 거리를 두면서도, 다른 한편으로는 신학, 윤리학과 같은 규범적 학문과 경계를 설정하고자 딜타이는 인간, 사회, 역사를 연구 대상으로 하는 정신

과학을 창시하였다.

"자연을 우리는 설명하며, 정신적 삶을 우리는 이해한다"(Dilthey, 1957: 143). 딜타이가 살았던 당시의 상황은 실험, 관찰을 중시하는 자연과학의 탐구 방법이 널리 퍼져 나갔다. 프랑스 사회학자인 콩트(A. Comte, 1798-1857)는 관찰에 기초하여 사회학적인 원리와 법칙을 발견하려 하였고, 이러한 연구 방법과 탐구 원리를 그는 '실증주의'라고 불렀다. 자연과학과 실증주의에서 말하는 '설명'은 자연 및 물리 현상을 인과율에 기반을 두고 양적으로 기술 가능하며, 실험으로 검증할 수 있는 법칙을 정립하려는 과정을 두루 포괄한다.

이와는 달리 정신과학에서는 연구 방법으로 '이해'를 전면에 내세운다. 인간 이해는 인과율에 의해서 원인과 결과로 파악되기 어렵다. 가령 수업 중에 주의가 산만한 아이가 있다고 할 때, 혹은 습관적으로 잠을 자는 아이가 있다고 할 때 이 아이의 행동을 인과론적으로 접근한다면 온전한 이해에 도달하기 힘들 것이다. 진정한 이해는 아이의 삶 자체에 대한 이해는 물론 그 아이가 보여 주는 삶의 표현과 다양한 배경들을 전체적으로 고려할 때 가능하다. 그 아이의 생활사, 가족관계, 교우관계, 적성과 취미, 여가 활동 등을 종합적으로 살펴보는 것이 도움이 된다. 물론 개인의 일기, 편지, 자서전과 같은 개인의 내면적인 기록은 인간을 이해할 수 있는 직접적인 통로를 제공할 수 있다.

정신과학적 교육학은 딜타이의 영향을 받은 일군의 학자들(소위 딜타이학파)이 주축이 되어 나치가 집권하기 전까지 독일의 교사교육, 사회교육, 국민교육운동에 영향을 주었으며, 히틀러 패망 이후 독일 재건기에 다시 주류로 부상하였다. 〈표-1〉 계보에서 보는 바와 같이 딜타이에게서 직접 수학한 슈프랑거(Spranger), 노올(Nohl), 리트(Litt)는 전후 독일 교육학의 기틀을 다졌고, 그 뒤를 이어 베니거(Weniger), 플리트너(Flitner), 볼르노(Bollnow)는 정신과학적 교육학의 외연 확장에 기여하였다. 이 중 베니거는 제자 양성에서도 괄목할만한 성과를 거두었다. 베니거의 제자였던 클라프키는 정신과학적 교육학의 지적 풍토에서 성장하여 블랑케르츠(Blankertz), 몰렌하우어(Mollenhauer)와 함께 현대 독일 교육학을 이끌어가는 주역으로 부상하게 된다.

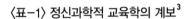

〈표-1〉 정신과학적 교육학의 계보[3]

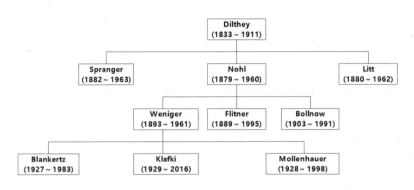

정신과학적 교육학은 최우선적으로 '역사성(Geschichtlichkeit)' 개념에 주목한다. 인간은 역사의 과정 속에서 형성되는 존재이기에 인간을 제대로 이해하기 위해서는 역사적 변천에 따른 인간의 모습을 파악하지 않을 수 없다. 이런 맥락에서 딜타이(Dilthey, 1958: 279)는 "인간은 자신을 단지 역사 속에서 인식할 뿐이다. 결코 (역자주: 관념에 의한) 통찰에 의해서 이루어지는 것이 아니다"라고 언명한다.

정신과학적 교육학 내에서 많은 역사적 연구가 수행된 것은 딜타이의 이런 역사관과 무관하지 않다. 클라프키의 연구가 역사적-체계적 성격을 지니는 이유는 딜타이 학파의 연구 경향성과 관련이 깊다. 이 연구 방법은 한마디로 과거의 교육적 사실(Erziehungswirklichkeit)에 근거하여 역사적 분석을 수행한 후 현재와 다가올 미래에 중요한 교육적 의미구조를 발견하는 접근법이다. 이런 맥락에서 정신과학적 교육학은 역사적 기록과 문서를 중시한다. 텍스트 이해를 위주로 하는 해석학에서 분석 대상으로 삼는 것이 기록과 문서이기 때문이다. 하지만 이해의 대상을 넓혀 본다면 교육적 사실은 문서와 기록 중심의 텍스트뿐만 아니라 인간 행위, 학교와 같은 교육 공간이나 구조물, 교육적 분위기 등도 포함될 수 있다.

정신과학적 교육학은 역사성 개념과 함께 교육적 사실, 해석학적 이해 방법을 기반으로 교육학을 하나의 독립 학문으로 정립하려는 열망을 지니고 있었다. 대표적인 사례가 노올이 주창한 "교육적 관계" 개념이다. 노올(Nohl, 1935: 169)은 교육학에서만 나타나는 이와 같은 독특한 교육적 관계를 "성숙한 인간과 성장하는 인간 사이에서 일어나는 동적 관계"로 정의하면서, 교육학을 하나의 독립 학문으로 정립하기 위한 핵심 개념으로 삼고자 하였다. 노올은 교육 현상을 더 이상 철학, 심리학, 사회학과 같은 인접 학문에 의해 설명할 것이 아니라 외부의 문제 제기나 개념 체계로부터 벗어나 교육학 그 자체에 의해서 자율적, 주도적으로 설명해 나가자는 교육학의 '자율성'을 주장하였다.

하지만 역사성만을 지나치게 강조하게 될 때 교육에 대한 역사적 접근은 자칫하면 역사주의(Historizismus)에 매몰될 수도 있다. 연구의 초점을 교육적 사실에 한정할 경우 교육과 정치, 교육과 경제, 교육과 사회의 연관성을 넓은 맥락에서 놓칠 수도 있다. 교육학의 자율성 주장도 실제로 정치, 사회적 이데올로기 문제를 외면함으로써 결국 암울한 시대에 나치를 옹호하는 참담한 결과를 초래하였다. 헤르만(Hermann, 1989)은 정신과학적 교육학의 현실 지향성을 날카롭게 꼬집었다. 정신과학적 교육학에서는 주어진 것, 사실적인 것, 전승된 것을 가치중립적으로 말하면서 사실과 전통에 선(善), 이성(理性)과 같은 가치를 부여한다는 것이다. 지배관계와 경제적 조건에 대한 충분한 검토 없이 이념사와 이론사 위주로 교육학 논의와 연구를 이끌어 왔다고 비판한 것이다.

정신과학적 교육학은 전후 교육학 재건에 공헌하였음에도 일정한 한계를 드러내면서 비판과 성찰을 위한 동력은 외부로부터 얻을 수밖에 없었다. 이런 배경 속에서 클라프키 또한 정신과학적 한계를 극복하고자 비판이론의 사회비판적 관점을 수용하고, 사회과학과의 긴밀한 연대를 통해 문제를 해결하고자 하였다.

2. 비판—구성적 교육학의 성격과 방법

가. 비판이론과의 조우

클라프키가 전통적 교육학으로부터 정치적, 비판적 관점으로 사고의 전환을 하게 된 계기는 몇 가지로 가늠해 볼 수 있다(Kaufmann, Lüttgert & Schulze, 1991: 171). 우선 1960년부터 클라프키는 젊은 교육학자와 사회학자들의 공부 모임인 호프가이스마러(Hofgeismarer) 연구집회에 정기적으로 참여하였다. 이들은 모임에서 주로 사회와 교육의 문제를 토론하였다. 참여했던 사회학자들 가운데 일부는 비판이론의 관점에서 사회와 교육의 문제를 신랄하게 꼬집곤 하였는데, 클라프키 또한 이들로부터 영향을 받아 사회비판적 관점에 새롭게 눈뜨게 되었다.

1960년대 학생 운동은 클라프키의 사상적 전환에 결정적 영향을 끼쳤다. 당시의 대학 현실, 가령 학생들로 넘쳐나는 강의실, 위계적 구조로 가득찬 대학 행정, 권위주의적인 교수, 자기주도성을 상실한 대학생은 대학의 모순과 한계를 적나라하게 드러냈다(Masthoff, 1981: 10). 이러한 현실에서 대학생들은 대학의 권위주의와 비민주성을 개혁하고자 하는 강력한 의지를 표방하였고, 한 걸음 더 나아가 사회 내의 권위주의적 요소마저도 개혁하고자 하였다. 1968년 클라프키가 재직하던 마부르크 대학의 상황은 조교 연합체의 대학민주화 요구에 맞서 보수적 교수 집단이 소위 "마부르크 선언"[4]을 통하여 기득권을 더 강력하게 유지하고자 하였다(Karushaar, 1998: 91).

대학 사회를 중심으로 확산한 68사건은 클라프키의 사상은 물론 독일 교육제도의 개혁을 촉발하는 계기로 작용하였다. 1970년대 독일 사회는 교육개혁의 목소리가 높았는데, 그 내용은 주로 비민주적으로 운영되었던 복선형 중등학교 제도개혁에 초점이 있었다. 신분과 계층 등 출신 성분에 따라 정해지던 김나지움, 실과학교, 주요학교의 구별 짓기를 넘어선 대안으로 종합학교(Gesamtschule)가 등장한 것도 이 시기와 맞물려 있다. 비판이론의 수용에 따라 클라프키의 교육학적 관심사는 통합학교로서 종합학교의 보급과 성별, 신분, 계층을 초월한 교육의 기회균등 문제 등으로 일대 전환을 맞이하게 되었다.

나. 비판-구성적 교육학의 성격

클라프키의 비판-구성적 교육학은 비판이론에 근거를 두고 있다. 1923년 독일 프랑크푸르트 대학의 사회연구소에는 철학자, 사회학자, 문예비평을 하던 일군의 저술가 집단이 사회문제를 연구하는 학풍을 형성하면서 훗날 '프랑크푸르트학파'라는 칭호를 얻게 되었다. 비판이론은 칸트와 헤겔로 이어지는 독일의 전통 철학과 비판적 사유를 본격적으로 전개한 마르크스와 베버, 그리고 정신분석학을 창시한 프로이트의 사상을 창조적으로 계승하고자 하였다. 초기에 프랑크푸르트학파를 구성하던 인물은 호르크하이머, 아도르노, 마르쿠제 등이며, 2차 세계대전 망명 기간에 다양한 저술 활동을 통해 비판이론의 가치를 세상에 널리 알리게 되었다. 여러 비판이론가 가운데 하버마스는 『인식과 관심』, 『의사소통의 이론』 등으로 정치, 경제, 사회, 문화, 교육의 다양한 분야에 영향을 주었다. 클라프키가 교육학을 "자기결정, 민주화, 인간해방의 문제를 교육적 관점에서 연구하고 이론을 형성하는 학문(Klafki, 1971: 264)"으로 규정하게 된 계기는 비판이론의 영향으로 볼 수 있다.

클라프키는 비판-구성적 교육학에서 이론과 실천의 관계 설정을 통해

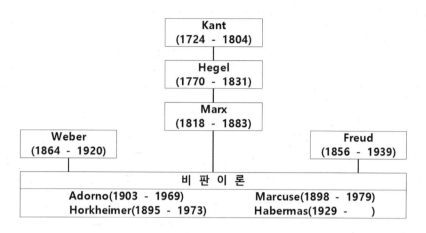

〈표-2〉 비판이론의 학적 계보

교육학의 성격을 분명히 하였다. 즉 교육학이 교육 실천으로부터 이론을 발전시키고, 그 이론이 다시 교육 실천을 위해 봉사할 수 있게 한다는 것이다. 클라프키는 "교육문제가 곧 사회문제"(Klafki, 1991: 49)라는 언명을 통해 교육의 이론과 실천이 사회적, 정치적으로 조건 지워져 있음을 강조하였다. 이렇게 본다면 정신과학적 교육학에서 내세운 교육학의 자율성은 의미를 상실하게 된다. 교육이 정치, 경제, 사회, 문화의 모든 영역과 불가분의 관계로 얽혀 있고, 영향을 주고받는 상황에서 자율성의 주장은 공허한 메아리로 남을 수밖에 없기 때문이다. 따라서 교육을 다루는 학문인 교육학도 교육의 사회적 조건을 해명하는 일은 물론 학문 자체에 대해서도 반성하고, 비판하는 입장을 지녀야 한다.

하버마스(1968)는 자신의 저서 『인식과 관심』에서 실증주의와 해석학에 대해서 문제를 제기한 바 있다. 우리가 연구의 과정에서 있는 그대로의 사실을 밝혀내고, 적절한 해석을 한다고 하더라도 연구의 시작 단계에서 문제 자체가 어떻게 선정되었는지, 또 연구의 결과가 최종적으로 누구의 이익에 봉사하는지를 비판적으로 묻지 않는다면 인간해방에 기여하지 못할 것이라는 진단이 그것이다. 클라프키 또한 하버마스의 비판적 사유를 수용하여 교육학이 어떻게 해방적 인식 관심에 기여할 것인가를 고심하였다. 새로운 교육학 구상을 통하여 학습자의 자율성과 이성 능력을 향상하고, 그 방향을 향한 교육적 노력이 제약받지 않도록 대안을 찾고자 한 것이다.

비판-구성적 교육학에서 전통적인 빌둥 개념을 해방의 관점에서 재구성하는 작업은 교육목적론과 관련해서 중요한 의미를 갖는다. 클라프키는 고전적 의미를 확장적으로 해석하여 빌둥을 "세 기본능력의 총화(Klafki, 1991: 52)"로 새롭게 해석하였다. 자율성, 공동체 의식, 연대성이 그것이다. 자율성은 개인의 자신의 삶에 대한 규정 능력으로 개인적 완성으로 귀결된다. 공동체 의식은 사회적 존재로서 인간이 정치, 사회, 문화적으로 타인과 더불어 살아갈 수 있는 협력이나 협동 정신과 밀접한 연관이 있다. 연대성은 한걸음 더 나아가 나와 가족이나 가까운 이웃을 넘어선 타자의 삶에 관심과 참여를 보여줄 수 있는 능력까지를 포함한다. 불의를 당하는 인간을 위해 의지와 행동을 보여줄 수 있는 태도야말로 연대 정신의 고귀한 발로로 볼 수 있다. 비판이론에서 강조한 해방은 이로써 개인의 사회적 완성을 가능케 하는 연대성이라는 교육목적으로 승화된다. 교육의 궁극적 목적으로 상정된 인간해방이 클라프키의 비판-구성적 교육학을 통해 좁게는 나와 타인의 해방으로부터 넓게는 사회, 인류의 해방으로 이어짐을 알 수 있다.

클라프키는 비판이론에 근거하여 자신의 새로운 교육학에 '비판적' 성격을 부과하였으나, '구성적'이라는 형용사를 더하여 교육학 이론과 실천 과정에서의 구성적 성격을 가미하였다. 교육학이 교육 실천을 위한 학문이라면 교육학자에게는 언제나 교육을 둘러싼 사회적 조건을 개선하고, 교육 현장을 실제로 바꾸어 나가려는 의지와 노력이 필요하다. '구성적'은 실천과의 관련성, 행위·형성·변형에 대한 관심을 드러내는 것이며,

교육학 종사자의 교수학적 개념에서 언제나 살아 숨 쉬는 것이어야 한다 (Klafki, 1991: 90). 개혁교육학(Reformpädagogik) 전통에서 볼 수 있듯이 이론 안에 이미 실천이 내재화되어 있는 경우가 교육학의 구성적 성격을 잘 보여 주는 예이다. 클라프키는 실제로 구성적 사유를 통하여 새로운 학교 모델을 창출하고, 새로운 교육 방법을 제시하는 데 기여하였다.[5]

다. 비판-구성적 교육학의 방법론

클라프키의 비판-구성적 교육학은 세 가지 방법론, 즉 해석학, 경험론, 비판이론을 근간으로 하고 있다(Klafki, 1991: 98). 특히 그의 교육학은 세 가지 다른 방법론에 기반을 두면서도, 각각의 방법론이 지니는 한계점을 분명하게 인식한 후 그 장점을 취하는 전략을 취하고 있다. 이들 세 방법론은 현대 독일 교육학의 행보와도 무관하지 않다. 독일 교육학이 해석학을 기반으로 하는 정신과학적 교육학에서 1960년대 로트(Roth, 1962)로부터 촉발된 '사실주의적 전환(realistische Wende)'을 거쳐 실증주의 논쟁을 통한 비판적 교육학으로 진화해 왔기 때문이다.

비판-구성적 교육학에서 해석학(Hermeneutik)은 다양하게 전개되는 교육적인 의미 연관과 교육을 둘러싼 역사적, 사회적 맥락을 광범위하게 해석하고 이해하는 데 중요한 역할을 한다. 교육목적을 설정하는 일, 교육과정을 설계하고 운영하는 일, 수업에 적합한 교육 방법과 매체를 적용하는 일, 학습자에게 도움이 되는 평가를 시행하는 일까지 일련의 과정에서 교육학자는 해석과 이해를 필요로 한다. 클라프키는 자신의 새로운 교육학 구상에서 앞서 설명한[6] 정신과학적 방법론으로서의 해석학을 창조적으로 계승하고자 하였다. 다만 해석학이 지나치게 사변적으로 치우친 나머지 있는 그대로의 교육적 사실(Realität)을 제대로 직시하지 못한다는 반성에서 실증적, 경험적 방법에 눈을 돌리게 되었다.

1960년 이전에도 경험적 교육 연구를 시도한 학자들[7]이 있긴 하였으나 독일교육학이 정신과학에서 경험적 교육과학으로 전환하게 된 배후에는 로트(Roth, 1962)의 '사실주의적 전환'이 결정적인 기여를 하였다. 그가 독일의 정신과학적 전통을 전적으로 부정한 것은 아니지만 역사적, 사변적 연구만으로는 교육현상을 있는 그대로 설명할 수 없음을 인식하고 경험적 연구를 적극적으로 받아들일 것을 주장하였다. 이런 전환 속에서 교육학의 과학화를 주장하며, 브레진카(Brezinka, 1989: 80)는 "가치의 문제는 더이상 교육학의 대상이 될 수 없음"을 주장하며 교육과학의 대상을 명확하게 설정하고자 하였다. 교육철학이나 실천 교육학과 달리 교육과학에 과학의 명칭을 붙일 수 있는 이유는 뚜렷한 인식 목표, 과학개념, 방법론이 갖추어져 있다는 전제가 있기 때문이다. 교육학이 순수 과학을 표방할 때 교육 현상을 있는 그대로 과학적으로 파악할 수 있다고 본 것이다. 경험적 교육과학에서는 도덕적 판단, 가치판단, 규범적 처방이 더 이상 교육학 영역에 속하지 않는 것으로 본다. 가령 과학자로서 노벨(Nobel)은 다이나마이트의 발명에 헌신하면 될 뿐 연구 결과가 인류에게 줄 수 있는 손실과 이익의 문제까지 신경 쓸 필요가 없다는 것이다.

클라프키는 비판-구성적 교육학에서 해석학과 경험적 연구의 대립보다는 화해 가능성에 주목하였다(Klafki, 1991: 104-108). 포퍼(Popper, 1971)의 비판적 합리주의에 따르면, 경험적 연구 논리는 대개 세 단계로 연구가 진행된다. 가장 먼저 문제 제기와 가설 설정이 이루어진다. 선행연구에서 새로운 아이디어를 도출하는 연구의 시작 단계에서 연구자는 문제의 전제에 대한 다양한 해석과 이해가 필요하다. 연구자가 사용하는 문서와 사전 인터뷰 등도 경험적 분석 대상이라기보다는 해석과 이해의 대상이 된다. 경험적 연구를 수행하지만 연구의 시작 단계부터 해석학 방법이 깊숙하게 개입되어 있음을 알 수 있다.

다음으로 문제에 관한 과학적 탐구가 시작되는 본격적인 연구 단계에서 연구자는 가설을 검증하게 된다. 현대적 경험 연구의 논리는 반대의 사례가 나오지 않는 한 진리로 인정하는 '반증(Falsifikation)'의 방식을 취한다. 이는 전통적으로 경험 연구가 특수한 사례로부터 일반화를 시도하는 귀납법과 다르다. 검증 단계에서도 교육학의 다양한 대상인 교육적 행위, 관계, 기관, 과정, 조건 등을 관찰, 설문조사, 인터뷰, 실험 등의 경험적 방법으로 수행하겠지만 그 과정에서 연구자의 해석과 이해의 과정은 필연적으로 작동하게 되어 있다. 교육과 수업에서의 개별적인 사실, 사건, 과정 등은 오직 정합적인 의미 연관 안에서 올바로 파악될 수 있다(Klafki, 1991: 105).

마지막으로 연구의 결론 단계이다. 수집된 데이터와 정보, 연구 결과 등은 그저 통계적 수치로 보여주고 끝나지 않는다. 유의미한 교육학 연구가 되기 위해서는 수집된 자료와 결과에 대한 해석이 뒤따라야 한다(Klafki, 1991: 108). 경험 자료의 실증적 분석에 대한 연구자의 간학문적 논의, 해석, 주장은 연구 결과를 정당화하고, 결론을 최종적으로 도출하는 과정에서 중요한 기능을 수행한다.

이렇게 본다면 독립된 연구 방법으로서 해석학, 경험 연구 자체가 중요한 것이 아니다. 교육의 실제는 복잡다기한 의미 연관으로 엮어져 있다. 따라서 있는 그대로의 교육적 사실에 접근하기 위해서는 경험론자들의 주장대로 과학적인 실험, 통계, 관찰의 경험 연구 방법을 적극 활용할 필요가 있다. 하지만 클라프키의 주장대로 연구 대상, 수집된 자료, 연구 결과의 교육적 의미 연관을 파악하기 위해서는 해석과 이해의 역할이 결코 간과되어서는 안 될 것이다.

경험적 연구가 교육학에 수용되는 과정에서 교육적 사실에 근거하여 경험적으로 유의미한 연구와 교육과정 개발 등이 수행되었음에도 불구하고, 경험론자들이 주장한 '가치중립성'의 문제는 지속적으로 논란을 불러일으켰다. 사실과 가치의 분리라는 윤리적 허점과 연구 결과 활용에서의 무책임한 태도가 문제를 야기한 셈이다. 나아가 경험적 연구는 왜, 무엇을 위해 교육을 하는지에 대한 목적론을 도외시하고, 학습자를 공학적 연구 대상으로 삼으면서 드러낸 환원주의, 결정론적 태도로 인해 숱한 비판에 직면하였다. 경험적 연구는 가치, 윤리 문제와 더불어 사회에 대한 비판적 시각이 부족하다는 프랑크푸르트학파의 비판론자들에 의해서 강력한 비판을 받게 되었다. 클라프키의 비판-구성적 교육학은 경험적 연구를 넘어선 비판이론 관점의 수용과 불가분의 관계에 있다.

방법론적으로 볼 때 비판이론이 자신의 학문적 입지를 다질 수 있었던 계기는 경험 연구를 전면에 내세웠던 비판적 합리주의자들과의 "실증주의 논쟁"을 통해서이다(Keckeisen 1989: 491). 이 논쟁은 '학문의 가치중립성'에 관한 것으로, 1960년대 독일 사회학회에서 아도르노와 하버마스를 중심으로 하는 비판이론가들과 포퍼와 알버트(Albert)를 축으로 하는 비판적 합리주의자 사이에 벌어진 논쟁이다. 비판이론가들은 포퍼가 주장한 학문의 가치중립성, 연구 과정에서의 연구자와 연구 대상의 분리 문제, 과학과 공학에 대한 지나친 신봉 등을 비판하였다(Adorno, 1969). 오직 관찰 가능한 것, 경험적 사실만을 학문의 대상이 될 수 있다고 보고, 통계적 방법에 의한 경험 연구만을 학문 연구의 유일한 방법으로 인정하려는 비판적 합리주의자들의 태도를 비판이론가들은 문제 삼았던 것이다. 클라프키 또한 교육학과 교수학이 가치중립성에 매몰될 것이 아니라 교육과 그 안에서 살아 숨 쉬는 사회, 정치와의 연관성을 결코 무시해서는 안 된다는 주장을 하였다(Klafki, 1991: 110).

다른 한편으로 비판의 관점을 분명하게 하고자 클라프키는 이데올로기 비판의 방법론에 주목하였다(Klafki, 1991: 111). 원래 마르크스의 초기 저작에서 이데올로기는 일종의 '허위의식'으로 기술되었으나, 일반적으로는 그릇된 신념과 가치체계로 통용되는 개념이다. 중요한 사실은 이데올로기가 사회, 정치적으로 형성되며, 은밀한 방식으로 기존의 체제를 유지하거나 정당화하는 역할을 한다는 점이다. 가령 학생들의 교과서에 불평등, 실업, 노사갈등, 파업, 양극화의 그림이나 내용이 전혀 등장하지 않는 것도 자본주의 체제의 유지와 무관하지 않다(Klafki, 1991: 112). 따라서 교육과정과 교과서, 교육기관, 다양한 교육매체 등을 주어진 그대로 받아들일 것이 아니라 그 이면에 어떤 의도나 사회적, 정치적 관심이 감추어져 있는지를 비판적으로 볼 필요가 있다. 이처럼 우리가 교육에서 하나의 사실로 믿고 있는 가치, 신념, 내용이 실제로는 사회적, 정치적 조건과 연관 속에서 왜곡, 변형될 수 있음을 알 수 있다. 교육의 실제 속에 숨어 있는 그릇된 사고체계와 신념을 밝히고, 교육의 다양한 모순을 계몽시켜야 하는 과제를 교육학이 부여받게 되는 것이다. 이런 맥락에서 이데올로기 비판은 클라프키 비판-구성적 교육학의 중요한 방법론으로 수용되었다.

III. 시대적 핵심 문제와 문제 수업[8]

1. 시대적 핵심 문제

클라프키의 비판-구성적 교육학은 정신과학적 교육학에 뿌리를 두면서도 비판이론을 만나 사회, 정치적 문제를 전면에 내세우게 되었고, 지구적(global) 문제를 인식하게 되면서 다시 한번 시대적 핵심 문제로 사유를 넓히게 되었다. 클라프키(Klafki, 1993: 136)는 우리가 교육에서 다루는 내용이 더 이상 어느 특정 사회 혹은 국가에 귀속되지 않을 만큼 범지구적으로 확장되었다고 보고 있다.

'핵심 문제'라는 사유는 원래 감(Gamm, 1973)의 논문 "해방: 교육의 핵심 문제"에서 비롯된 것이다. 이 논문에서 감은 해방을 세 가지 관점에서 파악하였다(Gamm, 1973: 680). 첫째, 자라나는 세대를 정치적으로 잘 인도하는 일이다. 둘째, 소비사회의 단절과 고립을 막을 수 있는 협력적인 학습 실천이다. 셋째, 임금노동자들이 경제적 제약에서 벗어나기 위한 사회적 투쟁 동력을 확보하는 일이다. 감은 학생들이 이러한 해방의 단계에 이르도록 하는 일을 교육의 핵심 문제로 보았다. 감은 일정한 교육목적을 달성하기 위한 용어로 핵심 문제를 설정하였으나, 클라프키는 이 개념을 교육내용으로 가져와 발전시켰다. 이 점에서 본다면 클라프키의 개념 사용은 바이네르트(Weinert, 1998)의 핵심역량과 맞닿아 있다. 그는 이 용어를 통해 학교와 산업체가 미래 직업의 관점에서 어떤 내용과 목적으로 어떤 역량을 길러야 하는지를 논하고 있기 때문이다. 하지만 그의 주장대로 현재 학교에서 배운 내용과 미래 직업 세계의 요구가 일치하기란 어렵다. 가변성으로 인해 학교의 교육은 갈수록 미래와 직업 세계의 변화를 따라잡기 힘들기 때문이다. 그런 이유에서 메르텐스(Mertens, 1974: 41)는 미래 사회가 불확실하고, 직업 세계가 유동적으로 변화하는 상황에서 학습자의 내적 역량, 즉 논리적 사고, 분석적 사고, 비판적 사고, 구조화할 수 있는 사고, 협력적 사고, 창조적 사고, 맥락적 사고 등을 길러야 한다고 보았다.

클라프키는 교육의 핵심 문제와 미래 사회의 핵심역량 개념 논의를 토대로 자신만의 '시대적 핵심 문제' 개념을 구상한 다음 자신의 모음집인 『빌둥이론과 교수학에 대한 새로운 연구들』(1985)에 발표하였다. 그는 여기서 자신만의 방식으로 핵심 문제 개념을 정의하고, 범례적 교수-학습의 원리에 따라 다양한 문제를 기술하고, 비판-구성적 교수학의 기본 원리를 제시하였다. 교육내용에 대한 범례적 접근은 수업에서 다루는 내용의 시의성과 사회·정치적 연관성을 고려할 때 중요하다. 핵심 문제는 바로 우리 사회, 국가가 당면한 과제이면서, 넓은 틀에서는 세계, 지구가 당면한 과제로서 시의적절하며, 사회·정치적 관점에서 가르치고 배워야 할 교육내용이다. 1980년대 중반 클라프키는 수업에서 다루어야 할 범례적 핵심 문제를 여러 각도에서 제시한 바 있다(Klafki, 1985: 100). 평화 문제, 환경 문제, 세대 관계, 기술과 경제 발전의 가능성과 한계, 개인과 소수 집단의 여가 선용 문제, 관료제 문제, 일과 실업, 사회적 불평등, 소수자 문제, 남녀 관계 문제, 성평등, 선진국과 개발도상국, 독일인과 독일 내 외국인, 서

독과 동독, 종교 갈등, 건강과 질병, 장애인과 정상인, 대중 매체와 그 영향 등이 그것이다. 이 시기 클라프키의 시대적 핵심 문제에 대한 인식에는 상당 부분 독일 국내의 사회, 정치적 상황이 포함되어 있음을 알 수 있다.

클라프키가 자신의 교육학을 '구성적'으로 제시한 바와 같이, 그가 제기한 시대적 핵심 문제의 내용은 시대 흐름과 함께 독일의 지평을 넘어서 보다 세계, 지구적으로 관점이 넓어졌다. 정보화, 세계화가 진전되면서 세계는 이전보다 문화, 경제, 언어, 정보를 통해 하나의 세계연관을 이루게 된 것이다. 이렇듯 변화된 상황을 반영하여 클라프키는 지구적 관점에서 시대적 핵심 문제를 7가지로 제시하였다(Klafki, 1993: 136-137). 기술과 산업 발달, 그로 인해 생겨난 세계 경제, 정보 통신 체제의 확립, 엄청난 파괴력을 지닌 무기의 발달, 기술과 산업 및 무분별한 경제 성장으로 인한 자연과 생태계의 파괴, 문화 교류와 협력의 증대, 개별 국가와 사회를 넘어선 정치적 책임의 증대 등이 그것이다.

2. 문제 수업

이러한 시대적 핵심 문제를 교육 현장에서 문제 수업으로 다룰 수 있다. 교수자의 입장에서 이러한 수업을 실행할 때 사회발전과 변화에 대한 아동과 청소년의 태도를 더 이상 수동적으로 보아서는 곤란하다. 시대적 핵심 문제에 대한 적극적 대응은 아동과 청소년의 기본권 존중과 민주적 가치의 지속적 실현과 직결된다. 기성세대와 성장 세대가 다가올 미래에 대하여 함께 사고하고, 고민하며, 나름의 대안을 모색하는 프로젝트형 수업이 되어야 한다(Holtappels & Horstkemper, 1999: 61).

그리고 문제 수업의 기저에 시의적절한 빌둥 개념이 자리를 하고 있다.[9] 즉 인간성의 고귀한 실현(Herder)이나 인간 능력의 조화로운 발달(von Humboldt)과 같은 고전적 빌둥 개념의 가치를 간직하면서도 불확실성이

날로 증가하는 시대에 맞는 빌둥을 새롭게 창출하고자 한다. 이는 현재 우리가 처한 상황에 대한 정확한 진단과 다가올 미래가 우리에게 던져주는 가능성, 위험성을 총체적으로 고려할 때 가능하다. 앞서 언급한 바와 같이 새로운 빌둥은 자율성, 공동체 의식 그리고 연대성을 기를 수 있어야 한다 (Klafki, 1991: 52). 문제 수업은 다가올 세대로 하여금 자신의 삶을 주체적으로 영위해 나가면서도 공동체의 삶에 관심을 갖고 사회, 정치, 문화적으로 적극 참여하는 존재가 되도록 이끌어가야 한다. 개인의 자율성과 공동체 의식은 궁극적으로 연대성과 만나게 될 때 진가를 발휘할 수 있다. 다시 말해, 문제 수업은 소외와 억압의 그늘에서 신음하는 사람들의 편에서 이들을 지지하고, 때로는 이들을 변호할 수 있는 용기 있는 시민을 기르고자 한다.

문제 수업에서 다루는 주제는 시대적 핵심 문제와 같은 일반적인(allgemein) 주제가 적절하다. 위에서 언급한 문제를 주제별로 범주화하면 환경과 생태계 문제, 신기술의 가능성과 한계, 세계인구 문제, 전쟁과 평화의 문제, 사회적으로 조장된 불평등의 문제, 민족문제 및 다문화 교육, 인간의성 문제 등이 고려의 대상이 될 수 있다. 핵심 문제가 시대와 사회의 변화상과 직접 연결되어 있다는 점에서 문제는 얼마든지 새롭게 재구성할 수 있다.

하지만 핵심 문제가 다양한 요소로 구성되어 있고, 시간과 노력이 요구되므로 단일 교과나 수업에서 다루기란 쉽지 않다. 문제 수업을 통합교과나 융합교과의 형태로 운영하는 것이 더 효과적일 수 있다(Holtappels & Horstkemper, 1999: 60). 가령 환경 문제만 하더라도 물리, 화학, 생물, 지구과학과 같은 과학적 지식은 물론 역사, 지리, 법, 정치, 경제와 같은 인문 및 사회과학의 지식이 총체적으로 요구된다. 학교 수업에서 운영한다면 다양한 과목의 협력이 필수적이다.

다양한 과목의 지식이 통합적으로 요구되므로 문제 수업의 운영은 교수자 또한 한 사람보다는 둘 이상으로 구성된 팀티칭이 적절하다. 이때, 사회의 당면 문제나 해결과제와 관련된 전문가나 활동가를 동료 교수자로 초빙한다면 수업의 현장성도 살리고 참여자의 흥미와 관심을 한층 끌어올릴 수 있다. 이질적인 교수자들이 시대적 핵심 문제를 함께 다룬다면 주제를 전문화할 수도 있고, 교수자 상호 간은 물론 교수자들과 학생들 상호 간에도 시너지 효과를 가져올 수 있다. 기존의 수업처럼 한 시간 단위로 운영하는 것보다 몇 시간을 묶어 블록으로 운영하는 것도 도움이 될 수 있다. 그만큼 다양한 관점에서 주제에 접근할 수 있을 뿐만 아니라 깊게 들어가 몰입할 수 있기 때문이다.

문제 수업의 실행에서 교수-학습 방법의 혁신도 함께 이루어질 필요가 있다. 학습자 자신의 경험을 최대한 살릴 수 있는 행위 지향적(handlungsorientiert) 수업을 진행해 볼 수 있다(Klafki, 1993: 146). 이 수업에서 개별 학습보다는 그룹 위주의 협력학습을 조장하되 모둠 구성원 간 경쟁보다는 대화, 소통, 타협의 덕목을 수업에서 배울 수 있도록 해야 한다. 구성원 사이의 갈등을 원만하게 해결하고, 타인의 의견을 경청하면서도 자신의 견해를 분명하게 표현하는 능력을 길러야 한다. 문제 수업은 개인의 존엄성을 인정하면서도 개인이 속해 있는 공동체 정신과 협력의 가치를 일깨우고, 궁극적으로 민주적으로 소통하는 책임감 있는 시민을 길러내는 데 일조할 수 있다.

클라프키는 자신의 문제 수업에서 범례적 교수-학습을 시종일관 강조해 왔다(Klafki, 1991: 141; Klafki, 1993: 146). 이것은 학습자에게 핵심 문제에 관한 적절한 범례를 제시함으로써 수업이 끝난 후 학습자 내부에서 어떤 통찰이 일어나거나 스스로 일반적인 원리 혹은 법칙을 발견하도록 하는 방법이다. 가령 세계적인 환경 단체인 그린피스(Greenpeace)를 통해 기후 위기와 환경 문제를 범례적으로 다뤄볼 수 있다. 이 단체를 통해 학습자는 기후 위기의 심각성을 이해하고, 환경 문제의 중요성을 자각하게 될 것이다. 그린피스는 아마존에서 북극에 이르기까지 지구촌 구석구석 환경 파괴 현장을 대중에게 폭로해 왔다. 기후변화, 삼림 벌채, 상업 고래 사냥, 유전 공학 및 핵 문제와 같은 전 세계적인 환경 문제는 이들이 이슈를 불러일으킨 것들이다. 이들은 환경 문제를 단순하게 인식하는 것만이 아니라 직접 행동에 나서서 대안과 해결책을 촉구함으로써 생태 전환을 위한 비전과 영감을 불러일으켜 왔다. 문제 수업에서 이 주제를 다룬다면 학습자는 환경 파괴의 실상을 범지구적 관점에서 배우고, 자신의 주변과 일상에서 발생하는 문제를 비판적으로 바라볼 수 있는 시야를 키울 수 있을 것이다. 나아가 학습자 스스로 삶의 도처에서 은밀하게 일어나는 환경 파괴 현장을 폭로하고, 자신의 역량 범위 내에서 적극적으로 행동에 나설 수도 있다.

문제 수업은 단순한 지식 전달보다는 학습자 스스로가 '학습하는 방법'을 터득하도록 이끈다(Klafki, 1991: 52). 아울러 자신이 수업에서 배운 내용을 실제 삶에서 적용해 보는 역동적 수업을 지향한다. 교실에서의 이론 수업보다 다양한 현장학습, 체험학습, 역사 및 문화 기행이 강조되는 이유가 바로 여기에 있다. 학습자가 핵심 문제가 살아있는 곳으로 다가가서 직접 보고, 느낄 수 있다면 생기있는 수업으로 전환될 수 있다. 학습자의 참여를 독려하려면 학습자들이 즐겨하는 게임, 시뮬레이션, 역할 놀이 등을 적극 활용할 수 있다. 가령 어떤 사안에 대해 모의 청문회나 모의재판을 한다면 역할수행자는 자신의 역할을 하면서 내용을 깊게 이해할 수 있고, 이를 지켜보는 참여자들은 흥미롭게 수업에 참여할 수 있을 것이다.

문제 수업의 평가 개념 또한 새로운 모습을 지니게 된다(Klafki, 1991: 75-77). 수업 결과에 대한 성취 평가가 주로 산출과 결과 위주로 진행되었다면 문제 수업에서는 과정평가를 지향한다. 수업 과정에서 교수자와 학습자 사이에 있었던 대화와 토론, 질의응답 자체가 의미를 지니며, 학습자가 과제 수행 과정에서 보여 준 문제해결 능력, 협동 능력, 비판적 사고의 발달 등이 평가의 대상이 될 것이다. 학습자 사이의 협력과 협동학습이 강조되므로 평가에서도 개인 간 경쟁보다는 팀 활동에서의 공헌도 등이 주로 고려의 대상이 된다. 자신이 속한 집단구성원의 정신적 성장과 학습 능력의 향상에 평가의 초점이 모아지는 셈이다.

문제 수업에서의 평가는 안드레아 플리트너(A. Flitner, 1985: 19)가 적절하게 제시한 바와 같이 교육에서의 정의(Gerechtigkeit) 실현과 맞닿아 있다. 기존의 방식에서 사용하는 성적, 석차, 등급 매기기는 시험에서 소수의 성공자와 다수의 실패자를 가르는 부당함을 적나라하게 보여 준다. 모든 학습자를 정상분포 곡선의 어느 지점에 위치시키는 일을 통해서 교육에서 지향하는 정의를 실현하기란 어려울 것이다. 교육목적이 궁극적으로 학습자의 자율성과 자발성을 키우는 과업이라면 교육평가 또한 진정으로 교수자가 학습자에게 주는 '도움과 원조'로 파악되어야 한다.

IV. 나오는 말

지금까지 클라프키의 비판-구성적 교육학을 반성적으로 고찰해 보았다. 초기의 클라프키는 빌둥 이론에 기반을 둔 정신과학적 교육학을 토대로 하여, 주체와 세계 사이의 '범주적' 빌둥을 정립하고자 하였다(Klafki, 1959). 이로써 그는 빌둥의 형식을 강조하는 입장과 빌둥의 내용을 강조하는 입장 사이의 간극을 메우고자 하였다. 1960년대 비판이론을 만나게 되면서 그의 교육학은 비판적 성격을 강하게 지니게 되었다. 비판적 성격에 구성적 관점을 가미한 것은 교육학의 실천적 연관성을 강조하려는 의도에서 나온 것이다. 비판-구성적 교육학은 이론 자체에 몰두하는 것보다 교육 실천에 유의미한 이론과 지침을 제공하는 데 관심을 둔다. 그의 교육학은 글로벌 전환을 통해 시대 변화를 반영하여 교육내용을 강조하려는 방향으로 진화하게 되었다. 시대적 핵심 문제라는 그의 사유는 이런 배경에서 나온 것이다. 그가 2000년 이전의 시대적 상황에 대한 진단을 통해 환경, 불평등, 평화, 정보화 등의 핵심 문제를 제기했다면 2000년대 이후 우리는 현대의 교육적 문제상황[10]을 반영하여 새로운 빌둥 연구를 전개할 수 있을 것이다.

그렇다면 비판-구성적 교육학의 발전된 형태로서의 시대적 핵심 문제는 오늘날 우리 교육에 어떤 시사점을 던져줄 수 있을까? 다양한 핵심 문제들 가운데 전 지구적이면서도 동시에 국내에서도 사회와 교육의 긴급한 과제로 떠오른 기후 위기와 생성형 인공지능 문제 등을 논의하면서 이 글을 마무리하고자 한다.

첫째, 클라프키가 1980년대 중반 제기한 환경 문제는 이제 기후 위기라는 냉철한 관점에서 다루어질 필요가 있다. 최근 세계기후변화보고서(IPCC, 2021)는 지구 온도가 산업혁명 이전보다 1.09도 올랐으며, 2030년에는 1.5도 이상 오를 것이라는 전망치를 내놓았다. 1.5도는 우리가 알고 있는 '티핑포인트(tipping point)'에 해당한다. 이 시점에 도달하면 무너진 지구의 균형이 더 이상 회복할 수 없는 상태로 빠지게 된다. 지구 멸망의 시나리오가 가시화되는 것이다. 지금도 우리는 수시로 지구촌 곳곳에서 산불, 폭우, 폭염, 가뭄, 냉해 등의 이상기후를 겪고 있다. 지구온난화와 해수면 상승으로 온도가 오르고, 생물 서식지와 농작물 경작지가 물에 잠기면 인류는 대기근을 맞이하게 될지도 모른다. 전 지구적 위기 상황에서 기후 위기에 대응하는 교육은 이제 선택이 아닌 필수가 되었다.

생태 전환 교육에서 독일의 철학자 요나스(Jonas, 1984)의 인간 책무성 개념을 되새겨 볼 필요가 있다. 여기서 책무성은 확대된 책임의 원칙을 말한다. 요나스는 칸트의 정언명령 '자신의 행위가 보편적인 도덕률이 될 수 있도록 하라'를 책무성 개념 틀에서 재개념화하고 있다.

- 자신의 행위가 지구상에 인간이 계속 생존할 수 있도록 하라

- 자신의 행위가 미래의 생명의 가능성을 침해하지 않도록 하라
- 자신의 현재 행위가 미래의 완결성을 함께 지닌 도덕률이 될 수 있도록 하라

환경 문제와 기후 위기의 해결은 시대의 준엄한 요청이다. 미래를 위한 생태교육은 환경 보호는 물론 파괴된 생태계를 복구하고, 자연과의 조화와 균형을 유지하려는 노력을 적극 펼쳐 나가야 한다. 지구라는 행성의 주인이 된 인간이 이제까지는 자신의 생존과 이익을 위해서만 자연을 이용해 왔다면 지구 위기가 심각성으로 치닫는 지금부터라도 생명 다양성을 포용하고 신음하는 지구를 관리해야 하는 중대한 결단을 내려 할 것이다 (Lewis & Maslin, 2020). 인류세를 살아가는 인간의 최후 과제는 어쩌면 인간 중심주의를 파기해야 할지도 모른다. 지금의 위기 상황은 인간 외적 존재인 자연과 만물이 오히려 인간 이해의 척도가 되는 새로운 '계몽'을 강력하게 요청하고 있다(김기봉, 2022: 310). 우리에게는 현재의 인류문명을 환경과의 조화 속에서 발전시켜 나가야 할 책임과 동시에 인간 외적 환경과 다가올 세대들의 삶을 더불어 생각해야 할 책무성이 있기 때문이다.

둘째, 클라프키가 핵심 문제로 제시한 정보화의 가능성과 한계에 대한 사유가 빅데이터, 인공지능, 생성형 인공지능 등에 관한 담론으로 확장될 필요가 있다. 미래학자들의 예언과 같이(Kurzweil, 2016) 2030년경에 인간 지능을 능가하는 인공지능이 출현할 것인지가 초미의 관심사이다. 이들은 로봇공학(GNR; Genetic engineering, Nanotechnology and Robotics)과 유전 공학, 나노 및 정보기술을 결합하여 머지않은 장래에 인간 지능을 능가하는 강력한 인공지능을 만들 수 있을 것으로 보고 있다. 최근 급부상하게 된 생성형 인공지능도 가능성과 함께 강력한 우려를 자아내고 있다. 가령 챗GPT는 질문 응답, 문서 요약과 생성, 번역 등의 영역에서 수준 높은 자연어 처리 능력과 언어를 예술적 창작물로 변환해 내는 능력까지 선보

이고 있다. 챗GPT의 답변이 빅데이터의 양과 질에 좌우되는 만큼 데이터 및 정보 의존적 한계를 보이고 있으나 어떤 방향으로 진화할지는 그 누구도 알 수 없는 상황이다. 교육 현장에서 생성형 인공지능과 같은 첨단 기술 활용을 어느 수준까지 허용할 것이며, 남용과 오용에 대한 윤리적 대응을 어떻게 할지 그리고 인간의 대화 상대자로서 인류는 챗GPT와 어떻게 협업해 나갈 것인지는 아직 풀어야 할 과제로 남아있다(송은정, 2023; 김재인, 2023; 김대식·챗GPT, 2023). 이러한 시대적 핵심 문제야말로 문제 수업의 주제로 적합하며, 교육 현장에서 적극적으로 다룰 필요가 있다.

한 걸음 더 나아가 인공지능과 관련하여 불평등과 양극화의 문제를 다뤄볼 수도 있다. 인공지능 교육에서 공평성과 공정성(equity)을 확보하는 일은 중요하다. 다가올 시대에 디지털 격차(digital divide)는 개인 간, 집단 간 인공지능 격차로 이어질 것이기 때문이다. 근대 시기에 약자와 소외된 사람들에게 보여 주었던 불의, 부자유, 불평등에 맞서는 비판 정신을 이제부터는 디지털 혹은 인공지능 약자에게 보여 줄 필요가 있다. 디지털 전환의 미래 사회에서는 새로운 의미의 연대 의식이 요구된다. 디지털 뉴미디어 환경의 고도화가 자명한 미래 사회에서 디지털 기술이 누구나 소외 없이 누릴 수 있는 보편적 권리가 되도록 교육의 현장에서부터 인공지능, 디지털 영유의 공평성과 공정성을 확보하려는 노력이 절실하다.

주

1 클라프키(Wolfgang Klafki, 1927년생)는 동프로이센 앙어부르크에서 태어나 1952년부터 1957년까지 본(Bonn)과 괴팅겐에서 대학을 마쳤다. 1957년 베니거의 지도하에 박사학위논문『기초교육의 교육학적 문제와 범주적 교육의 이론』을 마친 후 1963년부터 마부르크 대학교에 정교수로 임용되어 1992년 정년 퇴임때까지 재직하였다. 그의 비판-구성적 교육학은 1976년『비판-구성적 교육과학의 다양한 관점들』을 출간하면서부터 세간에 널리 알려지게 되었다.

2 빌둥(Bildung)은 우리말로 도야, 자기 형성에서부터 교육이라는 용어로 두루 쓰이고 있으나 독일 전통의 고유성을 살리기에는 부족하다고 판단하여 독일어 발음 그대로 쓰고자 한다.

3 이 계보는 W. Jank & H. Meyer(1991). *Didaktische Modelle*. Berlin: Cornelsen Scriptor와 Krüger, H. H.(2012). *Einführung in Theorien und Methoden der Erziehungswissenschaft*. 우정길 편역(2023). 독일 교육학의 전통과 갈래. 교육학 연구의 현대적 패러다임. 파주 : 박영story의 내용을 바탕으로 최근 저자의 사망 연도를 반영하여 작성한 것임을 밝힌다.

4 이 선언에서 교수들은 의회민주주의를 도입하려던 조교연합체에 대항하여 그렇게 될 경우, 교수의 연구와 수업의 자유가 제한되고, 대학 자체가 혼란에 빠질 수 있다는 주장을 펼쳤다.

5 클라프키는 독일의 복선형 제도를 민주적 통합학교인 종합학교로 개혁하였고, 비판-구성적 교수학과 시대적 핵심문제 개념을 도입하여 기존 수업과는 다른 '문제 수업'의 가능성을 열어 주었다. 1960년대 이후 그는 실제적으로 헤센주, 브레멘주, 노트라인-베스트팔렌주의 교육과정위원회와 학교개혁위원회에서 위원장을 맡거나 위원으로 활동하였다.

6 II.1. 정신과학적 교육학과 그 한계에서 해석학에 관해서는 상술하였으므로 이 절에서는 경험론과 비판이론의 방법론에 비중을 두고 기술한다.

7 대표적으로 레이(Lay), 모이만(Meumann), 페테르센(Petersen), 피셔(Fischer), 로흐너(Lochner), 로트(Roth), 브레진카(Brezinka) 등을 꼽을 수 있다.

8 문제 수업은 시대적 핵심 문제를 수업의 내용으로 삼아 진행하는 수업을 말한다. 그 점에서 교육 현장에서 일반적으로 사용되는 문제중심학습(PBL)과는 지적 배경이 다르다. 클라프키의 문제 수업의 주제가 거시적이고, 스케일이 큰 반면 기존의 문제중심학습은 실생활의 문제 해결에 초점이 있다. 자기주도성, 학습자 중심, 협동학습, 팀티칭 강조 등 방법론적으로는 서로 겹치는 부분이 적지 않다.

9 빌둥이 자아관 및 세계관 확장을 통한 인간성 고양을 지향하고 있으므로 우리가 살고 있는 세계의 문제를 깊고, 넓게 이해하려는 문제 수업은 궁극적으로 세계관 확장과 인간성 고양의 빌둥 이념과 직결된다.

10 Krüger(2023: 227-228)은 현대 빌둥 연구를 위한 도전과제들로 세계화로 인한 금융 및 노동 시장의 변화, 마이크로 전자 혁명, 이민과 난민, 가족 내 의사소통, 유아 돌봄, 성인교육 보편화, 교육학의 팽창 등을 들고 있다.

참고문헌

김기봉(2022). 『역사학 너머의 역사. 빅히스토리, 문명의 길을 묻다』. 서울 : 문학과 지
성사.

김대식·챗GPT(2023). 『챗GPT에게 묻는 인류의 미래. 김대식 교수와 생성인공지능과
의 대화』. 서울 : 동아시아.

김재인(2023). 『AI 빅뱅. 생성 인공지능과 인문학 르네상스』. 서울 : 동아시아.

손승남(1998). 「Klafki의 비판-구성적 교수법에 관한 연구」. 『교육학연구』, 36(4), 201-
218.

손승남(2013). 「창조적 수업을 위한 비판-구성적 교수모델 탐구」. 『창조교육논총』, 15,
1-25.

송은정(2023). 『예고된 변화 챗GPT 학교』. 서울 : 테크빌교육.

정창호·손승남(2020). 「비판-구성적(批判-構成的) 교수법과 열린 화학 수업」. 『현장
수업연구』, 1(1), 29-59.

Adorno, Th. u.a.(1969). *Der Positivismusstreit in der deutschen Soziologie*. Neuwied:
Luchterhand.

Brezinka, W.(1989). Empirische Erziehungswissenschaft und andere Erziehungstheorien:
Differenzen und Verständingsmöglichkeiten. In: H. Röhrs & H. Sheuerl. (hrsg.).
Richtungsstreit in der Erziehungswissenschaft und pädagogische Verständigung. Frankfurt/
M: Peter Lang, 53-70.

Dilthey, W.(1957/58). *Gesammelte Schriften. Bd. I-VII*. Stuttgart: Teubner.

Flitner, A.(1985). Gerechtigkeit als Problem der Schule und als Thema der Bildungsre-
form. *Zeitschrift für Pädagogik*. 31, 1-26.

Gamm, H. J.(1973). Emanzipation: Schlüsselprobleme der Erziehung. *Die Deutsche
Schule*, 65, 675-691.

Grunert, C.(2022). Wolfgang Klafki und die Geisteswissenschaftliche Pädagogik - eine
Einleitung. In: *Geisteswissenschaftliche Pädagogik. Neuere Geschichte der Pädagogik*.
Wiesbaden: Springer VS. https://doi.org/10.1007/978-3-658-37172-2_1 검색일:
2023년 9월 20일.

Habermas, J.(1968). *Erkenntnis und Interesse*. Frankfurt/M.: Suhrkamp.

Habermas, J.(1981). *Theorie des kommunikativen Handelns*. Frankfurt/M.: Suhrkamp.

Hermann, U.(1989). Pädagogik, Geisteswissenschaftliche. (systematisch) In: D.
Lenzen(hrsg.). *Pädagogische Grundbegriffe. Bd. 2*. Reinbek: rororo, 1140-1160.

Holtappels, H. G. & Horstkemper, M. H.(1999). *Neue Wege in der Didaktik. 5. Beiheft*.
Weinheim: Juventa Verlag.

IPCC(2021). 「기후변화에 관한 정부 간 협의체 제6차 보고서(Sixth Assesment Report-
IPCC)」. https://www.ipcc.ch/assessment-report/ar6/ 검색일: 2023년 9월 20일.

Jonas, H.(1984). *Das Prinzip Verantwortung*. Freiburg: Rombach Verlag.

Karushaar, W.(1998). *1968, Das Jahr, das alles verändert hat*. München: Piper.

Kaufmann, H. B., Lüttgert, W. & Schulze, Th.(1991). *Kontinuität and Traditionsbrüche in der Pädagogik*. Weinheim and Basel: Beltz.

Keckeisen, W.(1989). Erziehungswissenschaft, kritische. In: D. Lenzen(hrsg.). *Pädagogische Grundbegriffe*. Bd. 2. Reinbek: rororo, 482-507.

Klafki, W.(1959). *Das pädagogische Problem des Elementaren und die Theorie der kategorialen Bildung*. Weinheim: Beltz.

Klafki, W. u.a.(1970/1971). *Erziehungswissenschaft*. 3. Bd. Frankfurt/M.: Fisher Taschenbuch Verlag.

Klafki, W.(1976). *Aspekte kritisch-konstruktiver Erziehungswisschschaft*. Weinheim: Deutscher Studien Verlag.

Klafki, W.(1985). *Neue Studien zur Bildungstheorie und Didaktik*. Weinheim and Basel: Beltz.

Klafki, W.(1991). *Neue Studien zur Bildungstheorie und Didaktik. Zeitgemäße Allgemeinbildung und kritisch-konstruktive Didaktik*. Weinheim and Basel: Beltz.

Klafki, W.(1993). Bildungsperspektiven - Grundzüge internationaler Erziehung. In: Borrelli, M.(Hrsg.). *Deutsche Gegenwartspädagogik*. Hohengehren: Schneider Verlag, 136-148.

Köker, A. & Störtländer, J. C.(2017). *Kritische und konstruktive Anschlüsse an das Werk Wolfgang Klafkis*. Weinheim and Basel: Beltz.

Krüger, H. H.(2012). *Einführung in Theorien und Methoden der Erziehungswissenschaft*. 우정길 편역(2023). 『독일 교육학의 전통과 갈래. 교육학 연구의 현대적 패러다임』. 파주 : 박영story.

Kurzweil, R.(2007). *Ths Singularity is near*. 김명남 역(2016). 『특이점이 온다. 기술이 인간을 초월하는 순간』. 파주: 김영사.

Kvamme, O. A.(2021). Rethinking Bildung in the Anthropocene: The Case of Wolfgang Klafki. *HTS Theological Studie*s, 77(3), 1-9.

Lewis S. L. & Maslin M. A.(2020). *The Human Planet: How We Created the Anthropocene*. New Haven: Yale University Press.

Masthoff, R.(1981). *Antiautoritäre Erziehung*. Darmstadt: WB Verlag.

Mertens, D.(1974). Schlüsselqualifikationen. Thesen zur Schulung für eine moderne Gesellschaft. *Mitteilungen aus der Arbeitsmarkt- und Berufsforschung*, 7(1), 36-43.

Meyer, M. A. & Meyer, H.(2007). *Wolfgang Klafki: Eine Didaktik für das 21. Jahrhundert?* Weihheim and Basel: Beltz.

Meyer, M. A. & Rakhkochkine, A.(2017). Wolfgang Klafki's concept of 'Didaktik' and its reception in Russia. *European Education Research Journal*, 17(1), 17-36.

Nohl, H.(1935). *Die pädagogische Bewegung in Deutschland und ihre Theorie*. Frankfurt/M: G. Schulte-Blumke.

Popper, K. R.(1971). *Logik der Forschung*. Tübingen: J.C.B. Mohr.

Roth, H.(1962). Die realistische Wendung in der pädagogischen Forschung. *Neue*

    Sammlung, 2, 481–490.

Sørensen, A.(2021). Educating Citizens through Bildung. Dialectics and Pedagogy in the service of Democracy. *Journal of Educational Philosophy and Sociology*, 2(1), 1–30.

Weinert, F. E.(1998). Vermittelung von Schlusselqualifikationen. In: S. Matalik und D. Schade(Hrsg.). *Entwicklungen in Aus- und Weiterbildung*. Baden–Baden: Normos Verl.-Ges., 23–43.

몰렌하우어와 해방의 교육을 향한 여정

정창호

1. 서론

교육학은 후속 세대를 교육함으로써 사회의 연속성과 발전을 보장해야 한다는 매우 중대하고 어려운 과제를 맡고 있다. 이 과제가 중대한 이유는 만약 교육이 중단된다면 인류가 지금까지 이룩한 문명과 전승되는 가치들은 순식간에 사라질 위험에 처할 것이기 때문이다. 그렇다면 이 과제의 어려움은 어디에 있는가? 교육이라는 과제의 어려움은 근대와 더불어 분명한 형태로 등장했다. 그것은 삶의 연속성과 발전을 보장하기 위해서 어른은 아이를 이미 주어진 현존 질서로 인도해야 하는 동시에 아이는 단지 주어진 질서에 적응하는 수동적인 존재가 아니라 능동적이고 자유로운 주체로서 성장해야 한다는 데 있다. 이것이 바로 칸트가 말했던 '강제를 통해서 자유를 길러내야 하는' 교육의 근본적인 아포리아이며, 이 아포리아로 인해서 근대 이후 교육은 완수하기 어려운 과업이 되었다. 이러한 아포리아에도 불구하고 또는 이 아포리아 때문에 근대 이후 교육자들은 교육이라는 활동에 대한 체계적 지식과 그것을 뒷받침할 학문적 방법론을 마련하기 위해서 노력했다.

서구의 근대 계몽주의 이래로 칸트가 제기한 이 문제는 언제나 교육학의 근본 문제가 되었다. 몰렌하우어는 이 문제를 해결하려고 애쓴 수많은 교육학자 중 한 사람이다. 몰렌하우어는 교육도 학문적 토대를 갖추어야 한다고 처음 요구했던 칸트(칸트, 김영래 역, 2005: 209 참조)와 칸트의 후임자로서 그 요구를 실제로 실현하여 학문적 교육학의 기틀을 처음 세웠던 헤르바르트의 나라 즉 독일 사람이다. 그리고 몰렌하우어가 교육학 공부를 시작했던 1950년경은 해석학의 대가인 딜타이와 그의 교육학 분야 제자들이 발전시킨 그리고 20세기의 전반의 독일 교육학을 지배했던 정신 과학적 교육학의 한계가 드러나던 때였다. 몰렌하우어는 정신 과학적 교육학이 나치즘의 적나라한 폭력과 야만 앞에서 무방비로 무너지는 것을 직간접적으로 체험한 독일 전후 세대 교육학자이다.

제2차 세계대전 이후 전후 세대 독일 교육학자들은 학문으로서의 교육학을 향한 새로운 출구를 모색했다. 그중에서 브레진카로 대표되는 독일의 경험적 교육과학은 자연과학의 입장과 방법론을 도입해 이 문제를 해결하려 했다. 반면 몰렌하우어를 비롯한 비판적 교육과학의 옹호자들은 "정신과학적 교육학의 자기비판과 하버마스의 학문론적-인식론적 작업"(Suenker/Krueger 2016: 162)에 기초해서 교육학의 새로운 학문적 활로를 찾아 나섰다. 특히 몰렌하우어는 유럽의 학생운동이 최고조에 달했던 1968년에 『교육과 해방』을 출간했다. 거기서 그는 정신 과학적 교육학의 한계는 무엇보다도 교육 현실을 둘러 싼 구체적인 사회-정치적 현실과 물질적 관계를 도외시한 데에 있다고 보았다. 그에 따르면 교육학을 주도하는 관심은 해방적 관심이며, 해방적 관심에 기초하는 교육학은 억압적인 사회관계에 관한 비판적, 사회과학적 탐구 없이는 불가능하다고 주장했다. 이런 연유로 해서 그의 교육학 또는 독일의 비판적 교육과학은 해방의 이념과 굳게 연결되었다.

그런데 몰렌하우어는 특정한 과학론적인 입장에서 사태를 재단하기보다는, 변화하는 상황 속에서 무엇보다도 '교육'이라는 대상과 현상 자체에 근거하려 했던 교육학자였다(Gross 2010: 182 참조). 그는 70년대를 거치면서 자신이 70년대에 강령적으로 제안했던 비판적 교육과학 또는 해방 교육학을 세련시키고 또 다양한 교육 영역에 적용하려고 노력했지만, 그 과정에서 비판적 교육과학이 지나친 사회과학적인 연구 경향으로 인해서 교육적 이념으로서의 '해방'이 무엇인지를 제대로 해명하지 못했다는 반성에 도달한다. 그가 보기에 해방적 교육학은 더 이상 해방적이지 않았다. 그는 과거 정신 과학적 교육학의 한계를 비판했듯이, 이번에는 비판적 교육과학의 한계를 (자기) 비판하면서 다시 새로운 교육학의 패러다임을 모색한다. 이 모색의 중간결산이라고 할 수 있는 『잊혀진 연관』(1983)이 발표되었을 때, 몰렌하우어가 연 길을 따라서 비판적 교육과학에 입문했던 68세대의 비판적 교육학자들은 이 책을 해방의 이념에 대한 배신 또는 변절로 이해했다. 그는 과연 배신자였는가?

말년의 한 인터뷰에서 몰렌하우어는 이렇게 말했다. "나는 이 책[잊혀진 연관]이 해방의 개념에 대한 부정이라고 생각하지 않습니다. 내가 보기에 그것은 좀 더 실체적인 해방 개념에 도달하기 위해서 내가 처음으로 다시 한번 가야 할 다른 길이었습니다."(Mollenhauer 1991, 81) 이 말을 받아들인다면, 처음에 정신 과학적 교육학에서 비판적 교육과학으로 그리고 비판적 교육과학에서 다시 『잊혀진 연관』으로 꺾어지는 그의 사상적 여정은 일관되게 해방의 교육을 향한 여정이었다고 볼 수 있다. 본 발표문은 몰렌하우어가 『교육과 해방』에서 『잊혀진 연관』에 이르기까지 교육학의 학문적 정체성과 방법론을 모색한 굴곡진 과정이 결국 해방의 이념을 구체화하는 교육학적 여정이라는 관점에서 추적하려 한다. 다시 말하면, 그의 교육학 연구 전체가 인간 해방, 즉 '자유로운 사람들의 자유로운 공동체'라는 근대적 계몽의 이념을 교육의 영역에서 교육학적으로 정초하려는 일관된 노력의 산물임을 보여 주려 한다.

2. 비판적 교육과학의 성립: 교육과 해방

몰렌하우어가 독일 비판적 교육과학의 주도적 인물이 될 징후는 이미 그의 학문적 이력의 출발점에서부터 등장한다. 그는 정신 과학적 교육학자인 베니거(E. Weniger) 교수의 지도 아래서 박사 논문『산업사회에서 사회 교육학의 기원』(1959)을 썼다. 여기서 그는 사회 교육학(Sozialpaeda-gogik)의 성립과 그 교육적 역할을 발전하는 산업사회의 현실적 조건 아래서 규명한다. "사회 교육학의 과제는 현대사회의 구조와 더불어 필연적으로 주어진, 그리고 과거 사회와 비교해서 새로 등장한, 긴급한 교육적 결핍을 (…) 메우는 일이다."(Mollenhauer, 1959: 121; Winkler 2002: 109에서 재인용) 여기서 그는 방법론적 측면에서 볼 때 아직 대체로 "전통적인 정신과학의 입장을 따르고 있으나, 자료에 대한 사회사적 해석을 통해서 (…) 사회과학적인 사유 방식의 통로를 개척한다"(Winkler 2002: 106). 지도교수인 베니거가 이 논문을 통과시키기는 했지만, '교육은 사회학 이론의 노예'가 돼서는 안 된다고 불만을 토로했던 것(Assmann 2013, 130f 참조)은 우연이 아니다.

박사 논문을 쓴 지 약 10년 만에 몰렌하우어는『교육과 해방』(1968)을 발표했다. 이 책은 '해방'이라는 시대적 개념을 과감하게 교육과 연관시킴으로써 비판적 교육과학의 탄생을 알린 기념비적 저작으로 평가된다. "거기에 실린 1962년에서 1968년 사이에 발표된 논문들은 당시의 소장 교육학자 세대 전체의 요구를 대변하고 있다. 그 요구란 교육학적 사고를 우선적으로 교육의 사회적 조건과 전제들에 의거해서 그리고 정치라는 행동영역과의 상호작용 속에서 바라보라는 요구였다."(Gross 2010: 22) 이 책에서 그는 특히 맨 앞에 실린 서론과 세 번째 논문 "교육학과 합리성"을 통해 이미 많은 논란이 되고 있던 비판적 교육과학의 프로그램을 명확한 형태로 제시했고 동시에 '해방'이라는 투쟁적 개념을 학문 이론적 논의 속으로 이끌어 들였다(Gross 2010: 25 참조). 여기서는 서론의 논의를 중심으로 그의 해방 교육학 또는 비판적 교육과학의 개요를 제시한다.

서론의 첫머리에서 이미 몰렌하우어는 자신의 학문적 고향이었던 정신 과학적 교육학의 퇴장을 선언한다. "이차대전 이후의 시간은 '정신 과학적 교육학'이 교육의 현실을 이루고 있는 연관을 밝히는 데서 단지 제한적인 효능을 갖는다는 사실을 보여 주었다"(Mollenhauer, 1973: 9). 그러나 그는 정신 과학적 교육학과 더불어 브레진카(W. Brezinka)의 경험-분석적 교육 과학도 비판한다.[1] "몰렌하우어는 서론에서 두 입장을 변증법적으로 예리하게 대립시키고, 양자로부터 구분 짓기를 통해서 자신의 고유한 비판적 해방적인 학문이해의 결정적 요소들을 발전시키려고 한다."(Gross 2010: 24)

여기서 정신 과학적 흐름과 경험-분석적 흐름을 모두 극복하려는 교육 과학의 키워드는 '해방'(Emanzipation)이다. 그는 교육이라는 개념 속에 이미 '성년성'과 '해방'의 문제가 개재해 있다고 주장한다. "교육과 도야의 목적이 주체의 성년성(Muendigkeit)에 있다는 원칙은 교육과학에 대해서 구성적(konstitutiv)이다. 따라서 교육과학의 인식 주도적 관심은 해방을 향한 관심이다"(Mollenhauer 1973:10). 여기서 '해방적 관심'이라는 용어를 사용함으로써 몰렌하우어는 자신의 비판적 교육학이 "인식과 관심"에서 표현된 하버마스의 비판이론 전통에 의존하고 있음을 분명히 드러낸다. 몰렌하우어에게 해방은 인간이 합리적 주체로서 자신의 숙고와 선택 그리고 책임 아래서 살아가는 상태를 뜻한다. "'해방'은 주체가—우리의 경우에는 이 사회 속의 성장하는 세대가—그들의 합리성 및 그와 결부된 사회적 행동을 제약하는 조건들로부터 해방되는 것을 의미한다"(Mollenhauer 1973: 11).[2]

그러나 몰렌하우어의 '해방'이 단지 마르크스주의나 비판이론 전통에서 유래하는 것은 아니다. 그는 교육의 개념에 포함된 해방적 차원을 설명하기 위해서 1762년의 콩도르세의 국민의회 연설을 인용하고 다음과 같이 말한다. "실천적인 교육문제는 그에 따르면 이제 단지 주어진 사회조건의 수준에서 정식화될 수 없고, 진보하는 민주화의 요구 아래서 언제나 주어진 수준에 대항해서 정식화되어야 한다. 다시 말해, 해방적인 교육 개념은 이제 기능적인 것이 아니라, 주어진 사회체제의 관점에서 볼 때 역기능적이다. 해방적 교육 개념은 사회적인 갈등을 표시한다."(Mollenhauer 1973: 27) 교육적 해방의 개념은 루소 이래로 "주어진 사회가 있는 그대로 존속하지 않으려면 교육학적으로 무슨 일이 일어나야 하는가?"(Mollenhauer 1973: 26)라는 물음과 연결되어 있다. 이런 점에서 그의 '해방'은 비판이론을 넘어서 그 이전의 계몽주의 전통으로까지 소급될 수 있을 것이다.

1) 경험적 교육과학 비판

먼저 경험적 교육과학에 대한 몰렌하우어의 비판을 살펴보자. 브레진카는 경험적 교육과학의 입장을 다음과 같이 정식화했다.

물리학에서 역사학에 이르기까지, 고고학에서 교육학에 이르기까지 우리는 그 모두에 대해서 똑같이 연역적-경험적 방법을 요구할 충분한 근거를 가진다. 잠정적이고 아직 입증되지 않은 가정으로부터, 어떤 가설이나 이론적 체계로부터 연역적인 과정을 통해서 논리적으로 그리고 사실에 근거해서 검증될 수 있는 추론들이 도출된다. 경험 과학자로서 인정받고자 하는 사람은 경험과학적 방법의 이 가장 보편적인 원리에 대한 동의서에 서명해야만 한다.(Brezinka, 1967: 156; Mollenhauer, 1973: 12에서 재인용)

이에 대해서 몰렌하우어는 다음과 같이 비판한다.

첫째, 경험적 교육과학은 교육의 가치와 목표를 단지 외부로부터 받아들일 뿐, 그것 자체를 논의하거나 반성할 수는 없다는 편협한 학문관에 기초한다. 경험적 교육과학자는 자연과학자처럼 교육적 행동의 목적이나 가치관에 관련된 문제를 교육학의 논의 영역에서 아예 배제한다. 그에게 중요한 것은 객관적 인식 또는 정보의 획득에 있을 뿐이다. 이것은 결과적으로 근대 교육 본연의 요구―교육은 '주체의 성년성'을 촉진하여 부조리와 부자유를 제거하고 더 나은 미래 사회 즉 자유로운 주체들의 해방된 사회를 실현해야 한다―를 배반한다. 경험적 교육과학은 해방에 기여 못 할 뿐 아니라, 오히려 인간의 소외를 정당화하고 심화시킬 위험이 있다. 경험적 교육과학의 지식은 지배와 억압을 정당화하는 데에 얼마든지 악용될 수 있기 때문이다.

둘째, 경험적 교육과학은 자가당착을 범하고 있다. 경험적 교육과학은 규범이나 정서적 접근을 통해서 학생의 생각과 태도를 변화시키려는 규범적 교육학을 맹렬히 비난한다. 그리고 교육학은 오직 교육의 현실을 객관적, 법칙적으로 파악하는 데에 자신을 제한해야 한다고 주장한다. 그러나 몰렌하우어에 따르면, "교육학이 자연과학과 유사한 방식으로 이해되어야 한다면, 우리는 교육학의 관심이 정보제시에서 끝나지 않고 제시된 정보의 활용을 함축한다고 가정할 수 있다."(Mollenhauer, 1973: 13f). 그러므로 경험적 교육과학은 결국 교육 영역에서 발견되는 법칙적 인과관계를 통하여 교육의 과정을 '규범적-정서적으로 통제'하려는 목적에 기여한다. 즉, 자신이 엄격히 배제하려 했던 학문 목적 즉 '인간의 태도를 규범적-정서적으로 통제'하려는 목적을 뒷문으로 슬그머니 받아들이지 않을 수 없다.

셋째, 이런 점에서 "경험과학적 교육학과 규범적인 교육학은 그들이 스스로 믿는 것보다 서로 더 가까이 있다"(Mollenhauer, 1973: 14). 규범적인 교육학이 규범과 정서에 호소해서 달성하려고 하는 것을 경험과학적 교육학은 기술 공학적 지식을 통해서 달성하려 할 뿐이기 때문이다. 그리고 이런 점에서 두 가지 모두 교육의 과정에 참여하는 주체들의 합리적 이성을 무시하고 있다는 점에서는 공통된다.

그렇다면 양자를 극복할 제3의 대안은 무엇인가? 그것은 하버마스가 사회과학 일반에 대해 말한 것을 교육학이 받아들일 때 확보될 수 있다.

행동과학의 대상 영역은 상징과 이 상징들로부터 독립해서는 행동으로서 파악될 수 없는 태도들(Verhaltensweisen)로 구성된다. 여기서 자료에 대한 접근은 단지 사건의 관찰뿐 아니라 동시에 의미 연관에 대한 이해를 통해서 구성된다. 이런 의미에서 우리는 감각적인 경험을 의사소통적인 경험으로부터 구분할 수 없다. (⋯) 의사소통적 경험은 관찰처럼 사태를 향하는 것이 아니라 선 해석된 사태를 향해 있다. 사태에 대한 지각이 상징적으로 구조화되는 것이 아니라 사태 자체가 상징적으로 구조화 된다.(Habermas 1967: 98; Mollenhauer, 1973: 15에서 재인용)

몰렌하우어는 교육학은 하버마스의 행동과학 범주에 속한다고 주장한다. 교육학이 행동과학의 일종이라면 교육학의 연구 대상은 자연과학의 대상과 달리, '의사소통적인 경험'에 의존한다. 교육학의 연구자는 이미 의사소통공동체의 일원이며, 그의 연구는 이미 의사소통 영역에 변화를 일으키고, 결과적으로 연구 대상인 교육 자체를 변화시킨다. 그러므로 "경험과학적인 자료수집은 [교육학] 이론을 위해서 주된 것이 아니다. 거기서 주된 것은 사실들이 유의미한 것으로서 자신을 구성하는 의사소통 관계이다"(Mollenhauer 1973: 16). 경험적 교육과학은 교육학의 연구 대상이 자연적인 객체가 아니라 의사소통을 통해서 구성되는 주체적 존재라는 점을 간과함으로써 해방의 이념에서 멀어진다.

2) 정신 과학적 교육학 비판

딜타이의 전통 위에서 정신 과학적 교육학은 단지 해석학적 방법을 고집하고, 교육적 경험을 기록한 언어적 텍스트의 분석에 만족했다. 반면 언어가 물질적 이해관계를 반영하는 매개체가 될 수 있으며, 언어는 무의식 중에 사회적 폭력성을 반영하거나 특정 이익을 대변하는 이데올로기적 성격을 지닌다는 점을 간과했다(Mollenhauer 1973: 17 참조). 왜냐하면 '언어놀이'에 대한 분석은 그 자체로서는 텍스트에 대한 단지 제한적인 비판을 할 수 있을 뿐이기 때문이다. 여기서 몰렌하우어는 역시 하버마스의 해석학에 대한 비판을 소환한다.

전통으로서 언어는 규범적 맥락 속에서는 분명히 드러나지 않는 사회적 과정에 의존한다. 언어는 지배와 사회적 권력의 매체**이기도** 하다. 언어는 조직된 폭력의 관계를 정당화하는 데에 일조한다. 이때 정당화가 자신이 제도화시킨 권력관계를 분명히 드러내지 않는다면 언어도 **또한** 이데올로기적이다. 거기서 문제는 어떤 언어에 의한 기만이 아니라 언어 그 자체를 통한 기만이다. 상징적 연관이 사실적 관계에 의존함을 목격한 해석학적 경험은 이데올로기 비판으로 이행한다.(Habermas 1967: 178; Mollenhauer, 1973: 17에서 재인용)

텍스트에는 언제나 의도하지 않은 또는 언어로 표현되지 않은 불투명성과 불합리성이 숨어 있을 수 있다. 인간의 의도와 신념은 언제나 스스로 의식하지 못한 사실적 관계들로부터 영향을 받는다. 이러한 사실적 관계에 대한 의존성 때문에 정신 과학적 교육학이 진정으로 해방을 추구한다면 경험-분석적인 연구작업으로 나아가야 한다. 해석학적 연구는 경험-분석적 연구와 결합함으로써만 비로소 이데올로기 비판으로 이행할 수 있다. 다시 말해서 언어 속에 스며있는 이데올로기는 언어적 맥락을 넘어서 그 배후의 사실적 관계에 대한 탐구를 통해서만 폭로될 수 있다.

3) 비판적 교육과학과 해방

이런 점에서 비판적 교육과학에서 인식의 문제는 심리 치료의 과정과 구조적 유사성을 갖는다. 아펠은 비판적 교육자의 특성을 설명하기 위해 이 사례를 활용했다.

> 심리치료사와 같이 교육자는 상대방을 객관화하고 불가피하게 조종하는 동시에 의사소통적으로 그에게 어떤 성찰의 과정을 촉발한다. 이를 통해서 상대는 결국 자신의 불투명한 동기를 의식하게 되고, 그리하여 마침내 진정한 상호주관적인 토론에 참여할 수 있도록 해야 한다.(Apel 1973; 143; Koller 234에서 재인용)

심리 치료에서 한편으로 심리치료사는 내담자를 객체로 바라보고 그의 문제를 객관적으로 파악하려고 시도한다. 그러나 동시에 심리치료사는 내담자를 강박적으로 사로잡고 있는 문제를 내담자와의 의사소통 속에서 의미론적으로 해석하고 이 의미해석을 이용하여 내담자가 자기 성찰을 통해 객체의 상태에서 벗어나 자유로운 주체로서 행동하도록 도와준다. 마찬가지로 비판적 교육학자는 한편으로 아동을 조종하고 통제할 대상으로 취급하는 동시에 열린 대화를 통해서 아동의 합리적 자기 성찰을 촉진함으로써 자유로운 주체가 되도록 인도해야 한다.[3]

이것이 의미하는 것은 다음과 같다. 인식 연관의 해석학적인 계기 속에서 새로운 의미가 생산되고, 내담자가 속해 있는 의사소통공동체의 합리적인 가능성이 확장된다. 이러한 확장의 필요조건—충분조건은 아니지만—은 주체의 합리성을 방해하거나 어렵게 만드는 그 의존성에 대한 경험적인 해명이다. 경험적-분석적인 학문개념에 따르는 방법의 적용은 교육과학이 자신의 해방적인 특성을 전개하기 위한 필요조건이다.(Mollenhauer 1973: 19)

따라서 몰렌하우어는 교육학을 명백히 사회과학의 범주에 귀속시키게 된다. 그리고 교육학을 사회과학의 일종으로 본다는 점에서 몰렌하우어는 브레진카와 같은 입장에 선다. 물론 내용과 방법론에서 두 사람은 전혀 다른 사회과학을 옹호하고 있지만 말이다.[4]

비판적 교육과학에서 감각적인 경험자료의 수집과 가공 그리고 의사소통적인 의미해석은 불가분하게 통합되어야 한다. 이 양자가 방법론적으로 통합되어야만 교육과학은 비판적일 수 있고, 해방이라는 자신의 본질적 목표를 달성할 수 있다. 정신 과학적 교육학은 교육을 둘러싼 사실적 조건들 즉 경험적 영역을 교육학으로부터 배제했기 때문에 단지 "교육자와 학생의 대화적인 소우주"(Mollenhauer 1973: 25)라는 관념적 세계에 머물렀다. 반면 경험적 교육과학은 교육을 객체화함으로써 의사소통적 의미해석을 배척했기 때문에, "실증주의적인 반쪽짜리 합리성"(Mollenhauer 1973: 9)에 떨어졌다.

요약하면, 비판적 교육과학은 한편으로 자유로운 주체들의 의사소통 활동(해석학적 방법)과 다른 한편으로 사실적인 자료에 대한 엄밀한 객관적 분석(경험적 방법)이 교차하는 지점에서 형성된다. 해방의 교육은 추상적인 규범으로부터 나올 수도 없지만 그렇다고 사실과 경험의 축적으로부터 나올 수도 없다. 인간 해방의 가능성은 양자가 매개되는 지점에서 나온다.

3. 사회과학적 방법과 비판적 교육과학의 빈곤

1) 비판적 교육과학의 학문적 정초 작업

『교육과 해방』에서 몰렌하우어는 '해방'이라는 시대적 과제를 중심으로 정신 과학적 교육학과 경험적 교육과학을 넘어서는 새로운 교육학을 체계적 학문론적으로 정립하려는 프로그램을 공표했다. 몰렌하우어의 비판적 교육과학에 대한 모색은 근대 이래 교육학의 오랜 숙제인 학문적 정체성 문제의 연장선 위에서 진행되었다.

교육학의 학문적 정체성과 방법론에 대한 본격적인 논쟁은 근대와 더불어서 시작되었다. 교육이 단지 현존 상태의 유지나 반복을 넘어서 인간 해방과 사회 진보를 촉진해야 한다는 근대 이성의 요구는 더 이상 교육학이 단순히 교육자의 자연발생적인 실천 경험에 근거하거나, 철학을 위시한 다른 학문의 지배 아래 머물러서는 안 된다는 학문적 자각과 맞물린다. 칸트가 교육학 강의에서 "교육술에 있어서의 기계주의는 학문으로 전환"(칸트, 김영래 역, 2005: 209)되어야 한다고 선언한 이래로 교육학자들은 자립적인 그리고 엄밀성을 갖춘 학문으로서의 교육학을 확립하고자 노력했다.

딜타이는 19세 말 경험과학의 방법론적 폭주에 대항하여 경험과학과는 다른 학문 방법론에 기초하는 정신 과학을 하나의 독자적인 학문 분야로 확립하였고, 더불어 교육학을 정신 과학에 귀속시켰고 이때부터 교육학의 학문성은 해석학적 방법론의 후광 아래 놓았다. 딜타이의 교육학 제자들이 정신 과학적 교육학을 발전시켰고, 20세기 전반 독일의 교육학계를 지배했다. 그러나 앞에서 보았듯이, 딜타이의 후계자들이 발전시킨 정신 과학적 교육학의 한계가 제2차 세계대전의 경험을 통해서 명백히 드러났을 때, 몰렌하우어를 비롯한 독일 전후 세대 교육학자들(예를 들면, 블랑케르츠, 클라프키, 기제케 등)은 프랑크푸르트 학파 특히 하버마스의 비판이론을 수용하여, 교육학의 새로운 학문적 정체성과 방법론을 모색하기 시작했다.

몰렌하우어는 『교육과 해방』에서 '해방'의 이념과 프랑크푸르트 학파의 비판 이론을 교육학 논의에 적극적으로 수용함으로써 난관에 봉착한 교육학의 활로를 찾고자 했다. 그러나 그 시도는 아직 "거칠고 미발전된 형태" (Mollenhauer 1973: 9)에 머물렀다. 그러나 약 4년 뒤인 1972년 몰렌하우어는 『교육의 과정에 대한 이론』을 발표한다. 이 책에서 그는 『교육과 해방』에서 거칠게 제시했던 비판적 교육과학을 좀 더 체계적으로 정초하려 시도했다. 크뤼거의 압축적 요약에 따르면 그의 시도는 세 단계를 거쳐서 진행된다(Krueger 2016: 169-170).

첫째, 그는 교육의 과정을 의사소통적 행동의 과정으로 해석한다. 의사소통적 행동의 측면에서 볼 때, 교육적 장에서 등장하는 문제는 세대 간의 관계, 전승 그리고 사회적 불평등의 재생산 등이다. 그리고 의사소통적 행동은 교육 규범에 따라서 규정되는데, 교육의 과정에서 어떤 규범을 따를 것인가는 '담론'을 통해서 정해져야 한다. 그러므로 아펠과 하버마스의 담론 이론이 몰렌하우어에게 규범적 준거이며, 교육적 행동을 위한 근본적 정당화의 기초이다.

둘째, 교육적 상호작용의 구조는 미드의 상징적 상호작용론의 도움을 통해서 해명된다. 즉 교육의 상황에서 이해는 서로 다른 개인들에 대해 동등한 의미를 갖는 그리고 관계의 보편성을 표현할 수 있는 상징의 도움으로 가능하다. 그리고 상호작용적 역할 모델의 기초 위에서 교육적인 의사소통의 상황과 교육 기관들이 청소년들에게 자율적 정체성을 형성할 기회를 과연 얼마나 많이 제공하는가가 탐구된다.

셋째, 비판적 교육이론은 교육적 의사소통의 형식과 내용을 상호작용의 규칙뿐 아니라, 부르주아 사회의 물질적 재생산 과정에 기초해서 파악해야 한다. 그리고 이때 교육적 관계가 사회와 역사의 물질적 토대와 어떻게 결부되어 있는가를 드러내려면 구체적인 교육적 의사소통에 대해서뿐 아니라 경제적인 관계에 대해서도 거리를 두는 추상적인 원리가 요구된다. 이 문제를 해결하기 위해서 몰렌하우어는 존-레텔이 마르크스 해석으로부터 도출한 교환 추상(Tauschabstraktion)이라는 개념을 도입한다.

이렇게 해서 몰렌하우어는『교육의 과정에 대한 이론』에서 의사소통, 상호작용이론 그리고 유물론적 사회이론을 종합하려 했지만, 그의 시도는 명확한 한계를 지녔다. 크뤼거에 따르면 거기서 몰렌하우어는 "교육적 행동의 의사소통론적 정초, 교육적 행동의 상호작용적인 현상학 그리고 그 외부에서 교육적 관계가 사회적으로 형성되는 과정의 유물론적 규정이라는 3가지 반성을 단지 느슨하게 결합하는"(Krueger 2016, 170) 데 그쳤다. 그러나 여기서 몰렌하우어가 시도한 체계적인 정초 작업은 이후 비판적 교육과학의 발전에 지대한 영향을 미쳤다. 몰렌하우어도 70년대 내내 비판적 교육과학을 더 체계화하려 하였고, 또 교육학의 다양한 영역으로 확대 적용하려고 시도했다.

2) 비판적 교육과학의 사회과학화와 그 문제점

그런데 바로 이러한 작업의 과정에서 몰렌하우어는 언제부터인가 서서히 비판적 교육과학의 결핍을 깨닫기 시작한다. 몰렌하우어가 비판적 교육과학에서 멀어지게 되는 과정과 그 이유를 이 작은 글에서 자세히 추적하기는 힘들 것이다. 아스만(Assmann)이 쓴『클라우스 몰렌하우어 - 68세대의 선구이자 해방적 교육학의 정초자』의 해당 부분에 기대서 그 과정을 간략하게 재구성해 보자.

아스만의 추정에 따르면 몰렌하우어가 비판적 교육과학의 문제점을 자각하기 시작한 것은 1974년 경으로 소급된다. 이때 몰렌하우어는 독일 연방정부의 위탁을 받아 브룸릭을 비롯한 몇몇 제자들과 함께 〈가족 내 의사소통의 사회적인 조건〉에 대한 연구를 수행했다. 아스만은 그들이 연방

정부에 제출한 최종 연구보고서의 첫머리에 나오는─정부에 제출하는 보고서라는 형식에 비추어 볼 때─이례적인 언급에 주목한다. 몰렌하우어는 무려 400쪽이 넘는 보고서로도 메울 수 없었던 "교육 과학적인 연구와 행위자의 실천 문제 사이의 골치 아픈 균열"(Mollenhaer 1974: 14; Assmann 2015: 247에서 재인용)을 고백하고 있다. 아스만에 따르면, 이것은 곧 가족 간의 관계에 관련된 질적-경험적인 사례들을 분석하고 해석하는 일에서 비판적 교육과학의 연구 방법[5]은 별로 효과가 없었다는 고백이다.

이 시기에 몰렌하우어는 연구 과정에서 수집했던 경험적 자료들을 비판적 교육과학이 사용하는 의사소통이론, 상호작용론, 사회화이론 등등 사회과학적인 이론과 개념으로 분석하는 일에서 봉착한 여러 문제점을 토로한다(Assmann 2015: 247f 여기저기 참조). 요약하면, 비판적 교육과학의 방법론에 따른 연구는 결과적으로 "첫째로, 아동의 (…) 참여가 어떤 추상적 연관 속으로 환원되어 버리는" 결과를 낳고, "둘째로, 질적인 자료로부터 생활 세계의 연관을 개념적으로 정확히 재구성하려는 경우, 끝없는 문헌 생산이 초래"된다는 미해결 문제를 낳는다(Assmann 2015: 248).[6] 이러한 방법론적 문제는 곧 교육과학 자체의 정체성 위기로 귀결된다.

"교육과학이 경험적인 사회연구와 교수학습 심리학의 양적인 범주들에 경도됨으로써, 아직 교육적이라고 할만한 것이 대체 무엇인지[무엇이 남아 있는지], 그리고 얼마나 교육과학이 사태에 대한 개념을 최근에 상실했는지, 아니 얼마나 자발적으로 그 개념을 포기했는지는 … 본격적으로 논의되어야 할 문제이다."(Assmann 2015: 247) 교육과학이 점점 더 '교육적인 것' 또는 '교육'이라는 본래적 사태로부터 멀어진다는 자각은 몰렌하우어가 비판적 교육과학에서 벗어나는 과정의 단초가 되었다.

몰렌하우어는 이를 계기로 '교육적인 것'이 본래 무엇인지, 그리고 그것을 정당하게 다룰 수 있는 교육학은 어떤 것인지에 대한 문제의식을 품게 되었다. 그는 비판적 교육과학을 포함한 독일의 당시의 교육과학 연구 전체가 사회과학적 이론과 개념에 사로잡혀 교육의 본령에서 멀어지고 있다고 느꼈던 것으로 보인다. 이런 의심은 1979년에 발표한 논문 "구조적 교육학적 상호작용 분석의 제 측면: 도야 과정의 사회적 형성에 대한 방법론적 가설들"에서 분명한 형태로 등장한다. 그는 1970년대의 독일의 교육 개혁에서 "도야 과정에 대한 물음들은 사회화과정에 대한 물음들로 환원"(Mollenhauer 1979: Assmann 2015: 248에서 재인용)되었다고 비판한다.

이런 현상을 아스만은 "교육학 이론의 사회과학적 희석"(Assmann 2015: 244)이라고 명명한다. '교육의 자율성'을 강조하는 정신 과학적 교육학과 달리 비판적 교육과학은 교육과 도야에 영향을 미치고 있는 외부의 "사회적 조건들"(Koller 2020: 235)에 초점을 맞추었다. 그러나 정신 과학적 교육학의 오류를 비판하는 과정에서 비판적 교육과학은 지나치게 반대쪽으로 선회했다. 즉 '교육적인 것' 또는 교육의 고유한 영역이 교육 연구에서 변방으로 밀려났다. 몰렌하우어는 비판적 교육과학이 자신이 구비한 방대한 사회과학적 개념과 이론의 목록에도 불구하고, 진정으로 '교육적인 것'을 해명하는 데서 한계를 지닌다고 판단한다. 그는 비판이론과 비판적 교육과학을 직접 거론하며 비판한다.

> 프랑크푸르트 '비판이론'의 확산과 교육학 내에서 마르크스주의적 지향의 증가는 한편으로 '부르주아적' 또는 어떤 다른 학문을 구분하는 (…) 수사법을 촉진했다. 이 영역에서 등장하는 문헌은 종종 교육학과 관련된 사회과학적인 구성물들, 계급론적인 연역들 또는 아동과 교육학적 경험이 거의 등장하지 않는 경제적 분석에만 몰두했다.(Mollenhauer 1979: 241f: Assmann 2015: 248에서 재인용)

비판적 교육과학은 자신의 고유한 개념과 표현을 통해서 다른 교육학과의 차별성을 확보하려 했지만, 사실상 그것은 '수사법(Rethorik)'의 수준에 머물렀다. 몰렌하우어가 보기에 당시의 경험적 교육과학 일반은 말할 것도 없고, 자신을 포함한 다양한 비판적 교육학자들의 연구도 해방적 교육학을 정립할 수 있는 개념과 방법을 갖지 못했다.

몰렌하우어는 비판적 교육과학의 프로그램을 구체화하는 과정에서 점차 비판적 교육과학의 한계를 느끼기 시작한 것으로 보인다. 그는 비판적 교육과학이 경험적 교육과학에 못지않게 '교육적인 것'을 제대로 다루지 못한다는 그리고 해방적 교육의 문제를 실질적으로 해결되지 못했다는 의심하게 되었다. 그는 해방의 교육학을 관철하기 위해서 교육학의 새로운 토대를 마련한 필요를 느꼈다.

3) 새로운 교육학을 향한 암중모색

그러나 새로운 교육학에 대한 모색은 비판적 교육과학을 일단 포기하고 나서 등장한 것이 아니다. 새로운 교육학의 모색은 아주 일찍부터 서서히 시작되었다. 그것은 앞서 언급한 연방정부 위탁연구에 기초해서 발표한 『가정교육』(1975)에서 이미 등장하기 시작한다. 이 책은 『교육의 과정에 대한 이론』(1972)에서 제시한 비판적 교육과학의 기본 틀에 기초해서, 가족 내 의사소통 문제를 상호작용이론, 인지 이론, 사회화이론, 학습이론 등을 통해서 다루고 있다. 하지만 동시에 그는 카프카의 『아버지에게 보내는 편지(Brief an den Vater)』나 베른하르트의 자전적 소설 『지하실(Der Keller)』 같은 서사적 문학작품을 활용하고 있다.

더구나 그는 이 자료가 단지 학술적인 논의를 예증하기 위한 부차적인 설명이나 사례로서 추가된 것이 아님을 명시적으로 밝히고 있다. "특히 역사적으로 특수한 각각의 가족에 대한 시각을 위해서 그리고 기억 속의 가족 현상에 대한 분석을 위해서 서사적인 문학을 인식의 원자료로 도입하는 것은 우리의 주제에 대한 진지한 학문적 작업에 속한다."(Mollenhauer

1975: 201; Assmann 2015: 249에서 재인용) 아스만은 이미 여기서 몰렌하우어
가 나중에 강력한 형태로 제기하게 될 문화 이론적인 관점(die kulturtheore-
tische Perspektive)을 보인다고 평가한다(Assmann 2015: 249).

그리고 1976년 독일교육학회 연차 학술대회(주제: "교육 현장에서의 조직
과 상호작용") 기조 강연에서 몰렌하우어는 위에서 언급한 베른하르트의 자
전적 소설 속에 '조직과 상호작용'이라는 주제가 이른바 학술적인 연구논
문에서보다 더 정확하게 제시되어 있다고 주장했다(Assmann 2015: 249 참
조).[7] 반면 사회구조나 제도 이론에 경도된 사회과학적인 교육연구가 교육
학적 행동의 특수한 국면을 제대로 파악하지 못하고 있다고 비판한다. 거
기서 조직과 상호작용의 문제는 단지 "두 개의 다소간에 공변하는 변수들"
로서 규정되고, "내[몰렌하우어]가 상호인격적인 행동이라고 부르는 하
나의 대상의 서로 다른 측면으로서" 즉 교육학적 문제로 파악되지 못한다
(Mollenhauer 1986: 16; Assmann 2015: 249 참조).

그러므로 몰렌하우어는 교육을 "중간 영역"(Mollenhauer 1986: 17; Assmann
2015: 250에서 재인용)에 놓아야 한다고 주장한다. 이 중간 영역은 물론 제
도적이고 구조적인 전제를 지니지만, 이 전제는 이론적 이념형과 관계할
뿐이고 따라서 구체적인 인간의 행동을 전면적으로 규정하지는 못한다.
그래서 이 중간 영역은 사회경제적인 제도와 구조에 의존하지만 동시에
자신의 상대적 자율성을 통해서 이것을 서서히 변화시킬 힘을 갖는다. 이
중간 영역으로서의 교육에서는 인간 내부 그리고 인간 간에 존재하는 예
측 불가능성과 접근 불가능성이 허용된다. 이렇게 이해된 교육은 미시수
준과 거시수준에서의 촘촘한 인과관계로도 다 파악할 수 없으며 그 이상
의 것을 포함하고 있다. 그러므로 우리는 교육이라는 상호인격적인 행위
가 사회 이론적인 접근에서 벗어나 있음을 인정해야 한다(Assmann 2015:
250 참조).

여기서 몰렌하우어는 교육학은 명백히 사회과학이어야 한다는 『교육과

해방』에서의 자신의 선언을 번복 또는 적어도 수정한다. 그와 동시에 교육학의 언어적 문제에 큰 관심을 기울이기 시작한다. 사회과학의 언어로는 교육이라는 상호인격적인 행위를 교육학적으로 다루기 어렵다는 것이 분명해졌다. 그렇다면 '중간 영역'으로서의 교육에 접근하기 위한 언어는 어디에 있는가? 사회과학이기를 포기할 교육학이 나아갈 길은 어디에 있는가? 이 질문에 답하기 위해서 몰렌하우어는 사회(Gesellschaft)로부터 문화(Kultur)로 관심을 돌린다. 그는 서사문학, 즉 전기적이며 자서전적 텍스트 그리고 조형예술 작품과 미적 형상들 속에서 '교육적인 것'과 그것에 대한 탁월한 언어적인 표현을 발견한다. 거기에는 교육은 단지 전문적으로 조직화된 사회적 실천의 한 기능이 아니라 인간 문화의 통합적 구성 부분이라는 점이 분명히 표현되어 있다.

이러한 전환의 과정에서 또 하나의 이정표가 된 것은 1978년의 논문 "교육학에서 윤리적 논증을 재도입해야 하는 몇 가지 이유"이다. 이 글은 다음과 같이 시작한다. "교육학이 행동과학이라거나 또 그래야 한다는 주장은 오늘날 아무도 반대하지 않는다. 그러나 이 주장은 정말 그로부터 인식을 위한 노력의 공동성이 도출될 만큼 명료하게 전개되었는가? 그렇지 않다고 생각할 만한 이유가 존재한다."(Mollenhauer 1978: 79) 몰렌하우어의 담담하고 냉정한 어조는『교육과 해방』에서 정신 과학적 교육학의 한계를 선언하던 장면을 상기하게 한다.

이것은 비판적 교육과학 또는 사회과학적 지향의 교육학 연구가 스스로 내세운 학문적 정체성을 확립하는 실패했다는 선언으로도 이해할 수 있다. 그는 비판적 교육과학의 입장이 그토록 비판했던 경험적 교육과학의 입장과 어떤 측면에서는 별로 다르지 않다는 뼈아픈 지적(또는 자기반성)을 한다. 그는 두 입장 모두 행동과 행동 목표에 대한 논의에서 논증적 설득 과정 없이, 일방적으로 어떤 도덕적 결정을 강요할 수 있는 상대방을 설정하고 있다고 지적한다(Mollenhauer 1978: 82). 이러한 도덕적 결정이 경험적 교육과학에서처럼 상대방에게 사회의 가치를 수용하게 하는 것이냐 아니면 비판적 교육과학에서처럼 사회를 변화시키게 하는 것이냐의 차이는 단지 부차적인 문제였다(Assmann 2015: 253 참조).

이것은 당시의 대표적인 두 흐름의 교육과학이 적응이든 비판이든 이미 정해진 의도와 목표에 맞춰져 있고, 이 목적들은 단지 승인되어야 하는 것으로서 강요된다는 비판을 함축하고 있다. 비판적 교육과학은 해방의 이념을 추구하는 자신은 윤리적으로 정당하다고 자신하면서, 학생을 사회적 법칙의 필연성 아래 가두었다. 사회과학적으로 경도된 교육 연구에서는 물질적 관계가 학생들을 어떻게 규정하고 있는가는 잘 드러났지만, 그들 중 일부가 왜 그리고 어떻게 주어진 물질적 관계에 저항하고 동시에 새로운 관계를 모색하는가는 잘 드러나지 않았다. 이는 비판적 교육과학이 스스로 교육의 근본 목적이라고 본 '해방'의 개념과 배치되었다. 해방 개념에 주목한다면 모든 고정된 규범적 이상이나 가치는 교육의 과정에서 일단 논의 대상이 될 수 있어야 하고, 거기서 학생들은 소통과 합의의 주체로서 참여해야 한다.[8]

그로부터 몇 년 후인 1983년 몰렌하우어는 마침내 『잊혀진 연관』을 발표한다. 오랫동안 사회비판적이고 마르크스주의적이며 사회과학적 교육과학의 대표자로 알려진 몰렌하우어가 이 책을 발표하자 독일의 교육학계는 논란에 휩싸였다. 한때 그의 지도학생이었던 미샤 브룸릭에 따르면 그것은 오해에 기초한 것이었다. 그는 이 책의 의미를 다음과 같이 높이 평가한다. "이 책은 사회과학의 문화 과학적인 전환을 10여 년 이상 선취한 것이었으며 이미 극복된 것으로 여겨졌던 관념론적인 범주들의 유효성을 타진하고 있다. 또한 거기서 몰렌하우어는 예술적인 문헌과 그림 자료들을 이용하여 방법적 그리고 방법론적인 신천지에 발을 내디디고 있다."
(Boehm/Fuchs/Seichter 2009: 291)

4. 교육과 문화의 잊혀진 연관을 넘어서

1) 일반교육학의 재정립을 위한 서론

프랑크푸르트 학파의 비판이론에 기초하면서 교육의 사회적 연관과 해방의 이념을 강조했던 비판적 교육과학은 70년대를 거치면서 일정한 한계에 봉착했다.[9] 몰렌하우어, 클라프키, 블랑케르츠 같은 대표적 비판적 교육과학자의 논의에서 해방이라는 키워드는 70년대 말에 이르러 거의 사라졌다. 그리고 서로 이질적인 경험적 연구와 해석학적 연구를 종합하려는 그들의 연구방법론은 단지 프로그램의 수준에 머물렀으며, 교육의 목적으로 제시한 '해방' 개념을 명확하고 구체적으로 규정하지도 못했다. 또한 해방의 개념에 포함된 '교육자의 우월성'과 '피교육자의 의존성'이라는 전제는 해방적 교육학이 태생적으로 학생의 자율성과 주체성을 제한한다는 비판[10]에 제대로 대응할 수 없었다. 결국 비판적 교육과학은 많은 중요한 연구들에도 불구하고 교육과 사회의 관계를 해방적 관심 아래서 명확하게 해명하고 동시에 해방적 교육 실천에 효과적으로 도움을 주어야 한다는 자신의 과제를 해결할 수 없었다는 평가를 받게 되었다.

70년대 중반부터 서서히 진행된 몰렌하우어의 새로운 모색은 '해방'의 목표와 연관된 비판적 교육과학의 이러한 한계, 더 나아가 독일의 교육학 연구 전반의 한계를 돌파하려는 하나의 시도로 볼 수 있다. 이 시도의 한 매듭은 『잊혀진 연관』에서 등장한다. 그가 이 책을 통해 무엇을 말하려고 하는 바가 무엇인가는 '서론'에서 언급되고 있다. 여기서는 서론을 중심으로 몰렌하우어가 제시하는 새로운 교육학의 제 측면을 간단히 살펴보려한다.

첫째로, 몰렌하우어는 교육 및 도야의 과제는 단지 사회(학)적인 연관을 넘어서 역사적, 문화적 연관을 포함한다는 점을 분명히 한다. "왜냐하면 교육 및 도야의 과제는 언제나 전체 문화, 그 문화의 사회적 형성 과정, 문화 중에서 아직 정당하게 전수할 수 있는 요소들, 그리고 그것이 미래에 대해 갖는 효능과 관련되어 있기 때문이다."(몰렌하우어, 정창호 역, 2005: 31f) 이런 점에서 교육은 처음부터 끝까지 역사적이고 문화적인 맥락 속에서 이루어진다. 이러한 교육의 역사적 문화적 연관은 현대 교육학 담론에서 사용되는 학술적인 개념이나 이론들로는 충분히 파악될 수 없다. 즉, 교육의 과제는 "도야 연구, 교수-학습이론, 교육심리학, 사회화과정 연구, 학교 및 교육과정에 관한 이론, 상호작용 이론 등등"(몰렌하우어, 정창호 역, 2005: 31)을 다 동원해도 충분히 해결될 수 없다. 물론 이러한 사회과학적인 교육연구가 무의미한 것은 아니다. 다만 그것은 교육 연구의 필요조건일 뿐 충분조건이 아니라는 것이다. 비판적 교육과학은 교육의 근본적인 지형인 문화적, 역사적 맥락을 충분히 서술할 수 없다는 점에서 한계를 지닐 뿐이다.

둘째로, 교육학자는 자신의 다루고 있는 주제 즉 교육 문제의 "거대함"을 직시해야 한다. 다시 말하면, 교육은 "역사와 이야기로, 만들어진 것과 의도하지 않은 것으로, 경제, 정치 그리고 선의로, 아이에 대한 헌신과 아이의 저항으로, 좋은 경험과 나쁜 결핍상태로, 동의와 부정, 사랑과 무관심, 이해와 몰이해"(몰렌하우어, 정창호 역, 2005: 22)로 이루어진 방대하고 일그러진 집합체이다. 거기에는 온갖 삶의 요소들이 자유와 강제, 자율과 타율, 전승과 창조의 아포리아 속에서 끊임없는 각축을 벌이고 있다. 그러므로 이런 거대한 문제 즉 교육은 소위 과학적 인식의 범위를 넘어서 있으며, 카프카의 편지가 상징적으로 보여 주듯이 우리의 기억력과 지성을 넘어선 곳에 있다. 그리고 교육학은 이 거대한 문제 즉 교육의 근본 문제를 회피할 수 없거니와 단지 부분적, 파편적으로 다루어서도 안 된다.

셋째로, 근대 교육학이 전문적 체계적인 학문분과로서 등장한 것은 교육의 사회적 하위 체계로서 정립과 더불어 근대의 학문적 분업에 따른 필연적인 길이었다. 그러나 교육학의 분과 학문화는 이중적인 망각의 과정이었다. 먼저 교육학의 학문적 자립화는 "교육과 관련된 모든 사항은 어떤 방식으로든 사회체제에 맞물려 있으며, 비록 은폐되어 있다 하더라도 어떤 정치적 내용을 포함한다는 사실"(몰렌하우어, 정창호 역, 2005: 32)이 망각되었다. 이러한 망각을 극복하려는 시도가 몰렌하우어 자신의 비판적 교육과학이었다고 할 수 있다. 그러나 둘째로 이러한 교육학적 문제설정의 사회학적 차원이 강조됨과 더불어 "후속 세대의 도야는 사회구조의 상속을 통해서만 부담을 지는 것이 아니라, 문화적 전승과도 대결"(몰렌하우어, 정창호 역, 2005: 32) 해야만 한다는 사실이 망각 되었다. 몰렌하우어가 『잊혀진 연관』에서 다루고자 하는 것은 이 두 번째 망각에 관한 것이라고 할 수 있다. 사회화, 의사소통, 상호작용 같은 사회과학적 개념의 프리즘을 통해 바라볼 때, 기성세대와 후속 세대 간의 문화적 전승이라는 교육학의 근본 문제[11]가 은폐된다.

넷째로, 그렇다면 이제 이 두 번째의 망각을 극복하기 위한 교육학은 어떤 길을 가야 할 것인가? 이 물음 앞에서 사회과학적 접근을 일단 유보한 몰렌하우어가 의지할 수 있는 것들은 별로 없다. 그는 교육학의 전문화가 이룩한 방대한 개념과 이론의 무기고를 과감히 포기해야 하기 때문이다. 몰렌하우어는 카프카가 성인이 되어 아버지에게 쓴 그러나 결국 보내지 못했던 편지에서 자신이 추구하는 새로운 교육학의 실마리를 발견한다. 편지에서 카프카는 위대한 소설가의 기억력과 어휘력을 가지고 자신과 아버지 사이의 교육적 관계를 해명하고 거기서 자신이 겪었던 문제를 반성하고자 한다. 이것은 '교육적인 것'의 생생한 아포리아를 담고 있는 텍스트이면서 동시에 비판적 교육과학이 초래한 '잊혀진 연관'을 회복할 새로운 교육학의 연구 대상과 과제 그리고 방법이 무엇인지를 보여 준다. 이런 점에서 카프카의 '아버지에게 보내는 편지'는 교육학적으로 매우 특별한 문서에 속한다. 몰렌하우어는 카프카의 편지로부터 다음과 같은 귀결을 도출한다.

1) 새로운 교육학은 먼저 교육의 아포리아, 자유와 강제의 긴장이 생생하게 기술되어 있는 '집단적 기억' 또는 '문화적이고 자서전적인 기록'[12]을 자신의 연구 대상으로 삼아야 한다. 왜냐하면 '교육이란 무엇인가'의 문제를 규명하는 데서 우리가 신뢰할 수 있는 자료는 바로 거기에 있기 때문이다.[13]

2) 새로운 교육학은 이런 기억에 대한 진지한 반성적 검토를 통해서 근거가 있는 그리고 미래 교육에도 적용할 수 있는 '교육적 원칙'을 도출해야 한다.

3) 새로운 교육학은 문제의 거대함에 대처할 수 있는 어휘, 언어를 발견해 내야 한다. "사회과학적 탐구와 이론에서 일반적으로 사용되는 상표 붙이기 식의 추상적인 언어를 사용하지 않으면서도 정확성과 타당성을 보장"(몰렌하우어, 정창호 역, 2005: 23)할 수 있는 언어가 필요하다.

다섯째, 몰렌하우어는 『잊혀진 연관』을 통해서 현대 교육학의 파편화를 극복할 수 있는 일반교육학(Allgemeine Paedagogik)을 제시하고자 한다. 현대 교육학의 전문화와 분업화가 초래한 모든 문제는 결국 교육학 연구가 파편화되어 다양한 하위 분과들을 묶어 줄 수 있는 최소한의 공통분모가 사라졌다는 데로 귀결된다. 이 문제는 일반교육학의 재정립을 통해서 해결될 수 있다. 즉 파편화된 교육학 담론의 하나로 묶을 수 있는 '기본적인 것' 또는 '최소공준(Minimalkanon)'(몰렌하우어, 정창호 역, 2005: 28 참조)을 찾아내야 한다.

몰렌하우어에 따르면 교육학의 최소공준은 가장 기초적인 교육학적 물음 즉 "우리는 왜 아이들을 원하는가?"에서부터 찾아야 한다. 몰렌하우어는 왜 이 물음이 가장 기초적인 교육학적 물음인가에 대해 더 이상 설명하지 않는다. 아마도 교육이 기본적으로 기성세대와 후속 세대의 관계라고 할 때, 이 관계의 출발점은 우리가 아이를 기르려고 선택을—적어도 사후적으로라도—하기 때문일 것이다. 그리고 이런 선택에는 우리의 삶 속에

뭔가 선하고 좋은 것이 있고, 이것이 지속되기를 희망한다는 전제가 깔려 있다. "그렇다면 최초의 교육학적 문제는 내가 가진 현재의 문화가 전수할 만하고, 또 미래를 위해서도 적합한가를 따져 보는 일이 될 것이다."(몰렌하우어, 정창호 역, 2005: 30) 우리가 아이들에게 전수하고 가르치려는 삶은 과연 '올바른' 것인가, 그리고 아이들에게도 받아들일 만하고 유익한 것인가? 이 물음에 답하는 것이 일반교육학의 기본적인 과업이 될 것이다.

2) 교육학의 최소공준: 제시-재현-형성가능성-자기활동성-정체성

『잊혀진 연관』의 전체 내용은 서론에서 제시한 교육학의 3가지 과제에 따라서 교육의 최소공준을 도출하는 과정 또는 전문화되고 분업화된 현대 교육의 지형에서 가능한 형태의 일반교육학을 스케치하는 과정으로 이해될 수 있다. 몰렌하우어는 제시, 재현, 형성 가능성, 자기 활동성 그리고 정체성을 교육의 최소공준으로 제안한다. 즉, 이 개념들은 어떤 분야에서든 책임감 있게 교육을 하려는 사람이라면 반드시 고려해야 할 기본요소이다. 그는 서론에 말했듯이 '교육에 대한 기억을 담은 문화적 자료'를 연구대상으로 삼고, 추상적인 사회과학적 개념과 이론 대신에 '교육적인 것'을 생생하게 서술하고 표현할 수 있는 새로운 어휘와 에세이식 서술방식을 활용하여, 교육의 기본 범주와 원칙들을 정립해 나간다.

가장 먼저 등장하는 교육학적 기본 범주인 "제시"(Praesentation)는 어른은 삶 속에서 원하든 원하지 않든 자신의 생활양식을 아이들에게 보여 주고 또 전달한다는 기본적 사실을 표현한다. 제시의 대표적인 방식은 언어이다. "제시"가 무엇인가에 대한 규명은 아우구스티누스의 고백록에 등장하는 언어습득 과정에 관한—매우 희귀한[14]—기록에 기초해서 이루어진다. 아우구스티누스의 텍스트는 "제시"란 성인의 세계이해가 아이에게 그대로 전달되는 일방적인 과정이 아니라, 세대 간의 전승 과정에서 필연적으로 벌어지는 성인과 아이의 굴절된 상호작용의 과정임을 분명하고 생생하게 보여 준다. 그리고 "제시"에 잠재된 이러한 긴장은 역사-사회적인 발전의 과정에서 "교육학적 장벽"을 발생시킨다. 이 "교육학적 장벽"이 역사적으로 구체화하는 과정은 15-17세기 유럽의 동판화들에서 관찰된다. 그리고 마침내 아이들은 어른의 생활 및 노동 현장을 떠나서, 학교라는 격리된 공간 즉 "재현"된 공간에서 교육받는다.

몰렌하우어는 17세기의 교육학자인 코메니우스의 『세계 도회: 그림으로 보는 세계』를 통해서 "재현"(Repraesentation)의 교육학적 문제 상황을 설명한다. 교육의 중심이 삶의 현장이 아니라 학교라는 추상적 공간으로 이행함으로써 비로소 근대 교육학의 근본적인 문제들이 발생한다. "1. 수많은 도야의 소재 중에서 무엇이 배우기에 중요한 것인가? 2. 이 중요한 것은 어떻게 필요한 만큼 명확하게 전달될 수 있는가? 3. 재현된 것을 배울 동기가 아이들에게 어떻게 생성될 수 있는가?"(몰렌하우어, 정창호 역, 2005: 94) 이 문제를 페스탈로치는 '교육적 장(das paedagogische Feld)의 구성'을 통해서, 피히테는 '국민교육제도' 통해서 해결하려 했다. 두 시도 모두 실패했다. 그러므로 오늘날의 교육적 재현에서 근본 정식은 마그리테의 『이것은 파이프가 아니다』의 정신에 따라서 "아이들에게 '이것은 세계가 아니다'라고 말하는 것이다."(몰렌하우어, 정창호 역, 2005: 105)

어른의 시각에 볼 때의 근본 범주인 "제시"와 "재현"의 개념은 아이의 측면에서 다시 두 개의 교육학적 기본 개념을 요청한다.

하나는 아이들은 재현된 세계와의 대결을 통해서 자신을 실현하려는 의지와 능력 즉 "형성 가능성(Bildsamkeit)"을 지닌다는 것이다. 몰렌하우어는 아이의 "형성 가능성"을 파악하기 위해서 아동 발달 심리학이나 교수학습 이론을 참조하지 않는다. 그는 수수께끼의 인물인 카스파 하우저(Kaspar Hauser)의 사례를 통해서 "형성 가능성"은 소재의 성형과 가공과 관련된 것이 아니고 그렇다고 온실에서 자라는 식물의 성장과 관련된 것도 아니라는 교육학적 원칙을 도출한다. 그것은 어떤 외부의 요구와의 대결 속에서 발현되는 어떤 성향이다.

다른 하나는 "자기 활동성(Selbsttaetigkeit)"이다. 우리는 아이가 어른이 되는 과정을 대신해 줄 수 없다. 그것은 논리적 모순이다. 아이들은 오직 자신의 이성을 사용해서 판단하고 활동하는 경험을 통해서만 어른이 될 수 있다. 그러나 "자기 활동성"은 천부적이거나 자연적으로 아이가 스스로 발휘할 수 있는 것이 아니다. 그것은 언제나 사회적 상호작용 속에서 즉 어떤 타자로부터 가해지는 도전적 요구를 아이가 자신의 문제로 받아들여 상응하는 이성적 활동으로 나아갈 때 비로소 발동한다. 그러므로 아이의 "자기 활동성"을 촉발하는 데 필요한 "교육자의 제1 덕목은 주의력, 경청의 능력, 끈질긴 관찰"(몰렌하우어, 정창호 역, 2005: 162)이다. 이러한 교육학적 원칙을 몰렌하우어는 하인리히 폰 클라이스트가 1805년에 쓴 "말하기에서의 사고의 점진적인 심화"를 비롯한 다양한 문화적 기록을 통해서 정당화한다.

마지막으로 몰렌하우어는 "정체성(Identiaet)"에 대해 논의한다. 우리가 "자기 활동성에 대해 사고할 때, 이 자기 활동의 주체인 나(Ich)에 대한 물음은 불가피하다. 활동적이라고 주장되는 이 '자기(Selbst)'는 무엇인가?"(몰렌하우어, 정창호 역, 2005: 203) 과거와 달리, 나를 스스로 규정하는 일이 가능하고 또 중요해지는 현대 사회에서 이 물음은 곧 "정체성"의 문제로 등장한다. 여기서 "정체성"에 관련한 교육학적 원칙들은 뒤러, 렘브란트, 고흐, 베크만의 자화상를 분석함으로써 도출된다. 서로 다른 시대적 배경과 사회적 조건에도 불구하고 거기서 등장하는 "정체성"의 심층구조는 동일하다: "'나는 무엇인가'에 대한 해명은 사회적 역할과 내면적 자아 사이의 균형 잡기이자 현재와 미래, 현실성과 가능성 사이의 균형 잡기이다."(몰렌하우어, 정창호 역, 2005: 223) 그런 의미에서 현대 사회에서 정체성의 형성은 언제나 아슬아슬한 줄타기이며, 항상 위험을 동반하는 기획이다. 특히 청소년기에 이 문제는 본격적으로 등장한다. 이로부터 현대 교육의 근본 과제가 규명된다. 교육은 청소년의 고유한 내면성이 사실적 관계들의 '강제'에 의해 질식당하지 않도록 보호해야 하는 동시에 그렇다고 그들이 주관적 망상의 '자유'에 탐닉하지 않도록 경계해야 한다. "모든 교육과 도야의 과정에 놓여 있는 월권은 단지 이런 측면에서만 정당화될 수 있다."(몰렌하우어, 정창호 역, 2005: 227)

5. 결론: 몰렌하우어 교육학의 해방을 향한 여정

이상에서 우리는 몰렌하우어의 교육학의 주요한 국면들을 차례로 살펴보았다. 그의 평생에 걸친 교육학 연구의 과정은 상당히 극적인 반전을 포함하고 있다. 이것은 그가 자신의 학문적 고향인 정신 과학적 교육학을 비판하는『교육과 해방』을 발표했을 때 그리고 다시 비판적 교육학의 한계를 넘어서는『잊혀진 연관』을 발표했을 때의 독일 교육학계가 보였던 충격적 반응에서 증명된다. 이러한 몰렌하우어의 지속적인 변신을 우리는 어떻게 해석할 수 있을까? 이하에서 그의 변신에 대한 잠정적 해석을 제시하는 것으로 결론을 맺고자 한다.

『교육과 해방』에서 몰렌하우어는 정신 과학적 교육학의 한계를 비판하면서 해방의 교육학으로 전향한다. 그 해방의 개념이 명백히 비판이론 전통에서 영향을 받았기 때문에, 그는 마르크주의적이고 좌파적인 교육학자로 간주 되었다. 그러나 이것이 정신 과학적 교육학에 대한 전면적 부정이었던가는 의심스럽다. 그의 '해방' 개념은 마르크스주의뿐 아니라, 정신 과학적 교육학에 영감을 주었던 칸트, 루소, 콩도르세 같은 계몽주의자들의 사회사상이나 교육이념과 긴밀히 연관되어 있었다. 이런 점을 고려할 때, 그가『잊혀진 연관』에서 비판적 교육과학을 배반하고 과거로 복귀했다는 비난은 약화될 수 있다.

『잊혀진 연관』에서 몰렌하우어는 교육학의 최소공준을 도출하고 더 나아가 일반교육학의 개요를 제시하는 일에 집중한다. 그의 연구 방법은 교육의 역사성과 문화적 맥락을 강조한다는 점에서 정신 과학적 교육학의 연구 방법과 일견 유사해 보인다. 그는 비판적 사회과학의 긴 우회로를 거쳐서 다시 자신의 학문적 고향인 정신 과학적 교육학 전통으로 복귀하는 듯이 보인다. 또한 『잊혀진 연관』의 곳곳에서 그는 비판적 교육과학에 대해 비판하고 있을 뿐만 아니라, 해방이라는 용어를 거의 사용하지 않는다. 그는 과연 거기서 해방의 이념을 포기했는가?

말년의 인터뷰에서 몰렌하우어가 스스로 주장한 바에 따르면 『잊혀진 연관』에서 그는 해방의 이념을 포기한 것이 아니라 오히려 '실체적인 해방' 개념을 찾기 위해 새로운 길을 모색했다(Mollenhauer 1991, 81 참조). 그렇다면 몰렌하우어가 『잊혀진 연관』에서 해방이라는 개념을 더 이상 사용하지 않는다는 것은 단지 피상적인 문제에 불과한 것일 수 있다. 그로스는 몰렌하우어의 저작 전체를 분석함으로써 그가 해방의 개념을 사용하지 않는 곳에서도 해방적인 사유와의 "체계적 연관과 횡단적 연결성"이 있으며 40년에 걸친 그의 작업에서 "교육학적 맥락을 위한 해방의 사고권"이 다양한 변형 속에서도 연속되고 있다고 주장한다(Gross 2010: 182 참조).

70년대 비판적 교육과학은 해방의 개념을 명확히 규정하는 데에 실패했다.[15] 교육과학이 인접한 분과과학들로부터 빌려 온 개념과 이론들은 사회적 해방의 문제를 교육학과 연결하는 데는 유효했을지라도, 교육이라는 고유한 상황에서 해방의 특유한 의미가 무엇인가를 규명하는 데서는 유효하지 못했다. 80년대로 들어서서 몰렌하우어는 "해방에 대한 교육학적으로 특유한 해명"(Gross 2010: 182)을 시도했다. 그중에서도 특히 『잊혀진 연관』은 "교육학적 해방의 프로젝트"(Gross 2010: 184)를 관철하기 위한 노력의 결과라고 할 수 있다. "처음에는 교육학적 문제들의 배치와 교육적인 상호작용의 조직에 대한 이성적 분석과 개념적인 숙고의 틀에서 시작했던 것은, 나중에 도야론적으로 그리고 이성 비판적으로 모든 인간적 실천의 차원들로 확대되었다. 그리하여 해방의 개념은 교육과학의 방향성 논쟁에서의 그의 전성기를 누린 지 30년 만에 몰렌하우어에 의해서 교육학적 맥락을 위한 체계적 해명을 얻게 되었다."(Gross 2010: 184)

교육적 맥락에서의 해방을 체계적으로 해명하려는 몰렌하우어의 시도는 결국 교육과 문화의 내재적 연관을 회복하는 일반교육학으로 귀결된다. 그렇다면 그의 일반교육학은 어떻게 해방의 교육학과 연속성을 가지는가? 이 물음은 간단히 답할 수 없다. 하지만 그의 일반교육학의 토대가 결국 "기성세대는 청년들과 **함께** [강조는 필자] 도대체 무엇을 하려 하는가?"라는 슐라이어마허의 오래된 질문으로 돌아간다(Gross 2010: 185 참조)는 사실에서 해답을 단초는 볼 수 있다. 슐라이어마허의 오래된 질문에서 시작하는 일반교육학은 후속 세대의 의지에 대항하는 것도 단순히 그들의 의지에 따르는 것도 원하지 않는다는 데에 그 본질이 있다. 거기서 중요한 것은 기성세대와 후속 세대 간의 협력과 대화이다. "그리고 이 관계는 교육과 도야의 과정에 대해서 기존의 것을 보존할 뿐 아니라 개선하라는 요구를 포함한다. 그리고 이것은 바로 인간적 삶의 모든 차원에 관련된다." (Gross 2010: 185) 그러므로 세대 간의 협력적 관계 맺음이야말로 현대 교육의 근본 원칙이며, 교육적 해방의 이념이 실현되는 장소이다. 해방의 교육을 향한 몰렌하우어의 여정을 추적하는 우리의 여정은 일단 여기서 마무리된다.

주

1 브레진카 쪽에의 비판적 교육과학에 대한 비판은 안정수, 엄호연이 옮긴 브레진카의 책『가치불확실 사회의 교육: 실천교육학을 위한 기고(*Erziehung in einer werunsicheren Gesellschaft*)』(서문당, 1997)를 참조.

2 비판적 교육과학은 70년대 내내 '해방' 개념을 명확히 해명하지 못한다는 비판에 시달렸다(Zedler). 여기서 몰렌하우어가 이 논쟁적인 개념을 내용적으로 어떻게 규정하고 있는가를 규명하는 것은 이 글의 범위를 넘어선다. 이에 관련해서는 몰렌하우어의 해방개념의 구조적인 특징을 다섯가지 차원에서 정리하고 있는 Gross(2010: 22-57)를 참조할 수 있다. 그 제목을 소개하면 '해방과 합리성, 해방과 비판, 해방과 교육의 과정의 당위적 구조, 해방과 경험, 해방과 사회'이다. 이 글에서 필자는 그의 해방 개념을 넓은 의미에서 계몽주의적 인간해방의 이념으로서 이해하고자 한다.

3 Koller는 교사의 이런 활동은 칸트의 '강제를 통한 자유의 육성'을 연상시킨다고 말한다. 비판적 교육과학에서 경험-분석적인 접근은 불가피하지만 그것은 학생의 미래의 자유를 촉진하는 한에서 정당화될 수 있다(Koller 234 참조). 그러나 비판적 교육과학이 과연 칸트가 교육의 가장 어려운 문제라고 불렀던 이 문제를 해결하였는가는 의문이다.

4 테노르트(2016, 144)에 따르면 교육학과 교육과학을 구분하고 후자로의 전환을 브레진카보다 먼저 주장한 것은 몰렌하우어였다. 몰렌하우어는 이미 1966년에 발표한 논문 "경험적-실증주의적 교육학의 문제"에서 '교육학'과 '교육과학'을 분명하게 구분했다.

5 여기서 몰렌하우어가 자신의 연구에서 직접 적용한 구체적인 연구방법론을 직접 검토할 여유는 없다. 그 대신에 Koenig/Zedler(2002)를 참조하면 일반적으로 비판적 교육과학은 보편적 학문이론에 주된 관심이 있었기 때문에 자신만의 고유한 연구방법론을 개발하지 못했다. 다만 두 가지 방법론적 개념을 가지고 있었는데, 하나는 우리가 2장에서 살펴보았던 '경험과 해석학의 결합'이고 다른 하나는 '행동 연구(Handlungsforschung)'이다. 그러나 이 두 가지 연구방법론 모두 문제점을 내포하고 있었다. 자세한 내용은 Koenig/Zedler (2002: 129-134) 참조.

6 비판적 교육과학의 이러한 한계는 결국 "비판이론이 '사회', 구조 또는 체제에 초점"을 맞추고 있어서 "학교와 교실에서의 직접적이고 생생한 경험 속에서 형성되는 인간관계"에 대해서 무관심하다는 사실(깁슨, 이지헌 외 역, 1989: 34 참조)과 무관하지 않아 보인다. 깁슨의 비판과 연관하여 다음을 참조할 만하다.

7 여기서 주목할 점은 몰렌하우어는 사회과학적 관점에서의 교육연구가 무의미하거나 틀렸다고 주장하지는 않았다. "조직과 상호작용에 대해서 그렇게 [사회과학적 관점에서] 이야기할 수 있다. 그러나 반드시 그래야만 하는 것은 아니다."(Mollenhauer 1986: 15; Assmann 2015: 249에서 재인용)

8 이런 맥락에서 몰렌하우어는 베너의 비판을 수용한다. "교육학을 비판적 교육 과학으로서 수행하려는 시도는 비판이론과 더불어 교육학적인 행동과학의 정초 문제로부터 분리되었다. [그러나] 교육학적 행동과학을 위해서는 전통에서 나온 교육 및 도야의 개념이 구성적이어야 한다. 이 개념은 단순히 의사소통이나 이해의 개념으로 대체 될 수 없다. 이 개념들은 교

육적 사실의 특수성 그리고—그것을 구성하는—인간 형성에 대한 교육학적 책임에서 멀리 있기 때문이다."(Benner 1978: 343f. Mollenhauer 1978: 80에서 재인용) 여기서 베너는 비판적 교육과학에서 '교육적인 것'이 사라졌음을 비판하고 있다.

9 이하의 비판적 교육과학의 한계와 문제점에 대한 간략한 요약은 Koenig/Zedler(2002: 138-142)를 참조하였다.

10 이와 관련한 흥미로운 논의는 Biesta(2016: 77-100)를 참고할 수 있다. 해방 개념의 근원적 비대칭성에 대한 비에스타의 비판은 해방을 이념으로 하는 몰렌하우어의 비판적 교육과학에도 적용될 수 있을 것이다. 그렇지만 그것이『잊혀진 연관』에서 몰렌하우어가 제시하려 한 '실체적 해방'에도 적용되는가는 논쟁의 여지가 있다.

11 이것은 슐라이어마허가 그의 교육학 강의에서 제시했다.

12 몰렌하우어가 예로 든 것들은 아우구스티누스의『고백록』, 몽테뉴의『수상록』, 16-17세기 네덜란드 화가들의 그림, 페스탈로치가 피어발트슈태터 호수가의 슈탄스에서 했던 교육실험의 실패에 대해 논한 글, 칼 필립 모리츠의 자서전, 고리키 소년원에 대한 마카렌코의 시, 반 고흐의 자화상, 엘리아스 카네티가 자신의 아동기에 대해 보고한 글 등등이다.

13 이런 자료를 강조하는 좀 더 상세한 이유는 다음의 언급에서 유추해 볼 수 있다. "이 자료들은 종종 성공의 기록이 아니다. 그것은 어떤 이념을 참되고 유일한 교육의 길이라고 칭송하지도 않고, 무작정 자신을 따르라고 요구하지도 않고, 진보에 대안 열정을 찬양하지도 않는다. 이 문서와 기록들은 어떤 유행에 따르지 않고 또 관용어를 가지고 작업하지 않는다. 그러나 이해하기 쉽고 또 명확하게 이야기한다."(몰렌하우어, 정창호 역, 2005: 20) 이것은 비판적 교육과학이 지닌 문제점들에 대한 비판이라고 볼 수 있다.

14 우리의 기억은 원칙적으로 언어를 습득한 이후부터 가능하다. 아직 언어를 배우기 이전의 상태에 대해 우리는 뚜렷한 기억을 갖지 못한다. 그런 점에서 언어를 배우는 과정에 대한 기록은 매우 희귀하며, 사실상 아우구스티누스의 언어습득과정에 대한 회상은 역사상 거의 유일한 기록에 속한다.

15 이 글의 주 10을 참조.

참고문헌

깁슨, 렉스(1989: 이지헌, 김회수 공역), 『비판이론과 교육』, 서울: 성원사.

몰렌하우어, 클라우스(2005, 정창호 역), 『가르치기 힘든 시대의 교육』, 서울: 삼우반.

브레진카, 볼프강(1997: 안정수, 엄호연 역), 『가치불확실 사회의 교육』, 서울: 서문당.

칸트, 임마누엘(2005: 김영래 역), 『교육학 강의』(『칸트의 교육이론』 부록), 서울: 학지사.

Assmann, A.(2013), Klaus Mollenhauer(1928-1998). Kritisch-emanzipatorische Paedagogik, Studenten Bewegung und die deutsche Nachkriegserziehungswissenschaft. In. *Person und Paedagogik: Systematische und historische Zugaenge zu einem Problemfeld*(hrsg. von Kersten Kenlies), Bad Heilbrunn: Klinkhardt.

Assmann, A.(2015), *Klaus Mollenhauer. Vordenker der 68er - Begruender der emanzipatorischen Paedagogik*, Paderborn: Ferdinand Schoeningh.

Benner, D. (1978), *Hauptstroemung der Erziehungswissenschaft*. Muenchen.

Biesta, G.(2016), *The Beautiful Risk of Education*, London and New York: Routlege.

Boehm W./Fuchs B./Seichter S. (2009), *Hauptwerke der Paedagogik*, Paderborn: Ferdinand Schoeningh.

Brezinka, W.(1967), Ueber den Wissenschaftsbegriff der Erziehungswissenschaft und die Einwaende der weltanschaulichen Paedagogik. in: *Zeitschrift fuer Paedagogik*, Jg. 1967.

Gross, S.(2010), *Zwischen Politik und Kultur - Paedagogishces Studien zur Sache der Emanzipation bei Klaus Mollenhauer*, Wuerzburg: Koenigshausen und Neumann.

Habermas, J.(1967), Zur Logik der Sozialwissenschaften. in: *Philosophische Rundschau*, Beihefte 5, Tuebingen.

Koenig E./Zedler P. (2002), *Theorien der Erziehungswissenschaft*, Weinheim und Basel: Beltz Verlag.

Koller, H-Ch.(2020), *Grundbegriffe, Theorien und Methoden der Erziehungswissenschaft: Eine Einfuehrung*. Frankfurt a. M.: Suhrkamp.

Krueger, H-H(2016), Entwicklungslinien und aktuelle Perspektiven einer Kritischen Erziehungswissenschaft. In: *Kritische Erziehungswissenschaft am Neubeginn?* (hrsg. von Suenker H./Krueger, H-H), Frankfurt a. M.: Suhrkamp. 162-183.

Mollenhauer K./Rittelmeyer, Ch. (1978), Einige Gruende fuer die Wiederaufnahme ethischer Argumentation in der Paedagogik. In: *Die Theorie-Praxis-Diskussion in der Erziehungswissenschaft*. (hrsg. Blankertz, Herwig). Beitraege von 6. Kongress der Deutschen Gesellschaft fuer Erziehungswissenschaft vom 8.-10.3.1978 in der Universitaet Tuebingen. Weinheim und Basel: Beltz.79-85. (Zeitschrift fuer Paedagogik, Beihefte: 15)

Mollenhauer, K. (1979), Aspekte einer strukturalen paedaggoschen Interaktionsanalyse: Methodologische Hypothesen zur gesellschaftlichen Formierung von Bildungsverlaeufen.

Mollenhauer, K. (Hrsg.) (1974), Soziale Bedingungen familialer Kommunikation: Materialien zum Zweiten Familienbericht der Bundesregierung. Muenchen.

Mollenhauer, K.(1973), Erziehung und Emanzipation, Muenchen: Juventa Verlag.(6. Auflage)

Mollenhauer, K.(1991), Klaus Mollenhauer im Gespraech mit Theodor Schulze. In: *Kontinuitaet und Traditionsbrueche in der Paedagogik*(hrsg. von H. B. Kaufmann et. al.), Weinheim und Basel: Beltz Verlag.

Mollenhauer, K./ et al.(1975), Die Familienerziehung, Muenchen.

Tenorth, H-E.(2016), Die zweite Chance. Oder: Ueber die Geltung von Kritikanspruechen 'kritischer Erziehungswissenschaft'. In: *Kritische Erziehungswissenschaft am Neubeginn?* (hrsg. von Suenker H./Krueger, H-H), Frankfurt a. M.: Suhrkamp. 135-161.

Winkler, M.(2002), *Klaus Mollenhauer: Ein paedagogisches Portraet*, Weinheim und Basel: Beltz Verlag.

'아우슈비츠 이후'의 다문화교사교육에 대한 소고*

홍은영

I. 서론

본 연구는 오늘날 문화적 실천으로 이해될 수 있는 교사교육에 주목하고자 한다. 연구자가 교사교육을 특별히 아도르노(Theodor W. Adorno)의 인식비판과 문화비판과 연결 짓는 이유는 어떤 다른 교육의 실천적 행위 분야보다 현 교사교육이 짐짓 현실과 화해하는 가능성을 보여주고 있기 때문이다. 즉, 현 교사교육에 기존 사회질서에 대한 비판과 자기비판이 부재하다고 생각된다. 현 교사교육의 사회적 조건은 현대 사회의 공동의 삶의 본질적 구조인 이주 사회의 맥락이다. 이때 본 연구는 보편적, 도덕적 이념이 온전히 실현될 수 없는 "현재의 부정성"(이종하, 2012: 172)으로 인종주의에 초점을 둔다. 인종주의는 교사교육이 이루어지고 있는 이주 사회의 구조, 즉 주체를 규정하는 상징적, 물질적 소속 질서로서 객관적 요인으로 파악된다. 아도르노가 『미니마 모랄리아』에서 언급하듯이 "두려움 없이

* 이 글은 2021년 대한민국 교육부와 한국연구재단의 지원을 받아 수행된 연구(NRF-2021 S1A5A2A01060648)이며 『교육철학연구』 제45권 제3호(2023.9.)에 게재된 논문이다.

다를 수 있는"(Adorno, 1951/김유동 역, 2005: 130) 미래상이 실현되지 않는 한, 교사의 자기이해와 교사교육은 자신이 다양성을 대하는 태도와 교육적 대응방식에 대해 부단히 성찰해야 한다. 이에 본 연구는 교사교육이 인종주의 구조와 담론 속에 연루되어 있는 양상, 즉 객관적 지배 관계를 만들어 내는 측면에 주목하고자 한다.

아도르노가 여러 차례에 걸쳐 헤센 라디오 방송에서 기획한 교육에 관한 대화 중 현재까지 지대한 영향력을 행사하고 많이 인용되고 있는 말은 아마도 그가 1966년 천명한 다음의 정언명령일 것이다(Alheim, 2010: 39).[1] "아우슈비츠가 반복되어서는 안 된다는 요구는, 교육에 가장 최우선적으로 요구되는 것이다. 그 요구는 다른 어떤 것보다 우선적이기에 따로 그 까닭을 설명할 필요는 없을 것이다"(Adorno, 1971a/홍은영 역, 2021: 107). 그러나 아우슈비츠가 반복되지 않아야 한다는 아도르노의 저 유명한 말은 판에 박힌 말로 이해되어서는 안 되며, 그 말이 오늘날 의미하는 바를 새롭게 파악해야 할 것이다. 왜냐하면 그의 주장은 역사철학적 관점에서 숙고해야 하는 사회 이론적 조건을 함축하고 있기 때문이다.[2] 앞서 언급한 인용문은 학살, 차별과 폭력을 연구 대상으로 삼는 교육학 연구와 실천이 역사와 이데올로기에서 얼마나 자유로울 수 있는가?라는 의문을 갖게 한다.

아도르노에게 '아우슈비츠 이후' 시대 구분은 철학적 개념 구상(이론적 작업)에 영향을 미치고 문화와 이성이 야만과 밀접하게 관련이 있는 짜임 관계(Konstellation)가 변화하는 역사사회적 상황을 가리킨다. 1947년 『계몽의 변증법』이 처음 나오고 1949년 아우슈비츠 이후 서정시를 쓰는 것이 불가능하다고 아도르노가 말할 때, 야만 개념은 더 이상 아우슈비츠와 나치에 국한되지 않는다. 아우슈비츠가 상징하는 것과 같은 인류문화의 야만은 전후 상황에서 문화적 실천과 현재의 역사를 포괄하고 있다.

아우슈비츠에 대한 아도르노의 성찰에서 문화 개념은 중심적인 위치를 차지하게 된다. 아도르노는 아우슈비츠 이후 문화가 도대체 가능한 것인가에 대한 근본적인 물음을 던지고 문화와 야만의 변증법적 관계를 천착했다. 아도르노는 자신이 처해 있는 상황에 대한 인식을 통해 인류의 발전을 연속적인 진보로 파악하지 않을 뿐만 아니라, 비변증법적 문화 개념에도 반대하는 흥미로운 논점을 던져준다. 문명의 붕괴는 문화와 전적으로 다른 것이 아니다. 문화 개념은 자연에 대한 경계 설정으로 정의되며, 인간의 의한 자연의 도구적 조작을 절대화하려는 경향을 가지고 있다. 문화의 도구인 계몽은 자신의 상황을 계획하고 통제하고자 한다. 그러나 전통적 의미의 문화 개념은 또 다른 측면을 가지고 있는데, 그것은 "자연과 화해된 형태 속에서 전면적인 인간화의 유토피아"를 뜻한다(Schweppenhäuser, 1996/한상원 역, 2020: 180). 그러나 아도르노에 의하면, 아우슈비츠 이후 문화 개념이 갖고 있는 해방적 차원은 자신의 실제 기반을 잃어버렸다.[3] 문화 개념은 산업시대의 성취를 의미하지만, 동시에 문화적 진보는 산업화 과정에서 인간에 대한 폭력을 동반하였기 때문이다.

한편, 연구자가 보기에 현 다문화교사교육에서 눈에 띄는 것은 다음과 같이 네 가지로 정리할 수 있다. 첫째, 다문화 현상에 대한 문화주의적인 관점[4]은 교육학 담론뿐만 아니라 교육 실천에서 행해지고 폭넓은 비판에도 불구하고 집요하게 나타나고 있다. 최근 "상호문화교육" 개념이 국내에 소개되면서 역동적인 문화 이해의 중요성이 강조되고 있지만(장한업, 2019: 28), 국민, 민족, 문화 범주에 따라 타자를 구성하고 확정하는 경향은 여전히 지배적인 것 같다. 다문화 관련 지배 담론은 국가, 민족, 문화 정체성의 기표 위에 이주민의 몸을 위치시키고 있다. 문화 개념은 교육 현장에서 대개 민족성과 국적과 결합되어 사용되고 동시에 다른 사회 범주(예컨대 물질적 자원)는 고려되지 않고 있다. 둘째, 교사양성 기관의 교과과정과 교원 연수 프로그램은 이질성을 정상적인 경우로 다루고 있지만, 이주를 다양한 사람들이 마주하고 섞이는 과정이자 동시에 이 속에서 동질적인 공간과 경계가 구축되는 권력의 장으로 접근하는 경우는 거의 전무하다. 이 말은 이주 사회 안에 작용하는 불균등한 사회적 관계를 교사교육 자체와 연계하지 않고 있다는 것을 의미한다. 셋째, 교사교육은 교육 정책과 학습자에게 집중되어 있고 수업의 효율성 증진을 위한 기능적 교수 활동에 치중하고 있다. '문화적 타자'로 설명되는 사람들을 손쉽게 원하는 대로 지시하고 통제할 수 있다는 발상에는 교육에 대한 기술공학적 이해가 그 이면에 자리하고 있다. 교육에 대한 공학적 사유의 편협성은 인간과 교육에 대한 본질적 이해 및 문화적이지 않은 원인(사회적 맥락)을 외면하는 결과를 가져오고 있다. 넷째, 교사교육은 주체의 역량만으로 다문화 교육을 성공적으로 수행할 수 있다는 지나친 믿음을 강화하고 있다. 이와 관련하여 다문화성에 대해 전문적(professional)으로 대응하는 데 필요한 요소를 정의하기 위해 교사 핵심역량(교수역량, 학생 이해 및 지도역량, 교육공동체 형성 및 참여 역량, 자기개발 및 관리 역량, 교육적 신념)이 계발되고 있으며, 직업 수행에서 예비교원과 교사가 지녀야 할 품성과 자질이 제시되고 있다(김창환 외, 2015: 78; 원진숙, 2023: 17). 그러나 많은 교사들은 직업적 현실에서 요구되는 것과 교사의 역할에 대한 기대에 부응할 수 없다는 생각에 좌절과 무력감을 느끼고, 급격한 학교현장 변화에 따른 교사들의 적응이 교직 스트레스의 주원인으로 꼽히고 있다(박희진·이호준, 2021: 8). 연구자는 이러한 현상이 교사들로 하여금 교사 전문성이 향상될 것이라는 약속을 퍼뜨리는 '역량 모델'과 교수-학습방법에 지나치게 의존하게 만든다고 생각한다.

이와 같은 문제의식을 바탕으로 본 연구는 다음과 같이 전개될 것이다. 맨 먼저 아도르노가 말한 "아우슈비츠 이후의 교육"의 주요 내용을 분석하고 아우슈비츠 이후라는 시대 구분이 함의하는 바를 설명할 것이다. 이어 아도르노의 유토피아 철학을 통해 구체적 현실의 지반 위에서 평등 이념을 부르짖는 다문화교사교육의 위험성과 한계를 탐구한다. 이때 유토피아적 사유와 실천은 이론과 실천의 상호 관계를 중심으로 살펴본다. 이를 바탕으로 다문화교사교육을 아도르노의 동일성 비판과 메체릴의 인종주의 비판 개념과 연계하여 논의할 것이다. 이 두 관점은 사회와의 연관성에서 주체의 의존성을 지적한다는 점에서 교사의 자기이해를 더욱 풍부한 시각에서 이해하는 계기를 마련해 줄 수 있으리라 판단된다. 마지막으로 아도르노의 이론과 인종주의 비판의 관점이 다문화교사교육에 어떤 교육적 고민과, 또 어떤 진동을 가능케 할지를 펼쳐보이고자 한다.

II. '아우슈비츠 이후' 교육의 조건

아도르노가 강조하는 교육의 목표이자 정언명령은 현재의 사회 현실에서 균열되지 않은 상태로 존재하지 않기 때문에 그 자체에 반대해서 사유해야 한다. 이러한 아도르노의 기본 입장은 아우슈비츠[5]는 야만 상태로의 후퇴가 아니라 야만이 문명화의 원칙 자체에 내재해 있기에 그것에 맞서 저항한다는 것은 "어떤 절망적인 면을" 갖고 있다는 점에 근거한다(Adorno, 1971a/홍은영 역, 2021: 108). 아도르노의 사유는 아우슈비츠와 같은 벌어진 일을 사회 역사적으로 분석하면서 근대적인 진보의 논리에 묶여 있는 사유체계에 반대하고 인류 역사 진행과정의 불연속성을 강조하는 특징을 갖는다. 야만 개념, '아우슈비츠 이후'라는 시대 구분과 아도르노의 급진적 문화 비판은 아우슈비츠의 연속성과 단절에 대한 물음을 제기하게 한다. 아우슈비츠의 반복을 막으려면 진정한 삶의 가능성과 행복이 현실화될 수 없다는 절망에 대해 사람들은 의식해야 한다는 것이다. 아도르노가 보기에 절망의 의식 없이 아우슈비츠를 저지하는 것은 이상주의적인 판에 박힌 말이 될 수 있다. 희망이 없는 절망적인 것을 의식하는 것은 아우슈비츠 이후 모든 실천의 아포리아를 뜻한다.

아우슈비츠라는 명칭이 대변하는 인류문명의 역사적 경험으로부터 도출할 수 있는 사회 이론의 결과에 대한 분석은 비판적 교육이론의 근본 동기를 이룬다.[6] 이것이 의미하는 바는 나치체제의 역사적 출현의 맥락에서 교육학의 자기반성을 촉구하였다는 것이다. 아도르노가 추구하였던 작업은 아우슈비츠라는 역사적 사건의 망각에 반대할 뿐 아니라, 아우슈비츠 이후 사유와 실천의 상태를 깊이 성찰하는 일이다.[7] 논의되었던 것은 학문으로서 교육학이 나치체제에 연루되었음과 "아우슈비츠 이후" 교육이 존재하는 조건이다. 앞서 언급하였듯이, 아우슈비츠는 단 한 번 발생한 역사적 사건이 아니라, 언제나 현재적으로 체화되고 반복되는 문화적 상황이다. 때문에 "아우슈비츠 이후의 교육"(Adorno, 1971a/홍은영 역, 2021: 107)은 교육이론가 및 교육실천가의 개념이나 판단 자체에 대한 반성적 성찰을 통한 사유의 불확실성을 강조하는 특징을 갖는다.

"아우슈비츠가 다시 되풀이되지 않아야 한다"는 아도르노의 호소는 근본적이며 칸트의 실천 이성의 정언명령을 검토하는 것으로 이어졌다(Adorno, 1966: 356). 『미니마 모랄리아』의 부제인 "상처입은 삶으로부터 나온 성찰"(Adorno, 1951/김유동 역, 2005)이 이미 말해주듯이, 아도르노는 자신의 이론적 작업을 망명 생활의 이방인뿐만 아니라 "아우슈비츠의 절대적이고 의식적 동시대인"으로 이해한다(Claussen, 1988: 54). 이러한 지적은 철저히 개인적으로 겪은 실제적 삶의 경험과 밀접히 연관되어 있다는 사실을 상기시킨다(홍사현, 2014: 128). "아도르노는 아우슈비츠 이름을 사용하여 이성의 개념과 같은 인식의 토대 기초 자체를 파괴하는 역사적 과정에 자신이 관련하고 있음을 암시하고 있다"(Kramer, 1999: 69). 이러한 동시대인의 의식은 근본적이고 회피할 수 없는 삶의 손상, 자신에게 예정된 죽음을 모면한 살아남은 이들의 삶에 대한 손상과 탈출에 대한 죄책감을 의미한다. 더 나아가 아도르노가 자신의 지위를 동시대인으로 파악한다는 말은 탈출한 생존자의 특수한 상황을 넘어 아우슈비츠에서 벌어진 일과 떼어놓을 수 없는 현재를 살아가는 모든 사람들의 삶에 대한 손상에 주의를 환기시키고 있다. 이러한 관점에서 확연하게 드러나는 것은 아우슈비츠와 같은 일어난 일에 생존자들만 영향을 받지 않기 때문에, 삶의 훼손을 생존자에게만 할당하는 것은 배제를 반복할 수 있다는 것이다. 다시 말해, 아도르노가 강조하는 것은 생존자들의 삶뿐만 아니라, 아우슈비츠로 묘사된 사건과 전쟁을 직접 겪지 않은 전후세대의 사람들의 삶에서도 손상을 근본구조로 보았다는 점이다. 계속 살아가는 사람들은 학살을 직접 경험하지 않았기 때문에, 그들의 삶은 생존자들과 다른 의미에서 손상되었다는 것이다.

이렇게 보면, 아우슈비츠는 아우슈비츠 이후의 모든 것에 영향을 미치기 때문에(Claussen, 1988: 55) 벌어진 사건을 과거와의 관계에서 재평가하도록 요구하고 과거의 현재를 인식하도록 끊임없이 동요시키는 역사 내부의 균열을 표시하는 용어라고 할 수 있다. 인류 진보와 계몽의 균열을 지적하는 것은 이제껏 역사와 인류 문명은 끊임없이 발전해간다는 직선적 역사관에 입각한 교육론이 소홀히 했던 부분을 교육의 관심사로 삼았다는 점에서 주목을 끈다. 또한 이러한 균열은 사유가 자기 자신에 반대하도록 도전하고 "이론적 비판의 비판"(Claussen, 1988: 59), 즉 비판적 지식인의 역할과 활동이 미치는 결과에 대한 부단한 문제제기와 자기비판으로 귀결될 수 있다. 아우슈비츠 이후 아도르노가 스스로 겪음으로써 진단한 문화 전체의 피해는 되돌릴 수 없는 것이다. 이제 미래를 향해 과거를 함께 넘자고 이야기하는 세계의 복원 담론은 역사의식의 망각을 가져오고 퇴행은 거듭되고 있기 때문이다. 중요한 것은 현재와 과거를 대비시켜 접근하려고 노력하는 시도일 것이다.

이런 맥락에서 아도르노의 "주체로의 전환"(Adorno, 1971a/홍은영 역, 2021: 32)은 아도르노의 이론과 교육 과업 간의 관련성을 확인하고자 하는 교육학자들이 적극적으로 수용하고 많이 인용하고 있는 표현이다.[8] "주체로의 전환"이라는 말은 아도르노가 이미 1959년 『과거를 처리하는 것은 무엇을 의미하는가』 제목의 라디오 강연에서 확인할 수 있다(Adorno, 1971a/홍은영 역, 2021: 32). 이때 주체로의 전환이라는 용어는 반유대주의에 대항하는 문맥에서 드러난다. 이와 관련하여 아도르노는 "주체는 그들 자신 안에서 인종적 편견을 야기하는 기제를 의식화해야 할 것이다. 계몽으로서 과거의 처리는 본질적으로 주체로의 전환이고, 주체의 자의식과 함께 자아를 강화하는 것이다"라고 말한다(Adorno, 1971a/홍은영 역, 2021: 32).

그러나 아도르노가 말하는 "주체로의 전환"은 많은 이들이 다소 성급하게 추론해내는 것과 달리, 교육의 본질적 한계를 성찰하는 전환으로 해석할 수 있고, 이러한 전환은 부정적으로 규정된다. 그 이유는 아우슈비츠를 배태한 객관적 사회적 조건을 바꿀 수 있는 가능성이 "극도로 제한되어 있기 때문"이다(Adorno, 1971a/홍은영 역, 2021: 109).[9] 그래서 "아우슈비츠의 반복을 막으려는 시도는 필연적으로 주관적 측면으로 밀려나게 되었다" (Adorno, 1971a/홍은영 역, 2021: 109). 1961년 열린 아이히만(Adolf Eichmann) 전범 재판, 1963년 아우슈비츠 수용소 관계자들에 대한 재판 계기와 경제 부흥을 앞세워, 전후시대의 독일 사회는 전쟁에 대한 죄책감을 잊으려고 하고 부담스러운 과거의 경험을 지우려는 경향이 뚜렷하였다. 제1차 세계대전이 끝나고 바이마르공화국 시대 사회의 재건 속에서 자라났던 파시즘의 권위주의적 속성이 드러난 아우슈비츠를 '지나간' 과거로 여기는 태도 (이병진, 2020: 101)는 아도르노에게 체념한 주관적 측면으로의 전향을 유발하였다. 이런 점에서 주체로의 전환은 교육의 어려움에서 제기된 잠정적인 요청의 성격을 갖는다고 볼 수 있다. 이런 이유에서 아도르노 이론에서 주체로의 전환에 관한 해석은 구체적인 교육 모델과 실천적 교육 프로그램을 제시하는 것에 적절하지 않다고 볼 수 있다. 교육의 한계를 이해하려는 아도르노에게 중요한 것은 우선 가해자로의 전향에 초점을 두었다는 사실이다.[10] 사람들이 이러한 행동을 할 수 있게 만든 메커니즘에 집중해야 한다는 것이다.

아도르노의 이론에서 돋보이는 점은 사회적 총체성의 맥락에서 가해자 집단의 성격을 파악하기 위해 오이겐 코곤(Eugen Kogon)이 분석한

"SS(Schutzstaffel, 나치 친위대) 국가"의 맥락에서 시작하여(Adorno, 1971a/홍은영 역, 2021: 114), 말살 정책 현장에서 발생한 나치 범죄를 기억하고, 동참하는 것(Mitmachen)을 장려하고 가해자를 잔인하게 만드는 기제가 어떻게 생겨나고 고착되는지를 분석하고 그것을 현재화하고 있다는 점이다. 아도르노에게 핵심은 집단과 맹목적으로 동일시하려는 경향에 관한 분석에 관한 것이다. 아도르노는 가해자가 범죄를 저지르는 성향과 나치즘의 과거를 선호하는 사회적 요인과 『권위주의적 성격』(1950)에 대한 사회심리학적 분석을 교육적 맥락과 연결함으로써 논의를 확장하고 있다.[11] 이때 아도르노는 새로운 유형의 권위주의적 성격을 "조작적 성격"(Adorno, 1971a/홍은영 역, 2021: 118)으로 명명하고 "물화된 의식"(Adorno, 1971a/홍은영 역, 2021: 120)의 전형을 섬세하게 조명해준다. "먼저 조작적 성격이 어떻게 구성되는지에 대해 명확히 밝힌 다음, 조건의 변화를 통해 조작적 성격의 발생을 저지하는 것이 중요하다"(Adorno, 1971a/홍은영 역, 2021: 119).

이러한 유형에 대해 아도르노는 "차가움"(Kälte)이라는 용어를 들어 부르주아 자본주의 사회의 상태를 설명한 바 있다. "모든 다른 사람의 이익에 반대하여 자기 이익을 추구"하고(Adorno, 1971a/홍은영 역, 2021: 122) 타인의 아픔에 무감각해지는 차가움은 아도르노에게 대량 학살이 작동하는 데 가장 중요한 심리적 조건을 나타내고 "동일시로의 무능력"(Adorno, 1971a/홍은영 역, 2021: 123)을 낳고 있다. 이것은 괴물로 묘사되는 가해자가 지극히 평범한 시민과 크게 다르지 않다는 것을 보여준다. 차가움은 아도르노에게 부르주아 사회의 근본 원리이다. 아도르노에 의하면, 부르주아 자본주의 사회에서 살아가고자 하는 사람은 "부르주아 주체성의 근본 원리"(Adorno, 1966: 354)인 차가움이 필요하다. 그는 아우슈비츠 이후 생존자가 처해 있는 상황과 관련하여 "아우슈비츠 이후에도 살아갈 수 있는가"(Adorno, 1966: 353)라고 묻고 차가움의 원리를 이 삶을 지속시키는 조건으로 본다. 부르주아적 차가움의 원리에 대한 아도르노의 표현은 차가움의 대가를 치르고서만이 살아갈 수 있는 생존자의 자기 성찰에서 비롯된다.

대량 학살의 사회심리적 원인에 대한 아도르노의 분석은 아우슈비츠 교육 담론에서 구체적인 사회 변화를 위해 필요한 어떤 확실한 지침을 제공하고 대안 프로그램에 대한 교육적 참여를 촉진하였다. 그러나 아도르노는 실천 강박에 사로잡혀 이상적인 사회를 제시하고 미래에 대한 환상을 심어주는 사회비판에 대한 구체적인 프로그램과 행동지침을 제시하는 길을 막는다. 여기서 궁극적인 대안을 제시하지 않는다는 것은 현실을 초월하거나 이상적인 사회를 제시하지 않겠다는 것을 뜻한다. 그의 이러한 견해는 사랑을 설교하지도 않을뿐더러 더 많은 따스함을 설파하지 않는다는 점에서 파악할 수 있다(Adorno, 1971a/홍은영 역, 2021: 123-124). 그런 점에서 진정한 삶과 화해된 세계가 가능하다는 "순진한 교육낙관주의"(Meseth, 2001: 20)는 아도르노의 철학과 그의 라디오 강연의 전체 내용에 적절하지 않는 해석으로 볼 수 있다.

이상의 논의를 통해 한 가지 분명한 것은 교육 프로그램과 실천을 통해 세계를 변화시키겠다는 입장은 아우슈비츠를 산출하고 지속시키는 사회적 조건의 변화 가능성에 관한 아도르노의 비관주의와 거리가 멀다는 것이다. 그러나 이성적인 사회의 건설을 목적으로 하는 교육의 희망은 주관적인 측면으로 격하되어 사회적 조건을 바꿀 수 없지만, 그럼에도 교육 행위가 필요한 맥락에 포함되어 있다. 아도르노에 따르면, 모든 교육 행위는 '아우슈비츠 이후'에 행해지기 때문에, 절망적이며 진보와 이성에 대한 근본적인 회의를 불러일으킨다. 이것은 아우슈비츠 이후 교육활동의 일정한 성과 속에 담긴 실패의 전조들을 예민하게 감지하는 의식에서 이뤄지는 교육을 함의하기도 하는 것이다. 아도르노가 아우슈비츠 이후의 교육에서 던지고 있는 문제도 바로 이것이다. 교육은 아우슈비츠와 같은 일어난 일을 교육적으로 극복할 수 없고 단지 일어난 일과 자기반성적으로 관련을 맺도록 안내할 수 있기 때문이다.

Ⅲ. '아우슈비츠 이후' 유토피아적 교육 실천의 한계

앞서 언급한 바와 같이, 인간성 말살의 역사적 상징이자 반인륜적 행위의 대명사로서 아우슈비츠라는 말은 아우슈비츠 용어 자체를 넘어서 사회적 상태의 변혁을 추구하는 실천에 대한 경계를 설정하는 말이기도 하다. 아도르노의 철학에서 실천 개념은 근본적 변혁을 위한 혁명적 실천을 의미한다(Türcke, 1990: 50-51). 실천(Praxis) 개념은 특정한 상황 속에서 수행되는 인간 행위(한상원, 2020: 236)를 뜻하며, 주어진 사회적 조건 하에서 규제적 이념으로 "선을 추구하는 가치지향적 성격"을 갖는다(박은주·곽덕주, 2016: 12). 인간다운 세계를 향해 노력하는 실천적 행위에 자기규정적 이성과 이성적 자율성이 반영되어 있다는 것이다(Rademacher, 1996: 123). 이런 의미에서 혁명적 실천에는 구체적 조건과 맥락을 추상한 실천의 유토피아적 성격, 즉 도덕과 행복이 함께 실현되는 삶의 이상과 사회의 변화가능성을 추구하고자 하는 희망 그리고 완전히 포기할 수 없는 유토피아적 계기가 내포되어 있음을 알 수 있다.

그러나 아도르노에게 '관리되는 세계'에서 기존 사회에 부정적으로 관련하지 않고 이미 성취된 것처럼 유토피아의 미래상을 선전하는 실천은 현실을 회피하고 유토피아로의 도주로 파악된다. "좀 더 고귀한 상태를 미리 구상해보는"(Adorno, 1951/김유동 역, 2005: 66) 유토피아적 전망은 아도르노에게 '올바른 삶', 즉 억압이 없는 상태와 참된 전체성을 희화화한 것에 불과하다. 왜냐하면 현실과의 화해와 행복이 실현될 것이라고 약속하는 유토피아의 이념은 '잘못된' 현실에서 이데올로기로 작용하고 있기 때문이다(이종하, 2012: 171). 실현되어야만 하는 더 나은 상태로의 총체적 변화를 이미 설계하는 실천은 현 상태에 대한 급진적 문제제기를 하기보다, 아우슈비츠 이후의 현재적 상태에 대한 규정에서 벗어나기 때문이다. 아도르노는 아우슈비츠를 가능하게 한 사회구조가 존재하는 한, 그 조건에서 벗어나 아름다움이나 위안을 주는 것들에 기대는 태도를 거부한다.[12] 그렇다고 그는 사회의 총체적인 변화 가능성을 거부하는 것은 아니다. 아도르노의 유토피아 이해는 "유토피아의 긍정적 표현의 불가능성에 대한 통찰과 유토피아의 불가결성을 결합시킨다"(Rademacher, 1996: 113).

또 다른 문제로 지적될 수 있는 것은 아우슈비츠를 초래한 사회적 상태를 극복했다고, 즉 어두운 과거를 종결지었다고 상정하는 현재에 대한 표상으로 이데올로기이다. 동시에 아우슈비츠와 관련한 모든 것으로부터의 해방의 요청은 진실이다. 그것의 이데올로기적 비진실은 이러한 요청이 이미 실현되었다고 독선적으로 확신할 때 나타난다. "이데올로기 비판적 절차로서 특정한 부정은 이데올로기에서 무엇이 옳고 잘못된 것인지를 의식하게 한다. 특정한 부정이 비진리를 특정하게 부정하면서 진실의 내용을 자기 것으로 한다"(Rademacher, 1996: 121). '거짓 전체'인 기존 현실에서 벗어난 교육 구상은 잘못된 목적에 사용될 위험이 있다. 다른 말로 '아우슈비츠 이후' 왜곡된 실천에 대해 신랄하게 비판하는 부분은 잘못된 현실을 추상적으로 부정하는 실천 자체를 겨냥한다. 아도르노의 비판 이론은 왜 그리고 어떤 실천 형태가 부정될 수 있는지를 밝히는 데 집중하고, 실제 현실에서 이루어지는 실천 형태에 대한 비판을 담고 있다. 즉 현실의 허위성을 구체적으로 발견해 나가는 특정한 부정을 그 특징으로 하고 있다. 물론 아도르노는 실천의 필요성을 단순히 부인하지 않는 입장을 취한다. 중요한 점은 이론을 실현시키고자 하는 '실천적 유토피아'는 기존의 것에 대한 비판으로만 구현될 수 있다는 것이다. 현 사태의 변화가능성에 대한 회의적 전망에 대한 아도르노의 입장에서 유토피아적 사유는 "기존의 것과의 차이"(Adorno, 1966: 306)에 의해 좌우된다. 이런 점에서 아우슈비츠 이후 실천에서 행위자들은 더 이상 무엇이 옳은지 확신할 수 없고, 다만 무엇이 잘못된 것인지는 더 많이 알게 된다. 이처럼 "아우슈비츠 이후 교육"은 시대의 상황을 철저하게 반영해야 한다(이종하, 2012: 169).

이런 의미에서 아우슈비츠 이후 교육은 유토피아적 교육 실천이자 '아포리아적인' 핵심, 즉 교육의 한계를 지시하는 것으로 볼 수 있다. 이와 같은 아도르노의 견해와 관련하여 한 가지 주목할 점이 있다. 그것은 현재 이루어지고 있는 교육 정책과 교육 문화는 비록 왜곡되었지만, 교육 정책과 문화를 교육적 실천에 필요한 맥락이자 해결할 수 없는 문제를 동반할 수밖에 없는 실천의 난제 혹은 아포리아로 읽어내야 한다는 것이다. 아도르노는 인류사에서 문화와 교육이 역사적으로 실패한 사실에서 교육의 자기비판과 자기반성을 위한 중대한 계기를 보았다. 교육 실천은 스스로를 가차없이 비판하는 비판적 실천으로만 표상될 수 있다. 이렇듯 인간다운 세계가 창출되리라는 교육의 약속이 실패로 돌아간 사실에 대한 부정적 인식은 유토피아적 실천에 대한 체념을 의미하기보다, 유토피아적 교육 실천의 조건에 대한 지속적인 반성을 의미한다.

아우슈비츠 이후 유토피아적 실천은 과거를 기억하는 맥락에 따라 자기반성적으로 이루어질 때 보다 의미있게 전개될 수 있을 것이다. 이와 관련하여 부정의 기억담론은 어떻게 서사되고 현재화하고 매개되고 있는가라는 질문을 던질 수 있다. 여기서 말하는 자기반성은 이론적 성찰을 뜻하는데, 그 이유는 이론 없이 실천은 존재할 수 없기 때문이다. 이것은 단순히 이론 주도 실천에 관한 것이 아니라, 실천과 이론의 상호성 관계에 관한 것이다.[13] 아도르노가 보기에 이론적 작업에서 "개념은 자신의 지시대상과 결합되어 있다"(이병탁, 2008: 276). 아도르노에 따르면, 이론과 실천은 직접적으로 하나이지도 않고 그렇다고 어느 한쪽을 절대시하는 하는 것도 아닌 상호연관 속에서만 존재한다. 요컨대, 이론과 실천은 적대적 대립물이 아니라 서로 매개되어 있는 것이다.[14] 이론은 실천이 아우슈비츠라는 일어난 사건의 차원에 비추어 결코 적절하게 이루어질 수 없음을 부단히 성찰하고, 실천은 이론에 의해 매개되어 있다. 이론은 고통과 욕구로 점철된 실천에 근거하고 있다. 실천에는 실천 활동을 반성하고 검토할 수 있도록 하는 지식과 그 지식이 변질되어 작용하는 '잘못된' 신념이나 사고가 들어있다. 그러한 지식은 실천 활동으로 생겨난 결과물이기도 하다는 점에서 실천은 이론과 매개되어 있다. 또한 이론을 통해 실천은 일정 부분 대상과 현상을 드러내고 현상/대상은 구체적인 어떤 것이 될 수 있다. 이론은 사회적 관련성, 즉 이론의 실천적 내용에 비추어 검토되어야 한다. 이것은 특정한 사회적 상황에서 이론의 도구화에 경계해야(이병진, 2020: 107)하고, 변해가는 삶의 상황과 맥락 안에서 이론의 내용과 개념의 의미 또한 변화함을 강조하는 것으로 해석할 수 있다. 또한 일어난 사건에 대한 언급은 실천을 촉구하고, 야만에서 벗어나기 위한 노력과 일어난 사건에 대한 이론적 성찰의 중요성을 말한다고 받아들일 수 있다.

아도르노는 그의 생존에 출판되지 않았던 "이론과 실천에 대한 주석"이라는 제목의 글에서 학문이 경영이 되어버린 현상과, 그가 독일 학생운동에 참여하지 않은 것에 대한 비난에 대해 비판적 입장을 견지한다. 아도르노에 의하면 "이론과 실천의 통일이 갖는 진리 내용은 역사적 조건과 밀접하게 관련되어 있었다"(Adorno, 2020b: 766). 또한 그는 이론과 실천이 서로 철저하게 분리된다거나 양자를 절대화하여 이해하려는 입장에 반대한다. 아도르노는 이론적 구상의 의미에서 사유 자체를 하나의 실천 활동으로 이해하고 있다. 그런 점에서 이론은 그저 현실로부터 추상화된 관념이나 순수한 사변이 아니며, 실천은 단순히 현실적인 생활이나 이론 적용의 차원으로 제한해서 이해해서는 안 된다.

한편, 아도르노에 따르면 이론과 실천의 분리는 진보적인 계기를 가지고 있다. 이것은 이론과 실천의 완결된 통일성(일치)을 이루어냈다고 믿는 태도, 즉 이론을 곧바로 실천과 동일시하려는 것은 언제나 비밀리에 사회적 경향에 의해 점유되어 있다는 데서 기인한다. 아도르노의 역사철학적 관점에 의하면, 이론과 실천의 흠없는 일치라는 기치 아래 세계를 성급하게 변화시키겠다는 구동구권의 정치적 실천은 세계를 해석만 한다고 간주하는 이론 일반을 비방하면서 비판적 사유의 잠재적 가능성을 제거하려는 속셈에 불과했다는 것이다(이병진, 2001: 142). 이론에 대한 실천의 우위를 주장함으로써 기존 현실을 옹호하는 데 유리하게 작용하는 교육 현상을 그 예로 들 수 있다. 가령, 교육이론을 교육현실과 동떨어진 추상적인 관념으로 치부하여 교육의 본질에 대한 깊은 사유를 등한시한 채, 교육의 실천에 선택의 여지가 없는 것처럼 보이는 시대적 경향성이 나타나고 있다(정영근, 2007: 217). 인류의 행복과 개인의 구제라는 목표를 향해 나아가는 실천 자체가 도리어 독단이 지배하고 주어진 현실의 권력의 일부가 되어버렸다는 것이다. 이런 점에서 이론과 실천의 긴밀한 상호관계에 관한 아도르노의 시각은 오늘날의 교육현실을 돌아볼때 더욱 중요한 의미를 갖는다. 아도르노가 보기에 이론은 말살되고 적어도 정치적 실천의 여지가 남아 있지 않다(김유동, 1996: 336). 이러한 아포리아적 상황으로 인해 그는 『부정변증법』과 『미니아 모랄리아』에서 모든 비판적 지식인이 스스로 발견하게 되는 딜레마에 대해 고찰하고 "정신의 행복"(Adorno, 1966: 240)과 개인의 실천의 한계에 주목한다. 이와 관련하여 아도르노는 사회적 생산 과정에서 "특권에 대한 비판이 특권이 된다"라고 언급한다(Adorno, 1966: 49).

한편, 이론은 사회적 상황에서 연유하고 기존의 것에 얽매인 행위와 거리를 두게 된다. 이러한 이론은 자립성을 갖게 되고 "변혁하는 실천적 생산력", 즉 실천의 일부가 되어 정치적 실천으로 전도된다는 것을 의미한다(Adorno, 2020b: 765). 왜냐하면 기존 상황에 대해 성찰하는 과정에서 이미 "상황의 강제"(Adorno, 2020b: 765)를 넘어설 수 있는 계기가 드러나기 때문이다. 그런 점에서 "사유는 하나의 행위(Tun)이며 이론은 실천의 한 형태"이다(Adorno, 2020b: 761). 반대로 사회적 상태의 재생산을 실제로 극복하고자 하는 실천은 역사의 진행과정에서 나타나는 모순에 대한 통찰력을 보여주기 때문에 이론의 형태로 볼 수 있다. 따라서 아도르노에게 "이론과 실천의 관계에 대해 예측할 수 없는 연관성"(Adorno, 2020b: 765)은 사회적 상황에 대한 분석에서 인식할 수 있다.

지금까지 논의한 바를 요약하자면, 아우슈비츠 이후 사회적 상태에 대한 아도르노의 성찰로부터 이론을 구체적인 실제로 곧바로 옮기려는 시도는 앞서 설명한 이론-실천 관계에서 내재적으로 부서져야 한다. 이러한 주장을 감안하면 무엇보다 교육의 실천적 구상은 자신의 실패에 대면해야 한다. 모든 실천에 이론적으로 그 정당성을 확보해야 한다는 통찰이 중요하고, 이것은 다시 말해 이론이 언제나 비판에 열려 있음을 의미한다. 실천의 반성은 실천이 이론(개념 구상)과 매개되어 있다는 사실에 대해 성찰하는 것을 의미한다. 또한 이론은 자신의 실천적 측면을, 즉 실천관련성(사회)에 비추어 검토해야 한다. 다음 장에서는 아도르노의 동일성 비판과 메체릴(Paul Mecheril)의 "인종주의 비판(Rassismuskritik)" 관점을 살펴봄으로써 현재의 부정적 사회 현실(현실의 지배관계)에서 교사교육이 그릇된 기존 현실을 긍정하는 측면을 고찰하고자 한다. 앞서 언급한 두 관점은 현실에서 자신의 이론적 구상과 실천 자체의 균열을 지속적으로 성찰하는 내재적 비판의 흔적 위에서 진동하는 것으로 특징지을 수 있다.

Ⅳ. 동일성 비판과 인종주의 비판에 기초한 다문화교사교육

학교나 대학 혹은 기타 교육 기관과 사회단체에서 인종주의 주제를 다루는 사람은 자신과 타자가 위계적으로 배치되고 타자를 연구 대상으로 삼는 사회적 정상성의 규범에 직면하게 된다. 인종주의는 차별이 발생하는 기제와 해석의 체계로 사회의 모든 차원에서 발견되고 공동의 사회적 삶에 커다란 영향을 미치는 정상성으로 받아들여지고 있다. 사회적 정상성은 국민국가 질서와 구조에서 발견되거나 기관의 조직 구조에서 발견된다. 개인들은 구조적, 제도적, 개인적 차원에서 인종주의에 의해 관통되는 공간에서 행위하고 그 안에서 인종주의적 지식 체계에 입각한 담론과 실천에 의해 영향을 받고 있다. 개인과 사회 집단은 다양한 정도로 인종주의 구조, 담론과 실천에 얽혀 있고 인종주의 재생산에 관여하고 있다. 여기서 인종주의란 피부색, 혈통, 출신과 문화에 따른 불평등 문제를 탐구하는 분석 개념으로 파악된다. 다시 말해, 매우 긴 역사에 걸친 구조적 폭력의 양상을 띠고 여전히 재생산되고 있는 인종주의는 단순히 개인적 편견을 의미하기보다, 특정 정체성이나 집단이 이주 사회에 귀속되거나 귀속되지 않는 사회질서를 지각하는 데 영향을 미치는 사회 구조와 담론적 실천을 뜻한다(Hall, 2000: 14).

학교나 대학과 같은 교육기관에서 전수되는 지식은 특히 이주 사회의 맥락에서 강력한 권력효과를 가진 지식이 되었다고 할 수 있다. 가령, 예비교원과 현직교사의 다문화 역량을 배양하는 교사교육의 대상으로 '예비교원'은 암묵적으로 내국인을 가정하고, 교육봉사 및 프로그램의 '대상'으로 '한국어와 기초학습'이 부진하다고 설명되는 '다문화가정 자녀 혹은 학생'으로 호명되고 있다. 주체 자신이 투사한 추상적인 개념에 대상을 끼워 맞추는 동일성 사유에 기반하여 주체의 관점에서 대상을 개념화하는 사유와 실천이 수행되고 있음을 인식할 수 있다(이병진, 2020: 87). 이 맥락에서 강조할 점은 차이 개념은 언제나 자기 자신의 정체성에 대한 진술도 역시 함축적으로 내포하고 있다는 것이다. 이런 사실을 염두에 둘 때, 이주민의 삶과 다문화 사회를 서술하는 것 자체는 개념으로 이루어지는 동일화를 의미하고, 이렇게 동일시하는 실천은 자신이 속한, 그러나 결코 속할 수 없는 장소에서 인종적, 국가적 문화적 타자로 소외를 겪는 타자에 대해 말하는 사람들의 확신하는 태도를 보여주고 있다. 왜냐하면 다문화 담론에서 무엇이 다르고, 통합될 수 없는지 그리고 타자가 적응해야 하는 것이 무엇인지가 분명해 보이기 때문이다. 민족으로 고양되는 정체성이 동질화되면서 차이는 규정되고 있다. 동시에 현대사회의 특징적 양상인 역동성의 측면은 축소되고 기존 사회질서로의 통합과 적응이 요구되고 있다. 초기 비판이론의 관점에서 보면, 바로 그러한 내적 모순(다원화된 현대 사회에서 난민, 이주민/내국인의 경계가 허물어지고 동시에 정체성을 고정된 것으로 만드는 '국민화' 폭력이 존재하는 현상)을 은폐하는 것은 현실 및 사유의 모든 개념적 분석의 근본 문제로 검토될 수 있다.

아도르노 철학의 전체 내용의 근저에는 이론 정립 자체의 인식 방법과 개념의 타당성에 대한 지속적인 의심이 놓여 있다고 할 수 있다. 이와 관련하여 아도르노는 "사유한다는 것은 동일시하는 것이다"라고 말한 바 있다(Adorno, 1966: 15). 사유는 객관적으로 존재하는 것을 추상적 개념으로 고정시키고 규정한다. 바로 이것이 비판 이론가에게 문제가 된다. 아도르노는 객체에 대한 개념적 규정에 대해 급진적으로 고찰하였고 그것을 어떤 것에 관한 모든 학문적 말하기와 연계하고 있다. 우리에게 다가오는 낯선 것과 혼돈스러운 경험은 개념을 통해 그 의미가 고정되고, 우리는 더이상 낯선 것에 대해 불안해하지 않는다(이병탁, 2008: 284). "질적으로 상이한 것"의 위상에 대한 물음은 "모든 모순의 징표"를 지니고 총체화의 의심을 품는 사유의 동기가 되었다(Adorno, 1966: 15).[15] "사유하는 것에 대해 저지른 자신의 죄"(Adorno, 1966: 15)라는 아도르노의 표현은 자연대상을 포착하는 인식적 태도 자체가 실천의 일부(정진범, 2016: 80)이자 "사유의 불가피한 불충분함"을 강조하는 것으로 해석할 수 있다(Adorno, 1966: 15). 요컨대, 아도르노의 논의의 일관된 주제는 타자 곧 객체 내지 사회에 대한 모든 접근방식 자체에 대한 근본적인 회의라고 할 수 있다. 이러한 아도르노의 인식 태도는 이주를 연구대상으로 삼고 경험적 검증을 통해 이주 현상을 사회과학적으로 파악하는 최근의 많은 연구들과 다른 노선을 취하고 있다. 연구대상을 바라보는 주체가 자신의 사유를 절대적인 것으로 오인하지 않고 그것에 대해 비판적으로 반성한다는 점에서 그렇다.

연구자가 보기에 예컨대 대부분의 '다문화 혹은 타문화 이해'라는 강좌에서 타자에 대해 지나치게 확신에 찬 지식이 전달되고 재생산되고 있다.

앞서 주체와 객체의 관계에 대한 설명에서 확인한 바와 같이, 이주나 다문화 주제에 대한 이러한 접근방식은 주체와 객체[16]의 상호성 관계에 대한 성찰을 회피하고 있다고 생각한다. 객체는 하나의 개념으로 완전히 환원하거나 물화될 수 없고 규정될 수 없다. 즉 인간 삶과 관계하는 특수하고 개별적인 객체는 미리 파악된 개념에 의해 전적으로 규정되지 않는다. 자연 대상에 대하여 인간 정신이 스스로를 절대화하는 경향을 갖고 주체와 객체의 상호 매개를 도외시할 경우, 즉 이들을 서로 분리된 것으로 파악하는 한, 객체를 필연적으로 물화시키게 된다.[17] 객체를 정확히 동일한 방식으로 표현한다고 여기는 인식 태도는 개념을 비개념적인 요소와 객체와 관련하지 않고, 개념을 개념으로 확립하는(이병탁, 2008: 289) 것으로 이어진다. 이를 통해 주체는 계속해서 자신이 인식하고 관찰하고자 하는 대상과 분리할 수 있다. 이러한 분리에 대해 주체는 의식하지 않은 채 자신을 대상에서 분리된 것으로 간주한다. 여기서 간과하지 말아야 할 것은 주체 스스로가 한편으로는 대상에 대한 접근에 영향을 미치는 경화된 사회적 관계에 빠져 있다는 점이다(이병진, 2001: 144).

이처럼 "주체와 객체의 조잡한 대립"에서 아도르노는 이미 "물화의 일부"인 "잘못된 추상화의 산물"을 본다(Adorno, 2020a: 746). 기존 상황과 거리를 둔 공상적인 사유와 인식태도에 이미 물화가 들어 있다. 물화에 대한 비판은 자신의 인식론 자체도 그 의도가 왜곡되거나 물화하는 과정에 빠질 수 있다는 것에 대해 경계해야 한다는 말로 설명될 수 있다(이병탁, 2008: 278). 이런 점에서 비판을 요청하는 연구는 주체로 하여금 자신이 지니고 있는 사유의 한계, 즉 사유 그 자체에 제약성이 있다는 것을 깨닫게 해주고 멈춰 있던 자기 부정의 힘을 회복하게 해주어 개념의 고정화를 무너뜨릴 수 있을 것이다. 중요한 것은 어떤 식의 정의나 사회 이론 연구 자체도 자신들이 이해하고 비판하려 시도했던 사회와 별개가 아니며 주제와 대상을 어떻게 접근하고 다루어야 할 것인가의 문제이다.

이렇듯, 주체와 객체에 대한 아도르노의 이론적 성찰에서 객체(실제 경험적 세계)는 결코 어떤 것을 관찰하고 사유하고 실행하는 개인(주체) 외부에 위치하지 않는다. 다시 말해 주체와 객체는 배타적으로 분리된 것이 아니며 주체는 순수 자율적 주체성으로 독립해 있지 않다. 인식 행위의 바로 이러한 정향성은 주체를 근거로 모든 것을 설명하고 파악하려는 '동일성 사유'에 대한 지속적인 의심을 불러일으킨다(김유동, 1996: 345). 주체와 객체의 상호 얽혀있음의 관계에 대한 언급은 개별적인 객체가 지닌 특수한 성질을 온전히 드러내지 못하고 대상/현실/사물을 적절하게 기술하고 있는가 하는 부단한 성찰을 촉구한다. "주체는 일단 객체에서 근본적으로 분리되면 이미 대상을 자신으로 환원시킨다. 주체는 주체 자체가 어떻게 구성되고 있는지를 잊어버리고 객체를 삼켜버린다"(Adorno, 2020a: 742).

예를 들어 이주민에게 항상 결핍의 관점이 전제되고 차이는 '문화(적) 다양성'이라는 말로 규정되고 있다. 즉, 특정 속성으로 결코 환원되지 않고 확정짓고 소유할 수 없는 개별자를 문화다양성이라는 하나의 추상적 개념으로 고정시키고 현실을 재단하고 있다. 또한 어떤 사람이 난민이므로 그의 삶은 '난민'을 통해서만 이해될 수 있다는 가정은 누군가의 존재는 특정한 정체성을 통해서만 인식될 수 있다는 생각을 은연중에 내포하고 있고 개개인의 고유성을 '난민' 정체성으로 축소시키고 있다는 점에서 위험하다(미류, 2020: 322-323). 내가 나로서 존재할 수 있는 자유는 박탈된다. 결국 여기에 기득권자가 아웃사이더에 대해 말하거나, 다수사회가 소수자에 대해 말하는 힘의 역학이 작동되고, 이것은 현실 담론에 작용하는 강력한 동일화의 구조를 보여준다. 한편, 아도르노의 철학에서 주체와 객체의 관계는 여전히 모순적이다. 사유는 잠재적으로 주권적 주체가 모든 것에 가한 물화가 한낱 허구에 불과한 것임을 인식할 수 있게 해주기 때문이다 (Adorno, 2020a: 754).

객관성을 산출하는 범주적 규정(문화, 성별, 계급, 나이, 종교, 인종 등)을 무비판적으로 사용하는 것은 아도르노가 '아우슈비츠 이후' 요청한 반성을 중단시키고 있다. 우리와 그들을 나누는 경계는 어디일까? 사회적 '우리'에 속하지 않아 애초에 집단으로 만들어지는 사람들에 대한 경계 짓기는 개인들을 구분 짓는 실천을 통해 이루어진다. 이주노동자, 이주배경 아동과 청소년은 균일한 존재가 아님에도, 기대된 '우리'라는 집단과 상상의 혹은 실제의 '저들' 사이의 경계선이 그어져 범주(예컨대 '다문화 가정 자녀', '외국인 자녀 중도입국학생', '국내출생', '중도입국', '다문화 학생', '난민')로 뭉뚱그려진다. 범주화를 통해 차별을 겪는 사람들을 공감한다는 접근방식은 자기만족에 그치기 쉽고 타자를 문제화(예를 들어 이주민을 불법단속과 연결지어 범죄 집단으로 단순화한 채 묘사하는 것)하는 데 관여할 수 있다. 그러나 특정 개인이나 집단의 범주적 규정은 역설적으로 교사교육에서 접하게 되는 이론적 지식과 지배 담론에 대해 비판적으로 성찰할 수 있는 기회를 제공하기도 한다. 이것은 타자를 문제화하는 관점에서 타자를 동일시하는 과정 자체, 즉 타자화의 문제로 논점을 이동한다는 것을 의미한다. 교육자들은 자신이 비판하는 총체성 밖이 아니라 그 담론 안에 매여 있다. 이런 맥락에서 연구자는 '우리'와 '우리가 아닌 그들'이라는 구상이 갖는 권력 효과에 대해 교사의 비판적 통찰력을 키우고 타인의 세계를 섬세하게 살피는 일을 비판적 교사교육의 과제라고 생각한다.

따라서 이주 사회에서 교사들이 이질성을 대할 때 유의해야 하는 것은 자신에게 익숙해진 세계관(예를 들어 '다름'에 대해 이국적으로 묘사하는 담론)을 무비판적으로 받아들여 정체성을 고정된 것으로 만드는 권력에 연루될 수 있다는 사실이다. 동질적 국민 정체성은 더 이상 사회적 소속과 참여를 위한 조건으로 간주해서는 안 된다. 정체성 담론은 정체성에 따른 차별에 대한 복합적인 성찰을 필요로 한다. 이런 시각에서 반성적 교사교육에 있어 중요한 점은 교육 정책을 통해 이주민과 난민아동을 기존 사회질서로 통합하는 것보다, 소속질서가 어떻게 구조화되고 그 질서에 따라 이주민과 난민이 특정 사회적 위치(예컨대 혐오의 표적이 되는 집단이나 개인에게 위험한, 문란한, 게으른, 미성숙한 등과 같은 부정적 특질을 부착시키는 사회에서, 차별을 겪는 사람들은 자신이 어떤 사람인지를 끊임없이 해명해야 하는 위치에 놓이게 되는 사회적 지배 상태)로 배치되고(미류, 2020: 322) 그것이 교육 행위와 (예비)교사의 자아상에 어떤 영향을 미치는가에 대한 민감성을 배양하는 것이다. 이런 관점에서 교사교육은 차이에 대한 이론적 지식을 맥락화하는 성찰적 실천을 발전시킬 필요가 있다(Kalpaka, 2015: 308).

교육 현장에서 인종주의는 주로 개인적 차원에서 존재하는 것으로 접근하고 있다는 점에서 문제적이다. 사람을 구분지어 집단으로 분류하는 것은 특정 사회 집단에 특질을 부여하고 위계적인 평가를 하는 가운데 특정 이미지를 만들어내는 것과 관련된다. 이를 통해 인종주의는 마치 자연스러운 것으로 표상되어 그리 해롭지 않은 것으로 여겨질 소지가 있다. 역사적 담론 과정에서 특정 집단에 대한 사회적 구성은 특정한 정체성을 특정한 위치로 배치하는 데 작용하였다. 인종주의는 언제나 권력관계, 자원으로의 접근, 구분하는 가능성의 공간과 밀접한 관련을 갖고 헤게모니 구조를 정당화하는 역할을 한다. 시장경제의 보편화 경향과 불가분한 보편주의 이데올로기는 민족주의나 인종주의와 같은 배제와 차별 이데올로기를 강화하고 있다. 인종주의 문제들은 반복되고 변주되며 재생산되고 있다.

이런 맥락에서 메체릴은 현대사회의 개인들이 인종주의적 사회질서의 구조 안으로 융화되어 어떠한 출구도 찾을 수 없다고 말한다. 인종주의로부터 주체의 자각으로 나아가는 교육적 통로는 오직 "인종주의 안에서" (Mecheril, 2004: 176ff) 그리고 멈추지 않는 사유의 운동 내에서 발견될 수 있다는 것이다. 인종주의에 맞서는 개념 형성과 해방적, 의식적 실천이 모순을 낳고 실패한 부분이 사유를 작동시키고, 항상 변화하는 상황에 의해 이론은 구상되고 개념 형성 또한 변화하게 된다. 다시 말해 개념의 사용은 변화과정을 겪는다. 일상에서 비판은 대부분 외부로 향하는 행동방식과 표현 형태의 문제화로 이해되는 반면, 인종주의 비판 개념에서 비판 용어는 비판 자체가 인종주의 구조에 구조적으로 연루되어 있음을 드러내는 가운데 내부로부터 이루어지는 비판의 의미를 갖는다. 요컨대, 정상화된 일상적 인종주의에 대항하는 사회적 개입이 인종주의에 반대하는 사람들의 자기반성과 결합된다.

그러나 여기서 분명히 해야 할 사실은 인종주의 구조와 담론에 얽혀 있다는 것은 주체가 상황에 의해 결정된다는 것을 의미하지는 않는다는 점이다. 사회적 담론과 구성은 주체의 작용에 의해 사회역사적 과정에서 변화하고 있다. 주체가 사회적 상황에 완전히 결정되어 있다고 한다면, 이러한 사회 변혁은 설명할 수 없을 것이다. 하나의 범주로 묶일 수 없는 다양한 생각과 경험을 지닌 사람들이 일상을 살아가고 있으며, 정상 기준 바깥에 존재하는 '비정상'으로 규정되어 언제고 추방될 위기에 처한 이주민들은 범주를 단순히 받아들이지 않고 자신의 차별 경험을 토대로 주변적 위치에서 주류 다수가 보지 못하는 것을 통찰하여 지배언어를 생산적으로 바꾸고 저항언어를 새롭게 만들어내고 있다(Ha, K.N., Lauré al-Samarai, N. & Mysorekar, S., 2007 참조). 주변화된 소수자들의 저항적 지식생산과 사회정치적 참여와 개입은 분리가 의도와 전혀 다른 효과를 가져오는 복잡함과 실제 삶의 생생함을 보여주고 있다. 따라서 다문화 시대 시의성 있는 교사교육은 다양한 학생들의 경험을 고려하고 추상이 아닌 현실의 총체적 복잡한 구조와 그 안에 작용하는 불균등한 사회적 관계를 드러내려고 애쓰는 교육이 되어야 할 것이다.

V. 결론 및 시사점

이상에서 본 연구는 아도르노 철학에서 '아우슈비츠 이후'라는 시대 구분이 함의하는 바를 교육이 존재하고 이루어지는 조건과 관련지어 살펴보

왔고, 아우슈비츠를 배태한 사회적 조건하에서, 진정한 삶의 가능성을 찾고자 하는 유토피아 전망의 실현 가능성 자체에 대해서 의구심을 갖는 아도르노의 비관적인 지적 입장을 고찰하였다. 이 고찰 과정에서 연구자는 이론과 실천의 매개된 관계의 관점에서 이론적 비판과 실천에 대한 특정한 부정을 동시에 수행해야 한다고 지적하였다. 모든 형태의 행동주의와 순수 이론에 대한 아도르노의 비판적 견해는 사회현실을 염두에 두었다. 아도르노의 시각에서 초월적인 가치로부터 구원이 도래한다고 믿게 만드는 교사교육은 현실과 유리된 채 절대화하지도 않고 그렇다고 실천이 사회적 총체성이 갖는 차별과 불평등의 일부가 되어 그것을 공고화하는 계기를 경계해야 하는 과제를 부여받게 된다. 본 연구는 동일성 비판과 인종주의 비판 개념에 기대어 교육학 연구와 교육적 실천에서 야기되는 문제들을 다문화교사교육과 연관하여 논의하였다. 인종주의 비판에 기초한 다문화교사교육은 교사 자신이 인종주의 구조에 구조적으로 포섭되어 있음을 끊임없이 성찰하고 자신이 살고 있는 사회의 한 부분임을 자각하도록 촉구하고 있다. 즉, 자기반성적이고 자기비판적 관점이 그 특징이라고 할 수 있겠다. 마지막으로 아우슈비츠 이후의 교육에 관한 아도르노의 성찰과 인종주의 비판이 다문화교사교육에 줄 수 있는 시사점을 제시하면서 논의를 마치고자 한다.

첫째, "아우슈비츠 이후 교육"에 대한 성찰은 교사의 교육활동에 대한 자기 확신의 여지를 열어두지 않고 있다는 점에서 다문화교사교육의 비판적 자기성찰에 던져주는 의미가 매우 크다고 생각한다. 앞서 거듭 강조하였듯이, 아우슈비츠 이후 교육이 교육의 실천적 텍스트로 인식되고 이러한 견해 역시 텍스트의 일부에서 제시되고 있지만, 모든 교육적 실천은 "그 이후"이고 내부의 역사적 균열 이후이다. 아도르노의 관점에서 보면, 교사교육은 현실세계에서 발생하는 자신의 균열을 향해 작업해야 한다. 이런 맥락에서 인종, 계급, 성별 등 그 밖의 차이와 연결된 비대칭적 관계가 어떤 과정을 통해 발생하고 세대로 이어 내려오면서 고착되는가라는 질문을 던질 수 있다. 교사교육은 사회적 총체성 속에서 자신이 차지하는 위치에 대한 성찰이 필요하다. 이렇게 보면, 다문화교사교육은 잘 조화된 교육 관념의 성을 지어 그 안에서 편안하게 안주해서는 안 된다. 그러한 교사교육은 현실에 만연하는 고통과 구조된 폭력성을 너무나 미화할 수 있는 위험성을 가지고 있기 때문이다. 그런 까닭에 우리의 눈과 귀를 가리는 통념의 한계를 넘어서기 위한 노력과 그러한 통념을 정당화하는 교육적, 문화적 지식이 교육행위에 미치는 영향을 바꾸기 위한 시도가 이루어져야 한다.

그러나 연구자는 교사를 양성하는 교직 과정에서 다루는 내용과 실제 그리고 교사의 교직 업무 수행에서 권력 문제에 대한 체계적 반성이 미흡하고 그에 대한 연구 역시 부족하다고 생각한다. 다문화교사교육은 대개 교사 자신이 갖고 있는 '문화적' 편견과 행동, 태도의 변화에 초점이 맞춰져 있다. 동시에 교사가 교직과정에서 획득하게 되는 주체성과 지식은 사회에 작용하는 권력에 조건 지워지고 있다는 사실은 쉽게 도외시되고 있다. 물론 교사교육에서 반성 개념이 교사가 배워야 할 하나의 기술로 여겨지고 학교에서 교육의 실무를 담당하는 교사를 길들이는 지배 담론으로 기능하여 현실에 순응하게 되는 결과를 가져올 수 있다(정윤경, 2013: 144-145). 문제는 반성 개념이 모든 부정성에서 벗어나 교사가 지녀야 할 '올바른 태도'를 암시하는 것으로 기능하고 동시에 비판(부정성)은 점차 사라지고 있다는 것이다. 한 걸음 더 나아가 자기반성의 강조는 직업적 과제를 수행하는 교사의 교육행위에 불가피하게 불확실함과 혼란을 낳을 수 있을 것이다. 그러나 교사의 판단이나 담론과 교육 행위는 항상 그때그때 새롭게 분석될 수 있는 맥락에서 다양한 해석에 열려 있다. 다시 말해, 사유의 운동 속에서만 교육 행위 가능성이 희미하게 드러날 수 있을 것이다. 이렇게 보면, 반성적 성찰에 기반을 둔 불확실성과의 대응은 교사 전문성 중요한 요소로 볼 수 있다.

둘째, 이론과 실천의 변증법적 관계에 대해 성찰하는 일은 교사교육이 예를 들어 '교육 현장성'의 미명하에 강조되는 이론과 실천을 일치시키려는 맹목적인 요구를 지양하고 이론과 실천의 관계를 상호 연관적으로 이해하는 데 시사점을 주고 있다. 이론이나 실천 중 그 어느 것도 절대적인 타당성을 주장할 수 없다. 주체와 객체에 대한 아도르노의 사유에서 이론과 개념은 어떤 완결적이고 긍정적인 지향점으로 나아가는 변증법적 노선을 밟는 것이 아니라 객체의 고유한 질적 가치를 드러내는 것에 주안점을 두고 있다. 다문화교사교육에 있어 요청되는 것은 현실과 타협하지 않는 사유의 긴장을 유지하는 일과, 그 우회의 틈새들 속에서 실재를 마주하고 또 가능성의 조건들이 그 속에 놓이게 될 것임을 포착하는 일이다. 다원화 시대 차이의 존중을 추구하는 교사교육을 위하여 개념화 작업을 완전히 포기하지 않되 타자를 특질과 개념으로 일반화하고 규정하는 개념의 횡포에 경계하고 교사 자신의 물화된 의식을 해체하는 것이 중요하다. 교육적 실천이 이성적으로 근거지워진 이론에 관심을 갖되 이론 내에 담겨 있는 현실의 흔적을 추적하고 개별 사례에 관심을 기울이는 일이 필요할 것이다. 다문화교사교육이 지향해야 하는 것은 강요된 지배에 의해 개념으로 환원한 부분이자 완전히 규정될 수 없는 개별자, 즉 동일화하는 사유로 완전히 용해되어 버리지 않는 비동일성(이병진, 2001: 139-140)을 인식하고 개별자 그대로를 존중해 주는 태도일 것이다. 사회구조적으로 배제되었던 사람들이 자기 자신의 목소리를 가지고 말할 수 있도록 하는 것이 요구된다. 이 맥락에서 헤르바르트(Johann Friedrich Herbart)의 용어를 사용하여 교육학의 과제를 설명하자면, 교육학이 단순히 실천에 함몰되지 않고 타성에 젖은 구태의연한 교육의 수행에 머물러 있지 않으려면, 의식적이고 반성적인 사고가 동반되어야 한다. 그러한 사고가 행위로 드러난 것을 가리켜 헤르바르트는 "예술(Kunst)"이라고 부르고 교육학의 특수한 것으로 "교육적 지혜"(pädagogischer Takt)라는 개념을 제시한다(김창환, 1999: 175). 헤르바르트에 따르면, 교육적 지혜는 실천 과정에서 형성되고, "학문을 통해서 교육 실천을 준비하는 것이 가능하다는 것이다. 즉, 교육을 실천하기 전에 교육자의 오성과 감성을 통해 준비를 할 수 있다"(김창환, 1999: 179). 이론만도 아닌 그렇다고 단순히 실천에 내맡기는 것도 교육학에 최선의 방책이 아니다. 이론은 참된 교육 실천과 교육 상황에서 경험을 가능하게 하는 조건이다. 그래서 교사들이 차별과 인종주의 문제에 대해 갖고 있는 다채로운 생각을 나눌 수 있는 이론적 성찰을 위한 공통의 장소가 마련되어야 할 것이다.

셋째, 아도르노의 동일성 비판과 메체릴의 인종주의 비판의 관점은 교사들이 자신의 생각과 교육 행위에서 애매성과 모순을 좀 더 깊이 있게 이해하는 데 도움을 줄 수 있을 것이다. 인종, 이주와 다문화를 둘러싼 문화정치적 발언에 나타나는 힘의 역학을 파악하고 교사의 직업적 실천 속에 들어 있는 모순을 제대로 읽어내야 하는 과제가 요구된다. 인종주의 비판에 기초한 교육의 실천적 행위는 이 사회에 일상적 인종주의가 있다는 인식에서 출발하여 인종주의를 문제화하는 사람들 자신이 다양한 방식으로 그 일상적 인종주의에 어떤 식으로든 관련되어 있음을 면밀히 인식할 필요가 있다. 또한 인종주의 비판 개념은 교육적 행위의 확연함과 타자상과 자아상에 고정된 이미지를 교란시키면서 당혹감을 야기할 수 있다. 이렇게 보면, 교사를 비롯하여 교육 실천가는 교육 현실의 맥락성과 상황성에 의해 오염되지 않는 순수 교육이상을 더 이상 고수할 수 없다. 전통적으로 교사는 지식 매개의 과제 외에 학생들에게 학생들 하나하나를 차별없이 따뜻이 대하려는 노력과 사회적 가치, 규범과 행위 준칙을 매개하는 모범으로 여겨진다. 교사들은 한편으로 학생들의 협동심을 촉진해야 하고, 다른 한편으로 증대하는 경쟁 위주의 교육제도와 경쟁에 방향을 둔 노동시장을 위해 임무를 완수할 수 있도록 준비시켜야 한다. 교사에게 기대하는 완벽주의(교사에게 요구되는 무한한 도덕심, 교육현장에서 일어나는 일들에 대하여 통제 가능하고 모든 것을 다 해결할 수 있다는 생각과 전문가적인 태도)가 과연 타당한 것인지 질문하고 다른 교육학적 관점은 없는지 생각해야 하는 것이다. 이 맥락에서 강조할 점은 아도르노가 비판한 교육현실이 극복되지 않는 한, 주체의 불완전성과 의존성을 인정하는 것이다. 자율적인 주체는 그것을 구성하게 해준 분기점을 은폐하는 한, 자신이 자율적이라는 환상을 유지할 수 있다. 따라서 교사 자신이 이주 사회의 한 부분으로 파악하고 문화주의에 비판적 거리를 두려는 자세를 견지할 필요가 있다. 교사는 특정 상황에서 명시적으로 또는 암묵적으로 사용하는 사회적 범주와 타자로 물화된 학생들을 바라보는 자신의 시각이 어떤 결과를 초래하는지에 대해 다시 진지하게 고민해야 할 것이다.

넷째, 사회, 제도와 주체의 밀접한 관계에 대한 통찰은 인간의 존엄성과 자유를 지향하고자 하는 교사의 교육 활동을 돌아보게 하고 교사의 책임 의식을 향상시켜 줄 수 있을 것이다(Seyss-Inquart, 2013: 17). 학교는 학생들을 지적, 윤리적으로 교육하여 사회의 구성원으로 자립할 수 있도록 배양하는 역할을 수행한다. 학교 구조와 교사의 행위 형태는 이주민과 이주배경을 가진 아이들의 차별대우에 어떤 역할을 하는가? 기존 사회질서를 고착시키는 관념과 범주적 규정에 물든 여러 차별에 학교에서 이루어지는 다양한 반차별 혹은 다문화 교육활동은 관련하고 있다. 예컨대 학업활동에 문제점을 보이면, 흔히 불완전한 한국어 능숙도가 지적되고 있다. 학교교육은 여전히 "단일한 국가-민족-언어 기반의 이데올로기를 명시적으로 전달하는 정치적 행위"를 실천하고 있는 셈인 것이다(Shohamy, 2013, 신동일, 2016: 93에서 재인용). 편견을 낳는 차별의 제도와 규정과 권력이 일상과 학교에서 오랜 시간 관행이 되어 정상화되었기 때문에, 학생들의 태도는 통제되고 동시에 이러한 행동을 유발하는 사회적 조건은 배제되고 있다. 학교와 대학과 같은 교육 기관 제도는 사회적으로 산출된 불평등에 대항하는 기능을 하지 않고, 편견을 낳는 차별의 제도와 규정과 관행을 반복함으로써 차별을 적극적으로 생산하는 기관이 되어버렸다. 교사의 교육행위를 실천으로 파악할 경우, 상당 부분은 관습적 행동양식을 따르고 관행(다문화, 중도입국 배경 학생에 대한 문화적 감수성 향상)으로 사회적 상태의 영속화에 기여하고 있다. 또한 연구자가 보기에 이미 교직과정을 밟는 첫 학기와 교생실습이 이루어지고 있는 실천에서 기존 사회질서로 잘 적응하라는 메시지가 예비교원들을 엄습하고 학생과 교사 모두 학교의 제도와 관행을 무비판적으로 따르는 경향이 심화되고 있다. 요컨대, 제도화된 비판이 부재한 상태라고 해도 과언이 아니다. 이런 점에서 교사교육에 있어 중요한 것은 교사들의 교육적 행위와 해석에 영향을 미치는 일상적, 교육적, 문화적 지식에 관한 성찰성을 확립하는 것이다. 교사의 성찰성을 촉진하기 위해 무엇보다 제도적 구조와 집단적 실천이 필요하다(Mecheril, 2010: 191). 아도르노에 따르면, 기존의 지배관계에 대한 모든 저항은 자신이 비판하는 잘못된 것에 여전히 고착되어 있다. 그러므로 교육실천을 담당하는 교사에게 요구되는 것은 자신의 실천적 행위를 조건 지우는 맥락과 자신의 교육적 행위가 미치는 영향에 대한 세분화된 의식을 형성하는 일이다.

1 아우슈비츠로부터 배워야 한다는 요구는 오늘날 독일 학교의 교과 과정의 필수적인 부분일 뿐만 아니라, 다양한 미디어를 통해 공적으로 확산되고 있다(Meseth, 2001: 19). 예를 들어 독일 대중매체(영화, 시사주간지, 신문, TV)에서 아우슈비츠 강제 수용소의 생존자의 이야기를 다루는 프로그램이 자주 방송되고 있다는 점에서 아우슈비츠는 이미 문화산업의 일부가 되고 있다(Steffens & Widmaier, 2015: 5). 한국사회에서도 〈안네의 일기〉 번역 책은 고전 문학의 필독서로 꼽히고 있고, 대중매체에서 안네에 대한 이야기를 다루면서 잔혹한 참상이 벌어진 역사적 장소로 아우슈비츠 수용소를 둘러보면서 기억해야 할 역사를 다루는 "세계 다크투어"가 방송되었다(2022년 7월 21일). 그러나 역사적 사건에 대한 그러한 '관광적' 접근은 역사를 다루는 방식 자체를 묻지 않을 뿐더러 역사적 경험을 현재적 상태와 연계하지 않고 마치 시청자나 '여행자'를 야만적 사건과 철저히 분리시킴으로써 "교육의 탈정치화"에 기여하고 있다(Messerschmidt, 2015: 38).

2 아도르노의 교육에의 요구와 관련하여 독일 교육학자 코네프케(Gernot Koneffke)는 다음과 같이 말한다. "아도르노의 발언은 그저 다루기 쉬운 상투어 이상이다. 그 발언은 1960년대 말에 교육과 교육학의 역할을 포함하여 나치독재 전체에 대한 논의가 시작된 조건을 다시 지적하고 있다"(Koneffke, 1990: 131).

3 "근본적으로 유죄이며 초라한 문화의 보존을 옹호하는 사람은 스스로 공범자로 되는 것이다. 반면에 문화를 거부하는 사람은 직접적으로 야만을 강화한다. 문화는 바로 이 야만으로 드러난 바 있다. 침묵도 결코 이러한 순환으로부터 빠져나오지 못한다. 침묵은 단지 객관적 진리의 수준으로써 자신의 주관적 무능력을 합리화하며, 이로써 객관적 진리를 다시 허위로 격하시킨다"(Adorno, 1966: 358).

4 문화주의라는 말은 개인의 행동방식과 사회적 상태를 '문화 범주'의 틀로 바라보고 사회 갈등을 '문화의 갈등'으로 축소해서 해석하는 관점을 뜻한다(홍은영, 2022: 15). 즉, 차이에 대한 문화적 해석 유형에 따라 다문화 현상을 바라보는 관점을 가리킨다. 문화주의적 접근의 예로 다문화 사회에서의 '문제'는 학급 내에서 예상치 못한 문화적 차이와 사회문화적 다양성으로 인해 발생하고 있다고 진단하여 예비교사 교육에서 학급에서 일어날 문제를 미리 예측하여 적절하게 행동하는 법을 익혀야 한다는 논리(한석실, 2007: 44-45)를 들 수 있다. 또한 도덕교과서에서 다문화사회 갈등을 다음과 같이 설명하면서 문화주의를 재생산하고 있다. "우리 사회에 다양한 문화권에서 온 사람들이 늘어나면서 여러 가지 갈등이 발생할 수 있다. (…) 만약 충분한 의사소통이나 서로의 문화적 배경을 이해하려는 노력이 없다면 오해는 갈등으로 이어질 수 있다"(노영준 외, 2020: 204). "세계 여러 문화에 대한 지식을 습득하고 이해의 폭을 넓혀 나가야 한다."(노영준 외, 2020: 206). 이처럼 문화 개념은 현상을 설명하는 데 해석의 자원으로 사용되고, 폄하된 인종개념을 통해 형성된 빈 공간을 채우는데 기능하고 있다. 문화주의는 인종주의를 은폐하고 개인들로 하여금 인종주의를 극복하였다고 여기게 하지만, 인종주의 담론에서 형성된 타자의 정체성에 대한 표상을 사용하여 인종주의를 공고화하고 있다.

5 잘 알려져 있듯이, 아우슈비츠라는 용어는 인종 말살 정책을 시행하기 위해 예정된 죽음의

수용소에서의 대량학살과 관련되어 있다. 이것은 나치 시대의 유대인 말살 계획의 정점을 가리키는 말이기도 하다. 동시에 여러 곳에서 나치에게 박해받았던 유대인을 비롯해 신티(Sinti)와 로마(Roma) 집단에 속한 수만 명의 사람들과 동성애자 등에 대한 독일군 특수부대, 경찰 특수부대, 친위대(SS)의 조직적 학살이 자행되었다.

6 비판적 교육이론이란 좁은 의미에서 교육의 자기 관계성(Selbstbezüglichkeit)과 모순성을 다루는 특징을 갖는다. 즉, 교육 자체를 문제시하는 교육의 내재적 발전이 역사적으로 진행되는 과정에 대해 방점을 두고 교육이 정치적 비판으로 전도하는 계기에 주목하고 있다. 이런 맥락에서 오일러(Peter Euler)는 '교육을 통해' 비로소 비판이 이루어져야 한다는 주장을 진부하다고 여기고, 오히려 비판적 교육이론은 필연적으로 교육 자체와 비판적으로 관련지어야 함을 주장하고 있다(Euler, 2001: 8).

7 클레멘스(Albrecht Clemens)에 의하면, 1960년대 중반부터 사회적으로 사용되었던 '과거청산'이라는 표현에서 독일사회가 과거와 대면하는 방식의 내적 문제가 발생하였다. 아도르노는 전후 독일 사회가 과거를 어떻게 전유하고 있는지 그리고 과거 청산의 형태가 어떤 사회적, 교육정치적 영향력을 미치고 있는가 하는 문제에 주의를 환기시켰다. "아도르노에 의해 서독에서 과거청산은 도덕적 명령에 따른 의식의 내재화라는 장기적인 과제로 바뀌었다. 그것은 '비판적 지식인'으로 형성된 새로운 서독의 엘리트들에 의해 수행되었다"(Albrecht, 2001: 447).

8 아우슈비츠의 재발을 막는 것에 중점을 두는 것은 도덕적 정당성을 끌어내는 교육학의 규범으로 기능하고 있다(Meseth, 2001: 19f). 이것은 사회, 정치적 문제를 개인화함으로써 교육적으로 접근 가능하도록 만드는 사고의 기본 양상을 보여주고 있다. 그러나 역사에 대한 이러한 교육학적 전유 형태는 역사적, 정치적 현실문제의 복잡성에 대한 분석을 방해할 수 있다. 이런 맥락에서 아도르노는 실천을 위한 어떤 실용적인 교육 지침이나 방책을 내놓을 수 없게 된다. 실천 자체에 대한 아도르노의 깊은 회의는 아도르노의 이론의 교육학적 수용에서 소홀히 되고 있다. 그 이유는 아마도 아도르노가 그의 기존의 난해한 글과 달리 "아우슈비츠 이후의 교육"에 대한 라디오 강연에서 언급한 "농촌의 탈야만화"(Adorno, 1971a/홍은영 역, 2021: 114)라는 표현을 통해 교육적 실천을 위한 권고를 명시적으로 제시하고 있고, 그러한 관점에서 강연의 전체 내용을 이해하도록 하였기 때문일지도 모른다.

9 "성숙에 위한 교육"이라는 주제 하에 이뤄졌던 아도르노와의 대담에서 그 당시 베를린 막스플랑크 사회교육연구소 원장이었던 베커(Hellmut Becker)는 성숙이 실현되리라는 낙관주의에 대해 신중하고 조심스러운 태도를 취한다. 그것은 비판의식을 가진 사람조차도 조종되고 미성숙해질 수 있는 위험에 빠질 수 있다는 베커의 언급에서 확인할 수 있다. 아도르노는 베커의 입장에 대해 동의하면서, 사회를 변화시키려는 의지와 시도에서 경험하게 되는 무력감과 무기력한 개인의 존재 양상은 사회변혁의 사유와 실천의 계기가 되어야 한다는 생각을 피력하고 있다(Adorno, 1971b/홍은영 역, 2021: 183).

10 "분명한 것은 살해당한 자에게 결코 죄가 있는 것이 아니라는 점이다. 죄가 있는 것은 오직 생각 없이 증오와 공격적 분노를 그들에게 화풀이하는 사람들이다. 사람들은 이러한 자신의 무의식을 저지해야 하고, 자기 자신에 대한 성찰을 외부로 돌려서는 안 된다. 교육은 비판적 자기성찰로서만 의미를 갖는다"(Adorno, 1971a/홍은영 역, 2021: 110).

11 물론 아도르노는 심리주의적 분석 방법은 파시즘을 이해하는 데 한계를 가지고 있음을 분명

하게 지적하고 있다(이종하, 2007: 168). 이런 점에서 아도르노는 "재앙의 조건으로서의 차가움에 대항하기 위해서는 차가움의 고유한 조건에 대한 통찰이 선제적으로 필요하고, 개인적 영역에서 이러한 조건들에 맞서 싸우려는 시도가 요구된다"라고 말한다(Adorno, 1971a/홍은영 역: 124).

12 체제 긍정적 교육이란 이미 야만에서 완전히 벗어났다고 믿고 나치 과거에 선을 그으려고 하며 문명성과 평화로움을 부단히 확신하는 현재를 안정화하는 데 기능하는 교육을 말한다. 그러나 아도르노에게 아우슈비츠와 같은 역사적 사건에 관한 지식을 성급하게 전수하는 실천에서 유의해야 할 점은, 지식을 전수하는 자 자신의 사유의 개념을 절대화하지 않는 조심스러운 태도이다. 이러한 인식 태도를 갖기 위해 아도르노는 현재에 대한 비판적 진단과 역사를 다루는 교육에서 "숨을 가다듬고 다시 생각할 틈(Atempause)"이 필요하다고 주장한다(Adorno, 1996: 241).

13 이론과 실천의 관계에 대한 교육학적 논의는 교육(철)학의 학문적 성격이나 역할을 규명하려는 맥락에서 다양한 관점에서 활발히 이루어져 왔다. 특히 교육학을 실천 교육학으로 파악하는 관점은 인간 활동을 세 가지 양식(테오리아, 프락시스와 포이에시스)으로 구분하고 그와 관련된 지식(에피스테메, 프로네시스, 테크네)을 설명한 아리스토텔레스의 실천철학과 그 철학을 수용한 영국 교육철학자 카아(Wilfred Carr)의 견해·해석에 의거하고 있다. 교육학을 실천학문으로 이해하려는 관점은 이론과 실천의 이분법적 분리 및 어느 한쪽의 일방적인 우위를 거부하고 있다(정영근, 2013: 175; 박은주·곽덕주, 2016). 또한 현실과 분리된 이론 이해뿐만 아니라 이론의 기계적인 적용으로 이해되는 실천 개념과의 거리를 둔다는 점에서 공통점을 갖고 있다. 이론과 실천의 관계에 대한 기존 교육학 연구와 아도르노의 이론과의 비교·분석은 본 연구의 주제 범위를 넘기 때문에 추후 연구 과제로 남겨둔다.

14 "이론과 실천의 관계는 일단 서로에게서 멀어지면 그 관계는 이행(Übergang)이 아니라 질적인 전복(Umschlag)이다. 이론과 실천의 관계는 확실히 종속이 아니다. 이론과 실천은 정반대 관계에 있다"(Adorno, 2020b: 780).

15 "의식이 그 자체의 구성상 통일성을 추구할 수밖에 없고, 또 의식과 동일하지 않은 것을 의식의 총체성 요구에 비추어 측정하는 한, 차이나는 것은 상치되고 부조화롭고 부정적인 것으로 나타난다(Adorno, 1966: 15).

16 아도르노의 인식론에서 객체 개념은 다양한 맥락에서 다양한 용어로 표현되고 있다. 객체란 "비동일자, 비개념적인 것, 개별적인 것과 특수한 것, 이질적인 것, 환원할 수 없는 것, 질적인 것, 낯선 것, 다른 것, 타자, 왜곡되지 않은 것, 억압되지 않은 것, 열려 있는 것, 매개된 것, 물질적인 것, 존재자, 사태, 자연"을 지칭하는 용어이다(이병탁, 2008: 275).

17 아도르노의 비판이론에서 물화란 대상의 질적 특수성을 무효화하여 모든 살아있는 현상/대상/사건/사회의 역사성을 배제하고 항상 동일한 것의 반복, 인과법칙, 운명이나 숙명으로 여기는 신화의 특성을 갖는다. 이러한 물화는 정형화된 사고의 틀과 추상적·개념적 사고로 타자의 속성을 규명하려는 가치중립성을 띠는 이론들이 타자를 "죽은 사물"로 만드는 것에서도 나타난다(박정호, 1999: 32; 조나영, 2022: 212).

참고문헌

김유동(1996).「이론의 심미화 對 실천의 구제: 아도르노와 하버마스」.『문예미학』2(2). 333-374.

김창환(1999).「헤르바르트」. 연세대학교 교육철학연구회 편.『위대한 교육사상가들 III』. 서울: 교육과학사. 141-210.

김창환 외(2015).『한국의 교육지표, 지수 개발 연구(IV): 교원역량지수 개발 연구』. 한국교육개 발원 연구보고서.

노영준 외(2020).『중학교 도덕』. 서울: 동아출판.

미류(2020).「질문으로서의 차별금지법, 그리고 난민」. 김기남 외 지음.『난민, 난민화되는 삶』. 서울: 갈무리, 303-333.

박은주·곽덕주(2016).「실천 교육학의 관점에서 '교육연구'(educational research)의 성격 재탐색」.『교육학연구』54(2). 1-30.

박정호(1999).「사물화 - 루카치에서 하버마스까지」.『대동철학회지』6권. 21-47.

박희진·이호준(2021).「교사의 직무 스트레스 현황 및 영향요인 분석: TALIS 2018 분석을 중심으로」.『한국교원교육연구』38(3). 1-28.

신동일(2016).「다중언어 사용자와 단일언어주의 기반의 평가활동에 관한 비판적 이해」.『학습자중 심교과교육연구』16(4). 87-118.

원진숙(2023).「변혁적 역량 시대의 국어 문식성 교육과 교사 교육 개선 방안」.『국어교육』180(180). 1-35.

이병진(2001).「부정적 변증법과 사유의 자기반성」.『문예미학』8(8). 137-160.

이병진(2020).「아도르노의 생애와 사상」. 문병호 외 지음.『아도르노와의 만남』. 서울: 세창. 71-128.

이병탁(2008).「아도르노 철학에서 '객체' 개념」.『사회와 철학』제16호. 271-294.

이종하(2007).『아도르노의 문화철학』. 서울: 철학과 현실사.

이종하(2012).「아도르노 철학의 유토피아적 모티브」.『동서철학연구』제65호. 169-190.

장한업(2019).「문화다양성 관리 모형으로서의 상호문화교육 실태 비교 분석」.『교육의 이론과 실천』24(3). 19-38.

정영근(2007).『교사를 위한 교육학』. 서울: 문음사.

정영근(2013).「실천적 교육학은 실천할 수 있는가? W. Carr의 phronesis해석과 교육적 실천의 문제」.『교육철학』35(3). 161-180.

정윤경(2013).「교사교육을 위한 교육철학의 역할」.『교육사상연구』27(2). 139-157.

정진범(2016).「현대적 조건 하에서 좋은 삶의 가능성에 대한 아도르노의 대답」.『철학』제126집. 77-100.

조나영(2022).「프랑크푸르트학파의 '물화' 개념을 통해서 본 소비자본주의 시대의 교육 비판」.『교육혁신연구』32(3). 207-228.

한상원(2020).「아도르노의 부정주의적 도덕철학」. 문병호 외 지음.『아도르노와의 만남』. 서울: 세창. 229-264.

한석실(2007). 「다문화시대 유아교사교육의 방향 모색」. 『미래유아교육학회지』 14(1). 29-54.

홍사현(2014). 「교육 속의 야만: 니체와 아도르노의 교육 비판」. 『한국니체학회연구』 26. 123-185.

홍은영(2022). 「다문화시대 교육 전문성의 재고를 위한 비판적 고찰 – 독일 이주교육학을 중심으로」. 『교육문화연구』 28(4). 5-29.

Adorno, Th. W.(1951). *Minima Moralia. Reflexionen aus dem beschädigten Leben.* 김유동 역 (2005). 『미니마 모랄리아. 상처받은 삶에서 나온 성찰』. 서울: 길.

Adorno, Th. W.(1966). *Negative Dialektik.* Frankfurt am Main: Suhrkamp.

Adorno, Th. W.(1971a). *Erziehung nach Auschwitz 1966.* 홍은영 역(2021). 『성숙을 위한 교육』. 용인: 문음사. 107-126.

Adorno, Th. W.(1971b). *Erziehung zur Mündigkeit 1969.* 홍은영 역(2021). 『성숙을 위한 교육』. 용인: 문음사. 163-183.

Adorno, Th. W.(2020a). Subjekt und Objekt. In: Tiedermann, R.(Hg.) *Adorno Kulturkritik und Gesellschaft II Eingriffe Stichworte.* Frankfurt am Main: Suhrkamp. 741-758.

Adorno, Th. W.(2020b). Marginalien zu Theorie und Praxis. In: Tiedermann, R.(Hg.) *Adorno Kulturkritik und Gesellschaft II Eingriffe Stichworte.* Frankfurt am Main: Suhrkamp. 759-782.

Ahlheim, K.(2010). Theodor W. Adorno. "Erziehung nach Auschwitz" – Rezeption und Aktualität. In: Ahlheim, K. & Heyl, M.(Hg.) *Adorno revisited,* Hannover: Offizin Verlag, 38-55.

Albrecht, C.(1999). Im Schatten des Nationalismus: Die politische Pädagogik der Frankfurter Schule. In: Albrecht, C., Behrmann G. C., Bock, M., Homann, H., & Tenbruck, F. H.(Hg.) *Die intellektuelle Gründung der Bundesrepublik.* Frankfurt/New York: Campus Verlag, 387-447.

Claussen, D.(1988). Nach Auschwitz. Ein Essay über die Aktualität Adornos. In: Diner, D.(Hg.) *Zivilisationsbruch Denken nach Auschwitz.* 54-68.

Euler, P.(2001). Veraltet die Bildung? Oder Kritische Bildungstheorie im vermeintlichen "nachkritischen" Zeitalter! In: *Pädagogische Korrespondenz. Zeitschrift für kritische Zeitdiagnostik in Pädagogik und Gesellschaft.* Heft 26 Winter 2000/2001, 5-27.

Ha, K.N.(2007). Postkoloniale Kritik und Migration – Eine Annäherung, In: Ha, K.N., Lauré al-Samarai, N. & Mysorekar, S.(Hg.) *re/visionen,* Münster: Unrast, 31-40.

Hall, S.(2000). Rassismus als ideologischer Diskus. In: Räthzel, N.(Hg.) *Theorien über Rassismus.* Hamburg: Argument Verlag, 7-16.

Kalpaka, A.(2015). Pädagogische Professionalität in der Kulturalisierungsfalle – Über den Umgang mit 'Kultur' in Verhältnissen von Differenz und Dominanz, In: Leiprecht, R. & Steinbach, A.(Hg.). *Schule in der Migrationsgesellschaft,* Band 2, Schwalbach Ts.: Debus Pädagogik Verlag, 289-312.

Koneffke, G.(1990). Auschwitz und die Pädagogik. In: Zubke, F.(Hg.) *Politische Päda-*

gogik. Weinheim: Deutscher Studienverlag, 131-151.

Kramer, S. (1999). "Wahr sind die Sätze als Impuls..." Begriffsarbeit und sprachliche Darstellung in Adornos Reflexion auf Auschwitz. In: Kramer, S.(Hg.) *Auschwitz im Widerstreit. Zur Darstellung der Shoah in Film, Philosophie und Literatur*. Wiesbaden: Deutscher Universitäts-Verlag.

Mecheril, P.(2004). *Einführung in die Migrationspädagogik*. Weinheim: Beltz.

Mecheril, P.(2010). Anerkennung und Befragung von Zugehörigkeitsverhältnissen. Umriss einer migrationspädagogischen Orientierung. In: Mecheril, P., Castro Varela, M. d. M/Dirim, I., Kalpaka, A. & Melter, C.(Hg.) *Migrationspädagogik*. Weinheim/Basel: Beltz, 179-191.

Meseth, W.(2001). Theodor W. Adornos "Erziehung nach Auschwitz". Ein pädagogisches Programm und seine Wirkung. In: Fechler, B., Kößler, G. & Lieberz-Groß, Till(Hg.) *Erziehung nach Auschwitz in der multikulturellen Gesellschaft*. Weinheim und München: Juventa, 19-30.

Messerschmidt, A.(2015). Erinnern als Kritik. Politische Bildung in Gegenwartsbeziehung zum Nationalsozialismus. In: Widmaier, B. & Steffens, G.(Hg.) *Politische Bildung nach Auschwitz*. Schwalbach/Ts: Wochenschau Verlag, 38-64.

Rademacher, C.(1996). Vexierbild der Hoffnung. Zur Aporie utopischen Denkens bei Adorno. In: Eickelpasch, R. & Nassehi, A.(Hg.) *Utopie und Moderne*. Frankfurt am Main: Suhrkamp. 110-135.

Schweppenhäuser, G.(1996). *Theodor W. Adorno zur Einführung*. 한상원 역(2020). 『아도르노, 사유의 모티브들』. 성남: 에디투스.

Seyss-Inquart, J.(2020). Professionalisierung pädagogisch denken und kritisch rahmen, In: Seyss-Inquart, J.(Hg.). *Schule vermitteln*, Wien: Erhard Löcker GesmbH, 13-22.

Steffens, G. & Widmaier, B.(2015). Politische Bildung nach Auschwitz und die Erinnerungskultur heute. Zur Einführung. In: Widmaier, B. & Steffens, G.(Hg.) *Politische Bildung nach Auschwitz*. Schwalbach/Ts: Wochenschau Verlag, 5-14.

Türcke, C.(1990). Praxis und Praxisverweigerung nach Adorno. In: Hager, F. & Pfütze, H.(Hg.) *Das unerhörte Moderne. Berliner Adorno-Tagung*. Lüneburg: zu Klampen.

4부

비판이론과 예술

자율성과 사회적 사실:
아도르노 미학에서 예술과 사회의 관계[*]

곽영윤

1. 들어가며

테오도어 W. 아도르노(Theodor W. Adorno)에게 예술은 사회의 산물이지만 사회로부터 분리되어 독자적인 영역을 가짐으로써 사회에 대해 비판적인 존재가 되는 것이다. 아도르노는 예술과 사회의 이러한 관계를 그의 『미학 이론』에서 "자율성과 사회적 사실의 이중성"으로 정식화한다.[1] 아도르노에 따르면 시민 혁명 이후 예술은 사회에 대해 독립적인 '자율성(Autonomie)'을 갖지만, 그와 동시에 정신의 사회적 노동의 산물이라는 점에서 '사회적 사실(fait social)'의 성격도 갖는다. 아도르노 미학이 자율성 미학임을 밝히는 연구는 비교적 많다.[2] 이는 자율성이 아도르노 예술론의 핵심 개념이기 때문이다. 그에 반해 예술이 사회적 사실의 성격을 지닌다는 아도르노의 주장에 관한 연구는 극히 드물다.[3] 이는 충분히 연구된 것으로 보이는 아도르노 미학에 심층적 분석을 기다리는 미답의 영역이 있음을

* 이 글은 다음 논문을 수정하고 보완한 것이다. 곽영윤, 「자율성과 사회적 사실: 아도르노 미학에서 예술과 사회의 관계」, 『사회와 철학』 제47집, 사회와철학연구회, 2024.

보여주는 한 사례라고 할 수 있다. 이에 나는 본 논문에서 아도르노가 『미학 이론』에서 주장하는 주요 명제 중 하나인 "예술의 자율적이고 사회적 사실이라는 이중성(Doppelcharakter der Kunst als autonom und als fait social)"이 의미하는 바를 밝힐 것이다.[4]

예술과 관련하여 아도르노는 여러 정체성을 갖고 있다. 우선 그는 그 자신이 예술가였다. 아도르노는 음악을 창작한 철학자였다. 그는 1920년대부터 1940년대까지 여러 기악곡과 성악곡을 작곡했다. 그는 비록 작곡가로서는 20세기 음악사에 큰 발자취를 남기지 못했지만, 현대 음악에 대한 그의 뛰어난 식견과 경험은 그를 20세기의 중요한 음악 비평가 중 한 명으로 만들었다. 그는 또한 미학자이자 예술사회학자였다. 철학과 사회학은 아도르노가 평생 몰두한 학문이었다. 따라서 "자율성과 사회적 사실의 이중성"은 아도르노의 학적 정체성이 합쳐진 명제이기도 하다. 나는 본 논문에서 이 명제를 예술철학자 아도르노의 문제와 예술사회학자 아도르노의 문제로 분리하여 분석한 후, 이 둘의 관계를 고찰할 것이다. 아도르노는 예술과 사회의 관계에 대한 문제를 『미학 이론』의 첫 번째 장인 「예술, 사회, 미학」과 마지막 장인 「사회」에서 집중적으로 논한다. 나는 본 논문에서 이 두 개의 장을 중심으로 아도르노의 주장을 재구성할 것이다.

2. 예술철학자 아도르노 - 자율성의 문제

아도르노는 『미학 이론』에서 예술의 자율성이 부르주아 시민 사회의 산물임을 환기한다. 아도르노에 따르면 예술은 "옛날에는 마법의, 그다음에는 예배의 기능을 수행해야 했다."[5] 즉 예술은 선사 시대에는 주술 행위를 위한 도구였고, 역사 시대부터는 종교 기능을 수행하기 위해 생산되고 수용되었다. 예술이 이러한 사회의 실제적 기능으로부터 독립한 시기는 유럽에서 봉건 사회가 부르주아 시민 사회로 전환된 18세기 말이었다.[6] 이처럼 "예술이 자신의 예배 기능과 그것을 모방한 상들을 떨쳐버린 후에 획득한 자율성은 인간성의 이념으로 생명을 영위했다."[7] '인간성(Humanität)'이란 인간을 자율적이고 존엄한 존재로 여기고, 교육으로 그러한 인간을 형성하는 이념을 말한다. 인간성의 이념을 추구한 부르주아 시민 사회에서 예술의 자율성은 "시민의 자유 의식"을 반영한 것이었고, 19세기에 비약적으로 발전한 "장편 소설(Roman)"은 시민 계급의 이 같은 자기 이해를 반영한 대표적 예술이었다.[8] 그러나 부르주아 사회에서 프롤레타리아, 즉 생산 수단을 갖지 못한 공장 노동자들은 열악한 생활 환경과 비인간적인 노동 조건 속에서 자유 없는 삶을 살아가야 했다. 이렇듯 인간성의 이념이 사회 현실과 모순을 이루면서 예술의 자율성도 점차 그 의의를 상실하게 되었다. 예술의 "존재 이유(Existenzrecht)"가 모호해진 것이다.[9] 그렇다면 오늘날 예술의 자율성은 무슨 의미가 있는 것일까? 이것이 현대 예술(moderne Kunst)에 관한 아도르노의 근본적인 물음이다.

1) 칸트와 실러의 미학에서 미적 자율성

아도르노의 '예술의 자율성' 개념을 구체적으로 이해하기 위해서는 임마누엘 칸트(Immanuel Kant)와 프리드리히 실러(Friedrich Schiller)가 그들의 미학에서 논의한 '미적 자율성' 개념을 살펴볼 필요가 있다. '미적 자율성'이라는 개념은 칸트와 실러의 미학에서 유래했다. 그들의 근대 미학 이론은 부르주아 시민 사회의 발흥 속에서 탄생한 것이다. 칸트에게 자율성의 문제는 기본적으로 주체의 자유와 관련된다. 칸트의 비판 철학에서 자율성 개념은 다양한 맥락에서 등장하는데, 『판단력 비판』에서는 취미 판단의 주체와 관련하여 논의된다. 칸트는 미에 대한 판단의 보편타당성이 "쾌의 감정을 판단하는 주체의 자율성, 즉 주체 자신의 취미에 근거해야 한다"고 말한다.[10] 칸트는 또한 취미 판단의 주체가 쾌감을 느끼는 선험철학

적 근거를 "상상력과 지성의 자유로운 유희"에서 찾는다.[11] 그리하여 인간
이 어떤 자연 대상과 예술 작품을 보고 아름답다고 판단하는 것은 그 대상
을 인식하거나 도덕적으로 판단하는 것과 전혀 다른 선험철학적 원리에
의한 것으로 설명된다. 이렇게 칸트 미학에서 미적 자율성은 미와 예술을
도덕규범으로 판단할 수 없는 근거를 제공한다.

　실러는 칸트의 미학을 적극적으로 수용했지만, 미학의 영역과 도덕철학
의 영역을 서로 분리한 칸트와 달리, 두 영역을 하나로 묶었다. 실러는 『칼
리아스 또는 미에 관하여』에서 "자유로운 행위는 심성의 자율성과 현상
속의 자율성이 서로 일치할 때, 아름다운 행위가 된다"고 하면서 인간의
"도덕적 아름다움"에 대해 말한다.[12] 실러의 이러한 생각은 인간의 아름다
움을 논한 글인 「우아함과 존엄」으로 발전한다.[13] 실러가 보기에 우아함은
인간 내부의 감각적이고 충동적인 측면과 이성적이고 정신적인 측면이 서
로 조화를 이룰 때 인간의 얼굴에 나타나는 아름다움이다. 그러나 감성과
이성은 끊임없이 충돌하기 때문에 이 둘의 조화는 한갓 이념에 불과하다.
그래서 실러는 현실에서 실현이 가능한 아름다움인 존엄을 말한다. 실러
에 따르면 인간은 자신의 이성으로 비이성적 충동을 억제하는 의지를 발
휘할 수 있고, 이를 통해 도덕적 자유를 실현할 수 있다. 이때 인간의 얼굴
에 표현되는 것이 바로 존엄이다.

　이 같은 칸트와 실러의 미적 자율성 개념을 아도르노는 비판한다. 그는
우선 미에 대한 칸트의 이론이 주관주의 미학이라고 본다. 칸트가 모제스
멘델스존(Moses Mendelssohn)의 "아름다운 감각(schöne Empfindungen)" 개
념의 영향을 받아 미의 철학적 근거를 주관성에서 찾았다는 것이다.[14] 그
리고 그로 인해 칸트 미학에서 미적 경험의 주체가 대상보다 우위에 놓였
다는 것이다. 아도르노는 또한 칸트 미학에서 취미 판단의 첫 번째 계기
인 "무관심성(Interesselosigkeit)" 개념을 비판한다.[15] 취미 판단은 주체가 어
떤 대상을 아무런 관심 없이 바라보며 만족을 느낄 때 그 감정에 대해 내

리는 판정이다. 칸트에 따르면 관심은 욕구 능력과 관련된다. 그러므로 아름다운 대상에 대한 무관심한 만족은 욕구 능력과 무관하다.[16] 이에 대해 아도르노는 칸트가 미적 경험에서 욕구 능력을 제거함으로써 현실에 대한 관심 역시 제거했다고 본다. 현실에 대한 무관심은 미적 경험의 대상을 순전한 감각적 쾌락의 대상으로 만든다. 그리하여 예술 작품은 휴일에 시민들이 기분 전환을 위해 보거나 듣는 향유 대상이 된다. 아도르노는 이러한 감상 태도에서 시민들 마음속에 내면화된 교환 원리를 발견한다. 시민들은 예술 감상에 일정한 시간과 돈을 투자하고, 그에 상응하는 휴식, 쾌락, 위로 등을 얻고자 한다. 아도르노가 볼 때 모더니즘 예술의 자율성은 바로 감상자의 이러한 태도를 거부하는 데서 출발한다.[17]

아도르노는 실러의 미학적 사유에서도 향유의 계기를 발견한다. 그는 「예술은 경쾌한 것인가?」라는 글에서 실러의 희곡 『발렌슈타인』의 「서곡」 마지막에 나오는 "진지하다 인생은, 경쾌하다 예술은"이라는 시구에 주목한다.[18] 인생과 예술을 대조적으로 병치한 이 문구는 19세기 부르주아 시민 사회에서 예술이 어떻게 이해되고 수용되었는지 단적으로 보여준다. 아도르노는 예술을 경쾌한 것으로 특징 지은 실러가 20세기 문화산업의 선구자라고 과장해서 말한다. 아도르노에 따르면 현대의 "문화산업 속에서 예술은 피곤한 사업가들을 위한 비타민 주사로 처방된다."[19] 즉 문화산업에 의해 제작된 영화나 음악은 사업가들의 지친 심신을 회복시켜서 그들이 다시 이윤 창출에 매진할 수 있도록 만든다. 이렇게 아도르노는 현대인들이 그들의 노동에서 소외된 원인 중 하나를 삶과 예술의 이분법에서 찾는다. 현대의 근로자들에게 주어지는 것은 '자유(Freiheit)'가 아니라 일시적인 '자유 시간(Freizeit)'에 불과하다. 자유롭지 못한 근로 환경 속에서 노동은 고통을 불러일으키고, 오락은 그러한 고통을 잠시 잊게 만드는 마취제 역할을 한다.

아도르노는 또한 실러의 「우아함과 존엄」에서 자연 지배의 계기를 발견한다. 아도르노가 보기에 인간은 자신의 내적 자연을 이성적으로 지배함으로써 다른 동물이 갖지 못하는 도덕성과 존엄성을 지닌다. 그런데 스스로 도덕 법칙을 세워 그것을 따르는 자율적 존재라는 인간의 우월성은 무의식적 차원에서 인간 자신의 동물적 측면에 대한 지배와 억압을 전제로 한다.[20] 따라서 "자율적 주체에게 자유의 진리는 […] 동시에 허위, 즉 타자에게 부자유"를 의미한다.[21] 그런 이유로 아도르노는 실러의 「우아함과 존엄」을 인간의 내적 자연 지배를 정당화한 이론으로 보고 그것에 반대한다. 물론 아도르노가 칸트와 실러의 미학을 전면적으로 부정한 것은 절대아니다. 그는 칸트의 미학에서 '미적 이념'과 '숭고'를 비롯한 여러 개념을 비판적으로 받아들였고, 실러의 미학에서 '미적 가상' 개념을 수용하여 변증법적 개념으로 발전시켰다.

2) 자율적 예술 작품 – 목적 없는 합목적성

아도르노에게 예술 작품의 자율성은 두 가지 측면을 갖는다. 예술 작품은 첫째, 그것의 외재적 목적을 거부하고, 둘째, 자신만의 내재적 목적을 추구한다. 이때 외재적 목적은 정치, 경제, 종교, 과학 등과 같이 예술이 아닌 사회의 제반 영역에서 추구하는 목적을 말하며, 내재적 목적은 작품을 구성하는 형식 원리인 '정합성(Stimmigkeit)'을 말한다. 따라서 예술 작품은 사회의 다른 목적들을 일절 따르지 않고, 작품의 개별 계기들을 하나의 "전체(das Ganze)"로 구성하는 것을 유일한 목적으로 삼는다.[22] 아도르노는 자율적 예술 작품의 이러한 특징을 칸트 미학에서 취미 판단의 세 번째 계기인 "목적 없는 합목적성(Zweckmäßigkeit ohne Zweck)"으로 설명한다. 아도르노에 따르면 "예술의 목적 없음"은 예술이 "자기 보존의 강요들에서 벗어나 있음"을 가리킨다.[23] 여기서 '자기 보존(Selbsterhalung)'이란 인간이 자기 자신을 보존하기 위해 도구적 이성을 사용하여 자연을 지배하는 것을 가리킨다.[24] 자연 지배를 위한 목적 합리성이 추구되는 사회 현실과 달리, 예술 작품들은 다른 목적을 갖지 않음으로써 "경험적 현실의 목적-수단 관계"에서 빠져나간다.[25]

아도르노는 예술 작품의 내재적 합목적성과 관련하여 칸트의 『판단력 비판』 2부인 「목적론적 판단력 비판」도 주목한다. 여기서 칸트는 살아 있는 유기체에 관한 이론을 전개하면서 '합목적성'을 "사물의 부분들이 상호 간에 그 형식의 원인과 결과가 됨으로써, 부분들이 결합하여 하나의 전체로 통일되는 것"이라고 정의 내린다.[26] 아도르노는 이러한 유기체론적 합목적성 개념을 자신의 미학에 적용하여 작품의 정합성을 예술의 단일한 목적으로 본다. 따라서 부분들이 유기적으로 통일된 작품에는 "실천적 목적을 단념한 합목적성"이 내재한다. 그러한 예술 작품의 목적 없는 합목적성은 "언어와 유사한 것(Sprachähnliches)"이다."[27]

결국 예술 작품에 외적 목적이 없는 것은 작품이 타율이 아니라 자율에 의해 구성되기 위한 필요조건이다. 그리고 작품의 내적 합목적성은 "이질적인 계기들의 조직"을 통해서만 "사물의 언어라는 이념(Idee einer Sprache der Dinge)"에 다가간다.[28] '사물의 언어'는 발터 벤야민이 「언어 일반과 인간의 언어에 대하여」에서 제시한 개념인데, 인간의 언어와 구별되는 사물 자체의 언어를 가리킨다. 벤야민에 따르면 사물의 언어는 사물에 내재한 "언어적 본질"이다.[29] 아도르노는 벤야민의 이러한 신학적이고 형이상학적인 언어철학 개념을 미학 개념으로 전용하여 예술 작품에 내재한 언어적인 것을 작품의 사회·역사적 본질로 파악한다. 예술 작품의 그러한 본질은 작품의 사회·역사적 '진리 내용(Wahrheitsgehalt)'으로 볼 수 있다. 이러한 예술의 진리 내용은 작품 속에서 개념적 언어나 '의미적 언어(signifikative Sprache)'로 표현되지 않는다. 즉 예술 작품은 부분들의 정합적 조직을 통해 '언어와 유사한 것'이 되지만 자신의 진리 내용을 결코 명시적인 '소통적 언어(kommunikative Sprache)'로 전달하지 않는다. 예술 작품의 이러한 특징은 작품에 "수수께끼 성격"을 부여한다.[30] '수수께끼(Rätsel)' 또는 영어로 '리들(riddle)'이라는 단어에는 '어떤 사물에 대해 힌트를 주고 그것이 무엇인지 알아맞히는 놀이'라는 의미와 '도무지 그 정체를 알 수 없는 어떤 사물이나 현상'이라는 이중의 의미가 있다. 아도르노가 예술 작품을 수수께끼로 특징지었을 때, 그는 이 두 가지 의미 모두를 의도한 것으로 보인다.

이러한 이중적 의미의 수수께끼를 대표하는 한 사례로 프란츠 카프카 (Franz Kafka)의 엽편 소설 「가장의 근심」(Die Sorge des Hausvaters)에 나오는 정체불명의 사물 '오드라덱(Odradek)'을 들 수 있다. 카프카가 묘사한 오드라덱의 특징은 아도르노가 생각하는 현대의 자율적 예술 작품에 완벽히 부합한다. 그것은 마치 부서진 것처럼 보이지만 엄연히 하나의 전체로 조직된 형태를 지녔으며, 인간들과 달리 생존을 위한 실제적 목적을 지니지 않는다.[31] 카프카의 소설에서 오드라덱은 막대기와 실로 이루어진 물체임에도 화자인 '나'와 짧은 대화를 나누며 수수께끼 놀이를 한다.[32] 불가해한 알레고리적 예술 작품에 대한 은유로 읽을 수 있는 카프카의 「가장의 근심」은 그 자체가 궁극적 해답을 찾을 수 없는 자율적 예술 작품이기도 하다. 이처럼 목적 합리성이 지배하는 현실에서 아무 쓸모가 없는 사물이나 소리에 불과한 예술 작품은 사회·역사적 진리에 대한 수수께끼가 됨으로써 자신의 존재를 정당화한다. 결론적으로 예술 작품의 자율성은 작품이 주체들에 의해 궁극적 해답 없이 잠재적으로 무한히 해석될 수 있다는 점에서 찾을 수 있다.[33]

3. 예술사회학자 아도르노 – 사회적 사실의 문제

예술사회학자로서 아도르노의 경력은 1930년대 초에 프랑크푸르트 사회연구소의 기관지에 음악과 관련된 글들을 기고하며 시작된다. 당시에 프랑크푸르트 대학교에서 교수자격을 취득한 아도르노는 막스 호르크하이머(Max Horkheimer)가 이끌던 사회연구소의 『사회연구지』에 전위음악과 대중음악을 사회적 관점에서 고찰한 글들을 발표했다. 「음악의 사회적 상황에 관하여」(1932)는 이 시기를 대표하는 글이다.[34] 1930년대 말에 미국 뉴욕으로 망명한 아도르노는 오스트리아 출신의 미국 사회학자 폴 라자스펠드(Paul Lazarsfeld)의 프린스턴 라디오 연구소의 연구 프로젝트에 참여하여 대중 매체의 효과를 연구했다.[35] 재즈를 비롯한 대중음악에 관한 그의 연구는 이후 『계몽의 변증법』(1947)의 「문화산업」 장으로 발전하고, 아르놀트 쇤베르크(Arnold Schönberg)로 대표되는 전위음악에 관한 연구는 『신음악의 철학』(1949)으로 결실을 본다.

아도르노의 음악사회학 연구에 큰 영향을 미친 사회학자 중에서 첫손에 꼽을 만한 인물은 단연 막스 베버(Max Weber)다. 아도르노는 『음악 사회학 입문』(1962)에서 베버의 유작인 『음악의 합리적이고 사회학적인 토대』(1921)를 비판적으로 수용한다. 그리하여 그는 "음악에서 정신을 추동하는 것, 막스 베버가 올바르게 중심적인 것으로 인식한 합리성의 원리는 예술 외적인, 사회적 합리성의 전개와 다름없다"고 본다.[36] 아도르노는 음악의 발전이 사회의 합리화 과정에 속한다고 본 베버의 이러한 관점에 동의하지만, 베버가 서양 음악사를 "음악의 내재적 발전, 말하자면 자율적 발전"의 역사로 보지 못한 점은 비판한다.[37]

1) 사회적 사실 - 개인과 사회적 강제력의 관계

베버와 더불어 현대 사회학의 실질적 창시자였던 에밀 뒤르켐(Émile Durkheim)이 아도르노의 사상에 미친 영향은 상대적으로 크지 않아 보인다. 그 이유는 뒤르켐 사회학의 실증주의적 성격에 있을 것이다. 아도르노는 사회를 실증주의적으로 연구하는 것에 시종일관 비판적이었지만 뒤르켐의 『철학과 사회학』(1924)의 독일어 번역본 「서문」을 쓰면서 뒤르켐 사상 전반을 평가하기도 하고,[38] 1968년 프랑크푸르트 대학교『사회학 입문』
강의에서 베버와 뒤르켐의 사회학이 가진 장단점을 중립적 관점에서 서로
비교하기도 한다.[39] 뒤르켐 사회학의 핵심 개념이자 아도르노가 그의 미학
에서 수용한 개념은 바로 '사회적 사실(fait social, soziale Tatsache)'이다.[40] 뒤
르켐의 설명에 의하면 '사회적 사실'은 "고정되었건 아니건 개인에게 외적
강제력을 행사할 수 있는 모든 행위양식을 말한다. 또는 개개인의 표현과
상관없이 그 자체만의 고유한 존재를 가지고 있으면서도 주어진 사회에서
보편적인 것이 바로 사회적 사실이다."[41] 뒤르켐은『사회학 방법의 규칙
들』에서 집단 심리학을 탈피한 새로운 사회학을 정립하기 위해 '사회적 사
실'이라는 개념을 도입했다. 뒤르켐은 사회적 사실이 개인의 심리적 의식
상태와 무관하게 그들 밖에 존재하면서 그들을 특정한 방식으로 행동하
고 생각하고 느끼게 만든다고 보았다.[42] 뒤르켐은 사회적 사실의 예로 "법
률, 도덕규범, 종교적 신조, 화폐체계"를 든다.[43] 이러한 것들은 모두 개인
들 밖에 존재하면서 개인들의 행동·사고·감정을 통제하는 것들이다.

아도르노는『사회학 입문』강의에서 뒤르켐의 '사회적 사실' 개념을 뒤
르켐의 유명한『자살: 사회학적 연구』로 설명한다. 아도르노에 따르면 "뒤
르켐은 자살에 대한 사회적 강제의 절대적 독립성을 증명하려고 시도했
는데 […] 첫째로 자살률이 어느 정도 동질적인 역사 단계 내에서는 상당
히 일정하게 유지되고, 그다음으로 통계로 제공되는 평균 자살률이 규범
체계들, 즉 인간들이 늘 지배를 받게 되는 사회적 규범 체계들의 폐쇄성
과 개방성에 달려 있다는 점을 증명하려고 시도했다."[44] 이처럼 뒤르켐은
자살이라는 사회 현상을 자살자 개인의 정신 질환이나 심리 상태와 무관
한 하나의 사회적 사실로 보고, 자살의 원인을 사회의 규범 체계들에서 찾
았다. 그리하여 뒤르켐은 자살의 사회적 유형을 사회적 통합 및 규제의 강
약에 따라 이기적 자살·이타적 자살·아노미성 자살로 구별했다.[45] 그런데
변증법적 사회 비판 이론을 전개하는 아도르노는 뒤르켐의 실증주의적 사

회학 이론이 전제하는 개인에 대한 사회의 강제력에서 소외와 억압의 계기를 발견하고 「사회과학의 객관성에 관한 짧은 글」(1965)에서 다음과 같이 비판한다.

뒤르켐의 '사회적 사실'이라는 개념은 철저히 아포리아다. 그 개념은 부정성, 즉 사회적인 것이 개인의 눈에 불투명하고 고통스러울 정도로 낯설게 보이는 것을 '너는 이해하면 안 된다'라는 방법론적 준칙으로 바꾸어 놓는다. 뒤르켐은 사회는 운명이라는 항구적 신화를 실증주의적 과학의 태도로 복제한다. 그때 '사회적 사실'이라는 신조는 경험된 것으로 구체화된다. 개인에게 사회적으로 일어나는 일은 그에게 특수한 것이 일반적인 것 속에서 발견되지 않는 한, 실제로 이해될 수 없다. 과학이 그러한 이해 불가능성을 자신의 원리로 채택했던 것 대신에 과학은 이해 불가능성을 이해해야만 할 것이다. 뒤르켐이 특정하게 사회적인 것, 즉 규범의 불투명함과 응징의 냉혹함을 인식하고자 하는 것은 방법의 척도가 아니라, 대상인 사회의 근본적 측면과 적대의 강경한 현상이다. 뒤르켐은 사회를 사태 개념에서 발전시키는 대신에 수동적으로 묘사한다. 그래서 그는 이데올로기에 빠져든다.[46]

아도르노는 뒤르켐이 사회 현상의 객관적 인식을 위해 만든 '사회적 사실' 개념에서 '제2의 자연(zweite Natur)'이 되어버린 사회를 발견한다.[47] 그 기원이 고대 그리스 철학으로 거슬러 올라가는 '제2의 자연'이라는 개념은 게오르크 W. F. 헤겔(Georg W. F. Hegel)과 게오르크 루카치(Georg Lukács)에 의해 변증법적 개념으로 사용되었다. 루카치는 그의 『소설의 이론』에서 "제2의 자연"을 "관습 세계"로 규정했다.[48] 그것은 자연법칙이 지배하는 '제1의 자연'과 달리 인간들이 만든 인공 세계이지만, 마치 자연의 물리법칙처럼 엄격한 규범 체계들로 구성된 세계다. 루카치에 따르면 근대 소설에 등장하는 주인공들은 경제 법칙과 도덕 법칙이 지배하는 부르주아 시민 사회에서 자기 삶의 진정한 목적과 의미를 발견하지 못하고 길을 잃은 사람들이다.[49] 아도르노가 보기에 뒤르켐의 '사회적 사실' 개념은 루카치가 말한 '제2의 자연'과 같은 것이다. 뒤르켐의 이론에서 한 사회의 법률, 도덕규범, 경제 체계는 모두 인간들이 만들어 낸 것이지만 그것 자체로 존재하는 것이 되어 그 사회에 속한 개인들의 행동방식과 사고방식을 지배한다. 아도르노는 이처럼 사회의 규범 체계들을 자립적인 것으로 본 뒤르켐의 실증주의적 사회관이 이데올로기라고 비판한다.[50] 그럼에도 뒤르켐의 사회관은 사회에 대한 한 가지 진리를 말해준다. 그것은 사회 체계가 개인들에게 억압적으로 작용할 수 있다는 사실이다. 뒤르켐에 따르면 개인들은 사회적 사실에 순응할 때는 그 강제성을 거의 못 느끼지만, 그것에 저항하면 처벌 등을 통해 강제력을 확실히 경험하게 된다.[51] 목적 합리성이 지배하는 사회의 규범 체계에 저항하는 사람들에게 사회는 낯설고 무의미할 뿐만 아니라 억압적이고 고통스러운 것이 된다.

뒤르켐 자신은 비록 '사회적 사실'로 예술 현상을 설명한 적이 없지만,[52] 아도르노는 이 개념을 통해 예술의 사회적 측면, 즉 예술이 어떠한 방식으로 사회의 영향을 받는지 고찰했다. 앞에서 우리는 부르주아 시민 사회가 자유를 이념으로 내세우며 성립되었고, 예술도 봉건 사회에서 예배 기능과 그것을 모방한 지배 계층의 권력 과시 기능에서 벗어났다는 사실을 보았다. 사회의 다른 목적을 추구하지 않아도 되는 자율적 예술이 탄생한 것이다. 그러나 아도르노가 보기에 자율적 예술이라고 할지라도 그것이 사회의 영향을 받아 만들어지는 한 사회적 사실이라는 성격마저 제거할 수는 없다. 예술의 사회적 측면을 간과하면 예술의 자율성은 절대화된다. 그래서 아도르노는 『미학 이론』에서 예술에 대한 이중적 고찰의 필요성을 강조한다.[53]

2) 아도르노의 실증주의적 예술사회학 비판

예술의 타율성과 관련하여 아도르노는 현대 사회에서 예술이 맑스가 『자본』에서 비판한 상품 물신(Warenfetischismus)의 방식으로 수용되고 있음에 주목한다. 예컨대 미술관에서 어떤 감상자들은 예술 작품을 마치 고급 백화점 매장에 진열된 상품과 같이 관람한다. 그리고 20세기 중반에 등장한 "비대상 회화는 새로운 부유함을 벽에 장식하는 데 적합하다."[54] 이처럼 현대에 예술이 상품으로 수용되는 현상은 미술에서뿐 아니라 음악에서도 마찬가지다. 아도르노는 「음악의 물신적 성격과 듣기의 퇴행에 관하여」(1938)에서 대중음악뿐 아니라 고전음악 역시 산만하게 수용되며, 스타 연주자의 음악회와 같이 하나의 상품으로 소비되고 있음을 지적한다.[55] 그래서 아도르노는 예술에 관한 연구를 감상자들의 수용에 맞추는 경험적 예술사회학 이론에 반대하고 그 이유에 대해 다음과 같이 말한다.[56] "예술의 대상화, 사회 밖에서 보면 예술의 물신주의는 예술 쪽에서 보면 노동 분업의 산물로서 사회적이다. 따라서 예술이 사회와 맺는 관계는 대부분 수용 영역에서 찾을 수 없다. 그 관계는 앞에 있는 것, 즉 생산에서 찾을 수 있다."[57]

아도르노는 1965년에 프랑크푸르트 독일 사회학회 교육사회학 위원회에서 강연한 「예술사회학 명제들」에서 음악사회학자 알폰스 질버만(Alphons Silbermann)을 비판했다.[58] 질버만에게 예술사회학은 예술 연구에서 가치판단을 배제하고, "예술 체험, 그것의 표현 방식과 영향 범위를 사회적 사실로서 고찰과 연구의 중점"으로 삼는 학문이다.[59] 이처럼 질버만은 수용의 차원에서 예술을 '사회적 사실'로 규정했다. 즉 작품이 감상자의 행동·사고·정서에 영향을 미치기 때문에 예술이 사회적 사실이라는 것이다. 그러나 아도르노가 보기에 예술과 사회의 관계는 '예술 체험(Kunsterlebnis)'에 관한 질버만의 정량화된 연구로는 인식할 수 없고, 예술의 생산력과 생산관계를 고찰함으로써만 파악할 수 있다.

더욱이 예술이 수용의 차원에서 "사회적 사실로 인식되면 사회학적 위치 규정이 예술보다 우월하다고 느끼고, 예술을 처리한다. 가치자유적인 실증주의적 인식의 객관성이 이른바 순전히 주관적인 미적 개별 입장의 위에서 매번 가정된다."[60] 즉 예술을 수용의 측면에서 사회적 사실로 규정한 사회학자들은 이론을 예술의 우위에 두고 예술을 관리하려 한다는 것이다. 그러한 학자들은 "원탁회의와 심포지엄"을 수없이 개최하면서 사회에 예술의 자리를 할당하려고 한다.[61] 이러한 이유로 아도르노는 실증주의적 예술사회학의 예술 이해에 반대한다.

4. 예술과 사회의 관계 – 작품에 내재하는 사회

아도르노는 예술이 "정신의 사회적 노동의 산물로서 항상 사회적 사실"이라고 말한다.[62] 여기서 아도르노가 말하는 '정신'은 헤겔 철학과 관련된다. 헤겔은 『정신현상학』에서 정신에 역사적이고 사회적인 의미를 부여했다. 즉 헤겔에게 정신은 영원불변하거나 자족적인 실체가 아니라, 시간에 따라 계속 변화하는 것인 동시에 자연물을 인공물로 바꾸는 인간의 노동과 관련된 것이다. 따라서 예술이 "정신의 사회적 노동의 산물"이라는 아도르노의 말은 예술 작품이 순전히 예술가의 개인적 '작업'의 결과물이 아니라, 예술 활동의 주체가 사회의 다른 주체들을 대신하여 행한 '노동'의 산물임을 뜻한다. 다시 말해 "예술 작품을 산출하는 예술가는 그것을 만들어 내는 각 개인이 아니라, 수동적 능동성을 통해, 사회적 주체 전체의 대리자가 된다."[63] 아도르노는 이러한 의미에서 예술을 '사회적 사실'로 규정했다. 뒤르켐에게 사회적 사실은 "개인의식의 상태"가 아니라 "이전의 사회적 사실들"에 의해 형성되어 개인들에게 강제력을 행사하는 것이다.[64] 이에 아도르노는 생산의 측면에서 예술과 사회의 관계를 고찰했다. 예술

작품은 다른 사회적 사실들을 토대로 생산되기 때문에 사회적 사실의 성격을 갖게 된다.

아도르노에 따르면 "예술은 보편자와 개별자의 사회적 변증법이 철저하게 주관 정신을 통해 나타나는 현상이다."[65] '주관 정신'인 개별 예술가는 다양한 미적 재료를 그가 고안한 형식 법칙을 통해 하나의 작품으로 형상화한다. 그렇게 예술가에 의해 결정체가 된 작품에는 사회가 내재한다. 그런데 작품 속에 들어 있는 사회는 마치 "암호 코드를 잃어버린 상형문자"와 같이 암시적이다.[66] 다시 말해 자율적으로 형성된 작품에는 사회가 사진처럼 가시적으로 재현된 것이 아니라 알 수 없는 방식으로 암호화되어 있다. 그 이유는 무엇보다 자율적 예술 작품 자신의 목적에 있다. 자율적 작품은 사회의 다른 목적을 모두 거부하고, 순전히 자기 자신의 형성만을 목적으로 삼는다. 그리하여 "예술은 기존 사회의 규범에 순응하고 '사회적으로 유용한' 것의 자격을 갖는 대신에 자기 자신으로 결정화(結晶化)됨으로써 그저 거기에 있다는 것만으로 사회를 비판한다."[67] 이것이 아도르노가 예술에 사회의 목적성을 부여하는 사르트르의 참여 문학론과 루카치의 리얼리즘론을 반대하는 기본적인 이유다.[68] 아도르노는 예술이 사회 변혁의 도구로 수단화되는 것에 반대한다. 예술은 어떤 이유로든 "자신의 자율성을 버리면, 기존 사회의 경영에 전념하게 된다."[69] 사회에 대한 예술의 안티테제는 사회에 대한 발언이나 참여가 아니라 오직 철저한 자율성을 통해서만 가능하다.

그렇다면 사회는 어떤 방식으로 예술 작품에 내재하게 되는가? 아도르노에 따르면 예술 작품 속에 사회는 기존 사회의 목적-수단 관계가 부정되는 방식으로 들어가게 된다. 그렇게 예술에서 부정되는 것은 인간의 자연 지배다. 자율적 예술은 사회의 다른 목적을 따르지 않음으로써 인간이 자기 보존을 위해 자연을 억누르고 파괴하는 행위에 반대한다.[70] 아도르노는 호르크하이머와 함께 쓴 『계몽의 변증법』의 「서언」에서 20세기에 인류가 "새로운 종류의 야만"에 빠졌다고 말하고, 그 궁극적 원인을 인간의 자기 보존 원칙에서 찾았다. 그렇게 사회에서 자연을 지배했던 이성은 예술에서 스스로 만든 형식 법칙이 되어 이질적인 것들을 지배 없이 하나의 전체로 구성한다. 그리하여 "예술은 오늘날까지 지배했던 것보다 더 나은 실천의 대리자일 뿐만 아니라 […] 잔혹한 자기 보존의 지배로서의 실천에 대한 비판"이 된다.[71] 아도르노가 보기에 인간은 자율적 예술을 통해 자연과 화해하는 유토피아를 희구한다. 그리하여 이성에 의해 억압된 외적 자연과 내적 자연에 목소리를 부여하려고 노력한다. 20세기 초에 독일과 오스트리아에서 일어난 표현주의 운동은 현대 예술의 이러한 경향을 대표한다.[72]

사회는 또한 예술 작품 속에서 '힘의 장(Kraftfeld)'으로 나타난다. 사회 내의 적대 관계들이 예술 작품 속에서 이질적 요소들의 대결로 나타나는 것이다.[73] 즉 "현실의 적대(Antagonismus)가 형식의 내재적 문제로서 예술 작품에서 되돌아온다."[74] 사회적 적대의 대표적 예는 부르주아 계급과 프롤레타리아 계급의 관계다. 맑스는 이러한 관계를 '계급 투쟁'이라는 개념으로 설명했다. 그리고 지금도 사회 전 영역에서 수많은 분쟁과 갈등이 일어나고 있다. 아도르노는 예술 작품에서 이러한 갈등이 비합리적 충동인 미메시스와 그것을 통제하려는 합리성의 긴장 관계로 나타난다고 본다. 예술 작품 속에서 미메시스와 합리성은 서로 조화를 이루거나 중재되지 않고 지속적으로 대결한다. 우리는 이렇게 보이지 않는 방식으로 내재한 예술 작품 속의 사회를 직접 관찰할 수는 없지만, 그것의 진리 내용은 철학적 언어로 해석할 수 있다. 이에 대해 아도르노는 다음과 같이 말한다.

사회에 예술이 내재하는 것이 아니라, 작품에 사회가 내재하는 것이 예술의 본질적인 사회적 관계다. 예술의 사회적 내용은 예술의 개별화 원리 밖으로 이주한 것이 아니라, 예술 편에서는 어떤 사회적인 것인 개별화 안에 거주하기 때문에 예술에는 자신의 고유한 사회적 본질이 숨어 있고,

예술의 해석에 의해 비로소 파악될 수 있다.[75]

5. 나가며

지금까지 나는 아도르노가 비판적으로 수용한 다양한 이론들이 그의 예술 이론과 어떻게 관계하는지를 추적했다. 그리하여 아도르노 미학의 주요 명제인 '자율성과 사회적 사실의 이중성'이 의미하는 바를 밝혔다. 시민 혁명 이후 예술은 사회의 제반 규범에 대해 자율성을 갖지만, 그와 동시에 사회의 전 주체를 대리하는 주관 정신에 의해 생산된다는 점에서 사회적 사실의 성격도 갖는다. 그러한 예술 작품의 사회적 본질은 작품 속에 비개념적인 언어로 보이지 않게 들어 있다.

그렇다면 우리 시대에 아도르노 미학이 어떤 의미가 있는지 생각해 보자. 나는 지금도 근본적인 변화 없이 지속되는 범국제적 자본주의 경제 체제가 인간의 물화와 소외 현상을 심화하는 이상 아도르노가 『미학 이론』을 썼던 1960년대와 현재 상황이 기본적으로는 크게 다르지 않다고 생각한다. 인터넷과 소셜 미디어의 대중화는 인간들이 자기 자신과 다른 개인들을 마치 물건처럼 대하게 만들고 있으며, 사람들의 마음속에 내면화된 경쟁은 그들의 삶의 에너지를 소진하게 만들고 있다.[76] 그래서 오늘날의 예술에도 이 같은 사회 현실에 대한 진리가 담겨 있어야 한다고 생각한다. 사회의 부정적 현실과 무관하게 감각적 즐거움만 꾀하는 작품은 예술이 아니라 경제적 목적에 의해 제작되고 소비되는 문화 상품일 뿐이다.

1 Theodor W. Adorno, Ästhetische Theorie (= ÄT), in: *Gesammelte Schriften* (= GS), vol. 7, Rolf Tiedemann (ed.), Suhrkamp 2003, p. 340.

2 대표적인 연구로는 크리스토프 멘케의 연구가 있다. Christoph Menke, *Die Souveränität der Kunst: Ästhetische Erfahrung nach Adorno und Derrida*, Suhrkamp 1991.

3 아도르노의 미학에서 '자율성과 사회적 사실의 관계'를 다룬 문헌은 다음과 같다. Albrecht Wellmer, "Über Negativität und Autonomie der Kunst: Die Aktualität von Adornos Ästhetik und blinde Flecken seiner Musikphilosophie", in: *Dialektik der Freiheit: Frankfurter Adorno-Konferenz 2003*, Axel Honneth (ed.), Suhrkamp 2005, pp. 237-278; Martin Mettin, Robert Zwarg, "Gesellschaft", in: *Theodor W. Adorno: Ästhetische Theorie*, Anne Eusterschulte, Sebastian Tränkle (eds.), De Gruyter 2021, pp. 203-218.

4 Adorno, ÄT, 16.

5 Adorno, ÄT, 192.

6 페터 뷔르거가 그의 『아방가르드의 이론』에서 잘 지적하고 있듯이, 부르주아 계급이 사회에서 지배력을 행사하기 이전에 예술은 대부분 실생활에 필요한 목적을 위해 생산되고 수용되었다. 그에 반해 시민 사회에서 예술은 "실생활의 외부에 있는 어떤 영역", 즉 예술의 고유한 영역에서 이루어졌다. 예술이 사회에서 자신만의 영역을 갖게 된 것이다. 페터 뷔르거, 『아방가르드의 이론』, 최성만 옮김, 지식을만드는지식 2009, p. 93.

7 Adorno, ÄT, 9.

8 Adorno, ÄT, 334.

9 Adorno, ÄT, 9.

10 Immanuel Kant, *Kritik der Urteilskraft*, in: *Kants gesammelte Schriften*, vol. 5, Wilhelm Windelband (ed.), De Gruyter 1908, p. 281, § 31.

11 Kant, *Kritik der Urteilskraft*, p. 217, § 9.

12 Friedrich Schiller, *Kallias oder über die Schönheit*, in: *Sämtliche Werke*, vol. 5, Wolfgang Riedel (ed.), Hanser 2008, p. 407.

13 Schiller, *Über Anmut und Würde*, in: *Sämtliche Werke*, vol. 5, pp. 433-488.

14 Adorno, ÄT, 22; Adorno, *Ästhetik* (1958/59), in: *Nachgelassene Schriften* (= NS), vol. IV.3, Eberhard Ortland (ed.), Suhrkamp 2009, p. 322 참조.

15 Adorno, ÄT, 22

16 Kant, *Kritik der Urteilskraft*, p. 204, § 2.

17 Adorno, ÄT, 11.

18 Adorno, "Ist die Kunst heiter?", in: *Noten zur Literatur* IV, GS 11, p. 599.

19 Adorno, "Ist die Kunst heiter?", pp. 599-600.

20 Adorno, *Jargon der Eigentlichkeit: Zur deutschen Ideologie*, in: GS 6, p. 523.

21 Adorno, ÄT, 98.

22 Adorno, ÄT, 210.

23 Adorno, "Ist die Kunst heiter?", p. 600.

24 바뤼흐 스피노자(Baruch Spinoza)의 『윤리학』에서 유래한 '자기 보존'은 『계몽의 변증법』의 핵심 개념이다. Theodor W. Adorno, Max Horkheimer, *Dialektik der Aufklärung* (= DA), in: GS 3, pp. 27-29 참조.

25 Adorno, ÄT, 210.

26 Kant, *Kritik der Urteilskraft*, p. 373, § 65.

27 Adorno, ÄT, 211.

28 Adorno, ÄT, 211.

29 발터 벤야민, 「언어 일반과 인간의 언어에 대하여」, 『언어 일반과 인간의 언어에 대하여, 번역자의 과제 외』, 최성만 옮김, 도서출판 길 2008, p. 75. 벤야민이 말하는 "언어적 본질"에 대해서는 하선규, 「발터 벤야민의 초기 언어철학 연구 (1): 「언어 논고」와 변증법적 사유의 형상을 중심으로」, 『미학예술학연구』, 70집, 2023, pp. 74-105 참조.

30 Adorno, ÄT, 189.

31 카프카는 「가장의 근심」에서 '오드라덱'에 대해 다음과 같이 말한다. "이 형상체가 이전에는 어떤 합목적적인 형태를 지녔었는데 지금은 부서져서 그런 것뿐이라고 생각할 수도 있을 것이다. 그러나 그런 것 같아 보이지는 않는다. 그렇게 생각할 만한 징후는 하나도 없다. 그런 것을 암시하는 근거가 될 만한 것은 전혀 없고 뭔가가 떨어져 나간 것 같은 부분도 없다. 전체로서 그것은 의미 없는 것처럼 보이긴 하지만 그 나름대로 완결되어 있다. [⋯] 장차 그는 어떻게 될 것인가, 이렇게 질문해보지만 소용없는 일이다. 그는 도대체 죽을 수나 있는 것일까? 모든 죽는 것들은 이전에 일종의 목적을 가지고 활동을 하다가 그것에 지쳐 죽는 것이다. 그것은 오드라덱에게는 적용되지 않는다." 프란츠 카프카, 「가장의 근심」, 『오드라덱이 들려주는 이야기』, 김영옥 옮김, 문학과지성사 1996, pp. 101-102.

32 아도르노는 「카프카에 대한 소묘들」에서 죽을 수 없는 존재인 오드라덱이 "인간과 사물 사이의 무인지대"에 있다고 말하면서 인간도 아니고 단순한 사물도 아닌 오드라덱의 불가해한 성격을 강조한다. Adorno, "Aufzeichnungen zu Kafka", in: *Prismen*, GS 10.1, p. 276. 아도르노는 또한 1935년 8월 2일에 벤야민에게 쓴 편지에서 오드라덱을 "쓸모없이 살아남은 상품"으로 보고, 그것을 낡은 파사주나 버려진 고물들에 주목한 초현실주의자들과 관련짓는다. Theodor W. Adorno/Walter Benjamin, *Briefwechsel 1928-1940*, Henri Lonitz (ed.), Suhrkamp 1994, p. 143.

33 Wellmer, "Über Negativität und Autonomie der Kunst", p. 250 참조.

34 Adorno, "Zur gesellschaftlichen Lage der Musik", in: GS 18, pp. 729-777; 막스 패디슨, 『아도르노의 음악미학』, 최유준 옮김, 작은이야기 2010, pp. 149-162 참조.

35 아도르노가 프린스턴 라디오 연구소에서 수행한 연구에 대해서는 마틴 제이, 『변증법적 상상력: 프랑크푸르트학파와 사회연구소의 역사, 1923~1950』, 노명우 옮김, 돌베개 2021, pp. 342-349 참조.

36 Adorno, *Einleitung in die Musiksoziologie* (1968), in: GS 14, p. 409.

37 Adorno, "Ideen zur Musiksoziologie", in: *Klangfiguren*, GS 16, p. 20; 노명우, 『계몽의 변증법

을 넘어서: 아도르노와 쇤베르크』, 문학과지성사 2002, pp. 190-193 참조.

38 Adorno, "Einleitung zu Emile Durkheim, Soziologie und Philosophie"(1967), in: GS 8, pp. 245-279 참조. 뒤르켐에 대한 아도르노의 비판적 입장은 Julia Christ, "Critique of politics: Adorno on Durkheim", in: *Journal of Classical Sociology*, vol. 17(4), 2017, pp. 331-341 참조.

39 Adorno, *Einleitung in die Soziologie* (1968), in: NS IV.15, Christoph Gödde (ed.), Suhrkamp 2003, pp. 132-133 참조.

40 아도르노는 『미학 이론』을 쓰기 이전에도 장-폴 사르트르(Jean-Paul Sartre)의 참여 문학론을 비판한 글인 「앙가주망」(1962)에서 '사회적 사실'에 대해 짧게 언급한 바 있다. Adorno, "Engagement", in: *Noten zur Literatur* III, GS 11, p. 414 참조.

41 뒤르켐, 『사회학적 방법의 규칙들』, 민혜숙 옮김, 이른비 2021, p. 76.

42 사회적 사실의 "외재성 · 강제성 · 보편성 · 독립성"에 대해서는 김덕영, 『에밀 뒤르케임: 사회 실재론』, 도서출판 길 2019, pp. 134-135 참조.

43 뒤르켐, 『사회학적 방법의 규칙들』, p. 65.

44 Adorno, *Einleitung in die Soziologie*, p. 195.

45 뒤르켐, 『자살: 사회학적 연구』, 변광배 옮김, 세창출판사 2021, p. 367 참조.

46 Adorno, "Notiz über Sozialwissenschaftliche Objektivität", in: GS 8, p. 240.

47 뒤르켐은 『종교생활의 원초적 형태』에서 그 스스로 사회를 자연화하기도 한다. 뒤르켐에 따르면 "사회는 자연의 일부이며 자연의 가장 고매한 표상이다. 따라서 사회의 영역이란 자연의 한 영역이며, 사회의 영역이 좀더 복잡하다는 점에서만 다른 것들과 구별된다." 뒤르켐, 『종교생활의 원초적 형태』, 민혜숙, 노치준 옮김, 한길사 2020, p. 144; 김덕영, 『에밀 뒤르케임: 사회실재론』, p. 315 참조.

48 게오르크 루카치, 『소설의 이론』, 김경식 옮김, 문예출판사 2007, p. 70.

49 아도르노는 「자연사의 이념」에서 루카치가 말한 '제2의 자연' 개념을 역사철학적 개념으로 수용한다. Adorno, "Die Idee der Naturgeschichte", in: GS 1, pp. 355-357 참조.

50 이것은 칼 맑스와 프리드리히 엥겔스의 이데올로기 개념에 해당하는 것으로 볼 수 있다. 이들은 인간 노동의 산물이 인간과 분리되어 자립한 것처럼 보이는 현상을 이데올로기라고 불렀다. Karl Marx, Friedrich Engels, *Die deutsche Ideologie*, in: *Marx-Engels-Werke*, vol. 3, Dietz 1990, p. 26 참조.

51 뒤르켐, 『사회학적 방법의 규칙들』, p. 63.

52 뒤르켐은 사회적 사실과 관련하여 옷의 스타일과 가옥의 형태를 언급하지만, 그러한 것들을 예술 전반에 관한 논의로 보기는 어렵다. 에밀 뒤르켐, 『사회학적 방법의 규칙들』, p. 74 참조.

53 아도르노에 따르면 "경험적 현실과 사회적 영향의 맥락으로부터 분리된 것이면서 동시에 경험적 현실과 사회적 영향의 맥락들 속으로 빠져드는 예술의 이중성은 미적 현상들에서 직접적으로 나타난다. 이것들은 두 가지, 미적이고 사회적 사실이다." ÄT, 374-375.

54 Adorno, ÄT, 340.

55 Adorno, "Über den Fetischcharakter in der Musik und die Regression des Hörens", GS 14, pp. 14-50; 제이, 『변증법적 상상력』, pp. 343-345 참조.

56 아도르노의 경험적 예술사회학 비판에 대해서는 이하준, 「예술과 사회의 매개」, 『부정과 유

토피아: 아도르노의 사회인식론』, 세창출판사 2019, pp. 284-289 참조.

57 Adorno, ÄT, 338. 아도르노는『음악사회학 입문』에서 음악사회학 연구의 초점을 수용이 아니라 생산에 맞춘다. "생산력과 생산관계의 관계에 대한 사회적 문제는 음악사회학에 무리 없이 적용될 수 있다. 생산력에는 음악에서 좁은 의미의 생산, 즉 작곡 행위뿐 아니라 재생산자의 살아 있는 예술 노동과 이질적으로 결합된 전체 기술, 즉 음악 내적 기술과 작곡 기술, 재생산자의 연주 능력, 그리고 오늘날 매우 중요한 의미를 갖는 기계적 재생산 절차 방식도 포함된다. 그에 비해 생산관계는 모든 음향과 그에 대한 반응이 결부된 경제적이고 이데올로기적인 조건이다." Adorno, *Einleitung in die Musiksoziologie*, in: GS 14, p. 422.

58 Adorno, "Thesen zur Kunstsoziologie", in: *Ohne Leitbild*, GS 10.1, pp. 372-374.

59 Alphons Silbermann, "Kunst", in: *Fischer Lexikon*, vol. 10, Soziologie, René König (ed.), Fischer 1967, p. 167. 페터 뷔르거에 따르면 질버만에게 "예술사회학은 예술 작품의 영향의 데이터를 준비하는 것으로 정의된다. 그렇지만 대상의 면밀한 설정이란 예술사회학이 관여하고 있는 대상, 즉 예술 작품의 특수성을 사회학자가 도외시할 경우에만 성공할 수 있다. 이에 반해 아도르노는 질버만으로 대표되는 대상 규정에 이의를 표하며, 대신 변증법적·유물론적 대상 규정을 내세운다. 그는 예술사회학을 예술 작품의 영향의 경험적 파악으로 제한하는 데 반대한다." 페터 뷔르거,『미학 이론과 문예학 방법론』, 김경연 옮김, 문학과지성사 1993, pp. 138-139.

60 Adorno, ÄT, 371-372.

61 Adorno, ÄT, 371.

62 Adorno, ÄT, 335.

63 Adorno, "Der Artist als Statthalter", in: *Noten zur Literatur* Ⅰ, GS 11, p. 126. 폴 발레리(Paul Valéry)의『드가, 댄스, 데생』의 독일어 번역본에 대한 서평인 이 글에서 아도르노는—발레리의 시각을 통해—레오나르도 다 빈치와 같은 천재를 자연적 재능의 소유자가 아니라, 작품의 완성을 위해 필사적으로 노력한 사회적 노동자로 본다.

64 뒤르켐에 따르면 "사회적 사실을 결정하는 원인은 개인의식의 상태가 아니라 이전의 사회적 사실들 안에서 찾아야 한다." 뒤르켐,『사회학적 방법의 규칙들』, p. 206.

65 Adorno, ÄT, 451.

66 Adorno, ÄT, 189.

67 Adorno, ÄT, 335.

68 Adorno, ÄT, 365-368, 376-380 참조. 사르트르의 참여 문학론에 대한 아도르노의 비판은 Adorno, "Engagement", in: *Noten zur Literatur* Ⅲ, GS 11, pp. 409-430; 루카치의『오해된 리얼리즘에 반대하여』에 대한 아도르노의 반론은 Adorno, "Erpreßte Versöhnung", in: *Noten zur Literatur* Ⅱ, GS 11, pp. 251-280 참조.

69 Adorno, ÄT, 352.

70 Adorno, DA, 11 참조.

71 Adorno, ÄT, 26.

72 Adorno, Ästhetik (1958/59), pp. 78-86 참조.

73 아도르노에 따르면 "부르주아 사회는 적대적 총체성이다. 부르주아 사회는 오직 자신의 적

대들만을 통해서 생명을 유지하며, 그 적대들을 중재할 수 없다." Adorno, *Drei Studien zu Hegel*, in: GS 5, p. 274. 사회의 적대 관계에 대한 아도르노의 비판적 사유는 Borhane Blili-Hamelin, Arvi Särkelä, "Unsocial Society: Adorno, Hegel, and Social Antagonisms", in: *Hegel and the Frankfurt School*, Paul Giladi (ed.), Routledge 2020, pp. 53-88 참조.

74 Adorno, ÄT, 16.

75 Adorno, ÄT, 345. 인용문에 나오는 "개별화 원리(principium individuationis)"는 아르투어 쇼펜하우어(Arthur Schopenhauer)가 『의지와 표상으로서의 세계』에서 제시한 개념으로서 "시간과 공간"을 가리킨다. 아르투어 쇼펜하우어, 『의지와 표상으로서의 세계』, 홍성광 옮김, 을유문화사 2019, p. 176. 아도르노는 개별화 원리인 시간과 공간 내에서 예술의 "사회적 본질(gesellschaftliches Wesen)"을 경험하는 것이 진정한 예술 경험이라고 본다.

76 21세기 현대 사회의 물화 현상에 대해서는 악셀 호네트, 『물화: 인정이론적 탐구』, 강병호 옮김, 나남 2015, pp. 130-140 참조. 소외 현상에 대해서는 하르트무트 로자, 『소외와 가속: 후기 근대 시간성 비판』, 김태희 옮김, 앨피 2020 pp. 118-139 참조.

참고문헌

게오르크 루카치,『소설의 이론』, 김경식 옮김, 문예출판사 2007.

김덕영,『에밀 뒤르케임: 사회실재론』, 도서출판 길 2019.

노명우,『계몽의 변증법을 넘어서: 아도르노와 쇤베르크』, 문학과지성사 2002.

마틴 제이,『변증법적 상상력: 프랑크푸르트학파와 사회연구소의 역사, 1923~1950』, 노명우 옮김, 돌베개 2021.

막스 패디슨,『아도르노의 음악미학』, 최유준 옮김, 작은이야기 2010.

발터 벤야민,『언어 일반과 인간의 언어에 대하여, 번역자의 과제 외』, 최성만 옮김, 도서출판 길 2008.

아르투어 쇼펜하우어,『의지와 표상으로서의 세계』, 홍성광 옮김, 을유문화사 2019.

악셀 호네트,『물화: 인정이론적 탐구』, 강병호 옮김, 나남 2015.

에밀 뒤르켐,『사회학적 방법의 규칙들』, 민혜숙 옮김, 이른비 2021.

에밀 뒤르켐,『자살: 사회학적 연구』, 변광배 옮김, 세창출판사 2021.

에밀 뒤르켐,『종교생활의 원초적 형태』, 민혜숙, 노치준 옮김, 한길사 2020.

이하준,『부정과 유토피아: 아도르노의 사회인식론』, 세창출판사 2019.

페터 뷔르거,『미학 이론과 문예학 방법론』, 김경연 옮김, 문학과지성사 1993.

페터 뷔르거,『아방가르드의 이론』, 최성만 옮김, 지식을만드는지식 2009.

프란츠 카프카,『오드라덱이 들려주는 이야기』, 김영옥 옮김, 문학과지성사 1996.

하르트무트 로자,『소외와 가속: 후기 근대 시간성 비판』, 김태희 옮김, 앨피 2020.

하선규,「발터 벤야민의 초기 언어철학 연구 (1):「언어 논고」와 변증법적 사유의 형상을 중심으로」,『미학예술학연구』, 70집, 2023, pp. 74-105.

Adorno, Theodor W., *Gesammelte Schriften*, Rolf Tiedemann (ed.), Suhrkamp 2003.

Adorno, Theodor W., *Ästhetik* (1958/59), in: *Nachgelassene Schriften*, vol. IV.3, Eberhard Ortland (ed.), Suhrkamp 2009.

Adorno, Theodor W., *Einleitung in die Soziologie* (1968), in: *Nachgelassene Schriften*, vol. IV.15, Christoph Gödde (ed.), Suhrkamp 2003.

Adorno, Theodor W./Benjamin, Walter, *Briefwechsel 1928–1940*, Henri Lonitz (ed.), Suhrkamp 1994.

Blili-Hamelin, Borhane/Särkelä, Arvi, "Unsocial Society: Adorno, Hegel, and Social Antagonisms", in: *Hegel and the Frankfurt School*, Paul Giladi (ed.), Routledge 2020, pp. 53-88.

Christ, Julia, "Critique of politics: Adorno on Durkheim", in: *Journal of Classical Sociology*, vol. 17(4), 2017, pp. 331-341.

Kant, Immanuel, *Kritik der Urteilskraft*, in: *Kants gesammelte Schriften*, vol. 5, Wilhelm Windelband (ed.), De Gruyter 1908.

Marx, Karl/Engels, Friedrich, *Die deutsche Ideologie*, in: *Marx-Engels- Werke*, vol. 3, Dietz 1990.

Menke, Christoph, *Die Souveränität der Kunst: Ästhetische Erfahrung nach Adorno und Der-*

rida, Suhrkamp 1991.

Mettin, Martin/Zwarg, Robert, "Gesellschaft", in: *Adorno: Ästhetische Theorie*, Anne Euster-schulte, Sebastian Tränkle (eds.), De Gruyter 2021.

Schiller, Friedrich, "Kallias oder über die Schönheit", in: *Sämtliche Werke*, vol. 5, Wolfgang Riedel (ed.), Hanser 2008, pp. 394-433.

Schiller, Friedrich, "Über Anmut und Würde", in: *Sämtliche Werke*, vol. 5, Wolfgang Riedel (ed.), Hanser 2008, pp. 433-488.

Silbermann, Alphons, "Kunst", in: *Fischer Lexikon*, vol. 10, Soziologie, René König (ed.), Fischer 1967, pp. 164-174.

Wellmer, Albrecht, "Über Negativität und Autonomie der Kunst: Die Aktualität von Adornos Ästhetik und blinde Flecken seiner Musikphilosophie", in: *Dialektik der Freiheit: Frankfurter Adorno-Konferenz 2003*, Axel Honneth (ed.), Suhrkamp 1985, pp. 237-278.

테오도르 W. 아도르노와 파울 첼란:
아우슈비츠 이후 글쓰기. 이론과 실천[*]

이 진 영

I. 들어가는 말

테오도르 W. 아도르노(1903~1969)와 파울 첼란(1920~1970)은 전후 독일 문화계의 주요 인물들로 전자는 철학자로 후자는 시인으로서 문명의 한복판에서 아우슈비츠로 통칭되는 전대미문의 야만을 겪고 난 이후 독일 사회의 과거사 반성과 아우슈비츠 이후의 삶과 예술에 대해 성찰을 제공했다. 첼란과 아도르노는 둘 다 유대인 출신으로 나치의 유대인 박해의 피해자라는 공통점이 있다. 그러나 프랑크푸르트의 동화된 유대인 가정 출신인 아도르노와 동유럽 변방 도시 체르노비츠 출신 유대인인 첼란은 유대적인 것과의 관계에 있어서 차이를 보인다. 아도르노가 아우슈비츠를 순수 동일성이 지배한 공간으로 비판한 것과 마찬가지로 유대인들을 단순히 홀로코스트의 피해자로, 하나로 묶어 바라보는 시각 또한 같은 논리 아

---

[*] 이 글은 2023년 프랑크푸르트학파 100주년 기념 학술대회에서 발표한 발표문을 수정, 보완하여 다음 논문으로 『독어독문학』에 수록되었다. 이진영, 「테오도르 W. 아도르노와 파울 첼란 - 아우슈비츠 이후 글쓰기. 이론과 실천」, 『독어독문학』 제168집(2023.12), 25-48쪽, 한국독어독문학회.

래에 있는 것이다. 본 글에서는 그러한 관점에서 한걸음 나아가 아도르노와 첼란의 관계를 다양한 각도에서 살펴볼 것이다. "아우슈비츠 이후 시를 쓰는 것은 야만"이라고 선언했던 아도르노와 아우슈비츠 이후에도 여전히 부모를 죽음으로 몰고 간 살인자들의 언어이자 모국어인 독일어로 시를 써야만 했던 첼란은 '아우슈비츠 이후'라는 문화적 담론에서 떼려야 뗄 수 없는 상관관계에 놓여 있다. 따라서 본 글에서는 먼저 아도르노의 아우슈비츠 발언을 둘러싼 아도르노와 첼란의 관계를 조명한다. 논쟁 전개 과정, 아도르노의 발언에 대한 첼란의 반응을 소개하면서 아우슈비츠 이후 서정시를 바라보는 둘의 다른 관점을 부각시켜보려 한다. 나아가 아도르노와 첼란의 관계를 개인적 차원에서 들여다본다. 여기에서는 각각의 성장 배경과 그로부터 비롯된 유대적 정체성에 대한 입장, 서신교환, 교류의 양상과 그 문학적 반영 형태를 다룬다. 마지막으로 아도르노의 미학이론과 첼란의 문학적 실천의 영향 관계를 첼란의 아도르노 독해를 통해 밝히고자 한다.

II. 아우슈비츠 이후 서정시

아도르노는 미국 망명 생활 이후 독일로 돌아와 프랑크푸르트 대학에 자리를 잡고 1969년 스위스에서 심근경색으로 갑작스런 죽음에 이르기까지 호르크하이머와 함께 프랑크푸르트 학파의 중심인물로 활약했다. 전후 독일사회에서 "과거청산이라는 주제를 선취한 최초의 사회학자"(Albrecht 1999, 235, 김누리 2017, 282 재인용)로 평가될 만큼 아도르노는 전후 독일사회에서 "과거청산의 가장 중요한 전문가"(ebd.)로 학문적 활동뿐 아니라 방송 및 언론을 통해 일반 대중들에게까지 이름을 알리며 파시즘적 사고에서 벗어나지 못한 대중 '계몽'을 위해 교육자적 역할을 수행했다. 과거청산이라는 공적 담론 영역에서 중심적 역할을 하는 아도르노인 만큼 "아우슈비츠 이후 시를 쓰는 것은 야만"이라는 그의 발언은 커다란 파장을 불러일으켰다. 이 발언은 1951년 「문화비평과 사회」라는 제목의 글에서 처음 출판되었고(Adorno 1951), 1955년 『프리즘』에 수록되면서 널리 알려지게 되었다(Vgl. Seng 1998, 260). 이 문장은 홀로코스트 이후 모든 문학에 대한, 아우슈비츠로 대표되는 수용소 현실을 언어로 표현하는 것에 대한 금지로 이해되었을 뿐 아니라 예술 전반에 대한 유죄 판결로 받아들여졌다. 이 발언은 이후 치열한 논쟁의 대상이 되면서 반대 테제 및 작품을 통한 시인들의 저항을 불러일으켰고(Kiedaisch 2006), 아우슈비츠 이후 예술을 논할 때 가장 먼저 거의 빠짐없이 인용될 정도로 유명한 문장이 되었다. 독일어권을 통틀어 스위스, 오스트리아, 동독에 비해 서독에서는 적어도 1989년까지 아도르노의 테제와의 대결이 테마였다고 한다(Vgl. Kiedaisch 2006, 20).

수용소 현실을 다룬 시 「죽음의 푸가(Todesfuge)」로 유명한 시인 파울 첼란은 1952년 5월 독일 니엔도르프(Niendorf)에서 열린 47그룹의 낭독회에서 「죽음의 푸가」를 비롯한 시들을 낭송하면서 주목받았고, 1947년 루마니아어 번역으로 처음 출간된 「죽음의 푸가」는 1952년 첼란의 첫 시집 『양귀비와 기억』에 실리면서 본격적으로 대중들에게 알려지게 되었다. 이후 「죽음의 푸가」는 "아우슈비츠 이후 시문학의 총괄이 된 시", "유럽 전후 문학의 게르니카"(Felstiner 2000, 53), "아마도 가장 저명한 홀로코스트 시"(Scherpe 1996, 258)라는 평가를 받기에 이른다. 이처럼 첼란은 전후 독일에서 쇼아의 경험을 시로 쓰는 시인으로 잘 알려져 있었기에—아도르노는 예의 발언 당시 첼란의 시 「죽음의 푸가」를 알지 못했을 거라고 알려져 있지만—아도르노의 발언을 자신의 시문학에 대한 유죄판결로 읽었다고 한다(Seng 2003, 161). 따라서 첼란은 1951년 아도르노의 '아우슈비츠 이후 서정시'에 관한 최초 발언 이후 「저 이십 년대(Jene zwanziger Jahre)」(1962), 「앙가주망(Engagement)」(1962), 『부정변증법』(1966), 「예술과 예술들(Die Kunst und die Künste)」(1966)로 이어지는 논의 전개 과정을 주의 깊게 지켜보았던 것으로 전해진다(Seng 2003, 153). 1966년 아도르노는 『부정변증법』에서 처음으로 자신의 테제를 수정하기에 이른다. 『부정변증법』의 마지막 장인 「형이상학에 대한 명상들(Meditationen zur Metaphysik)」의 앞 두 챕터 「아우슈비츠 이후(nach Auschwitz)」와 「형이상학과 문화(Metaphysik und Kultur)」에서 아우슈비츠 이후 예술의 문제가 언급된다.

> 고문당하는 자가 비명을 지를 권한을 지니는 만큼 끊임없는 고통은 표현의 권리를 지닌다. 따라서 아우슈비츠 이후 시를 쓸 수 없으리라고 한 말은 잘못이었을 것이다.[1]
> Das perennierende Leiden hat soviel Recht auf Ausdruck wie der Gemarterte zu brüllen; darum mag falsch gewesen sein, nach Auschwitz ließe sich kein Gedicht mehr schreiben (Adorno ND, 355).

「아우슈비츠 이후」에서 아도르노는 자신의 테제의 오류 가능성을 처음으로 인정하고는 있으나 아우슈비츠 이후 시의 수준은 여전히 낮게 평가되어 있다. 위의 발언에 따르면, 아우슈비츠 이후의 시는 고통의 표현에 대한 권리라는 측면에서 정당화된다. 그러나 고문당하는 사람이 비명을 지르는 것은 권한의 문제가 아니라 본능에서 나오는 동물적 표현에 다름 아니다. 물론 아도르노는 앞서 1962년 발표된 「저 이십 년대」의 말미에 "세상이 몰락을 경험했음에도 의식 없는 역사서술로서 예술을 필요로 한다. 현재 진정한 예술가들의 작품에서는 극도의 공포가 전율한다"[2]고 밝힌 바 있다. 경악의 역사가 주체에 남긴 전율을 기술하는 예술의 필요성을 인정하고 있는 것이다. 인용된 부분을 첼란은 밑줄을 치면서 읽었고(Celan 2004, 259), 아도르노에게 보낸 1962년 1월 21일자 편지에서 그 마지막 문장을 통해 아도르노 개인에게 가깝게, 말을 걸 수 있게 되었다고 토로하며 대화를 청하고 있다(Celan/Adorno 2003, 186).[3] 아우슈비츠 이후 서정시를 야만이라고 규정했던 애초의 입장에서 벗어나 예술의 필요성을 인정한 부분에서 첼란은 아도르노와의 대화 가능성을 보았던 것으로 보인다. 그러나 아도르노는 「형이상학과 문화」에서 아우슈비츠 이후 문화 전반에 대해 다음과 같이 진단한다.

아우슈비츠는 문화의 실패를 여지없이 입증했다. 그것이 철학과 예술, 계몽적 학문들의 모든 전통 가운데에서 일어날 수 있었다는 것은, 이것들, 곧 정신이 인간을 사로잡아 변화시킬 수 없었다는 것 그 이상을 말한다. 그 영역들 자체 속에, 그것들의 자족성에 대한 강력한 요구 속에 비진리가 자리잡고 있는 것이다. 아우슈비츠 이후의 문화는 그것에 대한 절박한 비판을 포함하여 모두 쓰레기다. […] 문화는 전적으로 이데올로기가 되었다. […] 근본적으로 유죄이며 초라한 문화의 유지를 옹호하는 자는 공범자가 된다. 반면 문화를 거부하는 자는 곧바로 야만을 — 문화가 야만임이 드러났지만 — 촉진하게 된다. 침묵도 결코 이러한 순환에서 벗어나지 못한다.

[...]hat Auschwitz das Mißlingen der Kultur unwiderleglich bewiesen. Daß es geschehen konnte inmitten aller Tradition der Philosophie, der Kunst und der aufklärende Wissenschaften, sagt mehr als nur, daß diese, der Geist, es nicht vermochte, die Menschen zu ergreifen und zu verändern. In jenen Sparten selber, im emphatischen Anspruch ihrer Autarkie, haust die Unwahrheit. Alle Kultur nach Auschwitz, samt der dringlichen Kritik daran, ist Müll. [...] ist sie gänzlich zu der Ideologie geworden. [...] Wer für Erhaltung der radikal schuldigen und schäbigen Kultur plädiert, macht sich zum Helfershelfer, während, wer der Kultur sich verweigert, unmittelbar die Barbarei befördert, als welche die Kultur sich enthüllte. Nicht einmal Schweigen kommt aus dem Zirkel heraus(Adorno ND, 359f).

아우슈비츠 이후의 문화가 모두 쓰레기라는, 문화에 대한 비관적 진단
은 일찍이 "비판이론의 가장 어두운 책"(Habermas 1988, 130)이라 불린 『계
몽의 변증법』에서부터 드러나는 일관된 입장이라 할 수 있다. 지배와 결탁
해 도구적 이성으로 전락한 이성의 자기성찰이 가능한 영역으로 남아 있
던 예술은, 문화산업론에 따르면, 후기자본주의 사회에서 대중문화와 영
합하면서 이데올로기로 변질되고, 문화는 대중에게 기분전환과 값싼 위안
을 제공하는 오락거리를 생산할 뿐이다. 그럼에도 불구하고 계몽이 야만
으로 전락한 파국에 대한 극복으로 아도르노는 계몽의 계몽을 주장했다.
마찬가지로 아도르노는 '아우슈비츠 이후'에 대한 성찰의 결론을 사유의
자기반성으로 끝맺고 있다.

부정변증법이 사유의 자기반성을 요구한다면, 사유는 진리가 되기 위해
서는 오늘날 어쨌든 자기 자신에 반해서도 사유해야 한다. 사유가 자신을
개념에서 벗어나는 가장 극단적인 것과 견주지 않는다면, 사유는 애초에
친위대가 희생자들의 비명을 압도하기 위해 즐겨 사용한 음악과 같은 것
이다.
Erheischt negative Dialektik die Selbstreflexion des Denkens, so impli-
ziert das handgreiflich, Denken müsse, um wahr zu sein, heute jedenfalls,
auch gegen sich selbst denken. Mißt es sich nicht an dem Äußersten, das
dem Begriff entflieht, so ist es vorweg vom Schlag der Begleitmusik, mit
welcher die SS die Schreie ihrer Opfer zu übertönen liebte(Adorno ND,
358).

아우슈비츠 이후 시를 쓰는 것은 야만이라는 말이 초래한 논쟁적 반응

에 비해 저자 스스로 처음 자신의 발언을 수정한 이 부분에서 사유의 자기 반성이라는 기존의 입장만 반복될 뿐 아우슈비츠 이후 시로 대표되는 문학, 예술이 나아가야 할 방향에 대해서는 구체적인 언급이 없다. 눈에 띄는 점은 베케트, 카프카, 브레히트와 같은 작가들의 이름이 언급되지만 누가 봐도 첼란의 시 「죽음의 푸가」를 떠올릴 만한 부분에서조차 첼란의 이름은 언급되지 않는다는 것이다.

> 수용소의 사디스트들이 희생자들에게 한 말, "내일이면 너는 연기가 되어
> 이 굴뚝 밖으로 나가 하늘에 서려 있을 것이다"라는 말은 각 개인의 삶이
> 아무 상관없다는 것을 지칭하는 것인데, 역사는 그런 상태를 향해 움직여
> 간다.
> Was die Sadisten im Lager ihren Opfern ansagten: morgen wirst du als
> Rauch aus diesem Schornstein in den Himmel dich schlängeln, nennt die
> Gleichgültigkeit des Lebens jedes Einzelnen, auf welche Geschichte sich
> hinbewegt (Adorno ND, 355).

"내일이면 너는 연기가 되어 … 하늘에 서려 있을 것이다"라는 부분은 첼란의 시 「죽음의 푸가」에 나오는 구절 "너희들은 연기가 되어 공중으로 오른다/ 그러면 너희들은 구름 속에 무덤을 갖는다"[4]를 직접적으로 연상시킨다. 그럼에도 불구하고 첼란의 이름이나 시 제목은 언급되지 않는다. 반면, 위의 문장이 나오기 직전 아도르노는 베케트를 직접 인용한다.

> 아우슈비츠는 순수 동일성은 죽음이라는 철학적 명제를 확인시켜준다.
> 베케트의 "승부의 끝"에 나오는 적나라한 발언, 즉 이제는 그렇게 두려워
> 할 것이 없으리라는 말은 수용소에서 최초의 본보기를 제공한 실천에 대
> 한 반응이다.

Auschwitz bestätigt das Philosophem von der reinen Identität als dem Tod. Das exponierteste Diktum aus Becketts Endspiel: es gäbe gar nicht mehr soviel zu fürchten, reagiert auf eine Praxis, die in den Lagern ihr erstes Probestück lieferte (Adorno ND, 355).

또한 앞선 인용에서 "친위대가 희생자들의 비명을 압도하기 위해 즐겨 사용한 음악"이라는 부분은 「죽음의 푸가」에서 반복, 변주되어 나타나는 구절, "그는 우리에게 명령한다 이제 무도곡을 연주하라"[5]를 떠올린다. 「죽음의 푸가」는 수용소의 음악을 테마로 한 첫 번째 문학작품(Lamping 1998, 102)으로 알려져 있다. 이어지는 「형이상학과 문화」의 말미에 아도르노는 수용소 문학을 언급하면서 다시 한 번 베케트를 언급하지만 첼란의 이름은 어디에도 등장하지 않는다. 젱은 아도르노가 『부정변증법』에서 자신의 테제를 수정한 부분에서 첼란과 「죽음의 푸가」를 말하고 있음이 "행간에서" "매우 분명하게"(Seng 2003, 161) 나타난다고 한다. 첼란의 시문학이 자신의 발언을 새로이 정식화하는 데에 중요한 역할을 한 것을 그가 보여주고자 한 것으로 보인다고 말한다(ebd.). 그에 대한 증거로 그는 아도르노가 첼란에게 보낸 마지막 편지에서 출판사를 통해 『부정변증법』이 첼란에게 무언가를 말해주었다는 소식을 전해 듣고 기뻐했다고 말하는 부분을 제시한다(ebd.). 또한 위의 인용에서 보듯 첼란의 시 「죽음의 푸가」와 유사성이 드러나는 문장들도 지적한다. 젱의 지적대로 자신의 테제를 처음으로 수정하는 부분에서 첼란의 시가 암시되고 있음은 명백하지만, 그것은 어디까지나 "행간"에 머물 뿐 첼란의 이름이나 작품명은 언급되지 않는다. 여기서 드러나는 것은 아도르노가 자신의 테제를 수정하는 데에 첼란의 시가 결정적인 영향을 끼쳤다는 긍정적인 면뿐 아니라, 첼란에 대한 아도르노의 부정적이고 유보적인 태도이다. 첼란은 불특정성(Unbestimmtheit), 무명성(Namenlosigkeit), 비개념성(Nichtbegrifflichkeit)의 영역에 머무르고 있는 것이다. 이러한 특성은 둘 간의 개인적 관계에서도 드러나는데 이에 대해서는 다음 장에서 자세히 다룰 것이다. 이러한 태도는 아우슈비츠에 대한 아도르노의 접근방식에도 나타난다. 「아우슈비츠 이후」에서 나치의 유대인 학살은 흔히 사용되는 홀로코스트나 쇼아라는 표현 대신 자연적 파국과 대비되는 "사회적 파국", "민족말살", "일어났던 일(was geschah)"로 지칭된다. "절대적 통합"으로서의 "대량학살"은 "인간들이 획일화되는 곳이면 어디서나 등장하게 된다"(Adorno ND, 355)는 주장에서도 홀로코스트의 일회성이나 역사성보다는 발생학적 측면에서의 보편성이 강조되어 있다. 수용소에서 죽은 것은 개인이 아니라, 동일한 다수 중 하나(Exemplar)였다는(Adorno ND, 355) 비판에도 그 구체적 사례였던 유대인에 대한 언급은 없다. 텍스트 전체에 유대인이라는 표현은 등장하지 않고, "희생자", "개인", "동일한 다수 중 하나" 등으로 추상화되어 있다. 첼란에게 보낸 마지막 편지에서 아도르노는 이미 오래 전에 계획한 첼란의 시(특히 시집 『언어격자(Sprachgitter)』)에 대한 작업이 끝을 맺지 못하고 있음을 보고하고 있다(Celan/Adorno 2003, 197). 아우슈비츠 이후 서정시 문제를 둘러싼 아도르노와 첼란의 유예된 관계를 정식화하려고 시도한 것은 둘 사이 만남을 주선하고 중재하려고 애쓴 손디(Szondi)였다. 첼란의 시집 『언어격자』에 실린 장시 「스트레토(Engführung)」에 대한 분석을 담은 긴 에세이를 발표한 손디는 다음과 같이 밝힌다.

수용소의 현재화는 첼란 시문학의 끝이 아니라 전제이다. 아주 정확한 의미에서 「스트레토」는 너무 유명해진 아도르노의 주장, 아우슈비츠 이후 시를 쓰는 것은 불가능하다라는 주장에 대한 반박이다. 베케트와 더불어 전후 시대 가장 중요한 시인으로 여기는 첼란에 대해 수년 전부터 긴 에세이를 쓰려던 아도르노는 아마 자신의 테제가 어떤 오해에 처해 있는지, 아마 그 테제가 잘못된 것이었다는 것을 알고 있었을 것이다.

So ist die Aktualisierung der Vernichtungslager nicht allein das Ende von Celans Dichtung, sondern zugleich deren Voraussetzung. Engführung ist in einem sehr genauen Sinne die Widerlegung der allzu berühmt gewordenen Behauptung Adornos, daß es nach Auschwitz... unmöglich ward... Gedichte zu schreiben. Adorno, der seit Jahren einen längeren Essay über Celan schreiben wollte, den er neben Beckett für den bedeu-tendsten Dichter der Nachkriegszeit hielt, war sich wohl bewußt, welchen Mißverständnissen seine These ausgesetzt und daß sie vielleicht falsch war (Szondi 1978, 383).

아우슈비츠 이후 서정시에 대한 아도르노의 판결에 반대하는 첼란의 입장이 가장 분명하게 표현된(Seng 2003, 163) 것은 시집 『숨결돌림(Atem-wende)』(1967)을 위한 자료에 실린 다음과 같은 메모이다.

아우슈비츠 이후 시는 없다(아도르노): 여기서는 "시"에 대한 어떤 생각을 가정하고 있는 것인가? 아우슈비츠를 가정적-사변적 방식으로 밤꾀꼬리-혹은 지빠귀의 관점에서 관찰하거나 보고하는 것은 오만이다.
Kein Gedicht nach Auschwitz (Adorno): Was wird hier als Vorstellung von "Gedicht" unterstellt? Der Dünkel dessen, der sich untersteht hypothe-tisch-spekulativerweise Auschwitz aus der Nachtigallen- oder Singdros-sel-Perspektive zu betrachten oder zu berichten (z.n. Seng 2003, 163).

"밤꾀꼬리-혹은 지빠귀의 관점"이라는 것은 자연시의 관점을 지칭하는 것으로 보인다. 아우슈비츠 이후의 서정시가 야만이라는 아도르노의 발언이 시에 대한 유죄판결로 읽힌다면, 그 판결은 시 자체가 아니라 아우슈비츠 이후 현실을 아우슈비츠 이전과 같은 관점, 예컨대 자연시와 같은 관점에서 다루는 시도를 향하는 것이다. 실제로 아도르노는『미학이론』(1970)에서 자연시가 시대착오적이고, 그 진리내용이 사라졌다고 밝히면서 이것이 베케트와 첼란 문학의 무기물적인 면을 설명하는 데에 도움이 될 수 있다고 말한다(Adorno ÄT, 325). 여기서 아도르노는 그러한 현상을 산업시대 예술의 범주에서, 즉 경제적 관점에서 자본주의 발전의 결과로 파악하고 있으며, 아우슈비츠와의 특정한 관계성은 언급되지 않는다. 한편 아우슈비츠를 가정적-사변적 방식으로 관찰하고 보고하는 것에 대한 첼란의 비판은 아우슈비츠로 통칭되는 수용소를 직접적으로 겪지 않은 아도르노가 아우슈비츠를 그저 개념적인 사유방식으로 접근하여 아우슈비츠에 관한 그의 '이론'에는 구체적인 현실성이 결여되어 있다는 점을 지적한다. 이러한 점은 아도르노는 아우슈비츠의 장소성과 무젤만, 살아남은 자들의 증언 등에 대한 분석을 시도하지 않았고, 아도르노의 아우슈비츠에는 특수한 현장성이 추상화된다(이하준 2022, 308)는 지적에서도 확인된다. 아도르노가 수행한 것은 "아우슈비츠의 추상화를 통한 아우슈비츠의 철학적 발생학"(같은 곳)으로, 아우슈비츠를 바라보는 아도르노의 관점에는 헤겔의 변증법과 마르크스주의의 경제적 관점, 프로이트의 정신분석을 이어받은 비판이론의 사회과학적 방법론이 그대로 적용된다. 이와 같은 엄밀한 학문적 접근 방식에는 객관성 확보를 위한 거리두기가 필수적으로 요구된다. 그러나 아도르노의 아우슈비츠에 대한 접근 방식은 첼란이나 아메리 등과 같이 실제로 수용소에서 고문을 당하고 부모를 잃고 가까스로 목숨을 구한 생존자들의 접근 방식과는 사뭇 온도 차이가 있다. 여기에는 아도르노가 나치 시절 미국 망명을 통해 아우슈비츠를 직접적으로 겪지 않았다는 사실 외에도 유대적인 것에 대한 아도르노의 거리감, 철학자 아도르노의 사변적 본성 또한 작용하는 것으로 보인다. 아우슈비츠를 직접 체험한 피해자들은 이러한 이론적 접근 방식에 오히려 회의적인 태도를 보인다. 아메리는 많은 시도에도 불구하고 시인과 사상가의 나라인 독일에서

"그것"이 일어났다는 사실에 대한 해명은 주어지지 않았다고 주장한다. 파시즘을 후기 자본주의의 가장 과도한 형태라고 말하는 것도 설득력이 없으며(Améry 2012, 8), 계몽의 변증법에 대한 세련된 사변도 아무것도 말해주지 않는다고 한다(Améry 2012, 10).[6] 아우슈비츠의 생존자로서 아메리가 내놓을 수 있는 것은 학문적 탐색의 결과로서 아우슈비츠의 발생학이 아니라 "나의 증언(mein Zeugnis)"(ebd.)이다. "구체적인 사건에서 출발"하여 "구체적인 사건에서 결코 '나'를 잃어버리지 않고, 그것을 이성과 사변의 유희를 넘어서는 성찰을 위한 동기"로 삼는다고 밝히고 있다(Améry 2012, 14). 이것은 첼란에게서 그의 시뿐 아니라 아도르노와의 가상 대화로 일컬어지는 짧은 산문 「산속 대화」에서 첼란이 행한, 새로운 언어를 탐색하면서 유대적 정체성을 찾아가는 자기성찰과도 맞닿아 있다. 아메리는 계몽에 반대하는 게 아니라 오히려 계몽 개념의 확장을 제안한다. 이성이 자신에게 비판의 잣대를 들이대는 자기성찰뿐 아니라 "감정(Emotionen)"(Améry 2012, 15)이 필요하다고 주장한다. "계몽은 열정을 가지고 작업할 때 비로소 자신의 과제에 부응할 수 있다."[7] 감정을 지닌 개인, 즉 분노하고 원한을 품고 저항하는 '나'에서 출발해야 한다고 아메리는 역설한다. 여기에는 전후 독일사회에서 아도르노가 강조했던 비판적인 교육이 대비된다. 「아우슈비츠 이후 교육」에서 아도르노는 다음과 같이 주장했다.

아우슈비츠의 원리에 반대하는 유일하게 진정한 힘은, 칸트식 표현을 사용해도 된다면, 자율성이다. 즉 성찰하고, 스스로 결정하고, 동조하지 않기 위한 힘이다.
Die einzig wahrhafte Kraft gegen das Prinzip von Auschwitz wäre Autonomie, wenn ich den Kantischen Ausdruck verwenden darf: die Kraft zur Reflexion, zur Selbstbestimmung, zum Nicht-Mitmachen(GS 10.2, 679).

자율성을 지닌, 진정으로 계몽된 개인, 계몽에 필연적으로 수반될 수 있는 야만의 위험에 시시각각 비판적 의식을 놓지 않는 개인. 이것이 아우슈비츠가 반복되지 않도록 하기 위해 아도르노가 강조하는 전후 독일사회의 교육 이념인 것으로 보인다. 전후 독일은 전쟁 범죄에 가담한 수뇌부와 부역자들을 재판을 통해 처벌하고, 희생자들에게 경제적 배상을 하는 등 공적 영역에서의 과거극복 수행만으로 국제사회에서 "모범적인 '과거청산의 나라'"(김누리 2017, 283)라는 이미지를 얻었다. 그러나 아메리와 같은 피해자의 눈으로 봤을 때, 전후 독일사회는 아무것도 달라지지 않았고 희생자들은 침묵해야 했다. 침묵하지 않았던 몇몇 사람들, 레비, 아메리, 첼란과 같은 이들은 다수가 스스로 삶을 마감함으로써 결국 침묵하게 되었다. 그들의 '자유죽음(아메리 2014)'으로 침묵이 침묵으로 끝나지 않을 수 있는 길은 그들이 남긴 증언, 기억의 글쓰기, 아우슈비츠에 대한 글쓰기가 아우슈비츠 이후의 글쓰기로 수용되는 것이다. 아우슈비츠에 대한 사변적 접근방식인 아도르노의 '이론'은 수용소를 직접 겪은 첼란이 시인으로서 아우슈비츠에 대한 시, 아우슈비츠 이후의 시를 써야만 하는 실천 활동에 대한 근거가 된다. 아우슈비츠의 반복을 막기 위해서는 자율적 주체의 반성적 이성 회복을 위한 교육뿐 아니라 감정 교육이 필요하며, 이것이야말로 문학, 예술, 시가 복무해야 할 영역일 것이다.

III. 아도르노와 첼란의 만남

　전후 독일 문화계의 주요 인물인 아도르노와 첼란은 '아우슈비츠 이후 서정시'라는 테마로 묶여 시에 대해 성찰하는 철학자와 실제로 시를 쓰는 시인으로 만나게 된다. 두 사람 모두 유대인 출신으로 나치의 유대인 박해를 겪은 공통점도 지니고 있다. 여기서는 첼란과 아도르노의 만남의 양상을 다각도로 들여다보기로 한다. 각각의 유덴툼과의 관계, 서신교환에 나타난 개인적 교류, 이론적 실천적 영향 관계를 살펴보기로 한다. 첼란과 아도르노는 동시대를 살았음에도 불구하고 둘의 관계는 직접적인 만남보다는 서신교환, 첼란의 아도르노 독해, 가상의 대화로서 문학 텍스트의 경우와 같이 주로 간접적인 방식으로 이루어졌다. 둘의 만남은 어긋나거나 유예되거나 매개된 만남이라 할 수 있다(Vgl. Seng 2003, 170).

아도르노는 1903년 프랑크푸르트에서 유대인 주류 상인 오스카 알렉산더 비젠그룬트(Oscar Alexander Wiesengrund)와 빈의 궁정 오페라 가수였던 마리아 아도르노(Maria Calvelli-Adorno) 사이에서 테오도르 루트비히 비젠그룬트(Theodor Ludwig Wiesengrund)로 태어났다. 우리가 알고 있는 아도르노라는 이름, 정확히 말하면 성은 어머니의 것을 따른 것이다. 한때 비젠그룬트라는 아버지의 성을 함께 쓰기도 했으나 미국 망명중에는 아버지의 성을 사용하지 않기도 했다(샤이블레 1997, 19). 아도르노의 어린 시절 분위기를 단적으로 알려주는 것은 아도르노 자신의 유년 시절 스케치이다.

우리가 보통 클래식이라고 부르는 저 음악을 나는 어릴 때 둘이서 피아노를 치는 네 손 연주를 통해 알게 되었다. […] 이 음악은 하나의 가구였던 피아노에서 흘러나왔으며, 중간에 막히거나 틀린 음이 연주되어도 부끄러워할 줄도 몰랐던 이 음악은 집안의 일부를 이루었다(샤이블레 1997, 10).

어린 아도르노와 네 손 연주를 한 사람은 그의 어머니였고, 가톨릭 신자인 어머니를 따라 아도르노는 가톨릭 세례를 받았다. 모성과 클래식 음악으로 충만한 집안 분위기에서 부계쪽의 유대적 전통이 파고들 문화적 결핍이나 강제성은 없었던 것으로 보인다. 동화된 유대인인 아도르노의 아버지는 후에 개신교로 개종했을 뿐 아니라 카프카의 아버지처럼 권위주의적인 아버지가 아니라서 아도르노의 삶에 특별한 역할을 하지 않았다. 따라서 유년 시절 아도르노의 삶에 유대적 요소는 추방되었다(샤이블레 1997, 17). 당시 프랑크푸르트에는 반유대주의가 거의 알려지지 않아(샤이블레 1997, 19) 외부적 강제에 의해 유대적 정체성이 인식될 계기 또한 없었던 듯하다. 『미니마 모랄리아』에서 회상하고 있는 아도르노의 어린 시절 학급 풍경에서는 호르스트나 위르겐이라는 이름을 지닌 아이들이 이후 실현될 파시즘의 공포를 이미 실연하고(Vgl. Adorno MM, 217) 있었음이 회고되어 있다. 하지만 이러한 부정적인 경험이 유대적 정체성에 대한 각성이나 관심으로 이어지는 모습은 아니다. "히틀러가 아도르노를 유대인으로 만들었다"[8]고 할 만큼 아도르노의 삶에서 유대교나 유대문화는 낯선 영역으로 머문 것으로 보인다. 인종적으로 유대인을 규정한 나치 정권의 뉘른베르크 법에 의해 1/2 유대인(Halbjude)으로 규정되어 대학에서 강의가 금지되고 망명을 떠나는 등의 고초를 겪었으나 이를 통해 아도르노가 자신을 유대인으로 여기게 되지는 않은 듯하다. 주지하다시피 프랑크푸르트 학파 내에서도 반유대주의 및 유덴툼에 대한 연구가 이루어졌다. 그러나 호르크하이머를 비롯하여 프랑크푸르트 학파에 속하는 학자들 중 유대인 출신이 적지 않았음에도 대부분 동화된 유대인 가정 출신인 그들의 유대적 정체성에 대한 관계는 개인에 따라 차이는 있겠으나 아도르노의 경우와 별반 다르지 않다(Jay 1979).

현재 우크라이나에 속하는, 동유럽 변방 도시 체르노비츠 출신인 파울 안첼(Paul Antschel)은 독일문학을 사랑하는 어머니의 영향으로 독일어를 모국어로 성장했고, 시온주의자인 아버지의 영향으로 초등학교 때 히브리어를 배우는 등 유대적 교육 또한 함께 받았다. 첼란(Celan)이라는 이름은 1947년 「죽음의 푸가」를 루마니아어 번역(「죽음의 탱고(Tangoul mortii)」)으로 출간하면서 처음 사용했다(Emmerich 1999, 66ff). 1941년 독일군이 체르노비츠를 점령한 이후 첼란의 부모는 수용소에 끌려가서 죽고, 첼란은 강제 노역을 하다 풀려나서 부카레스트, 빈을 거쳐 파리에 거주하며 시인으로 활동하다 1970년 센 강에 몸을 던져 삶을 마감했다.[9] 대다수의 홀로코스트 생존자들과 마찬가지로 첼란 또한 살아남은 자로서의 죄책감에 시달렸고, 첼란의 문학은 부모를 포함한 나치 희생자들의 문학적 애도, 전후 절멸의 위기에 처한 유대적 정체성을 지켜나가야 한다는 요구와 강하게 결합되어 있다.

첼란과 아도르노는 1960년부터 1968년까지 많지 않은 17통의 편지를 주고받았다. "비탄(Betrübnis)"과 "불균형(Asymmetrie)"(Hamacher 2008, 57)으로 특징지어지는 둘 간의 서신교환은 1960년 3월 첼란이 보낸, 폴 발레리의 「젊은 파르크(Jeune Parque)」 번역에 대한 아도르노의 감사 편지로 시작한다. 여기서 아도르노는 정작 첼란이 궁금해 했을 첼란의 발레리 번역 자체에 대해서는 말을 아낀다. 두 번째 편지는 1960년 5월 23일 첼란이 아도르노에게 보낸 편지로, 첼란은 아도르노에게 "이것은 이미 제목에서부터 '유대독일어'라고 밝히며 「산속 대화」에 대한 아도르노의 반응을 기대한다. 이 산문 텍스트는 쥘스 마리아에서 어긋난 두 사람의 만남 이후 둘 사이의 가상 대화를 형상화한 것이다.[10] 1960년 6월 13일 아도르노는 이에 대한 답장에서 「산속 대화」를 "극도로 특이하면서 의미심장한 산문"이라 칭하며, 첼란이 기대한 유대적인 것에 대해서는 일절 언급하지 않고 말러에 관한 자신의 책 마지막 장을 인용하면서 다음과 같이 쓴다.

나에게는 이로써 진정 음악의 한 요소가 서정시로 들어온 것처럼 보입니다. 그것은 일찍이 없었던 방식이며, 서정시의 음악적 본질이라는 클리셰와는 조금도 관계없는 것입니다.

Es will mir scheinen, als wäre damit wirklich in die Lyrik ein Element aus der Musik hereingekommen, das es in dieser Weise zuvor nicht gegeben hat, und das mit dem Klischee des musikalischen Wesens der Lyrik nicht das mindeste zu tun hat(Celan/Adorno 2003, 181).

「산속 대화」는 첼란과 아도르노의 관계가 가장 명시적으로 표현된 첼란의 텍스트이다. 여기에서 첼란은 자신을 '작은 유대인', 아도르노를 '큰 유대인'이라 칭하며 유대적 정체성과 아우슈비츠 이후 시문학의 가능성을 개시하기 위한 새로운 언어의 정립 등에 대해 아도르노와 가상의 대화를 꾀한 바 있다. 그러나 여기서도 첼란의 기대는 어긋났다. 하마허는 첼란과 아도르노의 만남이 성사되지 못한 것은 우연한 계기가 아니라 어긋날 수밖에 없는 관계였기 때문임을 시사한다(Hamacher 2008, 62). 푀겔러에게 보낸 편지에서 첼란은 아도르노와의 만남이 어긋난 것이 우연이 아니었음을 덧붙인다. 또한 첼란이 「산속 대화」에서 '큰 유대인'으로 지칭했던 아도르노가 첼란에게 "더 오래 머물렀더라면 진정한 '큰 유대인'인 숄렘을 알게 되었을 거"라고 말했다고 한다(ebd.). 첼란은 벤야민과 숄렘의 친구인 아도르노를 그들과 같은 유대인 지식인으로 여기고 그에게서 유대인으로서의 연대감을 기대했으나 이러한 기대는 번번이 실망으로 돌아왔다(Vgl. Seng 2003, 151). 결국 첼란이 "나는 아도르노가 유대인이라 생각했었다"(Federmann 1972, 90f.)라고 토로할 만큼, 둘 사이에 유대적 정체성을 두고 심리적 거리가 존재했다. 이후 둘 사이에 형식적으로 오가던 서신교환이 첼란 측에서 다시 열기를 띠게 된 것은 1960년대 불거진 첼란에 대한 표절시비, 소위 '골 사건(Goll-Affäre)'이 계기가 되었다. 골 사건은 쇼아 이후 첼란이 전후 독일사회에서 겪은 또 한 번의 시련이었다.[11] 첼란은 이 사건을 전후 독일사회에 잔존하는 반유대주의가 지식인 사회에서도 나타난 현상으로 받아들였다. 이에 전후 독일의 과거청산 과정에서 대표적인 비판적 지식인으로 영향력을 행사하는 아도르노가 아우슈비츠 이후 서정시로서 자신의 시와 명백한 비방인 골 사건에 대해 지지 입장을 표명해주길 바랐다. 1962년 1월 21일과 23일자 편지에서 첼란은 위의 사건을 아도르노에게 다음과 같이 보고한다.

이 전체 사태는 일종의 드레퓌스-사건입니다. 관여하는 자는 소위 말하는 정신적 엘리트입니다.

나는 모든 것을 빼앗기고 있습니다 — 모두, 모든 의미에서. ...

끝났습니다. 제거되었습니다. 살아 있는 육신에 무명인으로 처박혔습니다.

나는 없습니다. ("존재하지 말아야 할 것은 존재할 수 없기에".)

"… 그가 낫지 않는다면, 그를 죽여라"…

한낱 유대인일 뿐이다.

Diese ganze Sache ist eine Art Dreyfus-Affäre. Beteiligt ist u.a. die sogen-
annte geistige Elite.

Ich werde ausgeplündert — in jedem, aber auch jedem Sinn. [...]

Erledigt. Liquidiert. Im Namenlosen "festgerammt" bei lebendigem Leibe.

Es git mich nicht.("Weil nicht sein kann, was nicht sein darf".)

"...und heilt er nicht, so tötet ihn"...

's ist nur ein Jud(Celan/Adorno 2003, 190).

아도르노의 카프카 해석을 인상 깊게 읽은 첼란은 카프카의 「시골의사」의 "한낱 의사일 뿐이다"를 '유대인'으로 바꿔 인용하면서 자신의 처지를 호소하고 있다. 아도르노에게 부치지 않은 1962년 1월 26일자 편지에서 첼란은 "한낱 유대인일 뿐이다"라는 문장으로 시작해서 히브리어로 서명까지 남기고 있다. 그러나 첼란이 기대하는 아도르노의 입장 표명이나 지지는 이루어지지 않았다. 이에 첼란은 「어머니, 어머니(Mutter, Mutter)」라는 시("아니/끝-없이, 아니 비젠그룬트-/처럼,/그들의 글은,/거듭하여 너를/그/칼/끝으로"[12])에서 비젠그룬트라는 아도르노 아버지의 성을 "abgründig"라는 단어와 연관지으면서 아도르노를 자신의 시를 비방하는 자들과 한 편에 세우는 동시에, 아버지의 성, 즉 유대적 혈통을 외면한 아도르노를 암시적으로 비난하기에 이른다.

1968년 2월 9일자 첼란에게 보낸 마지막 편지에서 아도르노는 오래전에 계획했던 첼란 시에 대한 작업이 완성되지 못했음을 전하고 있다(Celan/Adorno 2003, 197). 1960년 5월, 첼란이 아도르노에게 「산속 대화」의 인쇄본을 보내기 전에 이미 아도르노가 프랑크푸르트에서의 대화에서 첼란에게 그의 시에 대해 논문 한 편을 쓸 것을 알렸다고 한다(Hamacher 2019, 79). 8년이 지난 후에도 결국 첼란의 시를 단독으로 다룬 논문이나 책은 나오지 않았다. 아도르노가 소장한 첼란의 시집 『언어격자』에 적힌 간단한 메모는 후에 『미학이론』의 '부록(Paralipomena)'에 실린 긴 단락의 내용과 유사한 시각을 보여준다.

비의적인 것을 위해. 시로 지어져서 비로소 나오는 것이 여기에서는 의도로 구성된다. 예술에서 발생하는 것이 여기서는 테마가 된다. 추상적으로 환원된 풍경의(그려진) 언어로의 전환. 돌에서, 죽은 자에게서 위안을 얻어내는 시도. 위로 긍정적(톤으로써). 베케트와의 관계: 무의 형상들.
Zum Hermetischen. Es wird hier als Intention komponiert, was sonst erst als Gedichtetes resultiert. Es wird thematisch, was sonst in Kunst geschieht. Übersetzung abstrakt reduzierter Landschaft(gemalter) ins Wort. Versuch dem Stein, dem Toten den Trost abzugewinnen. Trost affirmativ(durch Ton). Beziehung auf Beckett: Figuren des Nichts(Seng 2003, 160).

첼란의 시는 아우슈비츠 이후의 시로서 아도르노의 미학이론에서 한 장을 차지하지 못한 채 단편적 성찰에 머문다. 사후 출간된 미완성 최후 저작 『미학이론』에서 첼란은 동시대 독일 비의시의 대표적인 인물로 소개된다.

이 시는 경험과 승화를 벗어난 고통에 직면한 예술의 수치심으로 가득
차 있다. 첼란의 시들은 극도의 경악을 침묵을 통해 말하려 한다. 그 진리
내용 자체가 부정적이 된다. 시들은 인간의, 실로 모든 유기체들 중 무력
한 자들 아래의 언어, 돌과 별의 죽은 자의 언어를 모방한다. 유기적인 것
의 마지막 잔여가 제거된다. […] 생명 없는 것의 언어는 모든 의미를 잃
은 죽음에 대한 마지막 위로가 된다.

Diese Lyrik ist durchdrungen von der Scham der Kunst angesichts des
wie der Erfahrung so der Sublimierung sich entziehenden Leids. Celans
Gedichte wollen das äußerste Entsetzen durch Verschweigen sagen. Ihr
Wahrheitsgehalt selbst wird ein Negatives. Sie ahmen eine Sprache unter-
halb der hilflosen der Menschen, ja aller organischen nach, die des Toten
von Stein und Stern. Beseitigt werden die letzten Rudiment des Orga-
nischen; [...] Die Sprache des Leblosen wird zum letzten Trost über den
jeglichen Sinnes verlustigen Tod(Adorno ÄT, 477).

시집『언어격자』독해에 기반한 위의 단편적 성찰에서 아도르노는 첼란
의 시를 죽은 자의 언어에 대한 미메시스로, 의미 없이 죽어간 대량 학살
희생자들의 죽음에 대한 마지막 위로로 읽고 있다.

IV. 이론과 실천

아도르노와 첼란의 진정한 만남은 두 인물간의 직접적인 소통보다는 아
도르노의 저작에 대한 첼란의 집중적인 독해를 통해 이루어졌다. 이로써
첼란은 아우슈비츠 이후 문화예술이 나아갈 방향에 대한 아도르노의 성
찰을 공유하거나 비판하면서 자신의 작품에 반영시켰다. 다독가였던 첼
란이 읽고 소장했던 철학적 저작들의 독서 흔적들을 담고 있는『철학 도

서관(*Die philosophische Bibliothek*)』(2004)은 고대 및 중세 철학에서부터 근대 철학, 헤겔, 니체를 거쳐 20세기 철학의 다양한 사상가들을 아우르고 있다. 여기에는 첼란이 밑줄을 긋거나 메모를 해둔 부분까지 세세하게 기록되어 있다. 아도르노는 20세기 이후 현대 철학 부분에서 가장 먼저 등장하며, 첼란은 아도르노의 주저인 『계몽의 변증법』(1947), 『신음악의 철학』(1949), 『미니마 모랄리아』(1951), 『부정변증법』(1966), 『문학이론(*Noten zur Literatur*)』(1958)을 비롯하여 '아우슈비츠 이후 서정시'와 관련된 다수의 에세이들, 「카프카 소묘(Aufzeichnung zu Kafka)」(1953) 등을 주의 깊게 읽었다. 첼란의 뷔히너문학상 수상 연설문 「자오선(Der Meridian)」(1960)에 나타난 첼란의 시학이 아도르노의 『미학이론』 및 『계몽의 변증법』과 가깝다는 연구도 있다(M. Janz 1976, 115). 「자오선」뿐 아니라 첼란의 시론이 명시적으로 표현되어 있는 「브레멘 문학상 수상 연설」(1958), 「리브레리 플링커 설문에 대한 답변(Antwort auf eine Umfrage der Librairie Flinker)」(1958)과 같은 산문에는 아도르노의 영향이 두드러지게 나타난다. 첼란은 아우슈비츠 이후 서정시의 문제에 천착하여 시집 『언어격자』를 출간하고 이에 대한 아도르노의 평가를 간절히 원했으나 제때 나오지 않았기에 아도르노의 카프카, 쇤베르크 해석에서 자신의 것을 끌어냈다(Vgl. Seng 2003, 170). 특히 쇤베르크의 신음악에 대한 아도르노의 비평은 첼란의 시학에 직접적인 영향을 준다. 『신음악의 철학』에서 아도르노는 가상과 유희를 부정하는 쇤베르크에 대해 다루면서 그의 말을 직접 인용한다. "음악은 치장하는 태도를 가져서는 안 된다. 음악은 진실해야 한다. 예술은 할 수 있다로부터 나오는 게 아니라 해야만 한다로부터 나온다." 그리고 덧붙인다. "음악은 가상과 유희를 부정함으로써 인식으로 향한다."[13] 『신음악의 철학』 속 쇤베르크-장을 첼란은 주의 깊게 읽었고, 아우슈비츠 이후 시의 과제를 신음악의 과제에 상응하는(Vgl. Seng 2003, 166) 것으로 받아들였다. 「자오선」 자료에서 나온 아래의 메모는 첼란이 쇤베르크와 아도르노의 예술관을 이어받고 있음을 보여준다.

예술 ― 나는 A. 쇤베르크의 발언을 인용한다, 나는 그의 말을 T. 아도르노에 따라 인용한다―, 예술은 할 수 있음에서 나오는 게 아니라, 해야만 하는 것에서 나온다.

Kunst ― ich zitiere einen Ausspruch A. Schönbergs, ich zitiere ihn nach T. Adorno ―, Kunst kommt nicht von Können, Kunst kommt von Müssen(TCA, Der Meridian, S. 106, Nr.253).

'할 수 있다'가 아니라 '해야만 한다'는 것은 첼란의 시문학이 쇼아의 생존자로서 자신의 부모를 비롯한 희생자들에 대한 죄책감, 이름 없이 죽어간 그들에 대한 기억의 의무로 강하게 각인되어 있음을 나타낸다. 한편, 「산속 대화」와 더불어 아도르노가 실제적 가상적 대화 상대자로서 중요한 역할을 하는 산문(Seng 2003, 164) 「리브레리 플링커 설문에 대한 답변」에서 첼란은 독일 서정시가 나아가야 할 길에 대해 아래와 같이 밝히고 있다.

(독일 서정시의) 언어는 더 냉철하고 실제적이 되었고, 미를 불신하고 진실하고자 합니다. […] 그것은 더 잿빛이 나는 언어로, 자신의 '음악성'조차 더 이상 '아름다운 소리'와는 공통되지 않는 장소에 자리한 채 알고자 합니다. 그 소리는 가장 끔찍한 것과 더불어 그 곁에서 무심히 울렸던 소리였습니다.
이 언어에서 중요한 것은 […] 정확성입니다. 이 언어는 미화하지 않고, '시화하지' 않으며, 명명하고 자리에 두며, 주어진 것과 가능한 것의 영역을 측량하고자 합니다.

Ihre Sprache ist nüchterner, faktischer geworden, sie misstraut dem 'Schönen', sie versucht, wahr zu sein. Es ist […] eine 'grauere' Sprache,

eine Sprache, die unter anderem auch ihre 'Musikalität' an einem Ort an-
gesiedelt wissen will, wo sie nichts mehr mit jenem 'Wohlklang' gemein
hat, der noch mit und neben dem Furchtbarsten mehr oder minder un-
bekümmert einhertönte.

Dieser Sprache geht es [...] um Präzision. Sie verklärt nicht, 'poetisiert'
nicht, sie nennt und setzt, sie versucht, den Bereich des Gegebenen und
des Möglichen auszumessen(GW III, 167f.).

위에 나타난 첼란의 시학은 쇤베르크의 신음악에 대한 아도르노의 평가
와 더불어, 『미학이론』에 표명된 "가능한 것에 대한 기억"(Adorno ÄT, 204)
으로서의 예술관과도 상통한다. 첼란의 시학과 쇤베르크의 신음악에 대한
아도르노의 해석의 유사성은 '병 속의 편지(Flaschenpost)'라는 비유에서 가
장 명시적으로 표현된다.

신음악은 세계의 모든 어둠과 죄를 받아들인다. 신음악은 불행을 인식하
는 것에서 자신의 모든 행복을 얻는다. 신음악의 모든 아름다움은 아름다
운 것의 가상을 거부하는 것으로부터 갖는다. [⋯] 신음악은 청취되지 않
은 채 메아리 없이 울린다. [⋯] 신음악은 진정 바다에 띄워 보내는 병 속
의 편지이다.

Alle Dunkelheit und Schuld der Welt hat sie[= die neue Musik] auf sich
genommen. All ihr Glück hat sie daran, das Unglück zu erkennen; all
ihre Schönheit, dem Schein des Schönen sich zu versagen. [...] Sie verh-
allt ungehört, ohne Echo. [...] Sie ist die wahre Flaschenpost(GS 12, 126).

첼란은 브레멘 문학상 수상 연설에서 아래와 같이 말한다.

시는, 언어가 현상하는 하나의 형식이고 본질상 대화적이기에 바다에 흘려보낸 병 속의 편지일 수 있습니다. 그 편지는 어딘가 언젠가 육지에, 아마도 마음의 땅에 닿을 수 있을 거라는, 분명 늘 희망이 강하지만은 않은 믿음 속에 띄워진 것입니다. 시는 또한 이러한 방식으로 도중에 있습니다. 시는 무언가를 향해 갑니다.

무엇을 향해? 무언가 열려 있는 것, 점할 수 있는 것, 아마도 말을 걸 수 있는 너, 말을 걸 수 있는 현실을 향해.

시에서 중요한 건 그런 현실들이라고 저는 생각합니다.

Das Gedicht kann, da es ja eine Erscheinungsform der Sprache und damit seinem Wesen nach dialogisch ist, eine Flaschenpost sein, aufgegeben in dem — gewiß nicht immer hoffnungsstarken — Glauben, sie könnte irgendwo und irgendwann an Land gespült werden, an Herzland vielleicht. Gedichte sind auch in diese Weise unterwegs: sie halten auf etwas zu.

Worauf? Auf etwas Offenstehendes, Besetzbares, auf ein ansprechbares Du vielleicht, auf eine ansprechbare Wirklichkeit.

Um solche Wirklichkeiten geht es, so denke ich, dem Gedicht(GW III, 186).

첼란과 아도르노에게서 공통적으로 나타나는 비유인 병 속 편지는 아도르노에게서는 신음악으로 대표되는 현대예술이 처한 이해불가능성의 딜레마를 위해 사용되었다면, 첼란에게서는 여전히 대화성, 진정한 소통을 향한 희망에 미약하나마 그만큼 더 간절하게 연결되어 있다는 차이가 있다. 이러한 희망은 생존자로서 아우슈비츠 이후 서정시를 '써야만' 하는 첼란의 실존적 고통과 결합되어 있다.

아몬드 모양의 아름다운 눈이 스러진 것에 눈물 흘리는 자는 아몬드 모양의 아름다움을 죽이고 그것을 또다시 더 깊은 망각 속에 파묻을 뿐이다. — 너의 가장 고유한 고통으로 트레블링카, 아우슈비츠 혹은 다른 곳의 매부리코, 곱사등이, 유대독일어로 말을 하는 기형의 죽은 이들에게 다가가면 비로소, 너는 그 눈과 그 형상에 조우한다.

Wer nur der Mandeläugig-Schönen die Träne nachzuweinen bereit ist, der tötet auch sie gräbt sie nur, die Mandeläugig-Schöne, nur zum andern Mal tiefer ins Vergessen. - Erst wenn du mit deinem allereigensten Schmerz zu den krummnasigen, bucklichten und mauschelnden und kielkröpfigen Toten von Treblinka, Auschwitz und anderswo gehst, dann begegnest du auch dem Aug und seinem Eidos(TCA, Der Meridian, S.128, Nr.400).

전통적인 시문학에서 중시되던 아름다움은 아우슈비츠 이후 더 이상 시문학의 척도가 되지 못한다. 첼란은 「자오선」에서 밝히듯이 자신의 실존의 특별한 경사각 아래에서 말하는 시인(GW III, 197), 자신의 날짜를 잊지 않고 있는(GW III, 196) 시를 내세운다. "저는 매번, 정월 스무날로부터, 나의 '정월 스무날'로부터 글을 썼습니다./저는 제 자신을 만났습니다."[14] 이 말은 아도르노의 판결에 대한 첼란의 암묵적인 항변으로 읽힌다(Vgl. Seng 1998, 261).

V. 나가는 말

이상에서 아도르노와 첼란의 관계를 아우슈비츠 이후 서정시 문제를 중심으로 살펴보았다. 1951년 처음 나온, 아우슈비츠 이후 서정시를 쓰는 것은 야만이라는 아도르노의 발언은 이후 많은 시인들과 작가들의 반발에 부딪혔고, 1966년 『부정변증법』에서 수정되기에 이른다. 수용소의 현실을 다룬 시 「죽음의 푸가」로 전후 독일사회에서 홀로코스트 문학의 대표주자로 인식되던 첼란은 아도르노의 발언을 자신의 문학에 대한 판결로 받아들이고 아우슈비츠 이후 서정시의 문제에 천착했다. 기존 연구에서는 아도르노가 자신의 테제를 수정하는 데에 첼란의 시가 결정적인 영향을 끼친 것으로 평가되고 있으나 본 글에서는 아도르노가 『부정변증법』에서 첼란을 명시적으로 언급하지 않은 점에서 오히려 첼란에 대한 아도르노의 유보적인 태도를 부각시켰다. 베케트와 더불어 아우슈비츠 이후 현대예술의 가능성을 보여주는 시인으로 첼란을 높이 평가했음에도 불구하고 아도르노는 자신에게 유대적 연대감을 기대하는 첼란에게 거리를 두었다. 첼란은 아우슈비츠에 대한 아도르노의 미학이론이 사변적인 한계를 지니고 있음을 비판하면서 쇼아의 희생자로서 자신의 날짜를 기억하는 시를 주장했다. 아도르노를 벤야민이나 숄렘 같은 유대인 지식인으로 생각했던 첼란과 아도르노 사이에서 유대적인 동질감에 기반한 교류는 어긋나고 말았지만, 첼란은 아도르노의 저작들을 집중적으로 독해하면서 자신의 시와 시론에 반영했다. 그중에서도 특히 카프카와 쇤베르크의 신음악에 대한 아도르노의 해석을 첼란은 크게 공감하고 자신의 문학에 수용했다. 아도르노의 신음악론과 첼란의 시학은 '병 속에 넣어 바다에 띄운 편지'라는 비유로 수렴하지만, 전자에서는 이해불가능성에 직면한 현대예술의 딜레마가 표현되었다면, 후자에는 진정한 소통을 향한 절망적인 희망이 담겨 있다.

주

1 본 글에 실린 아도르노 인용문 번역은 필자의 것이지만, 한국어 번역본이 있는 경우 번역본을 참조하여 필요한 경우 수정했다.

2 "Weil jedoch die Welt den eigenen Untergang überlebt hat, bedarf sie gleichwohl der Kunst als ihrer bewußtlosen Geschichtsschreibung. Die authentischen Künstler der Gegenwart sind die, in derer Werken das äußerste Grauen nachzittert."(z. n. Kiedaisch 2006, 53)

3 뒤에 자세히 언급하겠지만, 첼란이 이 편지에서 아도르노에게 간절히 대화를 청하는 이유는 자신에게 제기된 표절 시비와 관련된다.

4 "steigt ihr als Rauch in die Luft/ dann habt ihr ein Grab in den Wolken"(GW I, 41).

5 "er befiehlt uns spielt auf nun zum Tanz"(GW I, 41).

6 아메리의 국문 인용을 위해서는 안미현의 번역을 참고했다.

7 "Aufklärung kann ihrer Aufgabe nur dann gerecht werden, wenn sie sich mit Leidenschaft ans Werk macht."(Améry 2012, 15)

8 "Nicht sein toleranter und assimilierter Vater, sondern Hitler habe ihn zum Juden gemacht" (Razumovsky 2007, 280).

9 첼란의 유덴툼에 관한 보다 자세한 내용은 이진영(2022) 참조.

10 「산속 대화」에 대한 연구로는 정명순(2016a), 이진영(2022) 참조.

11 이에 대한 국내 연구로 서경홍(2004), 정명순(2016b) 참조.

12 "nicht/ab-, nein wiesen-/gründig./schreiben sie, die/Aber-Maligen, dich/vor/die/Messer" (Celan NKG, 454).

13 "Die Musik soll nicht schmücken, sie soll wahr sein. Kunst kommt nicht vom Können sondern vom Müssen. Mit der Negation von Schein und Spiel tendiert Musik zur Erkenntnis"(Adorno 1949, 27).

14 "Ich hatte mich, das eine wie das andere Mal, von einem 20. Jänner, von meinem '20. Jänner' hergeschrieben./Ich bin... mir selbst begegnet."(GW III, 201) '정월 스무날'이란 1942년 1월 20일 반제 회담의 날짜를 지칭한다. 여기서 유대인 문제에 대한 최종 해결책으로 학살과 그 구체적 계획이 논의되었다.

참고문헌

1차 문헌

아도르노, 테오도르 W.(1992):『미학이론』(홍승용 역). 문학과지성사.

아도르노, 테오도르 W.(2019):『미니마 모랄리아』(김유동 역). 도서출판 길.

아도르노, 테오도르 W.(2001):『부정변증법』(홍승용 역). 한길사.

아도르노, 테오도르 W.(2012):『신음악의 철학』(문병호/김방현 역). 세창출판사.

아도르노, 테오도르 W.(2004):『프리즘』(홍승용 역). 문학동네.

Adorno, Th. W.(1977): *Ästhetische Theorie*, Frankfurt a. M.(abgekürzt: ÄT).

Adorno, Th. W.(1980): *Minima Moralia*. Frankfurt a. M.(abgekürzt: MM)

Adorno, Th. W.(1975): *Negative Dialektik*. Frankfurt a. M.(abgekürzt: ND)

Adorno, Th. W.(1949): *Philosophie der neuen Musik*. Tübingen.

Adorno, Th. W.(1955): *Prismen*. Frankfurt a. M.

Adorno, Th. W.(1997): *Gesammelte Schriften*, hrsg. von Rolf Tiedemann unter Mitwirkung von Gretel Adorno u.a., Frankfurt a. M., Bd. 10.2 u. 12(abgekürzt: GS).

Adorno, Th. W.(1951): Kulturkritik und Gesellschaft. In: Specht, Karl-Gustav(Hrsg.): *Soziologische Forschungen in unserer Zeit. Ein Sammelwerk*. Leopold von Wiese zum 75. Geburtstag. Köln/Opladen, 228-241.

Celan, Paul(2000): *Gesammelte Werke in sieben Bänden*. Hg. von Beda Allemann und Stefan Reichert unter Mitwirkung von Rolf Bücher. Frankfurt a. M.(abgekürzt: GW).

Celan, Paul(2018): *Die Gedichte. Neue kommentierte Gesamtausgabe in einem Band*. Hg. kommentiert von Barbara Wiedemann. Frankfurt a. M.(abgekürzt: NKG).

Celan, Paul(1999): *Tübinger Ausgabe Der Meridian*. Hg. von Bernhard Böschenstein u. Heino Schmull, Frankfurt a. M.(abgekürzt: TCA)

Celan, Paul(2004): *La Biblohthèque philosophie/Die philosophische Bibliothek*. Paris.

Celan, Paul/Adorno, Theodor W.(2003): *Briefwechsel 1960-1968*. Hg. von Joachim Seng, in: Frankfurter Adorno-Blätter VIII. München, 177-202.

2차 문헌

김누리(2017):「아도르노의 교육담론」.『독일언어문학』78, 279-307.

서경홍(2004):「파울 첼란의 표절 시비와 그 시적 대응」.『독일언어문학』23, 41-59.

샤이블레, 하르트무트(1997):『아도르노』(김유동 역). 한길사.

아메리, 장(2014):『자유죽음』(김희상 역). 산책자.

아메리, 장(2022):『죄와 속죄의 저편』(안미현 역). 필로소픽.

이진영(2022):「카프카와 첼란의 유덴툼 -「산으로의 소풍」과「산속 대화」」.『독어독문학』, 164, 169-196.

이하준(2022):「아우슈비츠와 '삶'의 가능성: 아도르노와 아감벤」.『동서철학연구』103, 301-325.

정명순(2016a):「아도르노와의 가상 대화에 나타난 첼란의 정체성 고민 - 첼란의 "산중

대화"를 중심으로」,『뷔히너와 현대문학』47, 155-177.

정명순(2016b): 「어두움을 담은 사랑의 시간 - 파울 첼란과 잉게보르크 바흐만의 운명 적인 만남」,『독일언어문학』71, 133-158.

Albrecht, Clemens(1999): Die Massenmedien und die Frankfurter Schule, in: Albrecht, Clemens u. a.(1999): *Die intellektuelle Gründung der Bundesrepublik. Eine Wirkungsgeschichte der Frankfurter Schule.* Frankfurt a. M., 203-246.

Améry, Jean(2021): *Jenseits von Schuld und Sühne,* Stuttgart.

Emmerich, Wolfgang(1999): *Paul Celan.* Hamburg.

Federmann, Reinhard(1972): In memoriam Paul Celan, in: *Die Pestsäule.*

Hamacher, Werner(2008): Versäumnisse. Zwischen Theodor W. Adorno und Paul Celan, in: Hamacher, Werner(2019): *Keinmaleins. Texte zu Celan,* 57-91, Frankfurt a. M.

Habermas, Jürgen(1988): *Der philosophische Diskurs der Moderne.* Frankfurt a. M.

Janz, Marlies(1976): *Vom Engagement absoluter Poesie. Zur Lyrik und Ästhetik Paul Celans,* Frankfurt a. M.

Jay, Martin(1979): Frankfurter Schule und Judentum. Die Antisemitismusanalyse der Kritischen Theorie, in: *Geschichte und Gesellschaft,* 5. Jahrg., H. 4, Antisemitismus und Judentum, 439-454. Aus dem Amerikanischen von Ute Frevert.

Kiedaisch, Petra(Hrsg.)(2006): *Lyrik nach Auschwitz? Adorno und die Dichter.* Stuttgart.

Lamping, Dieter(1998): *Von Kafka bis Celan. Jüdischer Diskurs in der deutschen Literatur des 20.* Jahrhunderts. Göttingen.

Razumovsky, Dorothea(2007): Credo, Kanon, Theorie und Praxis, in: Stefan Müller-Doohm(Hrsg.): *Adorno-Portraits. Erinnerungen von Zeitgenossen.* Frankfurt a. M.

Seng, Joachim(1998): *Auf dem Kreis-Wegen der Dichtung: zyklische Komposition bei Paul Celan in den Gedichtbänden bis "Sprachgitter".* Heidelberg.

Seng, Joachim(2003): "Die wahre Flaschenpost". Zur Beziehung zwischen Theodor W. Adorno und Paul Celan, in: *Frankfurter Adorno-Blätter VIII,* München, 151-176.

Szondi, Peter(1978): *Schriften II,* Frankfurt a. M.

사물화의 계몽변증법:
마르크스로부터 벤야민까지 비판이론의 한 계보[*]

장 제 형

1. 들어가며

"왜 인류는 진정한 인간적 상태에 들어서기보다 새로운 종류의 야만 상태에 빠졌는가"(호르크하이머/아도르노 2001, 12).—『계몽의 변증법』의 저자들에게 문제의 근원은 바로 도구적 합리성으로 요약되는 계몽 그 자체에 내재해 있다. 그러나 계몽의 사유란 오뒷세우스의 지략에서 그러하듯 인류 유년기의 사유에까지 소급되는 것이니만큼, 자연 및 대상 세계에 대한 지배, 그리고 인간에 대한 자기 지배로 특징지어지는 계몽의 목적합리적 사유 구도에 내재한 신화적 야만으로부터의 탈피란 그만큼 지난한 작업이 아닐 수 없다. 주지하다시피 이들 프랑크푸르트학파의 태두로부터 하버마스의 의사소통 합리성과 호네트의 인정 개념에 이르기까지 비판이론에서 '비판'의 주요한 관심은 바로 합리성 개념의 비판적 재구성에 놓여있다. 이 합리성 비판의 계보는 멀리는 상품경제 비판의 맥락에서 정식화된 청

---

[*] 이 글은 다음 논문을 수정하고 보완한 것이다. 장제형, 「사물화의 계몽변증법 – 마르크스로부터 벤야민까지 비판이론의 한 계보」, 『독어교육』 제88집, 한국독어독문학교육학회, 2023.

년 마르크스의 노동 소외 개념 및 이후 『자본』에서의 상품물신주의 개념으로까지 소급되며, 직접적으로는 막스 베버의 목적합리성 이론과 결합한 루카치의 사물화(Verdinglichung) 개념[1]과의 대결을 기본 바탕으로 삼고 있다. 호르크하이머가 '도구적 이성'이라 명명하고(Vgl. 호르크하이머 2022), 아도르노가 '관리되는 세계(verwaltete Welt)'로 지칭했으며(Vgl. Adorno 1980), 마르쿠제에게는 '일차원적 인간(One Dimensional Man)'으로(Vgl. 마르쿠제 2009), 그리고 하버마스에게는 '생활세계의 식민화'로 정식화되고 있는 다양한 이름들은 마르크스의 고전 자본주의 시기를 지나, 후기 자본주의 상황 속에서 본격화되고 갈수록 심화되는 사물화 현상을 공통분모로 삼는다.

이 사물화 문제를 어떻게 감당하고 극복하느냐 여부는 프랑크푸르트학파의 정체성을 규정하는 주요 사안이 된다. 사물화에 의한 지배의 극복은 후기 아도르노에게 무엇보다 도구적 이성의 지배 아래 자연과 대상 세계를 포섭해 왔던 주관적 이성의 태도 전환, 즉 자연에 대한 주체의 동화로 특징지어지는 미메시스적 태도의 복원이라는 기획으로 집약된다. 그러나 비판이론의 후속 세대는 그들의 선배 세대와 동일한 문제 인식을 공유하고는 있지만, 그와는 다른 방식을 통해 문제를 해결하고자 한다. 이들에게 사물화 비판 및 합리성의 비판적 재구성 작업은 자연, 사물, 물질 등에 대한 직접적 개입의 입장을 유보하고, 그에 대한 '우회로'를 확보하고 객관적 대상 세계로부터 거리를 취하는 방식으로 이루어진다. 이러한 경향은—무엇보다 마르크스에게선 자연과 인간, 물질세계와 주체 간의 대사작용(Stoffwechsel)으로서의 노동으로 대변되었던—인간 행위 일반을 노동과 상호작용, 목적합리적 행위와 의사소통 행위로 구분하고, 후자에 가치와 비중을 부여하는 하버마스의 일관된 시도에서 전형적으로 확인된다.[2] 이러한 구분을 통해 사물 및 대상 세계와 관련을 맺는 인간 행위의 차원은 논의의 중심으로부터 퇴장하고, 화자와 청자 간의 의사소통 및 그와 관련되는 규범적 관계가 전면에 들어선다. 그럼으로써 의사소통 행위가 미치는 영향력은 담화 참여자들 상호 간의 관계 형성이라는 범위 내로 제한되며, 그 타당성은 도구적, 전략적, 성공지향적 행위의 사실성을 반성적으로 규율하는 데에 의거한다(Habermas 1984, 404ff.). 이러한 하버마스적 구도 아래 사실 행위의 기술은 이미 상호주체적으로 이루어지는 해석학적 작업의 소산이며, 사실 진술이란 도구적 합리성에 대한 의사소통 합리성의 반성적 매개를 통한 타당성 요청을 충족시킴으로써 비로소 이루어지는 것으로 위치지어진다(Vgl. 하버마스 2006, 204).

루카치의 사물화 개념을 새로이 소환해서 이를 인정 이론의 견지에서 새롭게 조망하고자 하는 악셀 호네트의 작업 또한 마찬가지이다. 무엇보다 그는 자신의 인정 이론을 자연과 대상 세계에까지 확장해서 적용하는 데에 유보적 입장을 표명함으로써 앞서 하버마스의 입장과 궤를 같이한다. 그는 인정 관계가 인간 상호 관계의 차원을 넘어 물리적 환경에까지 적용되어야 한다는 요청을 일단 환영하면서도, 그럼에도 이러한 규범적 선호는 인간 간 "상호주관적 인정의 우선성이라는 우회로"(호네트 2006, 97)를 통해 추구하는 것이 바람직하다고 단언한다. 왜냐하면 그에게 사물화는 "직접적인 의미에서는 오직 다른 사람과 관련해서만" 논할 수 있는 반면, "외적 자연과 관련해서는 단지 간접적인 혹은 파생적 의미에서만"(호네트 2006, 101) 제기할 수 있기 때문이다.

이렇게 의사소통 행위론의 견지에서건 인정 이론의 관점에서건, 현 비판이론의 틀 안에서 사물성과 물질성이란 이에 선행하는 상호주관적 행위와 토의를 매개로 한 반성적 고찰의 대상으로 자리매김되고 있을 따름이다. 이러한 시각에서 보자면 '유물론'과 더불어 사물, 물질, 자연 등과 같은 개념들은 아도르노 이후 비판이론의 흐름 속에서 이미 이별을 고한 옛 이름에 불과한 것으로 보인다. 하지만 비판이론 내 사물성과 물질성을 적극적인 사유의 주제로 삼았던 시도는 앞서 아도르노 외에도 또 다른 유력한 출처로 소급해 올라갈 수 있다. (도리어 아도르노의 『계몽의 변증법』과 후기 미메시스론은 바로 이 출처를 이론적 기반으로 삼고 있다고도 말할 수 있다.) 이는 무엇보다 프랑크푸르트학파의 저널 『사회조사연구』의 중요한 투고자 중 한 사람이면서 이들 '정통' 계보와는 거리를 두고 있는 발터 벤야민에게서 찾을 수 있다. 벤야민의 작업 중 상당수는 비판이론의 현세대에게 주변적이고 간접적인 지위를 점하고 있을 따름인 사물성과 물질성을 둘러싼 집중적인 논의와 긴밀히 관련되며, 이러한 특성은 그의 초기부터 후기 저작에 이르기까지 일관되게 발견된다.

사물화의 문제는 마르크스에게서 (다른 이름으로) 처음 제기되고 루카치를 경유하면서 본격화되었다. 그러나 이들은 사물화의 극복 전망을 단지 초월적인 차원에서밖에 사고할 수 없었던 명백한 한계를 지닌다. 본고에서는 사물화 문제에 대한 극복 가능성이 벤야민의 사유 속에서 어떻게 내재성과 초월성의 양가적 측면을 변증법적으로 포괄하는 방식을 통해 마련되고 있는지 검토하고자 한다. 이를 위해 먼저 역사적 유물론의 전개 과정 속에서 마르크스의 노동 소외 및 상품물신주의, 그리고 루카치의 사물화 개념이 지닌 주요 특성과 더불어 이들에게서 그 극복 방안이 어떻게 설정되고 있는지에 대해 살펴본 후(2장), 이 사물화 개념의 기본 구도가 무엇보다 벤야민의 『독일 비애극의 원천』(이하 비애극 서)에서 어떤 맥락 속에서 수용되고 있는지를 포괄적으로 검토하고, 이 문제가 어떻게 벤야민 고유의 내재적이면서 동시에 초월성을 지시하는 양가적-변증법적 방식으로 감당, 극복되고 있는지에 대해 서술한다(3장).

2. 마르크스와 루카치: 노동 소외, 상품물신주의, 사물화

2.1. 마르크스: 노동 소외와 상품물신주의

일찍이 페리 앤더슨이 지적했듯, 마르크스의 역사적 유물론에서는 여전히 해결되지 않은 이율배반적 특성이 공존하고 있다(Vgl. 앤더슨 1994, 54f.). 하나의 경향은 1848년의 「공산당 선언」의 서두에서 "이제까지 모든 역사는 계급투쟁의 역사이다"(Marx/Engels 1959, 462)라고 선언하고 있는 마르크스/엥겔스에 의해 대변된다. 다른 하나의 흐름은 1859년의 『정치경제학 비판을 위하여』의 서문에서 기존의 생산 관계와 모순 관계에 놓이게 된 새롭게 발전한 물질적 생산력을 통해 사회혁명이 도래하게 된다고 서술하는 마르크스로 대표된다(Vgl. Marx 1961, 8f.). 전자는 역사 변동의 주된 추동 요인으로 인간의 주체적 실천을 강조하고 있는 반면, 후자는 사회 변동의 동인으로 객관적-물질적 차원을 제시하고 있다. 동일한 저자의 저작 속에 10년을 터울로 두고 확인되는 이러한 주관과 객관, 행위와 물질적 차원 간의 긴장과 대립은 이미 노동 및 그 소외에 관한 그의 청년기 구상에서부터 후기 『자본』의 산 노동 대 죽은 노동, 사용가치 대 교환가치, 생산 대 상품물신주의의 관계에 이르기까지 다양한 주제 속에서 일관되게 지속되어 왔음을 엿볼 수 있다.

역사적 유물론의 이론과 실천 양자에서 첨예한 쟁점이 되었던 것은 무엇보다 후자의 입장과 관련해서이다. 토대와 상부구조의 모델은 이른바 생산력 중심주의에 기반한 경제 결정론이라는 속류 마르크스주의적 구호로 형해화되고, 생산력의 발전이 생산 관계와 모순을 일으켜 생산양식의 변혁으로 이어진다는 구도는 이후 자본주의 붕괴론과 같은 또 다른 종류의 역사 진화론적 버전으로 타락한다. 그렇기에 하버마스가 『역사적 유물론의 재구성』(1976)에서 이러한 속류화의 근거를 생산력 중심주의에서 찾으면서 이를 기술적 지식 및 도구적, 전략적 행위와 결부시키고, 이에 반해 새로운 생산 관계를 가능케 하는 근거를 실천적 지식과 의사소통적 행위와 같은 규범성의 영역에서 찾으려 했던 시도는 역사적 유물론이 처했던 이론적 곤경을 감안할 때 충분히 이해할 만한 일이다(Vgl. Habermas 1976, 10ff.).

역사적 유물론의 한 계보는 이러한 객관적 역사 결정론과 진화론으로 일탈해 갔고, 그 출처로는 마르크스의 생산력 중심주의라는 객관주의적 편향으로까지 소급된다. 그러나 적어도 마르크스를 이러한 편향의 원천으로 환원시키는 것은 무엇보다 그 자신에게 매우 부당한 처사일 것이다. 왜 냐하면 마르크스는 세계와 더불어 인간 자신을 산출하는 핵심적인 행위로서 노동 개념을 "인간과 세계 간의 대사작용(Stoffwechsel zwischen Mensch und Natur)"(Marx 1962, 53)으로 일관되게 서술하고 있기 때문이다. 이렇게 볼 때 노동 행위 속에서 인간과 세계, 주체와 객체 양자는 역동적인 상호 작용 관계 속에서 통일적으로 규정되고 있음은 자명하다. 그러나 동시에 마르크스는 노동 안에서 성취되는 이러한 본원적인 주객 동일성의 관계가 자본과 임노동의 결합으로 이루어지는 자본주의적 상품생산 관계라는 특정한 역사적 형태 안에서 왜곡되고 파괴된다는 점을 분명히 하고 있다. 이러한 자본주의적 생산 양식의 질서 아래서 산출된 노동생산물과 그로 이루어진 대상 세계는 이제 인간 주체에게 낯선 세계로 자립화한다. 인간 노동으로부터 산출되었으나 이제 거꾸로 생산자에 대립하고 그 생산자를 지배하게 된 이 전도된 질서를 청년 마르크스는 노동 소외(Entfremdung)라고 지칭한다. 1844년에 집필된 청년기 저작 『경제학-철학 수고』에서 그는 자본주의적 임노동 질서 아래서 이루어지는 노동 행위가 (i) 노동의 생산물로부터의 노동자의 소외, (ii) 생산행위 속에서의 노동의 소외, (iii) 유적 존재(Gattungswesen)로서 인간 자신으로부터의 자기 소외, 그리고 (iv) 인간에 대한 인간의 소외라는 4가지 차원에서의 소외를 겪게 되는 것으로 파악함으로써, 노동 소외가 생산 영역을 넘어 사회적 존재로서의 인간 일반의 자기 및 상호 소외로 확장되는 보편적 파급력을 지닌 것으로 간주한다(Vgl. Marx 1968, 510ff.). 이러한 구도 속에서 인간 노동이라는 행위 및 사회적 생산이라는 관계의 차원 대 그에 맞서는 자립화된 일종의 '실재'와 사물성으로서의 대상 세계라는, 이후에 본격화될 대립을 읽어낼 수 있다.

청년 마르크스의 노동 소외 개념 속에서 맹아적 형태를 얻은 행위와 그 대상 형태 간의 전도된 관계라는 문제는 이후 『자본』 1권에서 상품물신주의(Warenfetischismus)라는 새로운 이름으로 재등장한다. 인간 노동의 산물인 노동생산물은 자본주의적 상품생산 관계 속에서 "수수께끼와 같은 성격"(Marx 1962, 71)을 띤 "유령같은 대상성"(Ebd., 52)을 지닌다. 그러나 이러한 현상은 "인간 자신들 사이의 특정한 사회적 관계"(Ebd., 72)가 "사물의 자연적 속성"(Ebd., 71)으로, 즉 본원적인 사회적 삶이 자연적 형태로 투사되고 그로 환원된 것에 불과하다. 그러므로 여기에서 관건은 "사물들 사이의 관계라는 마법환등적 형태"(Ebd., 72) 및 "상품 세계의 모든 신비주의, 마법과 유령"(Ebd., 75)이라는 "비밀"을 폭로하고, 그 배후에 존재하는 사회적, 역사적, 현실적 차원의 '진실'을 복원하는 것이다. 여기에서 마르크스는 상품이라는 가상과 허위의 배후에 이를 일소할 진실의 계기가 자리하는 것으로 전제함으로써 양자 간의 엄격한 이분법을 상정하고 있다. 그렇기에 이러한 이분법은 "상형문자"와도 같은 낯선 대상 세계의 "사물적인 외피"를 "해독(entziffern)"(Ebd., 73)하고, 그 배후의 "진면목(Realität)"(Ebd., 76)을 "드러냄(offenbaren)"(Ebd., 75)으로써 극복될 수 있는 것이다. 이렇게 "현실 세계의 종교적 가상"이라는 환각의 베일이 걷힌 후 도래할 사회는 바로 "투명한 이성적 관계"(Ebd., 78)에 기반한 "자유로운 인간들의 연합"(Ebd., 77)으로서의 사회주의가 된다. 요약하자면 마르크스의 상품물신주의 개념이 지닌 핵심적인 함축은 종교적이고 환상적인 가상의 세계와 그를 넘어서는 투명하고 명징한 세계 간의 이분법을 상징하고, 전자에 대한 대안으로 후자의 초월적인 영역을 상정함으로써 문제를 해결하고자 한다는 점에 있다.

2.2. 루카치: '제2의 자연'과 사물화

마르크스의 청년기와 성숙기에 각각 노동 소외와 상품 물신주의라는 다른 이름으로 표현되었으나, 실상 동일한 사태를 지시하고 있는 이 양 개념들은 세기전환기를 지나면서 노동 및 상품생산의 영역을 넘어 인간의 지각, 사유, 그리고 행위 양식 일반에까지 적용되는 보편적 차원으로까지 확장된다. 이는 먼저 하이델베르크 베버 서클의 일원이었던 청년 루카치에 의해 생철학과 신칸트주의적 맥락 속에서 앞서와는 상이한 언어로 표현된다. 인간 행위로부터 배태되었으나, 자신의 출처를 망각하고 자립화된 대상 세계라는 기본 구도는 『소설의 이론』의 저자 청년 루카치에게 무엇보다 "신에게서 버림받은 세계"와 그 안에서 의미를 찾아 나아가는 근대적 주체로서 소설 주인공 간의 대립 구도에 상응한 것으로 설정된다. 이 맥락에서 등장하는 "인습의 세계(Welt der Konvention)"와 "제2의 자연"이란 근대적 서사시로서 소설의 기본 배경을 이루는 의미가 사라져버린 세계를 지칭하는 개념들이다. 이러한 세계 속에서 제2의 자연은 "경직되고, 낯설게 되었으며, 내면성을 더 이상 일깨우지 못하는 의미의 복합체"인 "부패한 내면성의 골고다 형장"(Lukács 1963, 55)과 같은 것으로 표현된다. 감각적 자연 대 추상적 대상이라는 양극화된 대립 구도는 『소설의 이론』에서 괴테의 '마성적인 것'의 특징인 '시간의 축소' 대 '공간의 확장'이라는 대립 관계,[3] 그리고 지속(durée)으로서의 시간 대 측정 가능한 공간화된 시간이라는 베르그송적 구분에 상응하는 것으로도 제시된다.[4]

그러나 『소설의 이론』의 저자에게 "완전한 죄악의 시대"(Ebd., 137)를 넘어선 역사철학적 피안은 도스토옙스키적 세계라는 이름 아래 "오로지 영혼을 다시 일깨우는 형이상학적 행위를 통해서"(Ebd., 55)만이 가능케 되는 것으로 간주된다. 1917년의 러시아 혁명은 그에게 바로 새로운 세계의 도래로 다가오기에 충분했으며, 1차 세계대전의 포화를 뒤로 한 헝가리 혁명의 경험을 경유하며 마르크스주의자가 된 루카치에게 이러한 피히테적 의미에서의 "완전한 죄악의 상태"는 자본주의 상품경제라는 토대 및 상부구조 영역에서의 변동을 통일적으로 조망케 하는 "사물화"라는 새로운 이름을 얻게 된다. '마르크스주의 변증법 연구'라는 부제를 달고 1923년에 책으로 출간된 『역사와 계급의식』의 4장 「사물화와 프롤레타리아트의 의식」에서 루카치는 이 사물화의 개념을 마르크스의 기존 소외 구상과 막스 베버의 합리성 이론과 연결시켜 집중적으로 고찰하고 있다. 여기에서 이 사물화 현상은 마르크스와는 달리 상품경제의 영역을 넘어, '부르주아' 학문과 사유의 영역에까지 강력한 영향력을 미치고 있는 것으로 파악된다. 그럼으로써 근대 계몽주의와 관념론적 사유는 인식과 실천은 물론, 예술 원리까지 이율배반에 처하게 만드는 사물화된 의식구조에 토대를 둔 것에 다름 아닌 것으로 폭로된다.

그런데 여기에서 흥미로운 점은 루카치가 마르크스주의의 기치 아래 개진하고 있는 이 사물화 개념이 사실상 『소설의 이론』에서 제시되었던 기본 모티브와 범주들의 연장선상에 놓여있다는 사실이다. 가령, 괴테와 베르그송을 인용하며 정식화했던 '제2의 자연'으로서 시간의 공간화라는 구도는 사물화의 이름 아래 재등장한다: "시간은 그 변화하고 유동하는 질적 성격을 상실해버렸다. 시간은 한계가 엄밀하게 그어지고 양적으로 측정될 수 있는 연속체, '사물들'[…]로 채워진 연속체, 다름 아닌 공간으로 경직화된 것이다"(Lukács 1968, 179f.; 루카치 1986, 161). 루카치는 이 주장의 근거를 뒷받침하기 위해 마르크스의 『철학의 빈곤』과 『자본』을 인용하고 있지만, 이 구상의 원출처는 사실상 그의 『소설의 이론』이라는 점에는 의심의 여지가 없다. 이러한 사정은 자연이 풍경으로 대상화됨으로써 성립하는 "관찰자와 풍경 사이에 개재하는 거리"를 언급하고 이를 "유해한 공간"(Ebd., 180)으로 지칭하고 있는 에른스트 블로흐의 『유토피아의 정신』을 루카치가 직접 인용하면서 사물화된 의식의 직접성을 '시간의 공간화'로 정식화할 때에도 해당된다. (블로흐는 『유토피아의 정신』의 마지막 장에서 마르크스를 다루고 있기 때문에 마르크스주의자 루카치는 이를 인용하는 데에는 앞서와는 달리 별도의 우회로 없이 이를 직접 인용하는 데에 다른 거리낌이 없었을 것이다.) 그가 이후 1963년 판의 서문에서 『소설의 이론』을 '좌파' 윤리학과 '우파' 인식론의 결합이라고 자기 비판적으로 회고하며 분명한 거리를 취하고 있다 하더라도, 그 자신의 사후적 평가와는 별도로 이 두 저작 간에 성립하는 이러한 이론적 연속성에 대해서는 부정할 수 없을 것이다.

마르크스가 상품물신주의라는 전도된 가상과 전적으로 대립되고 단절된 '투명한' 영역을 상정하고 바로 그 안에서 전자의 극복 가능성을 타진했던 것처럼, 루카치 또한 사물화된 부르주아 사유의 이율배반을 극복할 수 있는 근거가 사물화 저편에 독립적으로 놓여있는 프롤레타리아트의 입장에서 찾을 수 있는 것으로 보고 있다. 마르크스와 루카치는 이 점에서 사물화 문제의 극복을 위해 사물화와 무관하고 그를 초월하는 영역을 각각 존재론적, 인식론적으로 상정하고 있다는 점에서 동일한 사유 지반을 공유한다. 그럼으로써 루카치는 사물화의 문제를 의식철학적인 차원에서 모종의 특권적인 사물화 피안의 영역을 상정함으로써 해소하려는 한계를 드러내고 있다는 비판에 봉착하게 된다(Vgl. 하버마스 2006, 495ff.). 이렇게 양자는 사물화 극복의 가능성을 그 피안의 영역을 상정함으로써 제시하고 있다는 점에서 벤야민의 해당 이해와는 구분된다. 그렇다면 이제 향후 논의 방향은 이제까지 노동 소외, 상품물신주의, 그리고 사물화라는 이름 아래 문제시되었던 전도된 의식과 지각의 문제를 무엇보다 벤야민이 어떠한 전략 아래 감당함과 동시에 그 극복의 가능성을 마련하고자 했는지 검토하는 데로 이어진다.

3. 벤야민: 세계의 사물화 및 이를 읽어내기

1932년 여름 프랑크푸르트의 칸트 협회에서의 행한 강연「자연사의 이념(Die Idee der Naturgeschichte)」에서 아도르노는 사물화와 그 극복의 문제를 둘러싸고 질적으로 새로운 것이 산출되는 장으로서 역사와 운명적으로 소여된 것의 영역으로서의 자연 간의 대립 구도를 중심축으로 삼아 논의한다. 여기에서 주요하게 등장하는 인용 대상은 루카치의『소설의 이론』과 벤야민의『독일 비애극의 원천』이다. 아도르노는 루카치가 제2의 자연이라는 문제를 단지 "신학적인 측면에서 다시 일깨움이라는 범주 아래, 곧 종말론적 지평 아래"(Adorno 1973, 357) 해결하려 하고 있음을 정당하게 지적하면서, 이 문제가 다른 한편으로 벤야민에게선 어떻게 다루어지고 있는지를 고찰하기 위해 비애극 서에서의 자연사와 알레고리 개념을 설명하는 데에 강연의 후반부를 집중적으로 할애하고 있다. 루카치를 비판하고 벤야민을 이론적 근거로 삼아 아도르노가 제출하고자 한 자연사의 이념이란 "역사적 존재를 그것의 가장 극단적인 역사적인 규정 속에서, 곧 역사적 존재가 가장 역사적인 것으로 드러나는 곳에서 자연적인 존재로 파악"하고 또한 "자연을 그것이 자기 안에서 자연으로서 가장 심층적으로 고착화되는 곳에서 역사적 존재로 파악"(Ebd., 354f.)할 수 있을 때 성립되는 것으로 정식화된다. 즉, 자연은 가장 극단적인 차원에서 사물화된 제2의 자연으로 드러나는 바로 그 지점에서 역사적인 것에 다름 아닌 것으로 파악된다는 것이다. 아도르노는 이를 "실상 제2의 자연이 제1의 자연이다"(Ebd., 365)라고 요약함으로써 사물화와 제2의 자연에 대한 자신의 내재적 입장이 그에 대한 초월적 극복의 입장을 내세우고 있는 루카치와 대척점에 놓여있음을 분명히 한다. 이렇게 루카치와 대립되는 자연사의 이념을 정당화하는 근거로 아도르노는 벤야민을 내세우고 있다. 그러나 벤야민의 입장이 실상 아도르노의 내재적 관점과 곧바로 동일시될 수 있는지에 대해서는 의문의 여지가 다분하다. 도리어 벤야민은 사물화 문제의 극복을 두고 초월성이냐, 내재성이냐는 양자택일적 해소 방안보다는, 양극 사이의 줄타기로 특징지어지는 양가적인 입장을 대변한다고 말할 수 있다. 그렇다면 벤야민에게서 이러한 양가성은 어떻게 제시되고 있는가? 이에 대한 답을 위해서는 사물화의 문제가 무엇보다 이에 관해 본격적이고도 풍부한 논의를 담고 있는 비애극 서에서 어떻게 논의되고 있는지를 검토하는 것이 첫 순서가 된다.

3.1. 사물화된 역사로서의 자연사

벤야민은 루카치에게서 제기된 제2의 자연과 사물화의 문제를 에세이 「괴테의 친화력」에서는 '신화적인 것'의 개념 아래, 그리고 비애극 서에서는 역사철학적 영역으로 이전하여 주제화한다. 벤야민은 친화력 에세이를 1919년 여름부터 1922년 가을 사이에 구상해서 1924년 4월과 1925년 1월 호프만스탈의 저널 『신독일기고(*Neue Deutsche Beiträge*)』를 통해 발표했는데, 여기에서 루카치는 직접적으로 인용되지 않고 있다. 그러나 사물화 개념의 모태라 할 수 있는 제2의 자연과 '인습의 세계'의 개념에 대해 상술하기 위해 루카치가 『소설의 이론』에서 인용했던 괴테의 '마성적인 것 (das Dämonische)'에 관한 동일한 구절(Vgl. Lukács 1963, 76)을 벤야민이 친화력 에세이에서 더욱 확장된 형태로 인용하고 있음(Vgl. I 149f.)[5]을 고려할 때, 벤야민의 에세이는 『소설의 이론』에서 제기되었던 문제를 그 자신의 고유한 방식으로 감당하고 대응하고자 하는 시도라는 점을 미루어 짐작할 수 있다. 루카치 인용은 비애극 서에 이르러서 비로소 집중적으로 이루어지고 있으며, 인용 문헌은 『역사와 계급의식』이 아니라 『소설의 이론』이다. 그러므로 벤야민의 이 두 주요 작업에서의 대결 대상은 일단 사물화의 이론가로서의 루카치보다는, 일단 『소설의 이론』의 저자 루카치인 것으로 보인다. 그러나 실상 두 루카치 간의 근본적인 연속성으로 말미암아 외양상으로 드러난 『소설의 이론』과의 대결은 동시에 사물화 개념을 제출한 마르크스주의자 루카치와의 대결과 동일한 것으로 간주된다.[6]

먼저 루카치의 제2의 자연과 사물화 개념은 벤야민의 친화력 에세이에서 '신화적인 것'이라는 다른 이름에 상응한다. 괴테의 작품 제목인 『친화력』에서 이미 암시되고 있듯, 이 '신화적인 것'이란 용어는 이 작품의 사건을 규정하는 동인이 실천 이성과 도덕 법칙에 의거한 인간의 행위가 아니라, 바로 인간의 의지로 거스를 수 없는 자연적인 힘이라는 사태를 지시해 주고 있다. 애초 이 소설의 제목이 당대의 화학 법칙을 지시하고 있는 것처럼, 등장인물들은 도덕 법칙, 정언 명령, 자유 의지와 같은 것들이 아니라 모두 "친화력의 주박 아래(unter dem Banne der Wahlverwandtschaften)" (I 134) 놓여 있는 자연 구속적인 모습을 드러낸다. 그렇기에 이 "자연의 힘 (Naturgewalt, Naturmacht)"(I 133, 139)으로 직접적으로 현상하고 관철되는 '신화적인 것'은 인물들뿐만 아니라 땅, 물, 이름, 죽음의 상징, 주거, 희생양 등 작품에 등장하는 제반 배경과 모티브들, 그리고 작가 괴테의 자연관 속에서까지 확인된다. 이러한 사실을 통해 적어도 벤야민의 친화력 에세이에서 '신화적인 것'이란 이후 경제적, 철학적 배경에서 이루어진 루카치의 사물화 진단에 대한―비록 명시적이지는 않지만―벤야민의 첫 번째 대응이자 답변 시도라고 말할 수 있을 것이다.

이렇게 '신화적인 것'과 '마성적인 것'이라는 이름 아래 벤야민이 괴테의 소설을 소재로 삼아 다루고 있는 사물화의 문제는 이제 그의 17세기 독일 비애극의 무대와 그 배경을 이루는 역사철학의 영역으로 확장되어 논의된다. 여기에서 벤야민은 비극과 비애극의 특성을 명확히 구분하고 이들 장르가 다루는 대상이 각각 신화와 역사임을 분명히 함으로써, 앞서 신화적인 것의 영역 안에서 다루어졌던 사물화의 문제는 이제 역사철학적 차원으로 이전되어 주제화된다. 그러나 신화에서 역사로의 배경 이동에도 불구하고, 이들 양자를 규정하고 이들 안에서 공히 관철되고 있는 힘은 또한 마찬가지로 자연이다. 그럼으로써 17세기 독일 비애극의 배경이 되는 역사철학적 토대는 기독교적 구원사도, 자연을 넘어서 스스로 자기 전개하는 이성의 간지도 아닌, 바로 자연으로 화한 역사, 즉 자연사(Natur-Geschichte)가 된다.

독일 비애극의 무대에 진입하고 있는 것은 역사이지만, 이는 자연으로서의 역사, 자연이 된 역사이다. 역사는 자연이 됨으로써 이제 역사는 종말도, 진보도, 운동도 없는 멈춰버린 풍경으로 고착화되어버린다. 그리고 이 역사 속에서 관철되는 자연이란 바로 끊임없이 몰락하는 자연 그 자체가 된다. 비애극 서에서 벤야민은 인물, 배경, 모티브, 무대장치, 언어 등 비애극 전반의 다양한 영역에 걸쳐 관철되고 있는 "역사적 사건 속의 자연의 힘"(I 308)에 대해 서술하고 있다. 가령 카를 슈미트에게 주권자로서의 군주는 예외상황을 결단하고 이를 배제하는 절대 권력의 소유자였다면, 자연사 속의 군주는 "교차하는 결단의 희미한 가상 속"(I 251)에서 결단 불능의 상황에 처한다. 그는 역사를 만들어나가는 주체가 아니라, 한갓 피조물(Kreatur)에 불과하게 되며, 인물들의 행위와 사건은 도덕성이 아니라 "역사 진행의 자연적 측면"(I 267)에 종속된다. 특히 벤야민이 베르그송을 인용하면서 군주는 "역사적 흐름의 자료들을 말하자면 공간적으로 측정할 수 있는 규칙적이고 조화로운 순서에 따라 배열"하고자 하고, 궁신은 정치적 사건에 대해 냉철하게 "제어하고 고정시키는 초침의 박자를 두드린다"(I 275)고 서술할 때, 그가 시간의 공간화 및 수량화를 제2의 자연 및 사물화 개념과 연결했던 루카치를 의식하고 있음은 충분히 미루어 짐작할 수 있다.

이러한 자연의 지배력은 인간과 그 행위뿐 아니라 바로 사물에까지 확장되고, 자연적 대상으로서의 사물은 거꾸로 인간에게 지배력을 행사하는 데에까지 이른다. 왜냐하면 "인간의 삶이 적나라한 피조물의 삶으로 빠져들어갔다면, 외견상 죽은 사물들의 삶조차도 인간의 삶에 힘을 행사하기 때문이다"(I 311). 비애극의 소도구(Requisit)가 지니는 의미는 "사건을 사물화되고 파편화된 요소로 분해해버리는 우연"(I 312)에 전적으로 상응한다. 또한 평범하기 그지없는 사물은 비애극의 언어 형식으로서 알레고리의 "내용(Gehalt)"이자 "모태(Mutter)"(I 403)인 멜랑콜리적 시선 아래 "수수께끼같은 지혜의 암호"(I 319)로까지 변형되어 등장한다.

3.2. "원천 현상"으로서의 사물화

이렇게 벤야민의 비애극 서에서는 비애극의 역사철학적 배경으로서의 자연사와 더불어 그에 종속된 등장인물, 플롯, 소도구 등의 제반 구성 요소들이 글자 그대로 사물화에 상응하는 상태에 처하는 것으로 상정된다. 그러나 벤야민은 이러한 사물화 상태로부터의 초월적 단절이 아니라, 그 자체에서 내재적으로 이루어지는 전환과 전복 가능성의 계기를 포착하고자 한다. 이에 대한 이해는 바로 비애극 서의 제목에 명시적으로 드러난 '원천(Ursprung)' 개념에 대한 검토를 통해 더 분명해질 수 있다. 그런데 무엇보다 왜 하필 모종의 형이상학적 근원을 상정하고 있지 않은가라는 의혹을 불러일으키는 이 원천 개념을 이 책의 핵심 개념으로 내세웠는지에 대한 의문이 제기되지 않을 수 없다. 이러한 의혹은 비애극 서의 서술 방법론을 제시하고 있는 「인식비판 서문」에서 일견 원천 개념에 상응하는 것으로 보이는 '이념'과 '진리' 등의 용어를 저자가 빈번히 사용하고 있다는 점을 고려할 때 더욱 강화된다. 이러한 점만 놓고 보았을 때, 사물화에 대한 내재적 비판과 극복이 과연 이러한 전통적인 플라톤적 이데아론의 재판에 불과한 것으로 보이는 사유 구도 속에서 이루어질 수 있는가라는 회의적인 의문은 일단 지극히 정당한 것으로 보인다.

그러나 벤야민이 비애극 서의 궁극적인 과제로 "이념의 서술"(I 209, 215)과 동시에 "현상의 구제"(I 214)를 내세우고 이념과 현상, 진리와 경험 세계, 본질과 사물이 서로를 매개하는 긴밀한 관계를 맺고 있음을 강조할 때, 우리는 이러한 양가적인 계기가 비애극의 서술 구도와 서술 대상에 두루 관철될 것임을 짐작하게 된다. '원천'이란 바로 이러한 양가성을 지시하는 핵심 용어가 된다. 그러므로 어떤 형이상학적 차원을 지닌 근원으로서의 '출처'나 '시작'과 같이 이 '원천'이라는 말에 자연스럽게 동반되는 통상적인 연상작용과는 달리, 이 원천 개념은 기실 경험적이고 역사적인 현상 세계의 매개를 통해 비로소 확인되는 범주가 된다. 그러므로 원천은 이념과 현상의 통일로서 파악되기에 동시에 "원천 현상(Ursprungsphänomen)"(I 226)이라는 복합어로도 칭해질 수 있는 것이며, 이를 통해 확보되는 "이중적 통찰(Doppeleinsicht)" 아래 개별적인 역사적 현상은 "한편으로는 복원과 복구로서, 다른 한편으로는 그 속에서 미완의 것, 완결되지 않은 것"(Ebd.)으로 현현한다.

다른 한편으로 벤야민은 이러한 이중성을 포함하는 원천 개념을 채택함으로써 형이상학적 지향을 완전히 포기하지는 않았다는 진단 또한 가능하다. 그럼으로써 원천 개념은 그의 고유한 반형이상학적 형이상학, 혹은 내재적 초월론(혹은 초월적 내재론)의 다른 이름이라는 점을 알 수 있다. 이러한 양가적이고 역설적인 차원을 포괄하는 '원천 현상'의 견지에서 본다면, 앞서 루카치와 아도르노가 각각 대변하는 초월성과 내재성이라는 양 대립에 대해 벤야민이 취하는 입장이 더욱 분명해질 수 있을 것이다. 만약 루카치처럼 사물화의 극복을 그와 단절적인 피안의 영역에서 찾고자 한다면, 사물화 현상을 '원천 현상'이라는 "이중적 통찰"을 가지고 파악할 필요가 없어진다. 왜냐하면 그럴 때 사물화 문제의 해결은 그 현상에 착목함 없이 전통적인 형이상학이나 그 세속화된 종말론적 형태로 비약하는 것만으로 충분하기 때문이다. 반대로 아도르노처럼 사물화 그 자체에 머무르는 것이 사물화의 극복과 동일시되는 한, 사물화 현상을 마찬가지로 '원천 현상'으로 파악할 필요가 없다. 왜냐하면 '원천 현상' 속에서 또한 내재적으로 지시되고 있는 초월적인 계기란 더 이상 필요하지 않기 때문이다. 이처럼 사물화에 대한 벤야민의 대응은 바로 형이상학적 관심을 완전히 포기하지는 않은 채, 이를 전적으로 비형이상학적인 차원에서 이루고자 하는 철두철미 이중적인 전략이라 간주할 수 있을 것이다.

'원천 현상'이라는 고도의 추상적인 이론적 구도에 대한 좀 더 용이한 이해를 위해서는 비애극 서에서 서술되고 있는 바로크 비애극의 등장인물의 행위, 사물의 특성, 역사철학적 배경 등의 여타 구성 요소 및 그 행위와 특성의 배경 및 원인, 동기 등에 대해 상술하는 것이 도움이 될 것이다. 먼저 이 원천 현상에 고유한 이중적이고 양가적인 특성은 크게 세 "고찰의 단계들"(I 209)로 이루어진 비애극 서의 전체 구조, 즉 (1) 비애극의 소재, 모티브, 등장인물 등의 성격, (2) "비애극의 주석(Kommentar des Trauer-spiels)"(I 320f.), 즉 설명 원리로서 상정되는 멜랑콜리의 이론 및 그 특성에 대한 고찰, 그리고 (3) 비애극의 언어 형식으로서의 바로크 알레고리라는 상응하는 세 층위에 걸쳐 그대로 적용, 관철되고 있다.

(1) 사물화 개념이 바로크 비애극에 적용될 때, 비애극의 무대는 바로 공간화된 역사가 되고 자연화된 역사로서의 자연사는 비애극의 역사철학적 토대로 작용하는 것으로 파악된다. 그런데 이러한 자연사적 구도를 '근원 현상'의 시각 아래 바라본다면, "바로크의 모든 도발적인 현세 강조(all den provokatorischen Dieseitsakzenten des Barock)"의 근저에 놓여 있는 것은 또한 "초월성과의 지연된 초긴장 상태(die verzögernde Überspannung der Transze-ndenz)"(I 246)이기도 하다. 즉, 자연사 속에는 동시에 그를 넘어서는 초월성과의 긴장이 내재한다. 이러한 "세속과 초월성 간의 긴장"(I 247)이라는 양가적 구도는 바로크 군주에게서 "필연적으로 극단적인 각인들"(I 249)을 지닌 폭군과 순교자라는 "왕관을 쓴 자의 야누스적인 두 얼굴"(Ebd.)에서, "지배자의 권력과 지배 능력 사이의 대립"(I 250)에서, 성자이자 음모꾼, 희극과 동시에 비애의 대변자로서의 궁신과 같은 "한 인물 안에서 이러한 대

립 관계의 현기증 나는 심연"(I 277)을 통해 드러난다. 또한 비애극의 장면과 언어에 특징적인 과시(Ostentation)(Vgl. I 298f.), 은유의 과잉(Vgl. I 374ff.), 의미 작용하는 사물로서의 소도구들(Vgl. I 311f.)의 사례들 또한 세속적이고 물질적 질서에 내재한 "초월성 간의 긴장"을 드러내며 모종의 변동과 전환을 암묵적으로 지시하는 다양한 '원천 현상'들로 간주된다.

(2) 이러한 긴장 관계는 바로크 비애극의 구성 요소들뿐만 아니라, 또한 바로크 알레고리의 '내용'과 '모태'를 이루는 멜랑콜리라는 비애극 서의 또 다른 "고찰의 단계"에도 상응하여 적용된다.[7] 멜랑콜리, 즉 비애의 이론은 비애극의 세계와 등장인물의 성격, 그리고 그 배경을 이루는 역사철학을 설명하기 위한 토대로 작용한다. 가령 비애극의 세계라는 병적 상태 속에서 사물들은 자연적이고 창조적인 관계가 결여되어 있기 때문에 이들은 골똘히 숙고해서 그 의미를 해독해야 하는 낯선 대상으로 "수수께끼와 같은 지혜의 암호"(I 319)로 드러날 뿐이다. 또한 카를 슈미트에게서 주권자란 예외 상태를 단호히 결단하는 자였던 것과는 달리, 비애극에서의 군주는 결단 불가능성과 우유부단에 빠진 "멜랑콜리적인 것의 범례"(I 321)이자 한갓 피조물로 등장할 따름이다. 음모와 배신으로 점철된 궁신의 불충(Untreue) 또한 "피조물적인 비애성"(I 324)에 빠진 공허한 활동에 불과하다는 점에서 "궁정의 모습은 영원한 비애의 장소라 불리는 지옥의 모습과 그리 다르지 않다"(I 322). 언어적인 차원에서 보면 바로크에 고유한 과시하는 문체(Ostentation) 또한 "비애와 과시 간의 친화성"(I 319)에 기인한 것이며, 역사철학적 차원에서도 연대기적 역사의 서술은 멜랑콜리적 시선 아래 비애극의 서술로 환원된다(Vgl. I 319, 321). 벤야민은 뒤러의 동판화 〈멜렌콜리아 I(Melencholia I)〉에 등장하는 여러 소도구들을 사물의 의미상징과도 결부짓고 있다. 가령 개의 사례를 들자면, 멜랑콜리에 빠진 자의 감정상태는 광견병을 연상시키며, 개의 예민함과 지구력은 연구자와 사색가의 이미지를 떠올리게 한다. 이는 각각 군주의 광기와 알레고리 작가의 행

위에 상응하는 것으로 이해된다.

　이런 식으로 비애극의 요소와 배경을 둘러싼 '사물화'의 특성을 설명하기 위한 '주석'이자 이론적 기반으로서의 멜랑콜리에 대해 벤야민은 아리스토텔레스로부터 시작해 고대의 사체액설과 중세의 의학, 신화와 점성술을 경유하여, 이제는 고전이 된 파노프스키/작슬의 『뒤러의 '멜렌콜리아 I'』(1923)와 이 작업의 이론적 기반이 되는 카를 길로(Karl Giehlow)의 「뒤러의 동판화 '멜렌콜리아 I'와 막시밀리안 시대의 인문주의자 집단」(1903-04)에 이르는 광범위한 이론적 자원을 동원해 설명하고 있다. 이 모든 작업들을 관통하는 공통분모는 바로 멜랑콜리가 지니고 있는 대립성과 양가성과 더불어 이로 말미암은 "변증법"(I 328)적 성격이다. 이미 아리스토텔레스에게서 "멜랑콜리적인 심리 상태가 지닌 영혼의 이중성"(Ebd.), 즉 멜랑콜리의 개념 아래 광기와 천재성이 결합되고 또한 예언적인 능력과도 관련된다는 점이 제시됨으로써(Vgl. I 325) "그리스의 멜랑콜리 개념의 변증법"(I 327)이 드러나고 있다. 벤야민은 여기에서 특히 길로를 주요하게 인용하면서 "멜랑콜리와 사투르누스 간의 가장 심오하고도 결정적인 상응 관계"(Ebd.)를 지적하고 있다. 즉, "사투르누스 표상이 지닌 변증법적 특성", 혹은 "사투르누스라는 이 대립의 마성"은 "한편으로는 나태함과 둔감함, 다른 한편으로는 지성과 숙고의 힘"(Ebd.)이라는 이중적 측면을 지니고 있다. 사투르누스의 그리스적 이름인 "극단적인 대립의 신"(Ebd.), 크로노스에게서도 이러한 "양극성(Polarität)"과 "이중성(Dualismus)"(I 328)은 고유한 특성이다. 이러한 "중세의 사투르누스 영향이 지닌 상호대립성"(Ebd.)은 의미상징이라는 사물들에게도 적용되어 "의미상징의 양가성"과 그것이 지닌 "의미심장한 변증법"(I 330)을 드러낸다. 궁신의 불충(Untreue)과 배신 또한 이 사투르누스적인 인간의 특성으로 해석되는데, 이러한 "인간에 대한 불충"은 "사물들에 대한 충실함(Treue)"(I 333)이라는 대립항과 짝을 이루면서 비애극의 양가적 속성을 이룬다. 즉, 충실함이란 인간 간의 관계에서가 아니라 "오로지 사물세계에 대한 인간의 관계"(Ebd.)에서만 통용되는 것으로 간주된다. 이 대목을 통해 사물화에 대한 내재적, 혹은 '구제적 비평(rettende Kritik)'은 바로 이러한 사물성을 매개로 하여 비로소 이루어지는 것이라는 전망을 간취할 수 있게 된다.

(3) 이처럼 비애극의 무대라는 '자연'으로 진입한 사물화된 비애극의 제반 구성 요소들과 더불어 그에 대한 '주석'이자 설명 원리로서의 멜랑콜리는 공히 양가적이고 이중적인 성격을 지니는 '원천 현상'으로 파악된다. 이제 비애극 서에서 세 번째 마지막 '원천 현상'으로서 고찰의 대상이 되는 것은 바로 비애극의 언어 형식으로서 바로크 알레고리이다. 주지하다시피 근대 문학사와 예술사의 흐름 속에서 알레고리는 상징에 대비되어 열등한 표현 수단으로 간주되어 왔다. 상징이 기표와 기의 간의 '자연스러운' 결합 속에서 "숲과 같이 울창한 내면(waldiges Innere)"(I 342)의 경험을 드러내는 기법인 반면, 양자 간의 자의적 연결로 특징지어지는 알레고리에서 드러나는 것은 "역사의 죽어가는 얼굴(facies hippocratica)"(I 343)에 불과하다. 벤야민은 비애극 서에서 알레고리를 다루고 있는 부분의 소제목을 "폐허", "탈영혼화", "파편화" 등으로 규정함으로써, 알레고리가 지니는 부정적인 성격을 분명하게 드러내고 있다. 이렇게 부정적, 파괴적 성격이 분명한 알레고리에 대해 예술사적으로 '결을 거스르는' 복권은 동시에 사물화에 대한 내재적 영유와 더불어 그 극복이라는 벤야민의 양가적 기본 의도를 언어 형식의 영역에서 실현하는 것으로 간주할 수 있을 것이다. 그렇다면 벤야민은 바로 이 '열등한' 알레고리의 한계를 바로 다름 아닌 그 한계에 내재한 '변증법'을 통해 어떻게 전환시키고 있는가?

이 변증법적 전환의 토대와 조건은 바로 알레고리의 '열등함'의 근거인 자의성 및 그에 상응하는 이미지의 과잉이라는 특성 자체로부터 찾을 수 있다. 이에 대한 설명을 위해서는 바로크 알레고리에 대한 예술사적 배경에 대한 검토가 필수적이다. 앞서 멜랑콜리의 이론을 설명하기 위해 무엇보다 길로의 논문이 중요한 준거가 되었듯, 바로크 알레고리의 특성과 그 문화사적 배경을 규명하는데에도 또한 길로의 다른 저작인 『르네상스 알레고리에 나타난 인문주의의 상형문자학, 막시밀리안 1세의 개선문을 중심으로』(1915)가 중요한 역할을 담당한다. 벤야민이 길로의 기념비적 연구라고 극찬하며 비애극 서에서 중요하게 인용하고 있는 이 작업이 알레고리의 특성을 설명하기 위해 주요한 이론적 기반이 된 근거는 무엇보다 여기에서 바로크 알레고리의 원천을 고대의 상형문자와 중세의 엠블렘 같은 이미지와 문자가 상호 착종된 매체로 소급하여 설명하고 있다는 점에 있다. 종교적인 가르침이나 신비주의적 자연철학을 내용으로 담고 있는 고대의 오벨리스크나 상형문자는 이미지를 그 내용의 전달하기 위한 매개체로 삼고 있는 특징을 지닌다. 그런데 이러한 직관적인 이해라는 장점을 지닌 이러한 그림 기호는 후대로 갈수록 이해 불가능한 수수께끼적 성격을 지니게 된다. 이러한 수수께끼와도 같은 상형문자를 해독하기 위한 시도는 훗날 르네상스 시기 인문주의자들에 의해 집중적으로 행해지는데, 이들의 노력은 상징도상학의 발전과 더불어 메달, 기둥, 개선문 등의 예술작품 속에 사물 이미지(rebus)를 적극적으로 사용하는 경향으로 이어진다.

엠블렘은 이러한 흐름을 대표하는 산물이라고 할 수 있다. 벤야민이 비애극 서에서 이룬 독창적 성취는 상단의 표제(inscriptio; Überschrift), 중간의 이미지(pictura; Bild), 그리고 아래의 해석(subscriptio; Unterschrift)이라는 삼중의 구조로 이루어진 이 엠블렘의 기본 형식에 기반하여 바로크 알레고리를 설명하고자 했다는 점에 있다. 즉, 바로크 알레고리 작가들은 바로 르네상스 시대로부터 전승되어 온 수많은 엠블렘들을 해석하고 읽어낸 독자이자 인용자, 혹은 이 이미지들의 '번역자'이기도 하다. 그런데 이러한 알레고리적 해석은 이미지 자체가 지닌 다의성과 모호성, 다양한 해석 가능성으로 말미암아 어떤 하나의 명료한 내용으로 전달될 수 없는 문제를 지닌다. 하나의 엠블렘을 두고서도 다른 작가, 다른 작품, 다른 맥락 속에서 상이한 의미 해석의 길이 항시 열려있는 것이다. 그러므로 알레고리에서 "모든 인물, 모든 사물, 모든 관계는 임의의 다른 것을 의미할 수 있"(I 350)음으로 말미암아 이는 여러 상충되는 의미와 해석을 가능케 하는 이율배반적 성격을 띠게 된다. 그러나 이러한 "이미지의 분출(Bilderuption)"(I 349)로부터 비롯된 알레고리적 표현이 지닌 자의성이라는 한계는 동시에 이와는 반대로 알레고리가 지닌 고유한 가능성으로 적극적으로 사유될 수 있는 것이다.

이를 위한 전환점은 벤야민이 "알레고리의 문자적 특성(Schriftcharakter)"(I 359)이라는 정식화했던 바, 이는 바로 엠블렘 자체의 구조적 특성으로부터 도출될 수 있다. 즉, 이미지와 문자의 결합으로서 엠블렘의 중앙에 위치한 이미지는 이미 상단의 표제와 하단의 해석을 통해 해독되고 읽힌 이미지라면, 바로크 비애극은 이렇게 전승되어 온 읽힌 이미지로서의 엠블렘을 인용하고 다시 읽어내는 역할을 함으로써, 기존의 엠블렘에 대한 또 다른 엠블렘적 해석(subscriptio; Unterschrift) 부분에 해당하게 된다. 그런데 엠블렘의 사물 이미지들과 그에 대한 읽어내기 해석 간의 관계는 바로 이미지와 그 사물성이 지니는 모호하고 다의적인 특성으로 말미암아 이미지와 문자, 기의와 기표 양자 간에는 필연적으로 자의성을 지니게 된다. 그러나 알레고리적 읽어내기의 무한한 연쇄 과정 안에서 이는 결점이라기보다는, 도리어 더욱 풍부한 의미 산출을 통한 생산적 가능성의 제시라는 장점으로 드러난다. 전통적인 예술의 시각으로만 보면, 엠블렘의 알레고리적 읽어내기라는 무한한 자기생산 행위 속에서 이루어지는 이미지와 문자 간의 부단한 상호매체적 침투와 파괴 및 재생산 과정은 한갓 부정적이고 혼란스러운 현상 이상이 아닐 것이다. 그러나 이와는 반대로 벤야민 당대의 아방가르드적 反-예술의 실천이라는 시대적 흐름을 적극 감안한다면, 이러한 '부정성'은 현대 예술을 설명하기 위한 유력한 범례를 제공할 수도 있는 것이다.[8]

3.3. 사물화와 읽어내기

벤야민에게 사물화 현상과 그 경험의 장은 앞서 집중적으로 살펴보았던 비애극의 자연사적 무대뿐만 아니라 초현실주의적 경험, 카프카적 세계, 거리산책자로 대변되는 19세기 수도 파리에서의 공간 경험, 수집 대상으로서의 사물들 앞의 수집가, 사진과 영화의 재현 공간 등 다양한 소재와 모티브 속에서 그 형태를 변주한 채 드러난다. 이러한 다양한 무대 속에서도 또한 의미 산출의 사물화된 대상 세계와 그에 대한 해독으로서의 읽어내기라는 기본 구도는 여지없이 관철되고 있다. 비애극에서 "자연의 가장 몰락한 형상 속에서 수수께끼적 물음으로서 의미심장하게(in […] naturverfallensten Figur bedeutungsvoll als Rätselfrage)"(I 343) 드러나는 사물화된 세계는 동시에 알레고리적으로 풍성한 읽어내기의 대상이 된다. 초현실주의의 무대가 되는 수도 파리에 특징적인 "최초의 철 구조물, 최초의 공장 건물, 최초의 사진들, 사멸하기 시작하는 대상들, 살롱의 그랜드 피아노들, 5년 전의 의상들, 유행이 물러가기 시작할 때의 상류층 스탠드바들" 등 이러한 사물들의 "'낡아버린 것'에서 나타나는 혁명적 에너지"(II 299)는 꿈과 도취라는 "자유의 경험"의 토대가 되고, 이는 동시에 읽어내는 행위라는 "다른 혁명적 경험과 접합"을 통해 궁극적으로 "봉기와 혁명의 연결"(II 307)이 이루어진다. 동일한 구도는 신화적 세계보다 더 이전의 전세(Vorwelt)의 무대로까지 소급되어, "사물들이 망각된 상태 속에서 취하는 형태"(II 431)인 오드라덱으로 대변되는 카프카적 세계 속에서 또한 동시에 이를 읽어내고 학습(Studium)하는 학생의 형상이 대두된다(Vgl. II 434ff.). 「사진의 작은 역사」에서는 사진의 이미지에 병기되는 "표제 달기(Beschriftung)"(II 385)로서 이미지 읽어내기의 중요성이 강조되고 있으며, 마찬가지로 「생산자로서의 작가」에서도 사진 이미지에 대해 "혁명적 사용가치를 부여해 줄 표제 달기"(II 693)의 비중이 부각된다. 이러한 이미지와 문자 간의 관계는 음악과 문자 간의 관계에도 그대로 이어지는데, 벤야민은 한스 아이슬러를 인용하면서 기존의 전통적인 음악회를 "말의 협동(Mitwirkung der Worte)"이라는 계기를 통해 "음악회를 정치적 집회로 변화"(II 694)시키려는 기획을 도모하고 있다. 이러한 상호매체적 관계 속에서 핵심은 바로 "모든 삶의 관계를 문자화(Literarisierung aller Lebensverhältnisse)"(II 385, 688)하면서 "글 쓰는 이가 지녀야 할 지침을 주고 지도를 해주는 태도"(II 696)를 견지하는 데에 있다.

이 모든 다양한 사례들에서 공통적으로 확인되는 특징은 앞서 비애극서에서 확인했듯 양가적이다. 한편으로 사물과 이미지, 가상 등에 대한 공간적 경험과 그 다층적 의미 산출의 계기는 바로 사물화에 상응하는 현상 그 자체인 바, 벤야민은 이를 거부나 배척, 극복의 대상으로 삼지 않은채, 그 자체가 지니는 "힘"과 잠재력이 극한까지 발휘되도록 하는 데에 십분 긍정적이다.―이 점에서 그는 루카치와 구분된다. 그러나 다른 한편으로 이러한 차원은 또 다른 탈내재적 계기를 통해 새롭게 영유되고 인식되어야 한다.―이 점에서 그는 아도르노와 구분된다. 이러한 이미지 경험은 바로 이를 읽어내는 문자화라는 이미지 해독, 내지 비판적 계기와 동반하여야 하며, 이는 이미지가 지닌 다의성, 모호함, 비합리성 등을 제어하는 역할을 담당한다. 이미 음성 중심주의적 표음문자로서 성상파괴주의(Ikonoklasmus), 즉 이미지의 파괴를 대변하고 있는 서구의 알파벳은 합리성, 관료제, 조직화를 담당한 주요 매체였으며, 인쇄술의 발명을 통해 새롭게 창출된 '구텐베르크 은하계'는 세계와 그 인식을 추상화, 수량화, 균질화, 단일화함으로써 민족국가, 산업화, 세계시장 등의 근대적 제도를 구축하는 데 혁혁한 기여를 했다는 점은 잘 알려진 사실이다(Vgl. McLuhan 1964, 188). 이러한 이미지와 문자 간의 관계에 비추어 보면 벤야민 자신의 '계몽의 변증법'은 루카치적인 초월적 종말론과도, 아도르노의 내재적 자연사의 이념과도 구분됨을 재차 확인할 수 있다.

그런데 이미지와 이를 파괴하는 문자 매체와의 관계에 대해서는 좀 더 상술할 필요가 있다. 위에서 서술했듯 이미지에 대한 문자의 파괴적 기능이라는 구도를 상정할 때, 양자 간의 관계를 완전히 비연속적-단절적인 것으로도, 현상-본질 간의 연속적-재현적인 것으로도 파악해서는 곤란하다. 만약 전자의 단절적인 경우라면, 이는 루카치적 메시아주의를 문자 매체론적 버전으로 변형시킨 것에 불과하게 된다. 후자의 재현적인 경우라면 이미지는 그 배후에 이미 선행하는 본질로서 존재하는 문자를 둘러싸고 있으면서 문자와는 실상 무관한 '외피'에 불과한 것이 됨으로써, 문자화라는 읽어내기 행위는 그저 동어반복에 불과하게 된다. "결코 쓰인 적이 없는 것을 읽어내기(Was nie geschrieben wurde, lesen)"(V 524). — 『파사주 작업』의 「거리산책자」 원고 M의 서두에 인용된 후고 폰 호프만스탈의 이 구절은 벤야민이 상정하고 있는 이미지와 문자 간의 고유한 관계를 집약적이고도 간명하게 표현해주고 있다. 즉, 읽어내기의 대상이 되는 이미지의 배후에는 '본질'과 같은 지위를 지니는 인식 가능한 문자가 숨어 있는 것이 아니다. 만일 그렇다면 이미지는 이 '본질'에 대해 아무런 관여를 할 수 없는 채, 단순히 이를 둘러싼 외피나 이를 보존하는 용기 같은 한갓 도구에 불과하게 된다. 그러나 벤야민에게 읽어내기란 이미지라는 외양 뒤편에 이미 기존에 존재하고 있는 본질과 같은 것을 다시 확인하고 그저 재현하는 작업에 불과한 것이 아니다. 그에게 가상의 파괴란 가상에 선행하고 그 이면의 메타 층위에 이미 존재하는 것을 그저 확인하는 작업이 아니라, 사전에 존재하지 않았던 것을 새롭게 창출하고 생산하는 작업이다. 그럼으로써 읽어내기는 다름 아닌 생산적인 행위의 차원을 지닌다.

비애극 서에서 엠블렘의 이미지와 문자 간의 관계를 설명할 때, 벤야민은 이러한 사정을 이미 명확하게 서술하고 있다. 즉, 읽어낸 이미지로서의 바로크 이미지 문자의 기능은 "감각적 사물의 외피를 벗겨내어 [그 안에 숨겨진] 본질을 드러내는 것이 아니라 그 사물을 발가벗겨 그 몸통을 보여주는" 발본적인 해체와 파괴에 그 본령이 있다. 엠블럼 작가, 즉 제작자가 사물과 그 이미지에 가하는 적극적인 파괴 행위는 "'이미지 뒤에 있는' 본질(Wesen hinter dem Bilde)"을 보여주기 위한 것이 아니라, 반대로 그 본질을 "문자로서, 이미지의 설명문자로서 […] 이미지 앞으로 끌어당겨 놓는 (Als Schrift, als Unterschrift […] zerrt er[=Emblematiker] dessen Wesen vors Bild)"(I 360-61) 것을 의미한다. 이렇게 이미지를 파괴함으로써 획득되는 읽힌 이미지로서의 문자는 동시에 새로운 층위에서 또 다른 이미지의 차원을 지니게 되는 것이다. 이렇게 벤야민에게 문자이미지란 사물화의 차안과 그 피안, 사물화에 대한 내재적 영유와 그 초월이 동시에 교차하고 상호 침투하면서 산출되는 상호매체적 공간이 된다.

4. 나가며

비판이론의 초창기부터 현 단계에 이르기까지 주요한 주제 중 하나는 바로 도구적 합리성으로 지칭되는 사물화 문제의 감당과 극복 방안이다. 호르크하이머/아도르노부터 하버마스와 호네트에 이르기까지 이 목적합리성 문제에 대응하고 이를 극복하기 위한 부단한 노력은 사물성과 물질성의 문제를 소거시키는 대가를 치름으로써 이루어진 것이었다. 이러한 배경을 놓고 볼 때 벤야민의 시도는 바로 비판이론의 전통 속에서 아도르노 이래 망각되고 배제되어 왔던 자연과 사물성의 문제 설정을 새로이 깨우침으로써 비판이론은 물론, 비판적 사회 이론 일반을 기존 비판이론의 주된 흐름과는 다른 차원에서 갱신하고 재활성화시킬 계기를 제공한다는 의미를 지닌다. 동시에 현재적 수준에서 이러한 새로운 관점의 제기는 작금의 여타 다른 이론적 진영의 발전 단계와 논의 수준 속에서 대두되는 다양한 물음에 대해 답해야 한다는 또 다른 과제를 낳는다. 특히 근자에 대두되는 신유물론의 제반 논의 흐름을 감안했을 때 벤야민의 사물성과 자연 개념이 이들과 교차하면서도 또한 구분되는 지점을 따져보는 것은 현 논의 상황 속에서 벤야민의 현재성을 가늠하기 위한 주요한 기준이 될 수 있을 것이다. 예를 들어 벤야민의 초기 낭만주의 반성 이론에 근거를 둔 자연 이해를 두고서는 한편으로 신유물론의 생기론적 버전(Vgl. 베넷 2018)과의 이론적 친화성을 확인할 수도 있을 것이다. 그러나 다른 한편으로 비애극 서에서 특징적인 벤야민의 자연사적 관점을 감안한다면, 양자 간에는 간과할 수 없는 괴리 또한 명백히 확인된다. 마찬가지로 벤야민의 입장이 물질주의적 수행성론(Vgl. Barad 2007)이나 행위자 연결망 이론에서의 번역, 행위, 수사학 등의 구상들(Vgl. 라투르 2016; 라투르 2018)과 상당 부분 흥미로운 통약 가능성을 지닌다는 가설을 내세울 수 있겠지만, 또한 동시에 세부 검토와 논의를 통해 확인되어야 할 여타 차이점들 또한 적잖을 것이다. 이러한 비교 가능한 사례들은 현 단계에서는 일단 열려있는 물음의 일부에 불과하며, 이에 대한 답은 차후의 과제 속에서 별도의 지면을 필요로 한다.

주

1 이에 대해서는 '사물화' 외에 '물상화', '물화' 등의 번역어가 있다. 일단 '물상화'는 근래에 거의 채택되지 않고 있으며, '물화'의 경우 용어의 간명함이 장점이다. 그러나 이후 '사물'과 '사물성'을 빈번히 강조하며 서술하게 될 본고의 흐름상 '물화'보다는 '사물화'가 이들 용어와의 긴밀한 연계를 드러내는 데에 더 직관적으로 다가온다는 이유로 앞으로는 '사물화'를 택해 사용하고자 한다.

2 이는 대상적 산물을 산출하는 노동 생산 poiesis 과 그 어떤 가시적 산물을 남기지 않는 자기 완결적 정치 행위로서의 실천 praxis 간의 전통적인 아리스토텔레스적 구분에 소급시키고, 인간 행위의 본질적인 차원을 후자인 행위로서의 말에 귀속시켰던 한나 아렌트의 구상에 빚진 것이다(Vgl. 아렌트 1996, 235ff.). 아렌트에 대한 하버마스의 입장은 다음에서 상세히 드러나 있다: Vgl. Habermas 1981, 223-248.

3 괴테는 그의 자서전『시와 진실』의 말미에서 마성적인 것을 다음과 같이 서술하고 있다: "그것은 비이성적으로 보이니 신적인 것은 아니었고, 지성을 갖고 있지 않으니 인간적인 것도 아니었다. 선을 행하니 악마적인 것도 아니었고, 종종 남의 불행을 보고 고소해하니 천사같은 것도 아니었다. 어떤 것의 연속임이 입증되지 않으니 우연에 흡사했고, 연관 관계를 암시하니 신의 섭리와 유사했다. 우리를 제한하는 모든 것에 침투할 수 있을 것같았고, 우리 생존의 필연적인 요소들을 제멋대로 처리하는 듯이 보였다. 그것은 시간을 축소시켰고 공간을 확장시켰다. 그것은 오직 불가능한 것 가운데에서만 안주하는 듯이 보였고, 가능한 것은 명시하면서 배척하는 듯했다"(Goethe 1955, 175f.; 괴테 2009, 1024f. 번역 수정). 루카치가『소설의 이론』에서 인용하고 있는 이 구절(Vgl. Lukács 1963, 76)을 이후 벤야민은 자신의「괴테의 친화력」에서 앞 단락까지 포함하여 더욱 확장된 형태로 인용하고 있다.

4 루카치는『소설의 이론』1963년도 판의 서문에서 소설에서의 시간이라는 문제를 플로베르의『감정교육』을 사례로 삼아 처음으로 주제화한 첫 번째 시도로서 자신의 저작을 자리매김하면서, 프루스트의『잃어버린 시간을 찾아서』, 조이스의『율리시스』, 토마스 만의『마의 산』과 같이 시간의 문제를 소설에서 주제화한 여타 작업에 선행한 것이라고 자체 평가한다(Vgl. Lukács 1963, 8).

5 앞으로 본문에서의 벤야민 저작 인용은 인용문 뒤 전집 권수(로마자 숫자)와 쪽수를 기입하며, 서신 인용은 서간집 권수 앞에 "GB"를 기입하는 것으로 한다.

6 루카치의『역사와 계급의식』이 출간된 것은 1923년이지만, 벤야민과 루카치와의 첫 만남은 이미 그 이전 시기에 블로흐의 소개를 통해 이루어진 것으로 추정된다. 벤야민의 편지에서 루카치가 처음으로 등장하는 것은 그가 친구 숄렘에게 1921년 6월 말에 보낸 편지에서이다(Vgl. GB II 162). 벤야민이 블로흐를 알게 된 것은 그가 박사논문을 쓰기 위해 베른에서 체류할 때이다. 벤야민이 루카치의『소설의 이론』을 언제 처음 접했는지는 분명치 않지만,『역사와 계급의식』을 읽은 것은 그가 비애극 서를 카프리섬에서 집중적으로 집필하던 1924년 6월의 시기인 것으로 추적된다(Vgl. GB II 482f.).

7 비애-극 Trauer-Spiel이라는 이름에서 이미 명시적이듯, 바로크 드라마에서 비애, 즉 멜랑콜리는 비애극의 '원천'을 설명하기 위한 핵심 원리로 자리한다. 이는 멜랑콜리 장이 비애극의

유형학을 설명하는 전반부와 알레고리를 다루고 있는 후반부 사이에 위치하면서 비애극 서의 중앙을 점하고 있는 비애극 서의 구조를 통해서도 확인된다.

8   이 지점에서 시사적인 것은 벤야민이 1924년 카프리 섬에서 비애극 서를 집필하고 있을 때 만난 연인 아샤 라시스의 회고록에서의 전언이다. 왜 아무도 관심이 없는 바로크와 같은 "죽은 문학"을 두고 씨름을 하고 있냐는 라시스의 질문에 대해 벤야민은 바로크 드라마는 언어 형식의 측면에서 바로 당대의 "표현주의에 상응하는 현상"(Lacis 1971, 44)으로 간주될 수 있기에 그 중요성을 지닌다고 답한다. 또한 그는 기존의 부차적인 지위를 점하는 것으로 간주되었던 알레고리가 당대 문학과 예술의 反-예술적 경향에 비추어 보았을 때, 고유한 가치를 새롭게 부여받을 수 있음을 부연한다. 이러한 대목은 그가 이후 프랑크푸르트 대학에서 이 저작을 교수자격논문으로 제출하기를 포기한 뒤 추가로 서술한 「인식비판 서문」의 후반부에서 왜 "바로크와 표현주의"(Vgl. I 234ff.)라는 의미심장한 제목의 절을 포함시켰는지 설명해 준다.

참고문헌

괴테, 요한 볼프강 폰(2009): 『괴테 자서전. 시와 진실』(전영애·최민숙 역), 민음사.

라투르, 브뤼노(2016): 『젊은 과학의 전선. 테크노사이언스와 행위자-연결망의 구축』(황희숙 역), 아카넷.

라투르, 브뤼노(2018): 『판도라의 희망. 과학기술학의 참모습에 관한 에세이』(장하원·홍성욱 역), 휴머니스트.

루카치, 게오르그 (1986): 『역사와 계급의식. 맑스주의 변증법 연구』(박정호·조만영 역), 두레.

마르쿠제, 허버트(2009): 『일차원적 인간』(박병진 역), 한마음사.

베넷, 제인(2020): 『생동하는 물질. 사물에 대한 정치생태학』(문성재 역), 현실문화.

아렌트, 한나(1996): 『인간의 조건』(이진우·태정호 역), 한길사.

앤더슨, 페리(1994): 『역사 유물론의 궤적』(김필호·배익준 역), 중원문화.

하버마스, 위르겐(2006): 『의사소통행위이론』(장춘익 역), 나남.

호네트, 악셀(2006): 『물화. 인정 이론적 탐구』(강병호 역), 나남.

호르크하이머, 막스/아도르노, 테오도어 W.(2001): 『계몽의 변증법. 철학적 단상』(김유동 역), 문학과지성사.

호르크하이머, 막스(2022): 『도구적 이성 비판 - 이성의 상실』(박구용 역), 문예출판사.

Adorno, Theodor W.(1973): Die Idee der Naturgeschichte[1932]. In: R., Tiedemann(Hg.): *Theodor W. Adorno. Gesammelten Schriften. Bd. 1. Philosophische Frühschriften*. Ffm., 345-365.

Adorno, Theodor W.(1980): Dissonanzen. Musik in der verwalteten Welt[1932]. In: R., Tiedemann(Hg.): *Theodor W. Adorno. Gesammelten Schriften. Bd. 14. Dissonanzen. Einleitung in die Musiksoziologie*. Ffm., 7-167.

Barad, Karen(2007): *Meeting the Universe Halfway. Quantam Physics and the Entangelment of Matter and Meaning*. Durham/London.

Benjamin, Walter(1971ff.): *Gesammelte Schriften. Bd. I-VII*. Ffm.

Benjamin, Walter(1995ff.): *Gesammelte Briefe. Bd. I-VI*. Ffm.

Goethe, Johann Wolfgang(1955): *Aus meinem Leben. Dichtung und Wahrheit*[1811ff.]. Hamburg.

Habermas, Jürgen(1976): Einleitung: Historischer Materialismus und die Entwicklung normativer Strukturen. In: ders.: *Zur Rekonstruktion des Historischen Materialismus*. Ffm., 9-48.

Habermas, Jürgen(1981): Hannah Arendt. In: ders.: *Philosophisch-politische Profile*. Ffm., 223-248.

Habermas, Jürgen(1984): Was heißt Universalpragmatik? In: ders.: *Vorstudien und Ergän-zungen der Theorie des kommunikativen Handelns*. Ffm., 353-440.

Habermas, Jürgen(1988): Philosophie und Wissenschaft als Literatur? In: ders.: *Nach-metaphysisches Denken. Philosophische Aufsätze*. Ffm., 242-263.

Honneth, Axel(2005): *Verdinglichung. Eine erkennungstheoritische Studie*. Ffm.

Lacis, Asja(1971): *Revolutionär als Beruf. Berichte über proletarisches Theater, über Meyerhold, Brecht, Benjamin und Piscator*. München.

Lukács, Georg(1963): *Theorie des Romans. Ein geschichtsphilosophischer Versuch über die Formen der großen Epik*[1920]. Hamburg.

Marx, Karl/Engels, Friedrich(1959): Manifest der kommunistischen Partei[1847/48]. In: *Karl Marx-Friedrich Engels-Werke*. Bd. 4. Berlin, 461-494.

Marx, Karl(1961): Zur Kritik der politischen Ökonomie. In: *Karl Marx-Friedrich Engels-Werke*. Bd. 13. Berlin, 3-160.

Marx, Karl(1962): Das Kapital. Kritik der politischen Ökonomie. Bd. I[1890] In: *Karl Marx-Friedrich Engels-Werke*. Bd. 23. Berlin.

Marx, Karl(1968): Ökonomisch-philosophische Manuskripte aus dem Jahre 1844. In: *Karl Marx-Friedrich Engels-Werke*. Bd. 40. Berlin, 165-588.

McLuhan, Marshall(1964): *Understanding Media. The Extensions of Man*. London/N.Y.

크라카우어의 탐정 사회학과 영화 리얼리즘[1]

이 창 남

1. 생소한 이론가

벤야민, 아도르노, 루카치, 블로흐 등 2, 30년대 활발하게 활동했던 독일의 걸출한 사상가들이 국내에 이미 오래전부터 소개되고 수용되었던 반면, 이들과 긴밀한 지적, 인간적 유대를 가지면서 나름의 독특한 사상을 전개했던 크라카우어는 상대적으로 잘 알려져 있지 않다. 다소 시차는 있지만 이러한 사정은 독일을 비롯한 외국의 경우에도 비슷하다. 하지만 최근 들어서 크라카우어에 대한 연구와 출판이 늘어나고 있다. 프랑크푸르트 사회연구소(IfS)에서는 2021년 크라카우어를 조명하는 국제 학술대회를 준비하고 있고, 그 밖에도 영국, 프랑스, 미국 등의 인문 사회 분야의 연구들에서도 크라카우어의 사상이 점점 더 빈번하게 다루어지고 있다.

이는 도시, 영화, 일상과 같은 현대 생활세계의 주요한 주제들과 관련하여 그의 글들이 갖는 현재적 의미와도 무관하지 않을 것이다. 지성사의 공론장에서 한 이론가의 부침은 그 자신의 이론적 역량뿐만 아니라 그것을 바라보는 현재의 의식과 요구에 따라 좌우되곤 한다. 요컨대 과거와 현재의 영향사적 관계의 양상에 따라서 새로운 이론가가 조명되기도 하고, 묻히기도 하는 것이다. 맑스주의, 해체주의, 탈식민주의로 이동해온 우리 인문사회연구의 이론적 지형의 변화, 문학에서 영화를 비롯한 다양한 매체들로 관심이 다변화되는 양상 그리고 사회를 바라보는 기존의 거대 범주와 서사들이 공전하는 역설들을 고려하면서 크라카우어가 우리에게 던질 수 있는 유의미한 메시지에 대해 생각해볼 만하다.

그는 건축가였으며, 탐정소설과 영화에 탐닉한 사회학자였고, 프랑크푸르트 신문 고정 칼럼리스트에다가 『긴스터』와 『그레고어』라는 두 권의 소설을 발표한 작가이기도 했다. 그리고 프랑크푸르트, 베를린, 파리를 거닐며, 관찰하고 묘파했던 대도시의 저널리스트-산책자였고, 이후 미국에 망명하여 영화이론가로 이름을 알리기 시작했다. 얼핏 다재다능한 지식인의 화려한 경력으로 보이지만 실은 경력의 단절과 불안, 혼돈과 유랑, 좌절과 지적 모색의 과정에서 만들어진 크라카우어라는 인물의 다면적인 모습이다. 파란만장했던 그의 삶을 관통하는 것은 무엇이었을까. 그리고 그것이 지금 우리에게 던지는 현재적 시사점들은 어떤 것일까. 이런 질문들과 더불어 여기서는 크라카우어의 생애와 저작들을 일별해볼 것이다. 특히 사회에 대한 성찰에서 특징적으로 나타나는 '탐정적 시선'과 '영화 리얼리즘'을 중심으로 국내에서는 아직 생소하다고도 할 수 있는 그의 사회와 영화에 대한 관점과 사상을 소개해보고자 한다.

2. 건축에서 사회학으로

크라카우어는 1889년 유대인 가정에서 태어나 1966년 미국에서 사망했다. 그는 독일에서 양차 세계대전을 모두 거친 세대에 속한다. 어려서는 프랑크푸르트에서 교사였던 삼촌에게서 주로 교육을 받았고, 이후 베를린에서 건축, 사회학, 철학 등을 공부했다. 그리고 건축공학 박사가 되어 건축기사로 일했다. 1차 대전 후 인플레이션과 불경기로 건축을 그만둔 크라카우어는 사회학 연구로 방향을 전환하고, 프랑크푸르트 신문 칼럼리스트로 생활을 하게 된다.

그가 첫 번째 직업으로 건축을 하게 된 이유는 잘 알려져 있지 않다. 다만 그는 유년기부터 말을 정확하게 하지 못하는 언어장애를 앓고 있었고, 대인 관계에 어려움을 가지고 있었던 것으로 알려져 있다. 이런 그의 개인적 특성상 직업적인 일을 위해서 대인관계가 많은 일이나 말을 필요로 하는 일보다는 보다 실용적이고, 전문적인 공학을 선택한 계기가 되었을 것으로 추정할 수 있다. 그러나 그는 상당한 독서가였고, 건축가로 일을 할 당시에도 철학과 사회학 분야에서 아마추어를 훌쩍 뛰어넘는 깊은 조예가 있었다.

이러한 면모는 프랑크푸르트에서 와인상을 하던 부모님과 크라카우어 삼촌의 친분으로 일찍부터 그를 알았고, 함께 칸트의 『순수이성비판』을 읽기도 했던 아도르노의 회고에서도 짐작할 수 있다. "이 독서를 통해 나는 학교 교사들로부터 보다 더 많은 것을 배웠다고 해도 전혀 과장이 아니다. 처음부터 나는 그 저작이 학문적으로 유효한 판단의 조건에 대한 분석, 즉 단순한 인식이론이 아니라 정신의 역사적 상태가 암호처럼 내재하는 문건으로 읽을 수 있다는 것을 경험했다."[2] 이때 이후로 크라카우어는 아도르노와 평생 우정을 유지했다. 이들 사이에 종종 학문적 입장 차이로 인한 불화가 없지는 않았지만, 두 사람은 40년 이상 서로 비판하고 의지하기도 하였다. 건축을 그만두고 사회학으로 방향 전환을 할 무렵 크라카우어는 정신적으로 상당히 깊은 고뇌에 빠져있었던 것으로 보인다. 당시 아도르노에게 보낸 편지에서 그는 "세계의 균열이 나도 관통하고 있어"[3]라고 말한다.

크라카우어 개인뿐만 아니라 시대적 문제로도 이해될 수 있는 이 "균열(Riss)"은 신성과 세계의 분리, 통합 없는 사회의 분절화, 소통이 불가능한 심연 등 여러 가지 의미를 가질 수 있다. 1차 세계대전 이후 독일의 바이마르 공화국은 정치적으로 혼란스럽고, 경제적으로는 전후 배상금을 비롯하여 실업, 인플레이션 등 여러 경제적인 어려움을 겪었다. 다른 한편 사회문화적으로 그 시기에 본격적으로 현대적인 양상이 나타나기도 했다. 바로 그 현대적인 것의 중심에는 정신적으로 정주하지 못하는 현대인의 실존적 상황이 자리하고 있었다. 이는 직업적 곤경보다도 크라카우어가 자신의 동시대인들과 더불어 감당해야 할 난제였다고 할 수 있다.

  말하자면 심리적으로는 중심이 없고 불안정한 상태, 정치적으로는 '전제'나 '혼란'이냐의 극단적 양자택일을 해야 하는 상태, 시대적으로는 불행한 과거와 불투명한 미래 사이 모호한 갈등의 현재 상태가 바이마르 공화국의 현실이었다. 지성사에서 20년대 초 독일에서 "예언자" 논쟁이 뜨거웠던 것도 이와 같이 지향성을 상실한 시대의 증후라고 하겠다. 그러나 〈칼리가리 박사의 밀실〉이라는 영화에서처럼 박사는 몽유병 환자를 예언자로 내세우고, 그의 예언을 실현시키기 위해 연쇄살인을 사주한다. 신성의 진실은 실상 당대 통속적인 스릴러 속에서 있었던 것이다. 크라카우어 역시 유대인이었고, 삼촌의 종교적 감화가 컸지만 "진리에 대한 접근은 이제 세속적인 것들 속에서 이루어질 수 있다"[4]는 믿음을 일찍부터 견지했다.

  일명 '세속화'는 크라카우어가 신성을 상실한 현대 사회를 이해하고 분석하는 기저를 이룬다. 그가 탐정소설, 도시공간, 사진과 영화와 같은 대중적 매체들을 매개로 독특한 사회학을 개척하게 된 것도 여기에 기인한다. 그는 시대와 자신의 문제를 당대 통속적이고 대중적인사회문화적 기제들을 통해서 학문적으로 풀어내고자 했다. 건축은 빵을 위한 업이었지만, 사회연구는 세계의 "균열"을 극복하기 위한 소명적인 과제였던 것이다. 이러한 그의 학문적 방법론과 대상은 사회학자 짐멜을 상기시키는 측면이 적지 않다. 실제 크라카우어는 베를린에서 짐멜에게서 직접 사사받기도 했다. 1918년 짐멜은 스트라스부르크에서 사망하고, 크라카우어는 20년대에 들어서 『학문으로서의 사회학』을 발표하면서 건축가에서 사회학자로 자신의 길을 본격적으로 전환한다. 이 책이 학계의 평가를 거칠 무렵 그는 아카데미를 떠나 칼럼리스트로 현장을 택한다. 이는 당시의 강단 사회과학과 방법론적으로나 내용적으로 완전히 다른 길을 가는 계기가 된다. 크라카우어가 프랑크푸르트 사회연구소를 통하여 혹은 그 주변에서 벤야민, 뢰벤탈, 블로흐 등과 교류하기 시작한 것도 이 무렵부터이다.

3. 탐정소설과 비대칭 사회

짐멜에게서와 마찬가지로 크라카우어에게서도 '사회'는 어떤 고정된 테두리를 가진 완결적 실체가 아니었다. 짐멜이 '사회가능성(sociability)'이라는 말로 사회 공동체의 부침과 형성의 역동적 과정을 다루듯이, 크라카우어도 역시 사회를 가변적이고 유동적인 총체로 본다. 따라서 그의 사회연구는 사회를 시스템의 구조로 보고 객관주의적으로 그에 접근하는 것과는 달리 늘 새롭게 변화하고 형성되는 현장의 역동적 추이에 주목했다. 그가 관찰과 인터뷰 그리고 사물과 기술매체에 대한 분석적 추론에 몰두했던 것은 이러한 시각에서 비롯된다.

크라카우어는 객관주의적 사회연구에 동조하지 않았던 것과 마찬가지로 이상주의적 관념론에도 상당히 의식적으로 거리를 두고 있다. 이는 헤겔에 대해 젊은 시절부터 취하던 그의 근본적 거리(距離)에서 잘 나타난다. 또 헤겔을 일부 전유하는 게오르그 루카치의 『역사와 계급의식』(1923)에 대한 비판적 인식에서도 구체적으로 표면화된다. 요컨대 그는 그 책에서 루카치가 프롤레타리아 계급의 의식을 도출하는 방식은 지극히 이상주의적인 것으로 간주한다. 이는 그가 아도르노와 공유하고 있는 이론적 지점이기도 하다. 그러나 헤겔을 뒤집어서 전유하는 아도르노와도 사실은 상당히 이론적 거리가 있었고, 실제로 여러 편지들을 통한 논쟁에서 그러한 점이 표면화된다.

크라카우어의 시각은 일견 당대 교유하던 그룹의 지식인들 사이에서는 벤야민과 비교적 유사한 측면을 많이 갖고 있다고 할 수 있다. 두 사람은 주제적으로도 공유하는 측면들도 적지 않다. 하지만 그의 주요 저작 가운데 하나였던 『직장인』(1930)에 대한 평가에서 벤야민도 자신의 "현실성에 대한 열정"[5]을 간과하고 있다고 지적할 정도로 탈이상주의적인 현실 자체에 대한 그의 집착은 강렬했다. 그는 자신의 방법론을 "물질적 변증법"이라고 표방하면서, 헤겔의 좌파적 변형인 "변증법적 유물론"과 구분하고 있다.[6] 여기서 물질적이라는 것은 정통 맑스주의자들이 전제하는 이념화된 물질이 아니라, 그야말로 현상학적 모토인 "사태 자체"로서의 물질이다.

현대의 유물론에까지 내재하고 있는 이상주의적인 이념의 판타지를 걸어 내고자 하는 그의 냉철한 시각은 때로 즉물적인 면모를 보인다. 건축을 그만두었지만 그는 프랑크푸르트 시절부터 건물과 공간구성을 관찰하는 데에 익숙했다. 이는 사물 세계에 대한 그의 감각이 남달랐던 이유일 것으로 추정할 수 있다. 그렇다고 해서 크라카우어의 사회연구에 초월성에 대한 인식적 관심이 결여되어 있었던 것은 아니다. 단지 그 초월성은 기존의 관념론과 그 현대적 변주형식들과는 다른 방식으로 그에게 존재한다. 말하자면 그것은 역설적이게도 '부재하는 방식으로 현존'하는데, 신성과 완전성의 공허한 현존의 자리는 세속적 기제들로 채워지면서 현대사회 속에 묘한 불균형과 모순을 불러일으킨다.

"탐정-신은 단지 신이 떠나버린 세상의 신이다."[7] 20년대 중반에 발표된 『탐정소설: 철학적 논저』(1922-1925)라는 저작에서 크라카우어는 탐정이 소설 속에서 '모든 것을 알고, 어디에든 있는' 유사 신적인 존재로 그려지는 데에 주목한다. 탐정은 이른바 20세기 초 이성과 과학의 부상을 대변하듯이 신성을 대리하는 자율적 이성을 대변하는 존재다. 다른 한편 안전과 불법에 대응하는 경찰은 합법성을 대표하며, 자체적 자율성을 요구하지 않는 대신 법에 따라 움직이는 기관이다. 크라카우어는 뒤펭의 언급을 인용하며 이들 경찰이 소설 속에서 범인 추적에 실패하는 이유는 '낯선 생각에 들어가는 능력이 떨어지고', '범인의 속성을 충분히 파악하지 못하기' 때문이라고 적시한다. 이들은 그저 익숙한 수사방식을 반복하면서 범인의 새로운 수법을 포착하지 못하는 것이다. 경찰의 무능은 크라카우어에게 당대 합법성이 현실 경험을 따라가지 못하는 역설로 이해된다.

현대 사회의 경험적 총체는 끊임없이 확장되는 데 반해, 합법성의 체계는 제한된 범위에 머물러 있는 것이다. 바로 그 공백 속에 탐정이 자리하고, 경찰은 그러한 비대칭적 정황을 드러내는 시스템이다. 경찰과 달리 탐정은 특유한 기지와 초법적이거나 때로는 불법적인 방식으로 미궁의 사건을 해결하고, 범인의 자백을 받아내곤 한다. 그러나 그는 진실에 대해 침묵하거나 경찰에 협조하지 않는다. 그리고 그가 정당성의 실현에 복무하는 것도 아니다. 경찰과 탐정이 불법과 초법적인 범죄들에 대항해 싸우는 과정에서 양자 사이에 계속 불일치와 모순을 드러난다. 바로 이러한 모순은 초월적인 것과 세속적인 것 사이의 중간존재로서 두 세계 모두에 양쪽으로 걸쳐있는 인간 실존에서 비롯된다. 탐정소설은 제목의 뉘앙스와는 달리 실존철학적 현대사회의 분석이다. 크라카우어는 여기서 스스로를 "기독교 세계의 스파이"[8]라고 칭했던 키에르케고르의 사유를 일부 전유하면서, 당대 사회의 문제를 탐색하고 있다. 이를 통해서 신성이 부재하는 비대칭 사회에서 합리성과 합법성을 대변하는 세속권력들이 부조화하고, 사회의 정당성의 실현은 끊임없이 유예되는 상태를 극적으로 드러내고 있다.

이러한 현대 사회의 문제적 측면은 베를린 시절에 출간된 『직장인』(1930)에서도 잘 나타난다. 여기서도 기계적 합리성이 지배하는 사회의 모순을 드러내는데, 기업의 구조 안에 금융자본의 최상층은 구름 속에 가려 보이지 않고, 중간계층에 의해 지배되는 직장의 모순적 질서의 구조들이 나타난다. 그리고 직장의 현장이 합리화될수록 인간관계는 점점 소거되는 역설적 사회 공동체의 문제가 부각된다. 『탐정소설』이 법과 정당성을 중심으로 사회의 모순을 주제화하고 있다면, 『직장인』은 기업과 피고용인들 사이의 지배와 관리에서 나타나는 불합리를 다룬다. 탐정을 모티프로 하거나 직장인을 대상으로 하는 20년대 그의 사회학적 연구는 국가와 자본의 지배 메커니즘을 지극히 세속적이고 일상적인 영역 속에서 밝혀내고 있는 것이다. 따라서 이는 위로부터의 지배만을 다루는 것이 아니라 대도시와 사무실의 현장에서 벌어지는 모순과 역설에 집중하면서 비대칭적인 '사회'의 핵심적 단면들을 드러낸다.

그의 이러한 사회학적 입장은 부르주아 시민계층의 입장에서 볼 때나, 프롤레타리아의 계급정치적인 입장에서 볼 때 다소 이색적이라고 할 수 있다. 이는 그가 전적으로 부르주아라고도 프롤레타리아라고도 할 수 없는 애매하고 유동적인 '직장인' 대중에 주목한데서도 확인할 수 있다. 그의 직장인 대중은 "테라 인코그니타(terra incognita)", "인식되지 않은 영역"[9]에 속한다. 크라카우어가 포의 〈도둑맞은 편지〉와 관련하여 시사하고 있듯이 이들 대중은 잘 '공개되어 있기 때문에 드러나지 않는' 존재다. 요컨대 이들은 대도시 거리에 '노출된' 채로 '숨겨져' 있으며, 2, 30년대 크라카우어의 사회학적 시선은 특히 이들의 문화와 공간들을 향하고 있었다.

4. 사회의 무의식으로서 문화와 공간

주지하다시피 짐멜이나 벤야민에게 대도시 거리의 대중들의 의식과 행동은 현대 사회를 이해하기 위한 중요한 소재였다. 크라카우어도 일찍부터 도시 '공간'과 대중들의 '문화'에 관심을 가지고 있었다. 이미 프랑크푸르트의 시절부터 그는 새로 짓는 은행건물, 리모델링하는 옛 수도원, 카페 구역, 프랑크푸르트 사회연구소의 실내구조, 고층빌딩 등의 설계와 구성에 대해서 건축가로서 칼럼들을 게재하고 있다. 프랑크푸르트 신문의 청탁에 따라 쓰여진 이러한 글들이 주로 건축물과 도시계획에 관한 전문가 칼럼이었다면, 1925년 정식으로 그 신문 칼럼을 담당하는 고정 편집인이 된 후 그의 주제는 대중들과 이들의 문화공간들에 대한 보다 폭넓은 사회적 대상들로 확대된다.

앞서 거론한 바와 같이 크라카우어는 국가나 기업처럼 세속의 지배 기제들을 강도 높게 비판하지만, 대중에 대한 그의 이해는 계급정치나 정당정치의 이해관심과는 상당히 거리가 있다. 〈기다리는 자〉(1922)라는 단편에서 나타나듯이 크라카우어에게 대중은 "절대자와의 연계를 상실"하고 "개체화의 저주"[10]를 겪고 있는 존재들이다. 현대인을 이른바 '종교의 영역으로부터 내쫓긴 피조물'로 보는 크라카우어의 인식은 다분히 실존주의적인 경향성을 보인다. 그렇다고 해서 그의 사회분석이 비현실적이거나 초현실적인 것은 아니다. 오히려 대중에 대한 그의 생철학적 인식은 경험적 사회연구와 결합하면서 독특한 현실주의의 면모를 갖추어간다.

『탐정소설』이나 『직장인』에서 보듯이 국가나 기업과 같은 세속의 지배 기제는 실존적 '실향'의 상태에 있는 대중들이 정주할 수 있는 토대가 되지는 못할 뿐만 아니라 문제를 더욱 심화하기까지 한다. 사무실로부터 벗어나 거리로 나가는 직장인 대중의 유목이 크라카우어에게 필연적인 현상으로 보이는 것은 여기에 기인한다. 『직장인』의 집필을 전후해서 쓴 2-30년대 바이마르 시기의 칼럼들에서 그가 주로 분석했던 대상은 호텔, 카페, 기차역, 파사주, 영화관, 극장, 댄스홀 등 현대 대중들이 유목하는 공간들이다. 이러한 공간들은 마치 다음 이동을 위한 정거장과 같은 곳들이었다. 가령 호텔은 익명의 인간 군상들이 모이는 장소로 전통적 의미의 교회와 같은 공동체와는 달리 단순한 임의적 공존이라는 의미에서 '함께 있음'의 상태를 구현한다. 짐멜이 "그룹화의 유희형식"으로서 '사회'를 정의했듯이, 크라카우어에 따르면 호텔은 인간군상들의 "형식적 조응"[11]이 일어나는 장소였다. 여기서는 사람들 상호간에 유기적이고 필연적인 결합이 아니라 원자적이고, 우연적인 조합이 특징적으로 나타난다.

당시 추리소설의 무대로도 자주 등장했던 유명한 호텔들의 복도와 라운지, 객실과 실내 카페 등은 대도시의 축도이기도 했다. 도둑, 소매치기, 강도 등 사회적 범죄가 익명의 공간들에서 일어나고, 그에 대한 도시민들의 불안은 바이마르 공화국의 도시 대중의 심리의 한 단면을 이루고 있었다. 좀 더 근본적으로는 범죄 자체보다는 익명의 타인들에 대한 불신과 생소한 대도시 환경에 대한 불안이 문제였다. 이는 절대자와의 유대를 상실한 현대인의 불안이라는 철학적 문제이자, 대도시 공간에서 익명의 '타자'들이 불러일으키는 사회학적 문제이기도 했다. 사회는 통합적인 안식을 주는 공동체라기보다는 끊임없이 확장되면서 타자들을 통합하고, 동시에 새로운 방식으로 배제하기도 하는 역동적 실체였다. 도시화는 이러한 변화의 중심에 있었고, 불가피한 현대적 삶의 조건이었던 것이다.

크라카우어가 임의적 통과의 공간인 '파사주'를 다루면서 고향을 떠나 유랑하는 것이 비단 집시나 방랑자들에 전형적인 행동양식이 아니라 대도시 대중들의 속성으로 이해했던 것도 여기에서 비롯된다. 그러나 대도시 유목이 부정적인 것만은 아니다. 타인들과의 정신적이고 사회적이고 유대가 망실된 시대의 위기를 대중들은 이른바 '문화적 유목'을 통해서 독특하게 극복하기 때문이다. 카페나 영화관, 댄스홀 등 사교와 유희의 공간들은 그런 의미에서 정신적으로 집 없는 자들의 "피난처"였다.[12] 요컨대 그러한 곳들은 불안과 두려움, 고독을 해소하는 장소였으며, 새로운 형태의 사회적 그룹화가 이루어지는 곳이기도 했던 것이다.

대중의 이러한 활동 속에서 크라카우어는 대중문화의 발생을 본다. 부르주아 문화에 경도되어있던 당대 지식인들에게 그것은 아예 '문화'로 인식되지 않거나 저급한 것으로 치부되었다는 사실을 고려할 때 대중문화의 발생의 필연성을 사회문제와 더불어 이해하는 크라카우어의 인식은 두드러지는 것이었다고 할 수 있다. 더 나아가 그는 기존의 부르주아 문화는 새로운 환경의 대도시에서 시대착오적 "환영"에 불과한 것으로 전락한다고 보고 있다. 바이마르 시기 이러한 시각을 보여주는 대표적인 칼럼들의 모음인 『대중의 장식』(1927)에서 여행, 춤, 영화 스포츠 등 여가 활동들은 합리화된 사회 체계 속에서 "서로 공속되지 못하는" 대중들이 사회적 유대를 회복하고, 이들이 정서적 출구를 찾기 위한 활동으로 자리매김되고 있다. 대중문화는 정신적 출구를 마련하고, 동시에 "바닥없이 가라앉는" 사회의 대중들 사이의 유대를 복구하는 느슨한 거멀못이었던 것이다.

이른바 "현대의 토템"[13]이라고 할 '대중문화'를 중심으로 이합집산하며 무너진 사회를 복구하는 대중의 활동에 대한 크라카우어의 진단은 오늘날의 '부족적 공동체'(마페졸리)나 '보충적 공동체'(바우만)에 대한 논의들과도 여전히 많은 접점들을 보인다.[14] 뿌리 없는 현대에서 나타나는 사회의 비대칭적인 위기를 극복하는 대중의 이러한 문화적 유목은 공동체의 위기에 대응하는 대중의 창발적 활동이었으며, 대중문화의 기원이기도 했다.

도시 관련 단편들에서도 직장인들이 호텔의 광휘에 참여하고, 뉴욕의 키치로 된 놀이공간에서 세계의 중심에 선 듯한 착각에 빠지고, 여행과 춤으로 시간과 공간의 제약을 넘어서는 꿈을 꾸는 모습들이 등장한다. 하지만 크라카우어는 이러한 꿈들이 허무맹랑하다고 폄하하기보다는 오히려 바로 그러한 세속의 꿈들 속에서 현대인들이 잃어버린 형이상학적 신성의 대리보충이 발생하는 현상을 진단한다. 그것이 설사 가짜이거나 일시적인 환영에 불과하다고 할지라도, 형이상학적이자 사회적인 양가적 의미에서 제한된 세계를 벗어나고자 하는 '초월'에 대한 대중의 욕구는 충족과 결핍을 반복하면서 대도시의 일상 속에 깊숙이 자리한다. 이것이 크라카우어가 이른바 세속 신학적 시각에서 주목했던 현실의 진면목이었다.

도시의 공간들은 꿈에 젖어 있고, 그 해석은 사회의 진실을 가감 없이 읽는 것이다. 대중의 의식은 도시의 외면으로 치환되고, 현실은 꿈과 종종 경계가 없이 교차한다. 산책하고 유목하는 대중들은 그러한 꿈을 꾸고, 깨는 일상을 반복한다. 그 과정은 마치 20년대 파리 거리의 산책의 기록에서 표현되는 것과 같다. "생동하는 거리를 배회하는 동안 지나간 길들은 현실이 다층적 꿈들과 섞여 있는 기억처럼 멀어진다."[15] 이처럼 현실 속의 꿈의 현상은 크라카우어에게 정태적이라기보다는 역동적이고, 시간의 경과와 더불어 역사적 각성과 변화의 계기를 담고 있다.

이와 같은 꿈은 크라카우어에게 대중의 문화적 매체에만 국한되는 것이 아니라, 일상의 언어, 공간 등에 나타나는 사회의 무의식 일반과 관련되는 포괄적 개념이다. 그는 그 무의식의 심층에 다가가기 위해 대중의 유희 형식들뿐만 아니라 기업이나 관청, 카페, 극장 등에서 제시하는 언어 잡동사니 문구들이나 공간 구조물의 구성 등에도 주목한다. 베를린의 대도시 거리를 묘파한 『베를린의 거리들과 또 다른 곳』(1964)이라는 대도시 칼럼 모음집은 바이마르 시기 그의 미시적이고 사물 중심적인 고찰 방법론을 대표적으로 잘 보여준다.

가령 그는 한 극장에서는 무대 자체보다는 연극의 막이 바뀔 때마다 번호를 들고 잠시 등장하는 여성에게서 사회의 익명화를 목도하고, 한 음식점에서 "우리는 모든 손님들이 만족하시도록 최선을 다할 것입니다"라는 얼핏 불필요해 보이는 메뉴판 문구에서 합리화되는 사회의 강박을 읽는다. 거리에서 홀로 호외를 외치는 신문팔이에게서 공속성을 상실한 사회의 이미지를 발견하며, 노란 신호등에서 개인의 자율성이 사라져가는 사회의 명령과 복종의 시스템을 찾아낸다.

사람들이 별로 주목하지 않는 사물과 사태를 향하는 그의 경험적 관찰과 사유 속에서 그는 특히 사물과 사태의 비개연적이고 우연적인 병렬적 관계 속에서 사회의 흐름을 읽는다. 흡사 탐정의 시선을 상기시키는 이와 같은 관찰은 '의식에 대한 사물의 우위'를 염두에 두고 있다. 말하자면 그는 의식적으로 이론을 덧씌우는 것을 자제하고, 사물들 자체가 말하는 소리에 귀를 기울인다. 그리고 대도시 건축물과 도시의 장소들을 방문한 상당수의 기록들을 남기고 있다. 이 또한 당대 현실에 다가가기 위한 작업인 바, 크라카우어의 말대로 "공간의 형상들은 사회의 꿈"이며, "어떤 공간 형상의 상형문자가 해독되면, 거기서 사회적 현실의 토대"[16]가 드러나기 때문이다.

벤야민이 『직장인』 서평에서 크라카우어를 "박사모를 집에 남겨두고" 나선 "새벽 거리의 넝마주의"라고 지칭한 것은 그런 점에서 적절하고 의미심장해 보인다. 크라카우어는 말하자면 거리의 사회학자였던 것이다. 그는 벤야민이 현대 사회를 탐구하는 대표적인 형상들로 제시하기도 했던 탐정-산책자, 저널리스트-산책자, 수집가-산책자 등과 같은 사회연구의 에이전트들의 모습을 자신 안에 체화하고 있었다. 이들은 이처럼 당대 또 다른 지식생산의 모델을[17] 추구하며, 당시 아카데미뿐만 아니라 당파적 사회연구와도 비판적인 거리를 두고 있었다.

특히 그가 공간과 사물들에 주목했던 것은 그러한 물적 대상들은 "이데올로기로 포장되어 있지 않은" "사회의 현실 자체에 의해 구성된다"[18]고 보았기 때문이다. 바로 이러한 현실을 드러내고자 참여관찰자로 현장을 지향했던 그는 바이마르 시기 독일의 주요 도시 공간과 대중들에 대해 성찰했다. 그 결과물은 수많은 칼럼과 에세이 형식의 글로 남아 당대 사회를 생생히 비추고 있다. 상아탑을 벗어난 그의 이러한 작업이 오늘날 회고적으로 볼 때 방법론적이고 주제적인 면에서 현대 사회를 이해할 수 있는 선구적 단서들을 제공하는 것은 일명 '탐정 사회학'이라고 칭할 만한 그의 사회 연구의 역설적인 성과라고 할 수 있을 것이다.

5. 영화 리얼리즘과 망명자의 시선

영화는 크라카우어가 바이마르 시기부터 평생 천착했던 장르였다. 미국 망명 후에 '현대 예술 박물관'에 취직하게 된 것도 그의 바이마르 시기 영화에 관한 칼럼들 덕분이었다. 이 시기의 대중소설과 영화는 연애, 탐정, 범죄스릴러 등의 서사로 낯선 도시의 거리와 익명의 타자들에 대한 두려움, 기계처럼 반복되는 무료한 일상 속에서 사회적 출구를 찾으려 했던 대중의 욕구에 복무했다. 크라카우어가 주목한 영화들 가운데 프리츠 랑의 〈M〉(1931)에는 당대 영화의 사회적 위치를 잘 보여주는 장면이 등장한다.

그 영화의 전반부에 서민 아파트에 사는 주부가 등장하는데, 그녀는 세탁하고, 청소하고, 요리를 하면서, 학교에 간 아이를 기다리고 있다. 이는 2, 30년대 서민 주부들의 전형적인 일상이었다. 그런데 학교에 간 아이가 올 시간이 지났는데도 돌아오지 않는다. 거리에는 아동 연쇄 살해범에 대한 현상금 공고가 붙어 있고, 엄마는 집안일을 하면서도 계속 벽에 걸린 시계를 흘긋 흘긋 쳐다보며, 돌아오지 않는 아이를 초조하게 기다린다. 이때 문득 통속 소설을 시리즈를 파는 행상이 찾아온다. 잠시 스쳐가는 이 장면에서 행상은 차가운 도시 아파트의 고층에서 내려다본 기하학적 계단들과 주부의 고단하고, 무료한 일상이 그려지는 가운데 그로부터 벗어나는 일탈적 출구였던 통속소설과 영화의 자리를 시사한다.[19]

특히 영화는 현실에 대한 사진적 모방을 통해서 대도시를 가장 즉물적으로 드러내는 장르이기도 했다. 벤야민이 거리 광고와 일러스트 잡지를 염두에 두고 "벽은 집단의 필기구"가 되었고, 도시 "공간이 통속소설처럼 팔리는 현상"을 지적한 것처럼, 사진과 영화를 통해서 이러한 공간 몽타주는 더욱 가속화된다. 오늘날에는 심지어 드라마나 영화에 등장한 곳이 그 지역의 장소성을 대표하는 현상도 나타나기까지 한다. 거리는 영화 속으로 들어가고 영화는 다시 거리로 나온다고 말해도 과언이 아니다. 불안과 공포 등 대도시의 집단무의식에서 비롯된 감정적 정조와 기하학적 도시공간을 토대로 하는 바이마르 시기 영화는 태생적으로 도시의 쌍생아였다고 할 수 있다. 크라카우어의 도시 연구도 영화 연구와 나란히 진행되었다. 그에게 도시는 영화의 무대였고, 영화는 도시의 축도였다.

일반적으로 크라카우어의 영화미학이 사실주의를 표방한다고 알려져 있는 것도 우연이 아니다. 바이마르 시기 칼럼들과 이후 『영화의 이론』과 같은 주요 저작들에서 보듯이 그가 사실주의 영화미학을 표방하고 있는 것은 이론의 여지가 없다. 다만 그가 영화를 통해서 표방했던 것이 어떤 의미에서 사실주의인지는 좀 더 구체화될 필요가 있다. 그럴 것이 '사실주의' 혹은 '리얼리즘'은 현실에 대한 관점에 따라 다양한 의미를 가지며, 크라카우어의 사실주의도 시기에 따라 다소 강조점을 달리하고 있기 때문이다. 잘 알려져 있듯이 〈상점 점원 아가씨들이 극장에 간다〉(1927)는 유명한 에세이에서 그는 "영화들은 현존하는 사회의 거울이다"[20]라고 정의하고 있다. 여기서 크라카우어는 청소부 아가씨가 롤스로이스 소유자와 사랑에 빠지는 이야기처럼 당대 영화를 통해 제시되던 "사회의 백일몽"들을 제시하고 있다. 마치 추리소설처럼 영화도 그런 의미에서는 현실의 "왜곡된 거울"이었던 것이다.

하지만 이러한 이데올로기 비판적 의미의 사실주의는 한센이 지적하고 있듯이 이후 『영화의 이론』에 나타나는 영화 리얼리즘의 내용과 다소 거리가 있다.[21] 20년대 크라카우어의 〈사진〉(1927) 에세이가 이후 『영화의 이론』에도 나타나는 본격적 의미의 리얼리즘을 예고하고 있다고 할 수 있다. 그는 이 에세이에서 이미 "사진은 시간의 묘사"[22]라고 정의하고 있다. 그리고 영화는 그러한 사진의 가능성이 유동적인 시간성을 포착한다는 점에서 더욱 확대된다고 보고 있다. 이는 『영화이론』(1960)에 와서는 영화가 "삶의 흐름"에 "친연성"[23]을 갖는다는 입장으로 이어진다. 이러한 의미에서 크라카우어의 영화 리얼리즘은 엄밀히 말해서 우리의 일상적 삶의 외면을 직접 사실주의적 방식으로 반영하거나, 사회의 이데올로기를 투영하는 것을 넘어서서 일종의 "영화적 경험의 이론"이라고 할 수 있다. 즉 그것은 영화를 "감각 지각적 경험의 매트릭스"[24]로 보는 것이다. 이러한 시각은 사진과 영화가 실험적 경험을 창출할 수 있는 가능성에 주목했던 영화사 초기 전위적 모더니스트들의 사상적 전통을 잇는 것이다.

크라카우어가 생각하는 '생의 묘사'는 영웅적이거나, 로맨틱하거나 하는 것과 같은 다양한 서사들로 현실세계의 이야기들을 모방하는 것과 달리 순간 포착이나 일정한 시간을 두고 현실세계가 변화하는 모습을 즉물적으로 나타내는 것을 말한다. 더욱이 그 생의 모습들은 기술을 매개로 나안으로 관찰할 수 없는 현상까지 포함하며, 서로 우연적으로 함께 있으면서도 필연적인 어떤 효과를 만들어내는 사물과 사건들의 비논리적인 조응의 관계도 해당된다. 이는 곧바로 일상의 주변적인 사물 세계와 대중의 유동적 흐름에 주목하면서, 일체의 선입관과 이념적 투사를 배제하고자 했던 그의 사회학적 시각과도 일치한다고 하겠다. 크라카우어가 서사적 영화보다는 일명 '포토제닉' 영화를 자신의 영화이론의 모델로 생각했던 것은 우연이 아니다. 그의 영화미학의 중심에는 여전히 사진의 잠재력에 대한 기대가 자리하고 있다. "세계는 사진의 얼굴을 하고 있다"거나 "일러스트 신문에는 세계가 촬영 가능한 현재가 되었다"[25]는 그의 언급들은 이러한 잠재력을 시사한다. 이는 사진과 영화가 단순히 기계적 방식으로 현실 세계를 재현한다는 것이 아니라, 그것을 구성하는 근원적 조건이 되었다는 것을 의미한다.

〈사진〉 에세이에서의 이러한 논의는 『영화의 이론』에서 프루스트의 소설 『잃어버린 시간을 찾아서』의 사례를 통해 좀 더 진척된다.[26] 소설에서 마르셀은 어느 날 오랜만에 할머니 방을 찾아가는데, 여기서 여느 때와는 다른 느낌으로 할머니 방을 보게 된다. "나는 거기에 있었다. 아니 그건 진정 내가 아니었는지도 모른다. 할머니가 그것을 아직 알지 못했으니까. 그 때 나라는 사람에 관해서 말하자면 그 집에 속하지 않는 그저 목격자 혹은 모자를 쓰고 여행용 외투를 걸친 관찰자나 이방인이었다. 혹은 두 번 다시 보게 되지 않을 장소들을 촬영해야 하는 사진사였다고 하겠다. 내가 할머니를 인지했을 때 내 눈 안에 완전히 기계적인 방식으로 만들어진 것은 한

장의 사진 같은 것이었다."²⁷ 문득 낯선 여행자나 이방인의 시각으로 바라보게 된 할머니와 할머니의 방은 마르셀에게 지극히 생소한 모습으로 다가온다. 이때의 마르셀의 시선은 손자로서 가진 일체의 기억이 배제된 상태이다. 그는 이 체험을 카메라로 사진을 찍는 것과 동일시한다. 이처럼 사진의 기록은 의식의 기억과는 다를 뿐만 아니라 그것을 초월한 어떤 '지나간' 현재의 상태를 나타낸다.

크라카우어가 예시한 이 사례를 20년대 〈사진〉 에세이에 등장하는 젊은 여배우와 그 의상을 비교해볼 수 있다. 사진 속의 그 배우의 옛 시절 유행하던 의상과 소품들은 이제 철 지난 시대의 유물이다. 이러한 사물들은 크라카우어의 용어로는 일명 "폐물들(Abfälle)"로 남아 있다. 그것은 도시 공간의 옛 건물을 지칭하는 "잔해(Ruin)"과 동일한 의미를 갖는다. 바로 그러한 폐물과 잔해가 과거의 사물과 인간, 사물과 사람들의 관계를 구성하는 계기들이었으며, 시간이 지남에 따라 사진을 보는 사람에게 거기에 잔존하던 "습관적" 혹은 "익숙한"²⁸ 관계는 해체된다. 여배우와 할머니의 옛 의상과 장신구를 우스꽝스럽게 느끼는 손자의 인식이 이런 상태를 드러낸다고 하겠다. 말하자면 사진 속에는 생소해진, 즉 과거의 관습적 의식을 벗어난 역사의 흔적이 남는 것이다. 그런 의미에서 크라카우어의 사진과 영화 리얼리즘은 이른바 인간의 등 뒤를 지나가는 역사를 기록하는 것이며, 해체된 의식과 관습 위에 새로운 경험을 창출할 가능성을 포함하는 것이다.

벤야민이나 크라카우어에게 등장하는 "폐허"나 "폐물" 같은 용어들은 사물에 덧씌워진 환영이 된 지나간 순간들을 의미한다. 그것들은 유행이 지나간 사물이나 건물을 지칭한다. 크라카우어에게 '꿈'과 '폐물'을 동전의 양면으로 이해되는 것도 여기서 비롯된다. 그러한 꿈에서 폐물 혹은 폐허로 이어지는 전환을 인간의 의식을 넘어서서 기록하는 사진은 크라카우어에게 지나간 시간의 저장고와 같다. 그런 의미에서 사진은 현실의 꿈들이 환영적 허울을 벗어던지고 "폐물"이 되는 냉철한 순간을 포착한다고 하겠다. 어떤 의미에서 모든 사진은 과거적이라고 할 수 있다. 그리고 그 꿈/폐물들과 창조적 유희를 하면서 새로운 경험을 창출하는 것이 영화이다. 역사와 사회를 바라보는 크라카우어의 시각은 이처럼 사진적이거나 영화적이었다고 할 수 있다. 물론 이는 영화에 어떤 서사를 덧씌운다는 것이 아니라, 차갑고 낯선 시선으로 사물과 사건들을 응시하면서 시간과 더불어 기존의 해석학적 지시관계를 새롭게 구성한다는 것이다.

크라카우어는 유고 『역사』에서 다시 한 번 위 프루스트 소설의 동일한 대목을 거론하는데, 여기서 오늘날 비교사적 관점에서도 흥미로울 만한 주장이 제기된다. 그에 따르면 역사가의 차가운 시선이 확보되기 위해서는 그 시선이 '망명적'이어야 한다는 것이다. 말하자면 오랜만에 할머니 방을 방문한 마르셀처럼 역사가는 고향에 대해서건 여타 다른 지역에 대해서건 낯선 시선을 유지할 수 있어야 한다는 것이다. "역사가는 오직 이런 자기 삭제의 상태 내지 타향살이의 상태에 있을 때 비로소 자신의 사료와 소통할 수 있다."[29] 이는 유랑해온 그의 오랜 경험에서 비롯된 이야기이다. 시선을 낯설게 하기, 즉 나와 타자의 자리를 바꾸고, 자신의 입장을 초국경적으로 전치(轉置)시키는 경험이 역사를 바라보는 이에게 필수적이라는 것이다. 그에게 영화는 이러한 시선의 전환을 가능하게 하는 리얼리즘의 매체이자 그러한 경험을 시연하는 무대였다.

그의 『영화의 이론』은 미국 망명 전 마르세유에서 집필노트를 썼던 크라카우어의 생의 마지막을 장식하는 저작이다. 그는 "전제"와 "혼돈" 사이를 오가던 바이마르 공화국에서 히틀러 집권까지 격동의 정치사회적인 혼돈기를 거쳐서, 30년대 바이마르의 다원적 대중들이 파쇼적 단일대오로 주조되기 시작할 무렵, 파리로 떠난다. 그의 첫 번째 망명지라고 할 수 있는 이 도시에서 독재를 우회적으로 비판하는 『자크 오펜바흐와 그의 시대의 파리』(1937)를 집필하고, 미국으로 가기 위해 마르세유에 대기하던 가장 곤궁하던 시기에 『영화의 이론』을 위한 메모를 계속한다. 이후 그는

1941년 마침내 부인 릴리와 함께 비자를 발급받아 미국으로 떠나는 데 성공하였다. 그리고는 미국 재단들의 지원으로 『칼리가리에서 히틀러까지: 독일영화의 심리적 역사』와 『영화의 이론』을 집필하고, 1966년 세상을 떠난다.

유행이 지난 사물들과 꿈들, 요컨대 벤야민과 크라카우어의 용어로 "잔해들"과 "폐물들"이 발아래 하늘 높이 쌓이는 가운데, 과거로부터 미래로 떠밀리는 역사의 천사처럼, 역사사회학적 사진사였던 크라카우어에게 영화와 사회는 그러한 잔해들이 만드는 수수께끼 이미지였으며, 구원의 단서들이기도 했다. 그것을 비평적으로 읽는 작업은 바로 절대자가 없는, 그러나 가짜 절대자들이 횡횡하는 시대의 계몽과 구원을 위해 그가 대륙을 건너 유랑하면서도 포기할 수 없었던 일생의 과업이었다.

주

1 이 글은 다음 논문을 수정하고 보완한 것이다. 이창남, 「크라카우어의 탐정 사회학과 영화 리
얼리즘」, 『문학과 사회』 제34권 제1호(통권 제133호), 문학과지성사, 2021.

2 T. Adorno, "Der wunderliche Realist – Über Siegfried Kracauer", *Noten zur Literatur III* (F/M, 1991), p. 388.

3 Kracauer an Adorno, Frankfurt am Main, 5. April 1923, Theodor W. Adorno/ Siegfried Kracauer, *Briefwechsel 1923-1966*, (F/M, 2008), p. 11.

4 S. Kracauer, "Die Bibel auf Deutsch", *Ornament der Masse*, (F/M, 2014), p. 186.

5 Kracauer an Adorno, Berlin 25. 5. 1930, *Briefwechsel 1923-1966*, p. 215; Martin Jay, "Adorno and Kracauer: Notes on a Troubled Friendship", *Salmagundi*, Winter 1978, No. 40, p. 47.

6 Ibid.

7 S. Kracauer, "Detektiv-Roman", *Siegfried Kracauer Werke*, hrsg. von Inka Mülder-Bach und Ingried Belke Bd.1, (F/M, 2006), p. 143.

8 S. Kracauer, "Zu den Schriften Walter Benjamins", *Ornament der Masse*, p. 253.

9 S. Kracauer, *Die Angestellten*, (F/M, 2013), p. 10-16.

10 S. Kracauer, "Die Wartenden", *Ornament der Masse*, (F/M, 2014), p. 108

11 S. Kracauer, "Die Hotelhalle", *Ornament der Masse*, p. 164.

12 이창남, 『도시와 산책자』, (사월의책, 2020), 161-179쪽 참조.

13 같은 책, 43쪽.

14 같은 책, 203-209쪽 참조.

15 S. Kracauer, *Straßen in Berlin und anderswo*, (F/M, 2013), p. 16.

16 S. Kracauer, "Über Arbeitsnachweise", *Ornament der Masse*, p. 73.

17 Ch. Lee, "Siegfried Kracauer's metaphysic of the passage and methodology of Social Science", Georgia Giannakopoulou and Graeme Gilloch (ed.), *The Detective of Modernity*, (New York: Routledge, 2020), pp. 34-35.

18 S. Kracauer, "Über Arbeitsnachweise", *Ornament der Masse*, p. 73.

19 P. Fisher. *Weimar Controversies – Explorations in Popular Culture with Siegfried Kracauer*, (Berlin, 2020), p. 11 참조.

20 S. Kracauer, "Die kleinen Ladenmädchen gehen ins Kino", *Ornament der Masse*, p. 279.

21 M. Hansen, *Cinema and Experience – Siegfried Kracauer, Walter Benjamin, and Theodor W. Adorno*, (University of California Press 2012), p. 278 참조.

22 S. Kracauer, "Photographie", *Ornament der Masse*, p. 23.

23 S. Kracauer, *Theorie des Films – Die Errettung der äußeren Wirklichkeit*, (F/M, 2019), p. 109.

24 M. Hansen, *Cinema and Experience*, p. 255.

25 S. Kracauer, "Photographie", pp. 34-35.

26 S. Kracauer, *Theorie des Films*, p. 39.

27 Proust, *Auf der Suche nach der verlorenen Zeit*, cited from S. Kracauer, *Theorie des Films*, p. 39.

28 S. Kracauer, "Photographie", *Ornament der Masse*, p. 39.

29 크라카우어, 『역사: 끝에서 두 번째의 세계』, 김정아 옮김, (문학동네, 2012), p. 100.

예술의 위기, 위기의 예술:
크리스토프 멘케의『예술의 주권성』에서 근대성에 대한 예술의 구성적 기능에 대한 비판적 고찰[*]

정 대 훈

1. 들어가며: '근대성[1]의 철학적 담론'을 재고함

칸트 이후 베버를 거쳐 하버마스에 이르며 진·선·미로의 가치분화 및 각 가치영역이 갖는 자율성은 유럽 문화의 근대성을 이루는 기본 특징으로 간주되어 왔고, 각 가치의 타당성은 여러 가지 방식으로 정당화되어 왔다. 그런데 가치 분화의 행정에서 눈에 띄는 것은 심미적인 것(예술)이 누리는 현저한 가치 절상이다. 이는 예술이 다른 가치영역과 맺는, 줄다리기에서와 같은 팽팽한 긴장 관계, 한쪽으로 쏠렸다가 다시 균형을 잡기도 하는 긴장 관계를 맺는다는 의미에서 그렇다. 이 줄다리기에서 예술은 특히 진리를 가운데 두고 개념적 혹은 담론적 인식과 엎치락뒤치락 하는 힘겨루기를 벌이는데, 이 힘겨루기는 셸링에게서는 예술 쪽으로, 헤겔에게서는 개념적-담론적 인식 쪽으로 기울어진다. 즉, 칸트의 비판과 더불어 세

[*] 이 글은 다음 논문을 수정하고 보완한 것이다. 정대훈,「예술의 위기, 위기의 예술 - 크리스토프 멘케의『예술의 주권성(*Souveränität der Kunst*)』에서 근대성에 대한 예술의 구성적 기능에 대한 비판적 고찰 -」,『철학』제160집, 한국철학회, 2024.

가치영역의 구분이 확립되는 듯 보이자마자, 이미 19세기로의 전환기에 셸링은 오직 Kunst라는 하나의 단어로 '예술'을 지칭하기 시작했다—그때까지는 여전히 칸트에게서조차도 Kunst는 schön(아름다운)이라는 형용사와 결합해서만 '예술(schöne Kunst)'을 지칭할 수 있었다.[2] 셸링과 더불어 예술은 그 명칭의 독립성과 더불어 그 자립성 곧 '자율성'을 완성했는데, 그에게서 예술은 자립적인 것이 되는 데에서 나아가 진리의 최고 매체가 된다. "철학의 보편적 기관(Organ)—또한 철학 전체의 절정—은 예술철학이다."[3] 즉, 근대에 들어 예술이 누리는 현저한 가치절상은 '자율성'을 **넘어**, 진리의 왕홀을 쥐었다는 의미에서 '주권'을 동시에 거머쥐었다는 데에 있다. 청년기 셸링의 영향 아래 있던 헤겔은 성숙기에 접어들어 진리의 역사화를 통해 예술의 주권을 오직 고대 고전기에 한정했다. 정신의 영역에서 진리의 주권을 쥐는 것은 개념적-담론적 사유가 된다. 예술은 오직 '미학'이라는 철학적 담론 영역 안에서만 '자율성'을 누리는 데 만족해야 했다.

20세기 후반기에 불어닥친 이른바 '포스트' 열풍과 그에 대한 맞대응은 마치 저 18세기 말에서 19세기 초반기에 있었던 예술의 가치 절상 현상을 재현하는 것처럼 **보인다**. 이 열풍에 대응하며 하버마스는 마치 '현대의 헤겔'과도 같이 자기 스스로를 정당화해야 한다는 근대의 시대의식 자체를 최초로 철학의 기본 문제로 삼은 헤겔만을 자기 편에 세우고 니체 이래의 '탈근대'적 이론가들을 적으로 돌리는 영웅적인 풍모로 '미완의 기획'인 근대성을 한꺼번에 내다 버리려 하는 후자의 이론가들을 성토했다. 콜레주드프랑스, 프랑크푸르트 대학, 코넬 대학에서 행한 일련의 강의모음집인 『현대성의 철학적 담론(Der philosophische Diskurs der Moderne)』(1985)[4]에서 그는 이성에 대한 급진적이고 총체적인 비판에 대한 유보를 표명하며, 정신의 형이상학이라는 기존의 비판에도 불구하고 자신이 옹호하는 헤겔의 맞은 편에 니체를 맞세운다. 그에 따르면, 니체는 고대 그리스 비극의 부활을 통하여 근대를 극복한다는 복고주의적 혹은 의고주의적 시도를 통해 '포스트모더니즘'의 선구가 되었다. 니체는 (호르크하이머/)아도르노로부터 하이데거와 바타이유를 거쳐 푸코와 데리다에 이르는, 이성 **자체**를 **극복**하고자 한 노선의 선두주자로 간주된다. **하버마스에 따르면** 니체 이후에 등장한 이 이성비판주의자들은 대체로 예술적 차원의 대안을 제시하고자 했다는 점에서 공통적이다. 하버마스와 그 '적대자'들은 19세기로의 전환기에 있었던 개념적-담론적 인식과 예술의 힘겨루기를 다시 한번 재현하는 듯 보였다. 물론, 이 힘겨루기에서 하버마스가 의심의 여지가 없는 것으로서 기댄 공리는 '진·선·미의 가치분화 및 각 가치의 자율성'이다. 하버마스에게 탈근대론자들은 이 공리를 거스르려 하였다는 점에서 전(前)근대의 회복을 꿈꾼 자들이었다.

하버마스의 책이 출간된 이후 다양한 반응이 있었지만 '프랑크푸르트 서클' 내에서 가장 눈에 띄는 반응을 내놓은 이 중 하나는 크리스토프 멘케(Christoph Menke)였다. 그는 하버마스의 조교로 재직했던 알브레히트 벨머(Albrecht Wellmer)의 제자로서, 벨머의 문제의식을 계승하여 이성옹호적 전통성과 이성비판적 급진성 사이에서 긴장을 유지하며 자신의 입장을 개진하고 하버마스를 비판한다. 그가 자신의 입장을 개진한 것은 주로 박사학위논문인 『예술의 주권성. 아도르노와 데리다에 따른 심미적 경험』(이하 『예술의 주권성』)[5]과 교수자격취득논문인 『인륜적인 것 속의 비극. 헤겔에 따른 정의와 자유』[6]에서이다.[7] 이 두 저작은 하버마스가 그 '탈근대적' 과도함을 비판하는 데 그쳤던 심미적 경험이 과연 어떤 방식으로 근대성의 구성에 기여하는가라는 문제를 다룬다.

이 두 저작 중에서도 필자가 본고에서 다루려고 하는 『예술의 주권성』은 심미적 경험이 근대 문화의 가치분화 속에서 특히 개념적-담론적 인식과 맺는 적합한 관계는 무엇인가의 문제에 답하고자 한다. 멘케는 이 관계를 인식적인 것과 심미적인 것 간에 성립하는 반성적 긴장관계로 규정한다. 그는 하버마스의 입장에 일부분 동조하는 듯 보이면서도, 하버마스가 전통적 이성에 대한 '심미적' 비판을 낭만주의적 복고로만 간주하여 이 비판이 어떤 점에서 근대성의 구성에 참여하는지를 간과했다는 점을 지적한다. 미리 간단히 말하자면, 그가 보기에, 심미적 경험의 비판은 목적합리성에 정향된 이성에 대해 반성적 비판의 긴장 관계를 맺으며 근대성의 구성에서 필수적인 역할을 담당한다. 그리고 이러한 역할 담당 속에서 예술은 근대적 가치분화 속에서의 '자율성'을 유지·준수하면서도 동시에 다른 가치영역에 대해 특유의 방식으로 비판을 행사한다—'위기'를 불러일으킨다—는 점에서 '주권성'을 갖는다는 것이 멘케의 테제이다.

아래에서 필자는 우선 근대문화 속에서 예술이 동시에 갖추어야 한다고 멘케가 주장하는 자율성과 주권성이 그럼에도 어떤 긴장 관계에 있는지 간략히 살펴본 다음(2장), 이러한 긴장 관계 속에서 심미적 경험이 행사하는 '주권적' 비판의 대상이 정확히 무엇인지를 살펴볼 것이다. 심미적 비판의 대상은, 즉 심미적 비판[Kritik]에 의해 위기[Krise]의 경험을 하게 되는 것은 정체규정/동일화하는 인식의 목적론이다(3장). 다음으로 '자율적인' 심미적 경험이란 다른 가치 영역에 비교하여 고유하게 어떤 특징을 띤 것인지를 멘케의 논의로부터 재구성할 것이다(4장). 나아가, 멘케는 '주권성'을 띤 심미적 경험을 아도르노의 이론으로부터 '심미적 부정성'의 개념을 통해 재구성하되, 데리다의 해체론의 도움을 빌어 이 재구성을 보다 명료히 하고자 한다(5장). 그러나, 멘케는 아도르노의 이론을 자율성과 주권성의 긴장을 적절하게 유지하는 근대 미학으로, 반면에 데리다의 이론은 심미적 경험의 주권성을 위해 자율성을 희생시킨 낭만주의 미학으로 분류한다. 멘케가 아도르노를 따라 재구성한, 자율성과 주권성을 동시에 지닌 근대의 심미적 경험의 특징은 '위기의 편재적 가능성의 야기'에 있다 (6장). 그런데, 필자가 보기에 아도르노 미학에 대한 멘케의 재구성에는 문제가 있다. 즉, 멘케는 진·선·미의 가치분화 및 각 가치영역의 자율성이라는 전통적인 공리를 하버마스와 공유하고 있고, 이러한 공리 위에서 아도르노 미학을 재구성한다. 그런데, 아도르노가 예술의 자율성을 이러한 근대적 가치분화라는 틀에서 고찰하고 있는지에 대해서 필자는 회의적이다. 필자의 논증에 따르면, 아도르노는 오히려 근대/현대를 동일성의 사유 및 등가교환의 가치가 총체화된 시기로 파악하며 예술(작품) 역시 이 총체화된 사회의 일부로 포섭되는 시대로 파악한다. 그러나 **바로** 이러한 것으로서 동시에 전체에 저항하는 예술(작품)은 '자율성'을 지닌다는 것이 아도르노 미학의 핵심이다(7장). 마지막으로 필자는 아도르노의 편에 서서 총체화된 현대 사회 속에서 위기를 맞는 예술과 바로 그 위기 속에서 자신의 '비동일적' 정체성으로써 사회에 위기를 현시하는 예술의 가능성을 시사할 것이다(8장).

2. 예술의 자율성과 주권성

근대성의 구조에서 예술의 지분을 이루는 독특한 구성적 긴장은 예술의 두 측면 간의 긴장이라는 것이 멘케의 테제이다. 근대 예술이 갖는 이 두 측면은 자율성과 주권성이다. 우선, 근대는 가치영역의 분화를 특징으로 한다. 즉, 세 가치는 각자 다른 가치들에 대해 자율성을 갖는다. 이에 따라 예술 역시 자율성을 갖는다. 멘케는 이를 '예술의 자율성' 테제로 요약한다.

한편, 셸링에서 출발하여 니체를 거쳐 초현실주의와 아방가르드에 이르는 미학에 따르면, 예술은 단지 자신의 영역 안에 국한된 타당성을 갖는데에 머무르지 않고 삶과 사회·문화, 나아가 정치를 포괄하는 전 영역에 대한 탈경계적 개입의 요구주장을 한다. 멘케는 이를 '예술의 주권성' 테제로 요약한다. 멘케가 아도르노의 미학을 재구성할 때 그 핵심으로 보는 것이 바로 '예술의 자율성'과 '예술의 주권성' 사이의 긴장이다.

그러나, 예술의 자율성과 예술의 주권성은 양립하기 어렵다. 주권적 전복은 자율성을 위배하는 것처럼 보이며, 자율성의 고수는 주권성을 제한하고 순치하는 것으로 보이기 때문이다. "이율배반(Antinomie)"(SK 9)[8]의 관계에 있는 이 두 입장은 어떻게 성공적으로 화해될 수 있는가? 이 물음에 대한 대답은 단지 예술 혹은 미학 내부의 문제 해결뿐 아니라, 근대성의 원활한 작동 여부와도 결부되어 있다.

3. 의미규정의 목적론과 자동성: 심미적 경험의 '주권적' 비판 대상

멘케에 따르면, 근대 예술의 이 두 측면 중 어느 하나가 포기되면, 근대 문화가 제대로 작동하지 않는다. 이는 두 차원에서 설명된다. 첫째, 가치영역의 분화가 되돌려진다는 것은 근대 문화의 퇴행을 의미한다. 자율성은 포기될 수 없는 근대성의 축이다. 둘째, 가치들이 각자의 영역에서 고립·경직되면 문제가 발생한다. 특히, 멘케가 『예술의 주권성』에서 문제적인 것으로 파악하는 것은 인식의 차원에서 성립하는 이러한 고립과 경직화다. 이는 '인식의 자동성'이라고 부를 수 있을 문제를 초래한다.[9] 왜 그러한지를 살펴보자.

어떤 대상이 무엇인지를 규정한다는 것, 즉 그것의 "정체규정(Identifizierung)"은 그 대상이 정체규정될 수 있는 어떤 동일성[Identität]을 지닌 동일자[das Identische]임을 전제하며, 이를 이루고 있는 '무엇임'을 이해하고자 하는 것이다. 이러한 이해과정이 목적으로 삼는 '무엇임'에 대한 앎은 이 과정의 끝에서 도출되어야 하는 결과이기도 하다. 도출되어야 하는 결과, 즉 목적의 명백성은 이 과정을 목적에 도달하는 데 가장 적합한 하나의 방식으로 **동일하게 반복**되어야 할 과정으로 강제한다. 즉 이해의 과정은 일단 확립된 "규약들(Konventionen)"이 준수되기만 하면 의도된 결과가 보장되는, 매번의 과정에서 주의집중된 추수행을 생략해도 되는 "자동적(automatisch)"(SK 49)[10] 과정이 된다. 여기서 한 대상의 정체규정을 목적으로 하는 인식과정이 '자동적'이라는 것은 이 과정이 저 목적으로부터의 이탈 가능성에 대해 닫혀 있다는 점을 함축한다.

심미적 경험은 바로 이러한 자동적 인식 과정으로부터 이탈할 수 있는 가능성이나 전망을 제공한다. 그러나 심미적 경험을 통한 이러한 이탈을 정확하게 이해하기 위해서는 이탈의 두 단계를 나누어 고찰해야 한다. 첫째, 개념적 파악을 지도하는 특정 규약 혹은 규범에서 이탈하는 단계. 이 단계에서 이성은 다만 대상에 대한 더 정확하고 유용한 이해를 주도하는 다른 특정한 규약 체계를 추구한다. 동일화 및 등가교환은 특정한 인식적 규범을 더 나은 것으로 대체하도록 지도하는 합목적적 원칙으로서, 호르크하이머가 '도구적 이성'이라고 부르는 것이 수행하는 것은 이 원칙에 복무한다.[11] 하지만, 『미적 이론』에서 아도르노가 말하는 '목적으로부터의 이탈'은 단지 기존의 이러저러한 목적의 부정(과 그에 뒤따를 수 있는 새로운 목적의 정립)과 같은 것이 아니다. 심미적 체험에서 정체규정하는 인식과정에서 벗어나는 일은 합목적성 **자체**로부터의 이탈이 수행되는 단계에서 일어난다. 즉, 정체규정적 의미화를 목적으로 하는 인식은 근본적으로 목적 개념 자체에서 벗어나지 못한다는 점에서 목적론적이지만, "심미적 이해의 시간은 단적으로 반(反)목적론적이다."(SK 50)

4. 심미적 경험의 특징들

이러한 자동적 인식의 목적론적 과정에 개입함으로써 탈자동화하는 반성기능을 수행하는 것이 예술작품의 경험이라는 것이 아도르노 미학의 핵심이라는 것이 멘케의 주장이다. 예술에 가치자율적으로 할당된 영역을 넘어서는 이러한 개입을 멘케는 바타이유를 따라 '주권적(souverän)'이라고 명명한다(SK 211).[12] 여기서 멘케가 묻는 것은 단지 '예술은 어떻게 주권성을 수행할 수 있는가'가 아니다. 그의 물음은, '예술은 어떻게 **자신의 가치영**

역 안에 자율적인 것으로 머무르면서도 주권성을 행사할 수 있는가'이다. 다양한 자율성 영역 간의 경계를 무너뜨려 가치들을 뒤섞거나 가치 간의 차이를 말소하는 것은 다시금 전근대적 미분화의 상태로 돌아가는 것이기 때문이다. 멘케에 따르면, 이 물음에 대한 아도르노의 대답은 '심미적 부정성' 개념에 있다. 심미적 부정성의 경험은 자율영역들의 경계를 유지하면서도 인식에서의 자동적인 경험방식에 대한 부정성을 포함하는 경험이다. 우리의 다음 질문은 '심미적 부정성의 경험은 어떻게 자율성과 주권성의 양립을 가능하게 하는가'이어야 한다.

그러나, 심미적 부정성의 경험은 심미적 경험 일반에 포함되므로, 심미적 경험 일반의 성격을 먼저 그려보자. 멘케는 이를 아리스토텔레스로부터 칸트에 이르는 전통 미학을 참조함으로써 설명한다. "심미적 경험의 매개 속에서 우리는 이 매개 밖에서는 불쾌를 초래할 대상에서 쾌를 느낄 수 있다."(SK 24), 아리스토텔레스가 말하듯이 우리는 직접 보았을 때 얼굴을 찌푸리게 되는 어떤 대상을 그림으로 볼 때 쾌를 느낀다.[13] 물론, 아리스토텔레스는 이를 '인간은 모방과 인식을 추구하는 본성이 있다'는 명제의 사례로 제시하지만,[14] 이는 동시에 심미적 경험이 불러일으키는 쾌감에 고유한 차이를 설명하는 사례이기도 하다.

이로부터 우리는 심미적 경험에 고유한 여러 측면을 명시화할 수 있다. 첫째, 심미적 경험은 비(非)심미적 경험을 반복하는 경험이다. 심미적 경험은 독립된 대상을 가지지 않고, 비심미적 경험과 대상을 공유한다. "심미적 경험… 속에서 비심미적인 (자동적) 이해는 반복된다."(SK 74) 둘째, 그러나 심미적 경험은 비심미적 경험 대상에 대한 **다른 방식**의 경험이다. 동일한 대상이 심미적 경험의 반복 속에서는 달리 이해된다. "우리는 어떤 **다른 것**을 심미적으로 이해하는 것이 아니라, 심미적으로 **달리** 이해하는 것이다."(SK 51) 셋째, 이러한 '다른' 이해방식으로서 심미적 경험은 직접적이지 않고 매개적이다. 심미적 경험은 일차적이지 않고 그 자체가 하나의 "매개(Medium)"(SK 74)이며, 매개의 과정이다. 넷째, 심미적 경험은 그 자체로 대상을 드러내 보여주는[darstellen] 하나의 방식이다.

나아가, 멘케는 심미적 경험에 대한 칸트의 이론으로부터 심미적 경험의 **반성적** 성격을 강조한다. 칸트에 따르면, 심미적 경험은 "대상 경험 과정에로의 반성적 되굽힘"(SK 31)을 통해 일어난다. 아름다움의 감정은 대상의 성질에 대한 경험이 아니라, 대상의 표상들이 주어짐을 기회로 일어나는 지성과 상상력의 자유로운 합치에 대한 주관 자신의 의식이다. 심미적 경험은 대상 경험이 아니라, 대상경험의 과정을 구성하는 주관적 요소들에 대한 반성적인 관계에 대한 경험이다. 심미적 경험은 반성적 경험이다. '붉은 노을'의 경험과 달리, '아름다운 노을'의 경험은 단지 '노을'이라는 대상에 대한 경험이 아니라, '노을'이라는 대상 인식의 **과정**을 반성하는 경험이다.

5. 심미적 부정성의 경험과 그 해체론적 재정식화

심미적 경험 일반의 이러한 성격들—반복성, 차이성, 매개성, 현시성, 반성성—은 심미적 **부정성**의 경험과 연관된다. 심미적 부정성을 경험한다는 것은 정체규정과 의미이해를 목적으로 하는 자동화과정으로부터 벗어나 이 과정과 부정적으로 관계하는 경험을 한다는 것을, 그 과정의 '심미적' 요소들을 과정의 최종목적과 분리하여 경험한다는 것이다. 가령, 카프카의 "텍스트를 심미적으로 지각한다는 것"은 그 텍스트의 의미를 이해하는 과정을 이루게 될 "철자들에 충실하게 머문다는 것"(SK 35), 의미이해의 과정적 요소들 자체에 충실하다는 것이다. 의미이해를 위한 해석에 반(反)하는 "예술작품의 표면[=철자들]을 보존한다는 동기는 아도르노의 부정성 미학에 핵심적이다."(SK 36) 부정성 미학은 의미해석을 "거치며 살아남는"(SK 42) 철자 자체가 갖는 끈길진 부정성을 보존하고자 한다. 의미이해의 **과정**에 정향된 심미적 부정성은 "이 경험의 부정성이 지양불가능함"(SK 43)을 경험토록 한다. 아도르노가 예술작품의 "정신"이라고 부르는 것은 작품에 내재하는 의미해석과 이 해석시도의 실패 간의 **긴장**을, "파편화"를 겪기 때문에 "항상 다시" 행해지는 통일의 시도를 말한다(같은 쪽). 해석의 성공과 실패 간의, 작품의 전체와 부분들 간의 긴장은 예술을 이루는 중핵 이다. "[예술작품] 전체가 결국 긴장을 집어삼켜버리고 이데올로기로 순 응하기 쉽기 때문에, [긴장이 유지되는] 평형상태가 거부된다: 이것이 아 름다움의 위기이자 예술의 위기이다."[15] 심미적 경험, 그리고 심미적 부정 성의 경험이 부정당하고 그 '자율성'이 위협당하는 것은 바로 예술작품이 남김없이 해석되고 이해될 때이다. "아름다움의 감수성은 매끄럽게 된 것 에 반(反)한다. 남김없이 떨어지는 계산은 예술사를 통틀어 거짓말로 예술 의 위상을 추락시킨다."[16] 예술은 이해의 자동화된 과정에 순응하지 않을 때, 자율적이다. 예술의 위기는 예술이 이해되지 않을 때가 아니라, 완전히 이해될 때, 그렇다고 간주될 때 닥친다.

그러나, 아도르노의 텍스트 자체는 그로부터 심미적 부정성의 개념을 정식화하기에는 상당히 불명료하기 때문에(SK 12) 이러한 정식화를 위 한 도움을 얻기 위해 멘케가 참조하는 것이 바로 데리다의 해체론이다(SK 14). 멘케는 심미적 부정성의 경험에서 대상이 겪는 변화를 해체론적 기호 이론을 통하여 훨씬 명료하게 정식화하고자 한다. 심미적 부정성의 경험 속에서, 대상은 우리에게 친숙한 규약적 맥락 속에 위치하는 개념규정적 인식의 대상이 아니라, **기호**가 된다. 그런데, 심미적 경험 속에서 현시되는 기호의 해석이 남김없이 수행될 수 있는가, 즉 기호가 품은 의미가 해석을 통해 남김 없이 드러내어질 수 있는가의 문제에 관하여 어떤 입장에 서느 냐에 따라 해석학적 미학의 입장과 (해체론적 기호이론에 의해 재구성되는) 부 정성 미학의 입장이 갈라진다.[17]

해석학은 앞에 놓인 해석 대상의 의미를 이해·규명하고자 하며, 이러한 틀 내에서 해석학적 미학은 앞에 놓인 기호가 가리키는 의미 내용을 밝히려고 한다. 아도르노와 정면으로 배치되는 가다머의 언명 대로, "미학은 해석학 안에 남김없이 떨어져야 한다."[18] 해석학적 미학은 의미 규정의 목적론에 자신을 종속시킨다. 이에 반하여, 심미적 부정성의 경험 속에 있는 대상에서 우리는 의미 이해의 활동 **자체**가 좌초됨을, 의미 이해의 과정이 끝없이 지연됨을 경험한다. 의미 규정의 결과 속에서 의미 이해의 과정을 종결시키려는 해석학적 미학과는 달리, 심미적 부정성 속에서 경험되는 것은 의미 이해의 과정 자체의 운동, 이해 수행의 시간성 자체이다. 이러한 운동의 경험 속에서 일어나는 것은 개념적 동일화를 목적으로 하는 자동화된 인식에 대하여 심미적 부정성에 의해 수행되는 '주권적' 전복이다.[19]

6. 위기 현시로서의 심미적 경험: '근대의 철학적 담론' 안에서 근대 미학과 낭만주의 미학

그런데, 이러한 심미적 부정성 속에서 일어나는 지연과 중단, 나아가 파괴와 전복의 경험, 즉 심미적 '주권성'의 경험은 근대적으로 구획된 자율성의 틀을 무너뜨리는 것 아닌가? 멘케는 이 지점에서 아도르노의 심미적 부정성 개념을 정식화하는 데 도움을 받기 위해 도입하였던 데리다적 해체론이 지니는 급진적인 측면과 거리를 둔다.

아도르노에게서 정식화될 수 있었던, 심미적 경험의 전복적 성격은 자동적 인식—그리고 (멘케는 이 점을 강조하지 않지만) 그러한 인식으로 총체화된 사회—에 대한 직접적인 파괴와 전복이 아니다. 아도르노의 정식화에 따르면, "예술작품은 [오로지] 경험적으로 살아있는 것의 잔상(Nachbilder)[일 수 있을 뿐]이다."[20] 이러한 잔상으로서 예술작품은 "외면적이고 물성을 지닌 **경험**(dinghaft-auswendige Erfahrung)"[21]으로부터 해방시키는 것이지, 그러한 경험을 하게 하는 사회 자체로부터 해방시키는 것은 (아직) 아니다. 이것이 예술적이고 심미적인 경험이 "자신의 고유한 생(Leben sui generis)"[22]을 살면서도, 즉 '자율성'을 유지하면서도 동시에 인식과 사회에 대해 해방의 기능을 수행할 수 있는 방식이다. 멘케의 용어로 재구성된 아도르노의 미학에 따르면, 심미적 부정성의 경험은 여전히 자신의 고유한 "타당성 영역"에 속하면서도 자동적 인식에 반성의 기회를 제공하는, 또는 반성의 충격을 가하는 "위기촉매제 혹은 문제촉발자(Krise- oder Problemkatalysator)"(SK 291)의 역할을 함으로써 자신의 '주권적' **효과** 혹은 "결과(Folgen)"(SK 207, 289 등)를 발생시킨다.

이에 반해, 멘케에 따르면, 해체론은 심미적으로 수행되는 경험을 다른 '타당성 영역'으로까지 **일반화**한다. 즉, 해체론은 부정성의 경험을 선사하는 과정성에 대한 심미적 경험을 비심미적인 인식 **일반**에 **내재**하는 탈구성적 운동—"차연(différance)"—으로 만든다. 멘케가 보기에, 해체론은 인식 **바깥으로부터** 인식의 자동성에 대한 반성적 거리 두기의 기회를 제공하는 심미적인 어떤 것(아도르노의 경우)을, 인식에 **내재**함으로써 인식을 성립시키면서도 와해시킬 가능성을 가진 인식의 "상위" 조건으로, 인식의 일반적 조건으로 만든다는 점에서 그릇되다. 아도르노의 미학은 바로 이 점을 해체론과 공유하지 **않는다.**[23]

> 데리다**처럼**, 아도르노는 근대의 심미적 경험의 요구, 즉 주권적인 형태를 획득하고자 하는, 즉 심미적 타당성의 좁은 범위 안에 제한되어 있지 않은 부정적 고찰방식을 발생시키고자 하는 요구를 따른다. 그러나 데리다 **와 달리**, 아도르노는 심미적 부정성 경험의 주권성을 타당성 영역의 위반으로서 사고하는 것을 피한다, 즉 그것을 비심미적 인식보다 '상위의' 형식으로 번역하는 것을 피한다.(SK 279)

근대성의 두드러진 측면 중 하나는 심미적 영역이 자립성을 획득하며 특유한 방식으로 "평가절상(Aufwertung)"(SK 280, 286, 289 등)된 지위를 얻는다는 점이다. 따라서 심미적 경험의 이러한 '지위상승'을 성찰하며 수립된 미학은 본질상 **근대** 미학이다. 그러나 미학이 '근대적'인 것은 오로지 타당성 영역의 근대적 분화를 인정하는 테두리 내에서이다. 멘케의 주장에 따르면, 해체론은 심미적 경험을 일반적 "차연"의 운동에 대한 하나의 '예시'로 간주하며 타당성 영역의 분화를 뛰어넘는다. 이러한 분화의 극복은 곧 전근대적 미분화로의 복귀로 간주됨으로써, 해체론은 하버마스에 의해 근대를 "재신화화한다(remythisierend)"(SK 284, 285, 286)는 비판을 받는 낭만주의 미학의 계보를 잇는다. 멘케는 하버마스의 이러한 평가를, 적어도 암묵적으로라도, 수용하는 것으로 보인다. 그런데, 하버마스 자신은 이성의 근대적 분화를 고수하는 데에 머물지 않고 생활세계적 합리성의 여러 차원들 간에 조율될 "합주(Zusammenspiel)"(SK 290) 혹은 "균형(Ausgleich)"(같은 쪽 각주 20)을 지향해야 한다고 말하는 데까지 나아간다. 멘케는 심미적 경험이 결코 이러한 합주의 형식에 따라 배당된 "인정"(SK 291) 질서에 제한되지 않는다고 주장한다.

결국, 멘케가 자신의 저작에서 근대 미학(여기서는 아도르노의 미학)에 의하여 제대로 포착되고 있다고 보는 심미적 부정성은 데리다적 주권성으로도, 하버마스 식 합주 및 균형으로도 환원되지 않는다. 그가 심미적 부정성의 경험이 갖는 고유한 위상적 특성으로 보는 것은 그 경험이 "어디에서나 가능하다는 사실(ubiquitäre Möglichkeit, SK 291; potentielle Ubiquität, SK 207: 편재적 가능성)"이다. 심미적 경험이 이렇게 '도처에서 가능'하다는 측면은 비심미적인 것과의 관계에서 "해소불가능한 위기의 틈입을 현시한다"는 것이다(SK 291). 이로써 심미적 부정성의 경험은 근대적 가치자율의 틀 내에서 동시에 비심미적 영역에 반성의 위기를 초래하는 기능을 갖는다.

그러나, 심미적 부정성의 경험에 대한 멘케의 설명에서 다음과 같은 물음이 제기될 수밖에 없다. 특수한 가치 영역에 국한되어야 할 심미적 경험이 어떻게 비심미적인, **다른** 가치 영역에 적용될 가능성, 즉 '도처에서의 가능성'을 갖는가? 이 물음에 대한 대답은, 위에서 우리가 이미 살펴본 것처럼(3장), 심미적 경험은 비심미적 경험의 대상과 구별되는 독자적인 대상을 갖는 것이 아니라, 다만 하나의 다른 "태도"(SK 265) 혹은 "고찰방식"(SK 289)을 통해 "대상을 심미적으로 변환"(SK 265)시킬 뿐이기 때문이라는 데에 성립한다. 달리 말하자면, 심미적 경험은 사실상 그것만의 독자적인 대상 영역을 갖지 않기 때문에, 바로 그 때문에 모든 대상 영역에서 가능하다. 하지만 이 대답은 심미적 경험의 편재적 가능성에만 관련될 뿐, 아직 심미적 **부정성** 경험의 편재적 가능성에 대한 대답으로 충분하지는 않다. 왜냐하면, 멘케도 시인하듯이, "비심미적 이해와의 단절은 우선은 오직 [심미적인 것에 대해서만] 특수한 타당성을 가진 심미적 경험에 대해서만 일어"(SK 266)나기 때문이다. 따라서 여전히 이렇게 물을 수 있다. 어떻게 이 경험이 각 가치 영역이 갖는 자율성의 틀 내에 머물면서도 다른 가치 영역들에 대해 어떻게 **위기**를, "해소불가능한 위기의 틈입을 현시"할 수 있는가?

이에 대한 멘케의 대답은 세 가지 요소로 이루어진다. 그 하나는 '가치분화의 전제'이며, 다른 하나는 '부분적 논박이 아닌 전체적 파괴', 세 번째는 '현실성이 아니라 가능성'이다. 즉, 심미적 부정성의 경험은 일상적인 의미이해와 정체규정의 자동적 과정이 지닌 인식적 가치를 "논박(bestreiten)"하지 않는다(혹은 못한다). 왜냐하면 심미적 경험은 근대적 가치분화의 전제 아래 '진리'의 "입증(Erweis)"이나 "논박(Einwand)"(SK 271)과 무관한 가치 영역에 속하기 때문이다. 심미적 부정성의 경험이 인식적 의미이해와 정체규정의 자동화 과정에 대해 행사할 수 있는 부정적 작용의 종류는 오로지 "파괴(zersetzen)" 혹은 "붕괴(zerfallen lassen)"(SK 271)일 수밖에 없다는 것이 멘케의 주장이다. 게다가, 이 파괴는 입증이나 논박의 성격을 띠지 않으므로 개별 명제나 담론에 작용하는 것이 아니라 담론의 자동화 과

정 전체, 담론적 **작동 전체**에 적용되며(SK 269 이하). "근거들을 갖춘" 제아
무리 "효과적인 논증으로도 회복될 수 없다"(SK 271). 이것이 심미적 부정
성 경험이 갖는 편재성이라는 성격의 근간을 이룬다. 그러나, 마지막으로
심미적 부정성의 경험이 행사하는 것은 이러한 파괴의 가능성을 보여주는
것이지, 파괴를 현실화하는 것이 아니다. 멘케가 여러 차례 강조하듯, 심미
적 부정성의 경험이 인식적 자동화 과정에 적용될 **"항상적 가능성"**(SK 269;
필자 강조)이 후자에 "위기의 틈입을 현시"한다. 심미적 부정성의 경험은 편
재적이되, 오로지 "잠재적으로 편재적"(SK 279)이다. 그리고 다시금 이 경
험의 가능성 혹은 잠재성의 성격이 그것의 편재성을 가능케 한다. "전체연
관 속에서 미리 규정된 어떠한 장소에도 속박되지 않은 심미적 관점은 그
렇기 때문에 **모든** 장소에 잠재한다."(SK 270)

7. 멘케의 입론에 대한 비판: 총체적으로 관리되는 세계에서의 가치분화?

이렇게, 멘케는 위기촉매 기제로서의 심미적 부정성의 경험 개념을 핵
심으로 아도르노의 미학을 재구성하여 근대의 지평에서 예술이 가지는,
자율성과 주권성이라는 '이율배반적' 양면성을 능숙하게 복원하는 데 성
공하는 것처럼 보인다. 하지만, 필자가 보기엔 다음과 같은 점에서 멘케의
입론에 문제가 제기될 수 있을 것 같다.

멘케는 데리다의 해체론적 기호이론을 도입하여 아도르노의 이론을 재
구성하고자 한다. 그 이유는 앞서 밝혔듯이 자율성과 주권성 간의 이율배
반을 해소하려는 단초에 대해 아도르노의 텍스트가 보여주는 "불명료성"
(SK 12)과 '부정확성'(같은 곳)이다. 그러나, 데리다의 기호론을 도입하는 보
다 이론적인 이유에 대해 멘케는 곧 이어지는 페이지에서 밝힌다. 즉, 해
체론은

아도르노에게서 자주 발견되는 혼동(Vewechslung), 다시 말해 심미적인 것의 부정성을 비심미적인 부정, 특히 사회비판적 부정과 혼동하는 것을 비판한다. 해체론적 입장은 아도르노 이론의 중심에 있는 심미적 부정성이 **오직** 기호학적 과정들의 차원에서, 즉 기호의 사용과 이해의 차원에서 규정될 때**만** [아도르노가 제시하는] 심미적 경험의 고유 논리가 재구성될 수 있다고 말한다. 따라서 해체론적 이론을 취함으로써 얻을 수 있는 … 이론적 소득은 아도르노 자신이 사회비판의 부정성과 혼합(Vermischung)해 놓은 부정성 개념을 이 사회비판의 부정성으로부터 해방시키는 데 있다.(SK 13-14)

멘케는 아도르노에게서 기호론적으로 이해된 심미적 부정성이 사회비판의 부정성과 "혼동" 혹은 "혼합"되어 있고, 전자가 후자로부터 "해방"되어야 그의 심미적 경험의 부정성이 갖는 "고유 논리가 재구성될 수 있다"고 생각한다. 그러나 멘케는 그 이유에 대해서, 즉 왜 두 부정성 혹은 두 비판이 분리되어야 하는지, 왜 심미적 부정성이 고유하게 재구성될 수 있으려면 사회 비판의 부정성과 분리되어야 하는지에 대해서는 해명하지 않는다.[24] 필자는 멘케에 의해 의도되고 저작의 나머지 부분에서 논증적으로 시도되는 이러한 분리, 두 부정성 및 두 비판의 분리에 문제가 있다고 생각한다. 즉, 두 비판을 분리하여 전자, 즉 가치분화의 틀 안에서 이루어지는 기호론적 비판만을 아도르노 미학에 귀속시키고, 후자의 비판, 사회 비판을 논의에서 배제하는 것은 아도르노 미학의 핵심을 훼손하는 것 아닌가라는 의혹을 갖게 한다. 아래에서 필자는 이 의혹이 근거가 없는 것이 아님을 논증할 것이다.

사실, 멘케의 재구성에 따르면 심미적 부정성에 의해 비판되는 것은 인식 일반 또는 의미를 구축하는 담론적 이해 일반이기도 하지만, 보다 특정하게는 자동적인 것이 된 인식이다(SK 48~51).[25] 즉, 심미적 경험은 주어진 규약에 따라 사물을 정체규정/동일화하는 자동적인 지각방식에 비판적이고 반성적인 거리를 수여하는 경험이다. 여기서 멘케에 대해, 나아가 일반적인 수준에서도 제기될 수 있는 물음은 두 가지이다. 첫째, 왜 혹은 어떠한 배경에서 심미적 부정성의 비판 대상은 특히 자동화된 인식인가? 둘째, 인식에는 자동화된 인식만이 있을 뿐 아니라 반성적이고 비판적인 이성에 의한 인식도 있을 수 있기에, 자동화된 인식에 대한 비판을 수행할 수 있는 후보에는 심미적 체험만이 아니라 비판적이고 반성적인 이성도 포함된다. 후자를 통한 인식 비판을 수행한 이가 바로 하버마스일 것이다. 따라서 (멘케에게) 제기될 수 있는 두 번째 물음은 '아도르노에게서 왜 반성적 인식을 수행하는 이성에 의해서가 아니라 오직 심미적 경험에 의해서만이 자동화된 인식 비판이 수행되는 것이 더 적합하다고 간주되는가'이다. 멘케의 논의에서는 이 두 물음—첫째, 자동화된 인식이 주된 비판대상인 이유, 둘째, 비판의 적합한 매체가 반성적 인식이 아니라 심미적 경험인 이유—에 대한 명확한 해명을 찾을 수 없다. 그리고 이러한 해명 없이 멘케는 근대적 가치분화라는 공리에 따라 예술의 사회비판으로부터 분리된 그것의 기호론적 비판만을 아도르노의 미학에 남기고자 한다. 이것이 어떤 문제점을 갖는지 살펴보자. 첫 번째는 이 분리가 아도르노 **미학**의 기본진단에 배치된다는 점이고, 두 번째는 이러한 분리가 멘케 자신의 비판적 기획의 근거를 약화시킨다는 점이다. 하나씩 살펴보자.

(1) 아도르노의 **미학**의 주요 주제 중 하나는 예술과 사회의 관계이며, 따라서 그의 **미학**에는 사회를 고찰하는 기본 관점이 존재한다. 이 기본 관점은 당대의 사회가 등가교환의 원리가 사회의 세부에 이르기까지 속속들이, 즉 총체적으로 관철된 사회, 즉 "총체적 교환사회(totale Tauschgesellschaft)"[26]라는 것이다. 이를 기반으로 할 때 우리는 『미적 이론』을 여는 첫 문장을 보다 잘 맥락화시켜 이해할 수 있다. "예술과 관련해서는 더 이상 아무것

도 자명하지 않다는 것, 예술 안에서도, 전체와 맺는 예술의 관계에서도, 예술의 존재권리(Existenzrecht)에서조차도 자명하지 않다는 점이 자명해졌다."[27] 총체적 교환 사회 속에서 예술은 하나의 "사회적 사실(fait social)"[28], 즉 사회적 (교환) 관계에 의해서 산출된 결과물이다. 예술이 하나의 사회적 사실이면서도, 어떻게 동시에 "자율성"을 지닐 수 있는가를 보여주는 것이 『미적 이론』을 이끄는 주도 물음이라고도 할 수 있다.[29]

주의할 점은 이런 관점에서 예술의 자율성은 사회로부터의 차이를 의미할 뿐만 아니라, 동시에 사회에 대한 비판 역시 함축한다는 것이다. 왜냐하면, 아도르노 **미학**의 출발점은 이른바 진·선·미의 가치분화 속에서 독자적인 하나의 타당성 영역으로서의 예술이 갖는 자율성이 **아니라**, 등가교환이라는 총체적 원리에 의한 사회 관계의 산물로서의 예술이—자신이 이미 속해 있는—이 사회에 대하여 가지는 자율성이기 때문이다. 이러한 상황 속에서 예술이 갖는 자율성은 곧 사회에 대한 예술의 비판적 관계의 가능성 조건이다. 아도르노 미학에서 심미적 비판은 곧 사회비판이다.

(2) "총체적 교환사회"라는, 사회에 대한 아도르노 미학의 기본 관점을 다시 살펴 보자. (어떤 방식으로든) 총체화된 사회라는 진단은 더이상 진, 선, 미에 대한 고전적인 가치영역 구분, 즉 칸트 및 베버, 그리고 이들을 따르는 하버마스 식의 구분에 상응하지 않는다. 총체적 교환사회, 아도르노가 보다 빈번하게 사용하는 표현을 사용하자면, "관리되는 세계(verwaltete Welt)"다. 관리되는 세계의 특징에 대한 아도르노의 기술(여기엔 베버에 대한 비판적 참조가 포함되어 있다)을 살펴 보자. 관리되는 세계란 전통적인 의미의 관리 장치들이 "이전에는 관리되지 않았던 영역들로 전이되는 것"을 통해 형성된 세계이며, "교환관계가 … **생활 전체에 걸쳐** 팽창하는 것이 그러한 전이에 책임이 있다고 보아도 될 것"이다. 즉, "사고가 대상들을 같은 표준으로 계량할 수 있는 가능성, 대상들을 추상적인 규칙 아래에서 포괄

할 수 있는 가능성을 산출하는 한, 등가(等價)적 사고는 사고 자신으로부터 관리 합리성과 원리적으로 친족관계에 있는 합리성을 생산한다." 이러한 등가적 사고가 지배하는 관리된 세계에서는 **"영역들 사이에 존재하는 질적인 차이는**, 모든 영역의 내부에 존재하고 있음에도, **경시된다."[30]** 여기서 "등가적 사고"는, 세부적인 차이는 있을지라도, 아도르노가 비판적으로 언급하고 있는 "목적-수단 관계에 제한된" 베버의 "합리성 개념"[31]과도 통하는 부분이 있을 것이다. 이러한 목적합리적 사고가 "목적들 자체의 합리성에 관한 판단을 얼마나 많이 저해하고 있는가"[32]라는 아도르노의 문제의식은 앞서 본고에서 논한 '인식의 자동성' 문제(2장 참조)와 밀접히 연관될 것이다.

그런데, 인식의 자동성에 대한 비판은 관리되는 사회에 대한 비판과 불가분하다, 아니, 전자에 대한 비판을 수행한다는 것은 곧 후자에 대한 비판을 수행하는 것과 결코 다른 것이 아니다. 그러나, 멘케는 아도르노가 기호론적-심미적 비판의 대상(즉, 인식의 자동성)을 이 비판 대상이 유래하는 원천(즉, 관리되는 세계)과 "혼동" 혹은 "혼합"(SK 14)하고 있다고 비판한다. 그러나, 비판이 어떻게 그 대상이 유래한 원천에 대한 비판을 배제하고 오로지 그것의 직접적인 대상만을 비판할 수 있겠는가? 그것은 피상적인 비판으로 전락할 수 있다.

총체적으로 관리되는 사회에서는 예술 혹은 미의 가치 역시 사회와 구별되는 나름의 독자적인 영역을 확보할 전망이 매우 불투명하다. 왜냐하면 예술작품조차 하나의 "사회적 사실"이기 때문이다. 이렇게, 총체적 관리라는 최종 목적이 지배하는 세계에서 예술의 자율성은 더 이상 독자적으로 고정된 **장소**나 **영역**에서 확보될 수 없다. 이러한 점에서 예술의 자율성과 주권성을 동시에 확보할 가능성을 그것의 '편재적 가능성'에서 찾는 멘케의 시도는 옳다. 즉, 예술적 혹은 심미적 경험은 어디에서나 벌어지는 다른 비심미적 경험에 "기생하여"(SK 269) 그것을 반복하는 경험, 하지만 이러한 반복 속에서 비심미적 경험, 대표적으로는 동일화하는 인식 및 "등가적 사고"의 균열을 현시하는 경험, 이 인식과 사고의 위기를 현시하는 경험이다.

그러나, 정확히 아도르노에게서 '고정된 자신의 영토를 가지고 있지 않음'이 예술의 자율성(과 주권성)의 전제 조건이라면, 우리는 과연 아도르노가 이해하는 예술의 자율성이 **처음부터** 칸트-베버(-하버마스) 노선의 가치분화적 관점 속에서 예술이 갖는 자율성과는 **전혀 다른** 배치 속에 있는 것이 아닌지 물을 수밖에 없다. 가치분화적 관점과 전혀 다른 아도르노의 관점은 '총체화된 등가가치의 관점'이라 할 수 있을 것이다. 바로 이런 관점에서 아도르노의 **미학**에서 예술이 갖는 자율성은 처음부터 어떤 변증법적 운동에 휘말려 있는 자율성이다. 즉, 아도르노에게서 예술의 자율성은 **오직** 실증적 합리성에 의해 조직된 사회세계와 맺는 변증법적 관계를 통해서**만** 정의된다. 달리 말해, 예술의 자율성은 **자체 내에** 이 자율성이 근대적 이성의 분화 속 한 '가치영역'으로 평화롭게 남는 것을 방해하는 어떤 부정적인 변증법적 운동을 품고 있다. 이에 대한 아도르노의 기술은 다음과 같다.

근대에 주술적 의례로부터 해방되면서 예술은 현실의 경험 세계에 그 자신의 "고유한 운동법칙"[33]을 가진 세계를 마주 세운다. 이 세계는 "마치 그 역시 [경험 세계와 마찬가지로] 하나의 [독자적인 영역을 가진] 존재자인 양"[34] 창출된다. 그런데 이런 방식으로 '자율적'이 된 예술은 바로 그 방식 때문에 "존재하는 것과 기존하는 것"을 "긍정"하고 "승인"하는 경향을 갖게 된다. 그러나, 이 긍정과 승인은 바로 "예술의 자율성이 그로부터 해방되고자 하는 속박"이었다. 왜냐하면 현실 세계의 존재성과 기존성은 예술이 해방되기 위해 벗어나야 하는 것이었기 때문이다. 결국, 예술의 "자율성 원칙 자체에 [기존의 현실 존재자에 대한] 이러한 승인의 혐의가 있다." 경험적-실증적인 것을 거부하며 자기 안에서 완결된 하나의 '자율적'인 "총체"임을 "주제에 맞지 않게 주장(sich vermisst)"함으로써, 예술은 결국 경험적 실증성의 "권력우위를 인가하게 된다."[35] 이러한 변증법적 운동 속에서 파악될 때, 예술적 자율성의 획득 과정 자체는 경험적 실증성을 통해 관리되는 사회 내에서 이루어지는 과정 혹은 이 사회 내로 포섭되는 과정이며, 예술의 자율성 자체가 실증적 합리성에 의한 총체화라는 테두리를 벗어날 수 없는 것이라는 점이 진단의 **출발점**이다. 이제 근대적 가치영역의 구분 자체는 하나의 클리셰가 된다. "[미의 개념이 들어 있지 않은 미학의] 경향은 어느 정도 섬세하고 예민한 신경을 가진 사람들이 미가 조화라며 수다를 떠는 것, 진, 미, 선 그리고 이와 유사한 일요일의 화젯거리에 부름을 받게 되는 것을 정당하게 더 이상 견디지 못하…는 곳에서도 일어납니다."[36]

다시 요약하자면, 아도르노의 **미학**은 근대적 가치들의 자율적 분화를 출발점으로 삼기보다는 이 분화에 대한 의심과 문제제기에서 출발하는 것으로 보인다. 그러나, 멘케의 아도르노 재구성은 칸트-베버-하버마스 노선에 따르는 근대적 가치분화의 틀 내에서 각자의 '타당성 영역'을 가진 것 중 하나로서 예술의 자율성을 이해하는 데에서 출발한다. 멘케가 아도르노 미학을 재구성하는 것도, 데리다의 해체론을 비판하는 것도 모두 이러한 출발점을 시인하는 바탕 위에서 이루어지는 것이다. 멘케의 이해 속에서 아도르노의 미학은 예술에 대해 이러한 가치분화 속에서의 자율성과 이 분화 속의 다른 타당성 가치들에 위기를 현시하는 주권성이라는 두 가지 요청을 충족하려는 시도로 파악된다. 이에 반하여, 멘케의 이러한 이해 속에서 데리다의 해체론은 예술의 자율성이라는 '노예적' 상태를 '극복'하고 고유하게 심미적인 경험을 다른 타당성 영역 안으로 옮겨 일반화함으로써 예술의 '주권성'을 전근대적인 방식으로—"재신화화하는"(하버마스) 방식으로—추구하는 것으로 비판당한다.[37]

8. 나가며: 예술의 위기, 사회의 위기

필자는 본고에서 크리스토프 멘케가 어떻게 하버마스가 제시해 놓은 '근대성의 철학적 담론' 위에서 아도르노의 미학이 놓이는 위치에 대한 비판적 재평가를 설득력 있게 시도했는지를 보여주고자 했다. 아도르노는 자신의 『미적 이론(Aesthetische Theorie)』을 하나의 담론으로서, 하나의 철학적 담론의 분과로서 제시하고자 하지 않았다. 여전히 '이론'적 언어를 사용하되, 동일화하지 않는 방식으로 예술의 고유한 실존을 서술하는 것, 이것이 그의 '심미적인 이론'이 시도한 것이라 할 수 있으며, 바로 이 비동일성에 사회 속에서 취하는 예술의 자율성과 '주권성'이 모두 걸려 있다. 예술의 고유한 실존권의 규명은 역설적으로 동일화하는/정체규명하는 언어로서는 이루어질 수 없다.[38] 멘케는 아도르노의 정신에 따라 예술적-심미적 경험을 비심미적 경험들에 전복의 위기를 현시하는 편재적 가능성으로 해명하였다. 본고에서 필자는 멘케의 해명을 비판적으로 고찰하였는데, 비판의 요점은 멘케의 논의가 아도르노의 미학이 가지는 근본적인 사회연관성을 시야에서 사라지게 했다는 점과, 그렇기 때문에 심미적 비판의 대상이 자동화된 인식이라는 다소 피상적인 차원에 머무르게 되었다는 점이다.[39]

문화연구학자 박승일은 현재 우리가 살고 있는 사회가 무선인터넷과 스마트폰이라는 장치에 의해 총체적으로 매개된 사회라고 진단한다. "무선인터넷이 선 없는 연결을 가능케 한 기술적 조건이라면, 이 조건을 다양한 일상 영역 속에서 구체화하고 실제화한 장치는 전적으로 스마트폰이었다." 이렇게 "진정 일상적 공간 전체가 그대로 인터넷의 매개 안에 놓이게" 되었다.[40] 그는 우리의 존재가 이러한 "매개의 외부에 있지 않고 특정한 매개 작용 안에 놓여 있음"을 나타내기 위해 "매개 안에 있음(Being-in-Mediation)"이라는 개념을 사용한다.[41] 그러나 이렇게 '매개되어 있음'의 상태는 동시에 연결의 기회이기도 하고 연결의 위기이기도 하다. 바로 아도르노가 직시한 '총체적으로 관리되는 사회'의 상 역시 관리의 매개가 다를 지언정,[42] 박승일이 묘사하는 사회의 '총체성'이라는 성격을 공유한다.

아도르노는 이러한 사회에서 예술은, 마치 디지털 기술에 의해 총체적으로 매개된 현재 사회에서 그런 것처럼, 총체화된 사회 속에서 자신의 '실존'에 대한 **물음**을 던짐으로써 사회와의 관계에서 자신이 갖는 차이를 만들어내며 '자율성'을 획득한다는 중요한 통찰을 우리에게 제공한다. 총체화된 사회에서 예술이 사회 전체와의 관계에서 자율성을 획득하는 조건은 확고하게 독립적인 영역의 확보가 아니라, 이 사회 속에서 '동일자'로서 정체규정되지 않은 것으로서 남는 것이다. 이것이 부정적인 것으로서 예술이 거꾸로 사회에 **물음**을 던지는 방식일 것이다.

총체화된 사회는 위기에 처해 있는 사회다. 이러한 사회가 위기에 처해 있는 가장 큰 이유는 자신이 총체화되어 있어서 이 총체화된 상태에 있다는 것을 알지 못한다는 점에 있다. 이것을 알게―깨닫게―해주는 효과적인 매체 중 하나가 예술이다. 예술적 혹은 심미적 경험은 이 총체화의 합목적적 노동에 흡수되지 않은 채로 있기 때문에, 바로 그것을 기회로 삼아, 이 사회에 위기를 현시한다. 예술은 자신의 정체성의 위기 속에서만 사회의 위기를 현시할 수 있다. 총체화된 사회 속에서 예술의 실존은 위기에 처하지만, 바로 이 실존의 위기는 곧 사회의 위기를 현시하는 위기의 예술로 변형될 수 있다는 것이 아도르노 미학이 우리에게 주는 통찰이다.

주

1 modern은 '현대' 혹은 '근대'로 번역된다. 전자는 동시대성을, 후자는 연대기성을 강조한다. 어원상 '새로운'이라는 의미의 modern(←modernus)은 동시대성을 강조하며 당대와 이전 시대를 구별한다. 근대의 연대적 기원은 철학, 문학, 역사학, 나아가 제반 사회과학의 분과 학문들에 따라, 그리고 제 이론들의 관점에 따라 상이하므로 일의적으로 확정하기 어렵다.

2 *Kritik der Urteilskraft*의 43, 44, 45, 46절의 제목을 보라.

3 셸링 (2008), p. 22.

4 하버마스 (1994).

5 Menke (1991). 아래에서는 약호 SK와 쪽수로 본문 안에 인용.

6 Menke (1996).

7 Menke (2009)에서 그는 역시 근대성과 예술(비극)의 문제를 다루고 있지만, 근대성의 문제는 그의 논의 초점에서 상대적으로 후경으로 밀려난다. 한국어로 번역되어 있는 멘케 (2013), 멘케 (2015) 등 이후 저작에서는 근대성의 문제의식이 물론 유지되지만 보다 희석된다. 후자들에서 논의의 주된 테마가 되는 것은 근대성 자체라기보다는 예술이다.

8 이 표현은 아도르노의 것이다. Adorno (1973), p. 159.

9 멘케는 인식의 자동성이 문제로 대두되는 배경을 논의하지 않는다. 이는 인식의 자동성이 인식이 빠져들 수 있는 일반적인 문제 중 하나로 여겨지게 한다. 그러나 아도르노에게서 인식의 자동성은 '총체적으로 관리되는 사회'라는 배경을 갖는다. 필자는 아래에서 여기로 다시 돌아올 것이다(7장).

10 멘케에 따르면, "자동적 반복"의 개념은 아도르노가 『계몽의 변증법』에서 받아들인 베르그손의 개념이다(SK 48).

11 Horkheimer (1947). 동일한 책의 독일어 제목은 호르크하이머의 기획을 확실히 드러내준다 ("Zur Kritik der instrumentellen Vernunft").

12 바타유에 따르면, "유용성 너머의 삶이 주권의 영역이다."(Bataille (1976), p. 198). 이러한 의미에서 본고는 Souveränität를 주권(성)이라고 옮긴다. '지고성'이라는 또 다른 번역어가 있지만 '지고함'의 의미 영역이 너무 넓어(가령, 지고한 사랑, 지고한 아름다움, 지고한 순간 등등) 역어로 아쉬운 점이 있다. 물론, '주권(성)'이라는 말은 정치적 함의가 짙은 단어다. 멘케가 예술에 대해 사용하는 '주권성'은 "주권자는 예외상태를 결정하는 자"라는 슈미트의 언명에서와 같은 종류의 정치성을 띠지는 않는다. 그러나, 유용성 및 동일성 사유를 넘어서는 일종의 '예외'를 현시한다는 의미에서는 슈미트적 주권 개념과 일치한다. 바타유의 의미에서 주권성은 유용성의 원칙에서는 이해불가한 어떤 것일 수 있고, 유용성의 원칙을 중단하고 파괴하는 어떤 것일 수 있다. 합리(적 유용)성을 중단하는 힘 혹은 작용을 '주권'이라고 불러야 하는 이유는 이 합리성이 단지 중립적인—'중립적(neutral)'이라는 말은 특히 칼 슈미트가 자주 비판적으로 사용한 단어다—어떤 것이 아니라, 어떤 지배의 체제를 이루고 있는 것이기 때문일 것이다. 정치적인 권역 안팎을 넘나들며 포괄하는 바타유의 주권 개념에 대한 훌륭한 해설로는 바타유 (2022), 33 각주 참조.

13 아리스토텔레스 (2023), p. 83[1448b].

14 아리스토텔레스 (2023), p. 83[1448b]. '인간은 본성적으로 앎을 추구한다'는 아리스토텔레스 『형이상학』의 첫 문장을 이룬다(아리스토텔레스 (2017), p. 31[980a]).

15 Adorno (1973), p. 85.

16 Adorno (1973), p. 85.

17 실제로, 1981년 소르본 대학에서 개최되었던 "텍스트와 해석" 콘퍼런스에서는 실제로 두 입장 간의 논쟁이 가다머와 데리다 간에 벌어진 적이 있었다. 이에 대해서는 Bernstein (2008) 참조.

18 Gadamer (1975), p. 157.

19 이 장은 매우 요약적으로 서술되었다. 자세한 사항은 Menke (1991) 1부를 참조.

20 Adorno (1973), p. 14.

21 Adorno (1973), p. 14(강조는 필자).

22 Adorno (1973), p. 14.

23 멘케는 이 지점에서 안과 밖의 문제와 관련하여 다소간 소박한 이분법적 생각을 가지고 단순화하는 것으로 보인다. 즉, 멘케의 생각에 따르면, 아도르노의 미학은 심미적 경험이 인식의 바깥에서 작용한다고 보고, 데리다의 해체론은 같은 경험이 인식내재적으로 작용한다고 간주한다는 것인데, 변증법에 정통한 아도르노는 물론이고 이분법적 사고 전반에 관한 해체를 수행하는 데리다 역시 이런 단순한 안-밖 이분법 속에서 충분히 파악될 수 있는지 의문이다. 이와 연관하여, 멘케의 논증은 해체론을 비판할 때 정교하지 못한 부분을 노정한다는 인상을 받게 된다. 이 문제는 여기서 자세하게 다룰 수는 없다. 이 문제를 명시화하여 주신 익명의 심사자께 감사드린다.

24 추정컨대, 멘케가 이러한 분리를 의도하는 것은, 예술의 기호론적 비판이 분화된 제 가치영역의 자율성이라는 틀 내에서 이루어질 수 있는 것이라면, 예술의 사회비판은 이러한 자율성의 틀을 넘어 이루어지는 비판이라고 이해하기 때문이다.

25 보다 정확히 말하면, 아도르노의 부정변증법 이론이 동일화하는 사고 **일반**에 대한 비판에 맞추어져 있다면, 그의 미적 이론은 (필자가 아래에서 더 언급하게 될) **총체적 교환사회에서 작동하는** 동일화하는 사고, 즉 등가교환 원리에 따라 자동화된 인식의 비판에 초점이 맞추어져 있다. 그에 대한 멘케의 재구성은 자동화된 인식 비판과 인식 일반의 비판 사이에서 모호함을 유지한다. 다음과 같이 괄호를 사용한 멘케의 문장은 비판대상의 이 모호함을 잘 보여준다. "심미적 경험… 속에서 비심미적인 (자동적) 이해는 반복된다."(SK 74)

26 Adorno (1973), p. 335.

27 Adorno (1973), p. 9.

28 Adorno (1973), p. 16, 340.

29 "예술의 이중적 성격: 자율성과 사회적 사실이라는 성격은 두 영역의 확고한 의존관계와 갈등관계 속에서 항상 다시금 표명된다."(Adorno (1973), p. 340) 이에 대해서는 곽영윤 (2024) 참조.

30 이상, 아도르노 (2017), p. 168(강조는 필자).

31 아도르노 (2017), p. 166.

32 아도르노 (2017), p. 166.

33 Adorno (1973), p. 9.

34 Adorno (1973), p. 10.

35 이상 Adorno (1973), p. 10.

36 아도르노 (2014), pp. 332-333.

37 멘케의 데리다 이해에 어떤 문제점이 있을 수 있는지에 대해서는 지면의 제약상 다른 기회를 엿보기로 한다.

38 언어 일반이 동일화하는/정체규정하는 것인가의 문제가 여기에 걸려 있는 중요한 문제이지만, 여기서는 상세히 다룰 수 없다. 아도르노에게서 개념적 언어는 비동일적 대상을 중심으로 선회하는 부정 변증법에서 일정한 역할을 담당한다.

39 한 익명의 심사자께서는 필자가 멘케를 비판할 때 아도르노에게서는 '변증법적으로' 결합되어 있는 인식비판과 사회비판을 분리하는 우를 범하고 있지 않나 하는 의혹을 제기했다. 필자 역시 아도르노에게서 인식비판(동일화하는 사고에 대한 비판)과 사회비판(등가교환사회 비판)은 서로 결합되어 있다는 것은 아도르노 철학의 핵심 중 하나로서 인정한다. 다만, 필자는 멘케가 아도르노 비판이론의 초점을 다만 자동화된 인식비판으로 제한되게 재구성하여 그것이 가지는 사회비판적 측면을 논의에서 사라지게 하였다는 점을 지적하고자 했을 뿐이다. 멘케는 본고 7절의 첫 인용문에서 잘 드러나듯이 '심미적 부정성'을 '사회비판적 부정성'과 분리하려는 의도를 가지고 아도르노 독해에 해체론을 도입한다는 것을 명시하고 있다. 하지만 필자가 보기에 이러한 분리는 명백히 반(反)아도르노적이다.

40 박승일 (2021), p. 173.

41 박승일 (2021), p. 178.

42 아도르노는 베버의 『경제와 사회』를 직접 인용하며 이 매개장치들의 성격을 예시한다. "정교함, 신속성, 명료함, 기록문서들에 대한 정통함, 지속성, 신중함, 통일성, 엄격한 종속, 마찰의 절약, 물건의 차원이나 개인 차원에서 발생하는 경비의 절약"(아도르노 (2017), p. 166).

참고문헌

곽영윤. 2024. 「자율성과 사회적 사실 - 아도르노 미학에서 예술과 사회의 관계」. 『사회와 철학』 제47집. 사회와철학연구회, pp. 31-56.

멘케, 크리스토프. 2013. 『미학적 힘. 미학적 인간학의 근본 개념』. 김동규 옮김. 그린비.

멘케, 크리스토프. 2015. 『예술의 힘』. 신사빈 옮김. W미디어.

바타유, 조르주. 2022. 『저주받은 몫』. 최정우 옮김. 파주: 문학동네.

박승일. 2021. 『기계, 권력, 사회』. 고양: 사월의책.

셸링. 2008. 『초월적 관념론 체계』. 전대호 옮김. 이제이북스.

아도르노. (1960) 2017. 「문화와 관리」. 『사회학 논문집 I』. 서울: 세창출판사.

아도르노. (1958/59) 2014. 『미학강의 I』. 서울: 세창출판사.

아리스토텔레스. 2023. 『시학』, 이상인 옮김. 서울: 도서출판 길.

아리스토텔레스. 2017. 『형이상학』. 조대호 옮김. 서울: 도서출판 길.

하버마스. 1994. 『현대성의 철학적 담론』. 이진우 옮김. 서울: 문예출판사.

Adorno. 1973. *Asthetische Theorie*. Frankfurt am Main: Suhrkamp.

Bataille, Georges. 1976. "La Souverainete", *Œuvres completes*. t. VIII. Paris: Gallimard.

Bernstein, R. J. 2008. "The Conversation That Never Happened (Gadamer/Derrida)." *The Review of Metaphysics* 61(3), pp. 577-603

Gadamer, H.-G. 1975. *Wahrheit und Methode*. Tübingen: Mohr.

Horkheimer, Max. 1947. *Eclipse of Reason*. Oxford: Oxford University Press.

Horkheimer, Max. 1967. *Zur Kritik der instrumentellen Vernunft. Aus den Vorträgen und Aufzeichnungen seit Kriegsende*. Frankfurt am Main: S. Fischer.

Menke, Christoph. (1989) 1991. *Die Souveränität der Kunst. Ästhetische Erfahrung nach Adorno und Derrida*. Frankfurt am Main: Suhrkamp.

Menke, Christoph. 1996. *Tragödie im Sittlichen: Gerechtigkeit und Freiheit nach Hegel*. Frankfurt am Main: Suhrkamp.

Menke, Christoph. 2009. *Die Gegenwart der Tragodie. Versuch uber Urteil und Spiel*. Frankfurt am Main: Suhrkamp.

:: 강병호

한림대에서 철학과 사회학을 공부했다. 서울대 철학과에서 하버마스의 토의민주주의에 관한 논문으로 석사학위를 받았다. 독일 프랑크푸르트 대학에서 악셀 호네트와 마르쿠스 빌라셰크 교수의 지도를 받아 칸트의 도덕이론에 대한 논문으로 철학 박사학위를 취득하였다. 현재 서울과학기술대 시간강사 겸 한국연구재단 인문사회학술연구교수이다. 악셀 호네트의 『물화: 인정이론적 탐구』와 『인정: 하나의 유럽사상사』를 우리말로 옮겼고, 『현대 정치철학의 모험』 『이성과 반이성의 계보학』 『한국사회의 현실과 하버마스의 사회철학』을 함께 썼다.

:: 곽영윤

경희대 조경학과와 고려대 국어국문학과를 졸업했다. 홍익대 미학과에서 벤야민 미학 연구로 석사학위를 받았고, 독일 본 대학 철학과에서 아도르노 미학 연구로 박사학위를 받았다. 현재 고려대 철학연구소 연구교수로 재직 중이다. 공저서로 『현대철학 매뉴얼』이 있다.

:: 권오용

한양대 사회학과를 졸업하고 독일 하노버 대학 사회학과에서 박사학위를 취득하였다. 충남대학교를 비롯한 대학에서 사회학과 인류학, 심리학 등을 강의하고 있으며, 한국이론사회학회 연구위원장, 비판사회학회 편집위원, 한국비교사회학회 총무이사 등으로 활동 중이다. 공저서로 『혐오이론 2: 학제적 접근』, 역서로 『과도한 부』가 있다.

:: 노성숙

이화여대 철학과를 졸업한 뒤, 동대학원에서 석사학위를 받았고, 독일 프라이부르크 대학에서 아도르노와 호르크하이머의 『계몽의 변증법』에 대한 연구로 박사학위를 받았다. 현재 한국상담대학원대 상담심리학과 철학상담 전공 교수로 재직 중이며, 한국여성철학회 회장이자 철학상담전문가로 활동 중이다. 저서로는 『심리치료와 철학상담』 『철학상담으로 가는 길』 『사이렌의 침묵과 노래: 여성주의 문화철학과 오디세이 신화』가 있고, 공저서로는 『생각 사이-다: 청소년을 위한 인문상담』 『상담철학과 윤리』 『철학의 멘토, 멘토의 철학』 『왜 철학상담인가』 등이 있으며, 역서로 철학상담 창시자 아헨바흐의 『철학상담의 철학』이 있다.

:: 문성훈

연세대 철학과를 졸업하고 서울대 대학원을 거쳐 독일 프랑크푸르트 대학 철학과에서 악셀 호네트 교수의 지도로 박사학위를 받았다. 서울여대 교양대학 현대철학 담당 교수로 재직 중이며『베스텐트』한국판 책임편집자를 맡고 있다. 저서로『미셸 푸코의 비판적 존재론』『인정의 시대』『새로운 사회적 자유주의』『니힐리스트로 사는 법』, 공저서로『프랑크푸르트학파의 테제들』『포스트모던의 테제들』『현대 정치철학의 테제들』『현대 페미니즘의 테제들』『근대 사회정치철학의 테제들』등이 있으며, 역서로『정의의 타자』『인정투쟁』『분배냐, 인정이냐?』 (이상 공역)『사회주의 재발명』등이 있다.

:: 손승남

전남대 사범대학 교육학과를 졸업하고, 독일 뮌스터 대학에서 교육철학으로 박사학위를 받았다. 현재 국립순천대 사범대학 교수로 재직 중이며, 교양교육원 원장을 맡고 있다. 저서로『인문교양교육의 원형과 변용』『뉴노멀 시대의 마음공부』『인성교육』『교양교육의 개혁과 전망』 등이 있으며, 역서로『딜타이 교육학선집』『해석학의 탄생』『고대 그리스와 로마의 교육』등이 있다.

:: 이국배

성균관대 소셜이노베이션융합전공 BK21 교육연구단 연구원이면서 숭실대 베어드교양대학 초빙교수이다. 미국 뉴욕대와 성균관대 정치외교학과 박사과정에서 수학하고, 소셜이노베이션융합전공으로 정치학 박사과정을 수료했다. KBS World 산하 KBS America에서 보도국장과 편성제작국장을 역임했다. 주요 논문으로는「탈진실의 조건: 정치가 거짓말에 관대한 이유」「한나 아렌트와 냉전의 과학」등이 있다. 관심 연구 분야는 과학기술과 민주주의, 미디어와 정보철학, 독일 허무주의의 정치사상 등이다.

:: 이선미

이화여대에서 사회학으로 학사와 석사를 마쳤으며, 독일 프랑크푸르트 대학에서 박사학위를 받았다. 서울여대 교양대학에서 교수로 재직 중이다. 주요 논문으로「돌봄의 특성과 돌봄 공공성의 요건」(『사회와 이론』), 공저서로『현대 사회와 베버 패러다임』등이 있으며, 시민성, 자원봉사, 이문화교육(intercultural training)에 관심을 가지고 있다.

:: 이시윤

서강대 사회학과에서 석사 및 박사학위를 취득했다. 지식사회학의 관점에서 비판이론의 수용과 전유, 유통과 그 결과에 대한 성찰적 연구를 수행하고 있다. 저서로『하버마스 스캔들』이 있고,『한국사회의 현실과 하버마스의 사회철학』등의 책에 공저자로 참여했다.

:: 이진영

연세대 독어독문학과를 졸업하고 동대학원에서 석사학위를 받았다. 독일 베를린 자유대학 비교문학과에서 파울 첼란에 관한 논문으로 박사학위를 받았다. 연세대에서 강의하고 있다.

:: 이창남

경북대 독어독문학과 교수. 베를린 자유대학 비교문학과에서 독일 비평이론을 연구하고 박사학위를 받았다. 현재 텍사스 오스틴 대학에서 방문교수로 활동하고 있다. 주로 비교문학과 도시문화에 관심을 두고 연구하고 교육한다. 지은 책으로는 *Poesiebegriff der Athenäumszeit* (Schöningh, 2005),『도시와 산책자』가 있고, 공저서로는 *The Detective of Modernity* (Routledge, 2020), *The Transnational Flaneur* (Sociétés, 2017)『이중언어작가』등이 있다.「채식주의자를 위한 변명」「발터 벤야민의 인간학과 매체이론의 상관관계」를 비롯해 다수의 논문과 평론을 발표했다. 번역서로는『꽃가루방』『폴 드 만과 탈구성적 텍스트』『독서의 알레고리』등이 있다.

:: 이행남

서울대 동양사학과를 졸업하고, 서울대 철학과에서 석사학위를 받은 후 독일 프랑크푸르트 대학에서 박사학위를 받았다. 서울대 철학과에서 재직 중이다. 저서로 *Dialektik der sittlichen Freiheit. Hegels Auseinandersetzung mit seinen Vorgängern*, 공저서로『근대 사회정치철학의 테제들』『철학과 현실, 현실과 철학 2: 인간 문명의 진보와 혼란』이 있으며, 역서로『비규정성의 고통』이 있다.

:: 임채광

한남대 철학과를 졸업하고 독일 카셀 대학에서 철학과 사회학을 전공한 후 철학 박사학위를 취득했다. 현재 대전신학대에서 철학 교수로 재직 중이다. 주 연구 분야는 철학적 인간학과 문화철학, 기술철학이다. 저, 역서로는『아놀드 게엘렌의 문화철학』『마르쿠제의 '일차원적 인간' 읽기』『인격』(공저)『양심』(공저)『사랑』(공저)『프롬의 '자유로부터의 도피' 읽기』『인문학 속 민주시민교육』(공저)『역사와 고전의 창으로 본 21세기 공공리더십』(공저)『인간』(공역)『인문학 산책』등이 있다.

:: 장제형

서울대 사회학과를 졸업하고 베를린 자유대학에서 비교문학 전공으로 박사학위를 받았다. 현재 인천대 독어독문학과 교수로 재직 중이다. 공저서로『호모 에코노미쿠스, 인간의 재구성』『브레히트 연극 사전』,『대학의 이념과 교양교육』등이 있으며, 역서로 루트비히 티크의『장화 신은 고양이』등이 있다.

:: 정대훈

서울대 철학과를 졸업하고 동대학원에서 데카르트 연구로 석사학위를 받았다. 독일 프랑크푸르트 대학에서 크리스토프 멘케 교수의 지도 아래 철학 박사학위를 받았다. 현재 부산대 철학과 교수로 재직 중이다. 공저서로『근대 사회정치철학의 테제들』『푸코와 철학자들』이 있으며, 역서로『데카르트』『뉴레프트리뷰 3』(공역)『현대 영미 철학에서 헤겔로의 귀환』(공역) 등이 있다.

:: 정진범

이화여대 철학과를 졸업하고 서울대 철학과에서 석사학위를, 독일 프랑크푸르트 대학에서 마르틴 젤 교수의 지도 아래 박사학위를 받았다. 현재 강릉원주대 철학과 교수로 재직 중이다. 공저서로『아도르노와의 만남』『행복에 이르는 지혜』 등이 있으며, 역서로 아도르노의 강의록『도덕철학의 문제』가 있다.

:: 정창호

고려대 영어영문학과를 졸업하고, 동대학원 철학과에서 헤겔 연구로 석사 및 박사 학위를 받고, 이후 독일 함부르크 대학 교육학부에서 철학교육 박사학위를 받았다. 국내 여러 대학의 강사를 거쳐 현재 고려대 철학과에서 교직 관련 강의를 맡고 있다. 저서로는『진보주의 교육사상』, 공저로는『교육철학 및 교육사』, 역서로는『마음을 쏘다, 활』『습속』이 있다.

:: 정태창

공주대 교양학부 부교수다. 서울대에서「민주주의의 규범적 기초로서의 자율성에 대한 연구: 하버마스와 롤스를 중심으로」로 철학 박사학위를 받았다. 성신여대, 건국대, 서울시립대, 서울대에서 강의한 바 있으며 서울시립대에서 박사후 연구원을 지냈다. 주요 연구 분야는 사회철학, 정치철학, 윤리학이다. 저역서로『가정폭력과 포퓰리즘』(공역)이 있으며,「자아 없는 자율성: 인공지능의 도덕적 지위에 대한 고찰」「좋은 삶의 형식적 개념에 기초한 물화의 재정식화」「친밀성의 물화」「인공지능의 도덕적 지위와 현상적 의식」등 여러 편의 논문을 등재학술지에 게재했다.

:: 한상원

서울시립대 철학과에서 석사학위를 받았다. 베를린 훔볼트 대학에서 박사학위를 받았다. 현재 충북대 철학과에 재직 중이다. 비판이론과 현대정치철학을 연구하고 있다. 지은 책으로『앙겔루스 노부스의 시선』『계몽의 변증법 함께 읽기』『니체의 차라투스트라는 이렇게 말했다』『데모스의 민주주의』『정치적 독자들』이 있다. 번역서로『공동체의 이론들』『아도르노, 사유의 모티브들』『역사와 자유의식』이 있다.

:: 한상진

서울대 사회학과 명예교수, 중민재단 이사장, 중국 남경대 겸직교수로서 '유학과 새로운 사회학' 연구소 소장이다. 중국 북경대, 뉴욕 컬럼비아 대학, 베를린 사회과학센터, 파리 고등사회과학원의 초빙교수, 한국정신문화연구원장, 김대중대통령자문정책기획위원회 위원장을 역임했다. 주요 저서는 『한국사회와 관료적 권위주의』 『중민이론의 탐색』 『386세대의 빛과 그늘』 『탈바꿈: 한반도와 제2광복』, *Habermas and Korean Debate*, *Divided Nation and Transitional Justice*, *Asian Tradition and Cosmopolitan Politics*, *Beyond Risk Society*, *Confucianism and Reflexive Modernity* 등이 있다.

:: 홍윤기

동국대 철학과 명예교수. 베를린 자유대학에서 최고우등점(summa cum laude)으로 철학 박사 학위를 취득하였다. 주요 저서로는 『변증법 비판과 변증법 구도』 『한국 도덕윤리 교육 백서』(편저) 『글로벌 네트워크 시대의 국가와 민족』 『지식정보화 시대의 창의적 능력 및 인력 양성 정책 개발』 『평등과 21세기적 문제군』 및 초·중·고등학교 철학교과서 등 다수가 있고, 논문으로는 「Habermas의 철학과 모더니티의 문제」 「대한민국헌법 규범력에 상응하는 헌법현실의 창출을 담보하는 헌법교육/민주시민교육의 철학적 근거정립」 등 다수가 있다.

:: 홍은영

독일 다름슈타트 대학 교육학과에서 학사와 석사 취득 후, 독일 카를스루에 교육대학 교육학과에서 박사학위를 받았다. 현재 전남대 교육학과 교육철학 담당 교수로 재직 중이다. 주요 논문으로 「유물론에 기초한 교육학의 본질적 성격과 그 현재적 함의」 「아도르노(Adorno)의 '절반의 교육'에 대한 비판을 통해 본 교양교육」 「비판적 교육학은 자기 비판적인가?」 등이 있으며, 역서로 『성숙을 위한 교육』 등이 있다.

프랑크푸르트학파 100년
비판이론의 과거, 현재, 미래

1판 1쇄 발행 2025년 2월 20일

엮은이 연합학술대회 추진위원회
펴낸이 안희곤
펴낸곳 사월의책

편집 박동수
디자인 김현진

등록번호 2009년 8월 20일 제2012-118호
주소 경기도 고양시 일산서구 중앙로 1388 동관 B113호
전화 031)912-9491 | **팩스** 031)913-9491
이메일 aprilbooks@aprilbooks.net
홈페이지 www.aprilbooks.net
블로그 blog.naver.com/aprilbooks

ISBN 979-11-92092-47-8 93100

* 책값은 뒤표지에 있습니다.